Schwerpunkte Pflichtfach Emmerich · BGB – Schuldrecht Besonderer Teil

Schwerpunkte

Eine systematische Darstellung der wichtigsten Rechtsgebiete anhand von Fällen
Begründet von Professor Dr. Harry Westermann †

BGB – Schuldrecht Besonderer Teil

von

Dr. Volker Emmerich

em. o. Professor an der Universität Bayreuth

Richter am Oberlandesgericht Nürnberg a. D.

14., neu bearbeitete Auflage

C.F. Müller

Bibliografische Information der Deutschen Nationalbibliothek
Die Deutsche Nationalbibliothek verzeichnet diese Publikation in der Deutschen Nationalbibliografie; detaillierte bibliografische Daten sind im Internet über <http://dnb.d-nb.de> abrufbar.

ISBN 978-3-8114-4365-5

E-Mail: kundenservice@cfmueller.de
Telefon: +49 89 2183 7923
Telefax: +49 89 2183 7620

www.cfmueller.de
www.cfmueller-campus.de

Satz: preXtension, Grafrath
Druck: Kessler Druck + Medien GmbH & Co. KG, Bobingen

Vorwort

Für die 14. Auflage habe ich das Buch erneut in allen Teilen gründlich überarbeitet und zum großen Teil ganz neu geschrieben, schon wegen der Fülle neuer Gesetze, die seit dem Erscheinen der letzten Auflage in Kraft getreten sind. Hervorzuheben sind das Gesetz zur Umsetzung der **Verbraucherrechte-Richtlinie**, das **Mietrechtsänderungsgesetz** von 2013 sowie das **Patientenrechtegesetz** ebenfalls von 2013.

Mein Bemühen war dabei, die Darstellung noch mehr als bisher schon auf die „Schwerpunkte" des akademischen Unterrichts im Schuldrecht zu konzentrieren und zum Ausgleich eher am Rande des Studiums liegende Materien zum Teil nur knapp und kursorisch zu behandeln. Auf die Darstellung des Gesellschaftsrechts konnte erneut verzichtet werden, weil in der vorliegenden Reihe der Band „Gesellschaftsrecht I – Recht der Personengesellschaften" eine ausführliche Darstellung des Rechts der BGB-Gesellschaft enthält.

Bayreuth, im Januar 2015 *Volker Emmerich*

Inhaltsverzeichnis

	Rn	Seite
Vorwort		V
Abkürzungsverzeichnis		XIX
Literaturverzeichnis		XXI
Teil I **Veräußerungsverträge**		
§ 1 Wesen und Gegenstand des Kaufvertrags	1	1
I. Überblick	1	1
II. Geschichte	4	2
III. Gegenstand	7	3
1. Sachen, Rechte und sonstige Gegenstände	7	3
2. Künftige Sachen	9	3
IV. Kaufvertrag und Übereignung	11	4
§ 2 Übersicht über die Pflichten der Parteien	1	5
I. Pflichten des Verkäufers	1	5
1. Überblick	1	5
2. Übereignung	3	6
3. Übergabe	5	6
II. Pflichten des Käufers	6	7
III. Nebenpflichten	8	8
IV. Rechtskauf	9	8
§ 3 Haftung des Verkäufers bei Verletzung der Pflichten aus § 433 Abs. 1 S. 1	1	9
I. Überblick	1	9
II. Anfängliche Leistungsstörungen	4	10
III. Nachträgliche Leistungsstörungen	8	11
IV. Gefahrübergang	11	12
1. Begriff	11	12
2. Übergabe (§ 446)	19	14
3. Versendungskauf (§ 447)	21	15
§ 4 Mängelhaftung	1	18
I. Einleitung	1	18
II. Sachmangel	6	19
1. Überblick	6	19
2. Abweichung von der vereinbarten Beschaffenheit (§ 434 Abs. 1 S. 1)	10	20

a) Begriff ... 10 20
b) Beispiele ... 15 22
3. Eignung zur vertraglich vorausgesetzten Verwendung (§ 434 Abs. 1 S. 2 Nr 1) ... 18 24
4. Eignung zur gewöhnlichen Verwendung (§ 434 Abs. 1 S. 2 Nr 2 und S. 3) ... 21 25
5. Montagemängel ... 25 27
6. Aliud ... 29 28
7. Minderleistung ... 32 30
III. Rechtsmangel ... 33 30
1. Überblick ... 33 30
2. Rechte Dritter ... 34 31
3. Öffentlich-rechtliche Beschränkungen ... 36 32

§ 5 Rechte des Käufers ... 1 34
I. Überblick ... 1 34
II. Nacherfüllung ... 5 36
1. Wahlrecht des Käufers ... 5 36
2. Vorrang ... 7 37
3. Nachbesserung ... 10 38
4. Nach- oder Ersatzlieferung ... 11 39
5. Ausschlussgründe, § 439 ... 13 40
III. Rücktritt ... 16 42
1. Überblick ... 16 42
2. Entbehrlichkeit der Fristsetzung ... 18 43
3. Ausschluss des Rücktritts ... 20 44
IV. Minderung ... 21 45
V. Schadensersatz ... 23 46
1. Überblick ... 23 46
2. Unbehebbare Mängel ... 24 46
3. Behebbare Mängel ... 25 47
4. Verzögerungsschaden ... 26 48
5. Mangelfolgeschaden ... 28 49
6. Nebenpflichten ... 29 49
VI. Aufwendungsersatz ... 30 49
VII. Beschränkung der Haftung des Verkäufers ... 31 50
1. Vertragliche Haftungsbeschränkungen, § 444 ... 31 50
2. Haftungsausschluss bei Kenntnis des Käufers, § 442 ... 36 52
VIII. Garantien ... 39 53
IX. Verjährung ... 44 55
1. Nacherfüllung und Schadensersatz ... 44 55
2. Rücktritt und Minderung ... 47 56
3. Abweichende Vereinbarungen ... 49 57
X. Konkurrenzen ... 50 57
1. Anfechtung ... 50 57
a) Anfechtung des Käufers ... 50 57
b) Anfechtung des Verkäufers ... 52 58
2. Culpa in contrahendo ... 53 59

3. Deliktsrecht	54	59
XI. Anhang: Haftungsschema beim Kauf	57	60
§ 6 Besondere Erscheinungsformen des Kaufs	1	62
I. Verbrauchsgüterkauf	1	62
1. Begriff, Anwendungsbereich	1	62
2. Verbraucherschützende Bestimmungen	4	64
a) § 474 Abs. 3 und 4	4	64
b) §§ 475 Abs. 1, 477	5	65
3. Beweislastumkehr	6	65
4. Rückgriffsansprüche des Unternehmers	8	67
II. Vorbehaltskauf	11	68
1. Bedeutung	11	68
2. Begründung, Erlöschen	13	69
3. Schuldrechtliche Auswirkungen	15	69
4. Stellung des Käufers vor Bedingungseintritt	17	70
III. Teilzahlungsgeschäft	20	71
1. Überblick	20	71
2. Schriftform	24	72
3. Widerruf	25	72
4. Rücktritt, Kündigung	26	73
5. Verbundene Geschäfte	32	74
a) Begriff	33	75
b) Einwendungsdurchgriff	36	76
IV. Kauf auf Probe, Wiederkauf und Vorkauf	38	77
V. Teilzeit-Wohnrechteverträge	41	78
VI. Internationale Kaufverträge	44	79
VII. Anhang: Andere Veräußerungsverträge	50	80
1. Tausch	50	80
2. Schenkung	51	80

Teil II
Gebrauchsüberlassungsverträge

§ 7 Miete	1	83
I. Begriff und Abgrenzung	1	83
II. Geschichte	4	84
III. Erscheinungsformen	10	85
IV. Vertragsabschluss	12	86
V. Pflichten des Vermieters	16	88
1. Überlassungspflicht	16	88
2. Erhaltungspflicht	17	88
VI. Vertragsgemäßer Gebrauch	18	89
1. Überblick	18	89
2. Betriebskosten	20	90
3. Untermiete	21	91

VII.	Pflichten des Mieters	27	93
	1. Miete	27	93
	2. Nebenpflichten	30	93
	3. Duldungspflicht	34	94
	4. Schönheitsreparaturen	37	95
	5. Sonstige Reparaturen	41	97
VIII.	Mängel der Mietsache	43	97
	1. Überblick	44	97
	2. Mangel	45	98
	3. Rechtsfolgen	49	99
IX.	Sicherung des Vermieters	53	101
	1. Vermieterpfandrecht	53	101
	2. Kaution	56	102
X.	Kauf bricht nicht Miete	59	102
XI.	Mieterhöhung	63	104
	1. Überblick	63	104
	2. Ortsübliche Vergleichsmiete (§§ 558 bis 558e)	66	105
	a) Voraussetzungen	66	105
	b) Durchsetzung	69	106
	3. Modernisierung (§§ 559 bis 559b)	73	107
XII.	Beendigung des Mietverhältnisses	74	108
	1. Zeitablauf	74	108
	2. Ordentliche Kündigung	76	108
	3. Außerordentliche befristete Kündigung	80	110
	4. Außerordentliche fristlose Kündigung	81	110
	5. Rechtsfolgen	86	112
	6. Verjährung	89	112
§ 8	**Sonstige Gebrauchsüberlassungsverträge**	1	114
I.	Überblick	1	114
II.	Leasing	3	114
	1. Erscheinungsformen	3	114
	2. Leistungsstörungen	8	115
	3. Verträge mit Verbrauchern	12	117
III.	Pacht	14	117
IV.	Leihe	17	118
V.	Darlehen	18	118
	1. Überblick	18	118
	2. Allgemeine Gelddarlehensverträge	20	119
	3. Verbraucherdarlehensverträge	23	120

Teil III
Schuldverhältnisse über die Leistung von Diensten und die Herstellung von Werken

1. Kapitel
Vertragliche Schuldverhältnisse

§ 9 Dienstvertrag und ähnliche Verträge	1	122
I. Überblick	1	122
II. Begriff	2	123
III. Arbeitsvertrag	6	124
IV. Abschluss	8	125
V. Pflichten des Dienstverpflichteten	11	125
1. Inhalt	11	125
2. Haftung	13	126
3. Beispiele	15	127
VI. Pflichten des Dienstberechtigten	17	128
1. Vergütungspflicht	17	128
2. Kein Lohn ohne Arbeit	18	129
a) BGB	18	129
b) Arbeitsrecht	23	131
3. Schutz- und Fürsorgepflichten	24	131
VII. Beendigung	25	132
1. Überblick	25	132
2. Befristung	26	132
3. Ordentliche Kündigung	27	132
4. Außerordentliche Kündigung	28	132
5. Rechtsfolgen	32	134
VIII. Anhang: Behandlungsvertrag	35	135
1. Überblick	35	135
2. Rechtsnatur	37	136
3. Einwilligung	38	136
4. Aufklärungspflicht	41	137
5. Informations- und Dokumentationspflicht	46	140
6. Kind als Schaden?	49	141
§ 10 Werkvertrag	1	142
I. Begriff	1	143
II. Pflichten des Unternehmers	5	144
1. Überblick	5	144
2. Pflicht zur mangelfreien Verschaffung des Werks	8	145
3. Beteiligung mehrerer Unternehmer	11	146
4. Nacherfüllung, Sowiesokosten	12	147
5. Aufwendungsersatz	15	148
6. Rücktritt und Minderung	16	148
7. Schadensersatz	17	149
8. Verjährung	19	150

III. Vergütung 20 150
1. Höhe 20 150
2. Fälligkeit 21 150
3. Gefahrübergang mit Abnahme 23 151
4. Vorzeitiger Gefahrübergang 25 152
5. Sicherheiten 29 152
IV. Abnahme 32 153
1. Bedeutung 32 153
2. Begriff 34 154
V. Mitwirkungspflichten 36 155
VI. Fürsorgepflicht 40 155
VII. Kündigung 41 156

§ 11 Besondere Erscheinungsformen des Werkvertrags 1 157
I. Bauträgervertrag 1 157
II. Architektenvertrag 3 158
III. Reisevertrag 8 159
1. Begriff 8 159
2. Parteien, Abschluss, Inhalt 12 160
3. Haftung des Veranstalters 17 162
a) Überblick 17 162
b) Mangel 18 162
c) Abhilfe, Minderung, Anzeige 20 163
d) Kündigung, Schadensersatz 22 164
e) Abweichende Vereinbarungen 25 164
IV. Maklervertrag 26 165
1. Überblick 26 165
2. Insbesondere Ehevermittlung 28 166
V. Verwahrung 30 166
VI. Anhang: Auslobung 33 167

§ 12 Auftrag, Geschäftsbesorgung 1 168
I. Auftrag 1 168
1. Begriff, Abschluss 1 168
2. Pflichten des Beauftragten 4 169
3. Pflichten des Auftraggebers 7 170
4. Beendigung 11 171
II. Geschäftsbesorgung 12 172
1. Begriff, Bedeutung 12 172
2. Gesetzliche Regelung 14 172
III. Rat und Empfehlung 15 173
IV. Zahlungsdiensteverträge 17 174

2. Kapitel
Gesetzliche Schuldverhältnisse

§ 13 Geschäftsführung ohne Auftrag ... 1 176
I. Überblick ... 1 176
II. Berechtigte Geschäftsführung ohne Auftrag ... 3 176
1. Voraussetzungen ... 3 176
a) Führung eines Geschäfts (§ 677) ... 3 176
b) Fremdgeschäftsführungswille ... 4 177
c) Ohne Auftrag oder sonstige Berechtigung ... 10 179
d) Interesse und Wille des Geschäftsherrn (§ 683) ... 12 179
2. Rechtsfolgen ... 14 180
III. Unberechtigte Geschäftsführung ohne Auftrag ... 17 181
IV. Unechte Geschäftsführung ... 18 182
V. Schema: „Echte" und „unechte" GoA – Voraussetzungen und Rechtsfolgen ... 21 183
VI. Anhang: Einbringung von Sachen bei Gastwirten ... 22 184

Teil IV
Sichernde und bestärkende Verträge

§ 14 Bürgschaft ... 1 185
I. Begriff, Zweck ... 1 185
II. Abgrenzung ... 3 186
1. Garantievertrag ... 4 186
2. Kreditauftrag ... 7 187
III. Zustandekommen ... 8 188
1. Vertrag zwischen Gläubiger und Bürge ... 8 188
2. Form ... 10 189
IV. Der Schutz des Bürgen gegen Übervorteilung ... 13 190
V. Akzessorietät ... 16 191
1. Begriff ... 16 191
2. Umfang ... 17 192
3. Einreden ... 18 192
a) Grundsatz ... 18 192
b) Ausnahmen ... 21 193
4. Erlöschen ... 22 194
VI. Subsidiarität ... 24 194
VII. Verhältnis des Bürgen zum Hauptschuldner ... 26 195
1. Befreiungsanspruch ... 26 195
2. Rückgriffsanspruch ... 27 196
3. Wettlauf der Sicherungsgeber ... 30 196
VIII. Sonderformen ... 31 197
1. Mitbürgschaft ... 31 197
2. Zeitbürgschaft ... 32 197
3. Weitere Sonderformen ... 33 198
4. Bürgschaft auf erstes Anfordern ... 36 199

§ 15 Anerkenntnis und Vergleich	1	200
I. Anerkenntnis	1	200
1. Überblick	1	200
2. Einfaches Anerkenntnis	2	201
3. Deklaratorisches Anerkenntnis	4	201
4. Selbstständiges Anerkenntnis	7	202
a) Begriff	7	202
b) Form	9	203
c) Abstrakte Verpflichtung	10	204
II. Vergleich	11	205
1. Begriff	11	205
2. Voraussetzungen	13	205
3. Wirkungen	14	205
4. Unwirksamkeit	16	206

Teil V
Ungerechtfertigte Bereicherung

§ 16 Leistungskondiktion	1	208
I. Überblick, Geschichte	1	208
II. Condictio indebiti	6	210
1. Zweck	6	210
2. Gegenstand	9	210
3. Leistung	12	211
4. Rechtsgrund	17	213
5. Beispiele, § 813	22	214
6. Kondiktionssperre (§ 814)	24	215
III. Condictio ob causam finitam	27	216
IV. Condictio ob rem	28	216
1. Voraussetzungen	28	216
2. Fallgruppen	29	217
3. Kondiktionssperre (§ 815)	31	219
V. Condictio ob turpem vel iniustam causam	32	219
1. Tatbestand	32	219
2. Kondiktionssperre (§ 817 S. 2)	34	220
a) Zweck	34	220
b) Anwendungsbereich	36	221
c) Subjektive Voraussetzungen?	39	222
d) Beispiele	40	223
§ 17 Bereicherung in sonstiger Weise, Nichtleistungkondiktionen	1	224
I. Eingriffskondiktion	1	224
1. Überblick	1	224
2. Geschützte Positionen	4	225
3. Beispiele	7	226
4. Eingriff	11	228
5. Parteien	12	228
6. Rechtsgrund	14	229

7. Subsidiarität 18 230

II. Verfügungen eines Nichtberechtigten 20 232
1. Überblick 20 232
2. Entgeltliche Verfügungen 21 232
a) Anwendungsbereich 21 232
b) Wirksamkeit der Verfügung 24 233
c) Parteien 26 234
d) Das Erlangte 27 234
3. Unentgeltliche Verfügungen 28 234
4. Leistung an einen Nichtberechtigten 30 236

III. Verwendungskondiktion 32 236

IV. Rückgriffskondiktion 34 238

§ 18 Mehrpersonenverhältnisse 1 239

I. Überblick 1 240

II. Anweisungsfälle 4 241
1. Grundlagen 4 241
2. Doppelmangel 8 243
3. Fehlerhafte Anweisung 10 244
4. Verträge zu Gunsten Dritter 12 245

III. Einbaufälle 13 246
1. Kein Durchgriff 13 246
2. Irrtumsfälle 15 247

IV. Zessionsfälle 17 248

§ 19 Inhalt und Umfang des Anspruchs 1 248

I. Überblick 1 249

II. Gegenstand 3 249
1. Das Erlangte 3 249
2. Nutzungen 5 250
3. Surrogate 7 251

III. Wertersatz 8 251
1. Tatbestand des § 818 Abs. 2 .... 8 251
2. Wertermittlung 9 252

IV. Wegfall der Bereicherung 13 254
1. Zweck. Problematik 13 254
2. Die einzelnen Fälle 16 255
3. § 822 .... 18 256

V. Gegenseitige Verträge 20 257
1. Überblick 20 257
2. Zweikondiktionentheorie 22 258
3. Saldotheorie 23 258
a) Grundsatz 23 258
b) Vorleistungen 25 259
c) Ausnahmen 26 260

VI. Haftungsverschärfung 30 261
1. Voraussetzungen 30 261
2. Rechtsfolgen 35 263

Teil VI
Unerlaubte Handlungen

§ 20 Einleitung	1	265
I. Verschuldensprinzip	1	265
II. System des BGB	4	266
III. Deliktstatbestand	8	268
IV. Rechtswidrigkeit	12	269
V. Verschulden	17	271
VI. Billigkeitshaftung	21	272
§ 21 Lebensgüter	1	273
I. Leben	1	273
II. Körper und Gesundheit	2	273
1. Begriff	2	273
2. Schockschäden	6	275
3. Verfolgungs- und Nothilfefälle	7	275
4. Sportverletzungen	9	276
5. Arzthaftung	10	277
III. Freiheit	18	280
§ 22 Eigentum und sonstige Rechte	1	280
I. Eigentum	1	280
II. Sonstige Rechte	4	282
III. Das Recht am Gewerbebetrieb	7	284
1. Tatbestand	7	284
2. Fallgruppen	12	285
IV. Das allgemeine Persönlichkeitsrecht	15	287
1. Überblick	15	287
2. Träger	18	288
3. Beispiele	20	289
4. Rechtsfolgen	27	293
§ 23 Verkehrspflichten, Produkthaftung	1	294
I. Verkehrspflichten	1	294
1. Überblick	1	294
2. Beteiligte	6	296
3. Fallgruppen	8	297
a) Eröffnung eines Verkehrs	8	297
b) Gefährliche Sachen	12	298
c) Gefährlicher Beruf	13	298
II. Produkthaftungsgesetz	14	298
1. Überblick	14	298
2. Voraussetzungen	17	299
III. Produkthaftung nach § 823	19	301
1. Hersteller	19	301

2. Fehler	22	302
a) Begriff	22	302
b) Konstruktionsfehler	24	303
c) Fabrikationsfehler	26	304
d) Instruktionsfehler	27	305
e) Produktbeobachtung	29	305
3. Beweislast	31	306
§ 24 Schutzgesetze, sittenwidrige Schädigung	1	307
I. § 823 Abs. 2	1	307
1. Bedeutung	1	307
2. Voraussetzungen	2	307
3. Beispiele	7	309
II. § 826	9	310
1. Bedeutung	9	310
2. Voraussetzungen	10	311
3. Fallgruppen	15	312
a) Täuschungen Dritter mit Schädigungsvorsatz	15	312
b) Vereitelung fremder Rechte	16	313
c) Missbrauch formaler Rechtsstellungen	17	313
§ 25 Sonstige Tatbestände (Überblick)	1	314
I. Sexuelle Belästigung	1	314
II. §§ 836 bis 838	2	314
III. Amtspflichtverletzung	4	315
1. Überblick	4	315
2. Tatbestand	6	316
3. Eigenhaftung und Staatshaftung	9	316
IV. Haftung gerichtlicher Sachverständiger	11	317
1. Anwendungsbereich	11	317
2. Voraussetzungen	12	318
3. Ausnahmen	13	318
V. Kreditgefährdung	14	319
1. Überblick	14	319
2. Voraussetzungen	15	319
3. Rechtsfolgen	18	320
VI. Haftung für Verrichtungsgehilfen	19	321
1. Überblick	19	321
2. Voraussetzungen	22	322
a) Verrichtungsgehilfen	22	322
b) Widerrechtliche Schädigung eines Dritten	23	323
3. Entlastungsbeweis	25	323
VII. Haftung des Aufsichtspflichtigen	29	325
§ 26 Der deliktische Ersatzanspruch	1	326
I. Beteiligung mehrerer	1	327
1. Überblick	1	327
2. Mittäterschaft	2	327

3. Teilnahme	4	328
4. Nebentäterschaft	5	328
5. Alternative Täterschaft	8	329
6. Innenverhältnis	14	331
II. Ersatzberechtigte Personen	15	332
1. Keine Ansprüche mittelbar Geschädigter	15	332
2. Beerdigungskosten	17	332
3. Unterhaltsschaden	18	333
III. Erwerbsschaden	23	334
IV. Schmerzensgeld	25	335
V. Unterlassungs- und Beseitigungsanspruch	28	335
1. Unterlassungsanspruch	28	335
2. Beseitigungsanspruch	29a	336
§ 27 Gefährdungshaftung	1	337
I. Grundgedanken	1	337
II. Haftpflichtgesetz	4	337
1. Eisenbahnen	4	337
2. Energieanlagen	7	339
III. Tierhalterhaftung	9	339
1. Überblick, Zweck	9	339
2. Tiere	11	340
3. Tierhalter	13	341
4. Tiergefahr	15	341
5. Geschützte Personen	17	342
6. Nutztiere	19	343
IV. Kraftfahrzeughalterhaftung	20	343
1. Überblick	20	343
2. Kraftfahrzeughalter	21	344
3. Verletzung bei dem Betrieb	23	345
4. Ausschlusstatbestände	26	347
a) Höhere Gewalt	26	347
b) Schwarzfahrten	28	347
c) § 8 StVG	29	347
5. Konkurrenzen	30	348
6. Mitwirkendes Verschulden, Schadensausgleich zwischen mehreren Ersatzpflichtigen	31	348
a) Überblick	31	348
b) Schädigung Dritter durch ein Fahrzeug	32	349
c) Schädigung Dritter durch mehrere Kraftfahrzeuge	33	349
d) Quotenfälle	33a	350
V. Luftverkehr	35	350
VI. Atomenergie	36	351
VII. Gewässerschutz	37	351
VIII. Umwelthaftung	38	351
Sachverzeichnis		353

Abkürzungsverzeichnis

ABl	Amtsblatt der Europäischen Gemeinschaft
AcP	Archiv für die civilistische Praxis
AfP	Archiv für Presserecht
AGB	Allgemeine Geschäftsbedingungen
AP	Arbeitsgerichtliche Praxis
B2B	business to business
B2C	business to consumer
BAGE	Entscheidungen des Bundesarbeitsgerichts
BayObLGZ	Entscheidungen des Bayerischen Obersten Landesgerichts in Zivilsachen
BB	Betriebsberater
BFHE	Entscheidungen des Bundesfinanzhofs
BGHZ	Entscheidungen des BGH in Zivilsachen
BKR	Zeitschrift für Bank- und Kapitalmarktrecht
BMF	Bundesminister der Finanzen
BMJ	Bundesminister der Justiz
BT-Dr	Bundestagsdrucksache
DAR	Deutsches Autorecht
DJT	Deutscher Juristentag
DStR	Deutsches Steuerrecht
E I	Erster Entwurf zum BGB
EuGH	Europäischer Gerichtshof
EuZW	Europäische Zeitschrift für Wirtschaftsrecht
Festg.	Festgabe
Festschr.	Festschrift
FLF	Finanzierung – Leasing – Factoring (Zeitschrift)
franz. Cod. civ.	französischer Code civile
GE	Grundeigentum (Zeitschrift)
GoA	Geschäftsführung ohne Auftrag
Gutachten	Bundesminister der Justiz, Gutachten und Vorschläge zur Überarbeitung des Schuldrechts Bd. I und II, 1981, Bd. III, 1983
HausTWG	Haustürwiderrufsgesetz
hM	herrschende Meinung
ital. Cod. civ.	italienischer Codice civile von 1942
JA	Juristische Arbeitsblätter
JBl	Juristische Blätter (Österreich)
Jura	Juristische Analysen

JuS	Juristische Schulung
JW	Juristische Wochenschrift
l.Sp.	linke Spalte
LM	Nachschlagewerk des BGH
LuftVG	Luftverkehrsgesetz
LZ	Leipziger Zeitschrift
MDR	Monatsschrift für deutsches Recht
MK	Münchner Kommentar z. BGB
NJW	Neue Juristische Wochenschrift
NJW-RR	Rechtsprechungsreport der NJW
NZM	Neue Zeitschrift für Miet- und Wohnungsrecht
NZV	Neue Zeitschrift für Verkehrsrecht
öABGB	Österreichisches Allgemeines Bürgerliches Gesetzbuch
ÖJZ	Österreichische Juristenzeitung
PflVG	Pflichtversicherungsgesetz
r.Sp.	rechte Spalte
RAGE	Entscheidungen des Reichsarbeitsgerichts
RGZ	Entscheidungen des Reichsgerichts in Zivilsachen
Rspr	Rechtsprechung
Schweiz. OR	Schweizerisches Obligationenrecht
SHG	Schadenshaftpflichtgesetz
Slg	Sammlung der Rechtsprechung des EuGH
StVG	Straßenverkehrsgesetz
SZ	Entscheidungen des österr. OGH in Zivilsachen
VerbrKrG	Verbraucherkreditgesetz
VersR	Versicherungsrecht
WarnR	Warneyers Rechtsprechung des Reichsgerichts
WHG	Wasserhaushaltsgesetz
WM	Wertpapier-Mitteilungen
WuM	Wohnungswirtschaft und Mietrecht (Zeitschrift)
WuW	Wirtschaft und Wettbewerb
WuW/E	Entscheidungssammlung der WuW
ZfA	Zeitschrift für Arbeitsrecht
ZfS	Zeitschrift für Schadensrecht
ZGS	Zeitschrift für das gesamte Schuldrecht
ZMR	Zeitschrift für Miet- und Raumrecht

Literaturverzeichnis

Brüggemeier, Deliktsrecht	*Brüggemeier*, Deliktsrecht, 1986
Bülow/Artz	*Bülow/Artz*, Verbraucherprivatrecht, 4. Aufl. (2014)
Deutsch, Haftungsrecht	*Deutsch*, Haftungsrecht Bd. I, 1976
Deutsch/Ahrens,	*Deutsch/Ahrens*, Deliktsrecht, Schadensersatz und Schmerzensgeld, Deliktsrecht, 6. Aufl. (2014)
Geigel	*Geigel*, Der Haftpflichtprozess, 26. Aufl. (2011)
Heck, Schuldrecht	*Heck*, Grundriss des Schuldrechts, 1929/1958
Heymann/Emmerich	*Heymann/Emmerich*, HGB, 2. Aufl. (1995/2005)
Koppensteiner/Kramer	*H.-G. Koppensteiner/E. Kramer*, Ungerechtfertigte Bereicherung, Bereicherung 2. Aufl. (1988)
Kötz/Wagner, Deliktsrecht	*Kötz/Wagner*, Deliktsrecht, 12. Aufl. (2014)
Kupisch/Krüger, Deliktsrecht	*Kupisch/Krüger*, Deliktsrecht, 1983
Larenz, Schuldrecht II/1	*Larenz*, Lehrbuch des Schuldrechts Bd. II, 1. Halbband, Besonderer Teil, 13. Aufl. (1986)
Larenz/Canaris, Schuldrecht II/2	*Larenz/Canaris*, Lehrbuch des Schuldrechts Bd. II, 2. Halbband, Besonderer Teil, 13. Aufl. (1995)
Looschelders II	*Looschelders*, Schuldrecht Besonderer Teil, 8. Aufl. (2013)
St. Lorenz/Riehm	*St. Lorenz/Th. Riehm*, Lehrbuch zum neuen Schuldrecht, 2002
Leistungsstörungen	*Emmerich*, Das Recht der Leistungsstörungen, 6. Aufl. (2005)
Loewenheim, Bereicherung	*Loewenheim*, Bereicherungsrecht, 2. Aufl. (1997)
Medicus/Lorenz, Schuldrecht II	*Medicus*, Schuldrecht Bd. II: Besonderer Teil, 15. Aufl. (2010)
MünchKomm (MK)	Münchner Kommentar zum BGB, 6. Aufl. (2012)
Oechsler	*J. Oechsler*, Vertragliche Schuldverhältnisse, 3. Aufl. (2013)
Oetker/Maultzsch, Vertragliche Schuldverhältnisse	*H. Oetker/F. Maultzsch*, Vertragliche Schuldverhältnisse, 4. Aufl. (2013)
Palandt	*Palandt*, Bürgerliches Gesetzbuch, 74. Aufl. (2015)
Reinicke/Tiedtke	*D. Reinicke/Kl. Tiedtke*, Kaufrecht, 8. Aufl. (2009)
Reuter/Martinek	*D. Reuter/M. Martinek*, Ungerechtfertigte Bereicherung, 1983
Schlechtriem, Schuldrecht	*Schlechtriem*, Schuldrecht, Besonderer Teil, 6. Aufl. (2003)
Staake	*Staake*, Gesetzliche Schuldverhältnisse, 2014
Wandt	*Wandt*, Gesetzliche Schuldverhältnisse, 6. Aufl. (2014)
Westermann	*Westermann*, BGB-Sachenrecht, 12. Aufl. (2012)
Westermann/Bydlinski/Weber, Schuldrecht Allgemeiner Teil	*Westermann/Bydlinski/Weber*, BGB-Schuldrecht Allgemeiner Teil, 8. Aufl. (2013)
Soergel	*Soergel/Siebert*, BGB, 13. Aufl. (seit 2002)
Wussow, Unfallhaftpflichtrecht	*Wussow*, Das Unfallhaftpflichtrecht, 16. Aufl. (2014)

Teil I

Veräußerungsverträge

§ 1 Wesen und Gegenstand des Kaufvertrags

Praxiskauf-Fall 1: Rechtsanwalt Dr. X will sich zur Ruhe setzen; er verkauft deshalb seine Praxis an den jungen Assessor Y für € 100 000,–. Welche Rechte hat Y, wenn sich Dr. X die Sache kurz nach Übergabe der Praxis an ihn noch einmal anders überlegt und in einem Nachbarhaus wieder eine eigene Praxis eröffnet? **Lösung Rn 14, § 2 Rn 12**

Literatur: Begr. z. RegE des Schuldrechtsmodernisierungsgesetzes (SMG), BT-Dr. 14(2001)/6040; *Beckmann*, Kauf, in: Eckpfeiler des Zivilrechts, 2014/2015, Kap. N (S. 909 ff); *Canaris*, in: E. Lorenz, Karlsruher Forum 2002: Schuldrechtsmodernisierung, 2003, S. 5; *Eckert/Maifeld/Mattiessen*, Hdb des Kaufrechts, 2. Aufl. (2014); *B. Grunewald*, Kaufrecht, 2006; *Leible*, Kaufvertrag, in: Gebauer/Wiedmann, Zivilrecht unter europäischem Einfluss, 2. Aufl. (2010), S. 403; *Oetker/Maultzsch*, Vertragliche Schuldverhältnisse, 4. Aufl. (2013), § 2 (S. 135 ff); *Reinicke/Tiedtke*, Kaufrecht, 8. Aufl. (2009).

I. Überblick

Als **Besonderes Schuldrecht** bezeichnet man üblicherweise die in dem achten Abschnitt des zweiten Buchs des BGB geregelten „einzelnen Schuldverhältnisse", die grundsätzlich auf Vertrag oder auf Gesetz (s. § 311 Abs. 1), in Ausnahmefällen auch auf einseitigen Erklärungen einer Partei beruhen können (s. insbesondere die §§ 657 und 661a). 1

Die gesetzliche Regelung beginnt in den §§ 433 bis 808 mit verschiedenen vertraglichen Schuldverhältnissen. Die wichtigsten hier erfassten **Vertragstypen** sind die Veräußerungsverträge, die Gebrauchsüberlassungsverträge, Verträge über die Tätigkeit einer Person, sichernde und bestärkende Verträge sowie Gesellschaften. Innerhalb dieser Vertragstypen wird sodann meistens danach unterschieden, ob es sich um einen entgeltlichen oder unentgeltlichen Vertrag handelt. Folgerichtig trennt das BGB bei den uns hier zunächst interessierenden Veräußerungsverträgen gleichfalls zwischen Kauf und Tausch auf der einen Seite und der Schenkung auf der anderen Seite. 2

Als **Veräußerungsverträge** bezeichnet man Verträge, die auf die **endgültige** (dauernde) **Übertragung** eines Gegenstandes von einer Person auf eine andere gerichtet sind. Grundtypus ist der Kauf. Die Veräußerungsverträge müssen vor allem von den Gebrauchsüberlassungsverträgen unterschieden werden, die wie die Miete oder die Pacht lediglich die **vorübergehende** Überlassung eines Gegenstandes von einer Person an eine andere zum Gegenstand haben (vgl die §§ 433 und 535, 581). 3

II. Geschichte

4 Der Kaufvertrag bildet die Grundform, in der sich in einer entwickelten Volkswirtschaft der Warenaustausch gegen Geld vollzieht. Er überragt deshalb an praktischer **Bedeutung** alle anderen Verträge so sehr, dass die Vorschriften des Allgemeinen Teils des BGB zur Rechtsgeschäftslehre und die des so genannten Allgemeinen Teils des Schuldrechts, insbesondere zu den Leistungsstörungen, in langer Tradition im Wesentlichen an seinem Beispiel entwickelt worden sind.

5 Die **gesetzliche Regelung** des Kaufvertrages ergibt sich in erster Linie aus den §§ 433–479. Diese Vorschriften sind in drei Untertitel aufgeteilt. Der erste Untertitel enthält die allgemeinen Vorschriften für den Kauf von Sachen, Rechten und sonstigen Gegenständen (§§ 433–453), während in dem zweiten Untertitel besondere Erscheinungsformen des Kaufs wie z. B. der Wiederkauf geregelt sind (§§ 454–473). Der dritte Untertitel enthält schließlich die besonderen Vorschriften für den Verbrauchsgüterkauf (§§ 474–479). Die geltende Fassung der genannten Vorschriften beruht auf dem Gesetz vom 20.9.2013 (BGBl. I, 3642) zur Umsetzung der **Verbraucherrechte-Richtlinie** von 2011.[1] Ergänzende Vorschriften finden sich vor allem noch im HGB für den Handelskauf (§§ 373–382 HGB) sowie für internationale Kaufverträge in dem UN-Kaufrecht (s. u. § 6 Rn 44 ff).

6 Die Vorschriften des BGB über den Kaufvertrag haben durch das **Schuldrechtsmodernisierungsgesetz** (SMG) von 2001 eine tiefgreifende Umgestaltung erfahren. Ausgelöst wurde diese Reform durch verschiedene **Richtlinien** der Europäischen Union, an die das deutsche Recht bis zum Ende des Jahres 2001 anzupassen war. Die wichtigste war die sogenannte **Verbrauchsgüterkauf-Richtlinie** von 1999[2], mit der bezweckt wurde, das Recht des Verbrauchsgüterkaufs in der Europäischen Union zu vereinheitlichen, um den Verbrauchern im europäischen Binnenmarkt überall denselben Rechtsschutz zu gewähren[3]. Dieses Ziel wurde indessen wegen der unterschiedlichen Umsetzung der genannten Richtlinie in den Mitgliedstaaten letztlich nicht erreicht.

6a Die Kommission hat aus diesem Grund im Oktober 2011 den Vorschlag einer **Verordnung zum Gemeinsamen Europäischen Kaufrecht** vorgelegt.[4] Der Entwurf besteht aus zwei Teilen, einer Verordnung, die den Anwendungsbereich des geplanten europäischen Kaufrechts regeln soll, und einem umfangreichen Anhang mit dem geplanten einheitlichen Kaufrecht, allgemein **GEKR** abgekürzt. Zweck des Vorschlags, der großes Aufsehen erregt hat, ist es in erster Linie, kleinen und mittleren Unternehmen sowie Verbrauchern die Möglichkeit zu eröffnen, bei grenzüberschreitenden Kaufverträgen in der Europäischen Union überall auf dasselbe Kaufrecht anstelle der bisherigen unterschiedlichen nationalen Kaufrechte zurückgreifen zu können, wovon

1 ABl Nr L 304/64; s. dazu die Begr. zu dem Umsetzungsgesetz, BT-Dr 17/12637; *Förster*, ZIP 2014, S. 1569; *Gsell*, in: Eckpfeiler, 2014, Rn L 1 ff (S. 797 ff); *Martinek*, dass. Rn A 180 ff (S. 133 ff).

2 ABl. 1999 Nr L 171/12 = EuZW 1999, S. 498; s. dazu mit Nachw. *Doehner*, Die Schuldrechtsreform vor dem Hintergrund der Verbrauchsgüterkauf-Richtlinie, 2004.

3 S. die Erwägungsgründe Nrn 3 ff zu der Richtlinie (vorige Fn).

4 KOM (2011) 635 endg., auch abgedruckt in: *Schulte-Nölke u. a.*, Der Entwurf für ein optionales europäisches Kaufrecht, 2012.

man sich eine erhebliche Einsparung so genannter Transaktionskosten verspricht[5]. Zu diesem Zweck soll in allen nationalen Rechtsordnungen der EU neben das herkömmliche nationale Kaufrecht, in Deutschland also neben die §§ 433 ff, als zweites nationales Kaufrecht das GEKR treten, so dass dann insbesondere die Verbraucher sowie kleine und mittlere Unternehmen (KMU) anstelle des jeweils nach internationalem Privatrecht zur Anwendung berufenen nationalen Kaufrechts bei grenzüberschreitenden Verträgen das einheitliche europäische Kaufrecht als maßgebliche Rechtsordnung wählen können. Durch das nationale Recht soll dessen Anwendungsbereich außerdem auch auf innerstaatliche Verträge sowie auf Verträge allein zwischen großen Unternehmen erstreckt werden können.

III. Gegenstand

1. Sachen, Rechte und sonstige Gegenstände

Nach § 433 Abs. 1 S. 1 wird der Verkäufer einer *Sache* verpflichtet, dem Käufer die 7
Sache zu übergeben und das Eigentum an ihr zu verschaffen. § 453 Abs. 1 fügt hinzu, dass die Vorschriften über den Kauf von Sachen (§§ 433 ff) auf den Kauf von *Rechten* und *sonstigen Gegenständen* entsprechende Anwendung finden. Kaufverträge können sich folglich auf **sämtliche Gegenstände** beziehen, die im wirtschaftlichen Verkehr überhaupt gehandelt werden. **Beispiele** sind neben Sachen insbesondere gewerbliche Schutzrechte, dingliche Rechte und Forderungen, ferner Sach- und Rechtsgesamtheiten wie Unternehmen und freiberufliche Praxen (u. § 2 Rn 12), weiter Elektrizität und Fernwärme, ungeschützte Erfindungen, technisches Know-how, Werbeideen, bloße Chancen und Gewinnmöglichkeiten (Rn 12) sowie noch Standardsoftware, während Verträge über die Erstellung auf die besonderen Bedürfnisse des Abnehmers zugeschnittener Individualsoftware üblicherweise als Werkverträge eingestuft werden[6].

In vielen der genannten Fälle (Rn 7) passt freilich die in erster Linie auf den Sachkauf 8
zugeschnittene gesetzliche Regelung der §§ 433 ff, wenn überhaupt, so nur mit erheblichen Modifikationen. Es liegt z. B. auf der Hand, dass für den Verkauf von Energie oder von bloßen Werbeideen andere Regeln als etwa für einen Autokauf gelten müssen. Die unvermeidliche Folge ist, dass sich im Laufe der Zeit im Verkehr für zahlreiche Typen von Kaufverträgen spezielle Regeln in Ergänzung der gesetzlichen Vorschriften entwickelt haben, auf die hier nur hingewiesen werden kann.

2. Künftige Sachen

Gegenstand eines Kaufvertrags können insbesondere auch künftige Sachen sein. Vor 9
allem drei Fallgestaltungen muss man hier unterscheiden: Ist mit Sicherheit anzunehmen, dass der fragliche Gegenstand in absehbarer Zeit entstehen wird, handelt es

5 S. dazu z. B. *Staudinger/Beckmann*, BGB, 2014, Vorbem. zu §§ 433 Rn 119–137; *Schmidt-Kessel* (Hrsg.), Ein einheitliches europäisches Kaufrecht?, 2012; *Staudenmayer*, NJW 2011, S. 3491; *Graf v. Westphalen*, ZIP 2011, S. 1985.

6 S. u. § 10 Rn 2; BGHZ 102, S. 135 (139 ff) = NJW 1988, S. 406; BGHZ 109, S. 97 (99) = NJW 1990, S. 320.

sich z. B. um ein Exemplar aus der laufenden Produktion des Verkäufers, so liegt ein normaler Kaufvertrag vor, bei dem lediglich die **Fälligkeit** der beiderseitigen Leistungspflichten **hinausgeschoben** ist. Anders verhält es sich dagegen, wenn mit der Entstehung der Sache nicht mit Sicherheit gerechnet werden kann wie etwa bei einem Vertrag über die zukünftige Ernte auf dem Halm oder über das nächste Fohlen einer Stute. In diesem Fall wird der Vertrag idR aufschiebend bedingt sein, sodass er erst mit Entstehung der Sache wirksam wird (sog. **emptio rei speratae**).

10 Wieder anders steht es, wenn schon jetzt sofort und unbedingt die bloße **Chance** der zukünftigen Entstehung der Sache veräußert wird (sog. Hoffnungskauf oder **emptio spei**). Ein Beispiel ist der Kauf eines Loses vor dessen Ziehung. Ein derartiger Vertrag ist wirksam, selbst wenn die Sache später nicht entsteht, wenn sich etwa das Los in der späteren Ziehung als Niete erweist. Ist von vornherein sicher, dass die Sache nicht mehr entstehen wird, ist z. B. im Augenblick des Verkaufs das Los bereits gespielt worden und dabei ausgefallen, so ändert dies, sofern es sich nicht bei dem Vertrag in Wirklichkeit um einen Spielvertrag handelt (§ 762), nichts an der Wirksamkeit des Vertrages (§ 311a Abs. 1), sodass der Verkäufer gegebenenfalls nach § 311a Abs. 2 haftet.

IV. Kaufvertrag und Übereignung

11 Der Kaufvertrag begründet, wie aus § 433 Abs. 1 S. 1 zu entnehmen ist, lediglich die **Verpflichtung** des Verkäufers zur Übertragung des verkauften Gegenstandes, sodass durch den bloßen Abschluss des Kaufvertrages allein das Eigentum an der verkauften Sache noch nicht auf den Käufer übergeht; hierzu bedarf es vielmehr nach den **§§ 925 und 929** noch eines weiteren, von dem Kaufvertrag zu trennenden dinglichen Vertrages (sogenanntes **Trennungsprinzip**). Die Folge ist vor allem, dass dieselbe Sache **mehrfach verkauft** werden kann. Eigentümer wird dann derjenige, an den sie der Verkäufer schließlich übereignet. Der andere Käufer hat das Nachsehen, selbst wenn er die Sache als Erster gekauft hatte. Eine abweichende Beurteilung kommt nur in Betracht, wenn Verkäufer und Zweiterwerber zu seinem Nachteil in sittenwidriger Weise zusammengewirkt haben (§ 826)[7].

12 Selbst im Falle des sogenannten **Barkaufs**, bei dem, äußerlich betrachtet, Kauf und Übereignung zusammenzufallen scheinen, muss man doch nach dem Gesagten (Rn 11) zwischen Kaufvertrag und Übereignung unterscheiden. Das wird z. B. deutlich, wenn der Verkäufer nicht Eigentümer der verkauften Sache war und der Käufer, etwa weil es sich um eine gestohlene Sache handelte (§ 935 Abs. 1), auch nicht gutgläubig Eigentum an ihr erwerben konnte. Dann ist klar, dass der Verkäufer seiner hier gleichfalls bestehenden Verpflichtung zur Verschaffung des Eigentums (§ 433 Abs. 1 S. 1) nicht nachgekommen ist und dafür dem Käufer einstehen muss (§§ 433 Abs. 1 S. 1, 311a Abs. 2).

---

7 Sog. Kollusion, s. u. § 24 Rn 16 sowie BGH, LM Nr 4 zu § 826 (Gf) BGB = NJW 1992, S. 2152 (2153).

Nach dem BGB ist das Verfügungsgeschäft außerdem in seiner Gültigkeit grundsätzlich von dem zugrundeliegenden Schuldverhältnis unabhängig (sog. **Abstraktionsprinzip**). Selbst wenn der Kaufvertrag nichtig ist, kann der Käufer daher aufgrund einer wirksamen Übereignung Eigentum an der verkauften Sache erwerben; die Rückabwicklung richtet sich dann nach Bereicherungsrecht (§ 812 Abs. 1 S. 1 Fall 1; u. § 16 Rn 6 ff). 13

In unserem **Fall 1** erwirbt Rechtsanwalt Y die Praxis des Dr. X nach dem Gesagten (o. Rn 10 ff) nicht automatisch mit Abschluss des Kaufvertrages. Die Praxis kann außerdem nicht als Ganzes auf einmal auf ihn übertragen werden; vielmehr müssen die einzelnen Bestandteile gesondert nach den jeweils für sie maßgeblichen Regeln übertragen werden. Der Eintritt des Erwerbers in den Mietvertrag bedarf überdies einer besonderen Vereinbarung mit dem Vermieter (s. § 540). Überhaupt nicht „übertragbar" ist schließlich die Chance auf Erhaltung der Klientel; die Verpflichtungen des Dr. X als Veräußerer der Praxis beschränken sich insoweit vielmehr darauf, alles zu tun, was erforderlich ist, damit der Erwerber diese Chance selbst wahrnehmen kann[8]. Sozusagen als Kehrseite gehört dazu seine Verpflichtung, alles zu unterlassen, was den Erwerber dabei stören könnte (§§ 241 Abs. 2, 242). Deshalb ergibt sich aus einem Kaufvertrag über eine Praxis idR zugleich ein (zeitlich und räumlich begrenztes) **Konkurrenzverbot** für den Veräußerer[9]. Bei einem Verstoß des Veräußerers gegen dieses Konkurrenzverbot kann der Erwerber in erster Linie Unterlassung verlangen; weitergehende Rechte können sich von Fall zu Fall aus den §§ 280, 282 und 324 ergeben. 14

§ 2 Übersicht über die Pflichten der Parteien

I. Pflichten des Verkäufers

1. Überblick

Die wichtigsten Pflichten des **Verkäufers einer Sache** zählt das Gesetz in den S. 1 und 2 des § 433 Abs. 1 auf. Nach **S. 1 des § 433 Abs. 1** ist der Verkäufer einer Sache zunächst verpflichtet, dem Käufer die Sache zu übergeben und das Eigentum an ihr zu verschaffen (u. Rn 3 ff). Verletzt der Verkäufer eine dieser Pflichten, so richten sich die Rechtsfolgen nach den allgemeinen Vorschriften über Leistungsstörungen; Besonderheiten bestehen insoweit *nicht* (s. u. § 3 Rn 1 ff). Anders verhält es sich dagegen mit der weiteren Pflicht des Verkäufers, die Sache dem Käufer frei von Sach- und Rechtsmängeln zu verschaffen **(S. 2 des § 433 Abs. 1)**, da bei einer Verletzung dieser Pflicht nach Gefahrübergang – mit Vorrang vor den allgemeinen Vorschriften über Leistungsstörungen – die besonderen Vorschriften über die Sach- und Rechtsmängelhaftung des Verkäufers eingreifen (§§ 434 ff; Rn 2), während es vor Gefahrübergang auch insoweit bei den allgemeinen Vorschriften über Leistungsstörungen verbleibt (Rn 2). 1

8 BGHZ 168, S. 220 = NJW 2006, S. 2847; BGH, LM Nr 62 zu § 705 BGB (Bl. 3R) = WM 1995, S. 1536 (1539).
9 BGHZ 16, S. 71 (76 ff) = NJW 1955, S. 337.

2 Die gesetzliche Regelung der Mängelhaftung des Verkäufers beginnt in den §§ 434 und 435 mit einer Definition der Begriffe des Sach- und Rechtsmangels (s. u. § 4 Rn 7, 33 ff). Liegt danach ein **Mangel** des Kaufgegenstandes vor, so handelt es sich zwar mit Rücksicht auf § 433 Abs. 1 S. 2 an sich um eine **Pflichtverletzung** des Verkäufers iS der §§ 280 ff. Die sich daraus ergebenden Rechte des Käufers unterliegen jedoch vom Augenblick des Gefahrübergangs an (s. § 434 Abs. 1 S. 1 und dazu u. § 3 Rn 11 ff) aufgrund des **§ 437** verschiedenen **Modifikationen**, mit denen die allgemeinen Regeln über Leistungsstörungen den Besonderheiten des Kaufs angepasst werden sollen (s. im Einzelnen u. § 5 Rn 2 f). Hervorzuheben sind der grundsätzliche Vorrang der Nacherfüllung (§ 439) vor den anderen Käuferrechten Rücktritt, Minderung, Schadensersatz und Aufwendungsersatz (§§ 440 f), die besondere Regelung der Verjährung in § 438 sowie der Ausschlusstatbestand des § 442. Alle genannten Vorschriften gelten gemäß **§ 453 Abs. 1** grundsätzlich auch für den Kauf von Rechten und sonstigen Gegenständen (s. im Einzelnen u. Rn 9 ff).

2. Übereignung

3 Den Verkäufer einer Sache trifft nach **§ 433 Abs. 1 S. 1** zunächst die für den Kauf konstituierende Pflicht, dem Käufer das Eigentum an der Sache zu verschaffen, sodass er erst erfüllt hat, wenn der Käufer tatsächlich das Eigentum an der Sache erworben hat. Eingeschlossen in diese **Rechtsverschaffungspflicht** ist die Verpflichtung des Verkäufers, alles zu tun, was erforderlich ist, um den von ihm geschuldeten Erfolg herbeizuführen, soweit dies überhaupt in seiner Macht steht. Bei Verträgen über Grundstücke hat er deshalb z. B. alle Handlungen vorzunehmen, von denen die Eintragung des Käufers im Grundbuch abhängt[1]. Steht er noch nicht im Grundbuch, so muss er sich zunächst selbst voreintragen lassen, weil ohne solche Voreintragung die Eintragung des Käufers grundsätzlich nicht möglich ist (§ 39 GBO)[2].

4 Die Verpflichtung des Verkäufers, dem Käufer Eigentum an der verkauften Sache zu verschaffen, ist – im Sinne der herkömmlichen Terminologie – eine **Hauptleistungspflicht**, die ebenso wie die Übergabepflicht (Rn 5) im Austauschverhältnis mit der Zahlungspflicht des Käufers steht (Rn 6), so dass der Käufer nicht zu zahlen braucht, solange der Verkäufer nicht den genannten beiden Pflichten nachgekommen ist (**§ 320 Abs. 1**). Bei sonstigen **Verstößen** des Verkäufers gegen diese Pflicht greifen ebenfalls die allgemeinen Vorschriften über Leistungsstörungen ein (§§ 275, 280, 323 ff; s. u. § 3 Rn 4 ff).

3. Übergabe

5 Gleichberechtigt neben der Verpflichtung des Verkäufers zur Übereignung der verkauften Sache (o. Rn 3 f) steht seine Verpflichtung zur Übergabe der Sache an den Käufer (§ 433 Abs. 1 S. 1). Übergabe bedeutet gemäß § 854 Abs. 1 **Verschaffung des unmittelbaren Besitzes**. Dies gilt, wie besonderer Hervorhebung bedarf, auch im Falle des Versendungskaufs (u. § 3 Rn 21 ff), sodass der Verkäufer hier ebenfalls erst

1 BGHZ 174, S. 61 (69 f, Tz 32 f) = NJW 2007, 3777 (3779).
2 Vgl RGZ 118, S. 101; BGH (vorige Fn).

erfüllt hat, wenn der Käufer von der Transportperson (z. B. der Bahn oder dem Spediteur) den Besitz der Sache tatsächlich erlangt hat; die Übergabe an die Transportperson genügt dafür noch nicht[3]. Immer braucht der Käufer also nur Zug um Zug gegen Übergabe der Sache zu zahlen (§ 320 Abs. 1), sofern die Parteien nicht (wie häufig beim Handelskauf) etwas anderes vereinbart haben, z. B. durch die Klausel: „Kasse gegen Dokumente".

II. Pflichten des Käufers

Die für den Kaufvertrag kennzeichnende Hauptleistungspflicht des Käufers ist seine Pflicht zur **Bezahlung** des Kaufpreises (§ 433 Abs. 2). Besonderheiten gelten insoweit nicht. Der Zahlungsverzug des Käufers dürfte ohnehin der wichtigste Anwendungsfall der §§ 280 Abs. 2, 281 und 286 sein. Voraussetzung ist freilich, dass die dem Käufer vom Verkäufer in Annahmeverzug begründender Weise angebotene Sache **mangelfrei** ist (§§ 293, 294). Fehlt es daran, so kann der Käufer die Sache ablehnen, ohne in Verzug zu geraten (§ 320; s. § 3 Rn 10). Besteht die Gegenleistung des Käufers nicht in Geld, sondern ebenfalls in der Leistung einer Sache, so handelt es sich nicht mehr um einen Kaufvertrag, sondern um einen **Tausch**, der jedoch in jeder Hinsicht ebenso wie ein Kauf behandelt wird (§ 480; u. § 6 Rn 50). Davon zu unterscheiden ist die Befugnis des Käufers, seine Kaufpreisschuld nach seiner Wahl auch durch Leistung einer Sache „in Anrechnung auf den Kaufpreis" zu tilgen. Paradigma ist der Kauf eines neuen Kraftfahrzeugs, bei dem sich der Verkäufer auf Wunsch des Käufers bereit erklärt, dessen altes Fahrzeug „in Zahlung zu nehmen". Es liegt dann ein einheitlicher Kaufvertrag mit **Ersetzungsbefugnis** des Käufers vor, sodass sich die Haftung des Käufers für etwaige Mängel des in Zahlung gegebenen Gebrauchtwagens wiederum nach Kaufrecht richtet (§ 365)[4]. Tritt andererseits der Käufer wegen Mängeln des gekauften neuen Fahrzeugs zurück (§§ 437 Nr. 2, 323), so kann er (nur) Rückzahlung des von ihm gezahlten Teiles des Kaufpreises und im Übrigen Rückgabe des in Zahlung gegebenen alten Fahrzeugs verlangen (§ 346).[5] Dieser Fall darf nicht mit dem verbreiteten **Agenturgeschäft** verwechselt werden, bei dem der Verkäufer lediglich als *Vermittler* für den Weiterverkauf des Gebrauchtwagens des Käufers auftritt (dazu u. § 6 Rn 1 f). 6

Neben der Zahlungspflicht erwähnt § 433 Abs. 2 als weitere Pflicht des Käufers die zur **Abnahme** der gekauften Sache. Die Abnahme stellt daher eine echte Schuldnerpflicht dar mit der Folge, dass der Käufer durch die Unterlassung der Abnahme nicht nur in Gläubiger-, sondern auch in Schuldnerverzug geraten kann (§§ 286, 293). Die Rechte des Verkäufers bestimmen sich dann in erster Linie nach den §§ 280, 281, 286 und 323. 7

3 Wohl aber jenseits des Verbrauchsgüterkaufs (s. § 474 Abs. 2 und dazu u. § 3 Rn 24) gemäß § 447 für den Übergang der Gefahr des zufälligen Untergangs der Sache auf dem Transport (BGHZ 1, S. 4 [6 ff] = NJW 1951, S. 109).

4 BGHZ 89, S. 126 = NJW 1984, S. 429 = JuS 1984, S. 302 Nr 3; BGHZ 175, S. 286 (290, 292, Tz 12, 16) = NJW 2008, S. 2028.

5 OLG Hamm, NJW-RR 2009, 1505 (1506).

III. Nebenpflichten

8 Aus jedem Vertrag können sich für die Parteien unterschiedliche Nebenpflichten ergeben (§§ 241 Abs. 2, 242). Die Haftung für die Verletzung dieser Pflichten richtet sich auch beim Kauf nach den allgemeinen Vorschriften (s. § 3 Rn 3). Gesetzlich geregelte Beispiele finden sich in den **§§ 446 S. 2, 448 und 453 Abs. 2**. Den *Verkäufer* treffen danach insbesondere die Übergabekosten (§ 448 Abs. 1) sowie beim Rechtskauf die Kosten der Begründung und der Übertragung des Rechts (§ 453 Abs. 2). Dagegen muss der *Käufer* ab Übergabe die Lasten tragen (§ 446 S. 2); dasselbe gilt für die Beurkundungs- und Grundbuchkosten (§ 448 Abs. 2) sowie beim Versendungskauf für die Versandkosten (§ 448 Abs. 1). Weitere Nebenpflichten können sich für beide Parteien je nach den Umständen des Falles aus den **§§ 241 Abs. 2 und 242** ergeben. Besondere Bedeutung haben insoweit neben den mit jedem Vertrag verbundenen Schutz- und Fürsorgepflichten die **Aufklärungs- und Informationspflichten** des Verkäufers, etwa bei dem Verkauf komplizierter und gefährlicher Gerätschaften (s. u. § 5 Rn 46).

IV. Rechtskauf

9 Nach **§ 453 Abs. 1** finden die Vorschriften über den Kauf von Sachen (§§ 433 ff; o. Rn 1 ff) auf den Kauf von Rechten und sonstigen Gegenständen wie z. B. Unternehmen entsprechende Anwendung. Ist ein Recht verkauft, das zum Besitz einer Sache berechtigt, so ist der Verkäufer außerdem verpflichtet, dem Käufer diese Sache frei von Sach- und Rechtsmängeln zu übergeben (**§ 453 Abs. 3**; s. u. Rn. 11). Beispiele für derartige Rechte sind das Wohnungsrecht (§ 1093), der Nießbrauch (§§ 1036, 1059), das Erbbaurecht sowie das Mietrecht, sofern ausnahmsweise übertragbar (§§ 535, 540).

10 Die Haftung des Verkäufers für den Bestand des Rechts bei Vertragsabschluss richtet sich nach § 311a Abs. 2, sodass ihn heute (anders als früher, s. § 437 aF) **keine Garantiehaftung** mehr für den Bestand des Rechts trifft. Besteht das Recht zwar, ist es aber nicht übertragbar oder mit Rechten Dritter belastet, so handelt es sich um einen **Rechtsmangel** (§§ 453 Abs. 1, 435), sodass nach Übertragung des Rechts die besonderen Gewährleistungsregeln der §§ 437 ff eingreifen, während in der Zeit vor Übertragung des Rechts die allgemeinen Vorschriften über Leistungsstörungen anwendbar bleiben (s. u. § 4 Rn 33 ff).

11 In besonderen Fallgestaltungen kommt ergänzend eine Anwendung der Vorschriften über **Sachmängel** in Betracht. Den ersten Fall hebt das Gesetz bereits selbst in **§ 453 Abs. 3** hervor, nach dem bei Verkauf eines Rechts, das **zum Besitz einer Sache berechtigt** (Rn 9), der Verkäufer verpflichtet ist, dem Käufer die *Sache* frei von Sach- und Rechtsmängeln zu übergeben. Kann z. B. der Erwerber eines Erbbaurechts infolge öffentlich-rechtlicher Baubeschränkungen nicht wie bei Vertragsabschluss vorausgesetzt bauen, so stehen ihm die Rechte wegen Sachmängeln zu (§§ 453 Abs. 3, 434, 437 ff)[6].

6 S. BGHZ 96, S. 385 (387) = NJW 1986, S. 1605.

Raum für die Anwendung der Vorschriften über Sachmängel ist ferner, wenn sich hinter dem Rechtskauf in Wirklichkeit ein **Sachkauf** verbirgt. Paradigma ist der **Unternehmenskauf**. Ein Unternehmen stellt im Regelfall eine Sachgesamtheit dar, d. h. einen Inbegriff von beweglichen und unbeweglichen Sachen, Rechten und Chancen. Solche Sachgesamtheiten können ebenso wie einzelne Sachen oder Rechte Gegenstand des Rechtsverkehrs sein (§ 453 Abs. 1; s. o. § 1 Rn 7 f). In der Praxis haben sich dafür zwei unterschiedliche Fallgestaltungen herausgebildet, je nachdem, ob Gegenstand des Vertrages das Unternehmen selbst (**„asset deal"**) oder eine *maßgebliche* Beteiligung an der als Unternehmensträger fungierenden Gesellschaft ist (**„share deal"**)[7]. Gleichgültig, welchen Weg die Parteien wählen, auf jeden Fall finden auf derartige Verträge nach **§ 453 Abs. 1** die §§ 434 ff über die Haftung des Verkäufers für Rechts- und Sachmängel „entsprechende Anwendung" (s. o. Rn 11), soweit nicht die Parteien – wie in der Praxis weithin üblich – in dem Kaufvertrag umfangreiche abweichende Regelungen über die beiderseitigen Garantien und Haftungsausschlüsse getroffen haben. 12

§ 3 Haftung des Verkäufers bei Verletzung der Pflichten aus § 433 Abs. 1 S. 1

Vasen-Fall 2: Kunsthändler V besitzt drei wertvolle chinesische Vasen, die sein Freund K schon seit langem erwerben möchte. Anlässlich eines Besuchs bei K lässt sich V endlich überreden, dem K die drei Vasen zu verkaufen. Als er am nächsten Tag nach Hause zurückkehrt, muss er feststellen, dass sein kleiner Sohn die erste Vase bereits vor einer Woche zerbrochen hat, dass die zweite Vase gestohlen worden ist und dass seine Frau, die von ihm während seiner Abwesenheit Vertretungsmacht hatte, die dritte Vase soeben an den X verkauft und übereignet hat. K möchte wissen, welche Rechte er hinsichtlich der einzelnen Vasen hat. **Lösung Rn 5, 6, 9**

Glastransport-Fall 3: V verkauft dem K unter Eigentumsvorbehalt zwei Wagenladen Spiegelglas, die noch bei der Herstellerin X lagern. Nach den Geschäftsbedingungen des V erfolgt der Transport auf Kosten und Gefahr des Käufers K. Auf Bitten des K betraut V den Spediteur S mit dem Transport des Glases von der X zu K. Unmittelbar nach Ankunft des Glases bei K wird es dort durch einen Brand zerstört, dessen Ursache nicht mehr aufzuklären ist. Kann V Zahlung des Kaufpreises verlangen? Wie ist die Rechtslage, wenn das Glas auf dem Transport von der Herstellerin X zu K durch einen von einem Dritten oder von dem Fahrer F des S verschuldeten Unfalls zerstört wird? Ändert sich die rechtliche Beurteilung, wenn V den Transport durch eigene Leute durchführen ließ? **Lösung Rn 11, 20, 27, 28**

I. Überblick

Die Rechtsfolgen bei **Verstößen** des Verkäufers **gegen** seine **Pflichten aus S. 1 des § 433 Abs. 1** richten sich nach den **allgemeinen Vorschriften** über Leistungsstörungen, d. h. je nach Art der Pflichtverletzung nach den §§ 275, 280, 281, 283, 284, 286 1

7 Ein Beispiel in OLG Köln, ZIP 2009, S. 2063.

und 320 ff (o. § 2 Rn 1 ff). Entscheidend ist mit anderen Worten in erster Linie, ob es sich um einen Fall der anfänglichen oder der nachträglichen Unmöglichkeit oder der Leistungsverzögerung handelt und welche Partei gegebenenfalls die Leistungsstörung zu vertreten hat (s. im Einzelnen u. Rn 4 ff). Ergänzend zu berücksichtigen sind im vorliegenden Zusammenhang aus dem Kaufrecht insbesondere die **§§ 446, 447 und 474 Abs. 4 nF**, die unter bestimmten Voraussetzungen einen vorzeitigen Übergang der Preis- oder Gegenleistungsgefahr auf den Käufer vorsehen (dazu u. Rn 11 ff). Eine schematische **Übersicht** über sämtliche relevanten Fallgestaltungen findet sich im Anhang zu § 5 (s. u. § 5 Rn 57 [S. 61 f]).

2 Anders ist die Rechtslage dagegen bei **Sach- und Rechtsmängeln** iS der §§ 434 f, für die das Gesetz in den **§§ 437 ff** (erst) für die Zeit **nach Gefahrübergang** besondere Vorschriften enthält (s. schon o. § 2 Rn 2 sowie im Einzelnen u. § 5). **Vor** Gefahrübergang bleibt es dagegen auch insoweit bei der Geltung der **allgemeinen Vorschriften** im Falle einer Pflichtverletzung.

3 Wieder andere Regeln gelten bei der **Verletzung von Nebenpflichten** des Verkäufers, wobei vor allen an die Verletzung von Instruktions- oder Warnpflichten zu denken ist (s. o. § 2 Rn 8). Für die Rechtsfolgen der Verletzung derartiger Nebenpflichten seitens des Verkäufers spielt der Zeitpunkt des Gefahrübergangs keine Rolle; die Rechte des Käufers bestimmen sich vielmehr in jedem Fall *allein* nach den **allgemeinen Vorschriften** über Leistungsstörungen (§§ 241 Abs. 2, 276, 280, 282 und 324; s. § 2 Rn 8).

II. Anfängliche Leistungsstörungen

4 Eine anfängliche Leistungsstörung liegt vor, wenn die Leistung des Schuldners bereits im **Augenblick des Vertragsabschlusses unmöglich** im Sinne des § 275 Abs. 1 bis 3 ist. Paradigma ist der Fall, dass der Verkäufer entgegen § 433 Abs. 1 S. 1 dem Käufer **kein Eigentum** an der verkauften Sache zu verschaffen vermag, etwa, weil sie bereits vor Vertragsabschluss zerstört wurde oder weil sie einem Dritten gestohlen wurde, so dass der Käufer auch nicht gutgläubig Eigentum an der Sache erwerben kann (§§ 932 und 935, u. § 4 Rn 35). Die Rechte des Käufers bestimmen sich folglich in diesem Fall nach den allgemeinen Vorschriften über Leistungsstörungen und nicht etwa nach den besonderen Vorschriften über Sach- oder Rechtsmängel (§§ 435, 437).

5 Aus unserem **Vasen-Fall 2** gehört hierher der Verkauf der ersten Vase, da die Erfüllung eines Kaufvertrages über eine schon bei Vertragsabschluss zerstörte Spezies aus naturgesetzlichen Gründen unmöglich ist (§ 275 Abs. 1). Gleich steht der Verkauf der zweiten Vase, sofern sich der Diebstahl bereits vor Vertragsabschluss zugetragen haben sollte und der Dieb unauffindbar ist.

6 Die **Rechtsfolgen** richten sich folglich in den genannten Fällen in erster Linie nach den **§§ 275, 311a und 326**, wobei heute (anders als früher) nicht mehr zwischen objektiver und subjektiver Unmöglichkeit (Unvermögen) unterschieden wird[1]. Der Ver-

1 BGHZ 174, S. 61 (68, Tz 37 ff) = NJW 2007, S. 3777 (3779).

trag bleibt vielmehr jetzt auch im Falle anfänglicher objektiver Unmöglichkeit grundsätzlich **wirksam** (§ 311a Abs. 1; anders § 306 a. F.). Der Verkäufer ist außerdem zum **Schadensersatz** statt der Leistung oder zum **Aufwendungsersatz** verpflichtet, wenn er das Leistungshindernis, in unserem **Vasen-Fall 2** also die Zerstörung der Sache oder deren Diebstahl, bei Vertragsabschluss *kannte oder kennen musste* (§ 311a Abs. 2 in Verb. mit § 276, 284). Darüber hinaus entfällt die Verpflichtung des Käufers zur Erbringung der Gegenleistung (§ 326 Abs. 1); zusätzlich hat er ein Rücktrittsrecht (§ 326 Abs. 5).

Ebenso ist die Rechtslage, wie sich aus § 311a Abs. 2 S. 3 in Verb. mit § 281 Abs. 1 S. 3 ergibt, wenn die verkaufte Sache schon **von Anfang an** mit einem nicht ganz unerheblichen, **unbehebbaren Mangel** behaftet ist. Man spricht dann häufig auch von **anfänglicher qualitativer Teilunmöglichkeit**[2]. Ein Beispiel ist ein Kaufvertrag über das Bild eines berühmten Malers, das sich nachträglich als Kopie erweist. Die Rechtsfolgen richten sich wiederum nach den **§§ 275, 311a und 326**. Der Verkäufer wird daher zwar frei (§§ 275 Abs. 1, 311a Abs. 1); der Käufer kann aber ohne Fristsetzung zurücktreten (§ 326 Abs. 5) *und* gegebenenfalls Schadensersatz statt der Leistung verlangen, sofern der Verkäufer den fraglichen Mangel, z. B. die Fälschung des Bildes, bei Vertragsabschluss kannte *oder* kennen musste (§§ 311a Abs. 2 S. 1, 325, 281 Abs. 1 S. 3 und 276). 7

III. Nachträgliche Leistungsstörungen

Von den anfänglichen Leistungsstörungen (o. Rn 4 ff) müssen die **nach Vertragsabschluss** eingetretenen Leistungsstörungen unterschieden werden. Die wichtigsten Fälle sind der nachträgliche Eintritt der Unmöglichkeit, z. B. durch Zerstörung der bereits verkauften (aber noch nicht übergebenen) Sache, sowie der Verzug des Verkäufers mit der Erfüllung seiner Pflichten aus **§ 433 Abs. 1 S. 1**. Die Rechtsfolgen richten sich dann vornehmlich nach den §§ 275, 280, 281, 283, 286, 323 und 326. Uneingeschränkt gilt dies beim Kauf freilich nur in der Zeit **vor** Gefahrübergang, weil **nach Gefahrübergang** ergänzend die **§§ 446, 447 und 474 Abs. 4** zu beachten sind, die unter bestimmten Voraussetzungen einen vorzeitiger Übergang der Preisgefahr auf den Käufer anordnen (s. dazu im Einzelnen u. Rn 11 ff). 8

Aus unserem **Vasen-Fall 2** gehört in den vorliegenden Zusammenhang insbesondere das Schicksal der dritten Vase, da es sich um einen Fall nachträglichen Unvermögens (subjektiver Unmöglichkeit) handelt, wenn eine bereits verkaufte Sache nochmals verkauft und übereignet wird (§ 275 Abs. 1 und 2). Die Rechtsfolgen ergeben sich folglich aus den §§ 283, 280 Abs. 1, 276 und 326. Nimmt man an, dass die Ehefrau des V als dessen Erfüllungsgehilfin zu behandeln ist, so kann K auch hinsichtlich der dritten Vase Schadensersatz statt der Leistung verlangen (§§ 283, 280 Abs. 1 und 278). 9

2 S. BGHZ 163, S. 234 (242 ff) = NJW 2005, S. 2852 (2854); im Einzelnen str., s. *Heiderhoff/Skamel*, JZ 2006, S. 383; *Heyers/Heuser*, NJW 2010, S. 3057; *Chr. Hofmann/Pammler*, ZGS 2004, S. 91; *Medicus/Lorenz* II, § 76; *Schall*, NJW 2011, S. 343; *Schopp*, in: Festschrift f. Kolhosser Bd. II, 2004, S. 619.

10 Ist die Erfüllung noch **möglich**, so kann der Käufer, immer in der Zeit **vor Gefahrübergang**(!), solange der Verkäufer seinen Pflichten nicht nachkommt, die Zahlung verweigern (§ 320 Abs. 1), den Verkäufer in **Verzug** setzen (§ 286) und Ersatz des Verzögerungsschadens verlangen (§ 280 Abs. 2). Nach fruchtloser Fristsetzung hat er ferner die Rechte aus § 281 oder § 284. Auch wenn die Sache mit einem Mangel behaftet ist, kann er sie nach dem Gesagten **zurückweisen**, ohne in Annahmeverzug zu geraten (§§ 294, 297; s. § 2 Rn 6), sodass es nicht zum Gefahrübergang kommt (s. die §§ 326 Abs. 2 Fall 2 und 446 S. 3; s. § 2 Rn 6). Bis der Mangel beseitigt ist, ist zugleich ein Verzug des Käufers ausgeschlossen (§§ 286 Abs. 4 und 320 Abs. 1). Der Käufer behält den **Erfüllungsanspruch** (§ 433 Abs. 1 S. 1 und 2), der, soweit es um die Beseitigung von Mängeln geht, nicht identisch mit dem Nacherfüllungsanspruch der §§ 437 Nr 1 und 439 ist, die richtiger Meinung nach erst ab Gefahrübergang eingreifen. Die Frage hat Bedeutung wegen der besonderen Restriktionen, denen (nur) der Nacherfüllungsanspruch aufgrund der §§ 438 und 442 unterliegt, nicht dagegen der allgemeine Erfüllungsanspruch, dessen Verjährung sich vielmehr nach den §§ 195 und 199 richtet.

IV. Gefahrübergang

Literatur: *Ernst*, in: Festschrift f. U. Huber, 2006, S. 165; *Filios*, Die Gefahrtragung beim Kauf (§ 446 BGB) im Rahmen des Synallagmas, 1964; *Hager*, Die Gefahrtragung beim Kauf, 1982.

1. Begriff

11 In dem **Glastransport-Fall 3** ist das Glas bei dem Käufer K zerstört worden, bevor V voll erfüllt hatte (Eigentumsvorbehalt!). Dadurch ist dem V die Erfüllung, ohne dass er dies zu vertreten hätte, nachträglich unmöglich geworden, da sich der Vertrag spätestens mit der Abnahme des Glases durch K auf diesen Posten beschränkt hatte (§ 243 Abs. 2). Folglich ist V frei geworden (§ 275 Abs. 1). Die Folge müsste an sich sein, dass der Käufer K den Kaufpreis nunmehr ebenfalls nicht mehr zu bezahlen bräuchte (§ 326 Abs. 1). Denn er erhält nicht, worauf er – eigentlich – nach § 433 Abs. 1 S. 1 Anspruch hat (do ut des).

12 Diese Verteilung der Preisgefahr erscheint indessen bei einem Kaufvertrag über bewegliche Sachen dann als unbillig, wenn die Unmöglichkeit erst eingetreten ist, nachdem der Käufer bereits den Besitz der Sache erlangt hatte, weil er von diesem Augenblick ab die „Verantwortung" für das Schicksal der Sache trägt. Deshalb enthält **§ 446 S. 1** für den genannten Fall eine Ausnahme von § 326 durch die Bestimmung, dass **mit** der **Übergabe** der verkauften Sache auch schon vor voller Erfüllung des Verkäufers die **Gefahr des zufälligen Unterganges** und einer **zufälligen Verschlechterung** auf den Käufer **übergeht**. Zum Verständnis dieser Regelung ist es notwendig, hier etwas weiter auszuholen[3]:

3 Vgl zum Folgenden auch Leistungsstörungen, § 9 I (S. 143 ff) sowie z. B. *Beckmann*, in: Eckpfeiler, 2014, Rn N 178 ff (S. 980 ff).

13 Bei gegenseitigen Verträgen muss man zwischen der Leistungs- und der Gegenleistungs- oder Preisgefahr unterscheiden: Bei der **Leistungsgefahr** geht es um die Frage, was geschehen soll, wenn einer Partei (hier dem Verkäufer V) die Erfüllung ihrer (Sachleistungs-)Pflicht **zufällig unmöglich** wird[4]. Diese Frage beantwortet grundsätzlich **§ 275 Abs. 1** dahin, dass die betreffende Partei, der Sachleistungs*schuldner*, beim Kauf also der Verkäufer, frei wird. Folglich ist es im Regelfall der (Sachleistungs-)Gläubiger (hier der *Käufer* K), der die Leistungsgefahr trägt; denn er verliert bei *zufälliger* Unmöglichkeit der Lieferung der verkauften Sache seinen Anspruch auf die (nicht mehr mögliche) Leistung des Verkäufers V.

14 Die Gegenleistungs- oder **Preisgefahr** regelt dagegen die Frage, was in diesem Fall, d. h. bei *zufälliger* Unmöglichkeit oder Verschlechterung der Sachleistung (o. Rn 13), aus der **Verpflichtung** des Sachleistungsgläubigers, **des Käufers K**, zur Erbringung der **Gegenleistung** wird. Für den Regelfall beantwortet diese Frage **§ 326 Abs. 1**, nach dem der Sachleistungsgläubiger (der Käufer) dann gleichfalls frei wird, sodass es grundsätzlich der (Sachleistungs-)Schuldner, in unserem Fall also der **Verkäufer V** ist, der die **Preisgefahr** tragen muss. Denn ihn trifft nach dem Gesagten das Risiko, bei nachträglicher zufälliger Unmöglichkeit oder Verschlechterung der Leistung den Anspruch auf die Gegenleistung ganz oder teilweise einzubüßen.

15 Das gilt indessen nur im Regelfall, da sich innerhalb und außerhalb des BGB verschiedene **Ausnahmen** von der geschilderten Verteilung der Preisgefahr finden (o. Rn 14), die dadurch gekennzeichnet sind, dass der Käufer (doch) „zahlen" muss, obwohl er nach § 275 den Anspruch auf die dem Verkäufer unmöglich gewordene Leistung verloren hat. Die wichtigsten Fälle finden sich in **§ 326 Abs. 2** sowie eben in den **§§ 446, 447** sowie § 474 Abs. 4 (vgl außerdem noch § 2380 BGB und § 56 S. 1 ZVG). Folglich ist es in diesen Fällen im Ergebnis der **Käufer** (und nicht wie im Regelfall der Verkäufer, s. o. Rn 14), der die **Preisgefahr** trägt, weil der Käufer hier zur Erbringung der von ihm geschuldeten Gegenleistung verpflichtet bleibt, obwohl er die Leistung des anderen Teils, des Verkäufers, infolge deren Unmöglichkeit nicht mehr verlangen kann (§ 275 Abs. 1).

16 Bei der Anwendung der genannten Vorschriften muss man beachten, dass die Frage der Preisgefahr von vornherein nur auftauchen kann, **solange** der Sachleistungsschuldner (der Verkäufer) überhaupt zur Leistung verpflichtet ist *und* ihm infolgedessen die **Erfüllung** seiner Leistungspflicht (noch) **unmöglich werden kann**. Der früheste Zeitpunkt, zu dem dies geschehen kann, ist folglich der des Vertragsabschlusses, da der Schuldner vorher nichts schuldet, während der späteste dafür in Betracht kommende Zeitpunkt der der vollständigen Erfüllung der Leistungspflicht durch den Schuldner ist. Das folgt einfach aus dem Umstand, dass seine Verpflichtung durch die Erfüllung erlischt (§ 362), sodass ihm ihre Erfüllung fortan auch nicht mehr unmöglich werden kann (sog **Erfüllungszeitraum**).

17 In den §§ 446, 447 und 474 Abs. 4 geht es mithin allein um die Frage, ob der *Käufer* **bei zufälligem Untergang oder** zufälliger **Verschlechterung** der Kaufsache **wäh-**

4 Bei Geldschulden kann diese Frage nicht auftauchen, weil bei ihnen Unmöglichkeit nicht vorstellbar ist.

rend des Erfüllungszeitraumes, d. h. *nach* Vertragsabschluss und *vor* voller Erfüllung seitens des Verkäufers (o. Rn 16), (ebenfalls) frei wird oder (trotz Unmöglichkeit oder Verschlechterung der Verkäuferleistung) zur Bezahlung des (vollen) Kaufpreises verpflichtet bleibt. Gemäß **§ 326 Abs. 1** müsste an sich der Verkäufer während **des ganzen Erfüllungszeitraumes** die Preisgefahr tragen, sodass der Käufer in jedem Fall der Unmöglichkeit der Leistung vor voller Erfüllung seitens des Verkäufers frei würde. Da dies jedoch unbillig ist, sobald der Käufer durch Übergabe zum „Herrn" der Kaufsache geworden ist, hat das Gesetz in **§ 446 S. 1** dem Käufer einer Sache die **Preisgefahr** schon **vom** Augenblick der **Übergabe ab** (und eben nicht erst ab voller Erfüllung durch den Verkäufer) auferlegt. Eine weitere Vorverlegung des Zeitpunktes des Gefahrübergangs findet sich für den Versendungskauf in § 447 und in § 474 Abs. 4 (dazu u. Rn 21 ff).

18 All dies gilt aber **nur**, um es zu wiederholen, für die Fälle einer **zufälligen Unmöglichkeit** der Erfüllung **oder** einer **zufälligen Verschlechterung** der Sache während des Erfüllungszeitraums[5]. Dagegen hat es ohne Rücksicht auf die §§ 446 und 447 bei der Anwendung der allgemeinen Vorschriften über gegenseitige Verträge (§§ 283, 326) sein Bewenden, wenn eine der beiden Parteien die **Unmöglichkeit oder Verschlechterung zu vertreten** hat: Ist dies der Käufer, so behält der Verkäufer bereits nach **§ 326 Abs. 2** Fall 1 den Anspruch auf die Gegenleistung (o. Rn 15). Ebenso verhält es sich, wenn sich der Käufer in **Annahmeverzug** befindet, weil es unbillig wäre, den Verkäufer in diesem Fall weiterhin mit der Preisgefahr zu belasten (§§ 326 Abs. 2 S. 1 Fall 2 und 446 S. 3). Trifft dagegen den Verkäufer ein Verschulden an dem Untergang oder der Verschlechterung der sich ja noch in seinem Besitz befindlichen Sache, so gelten allein die **§§ 281, 283, 323 und 326**[6]. Gleich steht der Fall, dass der Untergang oder die Verschlechterung der Sache gerade auf einem ihr anhaftenden Mangel beruht.

2. Übergabe (§ 446)

19 § 446 S. 1 knüpft den (vorzeitigen) Übergang der Preisgefahr (vor vollständiger Erfüllung) auf den Käufer in erster Linie an die „Übergabe" der verkauften Sache. Darunter ist nach dem Zusammenhang der §§ 433 Abs. 1 S. 1, 446 S. 1 und 854 grundsätzlich die **Verschaffung des unmittelbaren Besitzes** an der Kaufsache zu verstehen (s. o. § 2 Rn 6). Wird dem Käufer statt dessen vom Verkäufer nur der **mittelbare Besitz** verschafft (vgl §§ 930 und 931), so taucht das Problem des Übergangs der Preisgefahr von vornherein nicht auf, sofern der Verkäufer damit nach den Abreden der Parteien bereits *voll* erfüllt hat (§ 362). Andernfalls hängt der Gefahrübergang davon ab, ob der Käufer schon durch die bloße Übertragung des mittelbaren Besitzes die wirtschaftliche Nutzung der Sache erlangt, etwa, weil sie jetzt dem Verkäufer oder einem Dritten vermietet ist[7].

5 Lies § 446 S. 1: „... Gefahr des zufälligen Untergangs und der zufälligen Verschlechterung...".

6 BGHZ 87, S. 88 (92) = NJW 1983, 1496; BGH, LM Nr 7 zu § 447 BGB = NJW 1968, S. 1929 = JuS 1968, S. 580 Nr 4.

7 *Beckmann*, in: Eckpfeiler, 2014, Rn N 184 (S. 982) m. Nachw.; *Hager*, Gefahrtragung, S. 76 ff.

Im **Glastransport-Fall 3** ist folglich die Gefahr des zufälligen Untergangs des Spiegelglases (spätestens) in dem Augenblick auf den Käufer K übergegangen, in dem ihm der von V beauftragte Spediteur S die Ware übergeben hat, obwohl K dadurch infolge des Eigentumsvorbehalts des V noch kein Eigentum erlangt hatte. Ein Untergang der Ware nach diesem Zeitpunkt ändert daher an der Zahlungspflicht des K nichts mehr (§§ 433 Abs. 2, 446 S. 1, 275 Abs. 1). 20

3. Versendungskauf (§ 447)

Eine weitere Vorverlegung des Zeitpunktes des Gefahrübergangs findet sich für den Fall des sogenannten Versendungskaufs in § 447. § 447 gilt seit 2002 uneingeschränkt nur noch für Kaufverträge zwischen Unternehmen sowie zwischen Verbrauchern, während man bei dem **Verbrauchsgüterkauf** zwischen Unternehmen und Verbrauchern heute unterscheiden muss: Im Jahre 2002 war die Anwendung des § 447 Abs. 1 auf den Verbrauchsgüterkauf zunächst – zum Schutze der Verbraucher – ganz ausgeschlossen worden (§ 474 Abs. 2 aF). Seit 2014 macht jedoch der neue **§ 474 Abs. 4** von dieser Regel wieder eine Ausnahme zu Gunsten der Anwendbarkeit des § 447 Abs. 1, wenn der Spediteur oder die sonstige Transportperson vom Käufer aus eigener Initiative beauftragt wurde. In diesem Fall bleibt es folglich bei der Anwendbarkeit des § 447 Abs. 1 mit seiner ungünstigen Regelung des Gefahrübergangs auch auf den Verbrauchsgüterkauf (s. u. § 6 Rn 1 ff). Der Versendungskauf ist der wichtigste Anwendungsfall der **Schickschulden**. Schickschulden müssen vor allem von Hol- und Bringschulden unterschieden werden, für die § 447 keine Bedeutung hat. Daraus folgt: 21

(1) Regelmäßiger Erfüllungs- oder besser **Leistungsort** ist der Ort, an dem der *Verkäufer* seine Wohnung oder Niederlassung hat (§ 269 Abs. 1 und 2). Treffen die Parteien keine abweichende Vereinbarung, so liegt folglich eine sogenannte **Holschuld** vor, bei der der Verkäufer zunächst nicht mehr zu tun braucht, als die Ware an dem genannten Ort bereitzustellen und den Käufer zur Abholung aufzufordern. Kommt der Käufer dieser Aufforderung nicht nach, so gerät er in **Annahmeverzug** (§ 295) mit der Folge, dass die Preisgefahr schon deshalb auf ihn übergeht (§§ 446 S. 3, 326 Abs. 2). Im Falle der Holschuld hat es der Verkäufer mithin selbst in der Hand, den Gefahrenübergang herbeizuführen; seine Rechte bestimmen sich dann nach den §§ 300 ff, 326, 372 ff und 433 Abs. 2 BGB sowie nach § 373 HGB. 22

(2) **Schickschulden** unterscheiden sich von den Holschulden lediglich dadurch, dass der Verkäufer zusätzlich die Versendung der Ware übernimmt. Da sich allein dadurch noch nichts an dem Erfüllungsort ändert, führt der Verkäufer mit der Versendung im Grunde ein **Geschäft des Käufers** aus, der deshalb grundsätzlich auch die Kosten der Versendung tragen muss (§ 448 Abs. 1; vgl § 269 Abs. 3). Die Folge ist, dass Warenschulden im Handelsverkehr im Zweifel Schickschulden sind[8]. Dasselbe gilt z. B. für den **Versandhandel**, und zwar auch, wenn es sich um einen **Verbrauchsgüterkauf** im Sinne des § 474 Abs. 1 handelt[9]. § 474 Abs. 4, nach dem § 447 (nur) im Regelfall 23

8 BGHZ 113, S. 106 (111) = NJW 1991, S. 915 = JuS 1991, S. 511 (512) Nr 5 „Dieselkraftstoff"; OLG Köln, NJW 1995, S. 3128; *Pallasch*, BB 1996, S. 1121.

9 BGH, NJW 2003, S. 3341 = JuS 2004, S. 77 (78) Nr 5 m. Nachw.; NJW 2014, S. 454 Tz 12.

auf den Verbrauchsgüterkauf keine Anwendung findet (s. Rn 21), bedeutet nicht etwa, dass beim Verbrauchsgüterkauf, wenn der Verkäufer die Versendung der Ware übernimmt, immer eine Bringschuld (u. Rn 29) anzunehmen ist; es bleibt vielmehr bei dem grundsätzlichen Vorliegen einer **Schickschuld**, freilich ohne zusätzliche Anwendung des § 447[10]. Die Folge ist z. B., dass im Versandhandel **Konkretisierung** im Falle eines Gattungskaufs nach wie vor mit Übergabe der Ware an die Transportperson eintritt, ohne dass jedoch der Verbraucher als Käufer die Preisgefahr während des Transports tragen müsste, sofern er nicht selbst den Spediteur oder die sonstige Transportperson beauftragt hat (§§ 474 Abs. 2 S. 2, 447). Dies ändert aber nichts daran, dass der Verkäufer frei wird, wenn die Ware während des Transports untergeht (§ 275 Abs. 1)[11].

24 **§ 447 Abs. 1**, nach dem bei Schickschulden die **Preisgefahr** bereits **mit** der **Auslieferung**, d. h. mit der Übergabe der Ware an die Transportperson, auf den Käufer übergeht, sodass die Ware **auf Gefahr des Käufers** reist, hat zur Folge, dass der Käufer, wenn die Ware auf dem Transport infolge eines Umstandes untergeht, den *keine* der beiden Parteien zu *vertreten* hat, zur Zahlung des Kaufpreises verpflichtet bleibt. Diese eigenartige Regelung findet ihren Grund letztlich in den unsicheren Transportverhältnissen früherer Zeiten[12], sodass sie heute problematisch erscheint.

25 § 447 ist ebenso wie der vorausgehende § 446 eine Ausnahme (allein) von **§ 326**, sodass für seine Anwendung *kein* Raum ist, wenn der **Verkäufer** den Untergang oder die Beschädigung der Ware auf dem Transport **zu vertreten** hat, z. B. durch mangelhafte Verpackung oder durch die Auswahl einer ungeeigneten Transportperson (§§ 281, 283, 276). Die Vorschrift greift außerdem nur ein, wenn die Versendung auf **Verlangen** des Käufers, also nicht eigenmächtig seitens des Verkäufers, und außerdem gerade **vom Erfüllungsort aus** geschieht. Versendet der Verkäufer die Ware dagegen von einem dritten Ort aus an den Käufer, so bleibt es bei der Regel des § 446[13]. Abweichende Vereinbarungen sind jedoch möglich und häufig[14].

26 **Bei** einem **Gattungskauf** setzt die Anwendung des § 447 ferner voraus, dass bereits **Konkretisierung** eingetreten ist, wozu vor allem gehört, dass der Verkäufer Sachen mittlerer Art und Güte ausgewählt hat (§ 243 BGB; § 360 HGB)[15]. Hinzu kommen muss schließlich noch, dass sich in dem fraglichen Vorgang, der zu einem Verlust oder einer Verschlechterung der Ware geführt hat, gerade eine **typische Transportgefahr** realisiert hat, da sich der Anwendungsbereich des § 447 entsprechend dem Grundgedanken der gesetzlichen Regelung (Rn 24) auf derartige Transportgefahren beschränkt, während sonstige Risiken nicht auf den Käufer verlagert werden[16]. Typi-

---

10 S. *Emmerich*, JuS 2004, S. 77 f m. Nachw.; anders aber offenbar BGH, NJW 2014, S. 3243 Tz 17: Bringschuld mit Wohnsitz des Käufers als Erfüllungsort.

11 BGH, NJW 2003, S. 3341 = JuS 2004, S. 77 (78) Nr 5 m. Nachw.

12 S. *Hager*, Gefahrtragung, S. 104 ff.

13 BGH, LM Nr 90 zu Allg. Geschäftsbedingungen = BB 1978, S. 1085 (1086); *Beckmann*, in: Eckpfeiler, 2014, Rn N 187; anders *Wertenbruch*, JuS 2003, S. 625 (627).

14 BGHZ 113, S. 106 (110) = NJW 1991, S. 915.

15 BGH, NJW 2003, S. 3341 = JuS 2004, S. 77 Nr 5 m. Anm. *St. Lorenz*, ZGS 2003, S. 421.

16 BGH, LM Nr 4 zu § 447 BGB = NJW 1965, S. 1324; *Hager*, Gefahrtragung, S. 239; differenzierend *Wertenbruch*, JuS 2003, 625 (631 f); anders zB *Beckmann*, in: Eckpfeiler, 2014, Rn N 189.

sche Transportgefahren in diesem Sinne sind neben Diebstahl, Verlust oder Beschädigung der Ware auf dem Transport z. B. auch deren behördliche Beschlagnahme[17].

Aus dem Gesagten (o. Rn 20–23) folgt, dass in dem **Glastransport-Fall 3** die Preisgefahr bereits mit Übergabe des Glases an den Spediteur S auf K übergegangen war. Unerheblich ist, wen die Schuld an dem Unfall trifft. Selbst wenn dies der Fahrer F des S gewesen sein sollte, handelte es sich doch für V um einen Fall *zufälliger* Unmöglichkeit, da der Spediteur S nicht sein Erfüllungsgehilfe ist; denn der Verkäufer V erfüllte mit der Versendung an K keine ihm dem Käufer K gegenüber obliegende Verbindlichkeit (s. § 278). K kann aber von V Abtretung dessen Schadensersatzansprüche gegen die für den Unfall verantwortlichen Personen verlangen (§ 285; §§ 421 Abs. 1 S. 2, 425 Abs. 1 und 458 HGB)[18]. **27**

Umstritten ist die Anwendbarkeit des § 447, wenn der Verkäufer den Transport **selbst durchführt**. Richtiger Meinung nach handelt es sich dann *nicht* mehr um einen Fall zufälliger Unmöglichkeit, wenn er auf dem Transport den Untergang der Sache verschuldet. Für ein Verschulden seiner Leute muss er jetzt vielmehr ebenso wie sonst nach § 278 einstehen[19]. **28**

In der dritten Alternative von **Fall 3** kann der Käufer K folglich von V Schadensersatz verlangen oder zurücktreten, wenn die Leute des V den Untergang der Ware auf dem Transport verschuldet haben (§§ 283, 326 Abs. 5).

(3) Von einer **Bringschuld** spricht man schließlich, wenn der Transport und die Anlieferung der Ware bei dem Käufer zu den vertraglichen **Pflichten des Verkäufers** gehören, sodass der Wohnsitz des *Käufers* Erfüllungsort für den Verkäufer ist. § 447 ist in diesem Fall nicht anwendbar, sodass gemäß § 446 S. 1 die **Gefahr** erst **mit** der **Übergabe** der Sache an den Käufer auf diesen **übergeht**. Die Abgrenzung zur Schickschuld ist oft schwierig, insbesondere bei Zustellung der Ware an den am *selben* Ort wie der Verkäufer wohnenden Käufer. Die Auslegung des Vertrages dürfte hier häufig ergeben, dass die Parteien eine Bringschuld vereinbart haben[20]. Dasselbe gilt, wenn der Verkäufer vertraglich die **Montage** der Kaufsache bei dem Käufer, z. B. den Aufbau der vom Käufer bestellten Möbel in dessen Wohnung übernommen hat; in den AGB des Verkäufers kann nichts anderes bestimmt werden (§ 307).[21] **29**

17 So BGHZ 113, S. 106 (113 f) = NJW 1991, S. 915 = JuS 1991, S. 511 f Nr 5 „Dieselkraftstoff“; *Wertenbruch* (vorige Fn).

18 BGHZ 49, S. 356 (360 ff) = NJW 1968, S. 1567; *Looschelders* II, Tz 200 (S. 66); *Medicus/Lorenz* II, Tz 59 (S. 20).

19 S. *Hager*, Gefahrtragung, S. 81 ff; *Kuchinke*, in: Festschrift f. H. Lange, 1970, S. 259; *Wertenbruch*, JuS 2003, S. 625 (628 f); – anders *Beckmann*, in: Eckpfeiler, 2014, Rn N 188; *Medicus/Lorenz* II, Tz 57 (S. 19).

20 *Hager*, Gefahrtragung, S. 86; str.

21 BGH, NJW 2014, S. 454 Tz 19 f.

§ 4 Mängelhaftung

Kupferstiche-Fall 4: V sammelt Kupferstiche. Als er in Geldschwierigkeiten gerät, verkauft er vier mit A D signierte Exemplare seiner Sammlung für je € 50 000,– fernmündlich an den Kunsthändler K, der die vier Stiche schon lange erwerben wollte, da er einen vermögenden Abnehmer namens A für sie hat. Beide Parteien gehen davon aus, dass es sich um Originale von Albrecht Dürer handelt. Hinsichtlich eines Exemplars kommen dem K indessen doch noch gewisse Zweifel, weshalb er sich von V bei dem Telefongespräch die Echtheit nochmals ausdrücklich zusichern lässt. V liefert zunächst nur zwei Stiche, unter denen sich auch das von K angezweifelte Exemplar befindet, weil die beiden anderen Stiche durch Unachtsamkeit eines seiner Angestellten beschädigt worden sind. Einer dieser Stiche lässt sich nicht mehr restaurieren. K drängt auf Lieferung, da er die vier Stiche inzwischen für je € 70 000,– an A weiterverkauft hat. Welche Rechte hat K, wenn nur die beiden beschädigten, nicht gelieferten Kupferstiche tatsächlich von Dürer stammen? **Lösung Rn 39 f**

Winterweizen-Fall 5: K hatte im Sommer 2002 bei V zur Aussaat 10 Ztr. Winterweizen bestellt. Im Frühjahr 2003 musste er jedoch feststellen, dass es sich bei dem gelieferten Getreide um allein als Mahlgut verwendbaren Sommerweizen gehandelt hatte. K verlangt deshalb jetzt von V Schadensersatz. **Lösung Rn 41**

Tierseuche-Fall 6: V verkauft dem K ein von einer Seuche befallenes Schaf. Das Tier steckt alsbald die anderen Tiere des K an, sodass dieser seine gesamte Herde notschlachten muss. Kann K von V Schadensersatz verlangen? **Lösung Rn 42**

I. Einleitung

1 § 433 Abs. 1 unterscheidet bei den Pflichten des Verkäufers deutlich **zwei Gruppen** (s. schon o. § 2). Auf der einen Seite stehen die **herkömmlichen Hauptleistungspflichten** Eigentumsverschaffung und Übergabe (S. 1 des § 433 Abs. 1), bei deren Verletzung keine kaufrechtlichen Besonderheiten bestehen, sodass sich hier die Rechtsfolgen von Leistungsstörungen *allein* nach den **allgemeinen Vorschriften** richten (s. o. § 3). Auf der anderen Seite steht die in S. 2 des § 433 Abs. 1 besonders hervorgehobene Pflicht des Verkäufers, dem Käufer die Sache **frei von Sach- und Rechtsmängeln** zu verschaffen. Für Verstöße des Verkäufers gegen diese Pflicht gelten – anders als bei den Pflichten aus S. 1 des § 433 Abs. 1 – spätestens nach Gefahrübergang (s. Rn 5) in erster Linie die **§§ 437 ff**, die nach wie vor wichtige Abweichungen von den allgemeinen Vorschriften über Leistungsstörungen enthalten, sodass im Folgenden eine gesonderte Betrachtung nötig ist. Im Vordergrund des Interesses steht dabei die **Sachmängelhaftung** (u. Rn 7 ff), während auf die Rechtsmängelhaftung erst später einzugehen ist (u. Rn 31 ff).

2 Nach **früherem Recht** hatte man in der Frage der Haftung des Verkäufers für Sachmängel vor allem zwischen dem Stück- oder Spezieskauf (§§ 459–479 aF) und dem Gattungskauf (§ 480 aF) zu unterscheiden (s. auch u. § 5 Rn 1 f). Beim **Stückkauf** setzte die Sachmängelhaftung des Verkäufers im Regelfall voraus, dass die Sache bei Gefahrübergang mangelhaft war oder dass ihr doch in diesem Augenblick eine zugesicherte Eigenschaft fehlte (§ 459 aF).

3 Diese eigenartige Regelung der Sachmängelhaftung beim Stückkauf, die letztlich auf altrömische Vorbilder zurückging[1], wurde auf unterschiedliche Weise erklärt. Im Wesentlichen standen sich die sogenannte Gewährleistungstheorie und die Erfüllungstheorie gegenüber, nach der der Verkäufer an sich auch beim Stückkauf zur Lieferung einer mangelfreien Sache verpflichtet war[2].

4 Mit dem **Schuldrechtsmodernisierungsgesetz** von 2001 hat sich der Gesetzgeber in § 433 Abs. 1 S. 2 im Interesse eines verbesserten Käuferschutzes ausdrücklich der **Erfüllungstheorie** (o. Rn 3) angeschlossen[3]. Damit wurde vor allem bezweckt, im Gegensatz zur früheren Rechtslage (o. Rn 2) die Haftung des Verkäufers für Sachmängel ebenso wie schon immer die für Rechtsmängel (u. Rn 31 ff) nach Möglichkeit in das allgemeine Leistungsstörungsrecht zu integrieren (s. insbesondere § 437 nF). Seitdem gestaltet sich die **Sachmängelhaftung** des Verkäufers im Grundsatz wie folgt:

5 Ebenso wie nach früherem Recht muss man zunächst die Zeit vor und nach Gefahrübergang (§§ 446 und 447) unterscheiden (s. dazu im Einzelnen schon o. § 3 Rn 7 ff). **Vor Gefahrübergang** gelten die **allgemeinen Regeln** über Leistungsstörungen (§§ 275, 280–284 und 323–326) auch bei Sachmängeln ohne Einschränkungen. Weist der Käufer die ihm vom Verkäufer angebotene Sache wegen ihrer Mangelhaftigkeit gemäß § 266 zurück, so bleibt es folglich bei der alleinigen Geltung der Vorschriften über Leistungsstörungen, weil und solange es nicht zum Gefahrübergang kommt. Für die Anwendung der besonderen **kaufrechtlichen Vorschriften** über die Haftung des Verkäufers bei Sachmängeln ist vielmehr erst Raum **nach Gefahrübergang** (s. § 434 Abs. 1 S. 1). Welche Rechte dem Käufer dann zustehen, richtet sich in erster Linie nach den §§ 437 ff. Der vorrangige Rechtsbehelf des Käufers bei Lieferung einer mangelhaften Sache ist danach sein Anspruch auf **Nacherfüllung** (§§ 437 Nr 1 und 439; s. im Einzelnen u § 5 Rn 1 ff).

II. Sachmangel

Literatur: *Beckmann*, in: Eckpfeiler, 2014, Kap. N Rn 34 ff (S. 922 ff); *B. Grunewald*, Kaufrecht, § 7 (S. 111 ff); *M. Kandler*, Kauf und Nacherfüllung, 2004; *Oetker/Maultzsch*, Vertragliche Schuldverhältnisse, § 2 Rn 128 ff (S. 74 ff); *Oechsler*, § 2 Rn 79 ff; *Reinicke/Tiedtke*, Kaufrecht, Rn 298 ff (S. 108 ff); *A. Sandrock*, Vertragswidrigkeit der Sachleistung, 2003.

1. Überblick

6 Ein Sachmangel liegt nach S. 1 des § 434 Abs. 1 in erster Linie vor, wenn die verkaufte Sache bei Gefahrübergang nicht die vereinbarte Beschaffenheit hat (u. Rn 13 ff). Der **Maßstab** für die Mangelfreiheit der Sache ist folglich entsprechend

1 *H. Honsell*, in: Gedächtnisschrift f. Kinkel, 1985, S. 53.

2 So z. B. bereits früher entgegen der damals hM *Emmerich*, in: Festschrift f. Jahr, 1993, S. 267 (276 ff); *Flume*, Eigenschaftsirrtum und Kauf, 1948, S. 35 ff; *Erman*, JZ 1960, S. 41; *Herberger*, Rechtsnatur und Funktion der Sachmängelhaftung, 1974, S. 87; *J. Wilhelm*, in: (2.) Festgabe f. Flume, 1998, S. 301 (310 ff).

3 S. dazu die Begr. z. SMG, BT-Dr. 14/6040, S. 208 ff.

§ 311 Abs. 1 vorrangig den **Vereinbarungen** der Parteien zu entnehmen. Nur wenn es an derartigen Vereinbarungen fehlt, ist auf die nach dem Vertrag **vorausgesetzte Verwendung** (§ 434 Abs. 1 S. 2 Nr 1; u. Rn 21) und hilfsweise auf die **gewöhnliche Verwendung** der Sache als Maßstab zurückzugreifen (Nr 2 aaO; s. u. Rn 22 ff), wobei es in dem zuletzt genannten Fall noch zusätzlich darauf ankommt, ob die Sache eine Beschaffenheit aufweist, die bei Sachen der gleichen Art üblich ist und die der Käufer nach der Art der Sache erwarten kann. Weitere Fälle der Sachmängelhaftung finden sich ergänzend in den Abs. 2 und 3 des § 434 (u. Rn 25 ff).

7 Ob eine Sache mangelhaft ist, kann man nur beurteilen, wenn man einen **Maßstab** hat. Diesen kann man entweder den Abreden der Parteien entnehmen (§ 311 Abs. 1) oder als den Parteien vorgegeben ansehen. Folgerichtig unterscheidet man seit jeher bei Kauf, Miete und Werkvertrag einen subjektiven und einen objektiven Fehlerbegriff. Der **objektive Fehlerbegriff**, der früher (nur) beim Kauf durchaus herrschend war[4], griff als Maßstab für die Mangelhaftigkeit einer Sache in erster Linie, soweit vorhanden, auf gesetzliche Regelungen und sonst auf die im Verkehr vorherrschenden Anschauungen über die gebotene Qualität einer Sache zurück (s. jetzt § 434 Abs. 1 S. 2 Nr 2).

8 Nach dem **subjektiven Fehlerbegriff**, der sich im Kaufrecht zu § 459 aF bereits seit den zwanziger Jahren des vorigen Jahrhunderts durchgesetzt hatte,[5] ist der Maßstab zur Bestimmung des Fehlers vorrangig den **Abreden der Parteien** und nicht irgendwelchen wie immer ermittelten objektiven Kriterien zu entnehmen (§ 311 Abs. 1). Weist die gelieferte Sache andere Eigenschaften als danach geschuldet auf, so ist sie mangelhaft. Als Fehler oder Mangel gilt deshalb nach dem subjektiven Fehlerbegriff grundsätzlich **jede negative Abweichung der Ist-Beschaffenheit** der Sache **von** der vereinbarten **(Soll-)Beschaffenheit**.

9 Wie § 434 Abs. 1 S. 1 zeigt, geht auch das geltende Recht von dem subjektiven Fehlerbegriff aus – mit der Folge, dass sich der „neue“ Begriff des Sachmangels in § 434 Abs. 1 S. 1 jedenfalls im Kern mit dem früheren Fehlerbegriff des § 459 Abs. 1 aF deckt. Soweit schon nach § 459 Abs. 1 aF ein Fehler angenommen wurde, gilt mit anderen Worten heute nach dem (tendenziell weiteren) § 434 Abs. 1 S. 1 dasselbe, sodass die **frühere Praxis** zu § 459 Abs. 1 aF *insoweit* ihre Bedeutung behält[6].

2. Abweichung von der vereinbarten Beschaffenheit (§ 434 Abs. 1 S. 1)

a) Begriff

10 Nach S. 1 des § 434 Abs. 1 liegt ein Sachmangel zunächst vor, wenn die Sache bei Gefahrübergang nicht die „vereinbarte Beschaffenheit“ aufweist (**subjektiver Fehlerbegriff**, s. o. Rn 8). Jede (ausdrückliche oder konkludente) Einigung der Parteien

4 Zuletzt RGZ 97, S. 351 (Sologeigen-Fall); *Fabricius*, JuS 1964, S. 1; *Haymann*, in: RG-Praxis Bd. III, 1929, S. 317; *Knöpfle*, JuS 1988, S. 757.

5 Grdlg. RGZ 99, S. 147 (Haakjöringsköd-Fall); 161, S. 330 (332 ff) (Venusberg-Fall); BGHZ 54, S. 51 (53 f) = NJW 1969, S. 1171; BGHZ 98, S. 100 (104) = NJW 1986, S. 2824 = JuS 1987, S. 65 Nr 3; *v. Caemmerer*, in: Festschrift f. M. Wolf, 1952, S. 3; *Flume*, Eigenschaftsirrtum und Kauf, 1948.

6 Ebenso BGH, NJW 2006, S. 2694 = JuS 2007, S. 82 Nr 8.

über die geschuldete Beschaffenheit der Kaufsache führt folglich zur Anwendbarkeit des S. 1 des § 434 Abs. 1, wenn die tatsächliche Beschaffenheit hinter der vereinbarten zurückbleibt.

Der Begriff der **Beschaffenheit** in § 434 ist neu und deshalb im Einzelnen umstritten. **11**
Man kann den Begriff enger im Sinne der physischen Eigenschaften der Kaufsache[7] oder weiter im Sinne überhaupt **aller rechtlichen und tatsächlichen Verhältnisse** verstehen, die vermöge ihrer Art und Dauer auf die Wertschätzung der Sache von Einfluss sein können, und zwar einschließlich der Beziehungen der Sache zu ihrer Umwelt. In dem zuletzt genannten *weiteren* Sinne wird heute überwiegend auch der Begriff der Beschaffenheit in § 434 Abs. 1 interpretiert[8]. Darunter fallen mit anderen Worten sämtliche **rechtlichen und tatsächlichen Verhältnisse einer Sache, die** in den Augen der Parteien **auf die Wertschätzung** der Sache von **Einfluss** sein können, einschließlich ihrer Beziehungen zur Umwelt.

Je nach den Abreden der Parteien sind danach **Merkmale der Beschaffenheit** bei **12**
Grundstücken z. B. Größe, Ertrag, Höhe der Betriebskosten[9], Bebaubarkeit oder Baureife (s. Rn 19) sowie die Nachbarschaft zu einem kontaminierten Grundstück, von dem auf dem Umweltweg, d. h. über die Luft oder das Grundwasser schädliche Stoffe auf das Grundstück gelangen können,[10] außerdem bei Kunstwerken ihre Herkunft von einem bestimmten Künstler (s. Rn 24), ferner bei Unternehmen die Ertragsfähigkeit, der Umsatz und der Gewinn[11] sowie schließlich bei Maschinen ihre Verwendbarkeit an einem bestimmten Platz oder in einem bestimmten Zusammenhang, z. B. zusammen mit anderen Maschinen, sofern vertraglich dafür vorgesehen,[12] und bei Kraftfahrzeugen deren Leistung, Farbe, Alter oder Unfallfreiheit (s. Rn 17). Im Einzelfall kann auch bereits der bloße **Verdacht** einer negativen Beschaffenheitsabweichung für die Annahme eines Mangels ausreichen, sofern der Verdacht auf konkreten Umständen beruht und vom Käufer nicht durch zumutbare Prüfungsmaßnahmen beseitigt werden kann, weil dann die Verkäuflichkeit der Sache massiv beeinträchtigt ist[13].

Der Verkäufer haftet folglich nach den §§ 434 Abs. 1 S. 1 und 437, falls die Parteien **13**
eine Vereinbarung über die in dem genannten weiten Sinne zu verstehende Beschaffenheit der Sache (o. Rn 11 f) getroffen haben *und* der Sache tatsächlich die deshalb vom Verkäufer geschuldete Beschaffenheit im Augenblick des Gefahrübergangs (im Sinne der §§ 446 und 447) fehlt (s. o. § 3 Rn 11 ff). Ob eine derartige **Vereinbarung** über die Beschaffenheit der Sache vorliegt, beurteilt sich nach den §§ 133, 157 und 242, so dass eine Beschaffenheitsvereinbarung grundsätzlich auch **konkludent** abge-

7 So BGHZ 132, S. 320 (324 ff) = NJW 1996, S. 2025 (2026) = JuS 1996, S. 1028 Nr 4 m. Nachw.; BGH, LM Nr 2 zu § 436 BGB = NJW 1993, S. 2796 = JuS 1994, S. 169 Nr 4; OLG Hamm, NJW-RR 2003, S. 1360.
8 So insbesondere BGH, NJW 2011, S. 1217 (1218, Tz 13); NJW 2013, S. 1671 Tz 10; ebenso z. B. *Beckmann*, in: Eckpfeiler, Rn N 37; *Looschelders* II, Tz 38 f (S. 11); *Medicus/Lorenz* II, Tz 24 (S. 27); str, enger *B. Grunewald*, § 7 Rn 8.
9 BGH, NJW 2011, S. 1217 (1218, Tz 12 f).
10 BGH, NJW 2013, S. 1671 Tz 10 f (Cyanamidbelastung des Grundwassers).
11 Anders z. B. *B. Grunewald*, § 7 Rn 8.
12 *Looschelders* II, Tz 39.
13 Vgl BGHZ 52, 51 = NJW 1969, 1171; BGH, LM Nr 28 zu § 459 BGB = NJW 1972, 1462; OLG Karlsruhe, NJW-RR 2009, S. 134; s. u. Rn 19.

schlossen werden kann[14]. Lediglich, wenn für den Vertrag eine besondere **Form** vorgeschrieben ist, z. B. nach § 311b Abs. 1, bedarf auch die Beschaffenheitsvereinbarung dieser Form[15].

14 Auch eine **(konkludente) Beschaffenheitsvereinbarung** setzt indessen immer eine *Einigung* der Parteien über die geschuldete Beschaffenheit der Kaufsache voraus (§ 311 Abs. 1). *Einseitig* gebliebene Vorstellungen des Käufers genügen dagegen nicht, selbst wenn sie dem Verkäufer bekannt sein sollten; erforderlich ist vielmehr, dass sich der Verkäufer mit den Vorstellungen des Käufers in irgendeiner Form erkennbar *einverstanden erklärt*[16]. So verhält es sich z. B., wenn der Verkäufer dem Käufer bei den Vertragsverhandlungen eine **Probe** oder ein **Muster** vorgelegt hat und der Vertrag auf dieser Grundlage abgeschlossen wurde[17]. Gleich steht der Fall, dass der Verkäufer bei Abschluss des Vertrages bestimmte Eigenschaften der Kaufsache hervorhebt und der Käufer auf dieser Grundlage den Vertrag abschließt; Beispiele sind die Bezeichnung eines Kraftfahrzeugs als „fahrtauglich“ oder eines Boots als „seetauglich“, obwohl davon keine Rede sein kann,[18] oder bei dem Verkauf eines Oldtimers die Vorlage einer Bescheinigung nach § 23 StVZO über den fahrtauglichen Zustand des über 30 Jahre alten Fahrzeugs, obwohl dieses tatsächlich wegen schwerer Schäden nicht mehr für den Verkehr geeignet ist.[19] *Nicht* ausreichend ist es dagegen, wenn der Verkäufer lediglich Angaben des Vorbesitzers über bestimmte Eigenschaften der verkauften Sache wiedergibt (Paradigma: „keine Unfallschäden laut Angaben des Vorbesitzers“)[20] oder wenn in dem Vertragsformular die entsprechenden Spalten überhaupt frei bleiben[21]. In diesen Fällen kann sich aber eine Haftung des Verkäufers immer noch aus den **subsidiär**, d. h. bei Fehlen einer Beschaffenheitsvereinbarung eingreifenden **Nrn 1 und 2 des § 434 Abs. 1 S. 2** ergeben (Rn 18, 21 ff). Unabhängig davon haftet der Verkäufer außerdem aus cic, wenn er bei den Vertragsverhandlungen die Angaben des Vorbesitzers über die Beschaffenheit der Sache, z. B. über frühere Unfälle eines Gebrauchtwagens, unrichtig oder unvollständig wiedergibt (§§ 311 Abs. 2, 241 Abs. 2, 280)[22].

b) Beispiele

15 Bei **Grundstückskaufverträgen** gehört die Bebaubarkeit des Grundstücks jedenfalls dann zu der vom Verkäufer geschuldeten Sollbeschaffenheit, wenn das Grundstück gerade als „Baugrundstück“ verkauft wird (s. auch u. Rn 19). Eigenschaften des Grundstücks, die die Bebauung erschweren oder verhindern, führen folglich in diesem Fall zur Annahme eines Sachmangels[23]. Beispiele sind öffentlich-rechtliche Bau-

14 Begr. z. SMG, S. 212 f; BGHZ 181, S. 170 (174, Tz 9) = NJW 2009, S. 2807; NJW 2013, S. 1074 Tz 16 ff; *Looschelders* II, Tz 44 ff (S. 14); *Medicus/Lorenz* II, Tz 77 ff (S. 29 f).
15 *Grigoleit/Herresthal*, JZ 2003, S. 233 (239).
16 BGHZ 181, S. 170 (174, Tz 9) = NJW 2009, S. 2807; BGH NJW 2013, S. 2107 Tz 22.
17 S. Art. 2 Abs. 2 lit a der Verbrauchsgüterkaufrichtlinie.
18 BGH, NJW 2013, S. 1074 Tz 16, 18.
19 BGH, NJW 2013, S. 2749.
20 BGH, NJW 2008, S. 1517 f, Tz 12 ff; NJW 2013, S. 2107 Tz 22.
21 BGH, NJW 2008, S. 53 (54, Tz 17).
22 BGH, NJW 2008, S. 1517 (1518, Tz 16).
23 Zur Abgrenzung von den Rechtsmängeln s. u. Rn 34 ff.

beschränkungen oder Bauverbote, die ihre Ursache in der Beschaffenheit des Grundstücks und nicht etwa in Rechten Dritter haben[24], sowie nachbarrechtliche Beschränkungen des Eigentums einschließlich eines entschuldigten Überbaus[25]. Ebenso zu behandeln sind der baurechtswidrige Zustand eines Hauses, der zur Folge hat, dass jederzeit mit einer Abbruchverfügung zu rechnen ist[26], außerdem bei Verkauf einer Wohnung das Fehlen der Baugenehmigung, so dass eine Untersagung der Nutzung als Wohnung droht,[27] sowie das Fehlen der vereinbarten Wohnfläche[28]. Freie Sicht infolge der mangelnden Bebaubarkeit eines Nachbargrundstückes kann ebenfalls ohne weiteres zur vereinbarten Beschaffenheit eines verkauften Grundstücks gehören[29].

Schier unerschöpflich ist die Rechtsprechung zu Mängeln beim **Autokauf**.[30] Ein **Neuwagen** ist grundsätzlich mangelhaft, wenn er technische Mängel aufweist, die die Zulassung hindern sowie die Gebrauchsfähigkeit beeinträchtigen.[31] Beispiele sind das wiederholte Aufleuchten von Warnanzeigen für Fehler, bei denen das Fahrzeug nicht mehr verkehrssicher ist[32], sowie das ständige Auftreten immer neuer Mängel (Stichwort: Montagsauto)[33]. Ebenso ist es zu beurteilen, wenn das gelieferte Fahrzeug eine andere Farbe als vereinbart aufweist[34]. Ein überhöhter Benzinverbrauch des Autos kann gleichfalls zur Annahme eines Mangels führen, jedenfalls bei einer Überschreitung der Normwerte um mindestens 10%[35]. Dagegen ist ein Fahrzeug grundsätzlich auch noch nach einer sogenannten Tageszulassung als *„fabrikneu"* anzusehen[36]. Und wenn von einem Werksangehörigen ein so genannter „Jahreswagen" verkauft wird, so bedeutet dies, dass es sich bei dem Fahrzeug um einen „Neuwagen" handelt, der von dem Verkäufer nicht länger als ein Jahr gefahren wurde[37]. 16

Bei **gebrauchten Fahrzeugen** stellt der normale Verschleiß, dem alle Sachen bei ihrem Gebrauch unterliegen, keinen Mangel dar[38]. Auch der Umstand, dass das Fahrzeug längere Zeit stillgelegt war, stellt für sich genommen bei einem Gebrauchtwagen noch keinen Mangel dar, solange das Fahrzeug keine zusätzlichen Schäden infolge der Stilllegung erlitten hat[39]. Ein Mangel ist dagegen bei allen mehr als nur ganz geringfügigen **Unfallschäden** anzunehmen[40]. Die Angabe eines „Kilometerstandes" 17

24 BGHZ 67, S. 134 (136) = NJW 1976, S. 1888; s. u. Rn 36 ff sowie *I. Koller*, JuS 1984, S. 106.
25 BGH, LM Nr 33 zu § 912 BGB = NJW 1981, S. 1362.
26 BGHZ 114, S. 260 (262) = NJW 1991, S. 2138; BGH, LM Nr 85 zu § 459 BGB = NJW 1987, S. 2511 m. Anm. *Knöpfle*, JuS 1988, S. 767.
27 BGH, NJW 2013, S. 2182 Tz 9.
28 BGH, LM Nr 72 zu § 133 (C) BGB = NJW 1991, S. 912.
29 BGH, LM Nr 49 zu § 276 (Ci) BGB = NJW 1993, S. 1323 (1324).
30 S. dazu *Andreae*, NJW 2007, 3457; *Bachmeier*, Rechts-Hb Autokauf, 2. Aufl. (2013), *Reinking/Eggert*, Der Autokauf, 11. Aufl. (2012); *Staudinger/Beckmann*, 2014, § 434 Rn 190–234.
31 S. Rn 24 sowie z. B. *Palandt/Weidenkaff*, § 434 Rn 70 ff.
32 OLG Stuttgart, NJW-RR 2010, S. 412.
33 KG, NJW-RR 2010, S. 706.
34 BGH, NJW-RR 2010, S. 1289 Tz 24 f.
35 BGHZ 132, S. 55 (60 ff) = NJW 1996, S. 1337 = JuS 1996, S. 748 Nr 10; BGHZ 136, S. 94 (97 ff) = NJW 1997, S. 2590; BGH, NJW 2007, S. 2111 (2112, Tz 3); s. im Einzelnen *M. Schmidt*, NJW 2005, S. 329.
36 BGH, NJW 2005, S. 1422.
37 BGH, NJW 2006, S. 2694 = JuS 2007, S. 82 Nr 8; NJW 2010, S. 1588 Tz 10.
38 BGH, NJW 2006, S. 434 (435, Tz 19); 2008, S. 53 (54, Tz 19); NJW 2009, S. 1588 Tz 13.
39 BGH NJW 2009, S. 1588 Tz 15.
40 BGH, NJW 2008, S. 53 (54, Tz 18 ff); 2008, S. 1517 (1518, Tz 17 f).

in dem Vertragsformular bezieht sich nach Treu und Glauben nicht lediglich auf den (ganz leicht manipulierbaren) Stand des Tachometers, sondern auf die bisherige Laufleistung des Fahrzeugs (§§ 133, 157)[41].

3. Eignung zur vertraglich vorausgesetzten Verwendung (§ 434 Abs. 1 S. 2 Nr 1)

18 Nach **§ 434 Abs. 1 S. 2 Nr 1** ist ein Sachmangel ferner anzunehmen, wenn die Beschaffenheit zwar nicht vereinbart ist, die Sache sich aber nicht für die nach dem Vertrag vorausgesetzte Verwendung eignet. **Maßstab** für das Vorliegen eines Mangels ist hier mit anderen Worten der **vertraglich vorausgesetzte Verwendungszweck** der Sache, wobei umstritten ist, ob die Einigung der Parteien über den Verwendungszweck der Sache Vertragsinhalt geworden sein muss oder ob eine bloße sogenannte tatsächliche Einigung der Parteien über den Verwendungszweck ausreicht, die sich in der Regel bereits daraus ergeben wird, dass der Käufer dem Verkäufer ohne dessen Widerspruch den von ihm geplanten Verwendungszweck zur Kenntnis bringt. Hier spricht der Wortlaut des § 434 Abs. 1 S. 2 Nr 1 wohl eher für die Auffassung, dass zumindest **eine konkludente Einigung der Parteien über den Verwendungszweck** der Sache erforderlich ist[42]. Zuzugeben ist freilich, dass bei diesem Gesetzesverständnis die Grenze zu der Beschaffenheitsvereinbarung im Sinne des § 434 Abs. 1 S. 1 (o. Rn 16) flüssig wird, da es häufig möglich sein dürfte, aus der konkludenten Vereinbarung eines bestimmten Verwendungszwecks auch eine Beschaffenheitsvereinbarung im Sinne des S. 1 der Vorschrift zu folgern[43]. Daraus ist indessen nur der Schluss zu ziehen, dass es sich auch bei § 434 Abs. 1 S. 2 Nr. 1 im Grunde um nichts anderes als um einen **Anwendungsfall des subjektiven Fehlerbegriffs** handelt, weshalb auch das Gesetz folgerichtig beide Fälle gleichbehandelt.

19 **Beispiele** für die Vereinbarung eines Verwendungszwecks iS des § 434 Abs. 1 S. 2 Nr. 1 sind der Kauf eines „Baugrundstücks" (s. schon o. Rn 15) sowie der Kauf von Geräten für bestimmte Aufgaben. Sind die Sachen für die genannten Verwendungszwecke nicht geeignet, darf z. B. das „Baugrundstück" aus tatsächlichen oder rechtlichen Gründen nicht bebaut werden, so sind sie nach dem Gesagten mangelhaft, und zwar gleichermaßen nach S. 1 wie nach S. 2 Nr 1 des § 434 Abs. 1. Weitere hierher gehörige Beispiele sind die vermutliche Kontaminierung eines Grundstücks mit Altlasten, weil es dann nämlich nahezu unverkäuflich ist,[44] oder die Verwendung gesundheitsgefährdender Stoffe für den Bau eines Wohnhauses wegen der damit verbundenen Beeinträchtigung der Verwendbarkeit des Gebäudes gerade als Wohnhaus[45]. Ein Gegenbeispiel ist die neue Lackierung eines Gebrauchtwagens, da dadurch weder dessen Verwendbarkeit noch seine Verkäuflichkeit infrage gestellt werden[46].

---

41 BGHZ 170, S. 86 (90 f, Tz 14 f) = NJW 2007, S. 1346.

42 Ebenso *Beckmann*, Eckpfeiler, Rn N 39 f; *Grunewald*, § 7 Rn 12; *Looschelders* II, Tz 47 (S. 14); *Medicus/Lorenz* II, Tz 81; anders z. B. *Palandt/Weidenkaff*, § 434 Rn 20 ff.

43 Ebenso MK/*H.P. Westermann*, § 434 Rn 18 ff.

44 OLG München NJW 1995, 2566.

45 BGHZ 180, S. 205 (207 ff) = NJW 2009, S. 2120.

46 BGHZ 181, S. 170 (175) = NJW 2009, S. 2807.

Bei **Widersprüchen** zwischen der vereinbarten Beschaffenheit und dem Verwendungszweck, d. h. bei mangelnder Eignung der Kaufsache zur Erreichung des von den Parteien ins Auge gefassten Verwendungszwecks trotz Vorliegens der vereinbarten Beschaffenheit, dürfte nach Treu und Glauben idR der *Verwendungszweck* den *Vorrang* haben, weil es dem Käufer in erster Linie auf die von ihm anvisierte Verwendung der Sache ankommen wird; anders nur, wenn der Käufer gerade auf einer bestimmten Beschaffenheit der Sache besteht, weil er dann damit zugleich konkludent das Verwendungsrisiko übernimmt (§§ 133, 157)[47]. 20

4. Eignung zur gewöhnlichen Verwendung (§ 434 Abs. 1 S. 2 Nr 2 und S. 3)

Ein weiterer Auffangtatbestand zu § 434 Abs. 1 S. 1 *und* S. 2 Nr 1 findet sich in der Nr 2 des **§ 434 Abs. 1 S. 2**. Ein Sachmangel ist danach auch dann anzunehmen, wenn sich die Sache nicht für ihre gewöhnliche Verwendung eignet *und* sie auch nicht eine Beschaffenheit aufweist, die bei Sachen der gleichen Art üblich ist *und* die der Käufer nach der Art der Sache erwarten kann. Das entscheidende Merkmal ist hier die **fehlende Eignung** der Sache **zur gewöhnlichen Verwendung**, während die beiden anderen Tatbestandsmerkmale nur die Bedeutung haben, den Vergleichsmaßstab zu präzisieren, den man benötigt, um die gewöhnliche Verwendung einer Sache feststellen zu können. Dies wird unterstrichen durch die ergänzende Regelung in **S. 3** des § 434 Abs. 1, nach der zu der geschuldeten Beschaffenheit auch solche Eigenschaften gehören, die der Käufer nach den **öffentlichen Äußerungen** des Verkäufers, des Herstellers (im Sinne des § 4 Abs. 1 und 2 ProdHaftG; s. u. § 23 Rn 19 ff) oder seines Gehilfen insbesondere **in** der **Werbung oder** bei der **Kennzeichnung** über bestimmte Eigenschaften der Sache **erwarten** kann; etwas anderes gilt nur, wenn der Verkäufer die Äußerung des Herstellers oder seines Gehilfen, d. h. des Gehilfen des Verkäufers oder des Herstellers, nicht kannte und auch nicht kennen musste, ferner, wenn die Äußerung im Zeitpunkt des Vertragsabschlusses bereits in gleichwertiger Weise berichtigt war oder wenn sie die Kaufentscheidung des Käufers nicht beeinflussen konnte (§ 434 Abs. 1 S. 3 HS 2). Zu beachten ist, dass sich aus der positiven Formulierung des § 434 Abs. 1 S. 2 Nr. 2 ergibt, dass bereits das Fehlen nur *eines* der hier genannten Merkmale bei der Kaufsache die Annahme deren Mangelfreiheit ausschließt. Eine Eigentumswohnung, die zwar durchaus zum Wohnen geeignet sein mag, aber nicht die für Eigentumswohnungen übliche Beschaffenheit aufweist, ist daher mangelhaft.[48] 21

Das Gesetz greift in der **Nr 2** des § 434 Abs. 1 S. 2 hilfsweise auf **objektive Maßstäbe** für das Vorliegen eines Sachmangels zurück, wenn sich selbst bei weitester Auslegung der Abreden der Parteien eine Vereinbarung über die Beschaffenheit *oder* den Verwendungszweck der Sache als Maßstab für einen Mangel (im Sinne des subjektiven Fehlerbegriffs) *nicht* mehr nachweisen lässt.[49] In diesem Fall kommt es dann (hilfsweise) auf die **Eignung** der Sache **für** die **gewöhnliche Verwendung sowie** da- 22

47 *Looschelders* II, Tz 47; *Medicus/Lorenz* II, Tz 82.

48 BGH, NJW 2013, S. 1671 Tz 13.

49 Str, anders zB *Looschelders* II, Tz 48: Hypothetischer Parteiwille.

rauf an, ob sie eine **Beschaffenheit**, d. h. eine Qualität und Leistung aufweist, die **bei Sachen der gleichen Art üblich** ist und die der Käufer nach der Art der Sache erwarten kann, wobei der Erwartungshorizont des Durchschnittskäufers, wie S. 3 des § 434 Abs. 1 hervorhebt, auch durch öffentliche Äußerungen des Verkäufers, des Herstellers oder seiner Gehilfen in der **Werbung** bestimmt wird.

23 Dies bedeutet im Einzelnen: Auszugehen ist von der **gewöhnlichen**, d. h. der üblichen oder gängigen **Verwendung** einer Sache im Verkehr. **Maßstab** für das Vorliegen eines Mangels ist dann diejenige Beschaffenheit der Sache, die bei Sachen gleicher Art, d. h. bei Sachen mit *demselben* Verwendungszweck üblich ist und die der Käufer infolgedessen nach der Art der Sache und der Werbung des Verkäufers oder des Herstellers erwarten darf. Zu denken ist hier in erster Linie an im Verkehr üblicherweise nach Gattungsmerkmalen bestimmte Gebrauchsgegenstände, bei denen sich folglich, kurz gesagt, der Maßstab für das Vorliegen eines Mangels aus dem **üblichen Verwendungszweck und der Beschaffenheit von Sachen gleicher Art und Güte** ergibt (vgl § 243 Abs. 1), während es auf die konkreten Vorstellungen des Käufers hier nicht ankommt[50]. Die praktische Bedeutung dieses Tatbestandes liegt vor allem in der Ausdehnung des Vergleichsmaßstabs auf öffentliche Äußerungen des Verkäufers, des Herstellers und seiner Gehilfen in der **Werbung oder** bei der **Kennzeichnung** der Ware über bestimmte Eigenschaften der Sache (§ 434 Abs. 1 S. 3 HS 1), sodass der Verkäufer im Ergebnis auch für solche Äußerungen *Dritter* im Rahmen der §§ 434 ff einstehen muss. Denn solche Werbung beeinflusst, wenn sie ernst gemeint ist, maßgeblich den *Erwartungshorizont der Käufer*, sodass sie den Vergleichsmaßstab konkretisiert, an dem sich die verkauften Sachen messen lassen müssen. Anders verhält es sich lediglich dann, wenn einer der Ausnahmetatbestände des § 434 Abs. 1 S. 3 HS 2 vorliegt, für die jedoch der Verkäufer die Beweislast trägt, sodass sie nur selten eingreifen werden[51].

24 Die Folge ist z. B., dass bei **Kraftfahrzeugen**, solange die Parteien nichts anderes vereinbart haben, auf den allgemeinen **Stand der Technik** als Maßstab abzustellen ist. Entspricht das Fahrzeug diesem Standard, so ist es auch dann nicht mangelhaft, wenn der Stand der Technik hinter den Erwartungen des Käufers zurückbleibt und die Benutzung des Fahrzeugs infolgedessen in den Augen des Käufers mit gewissen Unbequemlichkeiten verbunden ist[52]. Ein Fahrzeug ist dagegen mangelhaft, wenn seine Leistungen nicht dem genannten Standard entsprechen[53]. Bei **Tieren** ist außerdem z. B. zu beachten, dass Lebewesen einer ständigen Entwicklung unterliegen, sodass bei ihnen nicht auf eine physiologische Norm, d. h. auf einen biologischen Idealstandard als Maßstab abgestellt werden darf, sondern allein auf ihre generelle Eignung zu dem vertraglich vorgesehenen Verwendungszweck, z. B. als Reit- oder Turnierpferd[54]. Handelt es sich um **gebrauchte Sachen**, so ist Vergleichsmaßstab die ge-

50 BGHZ 181, S. 170 (176, Tz 14) = NJW 2009, S. 2807; BGH, NJW 2007, S. 1351 (1353, Tz 21); 2009, S. 2056 Tz 9; ebenso zu dem vergleichbaren Art 35 Abs. 2 lit a CISG BGHZ 193, S. 370 (377 f, Tz 20) = NJW 2013, S. 304.

51 Wegen der Einzelheiten s. *Tröger*, JuS 2003, S. 503 (507 ff).

52 S. schon o. Rn 16; BGH, NJW 2009, S. 2056 Tz 11; OLG Hamm, NJW-RR 2010, S. 566.

53 OLG Karlsruhe, NJW-RR 2008, S. 137; OLG Hamm, NJW-RR 2009, S. 485 (486); OLG Schleswig, NJW-RR 2009, S. 1065.

54 BGH, NJW 2007, S. 1351 (1352 f, Tz 13 ff); *Looschelders*, JA 2007, S. 673.

wöhnliche Beschaffenheit *gebrauchter* Sachen mit demselben Verwendungszweck, sodass der übliche Verschleiß gebrauchter Sachen auch nicht als Mangel im Sinne des § 434 Abs. 1 S. 2 Nr 2 qualifiziert werden kann[55]. Sind Kaufgegenstand dagegen sogenannte **Sachindividualitäten** oder **Unikate** (die keiner Gattung zugehören) wie z. B. Kunstwerke, so ist von dem Verwendungszweck auszugehen, den ein Käufer derartiger Unikate typischerweise verfolgt, sodass er erwarten kann, dass die Sache dafür geeignet ist. Für Kunstwerke bedeutet das z. B., dass es sich bei ihnen um Originale (und nicht um billige Kopien) handeln muss.[56]

5. Montagemängel

a) Eine weitere Ausdehnung erfährt die Sachmängelhaftung des Verkäufers durch **§ 434 Abs. 2 S. 1**, der den häufigen Fall des **Kaufvertrages mit Montagepflicht** des Verkäufers regelt. In diesem Fall ist ein Sachmangel auch dann gegeben, wenn die vereinbarte Montage der Sache durch den Verkäufer oder dessen Erfüllungsgehilfen unsachgemäß durchgeführt wurde (u. Rn 26). Der Begriff der Montage ist in § 434 Abs. 2 weit auszulegen; er umfasst sämtliche Handlungen, die dem Käufer die Nutzung der Kaufsache ermöglichen sollen einschließlich insbesondere des Transports der Sache zum Käufer[57]. Die wichtigsten Anwendungsfälle sind Kaufverträge über **Möbel** oder **technische Geräte**, die oft erst beim Käufer montiert werden müssen, bevor sie benutzt werden können. § 434 Abs. 2 S. 1 setzt voraus, dass in solchen Fällen die Montage der verkauften Sachen beim Käufer zu den **vertraglichen (Nebenleistungs-)Pflichten** des Verkäufers gehört und nicht etwa lediglich aus Kulanz vom Verkäufer vorgenommen wird (str.). Für die Anwendung des § 434 Abs. 2 S. 1 ist ferner *kein* Raum, wenn die Montage der Sache beim Käufer im Vordergrund der Pflichten des Lieferanten steht wie z. B. bei der Aufstellung einer komplizierten Maschine, weil es sich dann in Wirklichkeit um einen **Werkvertrag** im Sinne der §§ 631 und 651 handelt (s. u. § 10 Rn 1 ff). Unerheblich ist dagegen, *durch wen* der Verkäufer seiner Montagepflicht nachkommt. Das kann auch ein drittes Unternehmen sein, das im Auftrag des Verkäufers tätig wird. 25

§ 434 Abs. 2 S, 1 hat zur Folge, dass ein **Sachmangel** sowohl dann vorliegt, wenn die Montage selbst fehlerhaft durchgeführt wird, als auch dann, wenn die Sache bei der Montage beschädigt wird[58]. Eigenständige Bedeutung hat diese Regelung vor allem, wenn es zu dem Mangel der Kaufsache infolge der fehlerhaften Montage erst *nach* Gefahrübergang kommt (s. §§ 434 Abs. 1 S. 1, 446 S. 1); andernfalls greift bereits unmittelbar § 434 Abs. 1 ein. 26

b) Nach der sog **IKEA-Klausel** des **S. 2** des **§ 434 Abs. 2** liegt ein Sachmangel ferner bei einer zur Montage bestimmten Sache vor, wenn die **Montageanleitung** mangelhaft ist, außer wenn die Sache gleichwohl fehlerfrei montiert wird. Das Gesetz hat hier die Fälle im Auge, in denen die **Montage** der Kaufsache aus Kostengründen dem **Käufer übertragen** wird. In diesem Fall gehört, wie sich aus dem Zusammenhang 27

55 BGHZ 181, S. 170 (176, Tz 14) = NJW 2009, S. 2807.
56 BGH, NJW 2013, S. 3570 Tz 13.
57 S. o § 3 Rn 29; *Beckmann*, in: Eckpfeiler, 2014, Rn N 49; *Medicus/Lorenz* II, Tz 91.
58 S. die Begr. z. SMG, S. 315 f.

des § 433 Abs. 1 S. 2 und des § 434 Abs. 2 S. 2 ergibt, zu den Hauptleistungspflichten des Verkäufers zumindest die **Lieferung einer einwandfreien Montageanleitung**, die es dem Käufer überhaupt erst ermöglicht, die Sache ordnungsgemäß zu montieren. Daran fehlt es, wenn die Montageanleitung für den durchschnittlichen Käufer unverständlich ist, wobei die Anforderungen an die durchschnittliche Verständnismöglichkeit der Käufer keinesfalls zu hoch angesetzt werden dürfen, um zu verhindern, dass große Teile der Bevölkerung von vornherein schutzlos bleiben. Die Montageanleitung ist danach bereits als **mangelhaft** anzusehen, wenn sie z. B. nur für fachlich vorgebildete Käufer verständlich ist, insbesondere wenn sie in einer für Außenstehende unverständlichen Fachsprache oder sogar in einer Fremdsprache verfasst ist.

28 Unter den Voraussetzungen des § 434 Abs. 2 S. 2 hat der Käufer in erster Linie Anspruch auf eine einwandfreie Montageanleitung, auf Lieferung einer neuen Sache (mit Montageanleitung) dagegen nur bei Beschädigung der Sache durch die Montage (§§ 437 Nr 1, 439 Abs. 1). Etwas anderes gilt lediglich dann, wenn die Sache trotz der mangelhaften Montageanleitung **fehlerfrei montiert** wird (§ 434 Abs. 2 S. 2 HS 2). Dieser Ausnahmetatbestand greift jedoch nicht ein, wenn dem Käufer infolge der mangelhaften Montageanleitung ein erheblicher *Mehraufwand*, z. B. durch die Hinzuziehung eines Fachmannes entsteht (str). Umstritten ist die Rechtslage bei völligem **Fehlen** einer an sich erforderlichen sowie bei Mangelhaftigkeit (nicht der Montaganleitung, sondern) einer **Gebrauchs- oder Bedienungsanleitung**. In beiden Fällen spricht wohl am meisten für eine entsprechende Anwendung des § 434 Abs. 2 S. 2.

6. Aliud

29 **Literatur:** *Altmeppen/Reichard*, in: Festschrift f. Huber, 2006, S. 73; *Emmerich/Doehner*, in: Festschrift f. Kramer, 2004, S. 485; *Hadding*, in: Festschrift f. Kollhosser Bd. II, 2004, S. 175; *Kramer*, in: Festschrift f. H. Honsell, 2003, S. 247.

a) Aufgrund der früheren gesetzlichen Regelung des aliud in § 480 BGB a. F. sowie in § 378 HGB a. F. ist es üblich geworden, bei der Betrachtung des aliud zunächst zwischen dem Stück- und dem Gattungskauf und sodann innerhalb des Ersteren weiter zwischen dem sogenannten Identitäts- und dem Qualitätsaliud zu unterscheiden. Ein **Identitätsaliud** liegt beim **Stückkauf** vor, wenn statt der verkauften individuellen Sache eine andere geliefert wird, während ein **Qualitätsaliud** anzunehmen ist, wenn die gelieferte Sache zu einer anderen Gattung als vereinbart gehört, wenn z. B. die „goldene" Uhr nur vergoldet ist oder wenn das verkaufte Meisterwerk lediglich eine billige Kopie darstellt[59]. Bei dem **Gattungskauf** erzwang die komplizierte frühere Regelung daneben noch die zusätzliche Unterscheidung zwischen der Schlechtlieferung (peius) und der Falschlieferung (aliud)[60]. Alle diese Unterscheidungen hatten sich jedoch – trotz der weitreichenden Rechtsfolgen, die an sie anknüpften – als ausgesprochen schwierig, ja weithin unmöglich erwiesen. Deshalb entschlossen sich die

59 S. zu diesen vieldiskutierten Fällen z. B. BGHZ 63, S. 369 (371) = NJW 1975, S. 970 = JuS 1975, S. 592 Nr 5; BGH, LM Nr 29 zu § 119 BGB = NJW 1988, S. 2597 = JuS 1989, S. 59 Nr 5 „Leibl-Bild" m. Nachw.

60 S. *Emmerich*, JuS 1997, S. 98 (102).

Verfasser des Schuldrechtmodernisierungsgesetzes von 2001 zu einer „Radikallösung" durch die **prinzipielle Gleichstellung** des aliud mit dem Sachmangel durch § 434 Abs. 3. Bei der Betrachtung der Konsequenzen muss man jedoch weiterhin zwischen dem Stückkauf (u. Rn 30) und dem Gattungskauf (u. Rn 31) unterscheiden.

b) Die **Gleichstellung** der Falschlieferung mit einem Sachmangel durch § 434 Abs. 3 **30** gilt nach überwiegender, aber bestrittener Meinung beim **Stückkauf** nicht nur für das Qualitätsaliud (Paradigma: Verkauf einer bloß vergoldeten Uhr als „goldene"), sondern **auch** für das **Identitätsaliud**, d. h. für die Lieferung einer ganz anderen Sache als vereinbart[61]. Zusätzliche Probleme ergeben sich dann freilich beim Verbrauchsgüterkauf aus dem unklaren Verhältnis des § 434 Abs. 3 zu **§ 241a Abs. 1** idf von 2014, nach dem durch die Lieferung unbestellter Sachen grundsätzlich überhaupt *kein* (Zahlungs-)Anspruch des Unternehmers gegen den Käufer begründet wird. Eine angemessene Lösung ist hier in der Mehrzahl der Fälle nur möglich, wenn man dem § 434 Abs. 3 im Rahmen eines schon *bestehenden* Kaufvertrages grundsätzlich den **Vorrang vor § 241a** zubilligt und ergänzend darauf abstellt, ob der Käufer die „falsche" Sache **als Erfüllung angenommen** hatte. Denn wenn der Käufer die Sache als nicht geschuldet **zurückweist**, liegt nichts anderes als ein gescheiterter Erfüllungsversuch seitens des Verkäufers vor, sodass der Käufer nach wie vor den (ursprünglichen) Erfüllungsanspruch hat (§ 433 Abs. 1 S. 1), während der Verkäufer die gelieferte, aber nicht geschuldete Sache (sofern sie sich noch beim Käufer befindet) zurückverlangen kann (§§ 812 Abs. 1 S. 1, 985). **Nimmt** der Käufer dagegen die Sache irrtümlich **als Erfüllung an**, sodass die Gefahr auf ihn übergeht (§ 446), so ist es entsprechend dem Wortlaut des § 434 Abs. 3 für den Regelfall durchaus angemessen, im Interesse des mit § 434 Abs. 3 auch bezweckten Schutzes des Verkäufers von einem **Vorrang der** Vorschriften über die **Sachmängelhaftung** auszugehen – mit der Folge vor allem, dass jetzt der Erfüllungsanspruch des Käufers als Nacherfüllungsanspruch im Sinne der §§ 437 Nr 1 und 439 der besonderen Verjährungsfrist des § 438 unterliegt. Nur wenn die gelieferte Sache ausnahmsweise **wertvoller** als geschuldet ist (sogenanntes **melius**), wenn z. B. die „vergoldete" Uhr tatsächlich aus purem Gold ist, kann der Verkäufer immer noch kondizieren (§ 812 Abs. 1 S. 1), freilich mit Rücksicht auf § 434 Abs. 3 lediglich Zug um Zug gegen das Angebot der geschuldeten Sache.[62]

c) Beim **Gattungskauf** hat § 434 Abs. 3 der Sache nach zur Folge, dass der Käufer **31** ein Wahlrecht erwirbt: Er kann einmal die Falschlieferung zurückzuweisen, sodass es dann auch nicht zur Konkretisierung kommt (§§ 243 Abs. 1, 293, 294) und er den ursprünglichen Erfüllungsanspruch behält. Er kann aber auch die „falsche" Lieferung als Erfüllung annehmen – in diesem Fall mit der Folge, dass sich seine Rechte fortan allein nach den §§ 434 Abs. 3, 437 und 439 f richten, sodass sein (fortbestehender) Erfüllungsanspruch (§ 433 Abs. 1 S. 1) jetzt dem Regime des Nacherfüllungsanspruchs untersteht und damit vor allem in der besonderen Frist des § 438 verjährt (§§ 437 Nr 1, 439). Diese Lösung versagt nur, wenn die gelieferte Sache ausnahmsweise **höherwertig als geschuldet** ist (sog. melius), weil der Käufer dann wohl nie-

61 *Emmerich/Doehner*, in: Festschrift f. Kramer, S. 485 (489 ff m. Nachw.); *Oetker/Maultzsch*, § 2 Rn 159 (S. 87); *Lettl*, JuS 2002, S. 866; *Looschelders* II, Tz 71 (S. 22); *Medicus/Lorenz* II, Tz 96; *Schulze*, NJW 2003, S. 1022.

62 Wegen der Einzelheiten s. *Emmerich/Doehner*, in: Festschrift f. Kramer, S. 485 (489 ff).

mals von seinen Gewährleistungsrechten Gebrauch machen wird. Deshalb bleibt hier (wiederum) nichts anderes übrig, als – diesmal zum Schutze des Verkäufers – diesem nach wie vor die Leistungskondiktion zuzubilligen (§ 812 Abs. 1 S. 1), freilich nur Zug um Zug gegen das Angebot einer der geschuldeten Gattung entsprechenden Ware[63].

7. Minderleistung

32 Durch § 434 Abs. 3 wird neben der Falschlieferung (o. Rn 26 ff) auch die Zuwenig- oder Minderleistung, gelegentlich auch Mankolieferung genannt, dem Sachmangel gleichgestellt. § 434 Abs. 3 muss vor allem im Zusammenhang mit **§ 266** gesehen werden, nach dem der Verkäufer (an sich) nicht zu Teilleistungen berechtigt ist. Bei einer Minderleistung bleibt daher der Käufer berechtigt, unter **Ablehnung** der angebotenen Minderleistung auf der vollen geschuldeten Lieferung zu bestehen. Er kann aber auch die **Teilleistung** als **solche annehmen** und behält dann gleichfalls den (ursprünglichen) Erfüllungsanspruch hinsichtlich des Restes. Eine Anwendung des **§ 434 Abs. 3** kommt folglich nur in Betracht, wenn der Käufer (ausnahmsweise) die bloße Teilleistung nicht als solche erkennt und deshalb zunächst als volle Erfüllung annimmt (sog. **verdeckte Minderleistung**)[64]. Allein in diesem Ausnahmefall richten sich mithin seine Rechte nach den **§§ 437 ff**, wobei vor allem an den **Nacherfüllungsanspruch** hinsichtlich des Restes (§§ 437 Nr 1 und 439) sowie nach erfolgloser Fristsetzung an die Minderung zu denken ist (§§ 437 Nr 2, 323 und 441). Daneben kann er aber auch – entgegen der hM –, weil es sich zugleich um eine Teilleistung handelt, nach den §§ 281 Abs. 1 S. 2 und 323 Abs. 5 S. 1 vorgehen[65]. Nicht gesondert geregelt ist schließlich der seltene Fall der **Zuviellieferung**; hier dürfte sich die Lösung hinsichtlich der nicht geschuldeten Mehrleistung des Verkäufers unmittelbar aus § 812 Abs. 1 S. 1 ergeben[66].

III. Rechtsmangel

1. Überblick

33 Nach **§ 433 Abs. 1 S. 2** muss der Verkäufer dem Käufer die verkaufte Sache nicht nur frei von Sachmängeln (o. Rn 7 ff), sondern auch frei von Rechtsmängeln verschaffen. Für den Kauf von Rechten und sonstigen Gegenständen gilt nach § 453 Abs. 1 Entsprechendes. Wann ein Rechtsmangel vorliegt, sagt **§ 435**. Nach **S. 1** des § 435 ist die verkaufte Sache frei von Rechtsmängeln, wenn Dritte in Bezug auf die Sache keine oder nur die im Kaufvertrag übernommenen Rechte gegen den Käufer geltend machen können. Der Verkäufer eines Grundstücks ist außerdem nach **§ 435 S. 2** verpflichtet, im Grundbuch eingetragene Rechte, die nicht bestehen, auf seine Kosten zur Löschung zu bringen, um einen gutgläubigen Erwerb dieser Rechte durch Dritte zum Nachteil des Käufers zu verhindern. Der Verkäufer haftet dagegen nicht für die Frei-

63 S. o. Rn 30 und *Emmerich/Doehner*, in: Festschrift f. Kramer, S. 485 (494 f); *Looschelders* II, Tz 74 (S. 23).

64 *Looschelders* II, Tz 76; *Oetker/Maultsch*, § 2 Rn 174 (S. 92).

65 Ebenso *Medicus/Lorenz* II, Tz 101 f.

66 *Beckmann*, in: Eckpfeiler, 2014, Rn N 56; *Looschelders* II, Tz 77 (S. 24).

heit des Grundstücks von öffentlichen Abgaben und anderen öffentlichen Lasten, die nicht zur Eintragung ins Grundbuch geeignet sind, weil mit solchen Abgaben und Lasten (leider) jedermann rechnen muss (**§ 436 Abs. 2**). Besonderheiten gelten nach **§ 436 Abs. 1** lediglich für Erschließungsbeiträge und vergleichbare Anliegerbeiträge[67]. Keine Anwendung findet hier **§ 446**, der nur für Sachmängel Bedeutung hat. **Maßgebender Zeitpunkt** für die Auslösung der Rechtsmängelhaftung ist vielmehr der des **Rechtsübergangs**, beim Stückkauf also der Zeitpunkt, in dem der Käufer Eigentum erwirbt, und sonst der des Übergangs des verkauften Rechts auf den Käufer, bei aufschiebend bedingtem Eigentumserwerb daher erst der Zeitpunkt des Bedingungseintritts[68]. Für die Auslösung der Rechtsmängelhaftung genügt es, wenn in diesem Zeitpunkt, d. h. bei Übergang des Rechts auf den Käufer, lediglich der Rechtsgrund erfüllt ist, der später zu dem Recht Dritter führt, das gegen den Käufer geltend gemacht werden kann. Ein **Beispiel** ist die spätere Beschlagnahme der Sache beim Käufer wegen eines vor Übereignung der Sache liegenden Verstoßes des Verkäufers gegen die Steuer- oder Zollgesetze, die folglich die Haftung des Verkäufers für Rechtsmängel auslöst[69].

2. Rechte Dritter

Ein Rechtsmangel liegt nach § 435 S. 1 in erster Linie vor, wenn **Dritte** in Bezug auf die Sache **Rechte gegen den Käufer** geltend machen können, weil er dann nämlich mit der ihm verkauften und übereigneten Sache nicht nach Belieben verfahren kann (s. § 903). Etwas anderes gilt nur, wenn der Käufer die fraglichen Rechte Dritter im Kaufvertrag „übernommen" hat, d. h., wenn er sich mit der fraglichen Belastung einverstanden erklärt hatte. Beispiele sind die Übernahme von Grundpfandrechten bei Kauf eines Grundstücks unter Anrechnung auf den Kaufpreis sowie der vom Käufer eines Grundstücks akzeptierte Eintritt in Mietverträge über das Grundstück nach § 566 Abs. 1 (s. u. Rn 35). 34

Bei Rechten Dritter, die im Sinne des § 435 S. 1 gegen den Käufer geltend gemacht werden können, ist in erster Linie an **dingliche Rechte** Dritter zu denken; Beispiele sind die Belastung des verkauften Grundstücks mit einem Nießbrauch oder mit Grundpfandrechten[70]. Gleich stehen **Immaterialgüterrechte** sowie **Namens- und Persönlichkeitsrechte** Dritter[71]. Hindert z. B. ein Dritter den Käufer unter Berufung auf ein Patent-, Urheber- oder Persönlichkeitsrecht an der Benutzung der gekauften Sache, so haftet der Verkäufer hierfür nach den §§ 435 und 437 ff[72]. Unter § 435 fal- 35

---

67 S. dazu ausführlich die Begr. z. SMG, S. 219; *Medicus/Lorenz* II, Tz 119; *Pahlow*, JuS 2006, S. 289 (291 f).

68 S. u. § 6 Rn 15 sowie *Beckmann*, in: Eckpfeiler, 2014, Rn N 62; *B. Grunewald*, § 7 Rn 60 ff (S. 133 f); *Looschelders* II, Tz 81; *Pahlow*, JuS 2006, S. 289 (290 f).

69 BGH, NJW 2004, S. 1802.

70 Vgl für eine Dienstbarkeit BGH, LM Nr 15 zu § 434 BGB = NJW 2000, S. 803.

71 BGHZ 110, S. 196 (199 f) = NJW 1990, S. 1106 = JuS 1990, S. 666 Nr 3 „Boris Becker-Fall"; BGH, LM Nr 16 zu § 434 BGB = NJW-RR 2001, S. 268 (Patentrecht); *Pahlow*, JuS 2006, S. 289 (290).

72 Instruktiv ist der Boris Becker-Fall (s. vorige Fn), in dem es, vereinfacht, darum ging, dass der Käufer von T-Shirts mit dem Aufdruck „Boris Becker Superstar" von Boris Becker an der Weiterveräußerung gehindert wurde, weil er nicht seine Erlaubnis zu diesem Eingriff in sein Namens- und Persönlichkeitsrecht gegeben hatte (§§ 12, 823 Abs. 1, 1004).

len weiter **obligatorische Rechte**, d. h. Ansprüche Dritter gegen den Verkäufer, sofern sie wie Miete und Pacht ausnahmsweise gegen den Käufer geltend gemacht werden können (§§ 566, 581 Abs. 2).[73] Dagegen handelt es sich nicht um einen Rechtsmangel im Sinne des § 435, wenn der Verkäufer einer Sache dem Käufer bereits das **Eigentum** an ihr nicht verschaffen kann, etwa, weil die Sache einem Dritten gestohlen worden ist (§§ 932, 935). Denn die Rechtsverschaffungspflicht des Verkäufers ergibt sich schon aus § 433 Abs. 1 S. 1 und nicht erst aus S. 2 der Vorschrift, sodass bei einer Verletzung dieser Vorschrift allein die allgemeinen Vorschriften über Leistungsstörungen eingreifen, in dem fraglichen Fall also vor allem § 311a Abs. 2[74]. Zu erwägen ist lediglich die entsprechende Anwendung des **§ 438 Abs. 1 Nr 1** auf diesen Fall, um den Käufer, dem der Verkäufer überhaupt kein Eigentum zu verschaffen vermag, in der Frage der Verjährung nicht gegenüber dem Käufer zu benachteiligen, der (immerhin) das Eigentum, wenn auch mit einem Rechtsmangel belastet, erlangt hat (vgl §§ 195, 199)[75].

3. Öffentlich-rechtliche Beschränkungen

36 Zu den Rechten Dritter iS des § 435 zählen ferner bestimmte öffentlich-rechtliche Beschränkungen, denen die Kaufsache unterworfen ist, wobei es keine Rolle spielt, ob der Verkäufer überhaupt in der Lage ist, sie zu beseitigen[76]. Unter **§ 435** werden nur solche öffentlich-rechtlichen Beschränkungen subsumiert, die ihre Grundlage nicht in der Beschaffenheit der Sache haben, sondern auf ihrer spezifischen **„Vorgeschichte"** beruhen, in erster Linie, wenn sich daraus ein Recht der öffentlichen Hand zur Beschränkung oder Entziehung des Eigentums ergibt. Denn in derartigen Fällen ist der Käufer *wegen der mangelnden Erkennbarkeit* der fraglichen Beschränkungen besonders schutzbedürftig[77]. **Beispiele** sind die Beschlagnahme der verkauften Sache nach den Straf-, Steuer- oder Zollgesetzen, z. B. als Diebes- oder Schmuggelgut[78] sowie der Ausweis des verkauften Grundstücks als Straßenland, sodass seine Enteignung zu befürchten ist[79].

37 Anders behandelt werden dagegen öffentlich-rechtliche Benutzungs- und Baubeschränkungen, die auf der **Beschaffenheit der Sache** beruhen und *deshalb* für Dritte (einschließlich des Käufers) grundsätzlich *erkennbar* sind. Sie führen teils zur Annahme eines Sachmangels; teils sind sie unbeachtlich (§ 436 Abs. 1). Ein **Sachmangel** wird z. B. im Falle einer Baubeschränkung angenommen, wenn ein Grundstück als „Bauland" verkauft wurde, weil ihm dann gerade diejenige Beschaffenheit fehlt,

73 BGH, LM Nr 14 zu § 433 BGB = NJW 1998, S. 533 = JuS 1998, S. 368 Nr 8; LM Nr 163 zu § 276 (Fa) BGB = NJW 2001, S. 2875 = JuS 2001, S. 1022 Nr 6.

74 S. o. § 3 Rn 4 f; BGHZ 174, S. 61 (68, Tz 27 ff) = NJW 2007, S. 3777 (3779); *Beckmann*, in: Eckpfeiler, Rn N 63; *Grunewald*, § 7 Rn 54 (S. 130 f); *Looschelders* II, Tz 79 (S. 25); *Medicus/Lorenz* II, Tz 117; anders *Pahlow*, JuS 2006, 289 (292 f); für das CISG auch BGH, NJW 2006, S. 1343 f.

75 Offen gelassen in BGHZ 174, S. 61 (68, Tz 28) = NJW 2007, S. 3777 (3779).

76 S. *Reinicke/Tiedtke*, Kaufrecht, Tz 393 (S. 149); *Pahlow*, JuS 2006, S. 289 (291).

77 Vgl BGH, LM Nr 142 zu § 459 BGB = NJW 2001, S. 65 = JuS 2001, S. 298 Nr 9; LM Nr 163 zu § 276 (Fa) BGB = NJW 2001, S. 2875 = JuS 2001, S. 1022 Nr 6.

78 BGHZ 113, S. 106 (112 ff) = NJW 1991, S. 915 = JuS 1991, S. 511 Nr 5; BGH, NJW 2004, S. 1802 = WM 2004, S. 2448; NJW 2006, S. 1343.

79 BGH, LM Nr 7 zu § 434 BGB = NJW 1983, S. 275; *Landsberg*, JuS 1982, S. 335.

die es nach dem Vertrag haben soll (§ 434 Abs. 1 S. 1)[80]. Ebenso zu beurteilen sind die nur beschränkte Nutzbarkeit von Räumen in einem Gewerbegebiet[81] sowie die fehlende Bauererlaubnis für einen Anbau, den der Verkäufer eigenmächtig errichtet hatte[82].

In den verbleibenden Fällen ist dagegen für den Regelfall davon auszugehen, dass der Käufer einer Sache die **gesetzlichen Schranken** des Eigentums ebenso wie jeder andere **hinzunehmen** hat, zumal er sich darüber ohne weiteres selbst zu informieren vermag (s. § 436). Das gilt vor allem für nachbarrechtliche Beschränkungen, für die der Verkäufer daher im Regelfall nicht nach § 435 einzustehen braucht[83]. **38**

Lösungsskizze

I. Kupferstiche-Fall 4

1. Die gelieferten unechten Stiche

Weil die gelieferten Stiche tatsächlich nicht von Albrecht Dürer stammen, weisen sie nicht die vereinbarte Beschaffenheit auf; sie waren deshalb im Augenblick des Gefahrübergangs, d. h. bei Lieferung, mit einem Sachmangel behaftet (§§ 434 Abs. 1 S. 1, 446). Folglich stehen K gegen V die Rechte aus § 437 zu, wobei hier allein der Schadensersatzanspruch statt der Leistung interessiert (s. § 252). Die Voraussetzungen richten sich nach den §§ 437 Nr 3, 311a Abs. 2 und 276, da der Mangel schon bei Vertragsabschluss vorlag. Grundsätzlich haftet daher V für die mangelnde Echtheit der Stiche nur, wenn er diese bei Vertragsabschluss kannte oder kennen musste (§§ 311a Abs. 2 S. 2, 276 Abs. 1). Soweit er jedoch die Garantie für die Echtheit eines Stiches übernommen hat, trifft ihn auf jeden Fall eine Haftung (§ 276 Abs. 1 S. 1). **39**

2. Die nicht gelieferten echten, aber beschädigten Stiche

Die Beschädigung der Stiche nach Vertragsabschluss stellte eine Pflichtverletzung dar, für die der V dem K haftet, da die Gefahr noch nicht auf K übergegangen war (§§ 280, 276, 278, 446). Weil K Schadensersatz statt der Leistung verlangt, sind die §§ 281 und 283 einschlägig. Dies bedeutet, dass der K für den jetzt nicht mehr reparablen Stich sofort Schadensersatz statt der Leistung verlangen kann, da es sich bei der Beschädigung um eine erhebliche Pflichtverletzung handelt (§§ 283 S. 2, 281 Abs. 1 S. 3, 276, 278). Hinsichtlich des anderen, noch reparablen Stiches kann K dagegen nur Schadensersatz statt der Leistung verlangen, wenn er zuvor dem V vergeblich eine angemessene Frist zur Leistung gesetzt hat (§ 281 Abs. 1 S. 1), sofern hier nicht einer der Ausnahmefälle des § 281 Abs. 2 vorliegen sollte. **40**

II. Winterweizen-Fall 5

Die Parteien hatten einen Gattungskauf abgeschlossen. Die Lieferung von Sommerweizen statt wie vereinbart Winterweizen stellte eine Falschlieferung (aliud) dar, die unter § 434 Abs. 3 fällt. Da eine Nacherfüllung nicht mehr möglich ist (§ 275 Abs. 1), beurteilen sich die Rechte des K nach den §§ 437 Nr 3 und 311a Abs. 2, sodass es darauf ankommt, ob V das aliud erkennen konnte, sofern man nicht hier nach den Umständen des Falles eine Garantie des V für die ordnungsgemäße Lieferung entnehmen will (§ 276 Abs. 1 S. 1). **41**

80 S. o. Rn 18 f; BGHZ 67, S. 134 (135 ff) = NJW 1976, S. 1888; BGHZ 96, S. 385 (387 f) = NJW 1986, S. 1605.

81 BGH, LM Nr 142 zu § 459 BGB = NJW 2000, S. 803 = JuS 2001, S. 298 Nr 9.

82 BGH, NJW 2011, S. 142 Tz 5, 7.

83 S. BGH, LM Nr 33 zu § 912 BGB = NJW 1981, S. 1362.

III. Tierseuche-Fall 6

42 Die Ansteckung der anderen Tiere des K durch das gelieferte, kranke Schaf bildet einen „klassischen" Mangelfolgeschaden, für den sich die Haftung des V jetzt nach § 280 Abs. 1 richtet (s. u. § 5 Rn 26). V ist folglich zum Schadensersatz verpflichtet, wenn er die Pflichtverletzung zu vertreten hat, etwa, weil er eine den Umständen nach gebotene Untersuchung des gelieferten Schafes unterlassen hatte (§ 276 Abs. 1). Ergänzend können Deliktsansprüche eingreifen (§§ 823 Abs. 1, 276 Abs. 1; s. u. § 5 Rn 48 ff).

§ 5 Rechte des Käufers

I. Überblick

1 Auf keinem anderen Gebiet hat das Schuldrechtsmodernisierungsgesetz von 2001 (SMG) so tiefgreifende **Änderungen** gebracht wie bei den Käuferrechten im Falle der Lieferung einer mangelhaften Sache. Seitdem sieht die **gesetzliche Regelung** der Käuferrechte bei Vorliegen eines Mangels im Kern folgendermaßen aus[1]: Bei Lieferung einer mangelhaften Sache kommt es in erster Linie darauf an, ob es sich um einen behebbaren oder um einen unbehebbaren Mangel handelt, *und* wann dieser eingetreten ist. Ist der Mangel nicht **behebbar**, so spricht man auch von **qualitativer Unmöglichkeit**. In diesem Fall ist vor allem danach zu unterscheiden, **wann** der unbehebbare Mangel aufgetreten ist: Liegt er **von Anfang an** vor, so ist grundsätzlich von **§ 311a** auszugehen, wie durch § 437 Nr 3 klargestellt wird, wobei dann weiter zwischen erheblichen und unerheblichen (anfänglichen unbehebbaren) Mängeln unterschieden wird: Die §§ 281 und 284 gelten nur bei **erheblichen anfänglichen Mängeln** (§ 311a Abs. 2 S. 3 iVm § 281 Abs. 1 S. 3), während bei **unerheblichen** anfänglichen Mängeln der Käufer auf den kleinen Schadensersatzanspruch des § 280 Abs. 1 beschränkt ist; außerdem dürfte ihm dann ein Minderungsrecht analog § 326 Abs. 1 S. 1 HS 2 und § 441 zuzubilligen sein.

2 Tritt ein **unbehebbarer Mangel nachträglich**, d. h. in der Zeit zwischen Vertragsabschluss und Gefahrübergang auf – spätere Mängel bleiben grundsätzlich außer Betracht (§ 434 Abs. 1 S. 1), wenn nicht ausnahmsweise eine Haltbarkeitsgarantie vorliegt (§ 443 Abs. 1 idF von 2014) –, so bewendet es bei der Anwendbarkeit der §§ 283 und 326 Abs. 5, sofern der Käufer die Sache wegen ihrer Mängel **zurückweist** (§§ 266, 320 Abs. 1 und 433 Abs. 2), wozu er jederzeit befugt ist, weil eine mangelhafte Leistung eine Teilleistung darstellt, zu der der Verkäufer grundsätzlich nicht berechtigt ist (§ 266), so dass der Käufer diese Teilleistung zurückweisen kann, ohne dadurch in Annahmeverzug zu geraten (§ 294).[2] Folglich kommt es jetzt darauf an, ob der Mangel **erheblich** ist oder **nicht** (s. §§ 283 S. 2, 281 Abs. 1 S. 3, 326 Abs. 5 und 323 Abs. 5 S. 2; s. o. Rn 1). Bei der Anwendbarkeit der allgemeinen Vorschriften über Leistungsstörungen hat es bei **behebbaren Mängeln** sein Bewen-

1 S. auch das Schema u. Rn 57.
2 *St. Lorenz*, NJW 2013, S. 1341.

den, sofern der Käufer die Sache wegen dieser Mängel zurückweist. Außerdem hat er dann (selbstverständlich) noch den Erfüllungsanspruch aus § 433 Abs. 1 S. 2.

Eine weitreichende **Änderung der Rechtslage** tritt hier erst von dem umstrittenen **Zeitpunkt** ab ein, von dem ab die §§ 437 ff anwendbar sind. Die überwiegende Meinung folgert hier aus § 434 Abs. 1 S. 1, dass der maßgebliche Zeitpunkt der des **Gefahrübergangs** nach den §§ 446 und 447 ist (s. o. § 3 Rn 11 ff), während nach anderen auf den Zeitpunkt abzustellen ist, in dem der Käufer die Sache – trotz ihrer Mängel – als Erfüllung annimmt[3]. Im Regelfall der Übergabe der Kaufsache durch den Verkäufer an den Käufer dürften freilich beide Zeitpunkte zusammenfallen, sodass nichts hindert, weiterhin der überwiegenden Meinung in Übereinstimmung mit § 434 Abs. 1 S. 1 zu folgen. 3

Vom Zeitpunkt des Gefahrübergangs an (s. o. Rn 3) richten sich die **Käuferrechte bei Mangelhaftigkeit** der Sache in erster Linie nach den **§§ 437 ff** und zusätzlich nur insoweit nach dem allgemeinen Leistungsstörungsrecht, wie in § 437 Nrn 1 bis 3 darauf Bezug genommen wird. Ganz im Vordergrund des Interesses steht danach der **Anspruch** des Käufers **auf Nacherfüllung** durch Beseitigung des Mangels oder Lieferung einer mangelfreien Sache (§§ 433 Abs. 1 S. 2, 437 Nr 1 und 439; s. dazu u. Rn 5 ff). Bei diesem Nacherfüllungsanspruch handelt es sich um den ursprünglichen Erfüllungsanspruch des Käufers aus § 433 Abs. 1 S. 2, der freilich nach Gefahrübergang verschiedenen Modifikationen unterliegt, insbesondere hinsichtlich der Dauer der Verjährung (§ 438; s. u. Rn 44 ff) sowie der Ausschlussgründe (s. §§ 442, 444 sowie 445 und dazu o. § 4 Rn 39 ff).[4] Der Käufer kann außerdem, im Regelfall freilich erst **nach** fruchtlosem Ablauf einer dem Verkäufer vom Käufer für die Nacherfüllung gesetzten **Frist, zurücktreten oder mindern** (§§ 437 Nr 2, 440, 323, 326 Abs. 5 und 441; s. u. Rn 16, 21 f) sowie – unter zusätzlichen Voraussetzungen – **Schadensersatz oder Aufwendungsersatz** verlangen (s. §§ 437 Nr 3, 440, 276, 280, 281, 283, 311a und 284; dazu u. Rn 23 ff, 30). Zwischen den genannten Rechtsbehelfen hat der Käufer, sobald jeweils ihre Voraussetzungen vorliegen, die **Wahl**. Es handelt sich dabei um einen Fall **elektiver Konkurrenz** (str.), sodass der Käufer an die einmal getroffene Wahl nicht gebunden ist, solange der Verkäufer noch nicht mit der Nacherfüllung begonnen hat und solange nicht überwiegende Interessen des Verkäufers entgegenstehen (§ 242)[5]. Die **Beweislast** für das Vorliegen eines Mangels gerade bei Gefahrübergang sowie für das Fortbestehen eines Mangels trotz Nachbesserung seitens des Verkäufers trägt grundsätzlich der Käufer[6]; lediglich bei dem Verbrauchsgüterkauf kommt das Gesetz hier durch **§ 476** dem Käufer durch eine Beweislastumkehr in bestimmten Fällen zu Hilfe (dazu unten § 6 Rn 3). 4

3 S. einerseits *Beckmann*, in: Eckpfeiler, 2014, Rn N 60; *Grunewald*, Kaufrecht, § 9 Rn 1 ff (S. 180 ff); *Medicus/Lorenz* II, Tz 105 ff; andererseits *Faust*, in: Bamberger/Roth, § 437 Rn 4 ff; *Oetker/Maultzsch*, § 2 Rn 145 ff (S. 81 ff).

4 BGHZ 195, S. 135 (142, Tz 24) = NJW 2013, S. 220 „Granulat".

5 S. OLG Saarbrücken, NJW 2009, 369 (370 f); OLG Celle, NJW 2013, S. 2203 (2204); *Beckmann*, in: Eckpfeiler, Rn N 80; *Derleder*, NJW 2003, S. 998; *Medicus/Lorenz* II, Tz 125; *Spickhoff*, BB 2003, S. 589 (592 f); anders z. B. *Looschelders* II, Tz 87; zu den Konkurrenzen s. u. Rn 50 ff.

6 BGH, NJW 2011, S. 1664 Tz 11 = ZIP 2011, S. 1269.

II. Nacherfüllung

1. Wahlrecht des Käufers

5 Der primäre Rechtsbehelf des Käufers bei Vorliegen eines Sachmangels ist nach den §§ 437 Nr 1 und 439 der Nacherfüllungsanspruch. Der Käufer kann danach, und zwar nach seiner Wahl (s. § 439 Abs. 1, Rn 4), entweder die Beseitigung des Mangels (sog. **Nachbesserung**, Rn 10) *oder* die Lieferung einer mangelfreien Sache verlangen (sog. Ersatz- oder **Nachlieferung**, Rn 11). Keine Rolle spielt die Erheblichkeit des Mangels; der Nacherfüllungsanspruch greift vielmehr auch ein, wenn es sich um einen unerheblichen Mangel handelt. Die **Kosten** der Nacherfüllung muss der Verkäufer tragen; § 439 Abs. 2 wird als eigenständige verschuldensunabhängige Anspruchsgrundlage interpretiert und z. B. auch auf etwaige Untersuchungskosten des Käufers erstreckt, so dass der Verkäufer dem Käufer die Kosten eines Sachverständigengutachtens ersetzen muss, wenn der Käufer den Sachverständigen mit der Ermittlung der Ursachen von Mängelerscheinungen bei der Kaufsache beauftragt hatte[7]. Ziel der Nacherfüllung muss es sein, den Käufer im Ergebnis so zu stellen, als ob der Verkäufer von Anfang an mangelfrei erfüllt hätte[8]. Der Anspruch des Käufers auf Nacherfüllung ist jedoch ausgeschlossen bei Unmöglichkeit der Erfüllung oder der Nacherfüllung (§ 275 Abs. 1). Unter den Voraussetzungen des § 275 Abs. 2 und 3 sowie des § 439 Abs. 3 kann der Verkäufer die Nacherfüllung außerdem verweigern (u. Rn 13 f). Jedenfalls nach Ausübung seines Wahlrechts, richtiger Meinung nach aber auch schon vorher, kann der Käufer außerdem unter Hinweis auf die Mangelhaftigkeit der gelieferten Sache und des Verstoßes des Verkäufers gegen § 433 Abs. 1 S. 2 die Bezahlung des Kaufpreises verweigern (so genannte allgemeine **Mängeleinrede**). Dasselbe gilt, sobald der Käufer sein Wahlrecht aus § 439 Abs. 1 ausgeübt hat, solange der Verkäufer nicht seiner Nacherfüllungspflicht nachgekommen ist (§ 320 Abs. 1)[9].

6 Verlangt der Käufer **Nachlieferung** einer mangelfreien Sache, so ist er Zug um Zug gegen deren Lieferung zur **Rückgewähr der** bereits empfangenen mangelhaften **Sache** verpflichtet **(§ 439 Abs. 4 iVm §§ 346 bis 348)**. Aus § 346 Abs. 1 darf jedoch hier – entgegen einer verbreiteten Meinung[10] – nicht der Schluss gezogen werden, dass der Käufer außerdem die aus der zurückzugebenden Sache von ihm bereits gezogenen **Nutzungen** herauszugeben habe, weil der Käufer von Anfang an Anspruch auf die Nutzung einer mangelfreien Sache hatte, sodass nicht einzusehen ist, warum er auf einmal bei Lieferung einer mangelhaften Sache zum Nutzungsersatz verpflichtet sein sollte[11]. Für den **Verbrauchsgüterkauf** steht dies mittlerweile aufgrund des § 474 Abs. 5 idF von 2014 fest, der im Jahre 2008 auf Grund der Rechtsprechung des EuGH in das Gesetz eingefügt worden ist[12]. Offen ist jedoch nach wie vor die

---

7 BGH, NJW 2014, 2351 Tz 15 ff; kritisch dazu *St. Lorenz*, NJW 2014, S. 2319; *Hellwege*, AcP Bd. 206 (2006), S. 136.

8 BGHZ 163, S. 234 (242 f) = NJW 2005, S. 2852; BGHZ 195, S. 135 (142, Tz 24) = NJW 2013, S. 220 „Granulat".

9 S. *Emmerich*, MK, § 320 Rn 4 f m. N.

10 So schon die Begr. z. SMG, S. 232 f.

11 OLG Nürnberg, NJW 2005, S. 3000 f.

12 EuGH Slg 2008, I-2713 = NJW 2008, S. 1433 (1434, Tz 27 ff); „Quelle I" (auf Vorlage des BGH, NJW 2006, S. 3200); BGHZ 179, S. 27 (33 ff, Tz 19 ff) = NJW 2009, S. 427 „Quelle II" m. Anm. *Pfeiffer*, NJW 2009, S. 412.

Rechtslage bei **anderen Kaufverträgen**, insbesondere also bei Kaufverträgen zwischen Unternehmen (B2B). Die überwiegende Meinung will hier offenbar (zu Unrecht) an einer Nutzungsersatzpflicht des Käufers gemäß § 439 Abs. 4 in Verb. mit § 346 Abs. 1 festhalten[13].

2. Vorrang

7 Der Nacherfüllung kommt nach der gesetzlichen Regelung grundsätzlich der **Vorrang vor den anderen** in § 437 Nrn 2 und 3 genannten **Rechtsbehelfen** des Käufers (Rücktritt und Minderung sowie Schadensersatz statt der Leistung und Aufwendungsersatz) zu, weil der Übergang zu den genannten anderen Rechten des Käufers bei Lieferung einer mangelhaften Sache im Regelfall voraussetzt, dass der Käufer zuvor dem Verkäufer **vergeblich** eine **angemessene Frist für** die **Nacherfüllung** gesetzt hatte (s. § 437 Nrn 2 und 3 in Verb. mit § 281 Abs. 1 S. 1, 284 und 323 Abs. 1), und zwar grundsätzlich erst **nach Fälligkeit** der Leistung des Vermieters, nicht schon gleichsam vorbeugend vorher.[14]

Durch diesen sog. Vorrang der Nacherfüllung vor den anderen Rechtsbehelfen des Käufers soll dem Verkäufer die **Chance einer zweiten Andienung** eröffnet werden[15]. Gemeint ist damit die Möglichkeit, durch Nacherfüllung sozusagen „im zweiten Anlauf" den Vertrag – und damit den daraus resultierenden Gewinn – doch noch zu retten. Die vorrangige Nacherfüllung stellt deshalb auch ein **Recht des Verkäufers** dar. Daraus folgt insbesondere, dass der Käufer – im Gegensatz zum Mieter und zum Werkbesteller (s. §§ 536a Abs. 2 Nr. 1 und 637) – **kein Recht** hat, **die Mängel** selbst zu **beseitigen** und anschließend **Aufwendungsersatz** vom Verkäufer zu verlangen[16], entgegen einer verbreiteten Meinung[17] auch nicht analog § 326 Abs. 2 S. 1.

8 Aus dem Gesagten ergibt sich ferner, dass der Käufer, wenn er von dem Verkäufer unter Fristsetzung nach § 439 Nacherfüllung verlangt, zugleich dem Verkäufer die Kaufsache zur Überprüfung der gerügten Mängel **zur Verfügung** stellen und ihm **Gelegenheit zur Untersuchung** der Sache und gegebenenfalls zur Nachbesserung geben muss, da der Verkäufer die Möglichkeit zur Überprüfung haben muss, ob die geforderte Nacherfüllung tatsächlich von ihm geschuldet ist, und zwar gerade am *Erfüllungsort* der Nacherfüllung, widrigenfalls eine etwaige Fristsetzung des Käufers wegen des Verstoßes gegen § 439 unwirksam ist, so dass der Käufer auch nicht nach fruchtlosem Ablauf der von ihm gesetzten Frist zu den anderen Rechtsbehelfen des

13 *Beckmann*, in: Eckpfeiler, Rn N 86; *Fest*, NJW 2005, S. 2959; *Herresthal*, NJW 2008, S. 2475; *Mörsdorf*, ZIP 2008, S. 1409; *Witt*, NJW 2006, S. 3322.

14 BGHZ 193, S. 315 (319 f Tz 16) = NJW 2012, S. 3741.

15 S. OLG Saarbrücken, NJW 2009, S. 369; *Schroeter*, AcP Bd 207 (2007), S. 28; *H.P. Westermann*, in: Festschrift f. Canaris I, 2007, S. 1261.

16 BGHZ 162, 219 (224 ff) = NJW 2005, S. 1348 = JuS 2005, 749 f Nr 8; BGH, NJW 2005, 3211 = JuS 2006, 182 Nr 10; NJW 2006, 988 = JuS 2006, 557 Nr 6; NJW 2006, S. 1195 = JuS 2006, S. 651 (652 f) Nr 8; *Beckmann*, in: Eckpfeiler, Rn N 77; *Looschelders* II, Tz 97 f.

17 So z. B. *Arnold*, ZIP 2004, 2412; *B. Gsell*, ZIP 2005, 922; *Dötsch*, MDR 2004, 975; *Lerach*, JuS 2008, S. 953; *St. Lorenz*, NJW 2005, 1321; 2006, S. 1175; *Medicus/Lorenz* II, Tz 141 ff; *H. P. Westermann*, in: Festschrift f. Canaris I, 2007, S. 1261.

§ 437 übergehen kann.[18] Der Erfüllungs- oder besser: **Leistungsort für** die **Nacherfüllungspflicht** des Verkäufers ist umstritten.[19] Im Betracht kommen der Ort, wo sich die Kaufsache nach dem Vertrag bestimmungsgemäß gerade befindet, der ursprüngliche Erfüllungsort für die Leistungspflicht des Verkäufers sowie eine differenzierende Lösung entsprechend § 269 Abs. 1, so dass in erster Linie auf die Vereinbarungen der Parteien und die Natur des Schuldverhältnisses und hilfsweise auf den Wohnsitz oder den Ort der Niederlassung des Verkäufers abzustellen ist. Trotz der damit verbundenen Rechtsunsicherheit hat der BGH sich für diese zuletzt genannte differenzierende Lösung entschieden.[20] An der Verpflichtung des Verkäufers, auch die **Kosten** der Nacherfüllung einschließlich der Kosten der dazu nach den Gesagten gegebenenfalls erforderlichen Verbringung der Sache seitens des Käufers zum Verkäufer zu tragen, ändert dies freilich nichts (§§ 269 Abs. 3 und 439 Abs. 2).

9 **Verlangt** der Käufer schuldhaft **zu Unrecht** Nachbesserung vom Verkäufer, so soll darin nach Meinung des BGH eine Pflichtverletzung liegen, die den Käufer bereits bei leichter Fahrlässigkeit (§ 276 Abs. 2) zum Ersatz der vom Verkäufer infolgedessen grundlos aufgewandten Kosten verpflichtet (§§ 241 Abs. 2, 280 Abs. 1)[21]. Dadurch würde indessen das so genannte **Diagnoserisiko** zu Unrecht und unter Verstoß gegen die Verbrauchsgüterkauf-Richtlinie nahezu vollständig auf den Käufer verschoben, so dass eine Ersatzpflicht des Käufers höchstens bei grober Fahrlässigkeit, richtiger Meinung nach sogar allein bei unredlicher Vorgehensweise des Käufers in Betracht kommt (s. u. § 24 Rn 17).

3. Nachbesserung

10 Der Käufer kann zunächst Nacherfüllung durch Beseitigung des Mangels, d. h. durch Reparatur der verkauften mangelhaften Sache verlangen (§ 439 Abs. 1 Fall 1, sogenannte Nachbesserung). Dies bedeutet, dass der Verkäufer die verkaufte Sache auf seine Kosten (§ 439 Abs. 2) durch vollständige Beseitigung sämtlicher Mängel in einen **mangelfreien Zustand** versetzen muss, selbst wenn sich der bereits bei Gefahrübergang vorhandene Mangel in der Zwischenzeit verschlimmert hatte, da auch diese Verschlimmerung letztlich von ihm zu vertreten ist (sog **Weiterfresserschaden**)[22]. Die Verpflichtung des Verkäufers zur Beseitigung sonstiger Schäden des Käufers richtet sich dagegen nach den §§ 437 Nr 3, 280, 281 und 249 (s. u. Rn 23 ff). Die **Wahl** zwischen mehreren möglichen Verfahren zur Reparatur der Sache steht allein dem Verkäufer zu; der Käufer hat darauf keinen Einfluss.[23] Nichts hindert den Käufer jedoch, sich mit einer bloßen **Ausbesserung** der mangelhaften Sache und

18 BGH, NJW 2006, S. 1195 = JuS 2006, 557 Nr 6; NJW 2010, S. 1448 Tz 12 = ZIP 2010, S. 931; NJW 2013, S. 1074 Tz 24; *Cziupka*, NJW 2013, S. 1043; *Brömmelmeyer*, JZ 2006, 493; *St. Lorenz*, NJW 2006, S. 1175.

19 Ausführlich *Beckmann*, in: Eckpfeiler, Rn N 79–79d; *Brors*, NJW 2013, 3329.

20 BGHZ 189, S. 196, 200 Tz 14 ff = NJW 2011, S. 2278; *Medicus/Lorenz* II, Tz 128; dagegen z. B. *Staudinger/Artz*, NJW 2011, S. 3121 m. Nachw.

21 BGH, NJW 2008, S. 1147 f Tz 10 ff; *Looschelders* II, Tz 98a f; *Medicus/Lorenz* II, Tz 145 f.

22 S. u. Rn 55; BGH NJW 2013, S. 1365 Tz 12; *Beckmann*, in: Eckpfeiler, Rn N 82; *Heßeler/Kleinhenz*, JuS 2007, S. 706 (709 f).

23 OLG Celle, NJW 2013, S. 2203 (2204); *Looschelders* II, Tz 88.

Minderung zufrieden geben kann – unter Inkaufnahme der verbleibenden, nicht mehr zu beseitigenden Mängel.[24]

4. Nach- oder Ersatzlieferung

Statt der Nachbesserung (o. Rn 10) kann der Käufer nach § 439 Abs. 1 Fall 2 auch die Lieferung einer mangelfreien Sache fordern (sogenannte Nach- oder auch Ersatzlieferung). Der Verkäufer schuldet in diesem Fall eine vollständige Wiederholung der von ihm aufgrund des Kaufvertrags zu erbringenden Leistung.[25] Soweit dem Käufer zusätzliche Vermögensnachteile durch die mangelhafte Leistung entstanden sind, kann er freilich dafür Ersatz nur unter den Voraussetzungen verlangen, unter denen auch sonst Schadensersatzansprüche bei Kaufverträgen in Betracht kommen (§§ 437 Nr. 2, 280 und 281).[26] Daraus ergeben sich besondere Probleme vor allem in den so genannten **Einbaufällen.**[27] Es geht dabei um die Frage, welche Rechte der Käufer konkret hat, wenn er die gelieferte mangelhafte Sache, z. B. Baumaterialien oder Ersatzteile, *bereits* in eine anderen Sache *eingebaut hatte*, bevor er den Mangel entdeckte. In diesem Fall beschränkte sich ursprünglich nach h.M. die Verpflichtung des Verkäufers zur Nachlieferung auf die Lieferung neuer Baumaterialien oder Ersatzteile, während er nicht verpflichtet sein sollte, außerdem die gelieferten mangelhaften Sachen auszubauen und an deren Stelle die neuen mangelfreien Sachen wieder einzubauen[28]. Diese Auffassung hatte indessen (nur) für den **Verbrauchsgüterkauf** *nicht* die Billigung des **EuGH** gefunden; seiner Meinung nach folgt vielmehr aus Art. 3 der Richtlinie über den Verbrauchsgüterkauf, dass der Verkäufer in solchem Fall grundsätzlich auch die Aus- und Einbaukosten tragen muss, begrenzt lediglich von Fall zu Fall nach Treu und Glauben der Höhe nach auf den Wert der Kaufsache (§§ 242 und 439 Abs. 2)[29]. Dem hat sich mittlerweile auch der **BGH** angeschlossen, so dass der Anspruch des Käufers auf Ersatzlieferung bei dem Verbrauchsgüterkauf in den genannten Fällen grundsätzlich den **Anspruch auf Ausbau** und Abtransport der mangelhaften Sache und **Einbau** der mangelfreien Ersatzsache umfasst[30]. Bei Unverhältnismäßigkeit der Kosten kann der Verkäufer indessen den Käufer auf den Ersatz angemessener Kosten verweisen (Rn 15). Eine Übertragung dieser Doktrin auf andere Kaufverträge insbesondere also Verträge allein zwischen Unternehmen (B2B), lehnt der BGH dagegen ab, weil mit Sinn und Zweck des § 439 unvereinbar.[31] Der Käufer ist hier auf Schadensersatzansprüche eingewiesen (§§ 437 Nr. 2, 280 und 281), die aber in aller Regel an dem fehlenden Verschulden des Verkäufers scheitern (str). **11**

24 Str, s. *Gutzeit*, NJW 2007, S. 956; offen gelassen in BGHZ 163, S. 234 (245) = NJW 2005, S. 2852.
25 BGHZ 195, S. 135 (142, Tz 24) = NJW 2013, S. 220.
26 BGHZ 195, S. 135 (142 f, Tz 25) = NJW 2013, S. 220.
27 Dazu ausführlich z. B. *Beckmann*, in: Eckpfeiler, Rn N 93–96b (S. 944 ff); *Looschelders* II, Tz 90 ff; *Keiser*, JuS 2014, 961.
28 BGH, NJW 2008, S. 2837 f Tz 10 f.
29 EuGH Slg 2011, I-5295 = NJW 2011, S. 2269 Tz 47, 74 ff = EuZW 2011, S. 631 = JuS 2011, S. 744 „Weber und Putz"; zustimmend *Bauerschmidt/Harnos*, JA 2012, S. 256; *Purnhagen*, EuZW 2011, S. 626; ablehnend dagegen *Förster*, ZIP 2011, S. 1491; *St. Lorenz*, NJW 2011, S. 2241, alle m. Nachw.
30 BGHZ 192, S. 148 (158 ff) = NJW 2012, S. 1073 Tz 25 ff.
31 BGHZ 195, S. 135 (140 ff, Tz 17 ff) = NJW 2013, S. 220 „Granulat"; BGH NJW 2014, S. 2183 Tz 19; *St Lorenz*, NJW 2013, 207; *Witt*, NJW 2014, S. 2156.

12 Nicht weniger umstritten ist die Frage, ob auch beim **Stückkauf** eine Ersatzlieferung möglich ist[32]. Die Möglichkeit solcher Ersatzlieferung wird vielfach mit der Begründung bestritten, der Vertrag beschränke sich hier von vornherein auf die eine (mangelhafte) Sache, sodass deren Ersatz durch eine andere mangelfreie Sache nicht in Betracht komme[33]. Die überwiegende Meinung billigt dagegen dem Käufer auch beim Stückkauf – unter im Einzelnen umstrittenen Voraussetzungen – einen Anspruch auf Ersatzlieferung zu[34]. Die Rechtsprechung stellt idR auf den (vermuteten) Willen der Parteien ab, sodass wohl vor allem bei **Kaufverträgen des täglichen Lebens über vertretbare Sachen** in der Mehrzahl der Fälle eine Ersatzlieferung in Betracht kommen wird, dagegen bei gebrauchten Sachen und vor allem bei Sachindividualitäten in aller Regel nicht[35].

5. Ausschlussgründe, § 439

13 Der Nacherfüllungsanspruch des Käufers ist in einer Reihe von Fällen ausgeschlossen, die sich in erster Linie aus **§ 275 Abs. 1 bis 3 und § 439 Abs. 3** ergeben (vgl außerdem noch § 442 und dazu schon o. § 4 Rn 40 ff). Diese Ausschlussgründe müssen für die beiden Erscheinungsformen der Nacherfüllung (o. Rn 10 f) jeweils **gesondert geprüft** werden. Ist nur *eine* Art der Nacherfüllung ausgeschlossen, so bleibt der Anspruch des Käufers auf die andere davon unberührt, solange diese nicht ebenfalls ausgeschlossen ist (§ 439 Abs. 3 S. 3 HS 1). Der Nacherfüllungsanspruch ist ferner ausgeschlossen, wenn der Käufer den Eintritt eines Mangels der Sache in der Zeit zwischen Abschluss des Vertrages und Gefahrübergang **zu vertreten** hat, z. B. durch ihre schuldhafte Beschädigung anlässlich ihrer Besichtigung bei dem Verkäufer (§ 326 Abs. 2 und 6 Fall 1 analog)[36], sowie wenn der Käufer die Mängel selbst beseitigt, ohne zuvor dem Verkäufer Gelegenheit zur Nacherfüllung gegeben zu haben (oben Rn 8).

14 Die vom Käufer gewählte Art der Nacherfüllung ist insbesondere ausgeschlossen, wenn ihre **Erfüllung** dem Verkäufer **unmöglich** ist (§ 275 Abs. 1). **Beispiele** sind die Lieferung einer gebrauchten Sache, deren Mangel nicht durch eine Reparatur beseitigt werden kann (Paradigma: Unfallwagen) und bei der auch eine Ersatzlieferung ausscheidet[37], sowie die Lieferung eines mit einer unheilbaren Krankheit befallenen Tieres, zu dem der Käufer inzwischen eine emotionale Bindung aufgebaut hat, sodass ein Ersatz durch ein anderes Tier nicht in Betracht kommt[38]. Der Verkäufer *kann* die

32 S. dazu m. Nachw. *Beckmann*, in: Eckpfeiler, Rn N 84; *Looschelders* II, Tz 89; *Medicus/Lorenz* II, Tz 127.

33 *Ackermann*, JZ 2002, 378 (379 f); *P. Huber*, NJW 2002, S. 1004 (1006); *Musielak*, NJW 2008, S. 1801; *Picker*, in: Festschrift f. Konzen, 2006, S. 687.

34 *Bitter*, ZIP 2007, S. 1881; *Canaris*, in: Festschrift f. H. P. Westermann, 2008, S. 137; *B. Gsell*, JuS 2007, S. 97; *Kitz*, ZGS 2006, S. 419; *Reinicke/Tiedtke*, Kaufrecht, Tz 420 ff (S. 160 ff); *H. Roth*, NJW 2006, S. 2953; differenzierend *Tiedtke/M. Schmitt*, JuS 2005, S. 583.

35 BGHZ 164, S. 64 (72 ff, Tz 18 ff) = NJW 2006, S. 2839 = JuS 2006, S. 1015 Nr 3; BGHZ 170, S. 86 (91, Tz 17) = NJW 2007, S. 1346: BGH, NJW 2008, S. 53 (55, Tz 23).

36 *Beckmann*, Eckpfeiler, Rn N 92; *Looschelders* II, Tz 96; *Medicus/Lorenz* II, Tz 118.

37 S. Rn 11; BGHZ 174, S. 290 (294 f, Tz 12) = NJW 2008, S. 911 (912); BGH, NJW 2008, S. 1517 (1518, Tz 16).

38 BGHZ 163, S. 234 (242 f) = NJW 2005, S. 2852.

vom Käufer gewählte Art der Nacherfüllung ferner unter den Voraussetzungen des **§ 275 Abs. 2 und 3** sowie gemäß **§ 439 Abs. 3 S. 1 verweigern**, insbesondere also, wenn die vom Käufer gewählte Form der Nacherfüllung nur **mit unverhältnismäßigen Kosten** möglich ist, wobei nach § 439 Abs. 3 S. 2 ua der (objektive) Wert der Sache in mangelfreiem Zustand, die Bedeutung des Mangels und die Frage zu berücksichtigen sind, ob auf die andere Art der Nacherfüllung ohne erhebliche Nachteile für den Käufer ausgewichen werden kann. Bei § 439 Abs. 3 handelt es sich um ein **Einrederecht** des Verkäufers, dessen Ausübung an keine besondere Frist gebunden ist (str), so dass sich der Verkäufer auf § 439 Abs. 3 auch noch im Rechtsstreit berufen kann, wenn der Käufer Klage auf Nacherfüllung erhoben hat.[39] Damit ist zugleich gesagt, dass der Käufer selbst in den Fällen des § 439 Abs. 3 nicht etwa auf eine Fristsetzung verzichten darf[40].

Die Anwendung des § 439 Abs. 3 wirft angesichts der unbestimmten, auf die Umstände des Einzelfalls abstellenden Formulierung des Gesetzes erhebliche Probleme auf, die von einer Lösung noch weit entfernt sind.[41] Die damit verbundene Rechtsunsicherheit wird noch dadurch erhöht, dass nach der Rechtsprechung des EuGH ein *genereller* Ausschluss der Nacherfüllung bei dem Verbrauchsgüterkauf im Falle der Unverhältnismäßigkeit *beider* Formen der Nacherfüllung (§ 439 Abs. 3 S. 3 HS 2) mit Art. 3 Abs. 2 der Richtlinie unvereinbar ist, wobei es insbesondere um die bereits erwähnten Einbaufälle geht (Rn 11 f). Der BGH nimmt deshalb an, dass der Verkäufer in diesen Fällen den Käufer bei Unverhältnismäßigkeit der Aus- und Einbaukosten auf einen **Ersatz angemessener Kosten** verweisen kann[42]. 15

Das Gesetz stellt in § 439 Abs. 3 S. 1 auf die **Unverhältnismäßigkeit der Kosten** der vom Käufer gewählten Form der Nacherfüllung ab und nennt in S. 2 der Vorschrift einzelne bei der Beurteilung der Unverhältnismäßigkeit der Kosten zu berücksichtigende Faktoren. Dies deutet darauf hin, dass in jedem Fall eine **Interessenabwägung** erforderlich ist, wobei man zwischen der relativen und der absoluten Unverhältnismäßigkeit der Kosten der Nacherfüllung zu unterscheiden hat. Von **relativer Unverhältnismäßigkeit** der Kosten der Nacherfüllung spricht man, wenn gerade und nur die vom Käufer gewählte Form der Nacherfüllung, z. B. die Nachlieferung, unverhältnismäßige und deshalb für den Verkäufer unzumutbare Kosten verursacht – mit der Folge, dass der Käufer dann auf die andere Form der Nacherfüllung, in dem Beispiel also auf die Nachbesserung beschränkt ist (§ 439 Abs. 3 S. 3 HS 1).[43] Um einen Fall **absoluter Unverhältnismäßigkeit** der Kosten der Nacherfüllung handelt es sich dagegen, wenn mit *beiden* Formen der Nacherfüllung unverhältnismäßige Kosten verbunden wären, so dass dem Käufer dann nur die anderen in § 437 Nrn 2 und 3 genannten Rechtsbehelfe zur Verfügung stehen, die von § 439 Abs. 3 unberührt bleiben.[44] 15a

39 BGH, NJW 2014, S. 213 Tz 17.
40 BGH, NJW 2006, S. 1195 (1197, Tz 26) = JuS 2006, 651 (653) Nr 8.
41 *Beckmann*, in: Eckpfeiler, Rn N 90–98 (S. 945 ff); *Looschelders* II, Tz 94–95c; *Oetker/Maultzsch*, Vertragliche Schuldverhältnisse, § 2 Rn 212 ff (S. 112 ff m. Nachw.); *Reinicke/Tiedtke*, Kaufrecht, Tz 443 ff (S. 171 ff).
42 BGHZ 192, 148 Tz 35 ff = NJW 2012, S. 1073 m. Anm *Jaensch*, NJW 2012, S. 1025.
43 S. z. B. BGHZ 2010, S. 350 Tz 39 = WM 2014, 1147; BGH NJW 2014, 213 Tz 12.
44 BGHZ 2010, S. 350 Tz 35 = WM 2014, 1147.

15b In Literatur und Rechtsprechung finden sich vielfältige Versuche zur Entwicklung von **Faustformeln für** die Beurteilung der **Unverhältnismäßigkeit** der Nacherfüllungskosten,[45] deren Berechtigung jedoch – mangels eines Anhalts im Gesetz – durchaus zweifelhaft ist[46]. Davon geht im Prinzip auch der **BGH** aus;[47] gleichwohl bemüht er sich im Interesse der Rechtssicherheit um die Entwicklung von **Faustregeln**; für Grundstückskaufverträge soll danach als Grenze der Zumutbarkeit von Reparaturkosten z. B. eines gekauften Hauses nebeneinander der Verkehrswert des Grundstücks in mangelfreiem Zustand sowie 200 % des mangelbedingten Minderwertes fungieren, wobei sich diese Grenzen indessen je nach den Umständen des Falles und insbesondere dem Ausmaß des Verschuldens des Verkäufers nach oben oder unten verschieben können.[48] Die Gerichte sind um die Anwendung derartiger „Faustregeln" nicht zu beneiden. Generell lässt sich wohl nur feststellen, dass bei neuen hochwertigen Sachen mit geringen Mängeln in der Regel lediglich eine Nachbesserung in Betracht kommen dürfte, während umgekehrt bei geringwertigen Massenprodukten eine aufwendige Reparatur regelmäßig gegenüber einer Ersatzlieferung unverhältnismäßig sein wird.

III. Rücktritt

1. Überblick

16 Bei Lieferung einer mangelhaften Sache hat der Käufer außer dem Anspruch auf Nacherfüllung (Rn 5 ff) ferner gemäß § 437 Nr 2 das Recht, von dem Kaufvertrag nach den §§ 323 und 326 Abs. 5 iVm § 440 zurückzutreten. **Voraussetzung** ist nach § 323 Abs. 1 (im Anschluss an § 326 aF) grundsätzlich, dass der Käufer zuvor dem Verkäufer *nach Fälligkeit* dessen Leistung erfolglos eine **angemessene Frist** zur Nacherfüllung bestimmt hatte[49]. Ist die vom Käufer dem Verkäufer bestimmte Frist nicht angemessen, weil **zu kurz**, so tritt automatisch an die Stelle der zu kurzen Frist eine angemessene, die in der Regel auf ungefähr zwei Wochen bemessen wird. Die „angemessene Frist" braucht nicht nach dem Kalender bestimmt zu werden; es genügt vielmehr auch, wenn der Käufer nur „umgehende oder möglichst schnelle" Nachbesserung verlangt[50].

16a Von dem Gesagten (Rn. 16) gibt es in jeder Richtung **Ausnahmen**. Zunächst ist in einer ganzen Reihe von Fällen eine Fristsetzung doch **entbehrlich** – mit der Folge, dass der Käufer dann die **sofortige Wahl** zwischen Nacherfüllung, Rücktritt und Minderung sowie gegebenenfalls Schadensersatz oder Aufwendungsersatz hat. Die

45 S. BGHZ 2010, S. 350 Tz 40 ff = WM 2014, 1147; OLG Braunschweig, NJW 2003, S. 1053 (1054) = JuS 2003, S. 710 Nr 5; LG Ellwangen, NJW 2003, S. 517.

46 Ebenso *Looschelders* II, Tz 94.

47 BGHZ 2010, S. 350 Tz 40 ff = WM 2014, 1147.

48 BGHZ 2010, S. 350 (359 ff) Tz 41 f, 44 und 45 = WM 2014, 1147.

49 BGHZ 193, S. 315 (319 f, Tz 16) = NJW 2012, S. 3741; zur problematischen Vereinbarkeit des Erfordernisses einer Nachfrist (§ 437 Nrn 2 und 3 iVm §§ 281 Abs. 1 und 323 Abs. 1) mit der Verbrauchsgüterkaufrichtlinie s. z. B. *Looschelders*, JA 2007, S. 673 (675); *Looschelders* II, Tz 10211; *Riehm*, NJW 2014, S. 2065 (2066).

50 BGH NJW 2009, S. 3153 Tz 10 f (zu § 281 Abs. 1).

einzelnen Fälle ergeben sich aus § 323 Abs. 2 idF von 2014, § 326 Abs. 5 und § 440: Nach **§ 323 Abs. 2 Nr 1** ist eine Fristsetzung zunächst entbehrlich, wenn der Verkäufer die Nacherfüllung ernsthaft und endgültig verweigert (Rn 18); gleich stehen die Überschreitung der Lieferfrist im Falle eines Fixgeschäftes (§ 323 Abs. 2 Nr 2 idF von 2014) sowie (nur) bei der Schlechtleistung der Fall, dass besondere Umstände vorliegen, die unter Abwägung der beiderseitigen Interessen den sofortigen Rücktritt des Käufers rechtfertigen (**§ 323 Abs. 2 Nr 3**, Rn 19). Ebenso verhält es sich nach **§ 326 Abs. 5** ferner, wenn der Verkäufer nach § 275 Abs. 1 bis 3 nicht zu leisten braucht, insbesondere also bei Unbehebbarkeit des Mangels (§ 275 Abs. 1), sowie noch nach **§ 440 S. 1**, wenn der Verkäufer beide Arten der Nacherfüllung nach § 439 verweigert (s. dazu o. Rn 15 f) oder wenn die dem Käufer nach § 439 zustehende Art der Nacherfüllung fehlschlägt oder ihm unzumutbar ist, wovon nach **§ 440 S. 2** im Regelfall nach zwei erfolglosen Nachbesserungsversuchen auszugehen ist (Rn 19).

Auf der anderen Seite gibt es auch mehrere Fälle, in denen der Käufer trotz Mangel- **17**
haftigkeit der Sache aus unterschiedlichen Gründen überhaupt **nicht zurücktreten** kann (Rn. 20). So insbesondere, wenn die Pflichtverletzung des Verkäufers unerheblich ist (§ 323 Abs. 2 Nr 2 nF) oder wenn der Käufer den Mangel zu verantworten hat (§ 323 Abs. 6 Fall 1). Gleich steht der Fall, dass der Käufer die Kaufsache z. B. bei einem Unfall zerstört.[51]

Für die **Erklärung** des Rücktrittes ist keine besondere Form vorgeschrieben; sie ist **17a**
daher auch konkludent möglich, z. B. durch Erhebung der Klage auf Rückzahlung des Kaufpreises[52]. Die **Rechtsfolgen** des Rücktritts richten sich gemäß § 346 Abs. 1 nach den §§ 346 bis 354.[53] Dies bedeutet, dass der Kaufvertrag durch den Rücktritt, ein **Gestaltungsrecht**, in ein Rückgewährschuldverhältnis nach Maßgabe der §§ 346 bis 354 umgestaltet wird[54]. Hervorzuheben ist hier lediglich die Pflicht des Käufers zum **Nutzungsersatz**, wenn er die ihm übergebene mangelhafte Sache in der Zeit vor der Erklärung des Rücktritts bereits genutzt, z. B. mit dem mangelhaften Fahrzeug schon Fahrten unternommen hat (§ 346 Abs. 1)[55].

2. Entbehrlichkeit der Fristsetzung

Eine Fristsetzung ist nach **§ 323 Abs. 2 Nr. 1** zunächst entbehrlich, wenn der Verkäu- **18**
fer die Nacherfüllung ernsthaft und endgültig verweigert. Bei der Annahme einer derartigen **Erfüllungsverweigerung** ist nach bisheriger Rechtsprechung Zurückhaltung geboten, um das regelmäßige Erfordernis der Fristsetzung nicht zu entwerten. Eine Erfüllungsverweigerung darf daher grundsätzlich nur angenommen werden, wenn die Ablehnung der Nacherfüllung durch den Verkäufer gleichsam **sein letztes Wort** ist, sodass es als ausgeschlossen erscheinen muss, dass er im Falle einer Fristsetzung noch zur Nachbesserung bereit wäre. Nicht ausreichend ist es dagegen, wenn der Ver-

51 Str, s. einerseits *Beckmann*, in: Eckpfeiler, Rn N 102, andererseits *Looschelders* II, Tz 112 f.
52 Z. B. BGH, NJW 2009, S. 2532 Tz 14.
53 S. dazu im Einzelnen Schuldrecht AT, § 10 Rn 12 ff.
54 BGHZ 174, S. 290 (293 f, Tz 10) = NJW 2008, S. 911.
55 BGHZ 182, S. 241 (244, Tz 14 f) = NJW 2010, S. 148; die Einzelheiten sind str., s. *Höpfner*, NJW 2010, S. 127 m. Nachw.

käufer (sein gutes Recht) das Vorliegen eines Mangels bestreitet; es müssen vielmehr noch besondere Umstände hinzukommen, die die Annahme ausschließen, dass sich der Verkäufer durch eine Fristsetzung doch noch umstimmen lässt[56].

19 Eine Fristsetzung ist ferner entbehrlich in den Fällen des **Fixgeschäftes** (§ 323 Abs. 2 Nr 2 idF von 2014) sowie (nur) bei der Schlechtleistung, dagegen heute nicht mehr auch bei der Nichtbelieferung, sofern besondere Umstände vorliegen, die unter **Abwägung der beiderseitigen Interessen** ebenfalls einen sofortigen Rücktritt zu rechtfertigen vermögen (**§ 323 Abs. 2 Nr 3**).[57] So verhält es sich insbesondere *in der Regel*, wenn der Verkäufer den Käufer bei Vertragsabschluss **arglistig getäuscht** hat, weil der Käufer dann naturgemäß kein Vertrauen mehr in etwaige Nachbesserungsversuche dieses Verkäufers haben wird[58].

19a Weitere Fälle der Entbehrlichkeit einer Fristsetzung ergeben sich aus **§ 440**, wenn der Verkäufer beide Arten der Nacherfüllung nach § 439 Abs. 3 wegen der Unverhältnismäßigkeit der damit verbundenen Kosten verweigert (Rn 15 f) sowie wenn die dem Käufer zustehende Art der Nacherfüllung fehlgeschlagen oder dem Käufer unzumutbar ist (S. 1 des § 440). Die Nacherfüllung ist **fehlgeschlagen**, wenn der Verkäufer binnen der ihm vom Käufer gesetzten angemessenen Frist überhaupt nicht tätig wird. Hat der Käufer die **Ersatzlieferung** gewählt, so ist ein Fehlschlagen der Nacherfüllung außerdem dann anzunehmen, wenn die Ersatzlieferung ihrerseits ebenfalls mangelhaft ist (zur Beweislast s. schon o. Rn 4). Wenn der Käufer dagegen **Nachbesserung** verlangt hat, gilt die Nachbesserung nach S. 2 des § 440 im Regelfall (erst) nach dem *zweiten* erfolglosen Nachbesserungsversuch als fehlgeschlagen. **Ausnahmen** sind indessen denkbar. So wird der Käufer bereits in der Regel nach *einem* missglückten Nachbesserungsversuch des Verkäufers zurücktreten können, wenn bereits der erste Versuch des Verkäufers gravierende Mängel aufweist oder erkennen lässt, dass sich der Verkäufer gar nicht ernsthaft um eine Nachbesserung bemühen will[59]. Die Nacherfüllung ist dem Käufer schließlich **unzumutbar**, wenn er aufgrund des bisherigen Verhaltens des Verkäufers jedes Vertrauen in diesen verloren hat, etwa in Fällen arglistiger Täuschung[60] oder bei Lieferung eines Gegenstandes, der so viele Mängel aufweist, dass der Käufer befürchten muss, dass auch in Zukunft trotz aller Reparaturversuche immer wieder neue Mängel auftreten werden (Stichwort: Montagsauto).[61]

3. Ausschluss des Rücktritts

20 In einer Reihe von Fällen ist der Rücktritt auf der anderen Seite trotz Vorliegen eines Mangels aus besonderen Gründen ganz ausgeschlossen (s. schon Rn. 17). Hervorzuheben ist **§ 323 Abs. 5 S. 2,** nach dem der Rücktritt ausgeschlossen ist, wenn die

56 BGH, NJW 2006, S. 1195 (1197, Tz 25) = JuS 2006, S. 651 (653) Nr 8; NJW 2011, S. 3435 Tz 24; 2013, S. 1431 Tz 36; WM 2014, S. 2005 Tz 21 ff; – zur problematischen Vereinbarkeit dieser Praxis mit der Verbraucherrechte-Richtlinie s. z. B. *Riehm*, NJW 2014, S. 2065 (2066).

57 Zu den weitreichenden Änderungen des § 323 Abs. 2 im Jahre 2014 zwecks Anpassung an die Verbraucherrechte-Richtlinie s insbesondere *Riehm*, NJW 2014, S. 2065.

58 BGH, NJW 2007, S. 835 (837, Tz 12 ff); 2008, S. 1371 (1372 f, Tz 19); 2010, S. 2503 Tz 19; 2010, S. 1805 Tz 9.

59 OLG Hamm, NJW-RR 2011. S. 1423 (1424); ein Gegenbeispiel in BGH, NJW 2007, S. 504 Tz 15.

60 Rn 19; *Looschelders* II, Tz 108.

61 BGH, NJW 2013, S. 1523 m Anm *Eger*, NJW 2013, S. 1485.

Pflichtverletzung des Verkäufers unerheblich ist. Es handelt sich dabei um eine Art **Bagatellklausel**, durch die verhindert werden soll, dass der Käufer einen geringfügigen Mangel bei neuen hochwertigen Sachen zum willkommenen Anlass nimmt, sich nachträglich von dem mittlerweile unerwünschten Vertrag wieder zu lösen.[62] Der Käufer hat in diesem Fall nur den Anspruch auf Nacherfüllung (§ 439), das Minderungsrecht (§ 441) sowie den kleinen Schadensersatzanspruch (§ 280 Abs. 1). Ob ein Mangel unerheblich ist, lässt sich nur im Einzelfall aufgrund einer umfassenden Interessenabwägung feststellen.[63] Bei *behebbaren* Mängeln kommt es in erster Linie auf das Verhältnis der Reparaturkosten zu dem Preis der Sache an. Die Folge ist, dass hier die Pflichtverletzung in der Regel als erheblich angesehen wird, wenn die Reparaturkosten mehr als 4 bis 5% des Preises betragen, als unerheblich dagegen, wenn sie deutlich niedriger sind[64]. Bei *unbehebbaren* Mängeln wird dagegen auf das Ausmaß der damit verbundenen Funktionsbeeinträchtigung abgestellt[65]. Bei der zusätzlich stets erforderlichen **Interessenabwägung** spielt ferner eine Rolle, ob es sich um einen Verstoß gegen eine Beschaffenheitsvereinbarung handelt,[66] ob eine Garantie vorliegt (§ 443 nF) oder ob der Verkäufer arglistig gehandelt hat. Maßgebender **Zeitpunkt** für die Beurteilung der Frage, ob die Pflichtverletzung nach diesen Grundsätzen als erheblich anzusehen ist, ist der der Erklärung des Rücktritts. Ist der Rücktritt danach berechtigt, so ändert sich daran auch nichts, wenn sich später wider Erwarten herausstellt, dass der Mangel tatsächlich doch mit einem ganz geringfügigen Aufwand beseitigt werden kann[67]. Weitere Ausschlussgründe ergeben sich aus § 323 Abs. 5 (Rn 17).

IV. Minderung

Statt zurückzutreten (o. Rn 16 f), kann der Käufer auch durch einseitige Gestaltungserklärung gegenüber dem Verkäufer den Kaufpreis mindern, und zwar – insoweit anders als im Falle des Rücktritts (o. Rn 20) – selbst dann, wenn es sich lediglich um einen unerheblichen Mangel handelt (§§ 437 Nr 2, 441 Abs. 1 und 323 Abs. 5 S. 2; s. Rn 20). Die Minderung hat **dieselben Voraussetzungen wie** der **Rücktritt**, sodass sie gleichfalls grundsätzlich den fruchtlosen Ablauf einer dem Verkäufer zur Nacherfüllung gesetzten, angemessenen **Frist** voraussetzt (§§ 437 Nr 1, 323 Abs. 1; o. Rn 16). Die Fristsetzung ist jedoch in denselben Fällen wie beim Rücktritt entbehrlich (§§ 323 Abs. 2, 326 Abs. 5 und 440; s. o. Rn 18 f). 21

Die Minderung besteht gemäß § 441 Abs. 4 S. 1 in einer **verhältnismäßigen Herabsetzung** des Kaufpreises nach der **Formel**: Alter Preis: neuem Preis = Wert der mangelfreien Sache: Wert der mangelhaften Sache. Dadurch soll das im Vertrag festgelegte Äquivalenzverhältnis der beiden Leistungen nach Möglichkeit aufrechterhalten 22

62 S. dazu z. B. *Beckmann*, in: Eckpfeiler, Rn N 401; *Höpfner*, NJW 2011, S. 3693; *Looschelders* II, Tz 108 f.

63 BGH, NJW 2014, S. 3229 Tz 16; BGH, NJW 2013, S. 1365 Tz 16; 2013, S. 1431 Tz 41 f.

64 BGH, NJW 2014, S. 3229 Tz 12, 30, 38 ff; BGH, NJW 2008, S. 1517 (1519, Tz 22); NJW 2011, S. 2872 Tz 19; OLG Hamm, NJW-RR 2011, S. 1423 (1424).

65 Z. B. BGH, NJW 2011, S. 2872 Tz 19; *Medicus/Lorenz* II, Tz 152, 160 ff.

66 BGH, NJW 2013, S. 1365 Tz 16.

67 BGH, NJW 2009, S. 508 Tz 19 f; 2011, S. 1664 Tz 18; 2011, S. 3708 Tz 9; 2013, S. 1365 Tz 18.

werden, so dass eine Minderung auch in Betracht kommt, wenn der Kaufpreis besonders niedrig ist und deutlich unter dem Verkehrswert der Sache liegt[68]. Entspricht der Kaufpreis dem objektiven Wert der Sache, so kann die Minderung auch einfach durch Abzug der Reparaturkosten vom Kaufpreis erfolgen[69]. Maßgebender Zeitpunkt für die Ermittlung des Wertes der Sache ist der des Vertragsschlusses; spätere Veränderungen bleiben außer Betracht. Mit Durchführung der Minderung aufgrund der Erklärung des Käufers erlöschen die anderen Ansprüche des Käufers wegen des Mangels.[70]

V. Schadensersatz

1. Überblick

23 Bei Lieferung einer mangelhaften Sache kann der Käufer nach § 437 Nr 3 iVm §§ 440, 280, 281, 283 und 311a ferner Schadensersatz verlangen. Aus der Verweisung in § 437 Nr 3 auf die genannten Vorschriften des Allgemeinen Teils ergibt sich, dass sich die Schadensersatzpflicht des Verkäufers grundsätzlich nach den allgemeinen Regeln richtet, so dass insoweit zunächst auf die Ausführungen zum Allgemeinen Teil zu verweisen ist.[71] Danach kommt es vor allem darauf an, wann der Mangel eingetreten ist, ob es sich um einen unbehebbaren oder behebbaren Mangel handelt und an welchen Rechtsgütern des Käufers er einen Schaden verursacht hat (s. auch das Schema unten Rn 57). In jedem Fall setzt die Schadensersatzpflicht des Verkäufers zusätzlich voraus, dass er die etwaige Pflichtverletzung im Sinne der §§ 276 und 278 zu vertreten hat (§ 280 Abs. 1). Grundsätzlich hat der Verkäufer danach Vorsatz und Fahrlässigkeit zu vertreten; eine Erweiterung der Haftung kann sich insbesondere aus der Übernahme einer Garantie ergeben (§§ 276 und 443 nF, s. u. Rn 39 ff).

2. Unbehebbare Mängel

24 Wenn der Käufer wegen eines unbehebbaren Mangels Schadensersatz verlangt, kommt es vor allem darauf an, ob der Mangel bereits bei Vertragsabschluss vorlag oder erst später, aber noch vor Gefahrübergang eingetreten ist. Bei **anfänglichen unbehebbaren Mängeln** kann der Käufer unter den Voraussetzungen der **§§ 437 Nr 3 und 311a Abs. 2** Schadenersatz statt der Leistung verlangen, wenn der Verkäufer den fraglichen Mangel bei Vertragsabschluss *kannte oder kennen musste.* Hierher gehören z. B. der Verkauf eines gebrauchten Kraftfahrzeuges als „unfallfrei" trotz des Vorliegens erheblicher Unfallschäden,[72] der Verkauf einer bloßen Kopie als Original oder der Verkauf eines Tieres mit genetisch bedingten Schäden, sodass den Verkäufer hier nur dann eine Haftung trifft, wenn er bei Abschluss des Kaufvertrages die genannten Mängel und deren Unbehebbarkeit wenigstens erkennen konnte[73]. Sind diese Voraussetzungen erfüllt, so hat der Käufer grundsätzlich einen Anspruch auf Scha-

68 BGH, NJW 2011, S. 2953 Tz 9.
69 BGH, LM Nr 1 zu § 472 BGB = NJW 1961, S. 1860.
70 *Beckmann*, in: Eckpfeiler, Rn N 113 f.
71 S. Schuldrecht AT, §§ 5 ff, 13 f.
72 BGH, NJW 2013, S. 1733 Tz 14, 19; OLG Naumburg, NJW 2014, S. 1113 (1114).
73 BGHZ 163, S. 234 (244 ff) = NJW 2005, S. 2852; *Medicus/Lorenz* II, Tz 178.

densersatz statt der Leistung (§ 311a Abs. 2 S. 1), wobei man einen **kleinen und** einen **großen Schadensersatz** unterscheidet, je nachdem, ob der Käufer bei dem Vertrag stehen bleibt und nur Ersatz der Wertdifferenz verlangt oder ob er zur Vertragsliquidierung insgesamt schreitet. Lediglich dann, wenn es sich nur um einen unerheblichen Mangel handelt, ist der Käufer auf den kleinen Schadensersatz beschränkt (s. § 311a Abs. 2 S. 2 iVm § 281 Abs. 1 S. 3 und dazu o. Rn 2, 20):

Andere Regeln gelten, wenn der **unbehebbare Mangel** erst **nach Vertragsabschluss**, aber vor Gefahrübergang (§§ 434 Abs. 1, 446) eintritt, wenn z. B. in dem genannten Beispiel das Tier erst in dem fraglichen Zeitraum an einer unheilbaren Krankheit erkrankt. In diesem Fall ist der Verkäufer nur schadensersatzpflichtig, wenn er den Eintritt des unbehebbaren Mangels vor Gefahrübergang zu vertreten hat, wenn er etwa in dem genannten Fall das Tier fahrlässig einer Ansteckungsgefahr ausgesetzt hat (§§ 437 Nr 3, 280 und 283). **24a**

3. Behebbare Mängel

Behebbare Mängel sind solche, die sich durch Nacherfüllung, insbesondere also durch Nachbesserung oder gegebenenfalls auch durch eine Ersatzlieferung noch beseitigen lassen (§ 439 Abs. 1). Verlangt der Käufer wegen solcher Mängel, z. B. wegen der Wertminderung der Sache infolge nicht beseitigter Mängel, Schadensersatz, so ist Anspruchsgrundlage nach Gefahrübergang **§ 437 Nr. 3** in Verbindung **mit den §§ 280 Abs. 1 und 3 sowie 281**, so dass der Anspruch auf Schadensersatz statt der Leistung im Regelfall den fruchtlosen **Ablauf einer** dem Verkäufer vom Käufer gesetzten angemessenen **Frist** zur Erfüllung voraussetzt (§ 281 Abs. 1 S. 1). Ebenso wie nach § 323 Abs. 2 beim Rücktritt (Rn 18 ff) gibt es jedoch auch hier verschiedene Fälle, in denen nach § 281 Abs. 2 eine Fristsetzung **entbehrlich** ist, so dass der Käufer dann *sofort* Schadensersatz verlangen kann. Zu beachten ist jedoch, dass seit 2014 wichtige Unterschiede zwischen § 323 Abs. 2 (Rn 18 ff) und § 281 Abs. 2 bestehen, so dass heute (anders als früher) die Ausführungen zu § 323 Abs. 2 nicht mehr unbesehen auf die Parallelvorschrift des § 281 Abs. 2 übertragen werden können.[74] **25**

Der Schadensersatzanspruch des Käufers nach fruchtlosem Fristablauf setzt eine vom Verkäufer zu vertretende **Pflichtverletzung** voraus (§§ 280 Abs. 1 und 281). Als *Anknüpfungspunkt* kommen gleichermaßen die Lieferung einer mangelhaften Sache (§ 433 Abs. 1 S. 2) wie ein Verstoß des Verkäufers gegen seine Nacherfüllungspflicht in Betracht (§§ 437 Nr 1, 439), der darin liegen kann, dass er gar nicht, verspätet oder mangelhaft tätig geworden ist. Im Schrifttum wird zum Teil angenommen, das Gesetz habe in § 437 Nr 3 allein den zuletzt genannten Fall eines Verstoßes des Verkäufers gegen seine Nacherfüllungspflicht im Auge.[75] Aber dafür besteht kein Anlass; **beide** Pflichtverletzungen (Verstoß gegen § 433 Abs. 1 S. 2 und gegen § 439 Abs. 1) stehen vielmehr als Haftungsgründe **gleichberechtigt** nebeneinander[76], wobei eine Haftung des Verkäufers wegen eines Verstoßes gegen § 433 Abs. 1 S. 2 durch die **Lieferung** **25a**

---

74 S. *Riehm*, NJW 2014, S. 2065 (2067 ff).
75 So z. B. *Medicus/Lorenz* II, Tz 175.
76 S. *Beckmann*, in: Eckpfeiler, Rn N 127; *D Kaiser*, in: Eckpfeiler, 2014, Rn I 162 (S. 618); *Looschelders* II, Tz 123 f, 127; *Looschelders*, in: Festschrift f. H. P. Westermann, 2008, S. 737 (746 ff).

einer mangelhaften Sache vor allem bei einem Hersteller denkbar ist, während Händler mangels Untersuchungs- oder Herstellungspflicht häufig in der Lage sein werden, sich hier wegen des von ihnen nicht erkannten und für sie auch nicht erkennbaren Mangels zu entlasten (s. § 280 Abs. 1 S. 2). Nach überwiegender, neuerdings aber bestrittener Meinung können Hersteller und Vorlieferanten außerdem grundsätzlich *nicht* als *Erfüllungsgehilfen* des Verkäufers behandelt werden, so dass der Verkäufer für deren Pflichtverletzungen, etwa bei Herstellung oder Auswahl der Sache, nicht einzustehen braucht (§ 278);[77] eigene Untersuchungspflichten des Verkäufers werden bisher gleichfalls nur unter engen Voraussetzungen bejaht.[78] Vor allem in derartigen Fällen erlangt daher die Haftung des Verkäufers für Verstöße gegen seine Nacherfüllungspflicht eigenständige Bedeutung (§§ 437 Nr 3, 281).

4. Verzögerungsschaden

26 Der Käufer kann ferner dadurch geschädigt werden, dass der Verkäufer nicht zu der vereinbarten Zeit, sondern mit **Verspätung** liefert (Beispiele: entgangener Gewinn, Zinsbelastung, Belastung mit Ersatzansprüchen der Abnehmer). Für diese Schäden kann der Käufer Ersatz nur unter den Voraussetzungen der **§§ 280 Abs. 2 und 286** verlangen, d. h. nur bei Verzug des Verkäufers, der im Regelfall eine Mahnung des Käufers voraussetzt (§ 286 Abs. 1), außer wenn die Leistungszeit bereits im Vertrag bestimmt ist (§ 286 Abs. 2 Nr 1). Fehlt es daran, so wird die Mahnung des Käufers in der Regel bereits in dem Verlangen der Nacherfüllung liegen (§§ 437 Nr 1 und 439).[79] In diesen Fällen kann man dann auch auf die Verzögerung der Nacherfüllung abstellen.[80] Schadensersatz statt der Leistung erhält der Käufer in diesem Fall allein unter den zusätzlichen Voraussetzungen des **§ 281**, d. h. grundsätzlich erst nach fruchtloser Fristsetzung, sofern nicht ein Fall des § 281 Abs. 2 vorliegt.

27 Umstritten ist, ob zu dem Verzögerungsschaden (Rn 26) auch der so genannte **Nutzungsausfallschaden** gehört. Man hat dabei Vermögensschäden des Käufers im Auge, die darauf beruhen, dass er die **gelieferte, aber mangelhafte Sache** nicht wie geplant einsetzen kann. Paradigma ist die Lieferung einer mit Mängeln behafteten Maschine, die zu Produktionsausfällen bei dem Käufer führt. Man kann hier das Schwergewicht entweder auf die Verzögerung der Lieferung einer mangelfreien Maschine *oder* auf die Schädigung des Käufers durch die Mängel der tatsächlich gelieferten Maschine unter Verstoß gegen § 433 Abs. 1 S. 2 legen und kommt dann jeweils zu unterschiedlichen Ergebnissen. Der **BGH** hat sich hier zu Recht dafür entschieden, das Schwergewicht bei der Lösung letztlich auf die Lieferung einer mangelhaften Sache zu legen, sodass der Käufer hier **sofort** Schadensersatz **nach § 280 Abs. 1** wegen eines Mangelfolgeschadens (Rn 28) und *nicht* erst nach Mahnung und Fristsetzung nach den §§ 280 Abs. 2, 281 Abs. 1 und 286 wegen Verzugs des Verkäufers mit der Lieferung der einwandfreien Maschine (Rn 26) verlangen

77 Z. B. BGH, NJW 2014, S. 2183 Tz 31 f; *Beckmann*, in: Eckpfeiler, Rn N 128; *Keiser*, NJW 2014, S. 1473.

78 S. im Einzelnen *Emmerich*, MK, 2014, Vor § 311 Rn 79, 86 ff.

79 *Beckmann*, in: Eckpfeiler, Rn N 123 m. Nachw.

80 *Looschelders* II, Tz 141.

kann,[81] – vorausgesetzt freilich, dass der Verkäufer den Mangel überhaupt zu vertreten hat, etwa als Hersteller oder aufgrund einer mangelhaften Untersuchung der Kaufsache (Rn 25a).

5. Mangelfolgeschaden

Als Mangelfolgeschäden bezeichnet man die auf der Lieferung der mangelhaften Sache beruhenden Schäden des Käufers **an** seinen **sonstigen Rechtsgütern**, z. B. die Verletzung des Käufers durch ein mangelhaftes Fahrzeug oder die Beschädigung des Materials des Käufers durch eine mangelhafte Maschine. Weil in derartigen Fällen, die dadurch gekennzeichnet, dass es bereits zu einem Schaden gekommen *ist*, eine (nachträgliche) Fristsetzung keinen Sinn mehr machte, kann in ihnen der Käufer **sofort**, d. h. ohne Fristsetzung, **nach § 437 Nr 3 und § 280 Abs. 1** vom Verkäufer Schadensersatz „neben" der Leistung verlangen[82], sofern der Verkäufer den Mangel zu vertreten hat (u. Rn 31 ff). Gleich steht der Fall, dass die Sache erst bei dem Versuch der Nacherfüllung durch den Verkäufer beschädigt wurde[83]. 28

6. Nebenpflichten

Eine letzte Fallgruppe bildet schließlich die Verletzung sonstiger Nebenpflichten des Verkäufers, die sich *nicht* in einem Sach- oder Rechtsmangel auswirkt. Zu denken ist hier in erster Linie an Verstöße des Verkäufers gegen **Aufklärungs- oder Warnpflichten**, etwa bei der Lieferung komplizierter und gefährlicher Geräte.[84] Für diese Fälle hat **§ 437 Nr 3** *keine* Bedeutung, weil es dabei nicht um Mängel der Kaufsache geht. Die Haftung des Verkäufers richtet sich vielmehr ausschließlich nach den allgemeinen Vorschriften und damit insbesondere nach den §§ 241 Abs. 2, 276 und **280 Abs. 1**, gegebenenfalls in Verbindung mit den §§ 282 und 324. 29

VI. Aufwendungsersatz

Nach den §§ 437 Nr 3 und 284 kann der Käufer ferner bei Lieferung einer mangelhaften Sache anstelle des Schadensersatzes statt der Leistung (§ 281) und damit unter denselben **Voraussetzungen** wie dieser (o. Rn 23 ff) Ersatz der Aufwendungen verlangen, die er im Vertrauen auf den Erhalt der Leistung des Verkäufers gemacht hat und billigerweise machen durfte, außer wenn der Zweck der Aufwendungen auch ohne die Pflichtverletzung des Verkäufers nicht erreicht worden wäre.[85] **Beispiele** sind die Kosten des Vertragsabschlusses, Transportkosten, Kosten für die Vorbereitung des Einsatzes der gekauften Sache, etwa in dem Betrieb des Käufers sowie Aufwendungen auf die gekaufte, später als mangelhaft erwiesene und deshalb nach Rücktritt 30

81 BGHZ 181, S. 317 (322 ff, Tz 12 ff) = NJW 2009, S. 2674; *Beckmann*, in: Eckpfeiler, Rn N 124; *D. Kaiser*, in: Festschrift f. H. P. Westermann, 2008, S. 351 (358 ff); *Looschelders* II, Tz 142; – anders z. B. *Medicus/Lorenz* II, Tz 183.

82 *Mankowski*, JuS 2006, S. 481.

83 OLG Saarbrücken, NJW 2007, S. 3503 (3504 f).

84 S. *Emmerich*, in: MK, 2014, Vor § 311 Rn 86 ff.

85 S. Schuldrecht AT, § 27 Rn 28.

zurückgegebene Sache. Dem Aufwendungsersatzanspruch des Käufers kommt vor allem dann eigenständige Bedeutung zu, wenn der Käufer wegen des Mangels den **Rücktritt** von dem Kaufvertrag erklärt (s. § 325).

VII. Beschränkung der Haftung des Verkäufers

1. Vertragliche Haftungsbeschränkungen, § 444

31 Nach **§ 444** kann die Haftung des Verkäufers für Rechts- und Sachmängel **individualvertraglich** grundsätzlich beliebig ausgeschlossen oder beschränkt werden, außer wenn der Verkäufer den Mangel arglistig verschwiegen (s. Rn 32 ff) oder eine *Garantie* für die Beschaffenheit der Sache übernommen hat (s. Rn 39 ff). Eine bloße **Beschaffenheitsvereinbarung** im Sinne des § 434 Abs. 1 S. 1 steht nicht gleich; ihr kommt indessen nach Treu und Glauben gleichwohl der Vorrang vor einem gleichzeitig vereinbarten allgemeinen Haftungsausschluss zu, so dass sich dieser dann lediglich auf etwaige weitere Mängel im Sinne des § 434 Abs. 1 S. 2 Nr 1 oder 2 erstreckt.[86] Weitergehende Schranken bestehen aufgrund des **§ 475 Abs. 1 und 3** beim Verbrauchsgüterkauf (s. u. § 6 Rn 1 f). Bei Haftungsbeschränkungen in **AGB** gelten ferner die wesentlich engeren Schranken des **§ 309 Nrn 7 und 8**.

32 Angesichts der Verbreitung von Haftungsausschlüssen insbesondere in Kaufverträgen über Grundstücke und Unternehmen hat die Anordnung des Unwirksamkeit von Haftungsausschlüssen bei **Arglist des Verkäufers** durch § 444 erhebliche praktische Bedeutung (s. auch § 442 Abs. 1 S. 2 und dazu u. Rn 36 f sowie §§ 438 Abs. 3 S. 1 und 445). Arglist des Verkäufers ist gleichbedeutend mit **Kenntnis** des Mangels **und Schweigen trotz** Bestehens einer **Aufklärungspflicht**, vorausgesetzt, dass sich der Verkäufer dabei bewusst ist, dass der Käufer bei pflichtgemäßer Offenbarung des Mangels möglicherweise von dem Vertragsabschluss Abstand nähme[87]. Eine Aufklärungspflicht besteht insbesondere, wenn der Käufer ausdrücklich nach bestimmten Umständen **fragt**. Auf solche Fragen *muss* der Verkäufer wahrheitsgemäß antworten oder die Antwort verweigern; tertium non datur (kein Recht zur Lüge im Privatrechtsverkehr)[88]. Der Verkäufer handelt daher schon dann arglistig, wenn er auf Fragen des Käufers hin „ins Blaue hinein“ beruhigende Erklärungen abgibt, z. B. ohne Anhalt harmlose Ursachen bestimmter Schäden behauptet[89] oder beim Verkauf eines Gebrauchtwagens ohne sichere Kenntnis Unfallschäden verneint[90].

33 Eine **Aufklärungspflicht** des Verkäufers bei ihm bekannten oder doch vermuteten Mängeln ist ferner jedenfalls dann anzunehmen, wenn der Käufer besonders **schutzbedürftig** ist, wie es etwa typischerweise für **Hauskäufer** zutrifft. Der Verkäufer

86 BGH, NJW 2013, S 1733 Tz 15; *Beckmann*, in: Eckpfeiler, Rn N 141a.
87 BGHZ 117, S. 363 (368) = NJW 1992, S. 1953; BGH, NJW 2011, S. 3640 Tz 19; 2013, S. 1671 Tz 18 ff; 2013, S. 2182 Tz 12; *Rösler*, AcP Bd 207 (2007), S. 564.
88 BGHZ 180, S. 201 (215, Tz 25) = NJW 2009, S. 2120; BGH, NJW 2011, S. 3640.
89 OLG Celle, MDR 1987, S. 407; OLG München, NJW 1988, S. 3271.
90 BGHZ 74, S. 383 (392) = NJW 1979, S. 1886 = JuS 1979, S. 741 Nr 5; BGHZ 168, S. 64 (69, Tz 13) = NJW 2006, S. 2839 = JuS 2006, S. 1015 Nr 3; BGH, LM Nr 13 zu § 476 BGB = NJW 1981, S. 1441; OLG Naumburg, NJW 2014, S. 1113.

eines Hauses muss daher den Käufer grundsätzlich über den Befall des Hauses mit dem Hausbockkäfer sowie über das Vorhandensein von Hausschwamm oder Trockenfäule aufklären. Dasselbe gilt für sonstige schwerwiegende verborgene Mängel wie etwa die Verwendung gesundheitsgefährdender Baustoffe wie Asbest (das Krebs verursachen kann)[91], für das Fehlen der Bauerlaubnis für das Haus oder für einzelne Räume[92], allgemein für baurechtliche Hindernisse, die der geplanten Nutzung entgegenstehen[93] oder für die Belastung des Grundstücks mit Altlasten.[94]

Bedingter Vorsatz des Verkäufers genügt[95]; er liegt bereits vor, wenn der Verkäufer einen bestimmten Fehler nur für möglich hält und er für diesen Fall eine Täuschung des anderen Teils bewusst in Kauf nimmt[96]. Gleich steht der Fall, dass der Verkäufer das Vorhandensein bestimmter Eigenschaften **vorspiegelt** (§ 242). Arglist des Verkäufers ist dagegen zu verneinen, wenn er die Ware, wenn auch irrtümlich, für vertragsgemäß hält[97]. Grobe Fahrlässigkeit genügt nicht, auch dann nicht, wenn sich dem Verkäufer nach den Umständen die Kenntnis eines Mangels geradezu aufdrängen musste,[98] wobei man bedenken muss, dass den Verkäufer grundsätzlich keine Untersuchungs- oder Nachforschungspflicht trifft (Rn 25a). Selbst *Gebrauchtwagenhändler* müssen ein Fahrzeug nur dann auf mögliche Unfallschäden untersuchen, wenn sich dafür bei einer äußeren Besichtigung ernstzunehmende Anhaltspunkte ergeben.[99] Maßgebender **Zeitpunkt** ist der des Vertragsabschlusses,[100] und zwar auch dann, wenn der Vertrag zunächst formnichtig ist und der Formmangel erst später (und nach Kenntniserlangung des Käufers) geheilt wird, so dass dann die nachträgliche Kenntnis des Käufers von dem Mangel nicht schadet (s. §§ 125 und 311b Abs. 1 S. 2 in Verb mit § 442)[101]. Wird für den Verkäufer ein **Vertreter** oder Verhandlungsgehilfe tätig, so muss der Verkäufer auch für eine arglistige Täuschung des Käufers durch diese Personen einstehen (§§ 166, 278)[102]. 34

Nicht erforderlich ist der Nachweis, das das arglistige Verschweigen des Mangels für den Kaufentschluss des Käufers **kausal** war; Arglist des Verkäufers führt vielmehr in jedem Fall zur Unanwendbarkeit des Haftungsausschlusses[103]. Davon unberührt bleibt die Wirksamkeit des Vertrages im Übrigen (s. § 444: „... soweit ...")[104]. Die **Beweislast** für die Arglist des Verkäufers trägt an sich der Käufer, der sich auf die 35

91 BGHZ 180, S. 205 (208 f, Tz 8 ff) = NJW 2009, S. 2120; BGH, NJW 2011, S. 3640 Tz 7; BGH, NJW 2011 S. 1280 Tz 10 f.
92 BGHZ 114, S. 260 (262) = NJW 1991, S. 2138; *Knöpfle*, JuS 1992, S. 373.
93 BGH, LM Nr 85 zu § 459 BGB = NJW 1987, S. 2511.
94 BGH, NJW 2013, S. 2182 Tz 13 f.
95 BGH, LM Nr 85 zu § 459 BGB = NJW 1987, S. 2511; LM Nr 76 zu § 459 BGB = NJW 1985, S. 1769 = JuS 1985, S. 641 Nr 3.
96 BGH, LM Nr 54 zu § 463 BGB = NJW 1990, S. 42; LM Nr 73 zu § 463 BGB = NJW 1995, S. 1549 (1550).
97 BGH, LM Nr 17 zu § 270 ZPO = NJW-RR 1995, S. 254; LM Nr 135 zu § 459 BGB = NJW 1997, S. 1914 = JuS 1997, S. 1042 (1043) Nr 8.
98 BGH, NJW 2013, S. 2182 Tz 13 f.
99 BGH, NJW 2014, S. 211 Tz 24, 28.
100 BGH, LM Nr 48 zu § 477 BGB = NJW 1989, S. 2051; str.
101 BGH, NJW 2011, S. 2953 Tz 12 ff.
102 *Flume*, AcP Bd. 197 (1997), S. 441; *Waltermann*, NJW 1993, S. 889.
103 BGH, NJW 2011, S. 3640 Tz 12 f.
104 Z. B. *Medicus/Lorenz* II, Tz 193.

Unwirksamkeit des Haftungsausschlusses beruft.[105] Jedoch kommt ihm insoweit die Rechtsprechung mit der Annahme einer sogenannten sekundären Darlegungs- und Beweislast des Verkäufers zu Hilfe, so dass es auf den entsprechenden Einwand des Käufers hin zunächst einmal Sache des *Verkäufers* ist darzulegen, ob und wie er gegebenenfalls seiner Aufklärungspflicht nachgekommen ist[106]. Bei Arglist des Verkäufers kann der Käufer außerdem anfechten (§ 123 Abs. 1) sowie Schadensersatz aus c.i.c. und aus Delikt verlangen (§§ 311 Abs. 2, 823 Abs. 2 und 826; s. u. Rn 50 ff).

2. Haftungsausschluss bei Kenntnis des Käufers, § 442

36 Anders als bei dem Handelskauf (s. § 377 HGB) trifft den Käufer nach dem BGB weder eine Untersuchungs- noch eine Rügepflicht bei Mängeln. So erklärt sich **§ 442 Abs. 1 S. 1**, nach dem der Verkäufer einen Sach- oder Rechtsmangel nur dann (ausnahmsweise) nicht zu vertreten hat, wenn der Käufer den Mangel schon **bei Abschluss** des Vertrages **kennt**, weil der Käufer widersprüchlich handelte, wenn er trotz des Vertragsabschlusses in Kenntnis des Mangels anschließend doch Gewährleistungsrechte geltend machte. Gleich steht nach **§ 442 Abs. 1 S. 2** der Fall, dass dem Käufer der Mangel nur **infolge grober Fahrlässigkeit** unbekannt geblieben ist, außer wenn der Verkäufer den Mangel arglistig verschwiegen hat (s. dazu schon o. Rn 32 ff) oder eine Garantie für die Beschaffenheit der Sache, d. h. für ihre Freiheit von Sach- oder Rechtsmängeln übernommen hat (s. Rn 39). Weist die Sache *mehrere Mängel* auf, so ist die Haftung des Verkäufers nur hinsichtlich derjenigen Mängel ausgeschlossen, auf die sich tatsächlich die Kenntnis des Käufers erstreckt; wegen weiterer Mängel bleibt es bei der Haftung des Verkäufers nach den §§ 434 und 437 ff.[107] Außerdem beschränkt sich auch hinsichtlich der dem Käufer bekannten Mängel der Haftungsausschluss zum Schutze des Käufers auf dessen Rechte aus den **§§ 437 ff**, sodass sein **Erfüllungsanspruch** sowie die Rechte aus den §§ 320 bis 322 trotz seiner Kenntnis grundsätzlich **unberührt** bleiben[108].

37 Kenntnis des Käufers iS des § 442 Abs. 1 S. 1 wird, eben, weil den Käufer nach dem BGB keine Untersuchungspflicht trifft (Rn 36), nur angenommen, wenn er den **Mangel positiv kennt**, während eine leicht fahrlässige Unkenntnis ebenso wenig wie – im Falle von Rechtsmängeln – die bloße Kenntnis der den Mangel begründenden Tatsachen ausreicht; der Käufer muss sich vielmehr, wenn § 442 Abs. 1 S. 1 anwendbar sein soll, über das Vorliegen eines Mangels und dessen Reichweite im klaren sein[109]. Gleich stehen grundsätzlich **grobe Fahrlässigkeit** des Käufers (§ 442 Abs. 1 S. 2) sowie der Fall, dass der Käufer bewusst das **Risiko** eingeht, es könne ein Mangel vorliegen[110]. Grobe Fahrlässigkeit schadet dem Käufer nur dann nicht, wenn der Verkäufer eine **Beschaffenheitsgarantie** iS des § 443 Abs. 1 übernommen hat (s. dazu u. Rn 39 ff) oder wenn er den Mangel **arglistig verschwiegen** hat (s. dazu schon o. Rn 32 ff). § 442 enthält eine den § 254 ausschließende Sonderregelung, sodass dem

105 BGH, NJW 2013, S. 3282 Tz 21.

106 BGH, NJW 2011, S. 3640 Tz 17 f; BGH, NJW 2011, S. 1280 Tz 12.

107 *Looschelders* II, Tz 147.

108 BGH, WM 1987, S. 986 (988); *Wilhelm*, JZ 1982, S. 488 (492 f); anders *Beckmann*, in: Eckpfeiler, Rn N 147; *Oetker/Maultzsch*, Schuldverhältnisse, § 2 Rn 95 ff (S. 62 f).

109 BGHZ 110, S. 196 (201) = NJW 1990, S. 1106 = JuS 1990, S. 666 Nr 3 „Boris Becker".

110 BGH, LM Nr 6 zu § 439 BGB = NJW 1979, 713.

Käufer bei einfacher Fahrlässigkeit auch kein mitwirkendes Verschulden entgegengehalten werden kann[111].

Abweichend von § 442 Abs. 1 BGB hat der Verkäufer **Grundpfandrechte** selbst dann zu beseitigen, wenn der Käufer diese Belastung kennt (§ 442 Abs. 2). Die Parteien können jedoch etwas anderes vereinbaren (§ 311 Abs. 1). Verbreitet ist insbesondere die Abrede, dass der Käufer die auf dem Grundstück ruhenden Grundpfandrechte in Anrechnung auf den Kaufpreis übernehmen soll. – Bei öffentlichen Versteigerungen iS des § 383 Abs. 3 ist zusätzlich die Haftungsbegrenzung des **§ 445** sowie in der Zwangsversteigerung die des **§ 806 ZPO** zu beachten. 38

VIII. Garantien

Die Haftung des Verkäufers kann vertraglich nicht nur beschränkt, sondern auch erweitert werden (s. § 276 Abs. 1 S. 1). Der wichtigste Fall ist die Übernahme einer Garantie im Sinne des **§ 443** durch den Verkäufer. Von Garantien spricht das Gesetz außerdem insbesondere noch in den §§ 276 Abs. 1, 442 Abs. 1 S. 2 und 444. Das Verhältnis dieser verschiedenen Garantiebegriffe zueinander ist umstritten; die praktische Bedeutung dieser Frage ist indessen gering, so dass sie hier offen bleiben kann. Eine besondere Formvorschrift nur für den Verbrauchsgüterkauf findet sich ergänzend in **§ 477**. Garantien können Bestandteil des Kaufvertrages oder Gegenstand eines besonderen Vertrages sein; je nachdem spricht man von **unselbstständigen und selbstständigen Garantien** (s. Rn 43). Die **Verjährung** von Ansprüchen aus einer Garantie richtet sich nach den §§ 195 und 197 und nicht etwa nach § 438 (str).[112] 39

§ 443 ist im Jahre 2014 durch das Gesetz zur Umsetzung der Verbraucherrechte-Richtlinie (s. § 1 Rn. 6) in wichtigen Punkten **geändert** worden.[113] Während § 443 früher bereits in seiner Überschrift deutlich zwischen Beschaffenheits- und Haltbarkeitsgarantien unterschied,[114] regelt die Vorschrift jetzt einheitlich beide Formen von Garantien und fügt lediglich in Abs. 2 (im Anschluss an das frühere Recht) eine Vermutungsregelung für Haltbarkeitsgarantien hinzu. Als **Garantiegeber** kommen nach § 443 Abs. 1 nF gleichermaßen der Verkäufer, der Hersteller oder ein sonstiger Dritter in Betracht, wobei insbesondere an weitere Vertriebsunternehmen zu denken ist. Als **Garantie** bezeichnet das Gesetz jetzt Erklärungen einer der genannten Personen, durch die sie *zusätzlich* zu der gesetzlichen Mängelhaftung weitere Verpflichtungen für den Fall eingehen, dass die Kaufsache nicht diejenige Beschaffenheit aufweist oder andere als die Mängelfreiheit betreffende Anforderungen nicht erfüllt, die in der Erklärung beschrieben sind (sog **Garantiefall**). Gleich steht heute derartigen Erklärungen (anders als früher) auch eine „einschlägige Werbung“, die vor oder bei Abschluss des Vertrages verfügbar war. Die dabei übernommene zusätzliche Verpflichtung kann sich insbesondere auf die Erstattung des Kaufpreises, den Austausch oder 40

111 BGHZ 110, S. 196 (202 ff) = NJW 1990, S. 1106 = JuS 1990, S. 666 Nr 3 „Boris Becker“; dagegen *Mittenzwei*, JuS 1994, S. 187.

112 *Beckmann*, in: Eckpfeiler, Rn N 137 m. N.

113 S dazu die Begr, BT-Dr 17/12637, S. 68; *Beckmann*, in: Eckpfeiler, Rn N 136a; *Martinek*, in: Eckpfeiler, 2014, Rn A 68; *Picht*, NJW 2014, S. 2609.

114 S. Voraufl, § 5 Rn 40 ff, 43 (S. 53 ff).

die Nachbesserung der Kaufsache oder die Erbringung von Dienstleistungen im Zusammenhang mit der Reparatur der Sache beziehen. Sind die genannten Voraussetzungen erfüllt, so kann der Käufer im Garantiefall „unbeschadet der gesetzlichen Ansprüche", also neben oder über die §§ 437 ff hinaus, die **Rechte aus der Garantie** gegen den oder die Garantiegeber geltend machen (§ 443 Abs. 1 nF). Zu beachten bleibt, dass nach § 311 Abs. 1 der oder die Garantiegeber vertraglich auch noch andere und weitergehende Verpflichtungen als in § 443 Abs. 1 genannt übernehmen können.

41 Die Anforderungen an die **Annahme einer Garantie** waren nach früherem Recht verhältnismäßig eng, weil man davon ausging, dass die Beschaffenheitsgarantie nach § 443 Abs. 1 Fall 1 aF im Kern der vorausgegangenen Haftung des Verkäufers für das Fehlen zugesicherter Eigenschaften auf Grund des § 459 Abs. 2 aF entsprach,[115] so dass eine Beschaffenheitsgarantie – ebenso wie früher eine Zusicherung von Eigenschaften – grundsätzlich nur angenommen werden konnte, wenn die Zusicherung **Vertragsinhalt** geworden war. Sie musste deshalb vom Käufer als vertragsmäßige verlangt und vom Verkäufer in vertragsmäßig bindender Weise, d. h. vor allem in der für den Vertrag vorgeschriebenen Form, abgegeben worden sein und die maßgeblichen Eigenschaften so genau bezeichnen, dass Inhalt und Umfang der Garantie im Einzelnen festgestellt werden konnten[116]. **Indizien** für das Vorliegen einer konkludenten Garantie waren in erster Linie eine besondere Sachkunde des Verkäufers, auf die der Käufer als Laie vertraute und vertrauen durfte, sowie genaue Detailinformationen des Verkäufers[117]. Eine ausschlaggebende Rolle spielte außerdem neben der Verkehrssitte die je nach Vertragstyp und Situation unterschiedliche **Schutzbedürftigkeit** des Käufers. Dagegen genügten „Garantien" in der **Werbung** nicht für die Anwendung des § 443 aF[118].

42 Das Gesetz verwendet den Begriff der **Garantie** heute in § 443 Abs. 1 nF, wie Abs. 2 der Vorschrift zeigt, als Oberbegriff für die herkömmliche Beschaffenheits- und Haltbarkeitsgarantie. Die **Beschaffenheitsgarantie** muss vor allem von der Beschaffenheitsvereinbarung im Sinne des § 434 Abs. 1 S. 1 unterschieden werden, durch die die Sollbeschaffenheit der verkauften Sache – als Maßstab für das Vorliegen eines Mangels – festgelegt wird (s. o. § 4 Rn 13 ff). Der Unterschied zwischen beiden Abreden liegt vor allem in der strengeren, weil **verschuldensunabhängigen Haftung** des Verkäufers bei einem Verstoß gegen eine Beschaffenheitsgarantie iS des § 443[119]. Bedeutung besitzen Beschaffenheitsgarantien vor allem im **Kraftfahrzeughandel**, weil hier der Käufer typischerweise besonders schutzbedürftig ist. Deshalb enthält z. B. der Verkauf eines „Neuwagens" die Garantie der Fabrikneuheit des Fahrzeugs[120]. Macht der Käufer den Abschluss ausdrücklich vom Vorhandensein bestimmter Ei-

115 BGHZ 170, S. 86 (91 f, Tz 20) = NJW 2007, S. 1346; BGH, NJW 2011, S. 1217 Tz 11; NJW-RR 2010, S. 1329 Tz 15= WM 2010, S. 990.

116 BGHZ 170, S. 86 (92 f, Tz 20 ff) = NJW 2007, S. 1346; BGH, NJW 2011, S. 2653 Tz 32; NJW-RR 2010, S. 1329 Tz 10.

117 BGHZ 128, S. 111 (114) = NJW 1995, S. 518 = JuS 1995, S. 548 Nr 5; BGHZ 132, S. 55 (57 ff) = NJW 1996, S. 1337 = JuS 1996, S. 748 Nr 8.

118 BGH, NJW 2011, S. 2653 Tz 30 = GRUR 2011, S. 638.

119 BGH, NJW-RR 2010, S. 1329 Tz 15.

120 BGH, LM Nr 139/140 zu § 459 BGB = NJW 2000, S. 2018 = JuS 2000, S. 1117 Nr 5 m. Nachw.

genschaften des Fahrzeugs abhängig, so werden ihm diese ebenfalls in der Regel (konkludent) garantiert[121]. Besonders **großzügig** war die Rechtsprechung insoweit schon immer mit Rücksicht auf die hier nochmals gesteigerte Schutzbedürftigkeit des Käufers im **Gebrauchtwagenhandel**. So wird etwa häufig bereits in der bloßen Marken- oder Typbezeichnung eine Garantie zumindest derjenigen Eigenschaften des Fahrzeugs gesehen, von denen die abstrakte Betriebserlaubnis abhängt[122]. Dasselbe gilt für Angaben des Verkäufers über die bisherige Fahrleistung des Wagens, über dessen Alter oder über die Art der Vorbenutzung, *vorausgesetzt*, dass die Angaben von gewerblichen **Gebrauchtwagenhändlern** stammen, da die Käufer auf deren Angaben vertrauen müssen und dürfen[123].

Von der Beschaffenheitsgarantie (Rn 42) muss, wie § 443 Abs. 2 zeigt, die **Haltbarkeitsgarantie** unterschieden werden, durch die der Verkäufer *oder* ein Dritter wie insbesondere der Hersteller (dieser im Wege einer selbstständigen Garantie, o. Rn 39) verspricht, dass die Sache *für eine bestimmte Dauer* die vereinbarte Beschaffenheit behält, dass z. B. während der Garantiefrist *kein Sachmangel* auftritt. In diesem Fall haftet der Verkäufer oder der Hersteller bereits, sofern nur der fragliche Mangel *während* der Garantiefrist auftritt, gleichgültig wann und deshalb gegebenenfalls auch erst *nach* Gefahrübergang. Hierher gehören vor allem die üblichen **Herstellergarantien** bei Kraftfahrzeugen. Für diese Fälle enthält das Gesetz in § 443 Abs. 2 nF ergänzend eine Regelung der **Beweislast**. Der Käufer muss danach nur beweisen, dass der fragliche Mangel unter die Garantie fällt und während der Garantiefrist aufgetreten ist, während es anschließend Sache des Verkäufers oder des Herstellers ist zu beweisen, dass der Sachmangel ausnahmsweise von der Garantie nicht gedeckt wird, etwa, weil er vom Käufer verschuldet ist[124]. 43

IX. Verjährung

1. Nacherfüllung und Schadensersatz

Anders als nach früherem Recht (§ 477 aF beträgt heute die **Regelverjährungsfrist** für die Ansprüche des Käufers aus § 437 Nr 1 und Nr 3, insbesondere also für die Ansprüche auf Nacherfüllung und Schadenersatz bei Lieferung einer mangelhaften Sache, **zwei Jahre** (§ 438 Abs. 1 Nr 3),[125] wovon es freilich zahlreiche **Ausnahmen** gibt (Rn 45). Das gilt indessen allein für die **Mängelansprüche** des Käufers (s. die Überschrift des § 438). Bei allen anderen Ansprüchen der Parteien verbleibt es somit bei der Anwendbarkeit der §§ 195 und 197. Hervorzuheben sind die Erfüllungsansprüche beider Parteien sowie die auf andere Anspruchsgrundlagen gestützten Ersatzansprüche des Käufers wie z. B. Ansprüche aus c.i.c., wegen der Verletzung von Nebenpflichten oder aus Delikt (s. auch Rn. 47). 44

121 BGHZ 128, S. 111 (114 f) = NJW 1995, S. 518 = JuS 1995, S. 548 Nr 5.
122 BGH, LM Nr 65 zu § 459 BGB = NJW 1983, S. 217 = JuS 1983, S. 221 Nr 7; LM Nr 107 zu § 459 BGB = NJW 1991, S. 1880 „Porsche 928".
123 BGHZ 170, S. 86 (92 ff, Tz 20 ff) = NJW 2007, S. 1346; OLG Koblenz, NJW 2004, S. 1670 (1671); OLG Rostock, NJW 2007, S. 3290; *Hampel*, JuS 2003, S. 465.
124 S. die Begr. z. SMG, S. 238 ff.
125 Zu Rücktritt und Minderung s. noch Rn 47 f.

45 Von der regelmäßigen Verjährungsfrist von zwei Jahren für Mängelansprüche (§ 438 Abs. 1 Nr. 3) gibt es vor allem zwei Ausnahmen: Eine besonders lange Verjährungsfrist von **30 Jahren** gilt zunächst nach der **Nr. 1 des § 438 Abs. 1**, wenn der Mangel in dem dinglichen Recht eines Dritten besteht, aufgrund dessen der Dritte Herausgabe des Grundstücks verlangen kann (lit. a aaO), sowie bei sonstigen im Grundbuch eingetragenen Rechten (lit. b aaO); gleich steht der Fall, dass der Verkäufer gegen seine Verpflichtung verstoßen hat, dem Käufer das Eigentum an der verkauften Sache zu verschaffen (§ 433 Abs. 1 S. 1 und dazu schon o. § 4 Rn 35). **Fünf Jahre** beträgt die Verjährungsfrist dagegen mit Rücksicht auf die werkvertragliche Regelung der Verjährung (s. § 634a Abs. 1 Nr 2) bei Bauwerken und in einer Reihe gleichstehender Fälle (**§ 438 Abs. 1 Nr 2**).

45a Die Verjährungsfrist beginnt bei Grundstücken mit der Übergabe und sonst mit der **Ablieferung** der Sache (§ 438 Abs. 2; ebenso schon früher § 477 a. F.). Man versteht darunter den Zeitpunkt, in dem die Kaufsache dergestalt in den unmittelbaren Besitz des Käufers gelangt, dass er sie untersuchen kann. Bei Hol- und Bringschulden ist dafür in aller Regel die **Übergabe** der Sache an den Käufer erforderlich[126], während es bei Schickschulden genügt, wenn die Sache dem Käufer am Bestimmungsort vertragsgemäß zur sofortigen Abholung zur Verfügung gestellt wird[127]. Hat der Verkäufer den Mangel **arglistig verschwiegen** (dazu o. Rn 32 ff), so tritt außerdem nach Abs. 3 des § 438 an die Stelle der besonderen Verjährungsfristen des § 438 Abs. 1 Nrn 2 und 3 die regelmäßige Verjährungsfrist des § 195 (drei Jahre ab Ende des Jahres, in dem der Käufer von der arglistigen Täuschung Kenntnis erlangt, § 199 Abs. 1 Nr 2).

46 Die geschilderte gesetzliche Regelung wirft besondere Probleme im Falle der **Nacherfüllung** auf. Zum Teil wird angenommen, dass die Nacherfüllung in Gestalt der Nachlieferung oder der Ablieferung der reparierten Sache eine neue Verjährungsfrist auslöse. Dagegen spricht indessen, dass die Folge eine Verdoppelung der Verjährungsfrist für den Verkäufer wäre. Auf der anderen Seite läuft der Käufer Gefahr, in eine „Verjährungsfalle" zu geraten, wenn der Verkäufer bewusst die Nacherfüllung verschleppt. In dem zuletzt genannten Fall hilft dem Käufer wohl nur rechtzeitige Klageerhebung (§ 204 Nr 1). Treten die Parteien in Verhandlungen über die Nacherfüllung ein oder macht der Verkäufer sogar Versuche der Nacherfüllung, wenn auch möglicherweise vergeblich, so sollte außerdem zum Schutze des Käufers eine Hemmung der Verjährung analog § 203 angenommen werden. Erklärt sich der Verkäufer schließlich uneingeschränkt zur Nacherfüllung bereit, so dürfte darin im Regelfall ein Anerkenntnis liegen, so dass eine neue Verjährungsfrist zu laufen beginnt (§ 212 Abs. 1 Nr 1)[128].

2. Rücktritt und Minderung

47 Der Verjährung unterliegen an sich nur Ansprüche (§ 194 Abs. 1), nicht dagegen Gestaltungsrechte. Deshalb bedurfte es für die Gestaltungsrechte **Rücktritt und Minderung** der besonderen Regelung des **§ 218** in Verbindung mit **§ 438 Abs. 4 und 5**, die

126 S. BGH, LM Nr 45 zu § 477 BGB = NJW 1988, S. 2608; LM Nr 63 zu § 477 BGB = NJW 1996, S. 586.

127 BGH, NJW 1995, S. 3381 = LM Nr. 62 zu § 477 BGB (Bl 2R) m. Anm. *Niederführ.*

128 So wohl für den Regelfall BGHZ 164, S. 196 (204 ff) = NJW 2006, S. 47; *Beckmann*, in: Eckpfeiler, Rn N 159; *Looschelders* II, Tz 158.

der Sache nach darauf hinausläuft, dass Rücktritt und Minderung hier derselben Verjährungsfrist wie der Nacherfüllungsanspruch unterliegen. Folge der Berufung des Verkäufers auf die „Verjährung" der genannten Rechte ist freilich die **Unwirksamkeit** der Ausübung des betreffenden Gestaltungsrechts, insbesondere also des Rücktritts des Käufers (§ 218 Abs. 1 S. 1). Hat der Käufer dagegen rechtzeitig von seinem Rücktrittsrecht Gebrauch gemacht, so wird der Kaufvertrag in ein **Rückgewährschuldverhältnis** umgestaltet, dessen Inhalt sich nach den §§ 346 ff richtet (s. o. Rn 17). Die sich daraus ergebenden beiderseitigen Ansprüche unterliegen nicht mehr dem Regime des § 438, sondern verjähren in der Regelverjährungsfrist der §§ 195 und 199[129].

Hatte der Käufer bei Ablauf der Verjährungsfrist des § 438 Abs. 1 den Kaufpreis 48
noch nicht bezahlt, so kann er außerdem trotz Verjährung seines Rücktritts- oder Minderungsrechts immer noch die **Bezahlung verweigern**, soweit er dazu aufgrund des Rücktritts oder der Minderung wegen des Mangels berechtigt gewesen wäre (§ 438 Abs. 4 S. 2 und Abs. 5). Macht der Käufer von diesem Recht Gebrauch, so kann freilich der Verkäufer seinerseits zurücktreten, um nicht im Ergebnis dem Käufer die Sache unentgeltlich überlassen zu müssen (§ 438 Abs. 4 S. 3).

3. Abweichende Vereinbarungen

§ 438 ist kein zwingendes Recht. Die Verjährungsfristen können daher **vertraglich** 49
abgeändert werden (§ 202). Für eine **Verkürzung** der Verjährungsfristen in Geschäftsbedingungen gilt jedoch die Schranke des **§ 309 Nrn 7 und 8 lit. b, ff**[130]. Beim Verbrauchsgüterkauf ist außerdem **§ 475 Abs. 2** zu beachten, der zum Schutze des Verbrauchers eine Verkürzung der Verjährungsfristen des § 438 nur in wenigen Fällen gestattet (s. u. § 6 Rn 1).

X. Konkurrenzen

1. Anfechtung

a) Anfechtung des Käufers

Das BGB unterscheidet in den §§ 119 und 123 verschiedene Anfechtungstatbestände, 50
die im Einzelfall durchaus mit den §§ 434 ff zusammentreffen können. Keine Probleme bestehen insoweit hinsichtlich des **Anfechtungsrechts des Käufers aus** den **§§ 119 Abs. 1 und 123**, die nach allgemeiner Meinung durch die Sonderregelung der §§ 434 ff **nicht verdrängt** werden. Der Käufer, der vom Verkäufer über die Beschaffenheit der Kaufsache arglistig getäuscht wurde, hat deshalb die Wahl zwischen Ansprüchen aus cic (u. Rn 53) und aus Delikt (u. Rn 54) sowie der Anfechtung (§ 123 Abs. 1) und den verschiedenen Gewährleistungsrechten (437), und zwar so lange, wie noch kein endgültiger Zustand geschaffen ist. Selbst wenn der Käufer zunächst Schadensersatz gefordert hatte, kann er daher immer noch nachträglich zur Anfechtung des Kaufvertrags nach § 123 Abs. 1 übergehen[131].

---

129 BGHZ 170, S. 31 (44 ff, Tz 35 ff) = NJW 2007, S. 674.
130 BGHZ 170, S. 31 (37 ff, Tz 18 ff) = NJW 2007, S. 674.
131 BGHZ 110, S. 220 (222) = NJW 1990, S. 1106.

51 **Anders** wird die Rechtslage dagegen überwiegend hinsichtlich der Anfechtung wegen eines **Irrtums über verkehrswesentliche Eigenschaften** der Kaufsache aufgrund des **§ 119 Abs. 2** beurteilt, da den **§§ 434 ff** jedenfalls für die Zeit *nach* Gefahrübergang (s. § 434 Abs. 1 S. 1; s. o. Rn 3) meistens der **Vorrang** vor anderen Rechtsbehelfen des Käufers zugebilligt wird, letztlich, um eine „Aushöhlung" dieser auf einen „gerechten Interessenausgleich" zwischen den Kaufvertragsparteien angelegten Regelung auf dem Umweg über andere Rechtsbehelfe des Käufers zu verhindern[132]. Es geht dabei vor allem um die Anforderungen an eine Beschaffenheitsvereinbarung nach § 434 Abs. 1, um die Verjährungsfristen des § 438, um das regelmäßige Erfordernis einer Fristsetzung vor dem Übergang zu den Totalrechten aufgrund des § 437 Nrn 2 und 3 in Verbindung mit den §§ 323 Abs. 1 und 281 Abs. 1 sowie um den Ausschlusstatbestand des § 442. In der Zeit **vor Gefahrübergang** (in der die §§ 434 ff ihrem Wortlaut nach noch gar nicht anwendbar sind) lässt die Rechtsprechung dagegen – unter Widerspruch eines Teils des Schrifttums – die Anfechtung nach § 119 Abs. 2 zu[133]. Entsprechendes soll sogar für das Verhältnis der §§ 437 ff zu dem Rechtsinstitut des Wegfalls der Geschäftsgrundlage (§ 313) gelten.[134]

51a Tatsächlich gibt es indessen weder in der Zeit vor Gefahrübergang noch danach **eine „Sperrwirkung"** der §§ 434 ff gegenüber anderen Käuferrechten. Durch diese grundlose Annahme werden vielmehr nur ohne Not die Käuferrechte verkürzt. Eine „Umgehung" der §§ 434 ff ist von der Zulassung der Anfechtung (entgegen der hM) schon deshalb nicht zu befürchten, weil den Käufer im Falle der Anfechtung nach § 122 eine Schadensersatzpflicht trifft. Im Interesse eines umfassenden Käuferschutzes sollte daher die Anfechtung nach § 119 Abs. 2 gleichfalls neben den §§ 434 ff zugelassen werden[135].

b) Anfechtung des Verkäufers

52 Wenn die Kaufsache entgegen den Vorstellungen des **Verkäufers** mangelhaft ist, könnte dieser ebenfalls auf die Idee kommen, den Kaufvertrag nach **§ 119 Abs. 2** anzufechten, um sich so seiner Haftung aufgrund der §§ 434 ff zu entziehen. Eine Anfechtung mit solchem Zweck wäre indessen **rechtsmissbräuchlich** (§ 242). Der Verkäufer kann nur dann anfechten, wenn er sich über wertbildende Faktoren der Kaufsache geirrt und diese deshalb **als weniger wertvoll angesehen** hatte, als sie tatsächlich ist, wenn er z. B. ein wertvolles Original als billige Kopie verkauft hat[136].

---

132 So *Beckmann*, in: Eckpfeiler, Rn N 161; *Chr. Brors*, WM 2002, S. 1780 (1781 f); *Brüggemeier* WM 2002, S. 1376 (1384); *Looschelders* II, Tz 173 f; *Medicus/Lorenz* II, Tz 271; *Oetker/Maultzsch*, Schuldverhältnisse, § 2 Rn 315 ff (S. 134 ff).

133 S. im Einzelnen BGHZ 63, S. 369 (376 f) = NJW 1975, S. 970; BGHZ 78, S. 216 (218 f) = NJW 1981, S. 224; BGH, LM Nr 29 zu § 119 BGB = NJW 1988, S. 2597 = JuS 1989, 59 Nr 5 „Leibl-Bild"; *Looschelders* II, Tz 174.

134 *Beckmann*, in: Eckpfeiler, Rn N 163.

135 Ebenso Schweiz.BGE 114 (1988) II, S. 131 (134 ff); *Schroeder*, in: Festschrift f. Kegel, 1977, S. 397; *Wasmuth*, in: Festschrift f. Piper, 1996, S. 1083.

136 BGH, LM Nr 29 zu § 119 BGB = NJW 1988, S. 2597 = JuS 1989, S. 59 Nr 5 „Leibl-Bild"; *Looschelders* II, Tz 136; *Medicus/Lorenz* II, Tz 270; dazu kritisch *H. Köhler/Fritzsche*, JuS 1990, S. 16 (18 f); wieder anders *Chr. Hattenhauer*, JuS 1998, S. 684 (689 f).

2. Culpa in contrahendo

Nach überwiegender Meinung erstreckt sich die behauptete **„Sperrwirkung" der §§ 434 ff** gegenüber anderen Rechtsbehelfen des Käufers (s. o. Rn 51) auch auf die Haftung des Verkäufers aus cic wegen der Verletzung vorvertraglicher Aufklärungspflichten über die Beschaffenheit der Kaufsache (§§ 241 Abs. 2, 311 Abs. 2)[137]. Der gesetzlichen Regelung ist indessen nirgends ein Hinweis darauf zu entnehmen, dass den §§ 434 ff der Vorrang vor den §§ 241 Abs. 2 und 311 Abs. 2 zukommen soll. Wie jeder andere Schuldner auch haftet deshalb der Verkäufer im Rahmen der genannten Vorschriften für ein Verschulden bei Vertragsverhandlungen, und zwar selbst dann, wenn sein Verschulden in der Verletzung von **Aufklärungspflichten** hinsichtlich der Beschaffenheit der Kaufsache besteht[138]. 53

3. Deliktsrecht

Das Deliktsrecht steht grundsätzlich selbstständig *neben* der vertraglichen Haftung des Verkäufers für Mängel aufgrund der §§ 434 ff. Erfüllt das Verhalten des Verkäufers zugleich einen Deliktstatbestand, so hat der Käufer daher die **Wahl**, ob er gegen den Verkäufer nach Kaufrecht oder nach Deliktsrecht vorgehen will, sodass der Käufer z. B. im Falle **arglistiger Täuschung** zwischen den Rechten aus cic, aus den §§ 434 ff, aus § 123 und aus Deliktsrecht (§§ 823 Abs. 2, 826) wählen kann (o. Rn 50, 53)[139]. Ebenso ist die Rechtslage, wenn der Verkäufer zugleich **Hersteller** ist. Die dann gegebenenfalls eingreifende Produzentenhaftung aufgrund des § 823 oder des ProdHaftG ist gleichfalls unabhängig von der Verkäuferhaftung aufgrund der §§ 437 ff (s. u. § 23 Rn 13 ff). Umstritten ist die Rechtslage lediglich hinsichtlich derjenigen **Schäden**, die **an** der **Kaufsache selbst** eintreten (u. Rn 55 f). 54

Die bloße Lieferung einer mangelhaften Sache stellt noch keine Eigentumsverletzung dar (§ 823 Abs. 1). Dasselbe gilt im Regelfall, wenn die mangelhafte Kaufsache in eine umfassendere Gesamtsache eingefügt wird und dort lediglich eine **Funktionsstörung**, jedoch keine Beschädigung der Gesamtsache hervorruft[140]. Anders verhält es sich erst in den Fällen der **Substanzverletzung**. Zu denken ist hier vor allem an Fälle, in denen eine im Übrigen einwandfreie (Gesamt-)Sache nach ihrer Lieferung infolge der Mängel eines untergeordneten Einzelteils zerstört wird (sog. **„Weiterfressen" des Schadens**). In derartigen Fällen tendiert die Rechtsprechung heute zum Rückgriff auf das Deliktsrecht neben den Gewährleistungsregeln, sofern der Schaden **nicht** mit dem bloßen, nach § 441 zu ermittelnden Minderwert der Sache infolge des Mangels **stoffgleich** ist, sondern darüber hinausgeht[141]. Daran hat der BGH bis heute 55

137 BGHZ 180, S. 205 (212 ff, Tz 19 ff) = NJW 2009, S. 2120; *Canaris*, in: Lorenz, Karlsruher Forum 2002, S. 7 (81 ff); *Häublein*, NJW 2003, S. 388; *Looschelders* II, Tz 178; *Medicus/Lorenz* II, Tz 272 ff.

138 S. *Emmerich*, in: MK, § 311 Rn 79 ff; *ders.*, in: Festschrift f. Jahr, 1993, S. 267; *ders.*, in: Festschrift f. H. Honsell, 2002, S. 209.

139 BGHZ 188, S. 85 Tz 8 ff = NJW 2011, S. 1962; BGH, WM 2012, S. 138 Tz 9 f; s. dazu *Gutzeit*, NJW 2011, S. 1964.

140 S. BGH, NJW 1992, S. 41 = VersR 1990, S. 1283 „Baustromverteiler"; OLG Frankfurt, BB 1991, S. 2248.

141 S. u. § 23 Rn 22; BGHZ 117, S. 183 (187 ff) = NJW 1992, S. 1225 = JuS 1992, S. 793 Nr 6 „Kondensator-Fall"; BGHZ 146, S. 144 (148 ff) = NJW 2001, S. 1346 = JuS 2001, S. 710 Nr 9 „Schlackengrundstück".

festgehalten[142]. Ein **Beispiel** ist die Beschädigung eines Kraftfahrzeugs bei einem Unfall, der auf mangelhaften Reifen oder auf einem schadhaften Gaszug beruht[143]. Ebenso ist es zu beurteilen, wenn eine komplizierte Maschine infolge des Ausfalls eines einzelnen Schalters explodiert[144], sowie überhaupt, wenn mit bisher einwandfreien Einzelteilen mangelhafte Teile verbunden werden, sofern infolgedessen die einwandfreien Teile in ihrer Funktionsfähigkeit oder in ihrem Wert beeinträchtigt werden[145].

56 Gegen die geschilderte Rechtsprechung (Rn 55) spricht vor allem die mit der Unschärfe der verwandten Kriterien notwendigerweise verbundene Rechtsunsicherheit. Im Schrifttum werden daraus unterschiedliche Folgerungen gezogen. Zum Teil wird ebenso wie bei der Anfechtung und bei der c.i.c. ein Vorrang der kaufvertraglichen Regelung der Sachmängelhaftung vor dem Deliktsrecht befürwortet, um sonst unvermeidliche Wertungswidersprüche zu verhindern.[146] Tatsächlich fehlt indessen auch hier jeder Hinweis im Gesetz auf einen derartigen Vorrang des Kaufrechts vor dem Deliktsrecht. Es besteht vielmehr ebenso wie sonst Anspruchskonkurrenz. Für den Käufer hat dies den **Vorteil**, nach Deliktsrecht, und zwar in den Verjährungsfristen der §§ 195 und 199, *sofort* Schadensersatz verlangen zu können (§§ 823, 271).

XI. Anhang: Haftungsschema beim Kauf

57 **I. Hauptleistungspflichten des § 433 Abs. 1 S. 1, d. h. Übergabe und Eigentumsverschaffung:**

Die Rechtsfolgen richten sich bei Leistungsstörungen nach den allgemeinen Vorschriften, sodass es darauf ankommt, ob anfängliche oder nachträgliche Unmöglichkeit oder Verzug vorliegt:

1. Unmöglichkeit

a) anfängliche (schon bei Vertragsabschluss vorliegende): § 311a Abs. 2 iVm §§ 281 und 284

b) nachträgliche (aus der Zeit zwischen Vertragsabschluss und Gefahrübergang, s. Rn 3): §§ 275, 276, 283 und 284

142 BGHZ 162, S. 86 (94 ff) = NJW 2005, S. 1123; BGH, NJW 2004, S. 1032 (1033); zustimmend *B. Gsell*, Substanzverletzung; *dies.*, NJW 2004, S. 1913 m. Nachw.; *Kullmann*, NJW 2005, S. 1907 f.

143 BGHZ 86, S. 256 (262 ff) = NJW 1983, S. 810 = JuS 1983, S. 466 Nr 4 „Gaszug-Fall"; BGH, LM Nr 28 zu § 477 BGB = NJW 1978, S. 2241 = JuS 1979, S. 214 Nr 5 „Hinterreifen"; NJW 2004, S. 1032 (1033) „Hinterreifen".

144 Grdlg. BGHZ 67, S. 359 (364 f) = NJW 1977, S. 379 = JuS 1977, S. 471 Nr 2 „Schwimmschalter"; s. auch BGH, LM Nr 40 zu § 823 (Ac) BGB = NJW 1985, S. 2420 = JuS 1985, S. 812 Nr 6.

145 BGHZ 138, S. 230 (234 ff) = NJW 1998, S. 1942 = JuS 1998, S. 758 Nr 6 „Transistoren-Urteil" m. Anm. *Timme*, JuS 2000, S. 1154; *Kullmann*, NJW 1999, S. 96; 2002, S. 30 f.

146 *Beckmann*, in: Eckpfeiler, 2014, Rn N 166; *Chr. Brors*, WM 2002, S. 1780 (1783 f); *Brüggemeier*, WM 2002, S. 1376 (1384 f); *Looschelders* II, Tz 181 f; *Medicus/Lorenz* II, Tz 282; *Oetker/Maultzsch*, Vertragliche Schuldverhältnisse, § 2 Rn 329 ff (S. 161 ff); *Reinicke/Tiedtke*, Kaufrecht, Tz 960 ff (S. 357 ff).

2. Leistungsverzögerung

a) Schadensersatz: §§ 280 Abs. 2, 286 und 281
b) Nutzungsausfallsschäden: § 280 Abs. 1 (Rn 27)
c) Mangelfolgeschäden: §§ 437 Nr 3, 280 Abs. 1, 276 (ohne Nachfrist)

II. Unbehebbare Mängel (qualitative Unmöglichkeit)

1. anfängliche (schon bei Vertragsabschluss vorliegende)

a)	erhebliche:	(1)	Rücktritt: §§ 437 Nr 2, 326 Abs. 5, 323
		(2)	Schadensersatz: §§ 437 Nr 3, 311a Abs. 2 S. 3, 281 Abs. 1 S. 3
b)	unerhebliche:	(1)	Minderung: §§ 326 Abs. 1 S. 1 HS 2, 441 analog
		(2)	kleiner Schadensersatz: § 280 Abs. 1

2. nachträgliche (aus der Zeit zwischen Vertragsabschluss und Gefahrübergang)

a)	erhebliche:	(1)	Rücktritt: §§ 437 Nr 2, 326 Abs. 5, 323
		(2)	Schadensersatz: §§ 437 Nr 3, 283, 281, 276
b)	unerhebliche:	(1)	Minderung: §§ 437 Nr 2, 326 Abs. 1 S. 1 HS 2, 441
		(2)	kleiner Schadensersatz: §§ 437 Nr 3, 280 Abs. 1

III. Behebbare Mängel

1. vor Gefahrübergang (s. Rn 3):

Zurückweisung der Sache ohne Gefahr des Annahmeverzugs (§§ 266, 242) + Geltung der allgemeinen Vorschriften +ber Leistungsstörungen (§§ 433 Abs. 1 S. 2, 320).

b) erhebliche Mängel: Erfüllungsanspruch (§ 433 Abs. 1 S. 2), Rücktritt und Schadensersatz nach den §§ 323 Abs. 1, 281 Abs. 1, 276
c) unerhebliche Mängel: Erfüllungsanspruch nach § 433 Abs. 1 S. 2, kleiner Schadensersatz (§ 280 Abs. 1), Minderung (§§ 437 Nr 2, 323 Abs. 5 S. 2)

2. nach Gefahrübergang

a) Vorrang der Nacherfüllung (§§ 437 Nr 1, 439)

b) Nach Fristsetzung Rücktritt, Minderung, Schadensersatz und Aufwendungsersatz (§§ 437 Nrn 2 und 3, 280, 281, 276, 323, 326 Abs. 5 und 441), soweit nicht einer der zahlreichen Ausnahmefälle eingreift, in denen eine Fristsetzung entbehrlich ist (§§ 275, 281 Abs. 2, 323 Abs. 2 und 440).

c) Schädigung des Käufers durch die bereits gelieferte mangelhafte Sache: § 280 Abs. 1

IV. Verletzung von Nebenpflichten

Insbesondere von Warn-, Aufklärungs- und Hinweispflichten: § 280 Abs. 1.

§ 6 Besondere Erscheinungsformen des Kaufs

Fall 7: V verkauft dem K unter Eigentumsvorbehalt einen Kraftwagen. Der Kaufpreis soll in zehn gleichen Raten bezahlt werden. Als K mit mehreren Raten in Verzug gerät, erwirkt V gegen ihn einen Vollstreckungstitel und lässt den Pkw pfänden. Welche Rechte hat K, wenn V den Pkw in der Versteigerung selbst ersteht oder sich nach § 825 ZPO überweisen lässt? Ändert sich etwas, wenn statt des V ein Dritter den Pkw ersteigert? **Lösung Rn 11, 31 f**

Fall 8: K hatte von dem Gebrauchtwagenhändler V ein Kraftfahrzeug gekauft und einen Teil des Kaufpreises angezahlt. Zur Finanzierung des Restes gewährte ihm die Bank B, die mit V schon lange zusammenarbeitet, ein Darlehen. K verpflichtete sich gegenüber der B zur Rückzahlung des Darlehens in zehn Raten und zur Sicherungsübereignung des Wagens. In den Geschäftsbedingungen der Bank heißt es, der Verkäufer sei nicht ihr Erfüllungsgehilfe, sondern Beauftragter des Käufers; Darlehensvertrag und Kaufvertrag seien rechtlich selbstständig. Wie ist die Rechtslage, wenn V den Wagen überhaupt nicht liefern kann, wenn er den K über die bisherige Fahrleistung des Wagens getäuscht hat oder wenn der Wagen einen Mangel aufweist? **Lösung Rn 32, 55 ff**

I. Verbrauchsgüterkauf[1]

1. Begriff, Anwendungsbereich

1 In den §§ 474 bis 479 enthält das BGB seit 2002 zusätzlich zu den allgemeinen Vorschriften der §§ 433 ff noch besondere Vorschriften über den sog. Verbrauchsgüterkauf, mit denen aufgrund der Vorgaben der Verbrauchsgüterkauf-Richtlinie von 1999 ein zusätzlicher Verbraucherschutz noch über die §§ 434 ff hinaus bezweckt wird. Die Definition des Verbrauchsgüterkaufs findet sich in § 474 Abs. 1 S. 1 idF des Gesetzes zur Umsetzung der Verbraucherrechte-Richtlinie von 2014 (s. o. § 1 Rn. 6). Verbrauchsgüterkäufe sind danach alle Verträge, durch die ein Verbraucher von einem Unternehmer eine bewegliche Sache kauft, ohne Rücksicht darauf, ob es sich um eine neue oder gebrauchte Sache handelt. Seit der Änderung der Vorschrift im Jahre 2014 steht es der Annahme eines Verbrauchsgüterkaufs auch nicht entgegen, wenn der Vertrag neben der Lieferung einer beweglichen Sache zusätzlich die Erbringung einer **Dienstleistung** durch den Unternehmer zum Gegenstand hat (§ 474 Abs. 1 S. 2). Gedacht ist dabei in erster Linie, aber nicht allein an Verträge, in denen sich der Unternehmer zusätzlich zur Montage, Installation oder Anpassung der gelieferten Sache verpflichtet.[2] Ausgenommen ist lediglich der Verkauf gebrauchter Sachen in einer öffentlichen Versteigerung im Sinne des § 383 Abs. 3, an der der Verbraucher persönlich teilnehmen kann, so dass er die Möglichkeit hat, die Sache selbst zu begutachten; Versteigerungen im Internet fallen daher z. B. nicht darunter.[3] Ob eine Sache in diesem Sinne **neu oder gebraucht** ist, beurteilt sich allein nach objektiven Kriterien; entscheidend ist mit anderen Worten, ob sie zuvor schon einmal bestimmungsge-

1 Vgl zum Folgenden auch *Bülow/Artz*, Verbraucherprivatrecht, § 9 (Rn 441, 495 ff).
2 S. die Begr, BT-Dr 17 (2013)/12637, S. 69.
3 *Looschelders* II Tz 261.

mäß verwandt wurde[4]. Ist streitig, ob ein Verbrauchsgüterkauf vorliegt, so trägt die **Beweislast** der Käufer[5]. **Keine Anwendung** finden die §§ 474 ff dagegen auf Kaufverträge über Grundstücke und Rechte, auf Kaufverträge zwischen Unternehmen sowie auf solche Verträge, an denen der Verbraucher als *Verkäufer* beteiligt ist.

Die Definition der Begriffe Verbraucher und Unternehmer findet sich in den §§ 13 und 14. **Verbraucher** sind nach § 13 idF von 2014 (nur) natürliche Personen, die den Kaufvertrag zu einem Zweck abschließen, der überwiegend weder ihrer gewerblichen noch ihrer selbstständigen beruflichen Tätigkeit zugerechnet werden kann, während als **Unternehmer** gemäß § 14 Abs. 1 jedes Rechtssubjekt gilt, das bei Abschluss des Vertrages in Ausübung seiner gewerblichen oder selbstständigen beruflichen Tätigkeit handelt. Bei **natürlichen Personen** ist im Zweifel von der Verfolgung *privater* und nicht von der Verfolgung geschäftliche Zwecke auszugehen, so dass sie grundsätzlich als Verbraucher und *nicht* als Unternehmer zu behandeln sind[6]. Anders verhält es sich nur, wenn die betreffende Person aus der Sicht des Verkäufers, und zwar nach objektiven Kriterien, – zu Recht oder zu Unrecht – eindeutig als Gewerbetreibender auftritt[7]. Verfolgt der Käufer zugleich **private und gewerbliche Zwecke** (Paradigma: Anschaffung eines Dienstwagens für dienstliche und private Zwecke), so kommt es darauf an, welcher Zweck überwiegt (früher str). **Verbraucher** ist danach **z. B.** der bei einer GmbH angestellte Geschäftsführer,[8] während als **Unternehmer** sämtliche Gewerbetreibenden und Freiberufler gelten, und zwar ohne Rücksicht auf eine etwaige Gewinnerzielungsabsicht[9]. Dabei ist von der Vermutung des § 344 HGB auszugehen, so dass ein *Kaufmann* i. Zw. *unternehmerisch* tätig wird, auch wenn er Geschäfte jenseits seines eigentlichen Handelszweiges tätigt[10]. 2

Nach § 475 Abs. 1 S. 2 sind die verbraucherschützenden Regeln über den Verbrauchsgüterkauf auch anzuwenden, wenn sie durch anderweitige Gestaltungen umgangen werden. Ein **Umgehungsgeschäft** wird angenommen, wenn die von den Parteien gewählte rechtliche Gestaltung den Zweck hat, die Anwendung des Kaufrechts entgegen dem vom Gesetz beabsichtigten Verbraucherschutz zu beschränken oder auszuschließen[11]. Ein Beispiel sind so genannte **Strohmanngeschäfte**, bei denen ein Unternehmer eine Privatperson, z. B. einen Mitarbeiter, als Verkäufer vorschiebt, um selbst der strengen Haftung nach den §§ 474 ff zu entgehen. Das Umgehungsverbot des § 475 Abs. 1 S. 2 hat dann zur Folge, dass es bei der Anwendbarkeit der genannten Vorschriften auf den Vertrag mit dem Strohmann verbleibt (der seinerseits Rückgriff bei dem Unternehmer nehmen kann, §§ 675 Abs. 1 und 667).[12] Als Umgehungs- 3

4 Vgl für den Tierkauf BGHZ 170, S. 31 (40 ff, Tz 27 ff) = NJW 2007, S. 674; *Beckmann*, in: Eckpfeiler, 2014, Rn N 206 (S. 989).

5 BGH, NJW 2007, S. 2619 (2621, Tz 13).

6 BGH, NJW 2009, S. 3780 Tz 10 f; 2013, S. 2107 Tz 18.

7 BGH, NJW 2005, S. 1045; KG, NJW-RR 2011, S. 1418; *Looschelders* II Tz 257.

8 BGHZ 170, S. 67 (72, Tz 13) = NJW 2007, S. 759.

9 BGHZ 167, S. 40 (44 ff, Tz 14 ff) = NJW 2006, S. 2250 = JuS 2006, S. 930 Nr 3; BGH NJW 2013, S. 2107 Tz 18.

10 Vgl für den Verkauf gebrauchter Kraftfahrzeuge durch eine Handelsgesellschaft BGH, NJW 2011, S. 3435 Tz 18 f.

11 BGH, NJW 2006, S. 1066 = JuS 2006, S. 654 (655) Nr 9; *St. Lorenz*, in: Festschrift f. H. P. Westermann, 2008, S. 415.

12 *Beckmann*, in: Eckpfeiler, 2014, Rn N 211a; *Looschelders* II Tz 268; anders BGH NJW-RR 2013, S 687 Tz 17.

geschäfte zu behandeln sind ferner sogenannte **Beschaffenheitsvereinbarungen** (im Sinne des § 434 Abs. 1 S. 1), durch die die Sache – entgegen ihrem objektiven Verwendungszweck, ihrem Preis und ihrem Zustand – pauschal abgewertet wird, etwa durch die Bezeichnung gebrauchter Kraftfahrzeuge als „Bastlerfahrzeuge" oder „rollender Schrott", um von vornherein jede Haftung des Verkäufers für etwaige Mängel der verkauften Sache auszuschließen, – sofern solche Abreden überhaupt ernst gemeint sind und nicht lediglich eine unbeachtliche falsa demonstratio darstellen[13]. Zulässig ist dagegen – natürlich – ein Hinweis des Verkäufers auf einzelne, tatsächlich vorhandene konkrete Mängel der Sache (§ 434 Abs. 1 S. 1).[14]

3a Keine Bedenken bestehen unter dem Gesichtspunkt des § 475 Abs. 1 S. 2 gegen das verbreitete **Finanzierungsleasing** (s. u. § 8 Rn 15). Einen (umstrittenen) Grenzfall bildet schließlich das sogenannte **Agenturgeschäft** des Gebrauchtwagenhandels, bei dem der Händler nur als *Vertreter* des Voreigentümers auftritt, natürlich, um eine eigene Haftung nach den §§ 475 und 434 ff für etwaige Mängel des gebrauchten Fahrzeugs zu vermeiden. Derartige Agenturgeschäfte verstoßen nicht generell, sondern nur dann gegen das Umgehungsverbot des § 475 Abs. 1 S. 2, wenn sich unter ihnen in Wirklichkeit nach der vereinbarten Risikoverteilung ein *Eigengeschäft* des Händlers verbirgt[15]. Nach Meinung des BGH muss sich der **Händler** dann als **Verkäufer** behandeln lassen, sodass sich der Käufer bei Mängeln des Fahrzeugs auch an ihn halten kann[16], richtiger Meinung nach daneben aber ebenfalls an seinen Vertragspartner.[17] Liegt kein Umgehungsgeschäft vor, so kommt immer noch eine Haftung des Gebrauchtwagenhändlers – neben dem privaten Verkäufer – aufgrund des § 311 Abs. 3 als so genannte *Sachwalter* in Betracht.[18]

2. Verbraucherschützende Bestimmungen

a) § 474 Abs. 3 und 4

4 Der neue § 474 Abs. 3 von 2014 enthält zum Schutze der Verbraucher eine **Abweichung von § 271**: Während nach § 271 Abs. 1 die beiderseitigen Leistungen im Zweifel, d. h. mangels abweichender Vereinbarungen der Parteien, *sofort* zu bewirken sind, kann beim Verbrauchsgüterkauf nach § 474 Abs. 3 S. 1 *jede* Partei nur noch *„unverzügliche"* Leistung verlangen; die Leistung muss mit anderen Worten ohne schuldhaftes Zögern, d. h. sobald wie möglich, aber auch nicht früher erfolgen (§ 121 Abs. 1), seitens des Verkäufers aber spätestens binnen 30 Tagen, um dem Käufer auf jeden Fall Rechtssicherheit hinsichtlich der Leistungszeit zu geben (§ 474 Abs. 3 S. 2). Für den Käufer folgt aus dem Gesagten, dass er ebenfalls nicht mehr sofort, sondern nur noch ohne schuldhaftes Zögern sobald wie möglich zahlen muss. Unbenommen bleibt das Recht der Parteien, die von ihnen geschuldeten Leistungen auch

13 S. OLG Oldenburg, ZGS 2004, S. 75; *Looschelders* II Tz 266.
14 *Gsell*, in: Eckpfeiler, 2014, Rn L 68.
15 BGH, NJW 2005, S. 1039 = JuS 2005, S. 561 f Nr 6 m. Nachw.
16 BGHZ 170, S. 67 (72 ff, Tz 15 ff) = NJW 2007, S. 759.
17 Ebenso im Erg. *Looschelders* II Tz 268; str, s. *Chr. Hofmann*, JuS 2005, S. 8; *St. Lorenz*, in: Festschrift f. H. P. Westermann, S. 415 (420 ff); *K. Schmidt*, JuS 2006, S. 1 (6 f); *Looschelders*, JA 2007, S. 673 (678).
18 *Emmerich*, in: MK, § 311 Rn 181.

sofort zu erbringen (§ 271 Abs. 1).[19] Die Regelung bedeutet z. B., dass der Verkäufer, der sich die Sache erst noch beschaffen oder sie den Wünschen des Käufers anpassen muss, nicht in Verzug gerät, wenn er sich ohne schuldhaftes Zögern darum bemüht, seine Leistungen zu erbringen. – Nach **§ 474 Abs. 4** findet **§ 447** über den Versendungskauf nur in Ausnahmefällen (wieder) Anwendung auf den Verbrauchsgüterkauf (s. dazu schon o § 3 Rn. 21 und 23).

b) §§ 475 Abs. 1, 477

Nach § 475 Abs. 1 S. 1 darf ferner *nicht* zum Nachteil des Verbrauchers von den §§ 433 bis 435, 437, 439 bis 443 und 474 bis 477 abgewichen werden. Die gesetzliche Regelung der Gewährleistungsrechte des Käufers ist mit anderen Worten beim Verbrauchsgüterkauf (nur) zugunsten des Verbrauchers im Kern **zwingendes Recht**. **Ausnahmen** gelten nur noch für Schadensersatzansprüche des Käufers (§ 475 Abs. 3) (weil sich die beiden einschlägigen Richtlinien nicht mit Schadensersatzansprüchen befassen) sowie für Abreden, die der Käufer mit dem Verkäufer *nach* Mitteilung des Mangels trifft, z. B. für einen Vergleich über die Gewährleistungsrechte des Käufers in einem Rechtsstreit wegen der Mängel. An die Stelle der unwirksamen Abrede tritt dann in dem (fortbestehenden) Vertrag die gesetzliche Regelung, so dass es z. B. im Falle eines unwirksamen Gewährleistungsausschlusses in den AGB des Verkäufers dabei bleibt, dass der Käufer bei Mängeln der Sache erst zurücktreten oder Schadensersatz verlangen kann, wenn er zuvor dem Verkäufer fruchtlos eine Frist zur Nacherfüllung gesetzt hat (§ 437). § 475 Abs. 1 S. 1 bedeutet nicht etwa, dass der Käufer bei Unwirksamkeit der Klausel über einen Gewährleistungsausschluss sofort zurücktreten oder Schadensersatz fordern kann[20]. 5

Eine Verkürzung der **Verjährungsfristen** des § 438 Abs. 1 zum Nachteil des Verbrauchers ist nur in engen Grenzen zulässig (s. **§ 475 Abs. 2**). **§ 477** fügt noch für Garantien iS des § 443 nF hinzu, dass die **Garantieerklärung** im Interesse des Verbraucherschutzes einfach und verständlich abgefasst werden muss (§ 477 Abs. 1 S. 1; s. o. § 5 Rn 39 ff). Das gilt gleichermaßen für selbstständige wie für unselbstständige Garantien, nicht jedoch für die Ankündigung sogenannter „Garantien“ in der Werbung.[21] Ein Verstoß des Verkäufers gegen § 477 hat aber nicht zur Folge, dass die Garantie oder gar der Vertrag unwirksam sind; beide behalten vielmehr ihre Wirksamkeit. In Betracht kommen indessen Schadensersatzansprüche des Käufers wegen der Verletzung von Aufklärungspflichten, etwa aus c.i.c nach den §§ 311 Abs. 2 und 280 Abs. 1. 5a

3. Beweislastumkehr[22]

Nach **§ 476** wird vermutet, dass die Sache bereits bei Gefahrübergang mangelhaft war (s. die §§ 434 Abs. 1 S. 1, 446), wenn sich der Mangel innerhalb von sechs Monaten 6

19 S. ausführlich die Begr von 2013, BT-Dr 17/12637, S. 69 f; kritisch dazu *J. Kohler*, NJW 2014, S. 2817.

20 BGH, NJW 2011, S. 3435 (3437, Tz 30 ff); str.

21 BGH NJW 2011, S. 2653 (2655, Tz 26 ff).

22 S. dazu z. B. *Augenhofer*, öJBl. 2007, S. 768; *Doehner*, Schuldrechtsreform, S. 216 ff; *B. Gsell*, JuS 2005, S. 967; *St. Lorenz*, NJW 2007, S. 2623; *Maultsch*, NJW 2006, S. 3091; *Reinicke/Tiedtke*, Kaufrecht, Tz 737 ff.

seit Gefahrübergang „zeigt", außer wenn diese Vermutung mit der Art der Sache oder des Mangels unvereinbar ist. Nach h.M. betrifft die Vermutung allein den **Zeitpunkt** des Vorliegens eines Mangels, *nicht* dagegen die vorgelagerte Frage, ob die Kaufsache überhaupt einen **Mangel** aufweist. Insoweit bleibt es vielmehr bei der Beweislast des **Käufers** (s. § 363)[23]. Dies hat weitreichende Folgen, wenn der Mangel, von dem feststeht, dass er erst *nach* Gefahrübergang aufgetreten ist (so dass den Verkäufer dafür keine Haftung trifft, § 434 Abs. 1 S. 1), seine Ursache möglicherweise in einem latenten mangelhaften Zustand findet, einem so genannten **Grundmangel**, der bereits *bei Gefahrübergang* vorgelegen haben kann, so dass dann doch wieder Raum für die Anwendung der §§ 434 und 437 ff wäre. Der BGH nimmt an, dass, da § 476 allein den Zeitpunkt des Mangels, nicht das Vorliegen des Mangels selbst betrifft, die Beweislast insoweit weiterhin den *Käufer* trifft. Nur wenn es also dem Käufer gelingt, zu beweisen, dass der später aufgetretene Mangel seine Ursache in einem Grundmangel findet, der bereits bei Gefahrübergang vorgelegen haben kann, greift wieder § 476 ein, so dass es jetzt Sache des Verkäufers ist, die deshalb gegen ihn sprechende Vermutung zu widerlegen, dass der Grundmangel auch tatsächlich schon bei Gefahrübergang vorhanden war (§ 476).[24]

6a § 476 ist somit z. B. anwendbar, wenn bei dem Kauf eines Kraftfahrzeugs innerhalb von sechs Monaten nach Übergabe ein vorzeitiger Verschleißschaden entdeckt wird, der durchaus bereits bei Übergabe vorgelegen haben kann[25]. Anders aber, wenn feststeht, dass der Mangel erst nach Gefahrübergang aufgetreten ist, er aber möglicherweise auf einen so genannten **Grundmangel** zurückgeht, der schon *bei* Gefahrübergang vorlag, ohne dass dies jedoch jetzt noch vom *Käufer* bewiesen werden könnte: In diesem Fall kann nach dem Gesagten § 476 (zum Nachteil des Käufers und Verbrauchers) nicht angewandt werden[26]. Im Schrifttum wird diese enge Interpretation des § 476 durch die Rechtsprechung vielfach **kritisiert**, vor allem mit der nahe-liegenden Begründung, dass damit dem § 476 weithin seine verbraucherschützende Funktion wieder genommen werde.[27]

7 Für die Anwendung des § 476 ist außerdem *kein* Raum, wenn die Vermutung mit der **Art der Sache oder des Mangels** unvereinbar ist (§ 476 HS 2). Dieser Ausnahmetatbestand wird – diesmal zum Schutze des Verbrauchers – ganz *eng* ausgelegt. Weder bei gebrauchten Sachen noch bei Tieren ist die Vermutung generell ausgeschlossen. Entgegen einer verbreiteten Meinung reicht es für den Ausschluss der Vermutung auch nicht aus, dass ein Mangel typischerweise jederzeit auftreten kann oder dass der Verkäufer insoweit keine besseren Erkenntnismöglichkeiten als der Käufer hatte. Ein Ausschluss der Vermutung kommt vielmehr nur unter besonderen Umständen in Betracht, bei gebrauchten Sachen z. B., wenn es sich um **ohne Weiteres erkennbare,**

---

23 BGHZ 159, S. 215 (217 f) = NJW 2004, S. 2229; BGHZ 167, S. 40 (48 ff) = NJW 2006, S. 2250 = JuS 2006, S. 930 Nr 3; BGH, NJW 2007, S. 2621 (2622, Tz 15); NJW 2014, S. 1086 Tz 20 f.

24 BGH (vorige Fn).

25 BGH, NJW 2009, S. 580 Tz 14.

26 BGHZ 159, S. 215 (217 f) = NJW 2004, S. 2229; BGHZ 167, S. 40 (48 ff) = NJW 2006, S. 2250 = JuS 2006, S. 930 Nr 3; BGH, NJW 2007, S. 2621 (2622, Tz 15); 2009, S. 580 Tz 15; 2014, S. 1086 Tz 21; zust. offenbar *Beckmann*, in: Eckpfeiler, 2014, Rn N 215.

27 Z. B. *Looschelders* II, Tz 272; *ders.*, JA 2007, S. 673 (678 f); *St. Lorenz*, NJW 2014, S. 2319 (2322); *Medicus/Lorenz* II, Tz 244; kritisch auch *Gsell*, in: Eckpfeiler, 2014, Rn L 70.

äußere Schäden handelt, von denen anzunehmen ist, dass sie der Käufer gerügt hätte, wenn sie tatsächlich bereits bei Gefahrübergang vorgelegen haben sollten, oder bei Tieren, wenn es nach der Inkubationszeit einer Krankheit ausgeschlossen ist, dass sie schon im Augenblick des Gefahrübergangs bestand[28].

4. Rückgriffsansprüche des Unternehmers[29]

Ein Unternehmer, der beim Verbrauchsgüterkauf die Gewährleistungsrechte des Käufers wegen eines Sachmangels erfüllt, wird häufig versuchen, wegen der damit für ihn verbundenen Belastungen Rückgriff bei seinem Lieferanten zu nehmen, vorausgesetzt, dass der fragliche Mangel bereits bei Lieferung der Sache an ihn vorlag (§ 434 Abs. 1; sog. **Regress in der Lieferkette**). Die **§§ 478 und 479** haben die Aufgabe, dem Verkäufer diesen Regress zu erleichtern. Ihr Anwendungsbereich beschränkt sich auf den Verkauf **neu hergestellter Sachen** durch Lieferanten, die ihrerseits Unternehmer im Sinne des § 14 sind, wobei die Lieferkette so weit zurückreicht, wie es jeweils noch um eine Lieferung *derselben* neuen Sache geht. Nicht erfasst werden dagegen bloße *Zulieferer* einzelner Teile oder von Rohstoffen. Voraussetzung für die Anwendung der §§ 478 und 479 ist ferner, dass der letzte Unternehmer in der Lieferkette die Sache gerade infolge ihrer Mangelhaftigkeit vom Verbraucher **zurücknehmen musste**; gleich steht der Fall, dass der Verbraucher den Kaufpreis gemindert hat (§ 478 Abs. 1). Das Gesetz hat hier neben der Minderung (§ 441) in erster Linie die Fälle des Rücktritts und des großen Schadensersatzanspruchs (§ 437 Nrn 1 bis 3) im Auge. Noch nicht geklärt ist die Anwendbarkeit der Regelung auf die Fälle der Nachlieferung, der Nachbesserung und des kleinen Schadensersatzanspruchs. Im Schrifttum wird vielfach die Anwendbarkeit der §§ 478 f auch auf diese Fälle befürwortet.[30] 8

§ 478 Abs. 1 bildet in den genannten Fällen (Rn. 8) *keine* eigene Anspruchsgrundlage für Rückgriffsansprüche des Unternehmers gegen seinen Lieferanten nach seiner Inanspruchnahme durch den Verbraucher. Derartige Ansprüche ergeben sich vielmehr allein aus den **§§ 437 ff**, wobei der Unternehmer freilich nicht auf die von seinem Käufer, dem Verbraucher gewählten Mängelrechte beschränkt ist. Dem Unternehmer wird die Verfolgung seiner eigenen Mängelrechte gegen seinen Lieferanten aus den §§ 437 ff lediglich in zwei Punkten *erleichtert*, nämlich einmal durch den **Verzicht auf** eine an sich nach den §§ 281 Abs. 1 und 323 Abs. 1 erforderliche **Fristsetzung** (§ 478 Abs. 1) und zum anderen durch die entsprechende Anwendbarkeit der **Beweislastumkehr** des § 476 auf das Verhältnis des Unternehmers zu dem Lieferanten. 9

Dem Unternehmer sind ferner, wenn er im Zusammenhang mit der Nacherfüllung **Aufwendungen** machen musste (§ 439 Abs. 2), diese vom Lieferanten zu erstatten (§ 478 Abs. 2); die Verjährungsfrist beträgt insoweit zwei Jahre ab Ablieferung der Sache (§ 479 Abs. 1). Lediglich insoweit enthält das Gesetz somit eine *eigenständige* 9a

---

28 BGHZ 167, S. 40 (48 ff) = NJW 2006, S. 2250 = JuS 2006, S. 930 Nr 3; BGH, NJW 2005, S. 3490 = JuS 2006, S. 79 (80 f) Nr 6; NJW 2006, S. 988 = JuS 2006, S. 557 Nr 6; NJW 2006, S. 1195 = JuS 2006, S. 651 (652) Nr 8; NJW 2007, S. 2619 (2620, Tz 10 f); NJW 2007, S. 2621 (2623, Tz 17).

29 Dazu z. B. *Beckmann*, in: Eckpfeiler, 2014, Rn N 219 ff; *St. Ernst*, MDR 2003, S. 4 (5); *Looschelders* II Tz 276 ff; *Maultzsch*, JuS 2002, S. 1171 (1172); *Oetker/Maultzsch*, Vertragliche Schuldverhältnisse, § 2 Rn 562 ff (S. 347 ff); *Wagner/Neuenhahn*, ZGS 2002, S. 395.

30 *Beckmann*, in: Eckpfeiler, 2014, Rn N 222.

und zudem vom Verschulden unabhängige Anspruchsgrundlage für Rückgriffsansprüche des Unternehmers gegen seinen Lieferanten. – Die gesamte gesetzliche Regelung des Regresses in der Lieferkette (Rn 8–9a) ist zum Schutze des Unternehmers im Wesentlichen zwingend (§ 478 Abs. 4).

10 Weitere Vergünstigungen betreffen die **Verjährung** (§ 479 Abs. 2), um zu verhindern, dass die Rückgriffsansprüche des Unternehmers bei einer längere Zeit zurückliegenden Lieferung bereits verjährt sind, wenn der Unternehmer vom Verbraucher in Anspruch genommen wird. Die Regelung ist auf **weitere Vorlieferanten** entsprechend anwendbar (§§ 478 Abs. 5, 479 Abs. 3). Unberührt bleibt jedoch nach § 478 Abs. 6 der **§ 377 HGB**, sodass der Unternehmer alle genannten Rechte wieder einbüßt, wenn er den etwaigen Mangel nicht rechtzeitig gerügt hat.

II. Vorbehaltskauf

1. Bedeutung

11 In **Fall 7** war K außerstande, sofort bei Übergabe des Pkw den vollen Kaufpreis zu zahlen, sodass der Verkäufer, wenn er nicht auf den Vertragsabschluss verzichten wollte, notgedrungen vorleisten musste. Da jedoch seine Kaufpreisforderung dadurch gefährdet wird, wird V versuchen, sich gegen eine etwaige spätere Zahlungsunfähigkeit seines Vertragspartners K abzusichern. Zu diesem Zwecke könnte er sich z. B. eine andere Sache des K verpfänden lassen (§§ 1204 ff); oder er könnte von K verlangen, ihm einen Bürgen für die Kaufpreisforderung zu stellen (§ 765). Indessen sind beide Wege häufig nicht gangbar, sodass dem Verkäufer dann nichts anderes übrig bleibt, als die verkaufte Sache selbst als Sicherheit zu nehmen. Das gegebene Mittel dafür ist der verbreitete Eigentumsvorbehalt.

12 Der Eigentumsvorbehalt hat eine partielle gesetzliche Regelung (im Anschluss an § 455 aF) in **§ 449** gefunden. Nach **Abs. 1** dieser Vorschrift ist im Falle der Vereinbarung eines Eigentumsvorbehalts im Zweifel anzunehmen, dass das Eigentum unter der aufschiebenden Bedingung vollständiger Zahlung des Kaufpreises übertragen wird. **§ 449 Abs. 2** fügt hinzu, dass der Verkäufer die Sache auf Grund des Eigentumsvorbehalts nur heraus verlangen kann, wenn er vom Vertrag zurückgetreten ist. Aus **§ 449 Abs. 3** ergibt sich schließlich noch die Unzulässigkeit eines sog. **Konzernvorbehalts**[31]. Für den verbreiteten **Kontokorrentvorbehalt** (Bedingungseintritt erst nach Bezahlung aller offenen Forderungen des Verkäufers) gilt im Verhältnis zu Nichtkaufleuten wohl dasselbe aufgrund des § 307 Abs. 2 Nr. 2[32]. Ergänzende Regelungen finden sich für den Fall der Verjährung der Kaufpreisforderung in **§ 216 Abs. 2 S. 2** sowie für die Vereinbarung eines Eigentumsvorbehalts mit einem Verbraucher in den **§§ 506 ff**, sofern zugleich die Voraussetzungen eines Teilzahlungsgeschäfts vorliegen (s. u. Rn 20 ff).

---

31 S. dazu *Habersack/Schürnbrand*, JuS 2002, S. 833 (837 ff).

32 *Medicus/Lorenz* II, Tz 292; *Looschelders* II Tz 201; zu weiteren Sonderformen s. *Herresthal*, in: Eckpfeiler, 2014, Rn K 222 ff.

2. Begründung, Erlöschen

13 Üblicherweise wird der Eigentumsvorbehalt bereits **im Kaufvertrag vereinbart**. Das kann durch Individualabrede oder durch Bezugnahme auf die Geschäftsbedingungen des Verkäufers geschehen[33]. Erklärt der Verkäufer den Eigentumsvorbehalt dagegen **einseitig** erst **nachträglich** bei der Übergabe der Sache, z. B. indem er einfach bei einem Autokauf die Zulassungsbescheinigung Teil II, d. h. den früher so genannten Kraftfahrzeugbrief einbehält, solange der Käufer den Kaufpreis nicht bezahlt hat, so kann er dadurch zwar den sofortigen Eigentumsübergang verhindern, sofern der Vorbehalt dem Käufer erkennbar ist (§ 929 S. 1). Jedoch braucht sich der Käufer darauf nicht einzulassen, sondern kann Erfüllung durch unbedingte Übereignung verlangen (§ 433 Abs. 1 S. 1), muss dann freilich aber auch zur sofortigen Bezahlung des vollen Kaufpreises bereit sein (§ 320 Abs. 1)[34]. Nimmt er statt dessen die ihm vom Verkäufer unter Eigentumsvorbehalt angebotene Sache an, so kommt dadurch doch noch nachträglich konkludent ein Vorbehaltskauf zustande (§ 311 Abs. 1)[35].

14 Der Eigentumsvorbehalt ist nur ein vorübergehendes Sicherungsmittel des Verkäufers, das aus verschiedenen Gründen seine Wirkung wieder einbüßen kann. Der wichtigste **Erlöschensgrund** ist der Bedingungseintritt infolge **Bezahlung** des Kaufpreises (§ 449 Abs. 1). Gleich steht eine Leistung an Erfüllungs Statt (§ 364 Abs. 1), nicht dagegen eine bloße Leistung erfüllungshalber (§ 364 Abs. 2). Folglich tritt die Bedingung, wenn der Käufer für den Kaufpreis einen Wechsel akzeptiert hatte, erst mit Einlösung des Wechsels ein[36]. Der Eigentumsvorbehalt verliert seine Wirkung außerdem durch **Weiterveräußerung** der Sache, sofern sie dem Käufer vom Verkäufer im ordnungsgemäßen Geschäftsbetrieb gestattet war (§ 185 Abs. 1; s. auch u. Rn 19), ferner durch vertragliche Aufhebung des Eigentumsvorbehalts[37], durch Verzicht des Verkäufers auf ihn (str) sowie durch eine Verfügung des Käufers über die Sache zugunsten eines Gutgläubigen (§ 932 Abs. 1), wobei jedoch zu beachten ist, dass der gutgläubige Erwerb eines Kraftfahrzeugs wohl ausnahmslos die Vorlage der Zulassungsbescheinigung Teil II, d. h. des Kfz-Briefes durch den Verkäufer voraussetzt[38].

3. Schuldrechtliche Auswirkungen

15 Im Verhältnis der Kaufvertragsparteien untereinander wird der Eigentumsvorbehalt in der Regel erst praktisch, wenn der Käufer in **Verzug** gerät. Der Verkäufer hat dann die Wahl: Er kann entweder beim Vertrag stehen bleiben und sich auf die Forderung des Ersatzes seines Verzugsschadens beschränken (§§ 280 Abs. 2, 286) oder nach den §§ 281 Abs. 1, 323 Abs. 1 vorgehen und, beides grundsätzlich freilich im Regelfall erst nach **Fristsetzung**, Schadensersatz statt der Leistung verlangen oder zurücktreten. Bei einer gravierenden Verletzung von Nebenpflichten, z. B. in Gestalt einer unsachgemäßen Behandlung der ja noch dem Verkäufer gehörigen Kaufsache, kommt

33 *H. Honsell*, JuS 1981, S. 705 (706).
34 S. *H. Honsell*, JuS 1981, S. 705 (707 f).
35 BGH, LM Nr 34 zu § 455 BGB = NJW 1979, S. 213; LM Nr 49 zu § 455 BGB = JZ 1989, S. 808; NJW 2006, S. 3488 (3489, Tz 10 ff); *K. Fritsche/M. Würdinger*, NJW 2007, S. 1037.
36 BGHZ 96, S. 182 (185 f) = NJW 1986, S. 424 = JuS 1986, S. 311 Nr 4.
37 BGHZ 92, S. 280 (288 ff) = NJW 1985, S. 376.
38 BGH, NJW 2006, S. 3488 (3489 f, Tz 17 f).

von Fall zu Fall außerdem ein Rücktritt des Verkäufers nach § 324 in Betracht. Bei Teilzahlungsgeschäften sind schließlich die §§ 508 S. 1 nF und 498 S. 1 zu beachten, nach denen ein Rücktritt nur unter besonderen Voraussetzungen möglich ist (s. Rn 26 ff).

16 Wenn der Verkäufer Schadensersatz statt der Leistung verlangt oder zurücktritt (Rn 15), hat dies zur Folge, dass der Käufer sein Besitzrecht einbüßt, sodass der Verkäufer jetzt außerdem **Herausgabe** seiner Sache vom Käufer fordern kann (§§ 346, 449 Abs. 2, 985, 986)[39]. Im Kaufvertrag können keine weiteren Rücktrittsrechte des Verkäufers begründet werden (§ 449 Abs. 2)[40]. Kein Hindernis für den Rücktritt des Verkäufers stellt es jedoch dar, wenn die Kaufpreisforderung inzwischen verjährt ist, obwohl dadurch der Verzug geheilt wird (s. § 216 Abs. 2 S. 2).

4. Stellung des Käufers vor Bedingungseintritt

17 Bis zum Bedingungseintritt ist der Verkäufer noch Eigentümer der Sache, sodass er sich gegen eine Zwangsvollstreckung der Gläubiger des Käufers in die Kaufsache mit der **Drittwiderspruchsklage** wehren kann (§ 771 ZPO)[41]. In der Insolvenz des Käufers hat der Verkäufer außerdem ein **Aussonderungsrecht**, sofern der Insolvenzverwalter die Erfüllung des Vertrages ablehnt (§§ 47, 103 InsO). In dieser verhältnismäßig starken Position des Vorbehaltsverkäufers gegenüber den Gläubigern des Käufers liegt gerade seine Sicherung für den Fall des Rücktritts (o. Rn 15).

18 Das Gesetz lässt den Käufer in der Zeitspanne **vor** dem **Bedingungseintritt** ebenfalls nicht ohne Schutz; seine Position, die auf Erwerb des Vollrechts angelegt ist, wird vielmehr bereits jetzt durch die **§§ 160 bis 162** umfassend gegen eine einseitige nachträgliche Beeinträchtigung seitens des Verkäufers geschützt. Veräußert der Verkäufer die Sache an einen Dritten, wozu er nach § 931 jederzeit in der Lage ist, so ändert auch dies nichts an der starken Position des Käufers, da sein Besitzrecht in diesem Fall gegen den Erwerber der Sache wirkt, solange nicht der Verkäufer zurückgetreten ist **(§§ 449 Abs. 2, 936 Abs. 3 analog)**[42]. Dies bedeutet, dass der Käufer bereits vor Bedingungseintritt über eine rechtlich gesicherte Position verfügt, die allgemein **Anwartschaft** oder auch Anwartschaftsrecht genannt wird[43] und über die der Käufer schon vor Bedingungseintritt – als Berechtigter – nach den §§ 929 ff **verfügen** kann mit der Folge, dass bei Bedingungseintritt das Eigentum unmittelbar vom Verkäufer auf den Erwerber der Anwartschaft übergeht[44]. Freilich erfassen in der Zwischenzeit begründete gesetzliche Pfandrechte (z. B. § 562) ebenso wie Hypotheken (§ 1120) auch bloße Anwartschaften des Käufers[45].

39 RGZ 141, S. 259 (261); 144, S. 62 (65 f); BGHZ 54, S. 214 (216) = NJW 1970, S. 1733.

40 BGH, NJW-RR 2008. S. 818 (821 f, Tz 39 ff) = NZM 2008, S. 243.

41 BGHZ 54, S. 214 (218 f) = NJW 1970, S. 1733.

42 BGH, NJW 2008, S. 1803 (1804, Tz 16); *Medicus/Lorenz* II, Tz 287; *Looschelders* II, Tz 209.

43 Vgl *Harke*, JuS 2006, S. 185; *Müller-Laube*, JuS 1993, S. 529; *Reinicke/Tiedtke*, Kaufrecht, Tz 1315 ff (S. 496 ff).

44 BGHZ 20, S. 88 (98 ff) = NJW 1956, S. 665; BGHZ 54, S. 319 (330) = NJW 1970, S. 2212.

45 S. BGHZ 35, S. 85 (88 ff) = NJW 1961, S. 1349; BGH, LM Nr 3 zu § 559 BGB = NJW 1965, S. 1475 = JuS 1965, S. 409 f Nr 2; *Brox*, JuS 1984, S. 657 (662 ff).

Die **Anwartschaft erlischt**, wenn der Verkäufer zurücktritt (o. Rn 15 f), wenn der Käufer den Vertrag anficht oder seinerseits zurücktritt oder wenn die Parteien den Vertrag oder den Vorbehalt aufheben[46]. Trotzdem ist die Anwartschaft bereits als **sonstiges Recht** iS des § 823 Abs. 1 anerkannt. Gegen Dritte genießt der Vorbehaltskäufer daher nicht nur Besitzschutz (§§ 858 ff), sondern auch – neben dem Vorbehaltsverkäufer und Eigentümer – Deliktschutz[47]. **19**

III. Teilzahlungsgeschäft

Literatur: *P. Bülow/Artz*, Verbraucherkreditrecht, 8. Aufl. (2014); *Emmerich*, JuS 1991, S. 705; *Habersack*, BKR 2001, S. 72; *Reinicke/Tiedtke*, Kaufrecht, Tz 1500 ff (S. 578 ff); *Graf von Westphalen/Emmerich/v. Rottenburg*, VerbrKrG, 2. Aufl. (1996).

1. Überblick

In **Fall 7** hatten V und K vereinbart, dass K den Kaufpreis nicht auf einmal, sondern in zehn gleichen Raten bezahlen sollte. Folglich handelte es sich bei dem Vertrag um ein Teilzahlungsgeschäft iS der **§§ 506 Abs. 3, 507** und **508**. Bei derartigen Verträgen ist der Käufer typischerweise besonders schutzbedürftig, sodass der Gesetzgeber hier bereits vor Inkrafttreten des BGB in dem **AbzG** von 1894 besondere Käuferschutzvorschriften erlassen hatte, an deren Stelle sodann 1991 das Verbraucherkreditgesetz **(VerbrKrG)** getreten war, bis dieses Gesetz 2002 im Zuge der Schuldrechtsmodernisierung ins **BGB** eingearbeitet wurde. Der Gesetzgeber hat dabei zwar weitgehend auf sachliche Änderungen verzichtet[48], die Systematik jedoch völlig verändert. Erneute weitreichende Änderungen brachten sodann die Umsetzung der neuen **Verbraucherkreditrichtlinie von 2008**[49] durch das Gesetz vom 29. Juli 2009[50] sowie die Umsetzung der **Verbraucherrechte-Richtlinie** von 2011 im Jahre 2013, in Kraft getreten am 13. Juni 2014 (s. o. § 1 Rn 5). Seitdem muss man wie folgt unterscheiden: **20**

Den Kern der Regelung bilden die Vorschriften über **Verbraucherdarlehensverträge (§§ 491 bis 505**; s. dazu u. § 8 Rn 16 ff). Gemeint sind damit nach § 491 entgeltliche Darlehensverträge zwischen einem (beliebigen) Unternehmer (i. S. des § 14) als Darlehensgeber und einem Verbraucher (§ 13) als Darlehensnehmer. Ergänzende Regelungen finden sich vor allem in den §§ 355 bis 361 über das Widerrufsrecht des Verbrauchers (§ 495) und über verbundene Verträge (s. dazu u. Rn 25, 32 ff). **21**

Von den auf Geld gerichteten Verbraucherdarlehen (o. Rn 21) unterscheidet das Gesetz sodann (neben den hier nicht weiter interessierenden Ratenlieferungsverträgen, § 510) die **sonstigen Finanzierungshilfen** (nur) zwischen einem Unternehmer und einem Verbraucher im Sinne der §§ 506 bis 509, zu denen insbesondere auch der **ent-** **22**

46 S. Rn 14 sowie BGHZ 75, S. 221 (225 f) = NJW 1980, S. 175 = JuS 1980, S. 224 Nr 6; BGHZ 92, S. 280 (289 ff) = NJW 1985, S. 376; *Loewenheim*, JuS 1981, S. 721.

47 BGHZ 55, S. 20 (25 f) = NJW 1971, S. 799; *Müller-Laube*, JuS 1993, S. 529.

48 S. die Begr. Zu dem SMG von 2001, S. 200, 255 ff; *Habersack*, BKR 2001, S. 72; *J.* und *A. Wittig*, WM 2002, S. 145.

49 ABl. Nr. L 133/66.

50 BGBl. I S. 2355; s. dazu *Ady/Paetz*, WM 2009, S. 1061; *Nobbe*, WM 2011, S. 635.

geltliche Zahlungsaufschub gehört, den ein Unternehmer einem Verbraucher gewährt einschließlich eben der Lieferung einer Sache gegen Teilzahlungen. Gemeint sind damit die herkömmlichen **Abzahlungsgeschäfte**, vom Gesetz jetzt **Teilzahlungsgeschäfte** genannt (§ 506 Abs. 1 und 3 iVm § 507).

Um ein derartiges Teilzahlungsgeschäft handelt es sich auch in unserem **Fall 7**, da der Vertrag die Lieferung eines Kraftfahrzeugs gegen Teilzahlungen zum Gegenstand hat.

23 Die für derartige Teilzahlungsgeschäfte **maßgebenden Vorschriften** sind nach **§ 506 Abs. 1 und 3** insbesondere die §§ 358, 359 und 360 über verbundene Verträge (u. Rn 32 ff), die Formvorschriften der §§ 492 und 507 (Rn 24), der § 495 Abs. 1 über das Widerrufsrecht des Verbrauchers (u. Rn 25), ferner die §§ 496 und 497 über den Einwendungsverzicht und die Verzugszinsen sowie die §§ 499 und 508 über das Kündigungs- und Rücktrittsrecht des Unternehmers (Verkäufers) (s. u. Rn 26 ff).

2. Schriftform

24 Das Gesetz bezweckt einen Schutz der Verbraucher gegen die mit Teilzahlungsgeschäften verbundenen Gefahren in erster Linie durch ihre **umfassende Information** über die auf sie zukommenden Belastungen und Verpflichtungen vor und bei Abschluss des Vertrages (sog **Informationsmodell**)[51]. Hervorzuheben sind die neuen **vorvertraglichen Informationspflichten** (i. S. des § 311 Abs. 2), die sich im Einzelnen aus den §§ 506 Abs. 1 und 491a BGB iVm Art. 247 EGBGB ergeben. Außerdem besteht für Teilzahlungsgeschäfte **Schriftformzwang** (§§ 506, 492 und 507), wobei im Einzelnen in § 507 Abs. 2 iVm Art 247 §§ 3, 6 und 12 EGBGB geregelt ist, welche **Angaben** die Vertragsurkunde mindestens enthalten muss. Hervorzuheben sind der Barzahlungspreis, der Teilzahlungspreis, Betrag, Zahl und Fälligkeit der einzelnen Teilzahlungen (Raten) sowie der effektive Jahreszins. Bei einem **Verstoß** gegen diese Vorschriften ist der Vertrag nichtig (§ 507 Abs. 2 S. 1), sofern nicht eine der Ausnahmen des § 507 Abs. 2 S. 2 bis 5 eingreift, in denen der Formmangel nachträglich doch noch auf die eine oder andere Weise geheilt wird.

3. Widerruf

25 Der Verbraucher hat innerhalb von zwei Wochen ein Widerrufsrecht (§§ 506 Abs. 1, 495 Abs. 1 und 355 Abs. 1). Eine ergänzende Regelung für verbundene Geschäfte findet sich in § 358 (iVm § 506 Abs. 1; s. dazu u. Rn 32 ff). Die **Widerrufsfrist** beginnt mit Vertragsschluss zu laufen (§ 355 Abs. 2), vorausgesetzt, dass der Verbraucher vom Unternehmer u. a. ordnungsgemäß über sein Widerrufsrecht informiert wurde (§ 356 Abs. 3 in Verbindung mit Art 246a und 246b EGBGB). Fehlt es daran, so erlischt das Widerrufsrecht gemäß § 356 Abs. 3 S. 1 spätestens 12 Monate und 14 Tage nach Vertragsabschluss. Der Vertrag ist in diesen Fällen zunächst gültig, verwandelt sich aber, wenn der Verbraucher von seinem Widerrufsrecht rechtzeitig Gebrauch macht, in ein Abwicklungsverhältnis.

51 Zu den wachsenden Zweifeln an der Funktionsfähigkeit und Plausibilität des Informationsmodells s. MK/*Emmerich*, 2015, § 311 Rn 94 ff.

4. Rücktritt, Kündigung

Bei Zahlungsverzug des Käufers hat der **Verkäufer** unter den Voraussetzungen des § 498 Abs. 1 (ua) ein **Kündigungs- und** ein **Rücktrittsrecht** (§§ 506, 508 S. 1). § 323 Abs. 1 wird (nur) insoweit verdrängt. Zwischen beiden Rechtsbehelfen hat der Verkäufer die **Wahl**. Die Voraussetzungen beider Gestaltungsrechte des Verkäufers sind dieselben (s. §§ 508 S. 1 und 498), die Rechtsfolgen dagegen ganz verschieden. **Voraussetzungen** sind ein **Zahlungsverzug** des Verbrauchers mit mindestens zwei aufeinander folgenden Teilzahlungen (Raten) ganz oder teilweise und mit mindestens 10%, bei einer Laufzeit des Vertrages von mehr als drei Jahren mit 5% des Teilzahlungspreises sowie der fruchtlose Ablauf einer zweiwöchigen **Nachfrist** in Verbindung mit einer Ablehnungsandrohung (§ 498 Abs. 1 S. 1 Nr 1 und 2). Keine Rücktrittsvoraussetzung ist dagegen das in S. 2 des § 498 Abs. 1 zusätzlich vorgeschriebene Gesprächsangebot des Verkäufers. Bei den **Rechtsfolgen** muss man unterscheiden: Während die **Kündigung** lediglich zur Folge hat, dass die Teilzahlungsabrede entfällt, sodass die Gegenleistung des Verbrauchers, der Kaufpreis, jetzt auf einmal insgesamt fällig wird, bewirkt der **Rücktritt** die Umwandlung des Schuldverhältnisses in ein Abwicklungsverhältnis (§ 346; Rn 27). 26

Der Inhalt des **Abwicklungsverhältnisses** im Falle des Rücktritts richtet sich nach den §§ 346 ff. Der Verkäufer kann danach vom Käufer **Nutzungsersatz** verlangen (§§ 346 Abs. 1, 347), dessen Höhe sich vorrangig an der üblichen Miete für Sachen der fraglichen Art orientiert. Die Obergrenze bildet der Kaufpreis[52]; bei der Bemessung der Vergütung ist zusätzlich auf die inzwischen eingetretene **Wertminderung** Rücksicht zu nehmen (§ 508 S. 4). Der Verbraucher muss außerdem dem Unternehmer die infolge des Vertrags gemachten **Aufwendungen** ersetzen (§ 508 S. 3), sodass insgesamt der Rücktritt des Verkäufers den Verbraucher bei den Teilzahlungsgeschäften des § 506 ausgesprochen **teuer** zu stehen kommen kann. 27

Nach **§ 508 Abs. 2 S. 5** gilt es grundsätzlich als Ausübung des Rücktrittsrechts, wenn der Verkäufer die verkaufte Sache **wieder an sich genommen** hat. Zum Verständnis dieser Regelung muss man sich folgendes vergegenwärtigen: Bei Zahlungsverzug des Käufers hat der Verkäufer an sich die Wahl zwischen der Kündigung (§ 498), dem Rücktritt (§§ 498, 508), dem Anspruch auf Schadensersatz statt der Leistung (§ 281) und dem Anspruch auf Ersatz des bloßen Verzögerungsschadens (§§ 280 Abs. 2, 286; s. o. Rn 15, 26). Von diesen Rechtsbehelfen eröffnet ihm jedoch **allein** der **Rücktritt** in jedem Fall das Recht, vom Verbraucher Rückgabe der Sache zu verlangen (vgl die §§ 346, 449 Abs. 2, 506, 508 S. 1 und 498), weshalb das Gesetz – zum Schutz des Käufers – bei einer Wiederansichnahme der Sache durch den Verkäufer einfach unterstellt, dass er sich dann eben für den Rücktritt entschlossen hat, um zu verhindern, dass der Käufer – mangels Rücktritts des Verkäufers – zur Fortzahlung der Raten verpflichtet bleibt, obwohl er den Besitz der Sache und damit die Möglichkeit zu ihrer Nutzung verloren hat[53]. 28

Zur Auslösung der Rücktrittsfiktion genügt es bereits, wenn der Verkäufer vom Käufer ernstlich und endgültig die **Herausgabe** der Sache verlangt oder **Klage** auf He- 29

52 S. BGHZ 19, S. 330 (333 ff) = NJW 1956, S. 418; BGHZ 44, S. 237 (239 ff) = NJW 1966, S. 446 = JuS 1966, S. 124 Nr 4.

53 *Müller-Laube*, JuS 1982, S. 797.

rausgabe erhebt[54]. Gleich steht die Herausgabe der Sache an einen Dritten *auf Veranlassung des* Verkäufers[55]. Sendet der Käufer die Sache dagegen aus eigenem Antrieb an den Verkäufer zurück oder gibt er einfach den Besitz an ihr auf, so liegt keine Wegnahme durch den *Verkäufer* vor, sodass die Rücktrittsfiktion nicht ausgelöst wird[56].

30 Zusätzliche Schwierigkeiten entstehen, wenn der Verkäufer oder Dritte die **Zwangsvollstreckung** in die Sache betreiben (s. § 811 Abs. 2 ZPO). In der Regel wird angenommen, dass zwar noch *nicht* die bloße Pfändung der Sache die Rücktrittsfiktion auslöst, selbst wenn der Gerichtsvollzieher dem Käufer die Sache wegnimmt (§ 809 ZPO), wohl aber ihre **Verwertung**, und zwar ohne Rücksicht darauf, ob ein Dritter oder der Verkäufer selbst die Sache ersteht (§ 814 ZPO) oder ob sich der Verkäufer die gepfändete Sache nach § 825 ZPO zu Eigentum überweisen lässt[57].

31 In unserem **Fall 7** gilt folglich die Verwertung der Sache durch V als Rücktritt vom Kaufvertrag, sodass die Kaufpreisforderung, derentwegen V die Zwangsvollstreckung betreibt, erlischt (§ 346). V muss außerdem die schon empfangenen Raten bis auf die ihm gebührende Nutzungsentschädigung an K zurückzahlen (§§ 346 Abs. 1, 347, 508 S. 3). Daraus folgt, dass K jetzt wegen des nachträglichen Wegfalls der titulierten Forderung **Vollstreckungsabwehrklage** gegen V mit dem Antrag erheben kann, die Zwangsvollstreckung für unzulässig zu erklären (§ 767 ZPO). Kommt die Klage zu spät, weil die Zwangsvollstreckung inzwischen beendet ist, so ändert dies doch nichts an der Verpflichtung des V zur **Rückzahlung** der Raten abzüglich der ihm gebührenden Nutzungsentschädigung, worauf der Erlös der Sache zu verrechnen ist (§ 812 Abs. 1 S. 1 Fall 2).

5. Verbundene Geschäfte

32 **Literatur:** *Dürbeck*, Der Einwendungsdurchgriff nach § 9 Abs. 3 VerbrKrG, 1994; *Emmerich*, in: Graf v. Westphalen, VerbrKrG, § 9; *Grunewald*, JuS 2010, S. 93; BKR 2001, S. 71; *Habersack*, in: Festschrift f. Picker, 2010, S. 327; *P. Heermann*, Drittfinanzierte Erwerbsgeschäfte, 1998; *Pietzker*, Die Rückabwicklung der verbundenen Geschäfte beim Einwendungsdurchgriff nach dem VerbrKrG, 1994; *Reinicke/Tiedtke*, Kaufrecht, Tz 1589 ff (S. 615 ff); *Vollkommer*, in: Festschrift f. Merz, 1992, S. 595.

In **Fall 7** hatte der Verkäufer V die Finanzierung des Kaufvertrages selbst übernommen, während V in **Fall 8** nicht über das erforderliche Kapital verfügte, um seine zahlreichen Ratengeschäfte selbst finanzieren zu können. Er hatte deshalb den K an die Bank B verwiesen, die K ein Darlehen zur Bezahlung des Kaufpreisrestes gewährte. K musste sich dagegen verpflichten, das Darlehen in Raten an die Bank zurückzuzahlen, und ihr als Sicherheit das Eigentum an der Kaufsache übertragen. Bei diesem sogenannten **B-Geschäft** haftet neben dem Käufer meistens auch der Verkäufer als selbstschuldnerischer Bürge oder aufgrund eines Schuldbeitritts für die Rückzahlung des Darlehens.

---

54 BGHZ 91, S. 37 (46) = NJW 1984, S. 1754 (1755) = JuS 1984, S. 890 Nr 5; s. dazu im Einzelnen *Emmerich*, in: Graf v. Westphalen, VerbrKrG, § 13 Rn 38 ff.

55 BGH, LM Nr 24 zu § 5 AbzG = NJW 1984, S. 2294.

56 BGHZ 45, S. 111 (113) = NJW 1966, S. 972.

57 BGHZ 39, S. 97 (99 ff) = NJW 1963, S. 763; BGHZ 55, S. 59 (62 ff) = NJW 1971, S. 191; s. dazu kritisch *H. Honsell*, JuS 1981, S. 705 (711 f); *Müller-Laube*, JuS 1982, S. 797 (803 ff).

a) Begriff

Kennzeichen des finanzierten Teilzahlungsgeschäfts, von § 358 Abs. 3 „verbundenes Geschäft" genannt, ist nach den Gesagten (o. Rn 32) die **Aufteilung** (oder besser: Aufspaltung) des „an sich" einheitlichen Kaufvertrags **auf zwei** rechtlich **selbstständige Verträge**, den (sofort erfüllten) Kaufvertrag mit dem Verkäufer und den Darlehensvertrag mit der das Geschäft finanzierenden Bank. Diese Gestaltung ist für den Käufer deshalb **riskant**, weil er Gefahr läuft, das Darlehen aufgrund des formal selbstständigen Darlehensvertrages selbst dann an die Bank zurückzahlen zu müssen, wenn der Verkäufer nicht oder nur mangelhaft erfüllt und eine Rechtsverfolgung gegen ihn auf Schwierigkeiten stößt (u. Rn 36 f). Außerdem droht dem Käufer bei dieser Form der Absatzfinanzierung der Verlust des Schutzes durch die für das Teilzahlungsgeschäft geltenden Sonderregeln, jedenfalls im Verhältnis zur Bank (§§ 506 ff; s. o. Rn 21 ff). Zur Verdeutlichung der Rechtsbeziehungen der Beteiligten möge folgendes Schema dienen: 33

Eine gesetzliche **Regelung** der vielfältigen mit verbundenen Geschäften zusammenhängenden Fragen findet sich seit 2002 im Anschluss an § 9 VerbrKredG in den **§§ 358 bis 361 idF von 2014**, die besondere Regeln für den Widerruf (§ 358) und den Einwendungsdurchgriff enthalten (§§ 359 f), sowie in **§ 508 S. 6**, der die Rücktrittsfiktion bei Rücknahme der Sache (o. Rn 28 f) auf das Verhältnis des Verbrauchers zur Bank erstreckt. 34

Kauf- und Darlehensvertrag bilden nach § 358 Abs. 3 S. 1 ein **verbundenes Geschäft**, wenn das Darlehen ganz oder teilweise der Finanzierung des Kaufpreises dient und beide Verträge als **wirtschaftliche Einheit** anzusehen sind; dies ist nach S. 2 der genannten Vorschrift u. a. dann anzunehmen, wenn sich der Darlehensgeber bei der Vorbereitung oder dem Abschluss des Verbraucherdarlehensvertrages der Mitwirkung des Verkäufers bedient. Dafür reicht es aus, dass der Darlehensvertrag nicht auf eigene Initiative des Käufers zu Stande kommt, sondern deshalb, weil der Verkäufer oder sein Vertriebsbeauftragter dem Käufer zugleich mit dem Kaufvertrag den Kreditvertrag einer Bank vorlegt, die sich dem Verkäufer gegenüber zur Finanzierung des Vertrags bereit erklärt hatte[58]. In den übrigen Fällen kommt es darauf an, ob die beiden Verträge nach den Umständen in einem **Bedingungszusammenhang** 35

58 BGHZ 174, S. 334 (339 f, Tz 21 ff) = NJW 2008, S. 845.

der Art stehen, dass keiner ohne den anderen abgeschlossen worden wäre[59]. **Indizien** sind die Bestimmung des Darlehens gerade zur Finanzierung des Kaufvertrages, der gleichzeitige Abschluss beider Verträge sowie die Verwendung einheitlicher Formulare[60]. **Erweiterungen** des Begriffs ergeben sich in einzelnen Beziehungen aus § 360 von 2014 für sog **zusammenhängende Verträge**[61]. Den Gegensatz bildet der sogenannte **Personalkredit**, den sich der Käufer „auf eigene Faust" zur Finanzierung beliebiger Anschaffungen besorgt und bei dem nach dem Gesagten die Annahme eines verbundenen Geschäfts ausscheidet – vorbehaltlich der Anwendung des § 360 Abs. 2 S. 2 bei genauer Beschreibung des ins Auge gefassten Kaufgegenstandes bereits in dem Darlehensvertrag.

b) Einwendungsdurchgriff

36 Bei verbundenen Geschäften (o. Rn 35) stellt sich vor allem die Frage, ob der Käufer Einwendungen aus dem Kaufvertrag, z. B. die Minderung des Kaufpreises wegen Mängeln der gelieferten Sache oder den Rücktritt von dem Kaufvertrag, **auch** der **Bank** im Rahmen des davon getrennten Darlehensvertrages **entgegensetzen** kann. Die frühere Rechtsprechung zu diesem sogenannten Einwendungsdurchgriff war uneinheitlich und widersprüchlich[62]. Aus diesem Grunde bestimmt jetzt **§ 359 Abs 1 S. 1**, dass der Verbraucher die Rückzahlung des Darlehens verweigern kann, *soweit* Einwendungen aus dem verbundenen Kaufvertrag ihn gegenüber dem Verkäufer zur Verweigerung seiner Leistung berechtigten. Anders verhält es sich nur bei Verträgen, bei denen der finanzierte Kaufpreis € 200,– nicht überschreitet (§ 359 Abs. 2), sowie bei Einwendungen, die auf einer zwischen dem Verkäufer und dem Verbraucher *nach* Abschluss des Verbraucherdarlehensvertrages vereinbarten Vertragsänderung beruhen (§ 359 Abs 1 S. 2). Der Einwendungsdurchgriff ist außerdem **subsidiär** gegenüber der Nacherfüllung. Kann der Verbraucher Nacherfüllung verlangen, so kann er die Rückzahlung des Darlehens erst verweigern, wenn die Nacherfüllung fehlgeschlagen ist (§ 359 Abs 1 S. 3, s. § 440).

37 Bei **Nichtigkeit** des Kaufvertrages können die Einwendungen aus dem Kaufvertrag dem Darlehensgeber, d. h. der Bank, nach § 359 Abs. 1 S. 1 sofort entgegengesetzt werden. Dasselbe gilt bei **Mängeln** der gelieferten Sache, wenn der Verbraucher deshalb den Kaufvertrag ganz oder teilweise liquidieren will, indem er zurücktritt, mindert oder Schadensersatz verlangt (§ 437). Die Folge ist dann, dass **für die Zukunft** auch die Verpflichtung des Verbrauchers zur Rückzahlung des Darlehens **entfällt** oder doch (im Falle der Minderung) entsprechend herabgesetzt wird. Ein besonderes Problem stellt dagegen die **Abwicklung** insbesondere des Darlehensvertrages dar, soweit er von dem Verbraucher und Käufer bereits durch die ratenweise Rückzahlung des Darlehens einschließlich der Zinsen und Kosten erfüllt worden ist. **§ 358 Abs. 4 S. 5** bestimmt insoweit, dass der Darlehensgeber im Verhältnis zum Verbraucher hinsichtlich der Rechtsfolgen des Widerrufs in die Rechte und Pflichten des Unterneh-

---

59 Wegen der Einzelheiten s. *Emmerich*, in: Graf v. Westphalen, VerbrKrG, § 9 Rn 33 ff.

60 BGHZ 184, S. 1 (10, Tz 30 f) = NJW 2010, S. 531.

61 S. dazu die Begr zu § 360 von 2013, BT-Dr 17/12637, S 66 ff; *Bülow/Artz*, Verbraucherkreditrecht, 2014, § 459 Rn 339 ff; *Grunewald*, JuS 2010, S. 93 (96); *Habersack*, in: Festschrift f. Picker, 2010, S. 327; *Schürnbrand*, ZBB 2010, S. 123.

62 S. BGHZ 95, S. 350 (357 f) = NJW 1986, S. 43 = JuS 1986, S. 227 Nr 3 m. Nachw.

mers, d. h. des Verkäufers aus dem verbundenen Kaufvertrag eintritt, soweit dem Verkäufer das Darlehen bei Wirksamwerden des Widerrufs bereits zugeflossen ist. Daraus wird überwiegend der Schluss gezogen, dass der Verbraucher von der Bank zwar nicht die Rückzahlung des ganzen Kaufpreises, wohl aber der von ihm gezahlten Raten einschließlich der Zinsen und Kosten verlangen kann[63]. Richtiger Meinung nach folgt dieses Ergebnis freilich bereits – entgegen der h.M. – unmittelbar aus § 813 Abs. 1[64].

IV. Kauf auf Probe, Wiederkauf und Vorkauf

1. Das BGB kennt als weitere Sonderformen des Kaufs den Kauf auf Probe, den Wiederkauf und den Vorkauf (§§ 454, 456 und 463 ff). Bei dem **Kauf auf Probe** handelt es sich um einen durch die Billigung des Käufers aufschiebend bedingten Kauf, wobei die Billigung im Belieben des Käufers steht (§§ 454 f). **38**

2. Unter dem **Wiederkaufsrecht** (§§ 456–462) ist der „Vorbehalt“ des Rückkaufs durch den Verkäufer zu verstehen. Der Wiederkauf wird ebenso wie der Kauf auf Probe als aufschiebend bedingter Kauf angesehen[65]. Dies bedeutet, dass der Rückkaufvertrag bereits bei Abschluss des ersten Kaufvertrages – aufschiebend bedingt – abgeschlossen wird. Bedingung ist die in das Belieben des Verkäufers gestellte Erklärung, dass er das Wiederkaufsrecht ausübe (§ 456 Abs. 1). Mit Abgabe dieser Erklärung tritt der zweite Kaufvertrag, der Wiederkauf, „mit umgekehrten Vorzeichen“ an die Stelle des ersten Kaufvertrages. Nur wenn der Wiederverkäufer wegen des Verzugs des Wiederkäufers mit der Rückzahlung des Kaufpreises zurücktritt (§ 323 Abs. 1), lebt der erste Kaufvertrag wieder auf[66]. In Parallele zu dem gesetzlich geregelten Wiederkaufsrecht hat sich in der Praxis auch ein **Wiederverkaufsrecht** herausgebildet, auf das die §§ 456–462 entsprechend angewandt werden. Verbreitet sind derartige Abreden vor allem in der Leasingbranche (s. u. § 8 Rn 4 ff), wo das Wiederverkaufsrecht dem Leasinggeber nach Beendigung des Leasingvertrages die Möglichkeit eröffnet, die nicht mehr benötigt die Leasingsache an deren Lieferanten zurück zu verkaufen.[67] **39**

3. Als **Vorkaufsrecht** bezeichnet man das Recht einer Person, in einen Kaufvertrag, den der aus dem Vorkaufsrecht Verpflichtete mit einem Dritten abgeschlossen hat, „einzusteigen“, um sich die Möglichkeit zu sichern, die Sache doch noch zu kaufen (§§ 463–473). Der Vorkauf wird meistens als ein gleich in doppelter Weise aufschiebend bedingter Kauf konstruiert. Die erste Bedingung besteht in dem Abschluss eines gültigen Kaufvertrages durch den Verpflichteten mit einem Dritten, die zweite in der Ausübung des Vorkaufsrechts durch den Berechtigten (§ 464 Abs. 1). Die Folge ist, dass sich der Verpflichtete dann möglicherweise *zwei* gültigen Kaufverträgen gegen- **40**

63 S. dazu BGHZ 174, S. 334 (340 ff, Tz 24, 29 ff) = NJW 2008, S. 845; BGHZ 183, S. 112 (128 ff, Tz 49 ff) = NJW 2010, S. 596; BGHZ 180, S. 123 (132 f, Tz 25 ff) = NJW 2009, S. 3572; OLG Naumburg NJW 2013, S. 3455 (3456 f); *Palandt/Grüneberg*, § 358 Rn 21.

64 S. im Einzelnen OLG Naumburg NJW 2013, S. 3455 (3456 f); *Emmerich*, in: Graf v. Westphalen, VerbrKrG, § 9 Rn 176 ff; *Grunewald*, JuS 2010, S. 93 (95 f).

65 BGHZ 38, S. 369 (371 f) = NJW 1963, S. 709.

66 BGH, LM Nr 10 zu § 479 BGB = NJW 2000, S. 1332 = JuS 2000, S. 818 Nr 10.

67 BGHZ 140, S. 218 = NJW 1999, S. 941 = JuS 1999, S. 819 Nr 9; NJW 2014, S. 2269 Tz 50, 58; BGH, NJW 2003, S. 2607 (2608).

übersieht (§ 464 Abs. 2), die er beide erfüllen muss, sofern er nicht bei Abschluss des ersten Kaufvertrages Vorsorge für den Fall getroffen hat, dass der Vorkaufsberechtigte sein Recht ausübt. Die Vorschriften der §§ 463 bis 473 werden allgemein auf das recht häufige, aber nicht geregelte **Vormietrecht** entsprechend angewandt.

V. Teilzeit-Wohnrechteverträge

41 **Literatur:** *B. Gsell*, in: Eckpfeiler des Zivilrechts, Rn L 74 ff (S. 857 ff); *Reinicke/Tiedtke*, Kaufrecht, Tz 1619 ff (S. 630 ff).

In den **§§ 481 bis 487** idF von 2014 regelte das Gesetz einige Aspekte der verschiedenen Teilzeit-Wohnrechteverträge, häufig auch **Time-Sharing-Verträge** genannt. Man versteht darunter Verträge über Ferienwohnrechte in hotelartigen Anlagen. Die geltende Fassung der §§ 481 bis 487 beruht auf dem Gesetz von 2011 zur Umsetzung der **zweiten Richtlinie über Teilzeitnutzungsverträge von 2009**[68] sowie auf dem Gesetz von 2013 zur Umsetzung der **Verbraucherrechte-Richtlinie von 2011** (s. o. § 1 Rn 5). **Zweck** der Regelung ist ein möglichst effektiver Verbraucherschutz, der auf **drei Säulen** beruht, 1. einer umfassenden vorvertraglichen Information der Verbraucher nach Maßgabe der §§ 482 f, 2. einer ebenso umfassenden Vertragstransparenz gemäß den §§ 483 f sowie 3. einem großzügig ausgestalteten Widerrufsrecht (Rn 43). Zugleich wurde der Anwendungsbereich der ganzen Regelung, um den verbreiteten Umgehungsversuchen besser als bisher begegnen zu können, erheblich ausgeweitet (Rn 42).

42 Der **Anwendungsbereich** der §§ 481 bis 487 umfasst heute gleichermaßen Teilzeit-Wohnrechteverträge (§ 481), Verträge über ein langfristiges Urlaubsprodukt (§ 481a) sowie Vermittlungs- und Tauschsystemverträge (§ 481b Abs. 1 und 2). **Teilzeit-Wohnrechteverträge** sind insbesondere Verträge, durch die ein Unternehmer (§ 14) einem Verbraucher (§ 13) entgeltlich das Recht verschafft, für die Dauer von mehr als einem Jahr ein Gebäude mehrfach insbesondere für Urlaubszwecke zu nutzen (§ 481 Abs. 1). Bei diesen Verträgen wird es sich häufig, aber nicht notwendig und nicht immer um einen Rechtskauf handeln. Bei den **Verträgen über ein langfristiges Urlaubsprodukt** i. S. des § 481a hatte der Gesetzgeber dagegen in erster Linie die so genannten Reise-Rabatt-Clubs im Auge, durch die den Teilnehmern gegen Entgelt für einen bestimmten Zeitraum der Zugriff auf besonders günstige Reiseangebote vermittelt wird. Bei den **Vermittlungsverträgen** des § 481b Abs. 1 handelt es sich schließlich im Kern um Maklerverträge im Sinne des § 652, während **Tauschsystemverträge** im Sinne des § 481b Abs. 2 Geschäftsbesorgungsverträge nach § 675 Abs. 1 sind, deren Gegenstand die Organisation des Austauschs von Teilzeitwohnrechten ist.

43 Alle genannten Verträge (Rn 42) unterliegen grundsätzlich der für sie jeweils geltenden gesetzlichen Regelung, d. h. je nachdem insbesondere Kaufrecht, Maklerrecht oder Dienstvertrags- und Auftragsrecht (§§ 433, 652 und 675 Abs. 1). Ergänzend gelten jedoch für sämtliche Verträge zum Schutze der Verbraucher als Vertragspartner die **zusätzlichen Pflichten**, die sich für den Unternehmer aus den §§ 483 bis 488 ergeben. Hervorzuheben sind folgende Punkte (s. auch schon o. Rn 41): Zunächst be-

68 ABl. Nr L 33/10.

steht eine umfassende Verpflichtung zur **vorvertraglichen Information** der Verbraucher im Sinne des § 311 Abs. 2, deren Inhalt in § 482 Abs. 1 iVm Art. 242 § 1 EGBGB und den Anhängen zu der Richtlinie von 2009 minutiös geregelt ist. Der Vertrag bedarf außerdem der **Schriftform** (§ 484 Abs. 1), soweit sich nicht aus § 311b weitergehende Formerfordernisse ergeben. In die **Vertragsurkunde** müssen dabei dieselben umfassenden Informationen aufgenommen werden, die bereits Gegenstand der vorvertraglichen Information der Verbraucher waren (§§ 484 Abs. 2 und 482), und zwar in der **Sprache** des Verbrauchers, widrigenfalls der Vertrag nichtig (§ 483). § 485 in Verb. mit den §§ 356a, 357b und 360 Abs. 1 S. 3 von 2014 räumt dem Käufer schließlich noch ein weitgehendes **Widerrufsrecht** ein, das weiter durch das Verbot verstärkt wird, **Anzahlungen** des Verbrauchers vor Ablauf der Widerrufsfrist zu fordern oder anzunehmen (§ 486). Wird der Vertrag durch das Darlehen einer Bank finanziert, so finden außerdem die §§ 358 und 359 über verbundene Verträge Anwendung (§ 360 Abs. 1 S. 3)[69]. Die ganze Regelung ist zu Gunsten des Verbrauchers **zwingend** und wird noch durch ein Umgehungsverbot abgesichert (§ 487).

VI. Internationale Kaufverträge

Literatur: *Beckmann*, in: Eckpfeiler des Zivilrechts, Rn N 237 ff (S. 1003 ff); *Reinicke/Tiedtke*, Kaufrecht, Tz 1148 ff (S. 436 ff); *Schlechtriem*, Internationales UN-Kaufrecht, 4. Aufl. (2007); *Staudinger/Magnus*, BGB/CISG, 2013. 44

In einer globalen Welt werden unterschiedliche nationale Kaufrechte zunehmend als Hindernis für den internationalen Handel empfunden. Bemühungen zur Vereinheitlichung der Kaufrechte finden sich infolgedessen gleichermaßen auf der Ebene der Europäischen Union (s. § 1 Rn 6a) wie auf **internationaler Ebene**. Ergebnis dieser Bemühungen ist das im Jahre 1980 im Rahmen der UNO abgeschlossene Übereinkommen über Verträge über den internationalen Warenkauf. Dieses sogenannte **CISG**[70] oder auch **UN-Kaufrecht** ist am 1. Januar 1991 in Kraft getreten[71] und regelt seitdem den internationalen Warenkauf im Verhältnis zwischen Deutschland und einer großen Zahl anderer Staaten, unter ihnen auch die meisten (nicht alle) Mitglieder der EU.

Der **Anwendungsbereich** des UN-Kaufrechts umfasst grundsätzlich alle internationa- 45
len Kaufverträge über Waren, d. h. über bewegliche Sachen, mit Ausnahme der reinen Konsumentenkaufverträge (Art. 1 und 2 lit a). Für die genannten Verträge enthält das Abkommen eine geschlossene Regelung der wichtigsten mit dem Abschluss und der Durchführung von Kaufverträgen zusammenhängenden Fragen. Ein Rückgriff auf das BGB kommt daneben nur in Betracht, soweit das UN-Kaufrecht Lücken enthält und nach den Regeln des IPR Raum für die Anwendung des deutschen Rechts ist (str).

Das UN-Kaufrecht bringt zunächst Vorschriften über den **Abschluss** von Kaufverträ- 46
gen (Art. 14–24) und regelt sodann eingehend die **Pflichten** beider Parteien sowie im Anschluss daran jeweils die **Rechtsbehelfe** der anderen Partei bei einer Verletzung

69 OLG Dresden, NZM 2000, S. 207 = JuS 2000, S. 602 Nr 4 m. Nachw.
70 Convention on Contracts for the International Sale of Goods.
71 BGBl. 1989 II, S. 586.

dieser Pflichten. Dabei wird nur zwischen wesentlichen und unwesentlichen Vertragsverletzungen unterschieden (Art. 25; s. u. Rn 48). Den Abschluss der Regelung bilden Vorschriften über den **Schadensersatzanspruch** (Art. 74 ff). Aus ihnen ergibt sich, dass das Abkommen zwar nicht auf dem Verschuldensprinzip beruht (s. § 276 BGB), aber auch keine reine Garantiehaftung eingeführt hat.

47 Wichtigste **Pflicht des Verkäufers** (Art. 31 ff) ist die Lieferung der Sache frei von Sach- und Rechtsmängeln (Art. 35 und 41).[72] Verletzt der Verkäufer diese Pflicht, so kann der Käufer vor allem **Ersatzlieferung oder Nachbesserung** verlangen (Art. 46 ff). Voraussetzung ist jedoch, dass der Käufer den Mangel binnen einer angemessenen Frist gegenüber dem Verkäufer **gerügt** hat (Art. 39 und 43); sonst verliert er seine Mängelrechte. Anders jedoch bei einem Verstoß des Verkäufers gegen seine Pflicht, ihm bekannte Mängel dem Käufer zu offenbaren (Art. 40).[73]

48 Der Anspruch auf Ersatzlieferung setzt ebenso wie das Recht zur Vertragsaufhebung idR zusätzlich voraus, dass es sich um eine **wesentliche Vertragsverletzung** handelt (Art. 46 Abs. 2, 49). Das ist der Fall, wenn dem Käufer im Wesentlichen entgeht, was er nach dem Vertrag erwarten durfte[74]. Wichtigster Fall ist die Lieferung vertragswidriger Ware. Ohne Rücksicht darauf hat der Käufer außerdem in jedem Fall das Recht, **Schadensersatz** zu verlangen und den Kaufpreis zu **mindern** (Art. 45, 50, 74 ff). Keiner der genannten Rechtsbehelfe schließt im Regelfall einen anderen aus (Art. 45 Abs. 2).

49 Der **Käufer** ist in erster Linie zur Zahlung des Kaufpreises und zur Abnahme der Ware verpflichtet (Art. 53). Bei einer Verletzung dieser Pflichten kommen wiederum, gegebenenfalls unter zusätzlichen Voraussetzungen, als **Rechtsbehelfe** der Erfüllungsanspruch, die Vertragsaufhebung und der Schadensersatzanspruch in Betracht (Art. 61 ff).

VII. Anhang: Andere Veräußerungsverträge

1. Tausch

50 Während das Wesen des Kaufs in dem Austausch von Sachen gegen Geld besteht (§ 433), ist Tausch der Austausch von **Sachen gegen Sachen**. Durch § 480 wird der Tausch in jeder Hinsicht dem Kauf gleichgestellt. Seine praktische Bedeutung ist heute gering.

2. Schenkung

51 Die Schenkung ist im Gegensatz zu Kauf und Tausch ein **unentgeltlicher Veräußerungsvertrag**. Ihr Wesen besteht nach § 516 in der Bereicherung des Beschenkten durch die Zuwendung eines Gegenstandes aus dem Vermögen des Schenkers, vorausgesetzt, dass sich die Parteien dabei **über die Unentgeltlichkeit** der Zuwendung **einig** sind.[75] Wie beim Kauf muss man außerdem (die sofort erfüllte) Handschenkung

72 S. zu Art 35 BGHZ 194, S. 370 (377 f, Tz 20 f) = NJW 2013, S. 304.
73 BGHZ 194, S. 370 (379 f, Tz 23 f) = NJW 2013, S. 304.
74 BGHZ 129, S. 75 (81 ff) = NJW 1995, S. 2099 (2100); BGHZ 132, S. 290 (297 ff) = NJW 1996, S. 2364 (2365 f); BGH, WM 2014, S. 1874.
75 S. z. B. BGH, NJW 2014, S. 204 Tz 16 ff.

von dem bloßen **Schenkungsversprechen** unterscheiden. Für das Letztere ist zum Schutze des Schenkers gegen Übereilung notarielle **Beurkundung** vorgeschrieben (§ 518).

Die Schenkung muss von einer Reihe auf den ersten Blick durchaus vergleichbarer Rechtsinstitute abgegrenzt werden. **Keine Schenkung** sind insbesondere der bloße Verzicht auf einen Vermögenserwerb zugunsten eines anderen (§ 517), die Leihe (§ 598), das zinslose Darlehen, die unentgeltliche Leistung von Diensten (§ 662), die Erfüllung sogenannter Naturalobligationen (s. §§ 656 Abs. 1 S. 2, 762 Abs. 1 S. 2) sowie die Ausstattung (§ 1624), da es in allen diesen Fällen an einem der verschiedenen Schenkungsmerkmale nach § 516 fehlt. Dasselbe wird häufig bei **ehebedingten Zuwendungen** angenommen. Auch wenn die Ehe scheitert, ist daher hier kein Raum für die Anwendung des Schenkungsrechts, z. B. der §§ 530 ff. Der Ausgleich vollzieht sich vielmehr bei gesetzlichem Güterstand im Rahmen des Zugewinnausgleichs[76] und sonst nach den Regeln über den Wegfall der Geschäftsgrundlage (§ 313)[77] oder gegebenenfalls nach Bereicherungsrecht (§ 812 Abs. 1 S. 2 Fall 2; s. u. § 16 Rn 29). Ebenso wird heute vielfach bei Zuwendungen im Rahmen nicht ehelicher Lebensgemeinschaften entschieden.[78] Dagegen lassen sich diese Grundsätze nicht auf Zuwendungen der **Schwiegereltern** an das Schwiegerkind übertragen, sodass es sich dabei durchaus auch um eine Schenkung im Sinne des § 516 handel kann, bei der im Falle des Scheiterns der Ehe ein Wegfall der Geschäftsgrundlage oder ein Bereicherungsanspruch wegen Zweckverfehlung in Betracht kommt.[79] 52

Die **Haftung** des Schenkers ist beschränkt auf Vorsatz und grobe Fahrlässigkeit (§ 521)[80]. Rechts- und Sachmängel hat er idR sogar nur bei Arglist zu vertreten (§§ 523, 524). In bestimmten Fällen kann der Schenker die Erfüllung verweigern (§ 519) oder das Geschenk zurückfordern (§ 528). Schließlich hat er ein **Widerrufsrecht** bei grobem Undank des Beschenkten (§§ 530–534). 53

Sonderformen der Schenkung sind die Schenkung unter Auflage (§§ 525–527) und die **gemischte Schenkung**. Eine solche liegt vor, wenn sich die Parteien über die *partielle* Unentgeltlichkeit der Zuwendung einig sind. Die Behandlung derartiger Verträge ist schwierig[81]. Einheitslösungen scheiden aus; vielmehr sollte vorrangig auf die von den Parteien verfolgten Zwecke abgestellt werden. Danach ist zu entscheiden, ob im Einzelfall besser Kauf- oder Schenkungsrecht passt. 54

76 Z. B. BGH, NJW 2014, S. 2638 Tz 9, 12, 17.

77 S. z. B. BGH, NJW 2014, S. 2638 Tz 9, 12, 17.

78 BGH, NJW 2011, S. 2880; *Looschelders* II Tz 327.

79 BGHZ 184, S. 190 (194 ff, Tz 18, 47 ff) = NJW 2010, S. 2202; BGH, NJW 2010, S. 2884 Tz 28 ff; 2012, S. 523 Tz 18 ff.

80 S. dazu BGHZ 93, S. 23 (27 ff) = NJW 1985, S. 794 = JuS 1985, S. 553 Nr 2; BGHZ 107, S. 156 (159) = NJW 1989, S. 2122; *Looschelders* II Tz 315 ff.

81 S. BGHZ 30, S. 120 (122 f) = NJW 1959, S. 1363; BGHZ 107, S. 156 (158) = NJW 1989, S. 2122; BGH, NJW 2012, S. 605 Tz 14 ff; *Looschelders* II Tz 331 ff.

Lösungsskizze zu Fall 8

1. Alternative:

55 a) Ein Rücktrittsrecht des nicht belieferten K gegenüber V ergibt sich aus den §§ 433 Abs. 1, 323 und 326 Abs. 5, da V seine Verpflichtung, dem K die verkaufte Sache zu übergeben und zu übereignen, nicht mehr erfüllen kann. Die Rückabwicklung des Kaufvertrages richtet sich nach den §§ 346 ff.

56 b) Von der Bank B kann K Rückzahlung der von ihm schon bezahlten Raten nur verlangen, wenn sich sein Rücktritt von dem Kaufvertrag auf den Darlehensvertrag auswirkt. Dies ist der Fall, weil beide Verträge eine wirtschaftliche Einheit bilden (§ 358 Abs. 3 S. 1), sodass Raum für den Einwendungsdurchgriff ist (§ 359 S. 1). Der Einwendungsdurchgriff berechtigt den K freilich an sich nur, die *weitere* Rückzahlung des Kredits zu verweigern. Der Rückforderungsdurchgriff hinsichtlich der schon *gezahlten* Raten ergibt sich jedoch aus § 813 Abs. 1 S. 1.

2. Alternative:

57 Ist der Käufer K durch den Verkäufer V, z. B. durch Zurückstellen des Kilometerzählers arglistig getäuscht worden, so wird K vor allem versuchen, den Kaufvertrag sowie den Darlehensvertrag mit der Bank nach § 123 Abs. 1 anzufechten, weil er dann von der Bank die von ihm schon gezahlten Raten zurückverlangen kann (s. §§ 142 Abs. 1, 812 Abs. 1 S. 1). Der Verkäufer V ist hier nicht als Dritter iS des § 123 Abs. 2 S. 1 anzusehen, da er als Abschlussgehilfe für die Bank die Verhandlungen über den Darlehensvertrag mit dem Käufer geführt hat.

58 Die Ausübung des Anfechtungsrechtes durch den Käufer K hat zur Folge, dass beide Verträge als von Anfang an nichtig anzusehen sind (§ 142 Abs. 1), sodass Bank und Käufer die schon erbrachten beiderseitigen Leistungen gemäß § 812 Abs. 1 S. 1 zurückfordern können. Die Leistung der Bank besteht hier an sich darin, dass sie den K auf dessen „Anweisung" hin durch Auszahlung der Darlehensvaluta an den Verkäufer V von seiner Kaufpreisschuld gegenüber V befreit hat. Indessen bleibt zu beachten, dass sich die Bereicherung des K infolge der Nichtigkeit auch des Kaufvertrages (§§ 123 Abs. 1, 142 Abs. 1) auf seinen Bereicherungsanspruch gegen V beschränkt (§ 818 Abs. 3), sodass er nur verpflichtet ist, der Bank gegen Rückzahlung der von ihm schon geleisteten Raten seinen Bereicherungsanspruch gegen V abzutreten[82].

3. Alternative:

59 K kann zurücktreten oder mindern, wenn der Wagen mangelhaft ist (§§ 434, 437 Nr 2, 441). Diese Rechtsbehelfe beziehen sich freilich zunächst nur auf den Kaufvertrag. Wegen des Einwendungs- und des Rückforderungsdurchgriffs s. o. Rn 56.

82 Sog. Kondiktion der Kondiktion im Falle des Doppelmangels; s. dazu unten § 18 Rn 8 ff; BGHZ 174, S. 334 (345 f, Tz 38 ff) = NJW 2008, S. 845 sowie *Emmerich*, in: Graf v. Westphalen, VerbrKrG, § 9 Rn 160 ff m. Nachw.

Teil II
Gebrauchsüberlassungsverträge

§ 7 Miete

Fall 9: V hatte dem M vor Jahren in seinem Hause eine Wohnung vermietet, in der zuvor der X lange Zeit gewohnt hatte, ohne jemals Schönheitsreparaturen durchzuführen. In dem Formularvertrag war bestimmt, dass M die laufenden Schönheitsreparaturen nach einem dem Vertrag beigefügten Fristenplan durchzuführen hat und dass er sich bei Auszug vor Fälligkeit der einzelnen Schönheitsreparaturen anteilig an den Kosten der zukünftig erforderlich werdenden Schönheitsreparaturen beteiligen muss. Einige Jahre später zog M wieder aus, ohne die nach dem Fristenplan inzwischen fällig gewordenen Schönheitsreparaturen durchgeführt zu haben. V verlangt deshalb jetzt Schadensersatz in Höhe von € 10 000,–, die nach dem Gutachten eines Sachverständigen zur Renovierung der Wohnung erforderlich sind. Mit Recht? Wie ist die Rechtslage, wenn M schon kurze Zeit nach Vertragsabschluss wieder ausgezogen ist? **Lösung Rn 91 f**

Fall 10: Frau M hatte 1999 schriftlich von V in dessen Haus einen Laden und eine Wohnung gemietet. 2001 veräußerte V sein Haus an den W. Noch aus der Zeit vor 1999 befand sich in den von der M gemieteten Ladenräumen eine unverschlossene Rauchrohröffnung. Aus ihr ausströmende heiße Gase verursachten 2003 einen Brand, bei dem die Schwester der M, die in dem Laden angestellte S, verletzt und ein Teil des Lagers der M zerstört wurden. Außerdem verbrannten in dem Lager der M Sachen, die ihr ihre Schwester S zum Betrieb des Geschäfts zur Verfügung gestellt hatte. M und S verlangen Schadensersatz von W. **Lösung Rn 43, 52, 61**

Literatur: *Blank/Börstinghaus*, Miete, 4. Aufl. (2014); *Bub/Treier*, Handbuch der Geschäfts- und Wohnraummiete, 4. Aufl. (2014); *Emmerich*, Miete, in: Eckpfeiler des Zivilrechts 2014/15, 2014, Rn O 1 ff (S. 1007 ff); *Emmerich/Sonnenschein*, Miete, 11. Aufl. (2013); *Lützenkirchen*, Mietrecht, 2013); *Schmidt-Futterer*, Mietrecht, 11. Aufl. (2013); *Emmerich/Rolfs/Weitemeyer*, Staudinger Mietrecht 1–3, 2014.

I. Begriff und Abgrenzung

Im Anschluss an die Schenkung regelt das BGB in den §§ 535–609 die **Gebrauchsüberlassungsverträge**, wobei es im Einzelnen zwischen der Miete (§§ 535–580a), der allgemeinen Pacht (§§ 581–584b), der Landpacht (§§ 585–597), der Leihe (§§ 598–606) und dem Sachdarlehen (§§ 607–609) unterscheidet. Die übrigen **Darlehensverträge** haben dagegen jetzt als neuer dritter Titel ihren Platz zwischen den Teilzeit-Wohnrechteverträgen und der Schenkung in den §§ 488–512 gefunden. Dies ändert indessen nichts an der sachlichen Zugehörigkeit auch der Darlehensverträge zu den Gebrauchsüberlassungsverträgen, sodass sie in diesem Buch weiter im Zusammenhang mit den Gebrauchsüberlassungsverträgen behandelt werden sollen (s. u. § 8 Rn 18 ff). Von den Veräußerungsverträgen unterscheiden sich die Gebrauchsüberlas- 1 sungsverträge vor allem dadurch, dass sie nicht auf die *endgültige* Übertragung eines Gegenstandes von einer Person auf eine andere, sondern auf die **bloße vorübergehende**, d. h. zeitlich begrenzte **Überlassung des Gebrauchs** eines Gegenstandes an eine andere Person gerichtet sind (s. schon o. § 1 Rn 3). Im Übrigen muss man unterscheiden:

2 Verträge, die die **unentgeltliche** vorübergehende Nutzung von Sachen und Rechten zum Gegenstand haben, sind grundsätzlich **Leihe** (s. § 598), nicht etwa Schenkung, weil die Schenkung zu den Veräußerungsverträgen gehört (s. o. § 5 Rn 51 ff). **Entgeltliche** Verträge dieser Art können dagegen (nur) entweder Miete oder Pacht sein. Bei der **Abgrenzung** von **Miete und Pacht** ist zu beachten, dass **Gegenstand** eines Mietvertrages allein bewegliche und unbewegliche **Sachen**, Sachteile und Sachgesamtheiten sein können, während Rechte als Gegenstand eines Mietvertrages ausscheiden (vgl § 535 gegenüber § 581 Abs. 1). Verträge über die entgeltliche vorübergehende Nutzung fremder **Rechte** sind daher Pachtverträge. Das bekannteste Beispiel sind Lizenzverträge.

3 Die Unterschiede zwischen Miete und Pacht sind gering. **Miete** liegt vor, wenn Gegenstand des Vertrages Sachen, Sachteile oder Sachgesamtheiten sind und dem Sachleistungsgläubiger nur der vorübergehende **Gebrauch** gestattet ist (§ 535 Abs. 1), während es sich um **Pacht** handelt, wenn der Gläubiger zusätzlich zur **Fruchtziehung** berechtigt ist (§ 581 Abs. 1).

II. Geschichte

4 Die soziale und wirtschaftliche Bedeutung der Miete kann man kaum überschätzen. In besonderem Maße gilt dies für die Wohnraummiete, da nach wie vor mehr als die Hälfte der deutschen Bevölkerung „zur Miete" wohnt. Dies hatte zunächst nach 1917 und dann wieder seit 1936 zu einer Fülle gesetzgeberischer Interventionen zugunsten der Wohnraummieter geführt. Die Folge war ein zuletzt selbst für den Fachmann nur noch schwer durchschaubares **Mieterschutzrecht**, dessen Kern in einem umfassenden Kündigungsschutz auf Grund des Mieterschutzgesetzes von 1942 (MSchG), in einer hoheitlichen Erfassung und Verteilung des gesamten Wohnraums sowie in einem generellen Mietpreisstopp auf Grund der Preisstoppverordnung von 1936 bestand.

5 Dieses Notrecht ist in den Jahren nach 1960 zunächst Schritt für Schritt aufgrund des sogenannten **Lücke-Plans** wieder abgebaut worden[1]. An seine Stelle trat das neue **soziale Mietrecht**, das durch eine deutliche Verstärkung der Position des Mieters gegenüber dem früheren Rechtszustand gekennzeichnet ist.

6 Die damit verbundene, partielle Freigabe des Wohnungsmarktes führte indessen nach 1960 in einzelnen Gebieten zu erheblichen Mietpreissteigerungen. Der Gesetzgeber entschloss sich deshalb, den **Mieterschutz** in neuem Gewande **ab 1971** wieder einzuführen. In den Folgejahren wurde der Mieterschutz sodann ständig **weiter ausgebaut**, sodass die Rechtslage zuletzt (wieder einmal) heillos verworren war. Der Gesetzge-

1 Maßgebend war das sogenannte Abbaugesetz vom 23.6.1960 (BGBl. I, S. 389).

ber hat deshalb durch das sogenannte **Mietrechtsreformgesetz von 2001**[2] die ganze Materie neu geregelt, wobei zugleich das wichtigste frühere Nebengesetz, das Miethöheregelungsgesetz (MHRG) von 1974, in das BGB eingearbeitet wurde. Die Neuregelung ist am 1. September 2001 in Kraft getreten. Unter den späteren Änderungen ist das **Mietrechtsänderungsgesetz von 2013** hervorzuheben, in Kraft getreten am 1. Mai 2013.[3] Mit diesem Gesetz wurde vor allem eine Erleichterung energetischer Modernisierungen im Rahmen der so genannten Energiewende bezweckt (Rn 34 ff).

Als nächste wichtige Änderung des Mietrechts ist für 2015 die Einführung einer so **7**
genannten **Mietpreisbremse** geplant, mit der der Gesetzgeber auf in seinen Augen übermäßige Mietsteigerungen in einigen Ballungsräumen wie Berlin oder München reagieren will. Zu diesem Zweck soll in den neuen §§ 556d ff[4] bestimmt werden, dass bei dem Abschluss neuer Mietverträge die vereinbarte Miete die ortsübliche Vergleichsmiete grundsätzlich nur noch um *10 %* übersteigen darf.[5] Die geplante Regelung, deren Einzelheiten noch umstritten sind, wird ungewöhnlich kompliziert ausfallen und deshalb vermutlich Anlass zu zahlreichen neuen Rechtsstreitigkeiten geben.

Im Mittelpunkt der gesetzlichen Regelung steht heute betont die **Wohnraummiete** **8**
(§§ 549 ff), während die anderen Mietverhältnisse einschließlich der praktisch besonders bedeutsamen **Geschäftsraummiete** nur noch anhangsweise in den §§ 578 ff geregelt sind, in großem Umfang freilich durch partielle Verweisung auf die Vorschriften über die Wohnraummiete. Vorausgeschickt ist in den §§ 535 bis 548 eine Reihe von Vorschriften, die für sämtliche Mietverhältnisse gleichermaßen gelten.

Das BGB behandelt den Mietvertrag, wie aus seiner Stellung im achten Abschnitt des **9**
Zweiten Buches des BGB folgt, als **gegenseitigen schuldrechtlichen Vertrag** iS der §§ 320 ff, sodass es sich bei der Miete um ein bloßes obligatorisches Nutzungsrecht, nicht etwa um ein dingliches Recht handelt. Dies hat das BVerfG indessen nicht daran gehindert, das Besitzrecht des Wohnraummieters mit Rücksicht auf den heutigen umfassenden Mieterschutz als **„Eigentum“** im Sinne des Art. 14 GG zu apostrophieren[6]. Das ändert jedoch nichts daran, dass die Vermietung eines Grundstücks nach wie vor keine Verfügung über das Grundstück, sondern eben nur den Abschluss eines schuldrechtlichen Vertrages darstellt, – woraus sich gerade die Notwendigkeit eines besonderen Bestandschutzes für den Mieter ergibt (s. insbesondere § 566 und dazu u. Rn 59 ff).

III. Erscheinungsformen

Die §§ 535, 549 und 578 f zeigen, dass man zwischen der Miete beweglicher und un- **10**
beweglicher Sachen und innerhalb der Letzteren zwischen der reinen Grundstücksmiete, der Wohnraummiete und der sonstigen Raummiete unterscheiden muss. Die

2 BGBl. I, S. 1149.
3 BGBl I 434.
4 In der Fassung des RegE v. 2014, BT-Drs. 18/3250; s. u. Rn 65.
5 S. *Börstinghaus*, DWW 2014, S. 202; *Derleder*, NZM 2014, S. 57; *ders*, WuM 2014, S. 443; *Leuschner*, NJW 2014, S. 1929.
6 BVerfGE 89, S. 1 (5 ff) = NJW 1993, S. 2035; BVerfG, NJW 2011, S. 1723 Tz 29; BGHZ 165, S. 75 (79) = NJW 2006, S. 220 Tz 12; BGHZ 179, S. 289 (293 f, Tz 14) = NJW 2009, S. 1200; zur Kritik s. *Emmerich*, in: Festschrift f. Gitter, 1995, S. 241; *ders.*, in: Festschrift f. Mestmäcker, 1996, S. 989.

Abgrenzung zwischen der Wohnraummiete und der sonstigen Raummiete, häufig auch gewerbliche oder Geschäftsraummiete genannt, richtet sich allein nach dem von den Parteien verfolgten **Zweck**. *Wohnraummiete* ist nur anzunehmen, wenn zum privaten Aufenthalt von Menschen geeignete Räume gerade für diesen Zweck vermietet werden[7]. Deshalb handelt es sich z. B. um Geschäftsraummiete und nicht etwa um Wohnraummiete, wenn die Anmietung von Wohnräumen zum Zweck deren Weitervermietung, etwa an die Mitarbeiter des Mieters, geschieht (vgl § 565 Abs. 1)[8].

11 Schwierigkeiten bereitet die Grenzziehung vor allem bei **Mischmietverhältnissen**. Man versteht darunter die gleichzeitige Vermietung von Wohnräumen *und* gewerblich genutzten Räumen, z. B. einer Gastwirtschaft oder einer Praxis mit Wohnung. In solchen Fällen kommt es darauf an, worauf nach dem Willen der Parteien das **Schwergewicht** liegen soll. Wohnraummiete kann hier nur angenommen werden, wenn die verschiedenen Verwendungszwecke für die Parteien mindestens dasselbe Gewicht, dieselbe Bedeutung haben, wofür die unterschiedlichsten Kriterien maßgebend sind [9].

IV. Vertragsabschluss

12 Für den Abschluss von Mietverträgen gelten keine Besonderheiten. Der Vertrag ist zustande gekommen, sobald sich die Parteien über den Gegenstand und die Dauer des Vertrages sowie über die Höhe der Miete geeinigt haben[10]. Die **Aufklärungspflichten** der Parteien bei den Vertragsverhandlungen richten sich gleichfalls grundsätzlich nach den §§ 311 Abs. 2 und 241 Abs. 2.[11] Vergleichbar der Rechtslage beim Kauf (oben § 5 Rn 53) enthalten indessen nach einer verbreiteten Meinung die **§§ 536 ff**, soweit es um Mängel der Mietsache geht, eine die c.i.c. ausschließende **Sonderregelung**.[12] Wenn nichts anderes vereinbart ist, umfasst die Miete – als sogenannte **Bruttomiete** – auch die **Betriebskosten** (s. § 535 Abs. 1 S. 3).[13] Deshalb ist eine besondere Vereinbarung erforderlich, wenn über die Betriebskosten gesondert abgerechnet werden soll (vgl §§ 556 ff, 560). **Für die Höhe der Miete** bestehen Schranken bisher noch[14] lediglich aufgrund des **Wucherverbots** des § 138 BGB sowie bei der Wohnraummiete zusätzlich aufgrund der beiden speziellen Wucherverbote des § 5 WiStG und des § 291 StGB. Bei Mieterhöhungen sind bei der Wohnraummiete außerdem die §§ 558 ff zu beachten (u. Rn 63 ff).

7 BGHZ 94, S. 11 (14 ff) = NJW 1985, S. 1772 = JuS 1985, S. 642 Nr 4; BGHZ 135, S. 269 (272) = NJW 1997, S. 1845; BGH, NJW 2014, S. 2864 = JuS 2014, S. 1034.

8 BGH (vorige Fn); BGHZ 133, S. 142 (147) = NJW 1996, S. 2862; BGH, NJW 2008, S. 3361 Tz 11.

9 Grdl BGH, NJW 2014, S. 2864 Tz 34 ff = JuS 2014, S. 1034; zuvor schon BGH, LM Nr 106 zu § 535 BGB = NJW-RR 1986, S. 877 = JuS 1986, S. 908 Nr 3.

10 Zur Nichtigkeit und Anfechtung von Mietverträgen s. *Emmerich*, NZM 1998, S. 69.

11 S. *Emmerich*, NJW 2011, S. 2321.

12 BGHZ 136, S. 102 (106 f) = NJW 1997, S. 2813; BGH NJW 2008, S. 2771 Tz 21 = NZM 2008, S. 644.

13 Wegen der Heizungskosten s. aber u. Rn 21.

14 Zu der für die nächste Zukunft geplanten Mietpreisbremse s. schon o. Rn. 7; wegen der Beschränkungen der Miethöhe aufgrund des öffentlich-rechtlichen Preisrechts ist außerdem bei den so genannten Sozialwohnungen das Wohnungsbindungsgesetz von 1974 idF von 2001 zu beachten (s. dazu im Einzelnen *Staudinger/Emmerich*, Vor § 535 Rn 9).

Für Mietverträge besteht grundsätzlich **kein Formzwang**. Eine (wichtige) Ausnahme gilt jedoch für Grundstücksmietverträge einschließlich der Wohnraummietverträge, für die die **§§ 550** und **578 Abs. 1 Schriftform** (§ 126) vorschreiben, sofern sie für eine **längere Zeit als ein Jahr** abgeschlossen werden[15]. Dadurch soll es dem nach § 566 in den Mietvertrag eintretenden Grundstückserwerber (s. u. Rn 59 ff) ermöglicht werden, sich zuverlässig über den Umfang der auf ihn übergehenden Rechte und Pflichten zu unterrichten[16]. Für die Einhaltung der Schriftform ist nach § 126 Abs. 1 erforderlich, dass alle Vertragsparteien die Urkunde unterzeichnen. Wird für eine Partei ein **Vertreter** tätig, unterschreibt z. B. ein Ehegatte den Vertrag zugleich für den anderen, so muss in der Urkunde auch die Vertretung offen gelegt werden, weil andernfalls nicht klar ist, wer Vertragspartei ist (§ 164 Abs. 1 S. 2)[17]. Das ist besonders wichtig, wenn auf einer oder auf beiden Seiten des Vertrages **Gesellschaften** stehen, woraus sich in der Mietvertragspraxis erhebliche Probleme ergeben haben. 13

Das **Schriftformerfordernis** umfasst **sämtliche Abreden** der Parteien, aus denen sich nach ihrem Willen der Vertrag zusammensetzen soll, einschließlich etwaiger Nebenabreden. Dasselbe gilt für spätere **Änderungen** des Vertrages sowie für den Eintritt eines neuen Mieters[18]. In der Praxis werden diese strengen Anforderungen an die Einhaltung der erforderlichen Form aufgrund der §§ 550 und 126 häufig übersehen – mit fatalen Folgen für die Parteien, da ein **Verstoß** gegen § 550 – abweichend von § 125 – zwar nicht die Nichtigkeit des Vertrages, wohl aber den Wegfall der Abrede über die Vertragsdauer nach sich zieht, sodass der Mietvertrag fortan als für unbestimmte Zeit geschlossen gilt (§ 550 S. 1) und (frühestens) zum Ablauf eines Jahres nach Überlassung des Grundstücks an den Mieter ordentlich gekündigt werden kann (§ 550 S. 2). Der Schriftformerfordernis ist zwingendes Recht und kann daher vertraglich, insbesondere durch AGB, nicht eingeschränkt werden.[19] 14

Wenn **mehrere Personen** gemeinsam eine Wohnung mieten, bilden die Mieter i. Zw. eine BGB-Gesellschaft, sodass sie für die Miete als Gesamtschuldner haften[20]. Der Vertrag wird dann grundsätzlich als eine **Einheit** angesehen, sodass der Vermieter den Mietern nur gemeinsam kündigen kann und die Mieter gleichfalls nicht jeder für sich, sondern lediglich zusammen in der Lage sind, eine Kündigung auszusprechen. Daraus ergeben sich erhebliche Schwierigkeiten, wenn nur einzelne Mieter, nicht alle kündigen wollen. Nach h.M. sind dann die §§ 730 ff entsprechend anwendbar, so dass der oder die auszugswilligen Mieter gegen die anderen auf Auseinandersetzung durch Kündigung des Mietvertrages klagen müssen[21]. Im Ergebnis vergleichbar ist die Rechtslage bei Miete einer Wohnung durch **Eheleute** gemeinsam. 15

15 S. dazu z. B. *Emmerich*, in: FS Spellenberg, 2010, S. 3; *ders.*, in: FS Roth, 2011, S. 103.

16 BGHZ 72, S. 394 (399) = NJW 1979, S. 369 = JuS 1979, S. 367 Nr 4; BGHZ 136, S. 357 (370) = NJW 1998, S. 58 = JuS 1998, S. 266 Nr 6; BGHZ 176, S. 301 = NJW 2008, S. 2178.

17 BGHZ 176, S. 301 (308, Tz 25 ff) = NJW 2008, S. 2178 (2180).

18 BGHZ 154, S. 171 (177 ff) = NJW 2003, S. 2158 = JuS 2003, S. 918 Nr 7; BGHZ 164, S. 133 = NJW 2006, S. 138 = JuS 2006, S. 371 Nr 8.

19 BGHZ 200, S. 98 = NJW 2014, S. 1087 = JuS 2014, S. 648 m. Nachw.; sehr str.

20 S. BGHZ 136, S. 314 (323 f) = NJW 1997, S. 3437 = JuS 1998, S. 366 Nr 6.

21 S. *Emmerich*, in: Eckpfeiler, Rn O 20 (S. 1014 f).

V. Pflichten des Vermieters

1. Überlassungspflicht

16 Der Mieter hat als erstes einen Anspruch auf Überlassung der Sache in mangelfreiem Zustand (§ 535 Abs. 1 S. 2; zur zweiten Hauptleistungspflicht des Vermieters s. u. Rn 17). Dies bedeutet für den Regelfall, aber nicht notwendig, dass ihm die Sache zu unmittelbarem Besitz zu **übergeben** ist[22] und dass etwa vorhandene **Mängel** vorher vom Vermieter **beseitigt** werden müssen. Kommt der Vermieter diesen Pflichten nicht nach, so hat der Mieter den Erfüllungsanspruch; außerdem kann er nach den §§ 320 ff vorgehen. Ist der Vermieter zur Erfüllung der Überlassungspflicht nicht im Stande, etwa, weil die vermieteten Räume nicht rechtzeitig fertig geworden sind oder weil die Vormieter nicht geräumt haben, so entfällt der Erfüllungsanspruch des Mieters nach § 275. Die weiteren Rechte des Mieters hängen dann davon ab, ob es sich um einen Fall (anfänglicher oder nachträglicher) **Unmöglichkeit** *oder* um einen Fall bloßen **Verzugs** handelt (§§ 275, 280 ff, 283, 286, 311a). Die Abgrenzung richtet sich in erster Linie danach, ob die infolge der Verzögerung der Übergabe verlorene Zeit noch nachgeholt werden kann (dann Verzug) oder nicht. Häufig ist das Letztere der Fall, sodass in diesem Fall bereits die bloße Verzögerung der Übergabe zur Teilunmöglichkeit des Vertrages führt (sogenanntes absolutes Fixgeschäft)[23]. Es wird sich dann meistens um einen Fall **anfänglichen Unvermögens** handeln, so dass sich die Haftung des Vermieters in erster Linie nach **§ 311a Abs. 2** richtet. Nur wenn das Unvermögen des Vermieters in vorgehenden Rechten Dritter seinen Grund hat, greift stattdessen die **Garantiehaftung** des Vermieters für **anfängliche Rechtsmängel** aufgrund der §§ 536 Abs. 3 und 536a Abs. 1 ein.

2. Erhaltungspflicht

17 Die zweite für die Miete kennzeichnende Hauptleistungspflicht des Vermieters ist die sogenannte Erhaltungspflicht (§ 535 Abs. 1 S. 2). **Maßstab** der Erhaltungspflicht des Vermieters ist der dem Mieter nach dem Vertrag geschuldete **vertragsgemäße Gebrauch**. Ihre wichtigsten Erscheinungsformen sind die Instandhaltungs- und die Instandsetzungspflicht des Vermieters (zu der letzteren s. u. Rn 17a). Die **Instandhaltungspflicht** des Vermieters umfasst sämtliche Maßnahmen, die erforderlich sind, um die Mietsache während der Vertragsdauer in einem zum vertragsgemäßen Gebrauch geeigneten Zustand zu erhalten. Ausprägungen dieser Pflicht sind insbesondere die **Verkehrssicherungs- und die Prüfungspflicht** des Vermieters. Teil der Verkehrssicherungspflicht des Vermieters ist unter anderem die Beleuchtung und Reinigung der Flure und Treppen, während die Prüfungspflicht des Vermieters spätestens akut wird, wenn sich Unregelmäßigkeiten abzeichnen oder Gefahren drohen. Teil der Instandhaltungspflicht des Vermieters ist ferner dessen Pflicht **Störungen** des Mieters im vertragsgemäßen Gebrauch zu **unterlassen**, sodass er z. B. nicht im selben Haus andere Räume ausgerechnet an einen Konkurrenten des Mieters vermieten

---

22 BGHZ 65, S. 137 (139 ff) = NJW 1976, S. 105; BGH, ZMR 2004, S. 813 (814) = NJW-RR 2004, S. 1566 = JuS 2005, S. 70 Nr 4.

23 S. *Emmerich*, NZM 2002, S. 362 (364).

darf[24]. Außerdem trifft ihn die Pflicht, von Dritten ausgehende Störungen wie z. B. übermäßigen **Lärm** der Mitmieter oder der Nachbarn abzuwehren[25].

Die zweite Ausprägung der Erhaltungspflicht des Vermieters ist die so genannte **Instandsetzungspflicht**. Sie umfasst vor allem die Verpflichtung des Vermieters, sämtliche während der Vertragsdauer auftretende **Mängel** der Sache (die nicht gerade der Mieter zu vertreten hat, §§ 326 Abs. 2, 538), einschließlich insbesondere der Mängel der Dekoration (s. Rn 37 ff), **zu beseitigen**[26]. Es handelt sich dabei um eine **Dauerverpflichtung**, so dass der Anspruch des Mieters auf Beseitigung von Mängeln grundsätzlich während des Laufs des Vertrags *nicht* verjähren kann.[27] Kommt der Vermieter seinen Verpflichtungen nicht nach, so hat der Mieter den Erfüllungsanspruch (§ 535 Abs. 1) sowie bei Leistungsstörungen die Rechte aus den §§ 280 ff und §§ 320 ff. Befindet sich der Vermieter mit der Beseitigung der Mängel in Verzug, so kann der Mieter außerdem die Mängel selbst beseitigen und Ersatz seiner Aufwendungen vom Vermieter verlangen (§ 536a Abs. 2 Nr 1). **17a**

VI. Vertragsgemäßer Gebrauch

1. Überblick

Der Umfang, in dem der Mieter die gemietete Sache tatsächlich gebrauchen darf, wird allgemein als vertragsgemäßer Gebrauch bezeichnet (s. § 535 Abs. 1 S. 2). Der **Umfang** des dem Mieter geschuldeten vertragsgemäßen Gebrauchs richtet sich nach dem **Mietvertrag** in Verbindung mit der Verkehrssitte sowie nach Art und Lage des Mietobjekts (§§ 133, 157, 242, 311, 535). Dies gilt insbesondere für den **Wohnstandard**, den der Mieter konkret verlangen kann. Maßgebend sind immer die Umstände des Einzelfalls und Treu und Glauben, so dass z. B. der Mieter einer Altbauwohnung in der Regel nicht denselben Ausstattungsstandard wie bei einer modernen Wohnung verlangen kann; unberührt bleibt aber sein Anspruch auf einen **Mindeststandard**, der ein zeitgemäßes Wohnen überhaupt erst ermöglicht[28]. Dazu gehört insbesondere, dass in jeder Wohnung die nötigen Anschlüsse für Gas, Wasser und Strom vorhanden sind, die dem Mieter erst die Nutzung moderner Haushaltsgeräte und die Aufstellung von Rundfunk- und Fernsehgeräten erlauben.[29] **18**

Bei der **Wohnraummiete** gehören zum vertragsgemäßen Gebrauch außerdem etwa noch die Aufnahme der nächsten Angehörigen in die Wohnung im Gegensatz zu der auf eine gewisse Dauer angelegten Aufnahme anderer Personen einschließlich sogenannter Lebensgefährten, die unter § 540 fällt[30], die Benutzung von Kellern und Böden, Fluren, Treppen und Eingängen[31], die Aufstellung von Rundfunk- und Fernseh- **18a**

24 BGHZ 70, S. 79 (80 ff) = NJW 1978, S. 585 = JuS 1978, S. 348 Nr 6.
25 BGHZ 99, S. 182 (191 f) = NJW 1987, S. 831 = JuS 1987, S. 489 Nr 3; BGH, LM Nr 8 zu § 536 BGB = WM 1966, S. 763; *Barthelmess*, in: FS Blank, 2006, S. 23; *Horst*, MDR 2012, S. 70.
26 Vgl z. B. für das sog Fogging, d. h. für die Ablagerung von Schwarzstaub an den Wänden, BGH, NJW 2008, S. 2432 = NZM 2008, S. 607.
27 BGHZ 184, S. 138 = NJW 2010, S. 1290.
28 BGH, NJW 2004, S. 3174 = NZM 2004, S. 736; WuM 2009, S. 659 Tz 11.
29 BGH, NJW 2010, S. 356 Tz 32 f; *Gsell*, WuM 2011, S 491 (498 f).
30 S. u. Rn 21; BGHZ 157, S. 1 (5 ff) = NJW 2004, S. 56 = JuS 2004, S. 625 Nr 5.
31 BGH, NJW 2007, S. 146.

geräten, ferner der Anschluss an eines der verschiedenen Kabelnetze oder die Aufstellung einer Parabolantenne, sofern noch kein vergleichbarer Breitbandkabelanschluss besteht und vorausgesetzt, dass dem Vermieter dadurch keine Belastung mit zusätzlichen Kosten droht[32], sowie schließlich die Musikausübung in normalem Rahmen. Dagegen **überschreitet** der Mieter die Grenzen des ihm erlaubten Gebrauchs, wenn er durch übermäßigen Lärm Mitmieter und Dritte stört, wenn er die vermietete Sache beschädigt[33] oder sonst gefährdet (s. § 538, 543 Abs. 2 Nr 2) oder wenn er sie weitervermietet (§ 540; s. u. Rn 21 ff). Unzulässig ist schließlich auch die Haltung großer Tiere in der Wohnung[34], während es bei der Haltung von Hunden und Katzen in einer Wohnung jetzt auf eine umfassende Interessenabwägung im Einzelfall ankommen soll,[35] – ein besonders bemerkenswerter Beitrag des BGH zur Rechtssicherheit und Rechtsklarheit im Mietrecht.

19 Wenn eine Wohnung mit **Heizung** vermietet wird, gehört die ordnungsgemäße Beheizung der Räume ebenfalls zu dem dem Mieter vom Vermieter geschuldeten vertragsgemäßen Gebrauch. Der Vermieter muss folglich heizen, sobald die Zimmertemperatur unter 18 bis 20 Grad absinkt; so genannte Heizperioden sind dem deutschen Recht fremd.

2. Betriebskosten

20 Nach dem BGB (§ 535 Abs. 1 S. 3) muss an sich der Vermieter sämtliche auf der Mietsache ruhenden „Lasten" tragen. Die wichtigste Erscheinungsform dieser „Lasten" sind die so genannten Betriebskosten. Ergänzende Regelungen finden sich für die Wohnraummiete in den **§§ 556, 556a** und 556c von 2013 in Verbindung mit der WärmelieferungVO ebenfalls von 2013[36]. Gesetzliche Regel ist danach die so genannte **Bruttomiete** (§ 535 Abs. 1 S. 3), soweit sich nicht aus anderen gesetzlichen Bestimmungen wie insbesondere der **HeizkV** etwas anderes ergibt, die heute– abweichend von § 535 Abs. 1 S. 3 – die so genannte **Kaltmiete** als zwingende gesetzliche Regel mit Vorrang vor den Vereinbarungen der Parteien vorschreibt.[37] Die Folge ist, dass in der Praxis immer häufiger an die Stelle der früher üblichen Bruttomiete sogenannte **Nettomieten** treten, gekennzeichnet durch die gesonderte Abrechnung über die Heizkosten sowie gegebenenfalls über weitere Betriebskosten iS von § 556 Abs. 1 S. 2. Am meisten verbreitet sind heute offenbar Abreden über **Vorauszahlungen** des Mieters auf die zu erwartenden Betriebskosten, über die dann jährlich nach den §§ 259, 556 Abs. 3 und 556a abzurechnen ist. Die auf den einzelnen Mieter entfallenden Betriebskosten werden in diesem Fall erst nach ordnungsgemäßer, verständlicher und nachprüfbarer **Abrechnung** fällig, die den Anforderungen des § 259 und des § 556 entsprechen muss[38].

---

32 BVerfGE 90, S. 27 = NJW 1994, S. 1147; BGH, NJW 2010, S. 436.

33 BGH, NJW 2008, S. 1439 = WuM 2008, S. 213 (214, Tz 23).

34 S. BGHZ 129, S. 329 (334) = NJW 1995, S. 2036; BGH, NJW 1993, S. 1061; NJW 2008, S. 218 (220, Tz 18 f).

35 S. BGHZ 129, S. 329, 334 = NJW 1995, S. 2036; BGH, NJW 2013, S. 1526 Tz 16 ff = JuS 2013, S. 937; NZM 2013, S. 265 und 380; *Wietz*, WuM 2014, S. 518.

36 BGBl I S. 1509.

37 BGH, NZM 2006, S. 655 = WuM 2006, S. 518; LG Heidelberg, ZMR 2011, S. 638.

38 BGHZ 113, S. 188 (192 ff) = NJW 1991, S. 836; BGH, NZM 2006, S. 222 = JuS 2006, S. 650 Nr 7.

3. Untermiete

Nach § 540 Abs. 1 S. 1 ist der Mieter ohne Erlaubnis des Vermieters nicht berechtigt, den Gebrauch der gemieteten Sache einem Dritten zu überlassen, insbesondere die Sache weiter zu vermieten, wodurch verhindert werden soll, dass sich der Vermieter gegen seinen Willen einen neuen Mieter aufdrängen lassen muss.[39] Verweigert der Vermieter jedoch die deshalb grundsätzlich erforderliche Erlaubnis zur Gebrauchsüberlassung an einen Dritten, so kann der Mieter das Mietverhältnis außerordentlich mit der gesetzlichen Frist **kündigen**, sofern nicht in der Person des Dritten ein wichtiger Grund vorliegt (§ 540 Abs. 1 S. 2). Eine stärkere Stellung hat der Mieter lediglich bei der Wohnraummiete, bei der ihm § 553 unter bestimmten Voraussetzungen einen *Anspruch* auf Erteilung der Erlaubnis zur Untervermietung eines *Teils* der Wohnräume verleiht (Rn 23). § 540 wird entsprechend auf die **Abtretung der Mieterrechte** an einen Dritten angewandt. so dass diese gleichfalls nur mit Zustimmung des Vermieters möglich ist (§ 399). Keine Anwendung findet § 540 dagegen auf die **rechtsgeschäftliche Übertragung des** ganzen **Mietverhältnisses auf Dritte**. Eine gesetzliche Regelung fehlt. Unter Mitwirkung aller Beteiligten ist solche Übertragung jedoch jederzeit möglich (§ 311 Abs. 1), wofür es unterschiedliche rechtliche Gestaltungen gibt.[40] 21

Anders als bei der Wohnraummiete (Rn 23) hat der Mieter bei der **Geschäftsraummiete** nach § 540 Abs. 1 im Falle der Verweigerung der Erlaubnis durch den Vermieter nur ein außerordentliches befristetes **Kündigungsrecht** (u. Rn 80), es sei denn, in der Person des Dritten liege ein wichtiger Grund vor (§ 540 Abs. 1 S. 2). Dies ist anzunehmen, wenn dem Vermieter die Überlassung des Gebrauchs seiner Sache an den Dritten nicht zuzumuten ist, insbesondere, weil die Überlassung der Räume an den Dritten zu einer Änderung des Verwendungszwecks der Sache führte, etwa, weil der in Aussicht genommene Untermieter in den gemieteten Räumen ein völlig anderes Gewerbe als der Mieter betreiben möchte[41]. 22

Die wichtigste Erscheinungsform der Gebrauchsüberlassung der Mietsache an einen Dritten ist die verbreitete **Untermiete**. § 540 Abs. 1 bedeutet daher, dass die Untervermietung der Sache grundsätzlich einer besonderen **Erlaubnis** des Vermieters bedarf, deren Einholung allein Sache des Mieters ist.[42] Der Mieter muss dazu die Person des Untermieters benennen und auf Wunsch des Vermieters diesem außerdem die erforderlichen **Auskünfte** über den Untermieter erteilen, die dem Vermieter überhaupt erst die Beurteilung des Wunsches des Mieters auf Erteilung der Erlaubnis zur Untervermietung ermöglichen[43]. Untermietverträge sind, da der Vermieter nicht zugleich der Eigentümer des Mietobjekts zu sein braucht, **normale Mietverträge**, für die keine Besonderheiten gelten. Ohne Erlaubnis des Vermieters stellt jedoch die Untervermietung durch den Mieter gemäß § 540 Abs. 1 eine *Vertragsverletzung* dar, gegen die der Vermieter nach den §§ 541 und 543 Abs. 2 Nr 2 vorgehen kann (u. Rn 83); anders kann es sich nur im Einzelfall bei der Wohnraummiete verhalten, sofern der Mieter 23

39 Protokolle Bd II, S. 182 ff.
40 S. *Emmerich*, JuS 1998, 495; *ders*, PiG 70 (2005) 95.
41 OLG Hamburg, ZMR 2003, S. 180; OLG Düsseldorf, WuM 2003, S. 136.
42 BGH, NZM 2008, S. 728 Tz 18.
43 BGH, NJW 2007, S. 288 (289); KG, NJW-RR 2008, S. 680 = NZM 2008, S. 287.

nach § 553 (s. Rn 25) einen Anspruch auf Erlaubniserteilung hat, weil in solchem Fall in der nur formell unerlaubten Untervermietung, jedenfalls im Regelfall, keine *erhebliche* Verletzung der Vermieterrechte im Sinne des § 543 Abs. 2 Nr. 2 gesehen werden kann[44].

24 Selbst nach Erlaubniserteilung (o. Rn 24) entstehen grundsätzlich **keine vertraglichen Beziehungen** zwischen dem Untermieter und dem Hauptvermieter[45]. Hieran ändert auch § 546 Abs. 2 nichts, nach dem der Hauptvermieter bei Beendigung des Hauptmietvertrages einen quasivertraglichen **Herausgabeanspruch** gegen den Untermieter erlangt, sodass dieser mit Ende des Hauptmietvertrages grundsätzlich sein Besitzrecht einbüßt (u. Rn 86). Unberührt davon bleiben freilich seine **Ansprüche gegen** seinen Vertragspartner, den **Untervermieter** (und Hauptmieter) aus dem fortbestehenden Untermietvertrag. Deshalb kann er von dem Letzteren nach § 536 Abs. 3 iVm § 536a Abs. 1 Schadensersatz verlangen, wenn ihm durch den Hauptvermieter der Besitz der Mietsache nach § 546 Abs. 2 oder nach § 985 entzogen wird und der Untervermieter dies, wie in aller Regel, zu vertreten hat (§ 276)[46].

25 Besonderheiten gelten bei der **Wohnraummiete**, weil der Mieter hier einen **Anspruch auf** die **Erlaubnis** des Vermieters zur Untervermietung hat, wenn für ihn *nach* Abschluss des Mietvertrages ein berechtigtes Interesse entstanden ist, einen Teil des Wohnraums einem Dritten zum Gebrauch zu überlassen (§ 553 Abs. 1). Dafür genügt **jedes vernünftige Interesse** des Mieters einschließlich bloßer wirtschaftlicher und persönlicher Gründe, d. h. jeder einleuchtende vernünftige Grund, sofern er nur *nach* Vertragsabschluss entstanden und mit der Rechtsordnung vereinbar ist[47]. Dies wird idR ganz weit ausgelegt. **Beispiele** sind die Aufnahme naher Angehöriger, soweit nicht schon durch den vertragsgemäßen Gebrauch gedeckt (s. o. Rn 18), die Verkleinerung der Familie durch den Tod oder den Auszug einzelner Familienangehöriger sowie ein längerer berufsbedingter Auslandsaufenthalt[48]. Die Untervermietung muss sich jedoch immer auf einen *Teil* des Wohnraums beschränken. Den Gegensatz bildet die Untervermietung der *gesamten* Wohnung, die allein unter § 540 fällt, sodass § 553 z. B. auch bei einer Untervermietung von nur zwei der drei Räume einer Wohnung eingreift[49]. Der Anspruch des Mieters entfällt jedoch, wenn in der Person des Dritten ein **wichtiger Grund** vorliegt (s. o. Rn 21), wenn der Wohnraum übermäßig belegt würde oder wenn dem Vermieter die Aufnahme eines Dritten durch den Mieter aufgrund einer umfassenden Interessenabwägung nicht zugemutet werden kann (s. §§ 242, 553 Abs. 1 S. 2).

26 Die **Rechtsstellung des Untermieters** ist insgesamt ausgesprochen **schwach**. Einen partiellen Ausgleich bietet hier seit 1993 die Vorschrift des § 565 Abs. 1 S 1, nach der nur bei der **gewerblichen Zwischenvermietung** der Hauptvermieter bei Beendigung des Hauptmietvertrages automatisch anstelle des gewerblichen Zwischenvermieters in den Untermietvertrag als neuer Vermieter eintritt; dasselbe gilt nach S. 2 der Vor-

44 Ebenso wohl BGH, NJW 2011, S. 1065 Tz 19 ff.

45 BGHZ 70, S. 327 (329 f) = NJW 1978, S. 833; BGH, LM Nr 9 zu § 69 ZPO = NZM 2001, S. 286.

46 S. u. Rn 48; BGHZ 63, S. 132 (137 ff) = NJW 1975, S. 44; BGH, NJW 1996, S. 46.

47 BGHZ 92, S. 213 (218 ff) = NJW 1985, S. 130 = JuS 1985, S. 233 Nr 5; BGH, NJW 2006, S. 220 Tz 8 = WuM 2006, S. 147 (148); NJW 2014, S. 2720 Tz 13 f = WuM 2014, S. 489.

48 BGH NJW 2014, S. 2720 = WuM 2014, S. 489.

49 BGH NJW 2014, S. 2720 Tz 19 f, 29 = WuM 2014, S. 489.

schrift, wenn der Vermieter mit einem Dritten erneut einen Mietvertrag zur gewerblichen Weitervermietung abschließt, so dass dann dieser Dritte (als Hauptmieter und Untervermieter) den Untermietvertrag übernehmen muss. In den anderen Fällen der Untermiete bleibt es dagegen bei der geschilderten, für den Untermieter so nachteiligen gesetzlichen Regelung (§ 546 Abs. 2)[50]. Für eine **entsprechende Anwendung** des § 565 Abs. 1 ist in diesen Fällen höchstens bei Einschaltung eines gemeinnützigen oder caritativen Zwischenvermieters Raum[51].

VII. Pflichten des Mieters

1. Miete

Hauptleistungspflicht des Mieters ist die Bezahlung der Miete (§ 535 Abs. 2). Die Miete wird idR in **Geld** bestehen; notwendig ist dies indessen nicht. Auch Dienstleistungen kommen z. B. als Gegenleistung des Mieters in Betracht; ein Beispiel ist der so genannte Hausmeistervertrag. 27

Kommt der Mieter mit seiner Zahlungspflicht in **Verzug**, so gelten grundsätzlich die §§ 280, 281, 286 und 323, wobei seit 2014 der neue § 271a zu beachten ist. Jedoch wird nach Übergabe der Mietsache an den Mieter das Rücktrittsrecht des Vermieters bei Verzug des Mieters (§ 323) durch das Recht zur **fristlosen Kündigung** verdrängt (§§ 543 Abs. 2 Nr 3, 569 Abs. 3; s. u. Rn 83). Die Kündigung schließt nach § 314 Abs. 4 **Schadensersatzansprüche** des Vermieters wegen der vom Mieter zu vertretenden vorzeitigen Beendigung des Vertrags, insbesondere in Gestalt des dem Vermieter entgangenen Gewinns, nicht aus (s. §§ 280 Abs. 1 und 2, 281, 286, 252). Ein Verzug mit der Mietzahlung kann infolgedessen für den Mieter ausgesprochen teuer werden. 28

Erfüllungsort ist prinzipiell der Wohnsitz oder der Ort der gewerblichen Niederlassung des Mieters bei Vertragsabschluss, selbst wenn das Mietgrundstück an einem anderen Ort belegen ist (§ 269 Abs. 1); im letzteren Fall wird sich allerdings oftmals aus den Abreden der Parteien etwas anderes ergeben. – Die Vermietung von Grundstücken unterliegt grundsätzlich nicht der **Umsatzsteuer** (§ 4 Nr 12 UstG 1999).[52] 29

2. Nebenpflichten

Außer der Zahlungspflicht trifft den Mieter noch eine Reihe weiterer Pflichten, die jedoch grundsätzlich *nicht* im Austauschverhältnis mit den Pflichten des Vermieters stehen. Die wichtigste dieser Pflichten ist die **Obhutspflicht**. Sie bedeutet, dass der Mieter bei seinem gesamten Verhalten im Auge behalten muss, dass er eine **fremde Sache** nutzt, sodass er mit dieser pfleglich umgehen und die Grenzen des vertragsgemäßen Gebrauchs einhalten muss (s. §§ 541, 543 Abs. 2 Nr 2). Eine gesetzliche Ausprägung der Obhutspflicht ist die **Anzeigepflicht** des § 536c. Der Mieter ist danach 30

50 BGHZ 133, S. 142 (149 ff) = NJW 1996, S. 2862 = JuS 1997, S. 80 Nr 9; sehr str.

51 So jetzt wohl BGHZ 167, S. 40 (47 ff) = NJW 2006, S. 2250 = JuS 2006, S. 930 Nr 3; BGH, NJW 2003, S. 3054 (3055) = NZM 2003, S. 759; dagegen aber nach wie vor KG, NZM 2013, S. 313.

52 Wegen der Einzelheiten s. *Weitemeyer*, NZM 2006, S. 881.

verpflichtet, dem Vermieter neu auftauchende Mängel oder Gefahren für die Sache unverzüglich anzuzeigen, widrigenfalls er sich ersatzpflichtig macht. Voraussetzung der Anzeigepflicht ist aber, dass der Mieter den Mangel überhaupt erkannt oder nur infolge grober Fahrlässigkeit verkannt hat[53].

31 Auf Grund seiner Obhutspflicht muss der Mieter außerdem die ihm überlassene Sache des Vermieters sorgfältig und **pfleglich behandeln** und nach Möglichkeit vor Schäden bewahren (s. §§ 538, 541). Dazu gehören u. a. die **Reinigung und Lüftung** der gemieteten Räume. Unterlässt er eine ausreichende Lüftung, etwa um Heizkosten zu sparen, so kann er wegen der dadurch verursachten Feuchtigkeitsschäden nicht nur nicht nach § 536 mindern (§ 326 Abs. 2), sondern macht sich im Gegenteil selbst schadensersatzpflichtig (§§ 276, 280 Abs. 1, 535 Abs. 1, 538).

32 Verstößt der Mieter gegen die genannten Pflichten, so kann der Vermieter nach Abmahnung **Unterlassung** verlangen (§ 541) oder fristlos **kündigen**, sofern seine Rechte durch das Verhalten des Mieters erheblich verletzt werden (§ 543 Abs. 2 Nr 2; s. u. Rn 83). Bei Verschulden des Mieters kann er außerdem **Schadensersatz** verlangen (§ 280 Abs. 1), wobei sich der Mieter ein Verschulden seiner Angehörigen und Angestellten sowie des Untermieters zurechnen lassen muss (§§ 278, 540 Abs. 2).

33 Den Mieter trifft anders als den Käufer (s. § 433 Abs. 2) **keine Abnahme-** oder **Gebrauchspflicht**. Er ist zum vertragsgemäßen Gebrauch der Sache nur berechtigt, nicht jedoch verpflichtet (s. § 537). Abweichende Vereinbarungen sind indessen möglich, kommen aber nur bei der Geschäftsraummiete, etwa im Rahmen von Einkaufszentren vor, nicht dagegen bei der Wohnraummiete.

3. Duldungspflicht

34 Dem Mieter obliegen verschiedene Duldungspflichten, die nur zT eine gesetzliche Regelung gefunden haben. Ungeregelt ist insbesondere bisher die Pflicht des Mieters, das **Betreten** der gemieteten Räume durch den Vermieter oder gar deren **Besichtigung** unter bestimmten Voraussetzungen zu dulden. Eine Duldungspflicht trifft den Mieter daher gegenüber diesem Verlangen des Vermieters nur unter engen Voraussetzungen (§ 242), etwa, wenn der Vermieter Mängel überprüfen muss oder wenn er das Haus einem Kaufinteressenten zeigen möchte (§ 242)[54]. Dagegen hat die Duldungspflicht des Mieters gegenüber **Erhaltungs- und Modernisierungsmaßnahmen** 2013 in den neuen §§ 555a bis 555f eine ausführliche Regelung gefunden. Den Mieter trifft danach zunächst eine grundsätzlich unbeschränkte Duldungspflicht gegenüber **Erhaltungsmaßnahmen**, worunter das Gesetz Maßnahmen des Vermieters versteht, die zur Instandhaltung oder Instandsetzung der Mietsache erforderlich sind (§ 555a). Gemeint sind damit sämtliche Maßnahmen des Vermieters zur Verhütung oder Beseitigung von Mängeln und Schäden.[55]

35 Duldungspflichtige **Modernisierungsmaßnahmen** sind nach § 555b insbesondere bauliche Veränderungen zur Einsparung von Endenergie, zur Einsparung von nicht

53 BGHZ 68, S. 281 (284 ff) = NJW 1977, S. 1236.
54 S. *Emmerich/Sonnenschein*, Miete, § 535 Rn 56.
55 BGH, LM Nr 1 zu § 541a BGB = NJW 1972, S. 723; KG WuM 1985, S. 248.

erneuerbarer Primärenergie und zur Reduzierung des Wasserverbrauchs (Nr. 1-3 des § 555b) sowie ferner (ebenso wie früher schon) bauliche Veränderungen zur Erhöhung des Gebrauchswerts der Mietsache und zur Verbesserung der allgemeinen Wohnverhältnisse (Nr. 4 und 5 aaO). Darunter fallen alle Maßnahmen des Vermieters, durch die **objektiv** der **Gebrauchs- und Substanzwert** der gemieteten Räume oder des Gebäudes **erhöht** wird, so dass das Wohnen in den Räumen angenehmer, bequemer, sicherer, gesünder oder weniger arbeitsaufwendig als zuvor wird und sich die Räume infolgedessen leichter als vorher vermieten lassen.[56] **Beispiele** sind neben dem Einbau einer Heizung die Ersetzung einfacher Fenster durch isolierverglaste Fenster, der Einbau sanitärer Anlagen sowie der Anschluss an ein Kabelfernsehnetz. Die Pflicht des Mieters zur Duldung solcher Maßnahmen entfällt nur, wenn die Maßnahmen für den Mieter oder seine Familie, etwa wegen der damit verbundenen Belästigungen eine nicht zu rechtfertigende **Härte** bedeutete (§ 555c Abs. 2).

Die Duldungspflicht des Mieters setzt die rechtzeitige und vollständige **Ankündigung der geplanten Maßnahmen** durch den Vermieter voraus (§ 555c). Vor solcher Mitteilung wird die Duldungspflicht des Mieters nicht fällig. Aufgrund der Mitteilung erlangt der Mieter ferner ein besonderes Kündigungsrecht (§ 555e). Außerdem muss der Vermieter etwaige **Aufwendungen** infolge der Maßnahmen wie z. B. Umzugs-, Reinigungs- und Reparaturkosten ersetzen (§ 555d Abs. 6 iVm § 555a Abs. 3). Nach Abschluss der Modernisierungsmaßnahmen kann der Vermieter seinerseits (allein) bei der Wohnraummiete die Miete im Rahmen des § 559 idF von 2013 erhöhen (s. u. Rn 73 f). 36

4. Schönheitsreparaturen

Unter den Schönheitsreparaturen versteht man im Wesentlichen die malermäßige Beseitigung der üblichen Dekorationsmängel infolge der unvermeidlichen Abnutzung der Räume durch den vertragsgemäßen Gebrauch des Mieters[57]. Die Beseitigung sonstiger Mängel gehört ebenso wenig hierher wie die Vervollständigung der Einrichtung der vermieteten Räume, z. B. durch das Verlegen oder die Reinigung von Teppichböden,[58] das Anbringen von Kacheln oder die Installation sanitärer Anlagen. Auch die so definierten Schönheitsreparaturen obliegen an sich nach § 535 Abs. 1 S. 2 dem *Vermieter*. Abweichende Vereinbarungen sind jedoch selbst bei der **Wohnraummiete** möglich, und zwar nach überwiegender Meinung auch in **Formularverträgen**, uneingeschränkt freilich nur für die *während* der Mietzeit des Mieters anfallenden Schönheitsreparaturen[59]. Alles andere ist dagegen mittlerweile streitig, da die die Rechtsprechung – zu Recht – immer kritischer wird, so dass die ganze Materie ständig im Fluss ist und langsam – Schritt für Schritt – in einem **Regulierungsdschungel** zu versinken droht.[60] Die **Rückkehr zum Gesetz** (§§ 535 Abs. 1 S. 2, 307 Abs. 2) ist deshalb schon lange überfällig. 37

56 BGH NJW 2005, S. 2995 = NZM 2005, S. 697; NJW 2008, S. 1218 = NZM 2008, S. 283 Tz 21; NJW 2011, S. 3514 Tz 23; 2012, S. 2954 Tz 14, 16.

57 Eine Definition enthält § 28 Abs. 4 S. 3 der II. BV; s. BGHZ 92, S. 363 (368) = NJW 1985, S. 480; BGH, NJW 2009, S. 519; 2009, S. 1408; 2010, S. 614.

58 Anders für die Reinigung BGH, NZM 2009, S. 126 Tz 25 ff = WuM 2009, S. 225.

59 BGHZ 92, S. 363 (367 f) = NJW 1985, S. 480 = JuS 1985, S. 311 Nr 3; BGHZ 105, S. 71 (76 ff) = NJW 1988, S. 2790 = JuS 1989, S. 62 Nr 8.

60 S. *Emmerich*, in: FS Graf von Westphalen, 2010, S. 127; *ders.*, in: FS Derleder, 2015, S. 75.

38 Ebenso wie die Reparaturpflicht des Vermieters aus § 535 Abs. 1 S. 2 wird die an ihre Stelle tretende Pflicht des Mieters zur Durchführung der Schönheitsreparaturen grundsätzlich erst **fällig, wenn** die Räume infolge des Abwohnens tatsächlich **mangelhaft** sind, d. h. wenn sie so abgewohnt sind, dass sie in diesem Zustand nicht mehr erneut vermietet werden könnten (§ 271). Dies hängt natürlich ganz von den Umständen ab. Im Mietvertrag kann nichts anderes vereinbart werden, jedenfalls nicht in Formularverträgen. Daran scheitert insbesondere die früher beliebte Vereinbarung **starrer Renovierungsfristen**, etwa in der Größenordnung von drei oder 5 Jahren, je nach Art der Räume. Derartige Abreden ziehen vielmehr die **Unwirksamkeit der ganzen Vereinbarung** über die Schönheitsreparaturen nach sich – mit der Folge, dass die Renovierungspflicht wieder den Vermieter trifft (§ 535 Abs. 1 S. 2)[61]. Als generell unwirksam gelten heute ferner **Anfangs- oder Endrenovierungsklauseln** in Formularverträgen, die den Mieter zusätzlich verpflichten, die Wohnung bei Einzug oder bei Auszug vollständig zu renovieren und neuerdings wohl auch die besonders problematischen **Quoten- oder Abgeltungsklauseln**, durch die der Mieter „nur“ *anteilig* an den Kosten der noch nicht fälligen Schönheitsreparaturen beteiligt wird, weil sie mit unhaltbaren Fiktionen und Unterstellungen arbeiten müssen[62].

39 Die vom Mieter übernommene Verpflichtung zur Vornahme der Schönheitsreparaturen stellt nach h.M. eine **weitere Hauptleistungspflicht** dar, die gleichberechtigt neben seiner Verpflichtung zur Zahlung der Miete steht (o. Rn 27). Folglich kann der Vermieter von ihm nur unter den Voraussetzungen des **§ 281 Schadensersatz** verlangen, wenn er auszieht, ohne die geschuldeten Schönheitsreparaturen durchgeführt zu haben, sodass Voraussetzung des Schadensersatzanspruchs statt der Leistung grundsätzlich die vergebliche Setzung einer **Frist** zur Durchführung der Schönheitsreparaturen seitens des Vermieters ist (§ 281 Abs. 1 S. 1). Die Fristsetzung ist nur unter den Voraussetzungen des § 281 Abs. 2 entbehrlich, insbesondere also im Falle der **Erfüllungsverweigerung** seitens des Mieters, wobei die Gerichte häufig bereits in dem bloßen Auszug des Mieters ohne Durchführung der geschuldeten Schönheitsreparaturen eine derartige Erfüllungsverweigerung sehen, sodass der Vermieter anschließend sofort zum Schadensersatzanspruch übergehen kann[63].

40 Der **Schaden** des Vermieters wird gewöhnlich in dem ihm entgehenden Gewinn aus einer andernfalls sofort möglichen Weitervermietung der Räume bestehen. Sein Schaden **entfällt** jedoch – entgegen der h.M. –, wenn es ihm gelingt, die Räume anderweitig zu vermieten und dabei die nötigen Schönheitsreparaturen auf den neuen Mieter abzuwälzen. **Führt** der Mieter trotz Unwirksamkeit der einschlägigen Klauseln des Mietvertrages **Schönheitsreparaturen** durch – in Verkennung der Rechtslage –, so hat er sowohl einen Bereicherungsanspruch (§§ 684 S. 1, 812 Abs. 1 S. 1, 818) als auch in der Regel einen Schadensersatzanspruch gegen den Vermieter (wegen der Verwendung unwirksamer Geschäftsbedingungen, § 311 Abs. 2); beide Ansprüche **verjähren** indessen in den kurzen Fristen des § 548 Abs. 2.[64]

---

61 BGH, NJW 2004, S. 2586 = JuS 2004, S. 1008; NJW 2009, S. 62; WuM 2012, S. 312 Tz 3.

62 So wohl BGH, WuM 2014, S. 135 gegen die bisher h.M., s. *Emmerich*, in: FS Derleder, 2015, S. 75.

63 KG, ZMR 2007. S. 112 = WuM 2007, S. 71; ZMR 2007, S. 533 (534) = NJW-RR 2007, S. 1602; WuM 2008, S. 592.

64 BGH NJW 2011, S. 1866 Tz 12, 14 = NZM 2011, S. 452; WuM 2011, S. 418.

5. Sonstige Reparaturen

Die Schönheitsreparaturen bilden nur einen Ausschnitt aus der allgemeinen Instandhaltungs- und Instandsetzungspflicht des Vermieters (§ 535 Abs. 1 S. 2; s. o. Rn 17, 36), sodass sich für sonstige Reparaturen in gleicher Weise wie für die Schönheitsreparaturen die Frage stellt, in welchem Umfang sie im Mietvertrag auf den Mieter abgewälzt werden können. Bei der **Geschäftsraummiete** ist dies in den Grenzen der §§ 138 und 242 jedenfalls durch Individualvereinbarung weithin möglich, während gegenüber einer *vollständigen* Abwälzung der Instandhaltungspflicht **durch Formularvertrag** auch bei der gewerblichen Miete Bedenken bestehen (§ 307).[65] 41

Auch bei der **Wohnraummiete** ist eine individualvertragliche Abwälzung der Reparaturpflicht auf den Mieter grundsätzlich möglich. Dagegen werden hier zum Schutze des Mieters entsprechenden Klauseln in **Formularverträgen** enge Grenzen gezogen (§ 307 Abs. 2 Nr 1): Solche Klauseln sind zulässig **nur** hinsichtlich sogenannter **Bagatellschäden** an solchen Teilen der Mietsache, die der Mieter häufig benutzt und die deshalb seinem ständigen Zugriff unterliegen, vorausgesetzt zudem, dass in der Klausel zugleich **Obergrenzen** für die einzelnen Schäden und für die Gesamtbelastung in einem Jahr festgelegt werden. Diese Obergrenzen belaufen sich im Augenblick auf ungefähr € 50,– bis 100,– für jeden einzelnen Schaden und auf 6 bis 8% der Jahresbruttomiete als Höchstbetrag für das gesamte Jahr[66]. 44

VIII. Mängel der Mietsache

In **Fall 10** drohten dem Mieter bereits bei Vertragsabschluss dadurch erhebliche Gefahren, dass eine Rauchrohröffnung in seinen Räumen nicht verschlossen war. Deshalb stellt sich hier die Frage, welche Rechte der Mieter hat, wenn sich die Mietsache nicht in einem zum vertragsgemäßen Gebrauch geeigneten Zustand befindet. Die Antwort auf diese Frage findet sich in den Vorschriften der **§§ 536 bis 536d**, die durchweg das Bestreben erkennen lassen, den Mieter möglichst umfassend zu schützen. 43

1. Überblick

Weist die vermietete Sache einen Sach- oder Rechtsmangel auf, so ist die Folge grundsätzlich eine Minderung der Miete (§ 536 Abs. 1 und 3, Rn 45, 49). Dasselbe gilt bei Fehlen einer zugesicherten Eigenschaft (§ 536 Abs. 2, Rn 47). Bei der Wohnraummiete ist dies zwingendes Recht (§ 536 Abs. 4). Unter den Voraussetzungen des § 536a Abs. 1 kann der Mieter dann außerdem Schadensersatz verlangen (Rn 50). Bei Verzug des Vermieters mit der Mangelbeseitigung kann er stattdessen den Mangel auch selbst beseitigen und Aufwendungsersatz verlangen (§ 536a Abs. 2 Nr 1, Rn 51). Die §§ 536 ff gehen in ihrem Anwendungsbereich den **allgemeinen Vor-** 44

65 BGH, NZM 2005, S. 863; WuM 2012, S. 662 Tz 17; OLG Rostock, NZM 2010, S. 402; *Dose*, ZMR 2009, S. 381; *Fallak*, ZMR 2013, S. 161.

66 BGHZ 108, S. 1 (9 ff) = NJW 1989, S. 2247 = JuS 1989, S. 839 Nr 5; BGHZ 118, S. 194 (197) = NJW 1992, S. 1759 = JuS 1992, S. 794 Nr 7; LG Landau, WuM 2005, S. 720 = ZMR 2005, S. 871 (872); LG Dortmund, NZM 2007, S. 245 (246); *Bayer*, NZM 2011, S. 692 (700 f).

schriften über Leistungsstörungen vor, während diese anwendbar bleiben, soweit die §§ 536 ff keine Regelung enthalten. Wichtig ist dies insbesondere für die Fälle der Unmöglichkeit der Vermieterleistung, des Verzugs des Vermieters mit der Erfüllung seiner Hauptleistungspflichten[67] sowie bei einem Verstoß des Vermieters gegen sonstige Pflichten. Wichtigstes Beispiel ist eine **grundlose Kündigung** des Vermieters nach § 543 oder nach § 573, die folglich durchaus Ersatzpflichten des Vermieters nach sich ziehen kann, etwa, wenn der Mieter trotz der Unwirksamkeit der Kündigung auszieht (§ 280 Abs. 1, Rn 78a).

44a Die Gewährleistungsrechte des Mieters sind **ausgeschlossen**, wenn er den Mangel bei Vertragsabschluss kennt oder nur infolge grober Fahrlässigkeit verkennt (§ 536b), wenn er gegen seine Anzeigepflicht verstößt (§ 536c Abs. 2), wenn die Mängel vom Mieter zu vertreten sind (§ 326 Abs. 2) oder wenn die Parteien, soweit zulässig, etwas anderes vereinbart haben (§§ 536 Abs. 4, 536d). Für eine Minderung der Miete ist darüber hinaus kein Raum, wenn die Tauglichkeit der Mietsache zum vertragsgemäßen Gebrauch lediglich unerheblich herabgesetzt ist (§ 536 Abs. 1 S. 3), sowie unter den Voraussetzungen des neuen Abs. 1a des § 536. Danach bleibt eine Minderung der Tauglichkeit für die Dauer von *drei Monaten* ferner außer Betracht, soweit sie die Folge einer Maßnahme ist, die einer **energetischen Modernisierung** im Sinne des § 555b Nr. 1 dient.

2. Mangel

45 Ein **Sachmangel** liegt nach § 536 Abs. 1 S. 1 vor, wenn die Mietsache einen Zustand aufweist, der ihre Tauglichkeit zum vertragsgemäßen Gebrauch aufhebt. **Maßstab** ist allein die zum jeweiligen vertragsgemäßen Gebrauch nötige Beschaffenheit der Sache. Jede ungünstige Abweichung der Mietsache von der so definierten Sollbeschaffenheit bildet mithin einen Mangel[68]. Kommt es insoweit auf den **Standard** der Gebäude an, z. B. hinsichtlich des Schallschutzes oder der Isolierung, so wird in der Regel – vorbehaltlich abweichender Vereinbarungen der Parteien – auf den bei **Errichtung** des Gebäudes üblichen Standard abgestellt[69]. Anders wird lediglich hinsichtlich des gebotenen Gesundheitsschutzes entschieden. Außerdem kann jeder Mieter immer einen **Mindeststandard** verlangen, der ein zeitgemäßes Wohnen überhaupt erst ermöglicht, so dass in jeder Wohnung zumindest die nach heutigen Anschauungen unabdingbaren Anschlüsse für Wasser und Strom vorhanden sein müssen, sofern nicht ausdrücklich das Gegenteil vereinbart ist.[70]

46 Die wichtigsten Mängel sind **Baumängel**. Handelt es sich um einen Geschäftsraummietvertrag, so müssen die Räume z. B. zur Aufnahme des bezweckten Gewerbebetriebs geeignet sein[71]. Einen Baumangel stellt es außerdem dar, wenn die tatsächliche **Mietfläche um mindestens 10%** hinter der im Mietvertrag festgelegten Fläche der vermieteten Räume zurückbleibt, vorausgesetzt, dass es sich bei der Größenangabe in

67 S. *Emmerich*, NZM 2002, S. 262; 2010, S. 497.

68 BGH, NJW 2005, S. 218 = NZM 2005, S. 60 = JuS 2005, S. 264 Nr 2; NJW 2011, S. 514 Tz 12; 2013, S. 44 Tz 30; 2013, S. 680 Tz 8.

69 Z. B. BGH, NJW 2005, S. 218; 2009, S. 2441 Tz 10; NZM 2010, S. 618 Tz 13 f.

70 BGH, NJW 2004, S. 3174; NZM 2009, S. 955; 2010, S. 356 Tz 32 f.

71 BGH, LM Nr 11 zu § 537 BGB = MDR 1964, S. 229; LM Nr 12/13 zu § 537 BGB = MDR 1964, S. 915.

dem Mietvertrag – wie in der Regel – um eine verbindliche Beschaffenheitsvereinbarung und nicht nur um eine unverbindliche Objektbeschreibung handelt[72]. Öffentlich-rechtliche **Benutzungsverbote**, durch die der Mieter am vertragsgemäßen Gebrauch der Mietsache gehindert wird, bilden gleichfalls einen Sachmangel, sofern sie auf der Beschaffenheit oder der Lage der Mietsache beruhen und ihre Ursache nicht lediglich in den persönlichen Verhältnissen des Mieters haben[73]. Dasselbe gilt für Störungen des Mieters durch **Immissionen** wie z. B. Lärm aus der Nachbarschaft (sog **Umweltfehler**), wobei es keine Rolle spielt, ob der Vermieter überhaupt in der Lage ist, diese Störquellen zu beseitigen[74].

Nach **§ 536 Abs. 2** gelten die Sätze 1 und 2 des ersten Absatzes der Vorschrift entsprechend, wenn eine **zugesicherte Eigenschaft** fehlt oder später wegfällt. Eine Zusicherung liegt vor, wenn der Vermieter in vertraglich bindender Weise versprochen hat, *unbedingt* für das Vorhandensein oder Nichtvorhandensein einer bestimmten Eigenschaft der Mietsache einstehen zu wollen.[75] 47

Rechtmängel stehen nach § 536 Abs. 3 ebenfalls Sachmängeln gleich, sofern durch das (private) Recht eines Dritten dem Mieter der vertragsgemäße Gebrauch der Sache ganz oder teilweise entzogen wird. Darunter fallen gleichermaßen **dingliche wie obligatorische Rechte Dritter**, durch die der Mieter (tatsächlich) in dem ihm zustehenden vertragsgemäßen Gebrauch gestört wird[76], wozu erforderlich ist, dass das Recht des Dritten überhaupt **geltend gemacht** wird, da es andernfalls an einer Störung des Mieters fehlt[77]. Beispiele sind insbesondere das **Eigentum** oder der **Nießbrauch** eines Dritten an der Mietsache. Aber auch die mehrfache Vermietung derselben Sache (sog. **Doppelmiete**) führt nach § 536 Abs. 3 zur Annahme eines Rechtsmangels, sobald der eine Mieter, der in den Besitz der Sache gelangt ist, dem anderen mit Rücksicht auf sein Besitzrecht die Herausgabe der Sache verweigert[78]. 48

3. Rechtsfolgen

Wenn ein Sach- oder Rechtsmangel vorliegt, kann der Mieter vom Vermieter in erster Linie **Erfüllung** durch Beseitigung des Mangels verlangen (§ 535 Abs. 1 S. 2; o. Rn 17). Solange der Vermieter diesem Verlangen des Mieters nicht nachgekommen ist, hat der Mieter nach § 320 außerdem das Recht, die Miete ganz oder zum Teil **zurückzubehalten**, um einen Druck auf den Vermieter zur Beseitigung der Mängel auszuüben[79]. Vor allem aber wird der Mieter in diesem Fall nach § 536 Abs. 1 S. 1 und 2 kraft Gesetzes, also anders als beim Kauf (S. § 441 und dazu o. § 5 Rn 21 f) automatisch, ganz oder teilweise von der Verpflichtung zur Zahlung der Miete befreit, je 49

72 BGH, NJW 2004, S. 2230 = JuS 2004, 822 Nr 7; NJW 2009, S. 2880; 2010, S. 292 Tz 16, 19; 2011, S. 1282 Tz 9 f; NJW 2012, S. 373 Tz 11.
73 BGHZ 68, S. 294 (296) = NJW 1977, S. 1285 = JuS 1977, S. 763 Nr 7; BGH, NJW 2011, S. 3151 Tz 8.
74 BayObLGZ 1987, S. 36 = NJW 1987, S. 1950 = JuS 1987, S. 823 Nr 4; OLG München, WuM 1993, S. 607; str.
75 BGH, NJW 2005, S. 2152; NZM 2006, S. 54 (56, Tz 26).
76 BGHZ 63, S. 132 (138) = NJW 1975, S. 44; BGHZ 114, S. 277 (280) = NJW 1991, S. 3280.
77 BGH, LM Nr 31 zu § 571 BGB = NJW-RR 1989, S. 77; NJW-RR 1995, S. 715.
78 BGHZ 167, S. 312 = NJW 2006, S. 2323 = JuS 2006, S. 935 Nr 5; BGH, LM Nr 27 zu § 325 BGB = NJW 1991, S. 3277; LG Berlin, ZMR 2014, S. 725.
79 BGHZ 84, S. 42 (45 f) = NJW 1982, S. 2242; BGHZ 127, S. 245 (253) = NJW 1995, S. 254; BGH, NJW 2008, S. 2254 Tz 13; 2011, S. 197; str.

nachdem, ob durch den Mangel die Tauglichkeit der Sache zum Vertragszweck vollständig oder nur zum Teil aufgehoben wird. Zweck der **Minderung** ist es, die Gleichwertigkeit der beiderseitigen Leistungen sicherzustellen (sogenanntes Äquivalenzprinzip). Deshalb berechnet sich die Minderung nach der **Bruttomiete** (einschließlich aller Vorauszahlungen)[80].

50 In drei Fällen kann der Mieter nach **§ 536a** bei Vorliegen eines Rechts- oder Sachmangels vom Vermieter außerdem **Schadensersatz** verlangen. Der erste Fall liegt vor, wenn der Mangel schon bei Abschluss des Vertrages vorhanden war, in diesem Fall auch ohne Rücksicht darauf, ob den Vermieter ein Verschulden trifft (sog. **Garantiehaftung für anfängliche Mängel**). Voraussetzung ist lediglich, dass *bei Vertragsabschluss* bereits die Ursachen des späteren Schadens vorliegen, während der Mangel selbst noch nicht hervorgetreten zu sein braucht. Erst recht ist nicht erforderlich, dass es schon zu einem Schaden des Mieters gekommen ist, sodass der Vermieter auch die Gefahr versteckter oder geheimer Mängel trägt[81]. Der Vermieter ist außerdem schadensersatzpflichtig, wenn der Mangel später infolge eines Umstandes entsteht, den er zu vertreten hat, wobei vor allem an eine schuldhafte Verletzung seiner **Prüfungs- oder Instandsetzungspflicht** zu denken ist. Eine Schadenersatzpflicht des Vermieters kommt schließlich noch in Betracht, wenn er mit der Beseitigung eines Mangels in **Verzug** ist (u. Rn 51). Nach § 284 kann der Mieter in den genannten Fällen ferner statt des Schadensersatzes **Aufwendungsersatz** verlangen. In Betracht kommen hier vor allem seine im Falle einer Kündigung wegen der Mängel (§ 543 Abs. 2 Nr 1) nutzlos aufgewandten Kosten für die Erlangung und die Herrichtung der Räume[82].

51 Wenn der Vermieter mit der Beseitigung eines Mangels in **Verzug** ist, wozu grundsätzlich eine Mahnung des Mieters erforderlich ist (§§ 286, 535 Abs. 1 S. 2), kann der Mieter den Mangel außerdem selbst beseitigen und ebenfalls Ersatz der erforderlichen Aufwendungen verlangen (§ 536a Abs. 2 Nr 1). Beseitigt der Mieter dagegen Mängel, bevor der Vermieter in Verzug geraten ist, so handelt er auf eigene Gefahr, sodass er, von Notfällen abgesehen (s. § 536a Abs. 2 Nr 2), keinen Anspruch auf Aufwendungsersatz hat[83].

52 In **Fall 10** waren nach dem Gesagten (o. Rn 50) die Voraussetzungen für eine Haftung des V und später des W aus § 536a Abs. 1 Fall 1 (iVm § 566) gegeben, da der Mangel bereits bei Vertragsabschluss vorgelegen hatte, sodass die Mieterin M Schadensersatz verlangen kann. Dieser Anspruch umfasst außer dem eigentlichen Erfüllungsinteresse auch die **Mangelfolgeschäden** an Gesundheit, Eigentum und Vermögen des Mieters (§§ 249, 252). Folglich hat die M ohne Rücksicht auf ein Verschulden des V oder des W einen Anspruch gegen W auf Schadensersatz wegen der Zerstörung ihrer Sachen durch den Brand. Dieselben Ansprüche stehen der S zu, die auf der Seite der Mieterin in den **Schutzbereich** des Mietvertrages einbezogen ist, da die Mieterin ihr gegenüber auf Grund des Arbeitsvertrages zu Schutz und Fürsorge verpflichtet ist (§§ 328, 618)[84].

80 BGHZ 163, S. 1 (4 ff) = NJW 2005, S. 1713 = JuS 2005, S. 840 Nr 5; BGH, NJW 2005, S. 2773 (2774); *Blank*, in: Festschrift f. Bub, 2007, S. 271.

81 BGHZ 68, S. 294 (297 f) = NJW 1977, S. 1285 = JuS 1977, S. 763 Nr 7; ein Beispiel in Rn 52.

82 S. *Emmerich*, in: Festschrift f. Blank, 2006, S. 145.

83 S. *Emmerich*, NZM 1998, S. 49.

84 S. BGHZ 49, S. 350 (354) = NJW 1968, S. 885 = JuS 1968, S. 335 Nr 3; BGH, LM Nr 77 zu § 328 BGB = NJW 1985, S. 489.

IX. Sicherung des Vermieters

1. Vermieterpfandrecht

Das Gesetz sieht Vermieter von Grundstücken und Räumen hinsichtlich ihrer Forderungen aus dem Mietverhältnis als in besonderem Maße durch Zahlungsunwilligkeit oder -unfähigkeit des Mieters gefährdet an. Es gewährt deshalb dem Vermieter zu seinem Schutz ein **gesetzliches (besitzloses) Pfandrecht** an den eingebrachten Sachen (nur) des Mieters (§§ 562, 578 Abs. 1). Ausgenommen sind unpfändbare Sachen (§ 562 Abs. 1 S. 2 BGB iVm § 811 ZPO) sowie Sachen Dritter. Auch ein gutgläubiger Erwerb des Pfandrechts an den Sachen Dritter ist nicht möglich (§§ 1257, 1205 und 1207)[85]. 53

Das Vermieterpfandrecht beschränkt sich auf die **„eingebrachten“ Sachen** des Mieters (§ 562 Abs. 1). Darunter fallen lediglich Sachen des Mieters, die in einem sachlichen Zusammenhang mit seinem Mietgebrauch stehen. Deshalb erfordert die Einbringung von Sachen das willentliche Hineinschaffen der Sachen durch den Mieter in den durch das Mietverhältnis vermittelten Machtbereich des Vermieters,[86] womit das Vermieterpfandrecht entsteht.[87] **Gesichert** sind nur fällige Entschädigungsforderungen des Vermieters sowie die Miete für das laufende und das folgende Mietjahr (§ 562 Abs. 2). Das Pfandrecht des Vermieters **erlischt** grundsätzlich mit der **Entfernung** der dem Pfandrecht unterliegenden Sachen von dem Grundstück, außer wenn die Entfernung ohne Wissen des Vermieters oder trotz seines Widerspruchs erfolgt (§ 562a S. 1). In den zuletzt genannten Fällen gewährt § 562b Abs. 1 dem Vermieter zugleich ein (problematisches) erweitertes **Selbsthilferecht**. *Kein* Widerspruchsrecht und folglich auch kein Selbsthilferecht hat der Vermieter jedoch nach § 562a S. 2, wenn die Entfernung den **gewöhnlichen Lebensverhältnissen** entspricht oder wenn die zurückbleibenden Sachen zu seiner Sicherung ausreichen. Beispiele für eine danach zulässige Entfernung von Sachen sind bei einem Geschäft die Veräußerung von Waren oder die Ausfahrt von Geschäftsfahrzeugen. 54

Die **Verwertung** der belasteten Sachen richtet sich nach den Vorschriften über das Vertragspfandrecht (§§ 1257, 1228, 1233 ff). Ein **Pfandverkauf** durch den Vermieter setzt folglich voraus, dass er sich im Besitz der Sachen befindet (s. §§ 1233 Abs. 1, 1235). Fehlt es daran, so muss er nach § 1231 vorgehen. In der Insolvenz des Mieters gewährt ihm sein Pfandrecht ein **Absonderungsrecht** (§ 50 InsO)[88]. Wenn die Sache durch einen Dritten gepfändet wird, so kann der Vermieter lediglich gemäß **§ 805 ZPO** vorzugsweise Befriedigung aus dem Erlös verlangen. Eine ergänzende Regelung für die **Räumungsvollstreckung** unter gleichzeitiger Geltendmachung des Vermieterpfandrechts an den Sachen des Mieters (so genanntes Berliner Modell) findet sich seit 2013 in dem neuen § 885a ZPO.[89] 55

---

85 *Fahrenbach*, ZMR 2012, S. 1.
86 OLG Frankfurt, ZMR 2006, S. 609.
87 BGHZ 170, S. 196 (200, Tz 11) = NZM 2007, S. 212.
88 BGHZ 170, S. 196 (204 f, Tz 18 f) = NJW 2007, S. 1588.
89 S. dazu *N Fischer*, NZM 2013, S. 249; *Lehmann-Richter*, NZM 2013, S. 260.

2. Kaution

56 In der Praxis der Wohnraummiete ist das umständliche Vermieterpfandrecht (o. Rn 53 ff) mittlerweile weitgehend durch die **Sicherheitsleistung des Mieters**, meistens Kaution genannt, verdrängt worden. Eine gesetzliche Regelung findet sich seit 1992 (nur) für die Wohnraummiete in dem grundsätzlich zwingenden **§ 551**. Diese Vorschrift gilt an sich für sämtliche Sicherheitsleistungen des Mieters einschließlich etwa einer Bürgschaft Dritter; ganz im Vordergrund des Interesses und damit auch der gesetzlichen Regelung steht jedoch die verbreitete **Barkaution**, auf die sich deshalb die folgenden Ausführungen beschränken sollen.

57 Die Barkaution darf nach § 551 Abs. 1 höchstens das **Dreifache einer Monatsmiete** ohne die als Pauschale oder als Vorauszahlung ausgewiesenen Betriebskosten betragen. Der Mieter ist außerdem berechtigt, den Kautionsbetrag in **drei** gleichen monatlichen **Teilzahlungen** zu erbringen, die erste Rate bei Beginn des Mietverhältnisses (§ 551 Abs. 2) und die beiden folgenden Raten zusammen mit den unmittelbar folgenden Mietzahlungen (§ 551 Abs. 2 S. 3 idF von 2013). Der Vermieter ist grundsätzlich verpflichtet, den Betrag verzinslich bei einem Kreditinstitut anzulegen, wobei die **Zinsen** dem Mieter zustehen und die Sicherheit erhöhen (§ 551 Abs. 3 S. 1, 3-4). Die Parteien können aber auch eine andere Anlageform, z. B. in Aktienfonds, vereinbaren (§ 551 Abs. 3 S. 2). In jedem Fall aber muss die Anlage vom Vermögen des Vermieters **getrennt** erfolgen, um zu verhindern, dass sich das Pfandrecht der Banken auf den Kautionsbetrag erstreckt; außerdem kann der Mieter dann nach § 771 ZPO intervenieren, wenn Gläubiger des Vermieters in den Betrag vollstrecken. In der Insolvenz des Vermieters hat der Mieter unter denselben Voraussetzungen ein **Aussonderungsrecht** (§ 47 InsO)[90].

58 **Während** des **Mietverhältnisses** kann sich der Vermieter (nur) wegen sofort liquider Forderungen gegen den Mieter aus dem Kautionsbetrag befriedigen und sodann Wiederauffüllung der Sicherheit verlangen[91]. **Nach Beendigung** des Mietverhältnisses muss er dagegen binnen einer angemessenen Frist, die meistens auf drei bis sechs Monate bemessen wird, mit dem Mieter über seine noch offenen Forderungen und die Kaution abrechnen, widrigenfalls der Anspruch des Mieters auf **Rückzahlung** der Kaution fällig wird[92]. – Wird die Mietsache veräußert, so ist ergänzend § 566a zu beachten (Rn 61a).

X. Kauf bricht nicht Miete[93]

59 Die Miete ist vom BGB als **obligatorisches**, nicht als dingliches **Recht** konstruiert worden (o. Rn 9). Um den deshalb dem Mieter bei Veräußerung des vermieteten Grundstücks drohenden Gefahren zu begegnen, bestimmt **§ 566 Abs. 1** iVm § 578 Abs. 1, dass im Falle der Veräußerung des Grundstücks der Erwerber anstelle des Vermieters in die sich während der Dauer seines Eigentums aus dem Mietverhältnis

90 BGH, NJW 2008, S. 1152 = NZM 2008, S. 203.
91 BGH, NJW 2014, S. 2436 Tz 10 f.
92 S. BGHZ 101, S. 244 (250 f) = NJW 1987, S. 2372.
93 S. zum folgenden ausführlich *Emmerich*, in: Eckpfeiler, Rn O 73–84 (S. 1035 ff).

ergebenden Rechte und Pflichten eintritt, wenn die Veräußerung nach der Überlassung des Grundstücks an den Mieter erfolgt. Die vom Gesetz gewählte Lösung in den §§ 566 und 578 Abs. 1 wird überwiegend dahin interpretiert, dass im Augenblick des Eigentumsübergangs in der Person des Grundstückserwerbers kraft Gesetzes ein *neues* Mietverhältnis, freilich mit dem Inhalt des alten entsteht (sog. Novationslösung).[94] Vorzugswürdig ist indessen die gleichfalls mögliche Interpretation des § 566 als besondere Erscheinungsform eines gesetzlich angeordneten **Übergangs des Mietverhältnisses** auf den Erwerber, so dass von Fall zu Fall auch Raum für eine entsprechende Anwendung der **§§ 404 ff** ist, wovon jetzt auch die Rechtsprechung gelegentlich ausgeht.[95] Auf jeden Fall aber bedeutet die gesetzliche Regelung, dass es unter den in § 566 Abs. 1 genannten Voraussetzungen (Rn 60) zu einer **Zäsur** in dem Mietverhältnis kommt: Bereits vor dem Eigentumsübergang **begründete und fällige Ansprüche** des Vermieters wie z. B. Schadensersatzansprüche wegen Zahlungsverzugs des Mieters verbleiben bei dem ursprünglichen Vermieter, während die erst **nach** dem **Eigentumswechsel fällig** werdenden **Ansprüche** allein dem nunmehrigen Grundstückseigentümer zustehen.[96]

Der Eintritt des Erwerbers in den Mietvertrag hat nach § 566 Abs. 1 **drei Voraussetzungen:** Erste Voraussetzung ist **Identität** des Eigentümers, des Vermieters und des Veräußerers[97]; § 566 findet nur Anwendung, wenn der Vermieter zugleich der das Grundstück veräußernde Eigentümer ist. Diese Voraussetzung muss (zweitens) spätestens **im Augenblick der Veräußerung** des Grundstücks, d. h. bei **Übergang** des Eigentums auf den Erwerber auf Grund eines privatrechtlichen Vertrages vorliegen[98]. Solange das Eigentum noch nicht übergegangen ist, ändert sich dagegen nichts an der Vermieterstellung des Grundstücksveräußerers. Dritte Voraussetzung des § 566 ist schließlich, dass dem Mieter das Grundstück im Augenblick der Veräußerung, d. h. des Eigentumsübergangs bereits **übergeben** war *und* sich der Mieter in diesem Augenblick auch noch im **Besitz** der Mietsache befindet[99]. In der Zeit **vor** Übergabe kommt ein Übergang des Mietverhältnisses auf den Erwerber nur ausnahmsweise unter den zusätzlichen Voraussetzungen des **§ 567a** in Betracht. Sind die Voraussetzungen des § 566 Abs. 1 erfüllt, so **tritt** der **Erwerber** während der Dauer seines Eigentums **an Stelle des bisherigen Vermieters** (nur) in die sich aus dem Mietverhältnis ergebenden Rechte und Pflichten ein (Rn 59). Er muss folglich den Mietvertrag mit dem Inhalt hinnehmen, den er im Augenblick des Eigentumsübergangs hatte; ob er die sich daraus für ihn ergebenden Verpflichtungen kannte, ist unerheblich (s. deshalb § 550 und dazu o. Rn 14).[100] 60

94 BGHZ 166, S. 125 (130 f) = NJW 2006, S. 1800; BGH, NZM 2005, S. 253 = WuM 2005, S. 201 (202); NJW 2008, S. 2256 Tz 17; 2012, S. 1881 Tz 17; 2012, S. 3032 Tz 25.

95 BGH, NJW-RR 2002, S. 730 = NZM 2002, S. 291; insbes BGH, NJW 2012, S. 1881 Tz 15 ff = NZM 2012, S. 638.

96 BGH, NJW 2004, S. 851; NZM 2005, S. 253.

97 BGH, WuM 2012, S. 31 Tz 12.

98 Str., s. mit Nachw. *Emmerich/Sonnenschein*, Miete, § 566 Rn 13.

99 BGH, NJW 2007, S. 1818 Tz 8 = NZM 2008, S. 441; str.

100 BGHZ 49, S. 350 (352) = NJW 1968, S. 885 = JuS 1968, S. 335 Nr 3.

61 Für unseren **Fall 10** folgt aus dem Gesagten, dass der Mietvertrag nach der Veräußerung des Grundstücks ohne weiteres zwischen dem Grundstückserwerber W und der Mieterin M fortgesetzt wurde. W übernahm daher auch die Garantiehaftung des V für diejenigen Mängel, die schon bei Abschluss des Mietvertrages zwischen V und M vorhanden waren, vorausgesetzt, dass der Schaden während seines Eigentums eingetreten ist; für frühere Schäden haftet dagegen der Veräußerer V weiter. W muss somit der Mieterin M und deren Schwester S ohne Rücksicht auf Verschulden Ersatz für deren Schäden leisten (§§ 566 Abs. 1, 536a Abs. 1).

61a Nach **§ 566a** tritt der Erwerber des vermieteten Grundstücks, wenn der Mieter dem Vermieter für die Erfüllung seiner Verpflichtungen **Sicherheit** geleistet hat, auch in die dadurch begründeten Rechte *und* Pflichten ein (§ 566a S. 1). Mit Übergang des Eigentums an dem vermieteten Grundstück **gehen** folglich die **Rechte** aus der vom Mieter bereits geleisteten Sicherheit kraft Gesetzes auf den Erwerber **über**; zum Ausgleich treffen ihn fortan auch die durch die Sicherheitsleistung begründeten Pflichten.

62 Die gesetzliche Regelung ist für den Erwerber besonders problematisch, wenn der frühere Vermieter noch vor Übergang des Eigentums bereits über die Miete für die spätere Zeit (nach Übergang des Eigentums im Voraus) verfügt hatte. Deshalb hat das Gesetz in den §§ 566b bis 566d der Wirksamkeit von **Vorausverfügungen** des Vermieters über die Miete ebenso wie der Wirkung etwaiger Vorausleistungen des Mieters enge Grenzen gezogen. Der Erwerber soll nicht verpflichtet sein, dem Mieter den Gebrauch der Sache zu belassen (§§ 535, 566), ohne wenigstens die Miete für diese Zeit verlangen zu können[101].

62a Die §§ 566 ff sind entsprechend anwendbar bei einer nachträglichen **Belastung** des Grundstücks durch den Vermieter mit einem dinglichen Recht, sofern durch die Ausübung dieses Rechts dem Mieter der vertragsgemäße Gebrauch entzogen wird (§ 567 S. 1). Hierunter fällt vor allem die Belastung des Grundstücks mit einem **Nießbrauch** (§ 1030), mit einem Erbbaurecht (§ 1 ErbbVO) oder einem Wohnungsrecht (§ 1093)[102].

XI. Mieterhöhung

1. Überblick

63 Wenn der Vermieter die Miete erhöhen will, bedarf er dazu, weil es sich um eine Vertragsänderung handelt, grundsätzlich der **Zustimmung des Mieters** (§§ 311 Abs. 1, 557 Abs. 1), sofern die Parteien nicht ausnahmsweise etwas anderes vereinbart haben, z. B. in Gestalt einer **Staffel- oder Indexmiete** (§§ 557a, 557b)[103]. Von solchen Ausnahmefällen abgesehen, bleibt dem Vermieter jedoch, wenn der Mieter der gewünschten Mieterhöhung nicht zustimmt, an sich nichts anderes übrig, als den Mietvertrag unter der (zulässigen) Potestativbedingung zu kündigen, dass der Mieter in die gewünschte Mieterhöhung nicht einwilligt (sog. **Änderungskündigung**). Willigt

101 S. im Einzelnen *Emmerich*, NZM 1999, S. 49; *ders.*, in: Eckpfeiler, Tz 0.80–83 (S. 1037 ff).
102 Wegen der Einzelheiten s. *Emmerich*, in: 10 Jahre Mietrechtsreformgesetz, 2011, S. 729.
103 S. dazu *Emmerich*, NZM 2001, S. 690.

der Mieter dagegen ein, so bleibt es bei dem Mietvertrag, freilich zu geänderten Konditionen.

Diese Vorgehensweise ist bei der Geschäftsraummiete nach wie vor üblich und zulässig. Bei der **Wohnraummiete** ist dagegen heute durch § 573 Abs. 1 S. 2 eine Kündigung zum Zwecke der Mieterhöhung ausgeschlossen (§ 134). An ihre Stelle sind nach 1971 verschiedene ständig geänderte Vorschriften getreten, die dem Vermieter unter bestimmten Voraussetzungen eine Mieterhöhung ermöglichen. Kern der Materie ist die verwickelte Regelung der **§§ 558 bis 558e**, die dem Vermieter in einem Abstand von 15 Monaten einen **Anspruch auf Anpassung** der Miete an die jeweilige **ortsübliche Vergleichsmiete** gewähren (s. u. Rn 66 ff). Außerdem gestatten die §§ 559 ff und 560 dem Vermieter unter bestimmten Voraussetzungen eine **einseitige Mieterhöhung** im Falle von Modernisierungsmaßnahmen sowie bei Erhöhung der Betriebskosten, immer vorausgesetzt, dass nicht die Parteien solche Mieterhöhungen durch Vereinbarung nach § 557 Abs. 3 ausgeschlossen haben (s. u. Rn 73 ff). Zu beachten bleibt, dass **einverständliche Mieterhöhungen** der Parteien – innerhalb der gesetzlichen Grenzen (s. insbesondere § 138 und § 5 WiStG) – immer möglich sind (§ 557 Abs. 1). 64

Für die nächste Zukunft ist außerdem in den §§ 556d ff i.d.F. des RegE von 2014 (s. o. Rn 7) die Einführung einer sogenannten **Mietpreisbremse** bei dem Abschluss neuer Mietverträge vorgesehen. Von Ausnahmefällen abgesehen, darf danach in Gebieten, die wie etwa die Großstädte Berlin, Hamburg und München durch besondere Mietpreissteigerungen gekennzeichnet sind, dh auf sogenannten angespannten Wohnungsmärkten, bei dem Abschluss eines neuen Mietvertrages nur eine Miete vereinbart werden, die die ortsübliche Vergleichsmiete und maximal 10 % überschreitet 65

2. Ortsübliche Vergleichsmiete (§§ 558 bis 558e)

a) Voraussetzungen

Nach § 558 Abs. 1 S. 1 kann der Vermieter die Zustimmung des Mieters zu einer Erhöhung der Miete bis zur ortsüblichen Vergleichsmiete verlangen, sofern die Miete in dem Zeitpunkt, zu dem die Erhöhung eintreten soll, d. h. bei Fälligkeit der erhöhten Miete nach § 558b Abs. 1, seit fünfzehn Monaten unverändert ist (so genannte **Wartefrist)** Ob der vom Vermieter geltend gemachte Anspruch berechtigt ist, beurteilt sich nach einem **Vergleich** zweier Größen, der im Vertrag vereinbarten sogenannten **Ausgangsmiete** und der ortsüblichen **Vergleichsmiete** (als Zielgröße) (u. Rn 67). Die Differenz bildet den Erhöhungsbetrag, vorausgesetzt, dass er nicht die sogenannte Kappungsgrenze überschreitet (u. Rn 68). 66

Ausgangsmiete ist die von den Parteien tatsächlich vereinbarte Miete. Den Vergleichsmaßstab bildet die ortsübliche **Vergleichsmiete**. Man versteht darunter nach § 558 Abs. 2 die üblichen Entgelte, die in der fraglichen Gemeinde oder in einer vergleichbaren Gemeinde für Wohnraum vergleichbarer Art, Größe, Ausstattung, Beschaffenheit und Lage einschließlich der energetischen Ausstattung und Beschaffenheit in den letzten vier Jahren vereinbart oder, von Erhöhungen nach § 560 wegen Steigerung der Betriebskosten abgesehen, geändert wurden. Bei der Vergleichsmiete handelt es sich nicht um die aktuelle Marktmiete, sondern um einen **Durchschnittswert**, ermittelt anhand der Mieten **für einen repräsentativen Querschnitt** von (nur) 67 nach Wohnwertmerkmalen vergleichbaren Wohnungen in der fraglichen Gemeinde oder in vergleichbaren Nachbargemeinden aus den letzten vier Jahren[104]. Zur Ermittlung der Vergleichsmiete greifen die Gerichte, wo immer möglich, auf **Mietspiegel** der Gemeinden zurück (s. §§ 558c und 558d und dazu u. Rn 70 f). Bei deren Anwendung ist jedoch zu beachten, dass Mietspiegel in aller Regel nur unterschiedlich große **Spannen** ausweisen, innerhalb derer sich die Vergleichsmiete am Markt bewegt. In diesen Fällen muss anhand weiterer konkreter Merkmale der betreffenden Wohnung die so genannte **Einzelvergleichsmiete** innerhalb der Spanne als Maßstab für das Mieterhöhungsverlangen des Vermieters ermittelt werden[105]. Auch diese Einzelvergleichsmiete weist in der Regel noch eine gewisse **Bandbreite** auf, worunter man die Schwerpunktmiete für ungefähr 60 % der vergleichbaren Wohnungen versteht[106]. Die Einzelheiten sind streitig[107].

68 Zweite Voraussetzungen für den Anspruch des Vermieters auf Erhöhung der Miete ist die Beachtung der **Kappungsgrenze** des § 558 Abs. 3 und 4, die innerhalb von drei Jahren grundsätzlich nur eine Mieterhöhung von 20% oder 15 % der Ausgangsmiete gestattet, ganz gleich, wie hoch im Übrigen die ortsübliche Vergleichsmiete auch sein mag. Eine weitere Kürzung ergibt sich, wenn der Vermieter **Drittmittel** im Sinne des § 559a erhalten hat, die mittelbar durch eine Begrenzung der Mieterhöhung gemäß § 558 Abs. 5 dann auch dem Mieter zugute kommen sollen.

b) Durchsetzung

69 Unter den genannten Voraussetzungen (o. Rn 67 f) hat der Vermieter gegen den Mieter einen **Anspruch** auf Abänderung des Mietvertrages durch Erhöhung der vereinbarten Miete auf das Niveau der ortsüblichen Vergleichsmiete (§ 558 Abs. 1). Stimmt der Mieter wie in der großen Mehrzahl der Fälle freiwillig zu, so kommt es zu der gewünschten Vertragsänderung (§§ 311 Abs. 1, 557 Abs. 1). Für die Fälligkeit der erhöhten Miete gilt dann § 558b Abs. 1, soweit die Parteien nichts anderes vereinbart haben. Nur wenn der Mieter nicht zustimmt, muss der Vermieter das komplizierte Mieterhöhungsverfahren nach den §§ 558a ff durchführen, wenn er seinen Anspruch auf Zustimmung des Mieters zu der Mieterhöhung gerichtlich durchsetzen will. Hervorzuheben ist, dass nach § 558a Abs. 1 das **Mieterhöhungsverlangen** in Textform (§ 126b) entsprechend § 558a Abs. 2 bis 4 zu begründen ist. Zweck dieser **Begründung** ist es, dem Mieter eine erste grobe Nachprüfung des Erhöhungsverlangens darauf hin zu ermöglichen, ob es sachlich gerechtfertigt und nicht geradezu willkürlich ist (§ 558a)[108]. Die wichtigsten Begründungsmittel sind nach § 558a Abs. 2 Nrn 1 bis 4 die Bezugnahme auf einen Mietspiegel (u. Rn 70), die Beifügung eines Sachverständigengutachtens oder der Hinweis auf mindestens drei Vergleichswohnungen:

70 **Mietspiegel** sind Übersichten über die ortsübliche Vergleichsmiete, die entweder von der Gemeinde *oder* von den Interessenvertretern der Vermieter und der Mieter gemeinsam erstellt *oder* anerkannt worden sind (§ 558c Abs. 1). Seit 2002 gibt es zwei

---

104 BGH, NJW 2005, S. 2074; 2005, S. 2621.
105 BGH, NJW 2005, S. 2074; 2005, S. 2621 (2522); 2012, S. 1351 ff.
106 So wohl BGH, NJW 2010, S. 149 Tz 14 f; 2011, S. 2284 Tz 16 f; 2013, S. 1351.
107 S. *Börstinghaus*, WuM 2011, S. 338; 2012, S. 244.
108 BVerfGE 49, S. 244 (249 f) = NJW 1979, S. 31 = JuS 1979, S. 514 Nr 4; BVerfGE 53, S. 352 = NJW 1980, S. 1617 = JuS 1980, S. 755 Nr 1.

verschiedene Formen von Mietspiegeln, die sogenannten **einfachen Mietspiegel** des § 558c und die **qualifizierten** des § 558d. Die Letzteren unterscheiden sich von den einfachen Mietspiegeln dadurch, dass sie nach anerkannten wissenschaftlichen Grundsätzen erstellt *und* von der Gemeinde oder von den genannten Interessenvertretern als qualifizierte Mietspiegel anerkannt wurden (§ 558d Abs. 1).

Existiert in einer Gemeinde ein **qualifizierter Mietspiegel**, so muss auf ihn nach § 558a Abs. 3 in jedem Mieterhöhungsverlangen ohne Rücksicht auf die im Übrigen vom Vermieter gewählte Form der Begründung (o. Rn 69) hingewiesen werden, um dem Mieter die Überprüfung des Mieterhöhungsverlangens zu erleichtern. Außerdem wird von dem qualifizierten Mietspiegel nach § 558d Abs. 3 unter bestimmten Voraussetzungen vermutet, dass die in ihm bezeichneten Entgelte die ortsübliche Vergleichsmiete wiedergeben. 71

Nach Zugang eines ordnungsmäßig begründeten Erhöhungsverlangens hat der Mieter zwei Monate Zeit, um sich zu überlegen, ob er dem Verlangen des Vermieters nachkommen will oder nicht (sog. **Zustimmungsfrist** des § 558b Abs. 2 S. 1). Lehnt der Mieter ab, so kann der Vermieter binnen der sich anschließenden **Klagefrist** von drei Monaten nach Ablauf der Zustimmungsfrist Klage auf Zustimmung des Mieters erheben (§ 558b Abs. 2 S. 2). Die **Zulässigkeit** der Klage setzt voraus, dass ihr ein wirksames, insbesondere ordnungsgemäß begründetes Erhöhungsverlangen vorausgegangen ist, da nur durch solches Mieterhöhungsverlangen die Zustimmungs- und die Klagefrist als Prozessvoraussetzungen ausgelöst werden. Gibt das Gericht der Zustimmungsklage des Vermieters statt, so wird mit Rechtskraft des Urteils der Mietvertrag entsprechend geändert (§ 894 ZPO). Die **Fälligkeit** der erhöhten Miete richtet sich dann nach § 558b Abs. 1. Den Mieter bleibt jedoch die Möglichkeit, den Vertrag außerordentlich zu kündigen, wenn er die Erhöhung der Miete nicht hinnehmen will (§ 561 Abs 1 S. 1); in diesem Fall erledigt sich das Erhöhungsverlangen des Vermieters (§ 561 Abs 1 S. 2). 72

3. Modernisierung (§§ 559 bis 559b)

§ 559 erlaubt dem Vermieter außerdem eine Mieterhöhung im Falle der Modernisierung der Wohnung (nur) iS der Nrn 1 und 3 bis 6 des neuen § 555b, also insbesondere bei energetischen Modernisierungen (Nr. 1 aaO) sowie bei baulichen Maßnahmen, durch die der Gebrauchswert der Mietsache nachhaltig erhöht wird (Nr. 4 aaO), und zwar in Höhe von **11 % der** für die einzelne Wohnung aufgewandten **Kosten** (§ 559). Von der Umlage ausgeschlossen sind jedoch in den Gesamtkosten enthaltene Kosten für ohnehin erforderliche **Erhaltungsmaßnahmen** im Sinne des § 555a (§ 559 Abs. 2). 73

Die Mieterhöhung erfolgt **durch einseitige Erklärung** des Vermieters nach § 559b, die mithin Gestaltungswirkung hat. Wirksamkeitsvoraussetzung der Erklärung ist, dass in ihr die Mieterhöhung auf Grund der entstandenen Kosten **berechnet und** entsprechend den gesetzlichen Voraussetzungen so **erläutert** wird, dass dem Mieter die auf ihn entfallende Mieterhöhung nachvollziehbar, d. h. plausibel wird. – Der Vermieter kann schließlich noch unter engen Voraussetzungen eine von den Parteien vereinbarte **Betriebskostenpauschale** nach § 560 erhöhen. 73a

XII. Beendigung des Mietverhältnisses

1. Zeitablauf

74 Mietverhältnisse sind Dauerschuldverhältnisse, die sich grundsätzlich nicht durch beiderseitige Erfüllung von selbst erledigen, sondern eines besonderen Beendigungsgrundes bedürfen. Die wichtigsten Beendigungsgründe sind neben dem jederzeit möglichen Aufhebungsvertrag (§ 311 Abs. 1) die Vereinbarung eines festen Endtermins (u. Rn 75) sowie die Kündigung (§ 542, u. Rn 76 ff).

75 Die Mietvertragsparteien können jederzeit einen Endtermin für das Mietverhältnis vereinbaren. Dann endet der Vertrag zu diesem Termin (**§ 542 Abs. 2**). Dies gilt grundsätzlich auch für **Wohnraummietverträge**, vorausgesetzt, dass die Fixierung eines Endtermins in Gestalt einer sogenannten Aufhebungsvereinbarung erst **nachträglich**, d. h. *während* des Laufs des Mietvertrages zustande kommt, während eine *im Voraus* schon **bei Abschluss** des Mietvertrages vereinbarte Befristung heute grundsätzlich unzulässig ist, um Umgehungen des Mieterschutzes in Gestalt der Beschränkung der ordentlichen Kündigung auf wenige Kündigungsgründe (§ 573) zu verhindern (Rn 76). Ausnahmen gelten nur noch für sogenannte **qualifizierte Zeitmietverträge** unter den engen Voraussetzungen der §§ 575 f. Zulässig ist außerdem unter im Einzelnen umstrittenen Voraussetzungen[109] ein zeitlich **befristeter Verzicht** einer oder beider Parteien auf das ordentliche Kündigungsrecht. Der (wichtige) Unterschied zu den (grundsätzlich unzulässigen) Zeitmietverträgen besteht darin, dass der Mietvertrag nach Ablauf des befristeten Kündigungsverzichts (anders als bei der grundsätzlich unzulässigen Befristung des Vertrages) weiterläuft, sodass er vom Vermieter fortan nur unter den engen Voraussetzungen der §§ 573 ff ordentlich gekündigt werden kann[110].

2. Ordentliche Kündigung

76 Ist das Mietverhältnis auf unbestimmte Zeit eingegangen, so bedarf es einer Kündigung, um es zu beenden (§ 542 Abs. 1). Die wichtigste Kündigungsform ist die ordentliche Kündigung unter Einhaltung der gesetzlichen oder vertraglichen Kündigungsfrist (§§ 573, 580a). Diese Kündigung ist an sich an keine besonderen Gründe gebunden. „Lediglich" **bei Wohnraummietverhältnissen** setzt die ordentliche Kündigung des Vermieters zusätzlich voraus, dass der Vermieter ein **berechtigtes Interesse** an der Kündigung hat (**§ 573 Abs. 1 S. 1**). Die drei wichtigsten Fälle zählt das Gesetz selbst in Abs. 2 des § 573 auf (Rn 78 f). Die Kündigungsfristen richten sich in diesen Fällen nach § 573c.

77 Einer auf § 573 gestützten ordentlichen Kündigung des Vermieters kann der Mieter immer noch aufgrund der sogenannten **Sozialklausel** des § 574 widersprechen, wenn die Kündigung für ihn oder seine Angehörigen eine übermäßige Härte bedeutete (wegen der Einzelheiten s. die §§ 574a bis 574c.). Damit der Mieter die Einhaltung dieser Schutzvorschriften kontrollieren kann, muss die ordentliche Kündigung außerdem **schriftlich** erfolgen, **begründet** werden und einen Hinweis auf die §§ 574 bis 574b

109 S. *Emmerich*, in: Eckpfeiler, Rn O 96 f (S. 1044 f).
110 BGH, NJW 2004, S. 1448 = NZM 2004, S. 216; NZM 2004, S. 714; 2004, S. 733.

enthalten (§§ 568, 573 Abs. 3). Bestimmte Mietverhältnisse sind jedoch in unterschiedlichem Ausmaß von dem Mieterschutz aufgrund des § 573 **ausgenommen** (s. im Einzelnen §§ 549 Abs. 2, 573a).

Voraussetzung der ordentlichen Kündigung des Vermieters ist, dass er ein **berechtigtes Interesse** an der Beendigung des Mietverhältnisses hat (§ 573 Abs. 1 S. 1). Die Rechtsprechung ist zunehmend großzügiger. Ein berechtigtes Interesse des Vermieters in diesem Sinne wird heute bereits bejaht, wenn er vernünftige und nachvollziehbare Gründe für den Wunsch zur Inanspruchnahme der Wohnung hat, die in ihrem Gewicht mit den Regelbeispielen des § 573 Abs. 2 gleichwertig sind.[111] Ein Beispiel ist der Wunsch der Ehefrau des Vermieters, in der fraglichen Wohnung eine eigene Anwaltskanzlei zu eröffnen.[112] 78

Der wichtigste ordentliche Kündigungsgrund des Vermieters nach § 573 Abs. 2 ist der sogenannte **Eigenbedarf** des § 573 Abs. 2 Nr 2. Eine Kündigung ist nach dieser Vorschrift möglich, wenn der Vermieter die Räume als Wohnung für sich, für seine Familienangehörigen, z. B. für seine Geschwister[113], oder für die zu seinem Hausstand gehörenden Personen benötigt. Auch § 573 Abs. 2 Nr 2 wird heute verhältnismäßig großzügig ausgelegt. Insbesondere der Wunsch des Eigentümers, sein Haus selbst zu nutzen, muss bei der Auslegung des § 573 Abs. 2 Nr 2 grundsätzlich respektiert werden, sofern der Vermieter für seinen Wunsch **vernünftige und nachvollziehbare Gründe** anführen kann[114]. Kündigt der Vermieter dagegen *ohne* solche Gründe, so stellt die Kündigung eine **Pflichtverletzung** iS des § 280 Abs. 1 dar, die den Vermieter zum Ersatz aller etwaigen Schäden des Mieters verpflichtet[115]. 78a

Ein berechtigtes Interesse des Vermieters an der Beendigung des Mietverhältnisses, das eine ordentliche Kündigung des Vermieters gemäß § 573 Abs. 1 S. 1 zu rechtfertigen vermag, ist nach Abs. 2 Nr 1 der Vorschrift ferner anzunehmen, wenn der Mieter seine vertraglichen **Pflichten** schuldhaft nicht unerheblich **verletzt** hat. Darunter fallen im Grunde sämtliche Fälle, die gegebenenfalls auch eine fristlose Kündigung nach § 543 Abs. 2 Nr 2 und 3 sowie nach § 569 Abs. 3 zu rechtfertigen vermögen, so dass in der Praxis die Kündigung in derartigen Fällen vielfach auf alle genannten Vorschriften gleichzeitig gestützt wird. Der Vermieter kann daher im Falle des Zahlungsverzugs des Mieters nicht nur nach § 543 Abs. 2 Nr 3, sondern unabhängig davon auch nach § 573 Abs. 2 Nr 1 kündigen. vorausgesetzt, dass der Zahlungsrückstand eine Monatsmiete übersteigt und seit mindestens einem Monat besteht.[116] Das ist deshalb so wichtig, weil in diesem Fall, jedenfalls nach Meinung des BGH[117], kein Raum für die Anwendung der Mieterschutzvorschrift des § 569 Abs. 3 Nr 2 ist (s. Rn 83, str). 79

---

111 BGH, NZM 2013, S. 22 Tz 12 ff; ebenso schon BGH, WuM 2005, S. 781; dagegen *Blank*, WuM 2013, S. 47; *Wiek*, WuM 2005, S. 781; 2013, S. 271.

112 BGH, NJW 2012, S. 2342 Tz 13 f; NZM 2013, S. 22 Tz 13.

113 BGH, NJW 2003, S. 2604 = NZM 2003, S. 681.

114 S. Rn 78, BGHZ 103, S. 91 (99 f) = NJW 1988, S. 904 = JuS 1988, S. 651 Nr 4; BGH, NJW 2005, S. 2395 = JuS 2005, 1038 Nr 7; NJW 2010, S. 1290; *Emmerich*, in: Eckpfeiler, Rn O 103 (S. 1047).

115 S. o. Rn 44; BGH, NJW 2005, S. 2395 = JuS 2005, S. 1038 Nr 7; BGHZ 165, S. 75 (79 ff) = NJW 2006, S. 220 = JuS 2006, S. 369 Nr 7.

116 BGH, NJW 2013, S. 159 Tz 18 ff = NZM 2013, S. 20; sehr str.

117 BGH; NZM 2005, S. 334; NJW 2006, S. 1585 Tz 20; 2007, S. 428 Tz 11; 2008, S. 508 Tz 19: 2013, S. 159 Tz 27 ff.

79a Der Vermieter kann schließlich noch gemäß § 573 Abs. 2 Nr 3 ordentlich kündigen, wenn er durch die Fortsetzung des Mietverhältnisses an einer angemessenen wirtschaftlichen Verwertung des Grundstücks gehindert würde und dadurch erhebliche Nachteile erlitte. Diese Vorschrift wird heute gleichfalls zunehmend großzügiger gehandhabt, so dass die so genannte **Verwertungskündigung** immer größere praktische Bedeutung erlangt[118].

3. Außerordentliche befristete Kündigung

80 Von einer außerordentlichen befristeten Kündigung spricht man, wenn eine Partei bei Mietverhältnissen, die für eine bestimmte Zeit eingegangen sind, sowie bei Mietverhältnissen auf unbestimmte Zeit unter Abkürzung der längeren vertraglichen Kündigungsfrist aus einem besonderen Grund **vorzeitig unter** Einhaltung der **gesetzlichen Kündigungsfrist kündigen** kann[119]. Will der **Vermieter** bei Wohnraummietverhältnissen von diesen besonderen Kündigungsrechten Gebrauch machen, so müssen freilich zusätzlich die Kündigungsvoraussetzungen des § 573 erfüllt sein (§ 573d Abs. 1, s. Rn 78 f). Die wichtigsten hierher gehörigen Fälle sind auf der **Mieterseite** die Ankündigung von Modernisierungsmaßnahmen (§ 555e; o. Rn 31), die Verweigerung der Erlaubnis zur Untervermietung (§ 540 Abs. 1 S. 2; o. Rn 21) sowie eine Mieterhöhung nach den §§ 558 oder 559 (§ 561; o. Rn 63), auf der Seite des **Vermieters** dagegen der Erwerb des Grundstücks in der Zwangsversteigerung (§ 57a ZVG) sowie für **beide** Parteien der Tod des Mieters (§ 564 S. 2) und die Vereinbarung eines Mietverhältnisses für eine längere Zeit als dreißig Jahre (§ 544).

4. Außerordentliche fristlose Kündigung

81 Die zweite Form der außerordentlichen Kündigung ist die fristlose Kündigung, die einer Partei aus besonderem Anlass (ausnahmsweise) die **sofortige Lösung** der Vertragsbeziehung zu der anderen Partei erlaubt. Die gesetzliche Regelung findet sich in den §§ 543 und 569 sowie ergänzend in § 314. An der Spitze der Regelung steht die **Generalklausel** des § 543 Abs. 1 S. 1, nach der bei Vorliegen eines wichtigen Grundes jede Vertragspartei das Mietverhältnis fristlos kündigen kann. Die Definition des wichtigen Grundes in § 543 Abs. 1 S. 2 entspricht im Wesentlichen der des § 314 Abs. 1 S. 2. Die wichtigsten **Fallgruppen** von Kündigungsgründen sind auf der Seite des **Vermieters** die Verletzung von Aufklärungs- oder Treuepflichten durch den Mieter, insbesondere in Gestalt einer Erfüllungsverweigerung, schwere Beleidigungen oder Tätlichkeiten, sowie auf der Seite des **Mieters** gleichfalls in erster Linie Täuschungsversuche und sonstige Treuepflichtverletzungen des Vermieters, wiederum vor allem durch eine Erfüllungsverweigerung.

82 Zur Vereinfachung der Rechtsanwendung enthält das Gesetz ferner in § 543 Abs. 2 Nrn 1 bis 3 und § 569 Abs. 1, 2 und 2a insgesamt **sechs Beispielstatbestände**, bei deren Erfüllung *immer* von dem Vorliegen eines wichtigen Grundes im Sinne des § 543 Abs. 1 auszugehen ist. Nach § 543 Abs. 2 Nr 1 kann zunächst der **Mieter** fristlos kündigen, wenn ihm der vertragsgemäße Gebrauch der gemieteten Sache ganz oder zum

118 S. *Emmerich*, in: Eckpfeiler, Rn O 105 f (S. 1048 f).
119 Zur Berechnung der Kündigungsfristen in diesen Fällen s. § 573d.

Teil nicht rechtzeitig gewährt oder wieder entzogen wird. Die Kündigung setzt hier im Regelfall voraus, dass der Vermieter zuvor eine ihm vom Mieter bestimmte angemessene **Frist** zur Abhilfe fruchtlos verstreichen ließ (§ 543 Abs. 3 S. 1). Unter § 543 Abs. 2 Nr 1 fallen namentlich **Rechts- und Sachmängel**, sodass das Kündigungsrecht des Mieters hier dieselbe Funktion wie der Rücktritt beim Kauf hat. Eine ergänzende Regelung für die Raummiete findet sich in **§ 569 Abs. 1** (iVm § 578 Abs. 2 S. 2), nach dem der Mieter außerdem fristlos kündigen kann, wenn die Räume so beschaffen sind, dass ihre Benutzung mit einer erheblichen **Gefährdung der Gesundheit** des Mieters, seiner Angehörigen oder seiner Mitarbeiter verbunden ist.

Dagegen ist der wichtigste außerordentliche Kündigungsgrund des **Vermieters** der **83**
Zahlungsverzug des Mieters. Das Gesetz unterscheidet insoweit in § 543 Abs. 2 Nr. 3 iVm § 569 Abs. 3 **zwei Fälle**: Der erste (und wichtigste) Fall liegt vor, wenn der Mieter an zwei aufeinanderfolgenden Terminen mit der Entrichtung der Miete oder eines erheblichen Teils der Miete in Verzug ist (§ 543 Abs. 2 Nr 3 lit a); erheblich in diesem Sinne ist der Rückstand grundsätzlich, wenn er eine Monatsmiete übersteigt (vgl für die Wohnraummiete § 569 Abs. 3 Nr 1), vorausgesetzt, dass dieser Rückstand aus zwei aufeinander folgenden Terminen (und nicht aus einem längeren Zeitraum) resultiert[120]. Der zweite weniger bedeutsame Fall ist gegeben, wenn der Mieter über einen längeren Zeitraum hinweg mindestens mit der Entrichtung der Miete für zwei Monate in Verzug gerät (§ 543 Abs. 2 Nr 3 lit b). Die Kündigung setzt hier folglich einen Rückstand von mindestens zwei Monatsmieten in einem längeren Zeitraum als zwei Termine voraus. Die Kündigung wird **unwirksam**, wenn der Mieter aufrechnen konnte und unverzüglich nach Kündigung aufrechnet (§ 543 Abs. 2 S. 3) oder wenn bei der Wohnraummiete der Vermieter **nachträglich befriedigt** wird (§ 569 Abs. 3 Nr 2). Ein ergänzender Tatbestand findet sich seit 2013 für den sogenannten **Kautionsverzug** in § 569 Abs. 2a. Der Vermieter kann danach außerdem fristlos kündigen, wenn der Mieter mit einer Sicherheitsleistung in der Höhe von zwei Monatsmieten (ohne Vorauszahlungen oder Pauschalen für Betriebskosten) in Verzug ist, um dem Vermieter eine schnelle Trennung von Mietern zu ermöglichen, die sich bereits unmittelbar nach Abschluss des Vertrages als zahlungsunwillig erweisen. Zahlt der Mieter wiederholt trotz einer Mahnung des Vermieters **unpünktlich**, so kommt außerdem auch eine Kündigung nach der Generalklausel des § 543 Abs. 1 in Betracht[121]. Schließlich ist daran zu erinnern, dass der Vermieter seine Kündigung hilfsweise immer auch auf § 573 Abs. 2 Nr 1 stützen kann (Rn 79).

Der Vermieter kann nach **§ 543 Abs. 2 Nr 2** ferner fristlos kündigen, wenn der Mieter **84**
die **Rechte des Vermieters** dadurch in **erheblichem Maße verletzt**, dass er die Mietsache durch Vernachlässigung der ihm obliegenden Sorgfalt erheblich gefährdet oder sie unbefugt einem Dritten überlässt, wobei in erster Linie an die unbefugte Untervermietung zu denken ist (s. o. Rn 24, 32).

Allein für die Wohnraummiete nennt § 569 Abs. 2 ergänzend als weiteren wichtigen **84a**
Grund, und zwar für beide Parteien, dass eine Vertragspartei den **Hausfrieden** nachhaltig stört, sodass dem Kündigenden nach den Umständen die Fortsetzung des Mietverhältnisses nicht mehr zugemutet werden kann. Beispiele sind Belästigungen des

120 BGH, NJW 2008, S. 3210 (3212, Tz 30 f) = NZM 2008, S. 770.
121 Z. B. BGH, NJW 2011, S. 2201 Tz 19, 22; 2011, S. 2570 Tz 14 ff.

anderen Vertragsteils, schwere Beleidigungen, Tätlichkeiten, übermäßiger Lärm, Streitereien und Zänkereien sowie vergleichbare Fallgestaltungen.

85 In den Fällen des § 569 Abs. 1 bis 3 (Rn 82–84) ist der Kündigungsgrund in dem Kündigungsschreiben anzugeben, um dem Mieter eine Überprüfung der fristlosen Kündigung des Vermieters zu ermöglichen (§§ 568 Abs. 1, 569 Abs. 4). Die Anforderungen, die sich hieraus an die **Begründungspflicht** zumal des Vermieters bei einer Kündigung wegen Zahlungsverzugs des Mieters ergeben (§§ 543 Abs. 3 Nr 2, 569 Abs. 3), sind gering; es genügt grundsätzlich, dass der Vermieter den Zahlungsverzug als Kündigungsgrund benennt und zugleich den Gesamtbetrag der rückständigen Miete beziffert, und zwar auch in verwickelten Fällen.[122]

5. Rechtsfolgen

86 Die wichtigste Rechtsfolge der Vertragsbeendigung ist die Verpflichtung des Mieters zur **Rückgabe** der gemieteten Sache (§ 546 Abs. 1). Dies bedeutet, dass der Mieter sofort nach Beendigung des Mietverhältnisses dem Vermieter wieder den unmittelbaren Besitz an der Mietsache verschaffen muss (s. o. Rn 16). Der Mieter hat seine Rückgabepflicht so lange nicht erfüllt, wie er die Mietsache dem Vermieter ganz oder teilweise vorenthält, indem er etwa ihm gehörige Sachen in den gemieteten Räumen zurücklässt oder Einrichtungen, mit denen er die gemietete Sache versehen hat, nicht beseitigt (zu den Rechtsfolgen s. u. Rn 87).

87 Solange der Mieter seine Rückgabepflicht (o. Rn 86) nicht vollständig erfüllt hat, ist er nach § 546a zur **Fortzahlung** der vereinbarten Miete verpflichtet. Unerheblich ist, ob der Mieter überhaupt noch im Besitz der Mietsache ist und ob ihm die Herausgabe möglich ist. § 546a greift selbst dann ein, wenn er die Sache untervermietet hat und der Untermieter die Herausgabe ablehnt[123]. Unberührt bleiben **weitergehende Ansprüche** des Vermieters aus Verzug des Mieters mit der Rückgabe (§§ 546, 280 Abs. 2, 286) sowie aus Bereicherung (s. §§ 546a Abs. 2, 812 Abs. 1 S. 2 Fall 1, 818 Abs. 1 und 2; str.). Einschränkungen gelten jedoch insoweit zum Schutze des Mieters bei der Wohnraummiete (s. § 571).

88 Wenn der Mieter den bisherigen Mietgebrauch trotz der Beendigung des Mietverhältnisses unverändert fortsetzt, ohne dass der Vermieter auf sofortiger Räumung besteht, könnte es zu einem längeren vertragslosen Zustand kommen. Um dies zu verhindern, fingiert in diesem Fall **§ 545** die **Verlängerung** des Mietverhältnisses auf unbestimmte Zeit, sofern nicht eine Partei binnen einer Frist von zwei Wochen widerspricht. Der Widerspruch ist eine einseitige empfangsbedürftige Willenserklärung, die mit der Kündigung verbunden werden kann.

6. Verjährung

89 Das Gesetz sieht in § 548 im Interesse einer zügigen Abwicklung der Beziehungen der Parteien kurze Verjährungsfristen für die Ersatzansprüche des Vermieters wegen einer Veränderung oder Verschlechterung der vermieteten Sache (§ 548 Abs. 1) sowie für die Ansprüche des Mieters auf Ersatz von Aufwendungen vor (§ 548 Abs. 2

122 BGH, NZM 2010, S. 548 = WuM 2010, S. 484 Tz 25 ff, str.
123 BGHZ 90, S. 145 (148 ff) = NJW 1984, S. 1527.

iVm §§ 536a Abs. 2, 539). § 548 wird allgemein **weit** ausgelegt. Er erfasst auf der Seite des Vermieters insbesondere auch gesetzliche Ansprüche wegen einer Beschädigung der Mietsache, z. B. aus Delikt. Den wichtigsten Anwendungsfall des § 548 Abs. 1 bilden Ersatzansprüche des Vermieters wegen vertragswidrig unterlassener Schönheitsreparaturen[124]. **Keine Anwendung** findet § 548 dagegen auf den Erfüllungsanspruch des Vermieters sowie auf etwaige Ersatzansprüche wegen einer vollständigen Zerstörung der Mietsache, weil dann von einer bloßen Verschlechterung iS des § 548 Abs. 1 nicht mehr die Rede sein kann[125].

Die Verjährung **beginnt** auf der Seite des Vermieters mit dem Zeitpunkt, in dem er die Mietsache zurückerhält (§ 548 Abs. 1 S. 2), während auf der Seite des Mieters die Verjährung von dem Zeitpunkt der rechtlichen Beendigung des Mietverhältnisses ab läuft (§ 548 Abs. 2). Der Verjährungsbeginn setzt auf der Seite des Vermieters voraus, dass er wieder die **unmittelbare Herrschaft** über das Mietobjekt in einer Weise erlangt, die ihm die Untersuchung der Sache auf etwaige Mängel erlaubt, während es auf die rechtliche Vertragsbeendigung insoweit nicht ankommt. In der Regel werden diese Voraussetzungen erst bei **Rückgabe der** Sache an den Vermieter erfüllt sein[126]. Gemäß § 200 S. 1 kommt dieser Regelung der **Vorrang vor § 199** zu[127]. Die (wichtige) Konsequenz ist, dass die Verjährung der Schadensersatzansprüche des Vermieters wegen unterlassener Schönheitsreparaturen nach § 281 nicht erst beginnt, wenn eine vom Vermieter dem Mieter gesetzte Frist fruchtlos abgelaufen ist (womit der Ersatzanspruch erst fällig wird, § 281 Abs. 1), sondern gemäß § 548 Abs. 1 S. 2 bereits dann, wenn der Vermieter die Mietsache zurückerhält[128]. 90

Lösungsskizze zu Fall 9

1. Ansprüche des Vermieters V bei einem Auszug des Mieters M erst nach mehreren Jahren

Anspruchsgrundlage ist § 281, da die Durchführung der vom Mieter vertraglich übernommenen Schönheitsreparaturen eine Hauptleistungspflicht darstellt. Die formularvertragliche Abwälzung der Schönheitsreparaturen auf den Mieter wird überwiegend gebilligt. Die Fälligkeit der Schönheitsreparaturen ergibt sich hier schon daraus, dass der Mieter ausgezogen ist, ohne jemals Schönheitsreparaturen durchgeführt zu haben. Der Vermieter V hat dem Mieter M jedoch bisher keine Nachfrist gesetzt (§ 281 Abs. 1), sodass sein Schadensersatzanspruch davon abhängt, ob hier ausnahmsweise eine Nachfristsetzung entbehrlich ist (§ 281 Abs. 2). Das ist nur der Fall, wenn in dem Auszug des Mieters eine ernstliche und endgültige Erfüllungsverweigerung gesehen werden kann. In unserem Fall liegt dafür nichts vor. 91

2. Rechtslage bei Auszug des Mieters schon kurz nach Vertragsschluss

Die Rechtsprechung billigte früher auch Quoten- oder Abgeltungsklauseln in Formularverträgen selbst bei Übergabe einer unrenovierten Wohnung, sofern nur die Renovierungsfristen erst mit Übergabe der Wohnung zu laufen beginnen. Diese Rechtsprechung war indessen schon immer unhaltbar und ist jetzt wohl auch vom BGH (zu Recht) aufgegeben worden 92

---

124 BGHZ 86, S. 71 (77 f) = NJW 1983, S. 679; BGHZ 128, S. 74 (79) = NJW 1995, S. 252.

125 BGH, LM Nr 191 zu § 675 BGB = ZMR 1993, S. 458.

126 BGHZ 125, S. 217 (280 f) = NJW 1994, S. 1858; BGH, NJW-RR 2004, S. 1566 = JuS 2005, S. 70 Nr 4; NJW 2006, S. 2399 (2400, Tz 21 f); NJW 2012, S. 144 Tz 14.

127 BGH, NZM 2005, S. 176; *Emmerich*, NZM 2005, S. 248.

128 BGH, NJW 2005, S. 739; NZM 2005, S. 534; NJW 2006, S. 1588 Tz 9; *Emmerich*, NZM 2005, S. 534.

§ 8 Sonstige Gebrauchsüberlassungsverträge

I. Überblick

1 Zu den Gebrauchsüberlassungsverträgen zählen aus dem BGB außer der Miete (o. § 7) noch die Pacht (u. Rn 14), die Leihe (u. Rn 17) und das Darlehen, und zwar einschließlich des Gelddarlehens (s. o. § 7 Rn 1 und u. Rn 18 ff). Diese Verträge erschöpfen jedoch nicht den Kreis der Gebrauchsüberlassungsverträge, da sich im Verkehr eine Vielzahl weiterer derartiger Verträge herausgebildet hat, die bisher gar keine oder doch nur eine partielle gesetzliche Regelung gefunden haben. Ein Beispiel ist insbesondere das Leasing (u. Rn 3 ff). Schließlich gibt es noch zahlreiche gemischte Verträge mit unterschiedlich starken mietvertraglichen Einschlägen. Zu nennen sind hier vor allem die Beherbergungsverträge (Rn 2) sowie die später zu behandelnden Krankenhausaufnahmeverträge (u. § 9 Rn 37).

2 Die **Beherbergungsverträge** sind im Kern Mietverträge, wenn auch häufig gemischt mit verschiedenen anderen Verträgen wie Kauf, Verwahrung, Dienst- oder Werkvertrag. Diese primär mietvertragliche Einordnung der Beherbergungsverträge hat für den Gast den Vorteil, dass ihm die verschuldensunabhängige Haftung des Hoteliers aus § 536a Abs. 1 für anfängliche Mängel zugute kommt, etwa bei den häufigen Mängeln der Armaturen in den Bädern von Hotelzimmern[1].

II. Leasing

1. Erscheinungsformen

3 Bei dem Leasing handelt es sich um eine vornehmlich steuer- und bilanzrechtlich bedingte Verbindung von Elementen des Kaufs und der Miete. Die wichtigsten Erscheinungsformen des Leasings sind das Operatingleasing, das Hersteller- oder Händlerleasing sowie das Finanzierungsleasing. Unter **Operatingleasing** versteht man die entgeltliche Überlassung von Investitionsgütern entweder für eine im Voraus bestimmte, kurze Vertragsdauer oder auf unbestimmte Zeit mit der Möglichkeit der Kündigung seitens des Leasingnehmers. Derartige Verträge sind normale Mietverträge. Dasselbe gilt für das **Hersteller- oder Händlerleasing**, bei dem der Lieferant oder der Händler selbst die Finanzierung des Absatzes seiner Produkte durch den Abschluss von Leasingverträgen (anstelle von Teilzahlungsgeschäften oder finanzierten Teilzahlungsgeschäften) übernimmt.

4 Das **Finanzierungsleasing** unterscheidet sich von dem Operatingleasing (o. Rn 3) vor allem durch die Einschaltung eines das Geschäft finanzierenden *Dritten*, des Leasinggebers, in die Vertragsbeziehungen. Die wirtschaftliche Ausgangssituation ist deshalb bei dem Finanzierungsleasing durchaus vergleichbar mit der bei dem finanzierten Teilzahlungsgeschäft (s. o. § 6 Rn 20 ff); jedoch ist die rechtliche Konstruktion eine völlig andere, da hier an die Stelle von Kauf- und Darlehensvertrag der *eine* Leasingvertrag (nur) zwischen dem Leasingnehmer und dem Leasinggeber tritt, der

1 BGHZ 71, S. 175 (177) = NJW 1978, S. 1426; OLG Köln, NZM 1998, S. 514.

seinerseits den Vertragsgegenstand vom Hersteller erwirbt, um ihn anschließend an den Leasingnehmer vermieten zu können (s. die nachstehende Skizze).

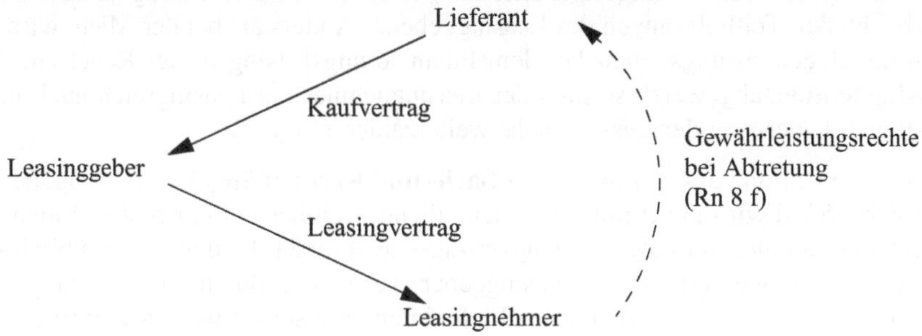

Die Finanzierungsleasingverträge begegnen in der Praxis gleichfalls in mehreren Varianten. Je nach der vorgesehenen Vertragsdauer unterscheidet man vor allem Voll- und Teilamortisationsverträge[2]. **Vollamortisationsverträge** sind solche, die von vornherein über 90% der betriebsgewöhnlichen Nutzungsdauer laufen. Dadurch soll sichergestellt werden, dass während der Vertragsdauer an den Leasinggeber die Finanzierungsmittel einschließlich eines Gewinn- und Risikozuschlags zurückfließen. 5

Bei den **Teilamortisationsverträgen** hat der Leasingnehmer dagegen nach Ablauf einer festen Grundmietzeit von mindestens 40% der betriebsgewöhnlichen Nutzungsdauer ein ordentliches Kündigungsrecht, bei dessen Ausübung er jedoch eine Ausgleichs- oder Abschlusszahlung in Höhe der durch die bis dahin gezahlten Leasingraten nicht gedeckten Kosten des Leasinggebers schuldet, abzüglich freilich der ersparten Kosten sowie 90% des vom Leasinggeber erzielten Veräußerungserlöses[3]. Der Sache nach sind damit diese Verträge gleichfalls auf eine *volle* Amortisation der Investitionen des Leasinggebers angelegt. 6

Die Finanzierungsleasingverträge stehen zwischen Kauf und Miete, sodass ihre rechtliche Einordnung Schwierigkeiten bereitet. Die überwiegende Meinung sieht in ihnen in erster Linie **Mietverträge**, weil durch einen Leasingvertrag dem Leasingnehmer der vorübergehende Gebrauch der Leasingsache gegen Entgelt ermöglicht wird[4]. 7

2. Leistungsstörungen

Die Einordnung der Finanzierungsleasingverträge als Miete (Rn 7) hat Bedeutung in erster Linie für die Behandlung etwaiger Leistungsstörungen, so dass, wenn dem Leasinggeber die Erbringung seiner Leistung unmöglich wird oder wenn er in Verzug gerät, die Lösung grundsätzlich dem Modell der Miete (s. § 7 Rn 16 ff) und nicht etwa 8

2 S. z. B. *Omlor*, JuS 2011, S. 305 ff; *Skusa*, NJW 2011, S. 2993 (2996 ff).

3 Die Mindestdauer von 40% und die Höchstdauer von 90% der betriebsgewöhnlichen Nutzungsdauer des Vertragsgegenstandes beruhen auf verschiedenen Erlassen des BMF, deren genaue Beachtung die Voraussetzung der steuerlichen Anerkennung des Leasings ist.

4 BGHZ 71, S. 189 (193 ff) = NJW 1978, S. 1383 = JuS 1978, S. 705 (706) Nr 3; BGHZ 178, S. 227 (239 ff, Tz 30 ff) = NJW 2009, S. 575 „Backofensoftware"; BGH, NJW 2006, S. 1066 = JuS 2006, S. 654 Nr 9; *Emmerich*, JuS 1990, S. 1 (5 ff).

dem des Kaufs folgt. Der Leasingnehmer wird folglich frei, wenn sich die Lieferung der Leasingsache als **unmöglich** erweist (§§ 275, 311a, 326)[5]. Außerdem hat der Leasingnehmer dann das **Kündigungsrecht** aus § 543 Abs. 2 Nr 1; wichtig ist das vor allem bei bloßen Teillieferungen des Leasinggebers[6]. Anders als bei der Miete wird jedoch die Gegenleistungsgefahr bei dem Finanzierungsleasing in der Regel auf den **Leasingnehmer** abgewälzt, so dass der Leasingnehmer die Leasingraten auch nach zufälligem Untergang der Leasingsache weiterzahlen muss.

9 Die strenge Haftung des Vermieters für **Sach- und Rechtsmängel** nach Maßgabe der §§ 536 bis 536d wird gleichfalls allgemein als unvereinbar mit der bloßen Finanzierungsfunktion eines normalen Leasingvertrages angesehen. Deshalb ist es üblich geworden, die Mängelhaftung des Leasinggebers vertraglich durch die Abtretung dessen Gewährleistungsrechte gegen den Lieferanten zu ersetzen (sog. **leasingtypische Abtretungskonstruktion**). Erforderlich ist nur, dass die Abtretung der Gewährleistungsrechte an den Leasingnehmer umfassend, unbedingt und vorbehaltlos ist; fehlt es daran, so behält auch der Leasingnehmer die Gewährleistungsrechte aus den §§ 536 ff[7].

10 Die **Durchsetzung** der abgetretenen Gewährleistungsrechte gegen den Lieferanten (Rn 9) ist Sache des *Leasingnehmers*. Notfalls muss er deshalb Klage gegen den Lieferanten erheben. Vorher hat er bei Mängeln der Leasingsache auch *kein* Leistungsverweigerungsrecht aufgrund des § 320 gegenüber dem Leasinggeber[8]. An ein in diesem Rechtsstreit ergehendes Urteil ist der Leasinggeber gebunden[9]. Kommt es auf diese Weise gemäß § 437 Nr 2 zum Rücktritt vom Kaufvertrag (zwischen Leasinggeber und Lieferant) oder zur Minderung, so entfällt zugleich rückwirkend die *„Geschäftsgrundlage"* des Leasingvertrages mit dem Leasingnehmer (§ 313). Der Leasingnehmer wird daher im Falle des Rücktritts frei, während er nach einer Minderung nur noch entsprechend herabgesetzte Leasingraten schuldet[10]. Dies alles gilt grundsätzlich auch im Falle der **Insolvenz** des Lieferanten[11].

11 Finanzierungsleasingverträge werden meistens für eine feste Vertragszeit abgeschlossen (§ 542 Abs. 2). Ein ordentliches **Kündigungsrecht** der Parteien besteht dann grundsätzlich nicht. Eine Ausnahme gilt nur für die Teilamortisationsverträge nach Ablauf der Grundmietzeit (o. Rn 6). Möglich bleibt aber eine **außerordentliche Kündigung** beider Parteien bei Vorliegen eines wichtigen Grundes (§§ 314, 543),

5 Ebenso im Ergebnis BGHZ 96, S. 103 (107 ff) = NJW 1986, S. 179; BGHZ 178, S. 227 (239 ff, Tz 34) = NJW 2009, S. 575 „Backofensoftware"; BGH, LM Nr 158 zu § 535 BGB = NJW-RR 1998, S. 123.

6 BGH, LM Nr 27 zu § 536 BGB = NJW 1988, S. 204; LM Nr 18 zu § 542 BGB = NJW 1993, S. 122; s. u. Rn 11.

7 BGHZ 97, S. 135 (140) = NJW 1986, S. 1744 = JuS 1986, S. 649 Nr 4; BGH, NJW 2006, S. 1066 = JuS 2006, S. 654 Nr 9; NJW 2010, S. 2798 Tz 14 ff; 2014, S. 1583 Tz 13 ff; zur Kritik s. *Emmerich*, JuS 1990, S. 1 (5 ff); *Stagl*, ZIP 2010, S. 846.

8 BGH, NJW 2010, S. 2798 Tz 19, 24 und 28; 2014, S. 1583 Tz 16 ff s. dazu *Tavakoli*, NJW 2010, S. 2768.

9 BGHZ 81, S. 298 (304 ff) = NJW 1982, S. 105 = JuS 1982, S. 138 Nr 5; BGHZ 114, S. 57 (62) = NJW 1991, S. 1746.

10 BGHZ 97, S. 135 (140) = NJW 1986, S. 1744 = JuS 1986, S. 649 Nr 4; BGH, NJW 2010, S. 2798 Tz 24 ff; 2014, S. 1519 Tz 19 f; 2014, S. 1583 Tz 15 ff; dagegen z. B. m. Nachw. *Finkenauer/Brand*, JZ 2013, S. 273 (274 f).

11 BGH, NJW 2014, S. 1583 Tz 17 ff.

z. B. des Leasingnehmers bei bloßen Teillieferungen des Leasinggebers (§ 543 Abs. 2 Nr 1; s. o. Rn 9) oder des Leasinggebers bei Zahlungsverzug des Leasingnehmers (§ 543 Abs. 2 Nr 3).

3. Verträge mit Verbrauchern[12]

Die Finanzierungsfunktion von Finanzierungsleasingverträgen legt die Frage nahe, ob und gegebenenfalls in welchem Umfang die Vorschriften über Verbraucherdarlehensverträge (§§ 491a ff) auf Finanzierungsleasingverträge mit Verbrauchern (§ 13) entsprechende Anwendung finden können. Die Frage dürfte grundsätzlich zu bejahen sein, da nach § 506 Abs. 1 idF von 2014 die §§ 358 bis 350 und die §§ 491a bis 502 ua grundsätzlich auch auf entgeltliche **Finanzierungshilfen** anwendbar sind, worunter (trotz der unklaren Fassung des § 506 Abs. 2) wohl auch Finanzierungsleasingverträge fallen (str). 12

Bei § 506 Abs. 1 handelt sich um eine **Rechtsgrundverweisung**, so dass in jedem Einzelfall sorgfältig zu prüfen ist, ob zugleich die Voraussetzungen der in Bezug genommenen Vorschrift erfüllt sind[13]. Hervorzuheben sind die vorvertraglichen **Informationspflichten** des Leasinggebers nach § 491a sowie das **Schriftformerfordernis** des § 492. Der Verbraucher hat außerdem ein **Widerrufsrecht** entsprechend § 495, während der BGH (zu Unrecht) eine Anwendung der Vorschriften über verbundene Verträge (§§ 358 und 359) auf Finanzierungsleasingverträge mit Verbrauchern ablehnt[14]; vorzugswürdig ist dagegen zumindest die Annahme zusammenhängender Verträge im Sinne des neuen § 360 i.d.F. von 2014[15]. 13

III. Pacht

Im Anschluss an die Miete regelt das BGB in den §§ 581 ff und 585 ff als weitere Grundtypen entgeltlicher Gebrauchsüberlassungsverträge die Pacht und die Landpacht. Die Vorschriften der §§ 585 bis 597 über die **Landpacht** sind erst 1985 in das BGB eingefügt worden. Sonderregeln gelten für die **Jagdpacht** auf Grund des Bundesjagdgesetzes von 1961[16] sowie für die **Kleingartenpacht** auf Grund des Bundeskleingartenpachtgesetzes von 1983[17]; Zweck dieser im Grunde völlig überflüssigen Sonderregelung ist die Gewährleistung eines umfassenden Kündigungsschutzes für Kleingartenpächter. 14

Die **Pacht** (§§ 581 bis 584b) ist eine Sonderform der Miete, die sich von der Letzteren vor allem durch das **Fruchtziehungsrecht des Pächters** unterscheidet (§§ 581 Abs. 2, 99, 100). Gegenstand von Pachtverträgen können deshalb im Gegensatz zur 15

12 *Bülow*, WM 2014, S. 1413; *Gsell*, in : Eckpfeiler, 2014, Rn L 88, 99 (S. 864, 874 f); *Omlor*, JuS 2011, S. 305 und NJW 2010, S. 2694; *Reinking*, DAR 2010, S. 252; *Schattenkirchner*, NJW 2012, S. 197; *Skusa*, NJW 2011, S. 2993.

13 Begr, BT-Dr 16 (2009)/11643, S. 91 (l. Sp. 3. Abs.).

14 BGH, NJW 2014, S. 1519 Tz 16 ff; anders z. B. *Finkenauer/Brand*; JZ 2013, S. 273 (276 ff); *Looschelders* II, Tz 515.

15 *Harriehausen*, NJW 2014, S. 1521.

16 BGBl. I, S. 304.

17 BGBl. I, S. 210.

Miete neben Sachen **auch Rechte** sein; Beispiele sind Patent- und Urheberlizenzverträge (s. schon o. § 7 Rn 2 f). Das Gesetz behandelt die Pacht im Wesentlichen wie die Miete (§ 581 Abs. 2; s. deshalb o. § 7). Sondervorschriften gelten im Grunde nur für die Verpachtung eines Grundstücks mit Inventar (§§ 582 ff) sowie für die Kündigung von Pachtverträgen (§§ 584 f).

16 Die ausführliche Regelung der **Landpacht** in den §§ 585 bis 597 unterscheidet sich von der der Pacht vor allem dadurch, dass die Gesetzesverfasser hier auf eine Verweisung auf die Vorschriften über die Miete verzichtet haben. Infolgedessen sahen sie sich genötigt, an zahlreichen Stellen in den §§ 585 ff mietrechtliche Bestimmungen zum großen Teil wörtlich zu wiederholen. Die Unterschiede zum Mietrecht sind deshalb bei näherem Zusehen weit geringer, als es angesichts der ausführlichen gesetzlichen Regelung zunächst den Anschein hat. Hervorzuheben ist im Grunde lediglich die eigenartige Sonderregelung, die der Wegfall der Geschäftsgrundlage in **§ 593** gefunden hat. Insgesamt ist die Neuregelung durch das Bestreben des Gesetzgebers gekennzeichnet, die Landpächter nach Möglichkeit umfassend zu schützen[18].

IV. Leihe

17 Im Gegensatz zu Miete und Pacht ist die Leihe auf die **unentgeltliche** Überlassung einer Sache zum Gebrauch an einen anderen gerichtet (§ 598). Kennzeichnend für sie sind die Obhuts- und die Rückgabepflicht des Entleihers (§§ 601 f). Die Haftung des Verleihers ist demgegenüber beschränkt (§§ 599, 600).

V. Darlehen[19]

1. Überblick

18 Das Funktionieren einer modernen Wirtschaft hängt zu einem guten Teil von ihrer ausreichenden und preiswerten Kreditversorgung ab. Angesichts dessen hätte man eigentlich eine ausführliche Regelung der Darlehensverträge im BGB oder im HGB erwarten dürfen. Tatsächlich beschränkte sich jedoch das BGB ursprünglich in den §§ 607 bis 610 aF auf ganz wenige, praktisch nahezu bedeutungslose Vorschriften für den Darlehensvertrag. Eine ausführlichere gesetzliche Regelung wenigstens der Verbraucherkredite brachte erst 1991 das Verbraucherkreditgesetz **(VerbrKrG)**, an dessen Stelle im Zuge der Schuldrechtsreform von 2001 zunächst die §§ 491 bis 507 aF getreten waren, 2010 sodann ersetzt durch die **§ 491 bis 512**. Im Jahre 2001 waren außerdem erstmals einige allgemeine Vorschriften über Darlehensverträge in das Gesetz eingefügt worden **(§§ 488 ff)**. Ergänzende Vorschriften finden sich für die Kreditvermittlung in den §§ 655a bis 655e sowie für bestimmte banktypische Verträge in den §§ 675c bis 676c (s. u. § 12 Rn 17 f). Die geltende Fassung der §§ 491 bis 510 beruht auf dem Gesetz von 2013 zur Umsetzung der **Verbraucherrechte-Richtlinie**

18 Vgl die Begr. z. RegE, BT-Dr. 10 (1984)/509.

19 Dazu ausführlich *Bülow/Artz*, Verbraucherprivatrecht, § 8 (Rn 294 ff); *Oetker/Maultzsch*, Schuldverhältnisse, § 3 (S. 267 ff) sowie *Schimansky/Bunte/Lwowski*, Bankrechtshandbuch Bd I. 4. Aufl. (2011), §§ 75–81a; zur Geschichte zuletzt *Schnauder*, WM 2014, S. 783.

von 2011 (s. o. § 1 Rn 5). Weitere erhebliche Änderungen wird die bevorstehende Umsetzung der **Wohnimmobilien-Richtlinie** von 2014 bringen.[20]

Das Gesetz unterscheidet heute in den §§ 488 ff und 607 ff zwischen **Gelddarlehensverträgen** (s. u. Rn 23 ff) und den praktisch nahezu bedeutungslosen **Sachdarlehensverträgen**, auf die im Folgenden nicht weiter einzugehen ist. Innerhalb der Gelddarlehensverträge bilden wiederum eine besondere Gruppe die **Verbraucherdarlehensverträge** der **§§ 491 ff** (s. u. Rn 25 ff), während die sonstigen Finanzierungshilfen sowie die Ratenlieferungsverträge mit Verbrauchern eine besondere Regelung in den **§§ 506 und 510** idF von 2014 gefunden haben[21]. Die gesetzliche Regelung ist zwingend und erstreckt sich auch auf etwaige Umgehungsgeschäfte (§ 511). Durch die Vorschrift des § 512 wird die Regelung schließlich noch auf die ebenfalls als besonders schutzbedürftig eingestuften **Existenzgründer** erstreckt, sofern der Nettodarlehensbetrag nicht 75.000 € übersteigt. 19

2. Allgemeine Gelddarlehensverträge

Durch den Darlehensvertrag verpflichtet sich der Darlehensgeber, dem Darlehensnehmer einen bestimmten Geldbetrag vorübergehend zur Verfügung zu stellen (§ 488 Abs. 1 S. 1). Der Vertrag kann entgeltlich oder unentgeltlich sein. Regelfall ist das entgeltliche, d. h. verzinsliche Darlehen (§ 488 Abs. 1 S. 2), bei dem es sich um einen gegenseitigen Vertrag im Sinne der §§ 320 ff handelt. Der Darlehensnehmer ist verpflichtet, den vereinbarten Zins zu zahlen sowie das Darlehen bei Fälligkeit zurückzuzahlen (§ 488 Abs. 1 S. 2). Der Darlehensvertrag muss vor allem von der **unregelmäßigen Verwahrung** des § 700 abgegrenzt werden; Abgrenzungskriterium ist die unterschiedliche Interessenlage: Während bei dem Darlehensvertrag die Überlassung des Geldes im Interesse des Darlehensnehmers liegt, steht bei der unregelmäßigen Verwahrung das Interesse des Anlegers an der sicheren Aufbewahrung seines Geldes im Vordergrund; Paradigma ist der normale Girovertrag mit einer Bank (s. u. § 11 Rn 31), während der Sparvertrag ein Darlehen (an die Bank) darstellt (str). 20

Für den Abschluss allgemeiner Darlehensverträge gelten keine Besonderheiten. Insbesondere bestehen keine **Formvorschriften** für derartige Darlehensverträge. Jedoch werden die **Aufklärungspflichten**, die insbesondere die Banken auch bei dem Abschluss von Darlehensverträgen aufgrund der §§ 241 Abs. 2 und 311 Abs. 2 treffen, zum Schutze der Darlehensnehmer ständig verschärft[22]. 21

Das Gesetz regelt in den §§ 488 Abs. 3, 489 und 490 vor allem die Frage, wann das Darlehen vorzeitig zurückgezahlt werden muss oder kann.[23] Ist für die **Rückzahlung** des Darlehens keine Zeit bestimmt, so kann der Vertrag von beiden Teilen jederzeit mit einer Frist von drei Monaten gekündigt werden (§ 488 Abs. 3). Wenn dagegen für den Vertrag eine feste Vertragsdauer vorgesehen ist, steht (nur) dem Darlehensnehmer unter den besonderen Voraussetzungen des § 489 ein **ordentliches Kündigungsrecht** zu; bezweckt wird damit, eine übermäßige Bindung des Darlehensnehmers zu 22

20 ABl. 2014 Nr L 60/34; dazu z. B. *Schnauder*, WM 2014, S. 783 (789 f).
21 Zu den Teilzahlungsgeschäften s. schon o. § 6 Rn 20 ff, zum Finanzierungsleasing s. o. Rn 4 ff, 13 f.
22 S. *Emmerich*, in: MK, § 311 Rn 113 ff.
23 S. z. B. *Looschelders* II Tz 355 ff.

verhindern. Das **außerordentliche Kündigungsrecht** beider Parteien hat dagegen seine Regelung in § 490 gefunden. Unberührt bleibt das allgemeine Kündigungsrecht des Darlehensgebers aus wichtigem Grunde nach **§ 314** (§ 490 Abs. 3), das vor allem bei **Zahlungsverzug** des Darlehensnehmers Bedeutung hat (s. u. Rn 25). Die Folgen eines etwaigen Zahlungsverzugs des Darlehensnehmers richten sich dann nach den allgemeinen Vorschriften (§§ 280 Abs. 1 und 2, 281, 286 und 323).

3. Verbraucherdarlehensverträge[24]

23 Ein entgeltlicher Darlehensvertrag im Sinne des § 488 (s. o. Rn 20) stellt gemäß § 491 Abs. 1 einen Verbraucherdarlehensvertrag dar, wenn er zwischen einem (beliebigen) Unternehmer (§ 14)[25] als Darlehensgeber und einem Verbraucher (§ 13) als Darlehensnehmer abgeschlossen wird (zu den §§ 13 und 14 s. schon o. § 6 Rn 1). Gleich steht der **Schuldbeitritt** eines Verbrauchers zu einem entgeltlichen Darlehensvertrag im Sinne des § 488 Abs. 1, mag dieser mit einem Verbraucher oder mit einer anderen Person abgeschlossen worden sein[26], während – ein offenkundiger Wertungswiderspruch – **Bürgschaften** von Verbrauchern für Darlehensverträge mit Dritten von den Gerichten (bedauerlicherweise) nicht in den Schutzbereich der Vorschriften über Verbraucherdarlehensverträge einbezogen werden[27]. Ganz oder doch teilweise **ausgenommen** von dem Schutzbereich der §§ 491 ff sind ferner die in den Abs. 2 und 3 des § 491 genannten Verträge, in erster Linie die sogenannten Bagatellverträge bis zu 200 € (§ 491 Abs. 2 Nr 1).

24 Die Darlehensgeber, insbesondere also die Banken, treffen bei Abschluss von Verbraucherdarlehensverträgen weitreichende Informations-, Erläuterungs- und gegebenenfalls sogar Prüfungspflichten, die sich im Einzelnen aus den §§ 241 Abs. 2 und 311 Abs. 2 sowie aus § 491a in Verbindung mit Art. 247 EGBGB und aus § 509 ergeben, die indessen in der Praxis – zum Schaden der Verbraucher – nur wenig beachtet werden.[28] Der Vertrag bedarf außerdem nach § 492 Abs. 1 der **Schriftform**, wobei das Gesetz in § 492 Abs. 2 iVm Art 247 EGBGB §§ 6 bis 13 im Einzelnen regelt, welche Angaben die Vertragsurkunde zwecks weiterer Information der Verbraucher mindestens enthalten muss. Das Schriftformerfordernis gilt auch für Vollmachten zum Abschluss von Verbraucherdarlehensverträgen (§ 492 Abs. 4), nicht dagegen für Überziehungskredite (§§ 504 f). Bei einem Verstoß gegen das Schriftformerfordernis des § 492 ist der Vertrag grundsätzlich nichtig (§ 125); der **Formmangel** kann jedoch unter bestimmten Voraussetzungen geheilt werden (§ 494 Abs. 2–6). Der Verbrau-

24 Dazu ausführlich *Bülow/Artz*, Verbraucherkreditrecht, 8. Aufl. (2014); *Gsell*, in: Eckpfeiler, 2014, Rn L 84 ff (S. 861 ff).

25 Also keine Beschränkung auf Kreditinstitute im Sinne des KWG (BGHZ 179, S. 126 [129 ff, Tz 14 ff] = NZG 2009, S. 273); zur Sittenwidrigkeit überhöhter Zinsen s. noch *Emmerich*, JuS 1988, S. 925; zur Unanwendbarkeit der gesetzlichen Regelung auf unentgeltliche Verträge s. BGH, WM 2014, S. 2091 Tz 7 = NJW 2014, S. 3719.

26 S. u. § 14 Rn 6 sowie BGHZ 133, S. 71 (74 ff) = NJW 1996, S. 2156 = JuS 1996, S. 1035 Nr 11; BGHZ 179, S. 126 (134, Tz 24) = NZG 2009, S. 273; BGH, NJW 2000, S. 3496 = JuS 2000, S. 1223 Nr 6.

27 So EuGH Slg. 2000, I-1763 (1772 ff, Tz 1 ff) = NJW 2000, S. 1323 = JuS 2000, S. 716 Nr 13 „Siepert"; BGHZ 138, S. 321 (326 ff) = NJW 1998, S. 1939 = JuS 1998, S. 844 Nr 4; s. *Zahn*, ZIP 2006, S. 1069.

28 *Metz*, NJW 2013, S 1990.

cher hat außerdem ein **Widerrufsrecht** (§§ 355, 356b, 495). Sonderregeln bestehen für **verbundene Geschäfte** aufgrund der §§ 358 bis 360 nF.[29]

Für den Fall des **Verzugs des Darlehensnehmers** und Verbrauchers mit der **Zahlung** der Zinsen oder der Rückzahlung des Darlehens fanden sich in den AGB der Banken früher durchweg für die Verbraucher überaus belastende Regelungen, die schnell zu einer Vervielfältigung ihrer Schulden führen konnten. Das Gesetz enthält deshalb heute in den §§ 497 ff zum Schutze von Verbrauchern gegen eine übermäßige Belastung mit Verzugsfolgen wichtige **Sonderregelungen**. § 497 regelt die Höhe der **Verzugszinsen**[30], während § 498 die Voraussetzungen präzisiert, unter denen der Darlehensgeber einen Verbraucherdarlehensvertrag bei einem Zahlungsverzug des Darlehensnehmers nach § 314 **kündigen** kann[31]. Voraussetzungen der Kündigung sind danach erstens ein Verzug des Verbrauchers mit mindestens zwei aufeinander folgenden Teilzahlungen ganz oder teilweise und mit mindestens 10%, bei einer Laufzeit des Vertrages über drei Jahre mit 5% des Nennbetrags des Darlehens sowie zweitens der fruchtlose Ablauf einer zweiwöchigen Nachfrist in Verbindung mit einer Ablehnungsandrohung. Nach der Kündigung vermindert sich gemäß **§ 501** die Restschuld des Darlehensnehmers um die Zinsen, die bei staffelmäßiger Berechnung auf die Zeit nach Wirksamwerden der Kündigung entfallen. 25

§ 499 regelt ergänzend das **ordentliche Kündigungsrecht** des Darlehensgebers sowie sein Leistungsverweigerungsrecht, während sich in § 500 „spiegelbildlich"[32] Bestimmungen für das ordentliche Kündigungsrecht des Verbrauchers sowie für dessen Recht zur vorzeitigen Vertragserfüllung finden, ergänzt durch eine besondere Regelung der dann geschuldeten Vorfälligkeitsentschädigung in § 502. 26

---

29 S. dazu schon o. § 6 Rn 32 ff sowie *Gsell*, in: Eckpfeiler, 2014, Rn L 94 ff.

30 Zur Berechnung des Zinsschadens s. *Emmerich*, in: Festschrift f. Giger, 1989, S. 173.

31 S. *Emmerich*, JuS 1991, S. 705 (709 f).

32 So die Begr., BT-Dr 16/11643, S. 85 („Zu § 500").

Teil III

Schuldverhältnisse über die Leistung von Diensten und die Herstellung von Werken

1. Kapitel

Vertragliche Schuldverhältnisse

§ 9 Dienstvertrag und ähnliche Verträge[1]

Arzt-Fall 11: Der Arzt Dr. X wird dringend zu dem plötzlich schwer erkrankten, einsam wohnenden Y gerufen. Bei seiner Ankunft nach abenteuerlicher Fahrt muss er jedoch feststellen, dass Y inzwischen verstorben ist. Kann Dr. X Zahlung des üblichen Honorars von den Erben des Y verlangen? Wie, wenn Y noch vor der Ankunft des Dr. X (aus Angst vor dem Arzt) plötzlich wieder gesund wird und keine ärztliche Hilfe mehr benötigt? **Lösung Rn 26**

Autoüberführungs-Fall 12: Der Einsatzstudent S wird von der Firma X mit der Überführung eines Kraftfahrzeugs von Düsseldorf nach Nürnberg „beauftragt". Auf der Fahrt verschuldet er einen Unfall, bei dem das Fahrzeug zerstört wird. Die X verlangt von S Schadensersatz. Mit Recht? **Lösung Rn 7, 14**

I. Überblick

1 Im Anschluss an die Veräußerungs- und Gebrauchsüberlassungsverträge regelt das BGB in den §§ 611 bis 704 verschiedene sogenannte tätigkeitsbezogene Schuldverhältnisse. Im Mittelpunkt der Regelung stehen die **Verträge über Tätigkeiten für andere**, wobei das Gesetz ebenso wie schon bei den Veräußerungs- und den Gebrauchsüberlassungsverträgen zunächst danach unterscheidet, ob es sich um einen entgeltlichen oder um einen unentgeltlichen Vertrag handelt. Unentgeltliche Tätigkeitsverträge sind ausnahmslos **Auftragsverträge** (§§ 662 ff; u. § 12). Dagegen gibt es keinen einheitlichen Grundtypus des entgeltlichen Tätigkeitsvertrages; vielmehr trennt das Gesetz hier weiter insbesondere zwischen **Dienstverträgen** (§§ 611–630) und **Werkverträgen** (§§ 631–651; u. § 10), wobei zusammen mit den Dienstverträgen seit 2013 auch die Behandlungsverträge (§§ 630a–630h, u Rn 35 ff) und zusammen mit den Werkverträgen seit 1994 die Reiseverträge geregelt sind (§§ 651a–651m, u. § 11 Rn 8 ff). Haben die genannten Verträge eine Geschäftsbesorgung zum

---

1 Ausführliche Darstellungen z. B. bei *Oetker/Maultzsch*, Vertragliche Schuldverhältnisse, § 7 (S. 453 ff); *Richardi*, Dienstvertrag, in: Eckpfeiler des Zivilrechts, 2014, Rn P 1 ff (S. 1055 ff).

Gegenstand, so findet nach § 675 ergänzend Auftragsrecht Anwendung (u. § 12 Rn 13 ff).

II. Begriff

Ein **Dienstvertrag** ist nach § 611 Abs. 1 ein Vertrag, durch den sich jemand zur Leistung von Diensten gegen Zahlung einer Vergütung verpflichtet; § 611 Abs. 2 fügt hinzu, dass Gegenstand eines Dienstvertrages Dienste jeder Art sein können – ohne Unterschied, ob es sich um einfache Dienste oder solche „höherer Art" (s. § 627 Abs. 1) und ob es sich um einmalige oder dauernde Dienstleistungen handelt. Aus den folgenden Vorschriften (vgl insbesondere die §§ 612a, 613a, 615 S. 3, 620 Abs. 3 und 622) folgt außerdem, dass man innerhalb der Dienstverträge weiter zwischen sogenannten freien Dienstverträgen und Arbeitsverträgen zu unterscheiden hat (s. Rn 7). 2

Der Dienstvertrag muss vor allem von dem **Werkvertrag** der §§ 631 bis 651 unterschieden werden (s. dazu u. §§ 10 und 11). Die gesetzliche Regelung der beiden Grundtypen tätigkeitsbezogener Verträge weist erhebliche Unterschiede auf, so dass ihrer genauen **Abgrenzung** erhebliche praktische Bedeutung zukommt. Auszugehen ist von § 631 Abs. 1, nach dem der Unternehmer durch einen Werkvertrag zur Herstellung des versprochenen „Werks" verpflichtet wird, wobei § 631 Abs. 2 hinzufügt, dass Gegenstand des Werkvertrages sowohl die Herstellung oder Veränderung einer Sache als auch ein anderer durch Arbeit oder Dienstleistung herbeizuführender „Erfolg" sein kann (s. auch u. § 10 Rn 1 ff). Aus dieser Regelung wird allgemein der Schluss gezogen, dass sich die Abgrenzung zwischen Dienst- und Werkverträgen in erster Linie danach zu richten hat, ob nach den Vorstellungen der Parteien Gegenstand des Vertrages „nur" die **Tätigkeit** des Verpflichteten als solche **oder** darüber hinaus der durch sie herbeizuführende **Erfolg** ist, ob der Schuldner mit anderen Worten bereits für seine „bloße" Tätigkeit oder erst für deren Erfolg bezahlt wird[2]. 3

In den vielen nur schwer einzuordnende **Grenzfällen** bleibt oft nichts anderes übrig, als „vom Ergebnis her" zu denken, d. h. darauf abzustellen, ob auf den fraglichen Vertrag **besser Dienst- oder Werkvertragsrecht „passt"**, wobei das Augenmerk insbesondere auf die unterschiedliche Regelung der Haftung des Schuldners in den §§ 607 ff und 631 ff zu richten ist (s. Rn 13). Was damit gemeint ist, lässt sich am besten am Beispiel des **Arztvertrages** verdeutlichen: Natürlich wünscht sich jeder Patient einen „Erfolg" in Gestalt seiner Heilung, wenn er einen Arzt aufsucht. Gleichwohl behandelt das Gesetz heute den Arztvertrag in Übereinstimmung mit der bisher schon hM in den §§ 630a ff von 2013 als besondere Erscheinungsform des *Dienstvertrages*, weil sich ein Arzt in aller Regel „nur" zur lege artis durchgeführten Behandlung, nicht dagegen auch zur Heilung des Patienten selbst verpflichten kann, da der Erfolg der Behandlung, die Heilung des Patienten, von einer Vielzahl von Faktoren abhängt, auf die der Arzt keinen Einfluss hat[3]. Allenfalls für Verträge über kosmeti- 4

2 BGHZ 151, S. 330 (332 f) = NJW 2002, S. 3323 (3324 f); BGH, LM Nr 107 zu § 631 BGB = NJW 2002, S. 1571 (1572 f) = JuS 2002, S. 923 (924) Nr 6; BAG, NJW 2013, S. 3672 Tz 15 ff.

3 S. u. Rn 35 ff; z. B. BGHZ 63, S. 306 (309 ff) = NJW 1975, S. 305 = JuS 1975, S. 330 Nr 6.

sche Eingriffe kommt – zum Schutze der Patienten – eine andere Beurteilung in Betracht (anders die wohl hM).

5 Dienstverträge sind ferner in der Mehrzahl der Fälle die Verträge mit **Rechtsanwälten**, Steuerberatern, Wirtschaftsprüfern und sonstigen **Beratern** (§§ 675 Abs. 1, 611, Rn 15 ff). Anders kann es sich nur im Einzelfall verhalten, wenn die Herbeiführung eines Erfolgs, z. B. die Anfertigung eines Gutachtens oder die Erstellung eines Jahresabschlusses, ganz im Vordergrund der Tätigkeit des Freiberuflers steht, dergegenüber die damit verbundene Beratung in den Hintergrund tritt[4]. Ein weiteres aktuelles Beispiel sind die Verträge mit Telekommunikationsunternehmen über die Ermöglichung des Zugangs zu Telefonnetzen oder zum Internet.[5] Auch **Mischformen** sind denkbar, sodass sich dann die Haftung des Schuldners für einen Teil seiner Leistungen nach Dienstvertragsrecht und für den Rest nach Werkvertragsrecht richtet[6].

III. Arbeitsvertrag

6 Innerhalb der Dienstverträge hat man vor allem zwischen *freien* Dienstverträgen und *Arbeitsverträgen* zu unterscheiden. Die Abgrenzung richtet sich nicht nach der von den Parteien frei gewählten Bezeichnung des Vertrags, sondern hängt allein von der wirklichen Gestaltung ihrer Beziehungen ab[7]. Arbeitnehmer unterscheiden sich von sonstigen Dienstverpflichten vornehmlich durch das Ausmaß ihrer **persönlichen Abhängigkeit** von dem Dienstberechtigten, dem Arbeitgeber, wodurch ihre besondere Schutzbedürftigkeit begründet wird. **Kriterien** der persönlichen Abhängigkeit eines Arbeitnehmers sind insbesondere die **Weisungsgebundenheit** des Dienstverpflichteten hinsichtlich der Gestaltung seiner Tätigkeit und hinsichtlich der Arbeitszeit (s. § 84 Abs. 2 HGB; § 106 GewO; u. Rn 11), die Unterordnung unter eine andere im Dienste des Berechtigten stehende Person, die Pflicht zum regelmäßigen Erscheinen an einem festen Arbeitsort sowie das Verbot anderer Tätigkeiten[8]. Dasselbe gilt erst recht für die Unterscheidung zwischen Arbeits- und Werkverträgen;[9] das ist wichtig wegen der verbreiteten Ersetzung herkömmlicher Arbeitsverhältnisse durch Werkverträge mit so genannten Scheinselbstständigen.

7 Die **gesetzliche Regelung** der Arbeitsverträge findet sich heute nur noch zu einem geringen Teil im BGB, überwiegend jedoch außerhalb des BGB in arbeitsrechtlichen Sondergesetzen wie z. B. den §§ 6, 105 ff GewO. Wegen der Einzelheiten ist insoweit auf die Darstellungen des Arbeitsrechts zu verweisen[10].

---

4 Insbes. BGHZ 149, S. 57 (61 f) = NJW 2002, S. 749; BGH, LM Nr 107 zu § 631 BGB = NJW 2002, S. 1571 (1572 f) = JuS 2002, S. 923 (924) Nr 6 m. Nachw.
5 BGHZ 196, S. 285 (289, Tz 15) = NJW 2013, S. 2021.
6 *Looschelders* II, Tz 544; vgl für zahnprothetische Leistungen BGHZ 63, S. 306 (309 ff) = NJW 1975, S. 303 = JuS 1975, S. 330 Nr 6.
7 BAG, NJW 2013, S. 3672 Tz 16 ff.
8 S. BGH, NJW 2003, S. 2913 (2915); NJW-RR 2003, S. 277 (280); BAG, NJW 2013, S. 3672 Tz 16.
9 BAG, NJW 2013, S. 3672 Tz 17 ff.
10 S. insbes. *Lieb/Jacobs*, Schwerpunkte Bd. 10: Arbeitsrecht, 9. Aufl. (2006).

In unserem **Autoüberführungs-Fall 12** ist nach dem Gesagten kein Arbeitsvertrag, sondern ein freier Dienstvertrag anzunehmen, da es hier offensichtlich an einer persönlichen Abhängigkeit des S fehlte, der für die X nur einmal in beschränktem Umfang tätig war[11].

IV. Abschluss

Für den Abschluss von Dienstverträgen gelten keine Besonderheiten. Von einigen Sonderfällen abgesehen, besteht insbesondere **kein Formzwang**: Lediglich bei Arbeitsverträgen ist der Arbeitgeber aufgrund des **Nachweisgesetzes von 1995**[12] verpflichtet, spätestens einen Monat *nach* Vertragsbeginn die wesentlichen Bedingungen schriftlich niederzulegen und die Urkunde dem Arbeitnehmer auszuhändigen. 8

Auf Dienstverträge sind ferner grundsätzlich die allgemeinen **Nichtigkeits- und Anfechtungsgründe** des BGB anwendbar; jedoch werden insbesondere bei **Arbeitsverträgen**, sobald sie einmal durch die Aufnahme der Arbeit seitens des Arbeitnehmers **vollzogen** sind, die **Wirkungen** eines Nichtigkeitsgrundes oder der Anfechtung des Vertrages insofern beschränkt, als sie grundsätzlich nur für die **Zukunft** geltend gemacht werden können, um dem Arbeitnehmer für die Vergangenheit seinen Lohnanspruch und generell den Schutz des Arbeitsrechts zu erhalten[13]. Auf **freie** Dienstverträge sind diese Grundsätze nur übertragbar, wenn die Situation des Dienstverpflichteten mit der eines Arbeitnehmers vergleichbar ist. Ein Beispiel sind die Dienstverträge mit den *Mitgliedern der Organe* juristischer Personen,[14] obwohl diese Personen keine Arbeitnehmer sind, sondern im Gegenteil den Arbeitnehmern der juristischen Person gegenüber den Arbeitgeber vertreten.[15] 9

Eine weitere arbeitsrechtliche Besonderheit ergibt sich aus **§ 613a**, nach dem im Arbeitsrecht der **Übergang eines Betriebes** oder eines Betriebsteils durch Rechtsgeschäft auf einen anderen Inhaber zur Folge hat, dass der Erwerber von selbst in die Rechte und Pflichten aus den im Zeitpunkt des Übergangs bestehenden Arbeitsverhältnissen eintritt, während normalerweise der Eintritt eines neuen Gläubigers anstelle des bisherigen in ein Schuldverhältnis ein Zusammenwirken aller drei Beteiligten erfordert (§ 311 Abs. 1). Bezweckt wird damit, den Arbeitnehmern nach Möglichkeit ihre Arbeitsplätze zu erhalten. Vorbild der Regelung war § 566 (s. o. § 7 Rn 59). 10

V. Pflichten des Dienstverpflichteten

1. Inhalt

Der Dienstvertrag ist ein gegenseitiger Vertrag, bei dem sich die vom Dienstverpflichteten geschuldeten Dienstleistungen und die vom Dienstberechtigten zu zahlende Vergütung als **Hauptleistungen** iS der §§ 320 ff gegenüberstehen (§§ 611 und 11

11 BGH, LM Nr 21 zu § 611 BGB = NJW 1963, S. 1100 = JuS 1963, S. 328 Nr 2.
12 BGBl. I, S. 946.
13 S. *Looschelders* II, Tz 554 ff; *Richardi*, in: Eckpfeiler, Rn P 34 f (S. 1066).
14 S. *Schiemann*, JuS 1983, S. 649 (652 f).
15 *Baums*, Der Geschäftsleitervertrag, 1987.

612). Die Dienste sind grundsätzlich **in Person** zu leisten (§ 613 S. 1). Der Inhalt der geschuldeten Dienste richtet sich in erster Linie nach den Vereinbarungen der Parteien und im Übrigen nach den typischen Verkehrserwartungen, die vor allem durch das jeweilige Berufs- und Standesrecht geprägt werden (§§ 133, 157, 242). Die weitere Konkretisierung der zu erbringenden Dienste obliegt in der Regel, wenn auch nicht immer und nicht notwendig, dem Dienstberechtigten (vgl zum Arbeitsvertrag schon o. Rn 6). **Maßstab** der von dem Dienstverpflichteten geschuldeten Sorgfalt (§ 276) sind grundsätzlich die Fähigkeiten und Kenntnissen eines ordentlichen und gewissenhaften Berufsangehörigen und nicht etwa die gegebenenfalls geringeren Fähigkeiten des konkreten Dienstverpflichteten. Die Folge ist, dass die Anforderungen der Rechtsprechung häufig sehr **streng** sind; im besonderen Maße gilt das für die Angehörigen der freien Berufe (s. Rn 15 f). Lediglich für **Arbeitnehmer** hat sich mittlerweile eine großzügigere Haltung in der Rechtsprechung durchgesetzt (u. Rn 14).

12 Die **Nebenleistungspflichten** des Dienstverpflichteten ergeben sich im Einzelnen aus den §§ 241 Abs. 2 und 242 sowie aus einer Fülle verstreuter Vorschriften innerhalb und außerhalb des BGB und können entsprechend vielgestaltig sein. Generell trifft ihn die Pflicht, in der gebotenen Weise auf die legitimen Interessen des Dienstberechtigten Rücksicht zu nehmen (sogenannte **Treuepflicht**). Daraus können sich z. B. je nach den Umständen des Falles eine Pflicht zur Abwendung drohender Gefahren, Anzeige- und Verschwiegenheitspflichten sowie ein Konkurrenzverbot ergeben[16].

2. Haftung[17]

13 In auffälligem Gegensatz zu Kauf, Miete und Werkvertrag fehlen beim Dienstvertrag besondere Vorschriften über die **Schlechterfüllung**. Die Folgen von **Leistungsstörungen** richten sich daher nach den allgemeinen Vorschriften (§§ 275 f, 280 ff und 323 ff). So verhält es sich insbesondere, wenn dem Dienstverpflichteten die Erbringung seiner Leistung **unmöglich** wird. Bedeutung hat das in erster Linie, wenn es sich bei dem Vertrag um ein **absolutes Fixgeschäft** handelt. Man versteht darunter Verträge, bei denen das Zeitmoment so bedeutsam ist, dass die geschuldeten Dienste nur zu einem ganz bestimmten Zeitpunkt und danach überhaupt nicht mehr erbracht werden können, sodass hier jede „Verzögerung" der Dienstleistung zu deren Unmöglichkeit führt – mit der Folge der entsprechenden Minderung der Gegenleistung in diesem Fall (§§ 326 Abs. 1 S. 1 HS 2, 441 Abs. 3)[18]. Paradigma ist die Bestellung einer Taxe zu einem Zug oder zu einem Flug. Handelt es sich dagegen um eine bloße **Verzögerung** der Leistung – denkbar insbesondere bei freien Dienstverträgen –, so richten sich die Rechtsfolgen nach den §§ 280 und 286, sofern und solange die fragliche Leistung noch nachgeholt werden kann.[19] In den verbleibenden Fällen ist der Dienstberechtigte jedoch im Falle mangelhafter Dienstleistungen grundsätzlich auf

16 BAGE 6, S. 82 (83); 26, S. 219 (232); BGH, LM Nr 89 zu § 611 BGB = NJW-RR 1989, S. 614 = JuS 1989, S. 668 Nr 5; zum Dienstberechtigten s. u. Rn 27.

17 S. zum Folgenden *Deutsch/Taupitz* (Hrsg.), Haftung der Dienstleistungsberufe, 1993; *Hirte*, Berufshaftung, 1996; *Looschelders* II, Tz 566 ff (S. 191 ff); *Medicus/Lorenz* II, Tz 629 ff; *Richardi*, in: Eckpfeiler, Rn P 63 ff (S. 1075 ff); *Sandmann*, Die Haftung von Arbeitnehmern, Geschäftsführern und leitenden Angestellten, 2001.

18 S. BGH, LM Nr 91 zu § 611 BGB = NJW 1990, S. 2549.

19 *Looschelders* II, Tz 577.

Schadensersatzansprüche gegen den Dienstverpflichteten beschränkt, vorausgesetzt, dass dieser schuldhaft seine Sorgfaltspflichten (o. Rn 11 f) verletzt hat *und* dem anderen Teil dadurch ein Schaden entstanden ist (§§ 280 Abs. 1, 276 Abs. 1, 249, 619a). Ob daneben auch Raum für eine **Minderung** des Dienstberechtigten ist, etwa nach § 326 Abs. 1 S. 1 HS 2 i. V. m. § 441 Abs. 3, ist streitig;[20] überwiegend wird die Frage bisher mit Rücksicht auf die abweichende gesetzliche Regelung bei Kauf- und Werkverträgen verneint[21].

14 Auf **Arbeitsverträge** lassen sich die geschilderten Grundsätze über die Haftung des Dienstverpflichteten (o. Rn 13) nur mit Einschränkungen übertragen, um eine übermäßige Belastung von Arbeitnehmern bei einer jederzeit denkbaren leichtfahrlässigen Schädigung ihres Arbeitgebers zu vermeiden[22]. Aus diesem Grund bestimmt zunächst der 2001 in das Gesetz eingefügte **§ 619a**, dass bei Arbeitsverträgen für die Anwendung der Beweislastumkehr des § 280 Abs. 1 S. 2 kein Raum ist. Der Arbeitgeber kann folglich von dem Arbeitnehmer nur Schadensersatz verlangen, wenn er ihm *nachgewiesen* hat, dass er den Schaden zu vertreten hat (§ 276 Abs. 1). Darüber hinaus hat sich mittlerweile allgemein die Auffassung durchgesetzt, dass die **Haftung** des Arbeitnehmers bei **Fahrlässigkeit generell eingeschränkt** werden muss[23]. Die Folge ist, dass sich bei **leichter Fahrlässigkeit** die Haftung des Arbeitnehmers analog § 254 Abs. 1 nach einer Abwägung seines Verschuldens gegen das Betriebsrisiko richtet, das der Arbeitgeber tragen muss, sodass der **Schaden** zwischen ihnen letztlich quotal je nach ihrem Verursachungsbeitrag **zu teilen** ist (§ 254), während bei **leichtester Fahrlässigkeit** nach dem „Inhalt des Schuldverhältnisses" (s. § 276 Abs. 1 S. 1) die Haftung des Arbeitnehmers tatsächlich gewöhnlich **entfallen** wird[24]. Dasselbe gilt für konkurrierende deliktische Ersatzansprüche des Arbeitgebers gegen seinen Arbeitnehmer. Bei Vorsatz oder grober Fahrlässigkeit des Arbeitnehmers ist dagegen in aller Regel kein Raum für eine Haftungsbeschränkung. Auch die deliktische Haftung des Arbeitnehmers gegenüber Dritten unterliegt (natürlich) keinerlei Beschränkungen.

Auf *freie* Dienstverträge lassen sich die geschilderten Restriktionen der Arbeitnehmerhaftung *nicht* übertragen, sodass in unserem **Autoüberführungs-Fall 12** der Einsatzstudent S der X den gesamten Schaden ersetzen muss, selbst wenn er nur leicht fahrlässig gehandelt hat (§§ 280 Abs. 1, 823 Abs. 1, 276 Abs. 1 und 249).

3. Beispiele

15 Wie bereits betont (Rn 11), sind die Anforderungen der Rechtsprechung an die von dem Dienstverpflichteten zu beobachtende Sorgfalt sehr hoch (§ 276 Abs. 2). Das soll jetzt noch an einigen Beispielen aus dem weiten Bereich der **Haftung der Rechtsanwälte** verdeutlicht werden: Verträge mit Rechtsanwälten sind **Geschäftsbesorgungs-**

---

20 Ausführlich *Canaris*, in: Festschrift K. Schmidt, 2009, S 177.

21 BGHZ 184, S. 209 (224 f, Tz 55) = NJW 2010, 2202; *Looschelders* II, Tz 582.

22 S. zum Folgenden Leistungsstörungen, § 21 Rn 27 ff (S. 328 ff) m. Nachw.

23 S. Gemeinsamer Senat, LM Nr 93a zu § 611 BGB = NJW 1994, S. 856; BGHZ 108, S. 305 (307 ff) = NJW 1989, S. 3273; BAGE(GS) 78, S. 56 = NJW 1995, S. 210; BAGE 90, S. 148 (152) = NJW 1999, S. 966.

24 BGH, LM Nr 97 zu § 611 BGB = NJW 1996, S. 1532; BAGE 90, S. 9 (17 f) = NJW 1999, S. 1049 (1051); BAGE 109, S. 279 = NJW 2004, S. 2469 (2470).

verträge mit Dienstvertragscharakter iS des § 675 Abs. 1 (s. u. § 12 Rn 12–14). Rechtsanwälten obliegen infolgedessen zum Schutz der Interessen ihrer Mandanten aufgrund der §§ 241 Abs. 2, 242, 611 ff und 665 ff besonders **weitgehende**, im Grunde treuhänderische **Sorgfaltspflichten**. Der Anwalt ist insbesondere zu einer **umfassenden und erschöpfenden Beratung** seines Mandanten mit dem Ziel verpflichtet, ihn nach Möglichkeit vor vermeidbaren rechtlichen oder wirtschaftlichen Schäden zu bewahren[25], wobei zu Gunsten des Mandanten vermutet wird, dass er dem (zutreffenden) Rat seines Anwalts auch tatsächlich gefolgt wäre.[26] Soweit nötig, muss er sich die für eine zutreffende Beratung nötigen Rechtskenntnisse verschaffen und sich deshalb gegebenenfalls selbst in abgelegene Spezialmaterien umfassend einarbeiten[27]. In jedem Fall muss er versuchen, das von dem Mandanten angestrebte Ziel auf dem **sichersten Weg** zu erreichen. Kommen mehrere Maßnahmen in Betracht, so ist er daher verpflichtet, immer den nach dem neuesten Stand der Rechtsprechung am meisten Erfolg versprechenden Weg zu wählen[28].

16 Verstößt der Anwalt schuldhaft gegen seine Pflichten (o. Rn 15), so macht er sich **ersatzpflichtig** (§§ 675 Abs. 1, 611, 280 Abs. 1, 276). Rechtsunkenntnis vermag ihn in keinem Fall zu entschuldigen[29]. Auch durch **Fehler anderer**, z. B. durch das Versehen eines beteiligten Notars oder des Prozessgerichts, wird die Kausalität zwischen dem Fehlverhalten des Anwalts und dem eingetretenen Schaden nicht unterbrochen; vielmehr ist es gerade die Aufgabe des Anwalts, solche Fehler Dritter zu verhindern[30]. Der Mandant kann dann im Wege des **Schadensersatzes** verlangen, so gestellt zu werden, wie er jetzt bei pflichtgemäßem Verhalten des Anwalts stände (§§ 280 Abs. 1, 249)[31]. Versäumt der Anwalt z. B. schuldhaft die Berufungsfrist, so muss er den Mandanten so stellen, als ob er rechtzeitig Berufung eingelegt hätte. Wäre dann der Vorprozess gewonnen worden, wobei darauf abzustellen ist, wie aus der **Sicht des jetzt zuständigen Gerichts** der Prozess damals richtig zu entscheiden gewesen wäre, so kann der Mandant Ausgleich seiner Schäden infolge des Verlusts des Vorprozesses fordern (§§ 249, 280)[32].

VI. Pflichten des Dienstberechtigten

1. Vergütungspflicht

17 Hauptleistungspflicht des Dienstberechtigten, insbesondere also des Arbeitgebers ist die Zahlung der vereinbarten Vergütung (§ 611, § 107 GewO). Die Zahlungspflicht kann sich, zumal bei den freien Berufen, auch einfach **aus den Umständen** ergeben,

25 Zusammenfassend BGHZ 171, S. 262 (263 ff, Tz 9 ff) = NJW 2007, S. 2485; BGHZ 193, S. 193 (200 ff, Tz 21 ff) = NJW 2012, S. 2435; BGH NJW 2009, S. 1589 Tz 10; 2011, S. 2650 Tz 11.

26 BGHZ 193, S. 193 (206, Tz 36) = NJW 2012, S. 2435; BGH NJW 2012, S. 2180 (2184, Tz 35); *Emmerich*, in: MK, § 311 Rn 193 ff.

27 BGH, NJW 2006, S. 501 (502 f); WM 2009, S. 90 Tz 9.

28 BGH, NJW 1993, S. 3323; NJW-RR 2003, S. 1212; BGHZ 193, S. 193 (200, Tz 22) = NJW 2012, S. 2435; ebenso für Steuerberater BGH, NJW 2004, S. 3487.

29 BGH, LM Nr 155 zu § 675 BGB = NJW 1990, S. 2882 = JuS 1990, S. 1017 Nr 4; NJW 2006, S. 501 (502).

30 BGHZ 174, S. 205 (209 ff, Tz 11 ff) = NJW 2008, S. 1309; *Borgmann*, NJW 2008, S. 412 (417 f).

31 BGH, NZM 2008, S. 445 (448, Tz 47).

32 BGHZ 163, S. 223 (227 ff) = NJW 2005, S. 3071; BGHZ 174, S. 205 (208 f, Tz 9) = NJW 2008, S. 1309.

da niemand ernsthaft erwarten darf, dass z. B. ein Arzt oder Rechtsanwalt für ihn unentgeltlich tätig wird (§ 612), so dass, wer die Dienste eines Arztes oder eines Rechtsanwalts in Anspruch nimmt, den damit konkludent abgeschlossenen Dienstvertrag (§§ 133, 157, 612) nicht mit der Begründung anfechten kann, er sei davon ausgegangen, es handele sich lediglich um einen unentgeltlichen Auftrag nach § 662 (§ 119 Abs. 1). Eine Ausnahme gilt lediglich für reine Gefälligkeitsverhältnisse. Die Höhe der **Vergütung** richtet sich in erster Linie nach der Vereinbarung. Nur wo eine solche fehlt, ist nach § 612 Abs. 2 auf die taxmäßige Vergütung und hilfsweise auf die übliche Vergütung abzustellen. Unter einer taximäßigen Vergütung sind dabei vor allem die gesetzlichen Gebührenordnungen z. B. Für Rechtsanwälte, Ärzte oder Architekten zu verstehen. Die Fälligkeit der Vergütung richtet sich nach § 614.

2. Kein Lohn ohne Arbeit

a) BGB

Wenn der Dienstverpflichtete, z. B. der Rechtsanwalt oder Arbeitnehmer, zu der vereinbarten Zeit nicht tätig werden kann oder will, wird es sich wegen des Fixcharakters zahlreicher Dienstleistungen häufig um einen Fall der **Unmöglichkeit** handeln, so dass der Dienstverpflichtete den Anspruch auf die Gegenleistung, die vereinbarte Vergütung (Rn 17) verliert (§§ 275, 326 Abs. 1, o. Rn 13). Von diesem Grundsatz „kein Lohn ohne Arbeit", durch den der Dienstverpflichtete, vor allem also der Arbeitnehmer im Einzelfall hart getroffen werden kann gibt es jedoch zum Schutze der Dienstverpflichteten zahlreiche **Ausnahmen**. Die wichtigsten ergeben sich aus § 326 Abs. 2 S. 1 HS 1, § 615 und § 616: nach § 326 Abs. 2 S. 1 HS 1 behält der Dienstverpflichtete den Anspruch auf die Gegenleistung zunächst dann, wenn der Dienstberechtigte, z. B. der Arbeitgeber, die **Unmöglichkeit** der Dienstleistung ganz oder überwiegend zu **vertreten** hat. Was der Dienstberechtigte in diesem Sinn zu vertreten hat, richtet sich in erster Linie danach, welche Risiken der Dienstberechtigte nach Sinn und Zweck der Abreden der Parteien zu tragen hat[33]. Ein Beispiel ist die Unterlassung der nötigen Mitwirkungshandlungen des Dienstberechtigten, wodurch es dem Dienstverpflichteten unmöglich gemacht wird, entsprechend dem Vertrag tätig zu werden.[34] Dagegen verliert der **Dienstverpflichtete** den Anspruch auf die Gegenleistung, wenn *er* es ist, der die Unmöglichkeit überwiegend zu **vertreten** hat (s. **§ 326 Abs. 1**). Paradigma ist die Verweigerung zeitlich fixierter Dienst- oder Arbeitsleistungen (§§ 275 Abs. 1, 326 Abs. 1): „Kein Lohn ohne Arbeit". 18

Eine weitere Ausnahme von dem Grundsatz „kein Lohn ohne Arbeit" findet sich in § 615. Nach S. 1 dieser Vorschrift kann der Dienstverpflichtete bei **Annahmeverzug** des Dienstberechtigten auch Vergütung für die nicht geleisteten Dienste verlangen kann, ohne zur Nachleistung verpflichtet zu sein („Zeit ist Geld"); er muss sich jedoch Ersparnisse und einen anderweitigen Erwerb auf seinen Anspruch anrechnen lassen (S. 2 des § 615). Von dem Fall des Annahmeverzuges muss angesichts dieser Sonderregelung sorgfältig der Fall der **Unmöglichkeit** der Dienstleistung unterschieden werden, weil es im Falle der Unmöglichkeit der Dienstleistung grundsätzlich bei 19

33 BGH, NJW 1980, S. 700 = JuS 1980, S. 296 Nr 4.
34 *Looschelders* II, Tz 595.

der gesetzlichen Regelung der §§ 275 und 326 Abs. 1 verbleibt (Rn 18). Die Unterscheidung richtet sich danach, ob es sich um ihrer Art nach **dauernde** oder bloß **vorübergehende Leistungshindernisse** handelt. Ist danach wegen des Fixcharakters vieler Dienstleistungen Unmöglichkeit anzunehmen, so ist, wie schon gezeigt (Rn 18), zugunsten des Dienstverpflichteten § 326 Abs. 2 S. 1 zu beachten, der nach dem Grundgedanken der gesetzlichen Regelung (§§ 615 und 616) großzügig zugunsten des Dienstverpflichteten auszulegen ist.

20 Dasselbe Ergebnis – Fortbestand des Vergütungsanspruchs des Dienstverpflichteten trotz Unmöglichkeit der Dienstleistung – lässt sich vielfach durch die entsprechende Anwendung des dem **§ 645** zugrunde liegende Rechtsgedankens begründen, dass der **Dienstberechtigte** jedenfalls dann (ausnahmsweise) die **Preisgefahr** tragen muss, wenn die Leistung infolge von Umständen unterbleibt, die ihren Grund letztlich in dem von ihm zu stellenden **Leistungssubstrat** (im weitesten Sinne) haben **oder** die auf seinen **Weisungen** oder auf seinen sonstigen **Handlungen** beruhen und deshalb seiner „Sphäre" zuzurechnen sind (s. §§ 326 Abs. 2 S. 1, 615 S. 3). „Leistungssubstrat" in diesem Sinne ist auch die Person des Gläubigers, wenn sich wie z. B. beim Arztvertrag die Leistung des Dienstverpflichteten gerade auf diese bezieht. Die Folge ist, dass der Patient jedenfalls die Gefahren tragen muss, die letztlich mit seiner Person zusammenhängen[35].

21 In unserem **Arzt-Fall 11** liegt im Falle des Todes des Patienten ebenso wie bei dessen plötzlicher Genesung an sich Unmöglichkeit der ärztlichen Leistungen vor (§§ 275, 326)[36]. Indessen handelt es sich in beiden Fällen um Gefahren, die ihren Grund in der Person des Patienten haben, sodass der Arzt als Dienstverpflichteter dafür die Preisgefahr nicht zu tragen braucht. Entsprechend den §§ 326 Abs. 2 S. 1, 615 S. 1 und 645 kann er vielmehr – abweichend von § 326 Abs. 1 – sein (volles) Honorar verlangen.

22 Der letzte Fall, in dem der Dienstverpflichtete den Anspruch auf die Vergütung trotz Nichtleistung behält, hat seine Regelung in § 616 gefunden. Nach S. 1 dieser Vorschrift wird der Dienstverpflichtete seines Anspruchs auf die Vergütung nicht dadurch verlustig, dass er für eine verhältnismäßig nicht erhebliche Zeit ohne Verschulden durch einen **in seiner Person liegenden Grund** an der Dienstleistung **verhindert** wird; S. 2 der Vorschrift fügt jedoch hinzu, dass er sich Leistungen aus der gesetzlichen Kranken- oder Unfallversicherung anrechnen lassen muss[37]. **Beispiele** für in der Person des Dienstverpflichteten liegende Verhinderungsgründe sind Krankheit oder Geburten sowie der Tod naher Angehöriger, immer vorausgesetzt, dass die damit verbundene Verhinderung im Verhältnis zur Dauer des Dienstverhältnisses tatsächlich nicht erheblich, sondern nur kurzfristig ist *und* dass der Dienstverpflichtete das Hindernis nicht verschuldet hat, wobei zum Schutze des Dienstverpflichteten ganz restriktiv verfahren wird. Dasselbe gilt aufgrund des Entgeltfortzahlungsgesetzes **(EFZG)** von 1994[38] heute generell im Falle der **Krankheit** des Arbeitnehmers, so-

---

35 BGHZ 83, S. 197 (202 ff) = NJW 1982, S. 1458 = JuS 1982, S. 696 Nr 5; BGHZ 136, S. 303 (308 f) = NJW 1997, S. 3018 = JuS 1998, S. 178 Nr 7 „Schürmann-Bau I"; s. u. § 10 Rn 28; Leistungsstörungen, § 24 Rn 21 ff (S. 373 f).

36 Weder ein Verstorbener noch ein Gesunder können therapiert werden.

37 Ausführlich dazu z. B. *Medicus/Lorenz* II, Tz 643–647.

38 BGBl. I, S. 1014.

weit sich nicht aus sozialversicherungsrechtlichen Regelungen im Einzelfall etwas anderes ergibt.

b) Arbeitsrecht

Zusätzliche Besonderheiten gelten im Arbeitsrecht, in dem bereits früh zur Unterscheidung von Annahmeverzug und Unmöglichkeit im Interesse eines umfassenden Arbeitnehmerschutzes die sogenannte **Betriebsrisikolehre** entwickelt wurde, die heute in § 615 S. 3 festgeschrieben ist. Die Betriebsrisikolehre beruht letztlich auf dem Gedanken, dass das wirtschaftliche Risiko grundsätzlich den Arbeitgeber trifft, sodass er den Lohn selbst dann fortzahlen muss, wenn er mit der Arbeitsleistung seiner Arbeitnehmer nichts mehr anzufangen vermag, weil sein Betrieb, aus welchen Gründen immer, stillliegt. **Beispiele** sind Arbeitsausfall aus Auftragsmangel oder aus Witterungsgründen[39]. Ausnahmen werden lediglich bei bestimmten Betriebsstörungen infolge von **Arbeitskämpfen** auf Grund einer Kollektivbetrachtung gemacht[40]. 23

3. Schutz- und Fürsorgepflichten

Den Dienstberechtigten und damit insbesondere den Arbeitgeber treffen aufgrund der §§ 241 Abs. 2 und 242 sowie der §§ 612a und 617 bis 619 umfassende Aufklärungs-, Schutz- und Obhutspflichten gegenüber dem Dienstverpflichteten, im Arbeitsrecht meistens **Fürsorgepflicht** genannt[41]. Einzelne Aspekte dieser Pflicht hatten ihre Regelung schon 1900 in den **§§ 617 bis 619** gefunden. In den folgenden Jahrzehnten sind die Schutzpflichten des Arbeitgebers aus sozialpolitischen Gründen immer weiter ausgebaut worden. Von zentraler Bedeutung ist insbesondere seine Pflicht, nach Möglichkeit für den **Schutz des Lebens und der Gesundheit** des Arbeitnehmers zu sorgen (§ 618). Die Fürsorgepflicht ist eine **echte Leistungspflicht**, sodass der Dienstverpflichtete gegebenenfalls Erfüllung verlangen kann. Außerdem steht ihm im Falle der Nichterfüllung ein **Zurückbehaltungsrecht** zu, bei dessen Ausübung der Dienstberechtigte in Annahmeverzug gerät, sodass er das vereinbarte Gehalt fortzahlen muss (§§ 615 S. 1, 273, 298, 320)[42]. Daneben kommen auch **Schadensersatzansprüche** in Betracht (§ 280 Abs. 1), soweit nicht im Arbeitsrecht sozialversicherungsrechtliche Sonderregelungen, insbesondere in der Unfallversicherung, eingreifen. Hervorzuheben sind die §§ 104 und 105 SGB VII, nach denen der Arbeitgeber und gleichstehende Personen den Arbeitnehmern für Schäden aufgrund eines **Betriebsunfalls** grundsätzlich *nicht* nach dem BGB schadenersatzpflichtig sind, außer wenn sie vorsätzlich gehandelt haben, dies deshalb, weil die Arbeitgeber allein die Beiträge zu der gesetzlichen Unfallversicherung tragen. 24

39 BAG, NJW 2008, S. 3803 (3804, Tz 22 ff).

40 Grdl. RGZ 106, S. 272 (275); RAGE 2, S. 74; 15, S. 61; BAGE 3, S. 346; Leistungsstörungen, § 25 (S. 388 ff).

41 S. *Richardi*, in: Eckpfeiler, Rn P 102 ff (S. 1086 ff).

42 S. *Emmerich*, in: MK, § 320 Rn 12.

VII. Beendigung

1. Überblick

25 Durch einen Dienstvertrag wird ebenso wie durch einen Mietvertrag in der Mehrzahl der Fälle ein Dauerschuldverhältnis begründet, sodass besondere Regeln über die Beendigung des Vertragsverhältnisses erforderlich sind. Die wichtigsten Gründe für die Beendigung des Vertragsverhältnisses sind danach neben dem Tod des Dienstverpflichteten (§ 613) ein Aufhebungsvertrag (§ 311 Abs. 1), die Befristung (u. Rn 26) sowie die ordentliche und die außerordentliche Kündigung des Vertrags (u. Rn 27 ff). Die gesetzliche Regelung findet sich in den **§§ 620 bis 628** sowie in einer Reihe arbeitsrechtlicher Schutzvorschriften, unter denen das **Kündigungsschutzgesetz (KSchG) von 1951** in der Fassung von **1969** herausragt[43].

2. Befristung

26 Dienstverträge können auf bestimmte und auf unbestimmte Zeit abgeschlossen werden. Werden sie auf **bestimmte Zeit** abgeschlossen, so enden sie automatisch mit Eintritt des vereinbarten Endtermins (**§ 620 Abs. 1**). Ebenso wie Mietverträge können sie dann vorher nur aus wichtigem Grunde gekündigt werden (§§ 626, 627). Einschränkungen gelten für **Arbeitsverträge**, um zu verhindern, dass durch die Vereinbarung befristeter Arbeitsverträge der Kündigungsschutz unterlaufen wird. Maßgebend ist gemäß § 620 Abs. 3 das **Teilzeit- und Befristungsgesetz (TzBfG)** von 2000 in der Fassung von 2007, nach dem die Befristung eines Arbeitsvertrages nur zulässig ist, wenn sie durch einen **sachlichen Grund** gerechtfertigt ist (§ 14 Abs. 1 S. 1 TzBfG).

3. Ordentliche Kündigung

27 Dienst- und Arbeitsverträge, die für unbestimmte Zeit eingegangen sind, können von beiden Parteien jederzeit ordentlich gekündigt werden (§ 620 Abs. 2), wobei das Gesetz in den §§ 621 und 622 die **Kündigungsfristen** für freie Dienstverträge und für Arbeitsverträge unterschiedlich regelt. Bei **Arbeitsverträgen** beläuft sich die Kündigungsfrist heute einheitlich für Arbeiter und Angestellte auf vier Wochen zum Fünfzehnten oder zum Ende eines Kalendermonats (§ 622 Abs. 1). In verschiedenen Fällen verlängert sich diese Kündigungsfrist bis zu sieben Monaten (s. § 622 Abs. 2). Ergänzend ist hier der **Kündigungsschutz** (nur) für Arbeitnehmer auf Grund des KSchG zu berücksichtigen (o. Rn 25).

4. Außerordentliche Kündigung

28 Neben der ordentlichen Kündigung (Rn 27) kommt bei Dienstverträgen ebenso wie bei Mietverträgen unter engen Voraussetzungen eine außerordentliche Kündigung in Betracht, wobei man im Einzelnen die befristete und die fristlose außerordentliche Kündigung zu unterscheiden hat. Der einzige Fall einer **befristeten außerordentli-**

43 S. dazu im Einzelnen *Lieb/Jacobs*, Schwerpunkte Bd. 10: Arbeitsrecht, 9. Aufl. (2006).

chen Kündigung findet sich in **§ 624**. Der Dienstverpflichtete kann danach bei Verträgen für eine längere Zeit als fünf Jahre nach Ablauf von fünf Jahren mit einer Frist von sechs Monaten kündigen.

Eine **außerordentliche fristlose Kündigung** ist bei Dienst- und Arbeitsverträgen gemäß § 626 Abs. 1 möglich, wenn Tatsachen vorliegen, aufgrund derer dem Kündigenden unter Berücksichtigung aller Umstände des Falles und unter Abwägung der beiderseitigen Interessen die Fortsetzung des Dienstverhältnisses bis zum Ablauf der Kündigungsfrist oder bis zur vereinbarten Beendigung des Dienstverhältnisses nicht mehr zugemutet werden kann (vgl § 314 Abs. 1 S. 2). Da die fristlose Kündigung eines Dienst- oder Arbeitsvertrages in der Regel einen schwerwiegenden Eingriff in die vertraglichen Beziehungen der Parteien darstellt, sind an das Vorliegen eines wichtigen Grundes **strenge Anforderungen** zu stellen[44]. Die Gerichte prüfen deshalb das Vorliegen eines wichtigen Grundes in einem *zweistufigen Verfahren*. Auf der ersten Stufe wird untersucht, ob das fragliche Verhalten schon an sich, objektiv gesehen, einen wichtigen Grund im Sinne des Gesetzes darstellt. Ist dies der Fall, so wird auf der zweiten Stufe geprüft, ob dem Kündigenden bei umfassender Abwägung der Interessen der Beteiligten nach den Umständen des Einzelfalls die Fortsetzung des Dienst- oder Arbeitsverhältnisses tatsächlich unzumutbar ist oder ob auch mildere Mittel in Betracht kommen.[45] Der Kündigung muss deshalb in aller Regel eine Abmahnung vorausgehen, außer in besonders schweren Fällen (§ 314 Abs. 2 idF von 2014).[46] Eine fristlose Kündigung scheidet aus, wenn ein milderes Mittel ausreicht, um die Situation zu klären (Verhältnismäßigkeitsgrundsatz)[47]. 29

Beispiele für Verhaltensweisen, die nach dem Gesagten „an sich" typischerweise einen wichtigen Grund darstellen, sind vorsätzliche Handlungen zum Nachteil des Arbeitgebers, insbesondere strafbare Handlungen wie Diebstahl und Unterschlagung[48] oder ein Spesen- oder Arbeitszeitbetrug[49], ferner eine beharrliche Arbeitsverweigerung[50], sonstige schwere Verstöße gegen vertragliche Pflichten[51], z. B. die wiederholte Verletzung des aus Sicherheitsgründen angeordneten Rauchverbots[52], schwerwiegende Beleidigungen, die sexuelle Belästigung von Mitarbeitern[53] oder sexuelle Handlungen eines Kirchenmusikers an Minderjährigen, noch dazu im Kirchenraum[54], sowie die Täuschung des anderen Vertragsteils. Auch der dringende **Verdacht** einer schwerwiegenden strafbaren Handlung kann für eine außerordentliche Kündigung aus wichtigem Grunde ausreichen, sofern sich der Verdacht auf greifbare Tatsachen stützt[55]. Die **Beweislast** trägt der Kündigende. Die Kündigung muss inner- 30

44 S. z. B. *Schrader*, NJW 2012, S. 342; *Stoffels*, NJW 2011, S. 118.
45 BGH, NJW 2008, S. 360 (364, Tz 40); BAGE 134, S. 349 = NJW 2011, S. 167 Tz 16 ff „Emmely"; NJW 2012, S. 407 Tz 14 ff; 2014, S. 1323 Tz 19.
46 BAG, NJW 2014, S. 1691 Tz 20.
47 BAG, NJW 2009, S. 105 Tz 18; BAGE 134, S. 349 = NJW 2011, S. 167 Tz 32 ff „Emmely".
48 BAGE 134, S. 349 = NJW 2011, S. 167 Tz 25 ff „Emmely".
49 BAG, NJW 2008, S. 1097 (1098, Tz 23).
50 BAG, NJW 2014, S. 1323 Tz 19.
51 BAG, NJW 2014, S. 1691 Tz 14.
52 BAG, NJW 2013, S. 1323 Tz 35 ff.
53 BAG, NJW 2004, S. 3508 (3509); 2009, S. 105 Tz 15; 2012, S. 407 Tz 16 ff; *B. Reinhard*, NJW 2012, S. 411.
54 BAG, NJW 2014, S. 1691 Tz 19.
55 BAG, NJW 2008, S. 1097 (1099, Tz 30); 2014, S. 877 Tz 24 f.

halb zweier Wochen seit Kenntnis des Kündigungsgrundes erklärt und auf Verlangen des Kündigungsgegners schriftlich begründet werden (§ 626 Abs. 2).

31 Eine fristlose Kündigung ist nach **§ 627 Abs. 1** ferner dann möglich, wenn der Dienstverpflichtete, ohne in einem dauernden Dienstverhältnis mit festen Bezügen zu stehen, **Dienste höherer Art** zu leisten hat. Dienste höherer Art sind solche, die nur aufgrund besonderen Vertrauens übertragen zu werden pflegen und die überdurchschnittliche Kenntnisse oder Fähigkeiten erfordern, die üblicherweise nur aufgrund einer langwierigen akademischen Ausbildung erworben werden[56]. **Beispiele** sind die Dienstverträge mit Ärzten, Rechtsanwälten, Steuerberatern und Wirtschaftsprüfern[57]. Zusätzlich erforderlich ist, dass diese Dienste typischerweise nur aufgrund besonderen Vertrauens übertragen zu werden pflegen (§ 627 Abs. 1)[58]. Dies setzt voraus, dass es sich um (höhere) Dienste handelt, bei deren Übertragung auf die persönliche Zuverlässigkeit, die Loyalität und die Seriosität des Dienstverpflichteten Wert gelegt wird[59]. Handelt es sich freilich um ein **dauerndes Dienstverhältnis mit festen Bezügen**, so scheidet zum Schutz des Dienstverpflichteten eine Anwendung der Vorschrift des § 627 Abs. 1 doch aus. Dies setzt eine Tätigkeit voraus, die die Arbeitskraft des Dienstverpflichteten im wesentlichen in Anspruch nimmt und die zu einer gewissen persönlichen Bindung zwischen den Beteiligten führt wie etwa bei einem Leibarzt oder einem Privatlehrer.

5. Rechtsfolgen

32 Ist der Dienstvertrag aufgrund der §§ 626 oder 627 wirksam fristlos gekündigt, so kann der Dienstverpflichtete wenigstens eine **Teilvergütung** verlangen (§ 628 Abs. 1 S. 1)[60]. Anders nur, wenn er durch sein vertragswidriges Verhalten die Kündigung des Dienstberechtigten veranlasst hat *und* seine bisherigen Leistungen infolge der Kündigung außerdem für den anderen Teil kein Interesse mehr haben (§ 628 Abs. 1 S. 2 Fall 2). Statt dessen kann der *Kündigende* dann von ihm **Ersatz des** durch die Aufhebung des Dienstverhältnisses entstandenen **Schadens** verlangen (§ 628 Abs. 2; vgl § 314 Abs. 4).

33 Nach **§ 625** gilt ein Dienstverhältnis als auf unbestimmte Zeit **verlängert**, wenn der Dienstverpflichtete nach Ablauf der Dienstzeit mit Wissen des Dienstberechtigten seine Tätigkeit fortsetzt, ohne dass der Dienstberechtigte unverzüglich widerspricht. Dadurch soll ebenso wie bei der Miete (s. § 545 und dazu o. § 7 Rn 88) die Entstehung eines längeren vertragslosen Zustandes vermieden werden.

34 Nach der Kündigung muss der Dienstberechtigte dem Dienstverpflichteten auf Verlangen angemessene Zeit zum Aufsuchen eines anderen Dienstverhältnisses gewähren (**§ 629**). Außerdem ist er verpflichtet, ihm auf Wunsch ein **Zeugnis** über das Dienstverhältnis und dessen Dauer auszustellen, das, wenn der Dienstverpflichtete dies verlangt, auf die Leistungen und die Führung des Dienstverpflichteten zu erstre-

56 *Palandt/Weidenkaff*, § 627 Rn 2.
57 Vgl BGH, LM Nr 13 zu § 628 BGB = NJW 1995, S. 1954 = JuS 1995, S. 1034 Nr 4.
58 BGH, NJW 2011, S. 3757 Tz 11.
59 BGH, NJW 2011, S. 3757 Tz 9, 11.
60 Vgl für einen Anwaltsvertrag BGH, NJW 2014, S. 2715.

cken ist (**§ 630**). Für **Arbeitsverhältnisse** gilt gem. § 630 S. 3 ergänzend **§ 109 GewO**. Generell gilt, dass das Zeugnis objektiv, richtig und wahr sein muss. Die bewusst **unrichtige Ausstellung** eines Zeugnisses macht den Dienstberechtigten gegenüber einem neuen Dienstberechtigten nach § 826 oder aufgrund vertragsähnlicher Grundsätze (s. § 311 Abs. 2 Nr 3) schadensersatzpflichtig[61].

VIII. Anhang: Behandlungsvertrag

Literatur: *Ehmann*, Deliktsrecht, 2014; *Harrer*, Zivilrechtliche Haftung bei durchkreuzter Familienplanung, 1989; *H. Lange*, Haftung für neues Leben?, 1990; *Katzenmeier*, NJW 2013, S 817; *Looschelders* II, § 30 Tz 612 ff; *J. Mörsdorf-Schulte*, NJW 2006. S. 3105; 2007, S. 964; *Ohly*, „Volenti non fir iniuria", die Einwilligung im Privatrecht, 2002; *Oetker/Maultzsch*, Vertragliche Schuldverhältnisse, § 7 Rn 134 ff (S. 499 ff); *Rehborn*, MDR 2013, S. 497; *A. Schneider*, JuS 2013, S. 104; *Weber*, Arzthaftpflicht bei Nachkommenschäden, 1988.

1. Überblick

Durch das Patientenrechtegesetz von 2013[62] ist mit Wirkung vom 26. Februar 2013 ab in das BGB ein neuer Untertitel „Behandlungsvertrag" eingefügt worden (§§ 630a bis 630h). Die neuen Vorschriften regeln im Interesse der Rechtssicherheit und Transparenz einige Aspekte der Verträge über die medizinische Behandlung eines Patienten im Anschluss an die bisherige Rechtsprechung. Paradigma ist der Arztvertrag. Erfasst werden ferner z. B. noch Verträge mit Heilpraktikern, Hebammen und Psychotherapeuten. Geregelt sind vor allem die Informations-, Aufklärungs- und Dokumentationspflichten der Behandlungsseite, insbesondere also des Arztes (§§ 630c, 630e, 630g), ferner einige mit der notwendigen Einwilligung des Patienten zusammenhängende Fragen (§ 630d) sowie Fragen der Beweislast bei Behandlungsfehlern (§ 630h). Für alle weiteren Fragen verweist das Gesetz in § 630b auf das Dienstvertragsrecht; bedeutsam ist das vor allem für die Anwendung der §§ 612 Abs. 2, 613 und 627. **35**

Ungeregelt geblieben ist ferner – von den Fragen des Sorgfaltsmaßstabs und der Beweislast abgesehen (§§ 630a Abs. 2 und 630h) – die ganz im Mittelpunkt des Interesses stehende **Haftungsproblematik**, insbesondere der Ärzte. Die Haftung richtet sich daher weiter nach den allgemeinen Vorschriften, d. h. nach § 280 Abs. 1 und nach den §§ 823 ff, da seit jeher die nicht von einer wirksamen Einwilligung des Patienten gedeckte ärztliche Behandlung als Körperverletzung gilt (§ 823 Abs. 1 und 2, s. u. Rn 38 ff). Insoweit besteht Anspruchskonkurrenz, wobei bisher – trotz unterschiedlicher Ausgangspunkte – Übereinstimmung bestand, dass sich die Vertrags- und die Deliktshaftung des Arztes im wesentlichen decken.[63] Aus verschiedenen Gründen hat dabei die Rechtsprechung bisher die deliktische Haftung des Arztes **36**

61 BGHZ 74, S. 281 (287 ff) = NJW 1979, S. 1882 = JuS 1979, S. 815 Nr 2; BGH, LM Nr 7 zu § 826 (Gb) BGB = NJW 1970, S. 2291 = JuS 1971, S. 155 Nr 4; s. dazu unseren **Zeugnis-Fall 26** (u. § 24 Rn 17).

62 BGBl I S. 277, Begr, BT-Drucks 17/10488.

63 S. statt aller *Palandt/Sprau*, § 823 Rn 136; *Staudinger/Hager*, 2009. § 823 Rn I 7.

deutlich bevorzugt. Es ist nicht zu erwarten, dass sich daran trotz der partiellen Kodifikation einiger auf den Behandlungsvertrag bezüglicher Grundsätze in den §§ 630a bis 630h etwas ändern wird. Daher soll die Haftungsproblematik weiterhin in diesem Buch entsprechend der allgemeinen Übung im Rahmen der Ausführungen zu § 823 Abs. 1 erörtert werden (u. § 21 Rn 10 ff).

2. Rechtsnatur

37 Verträge mit Ärzten sind ebenso wie die Verträge mit den anderen „Behandelnden" wie z. B. Heilpraktiker und Hebammen als Dienstverträge zu qualifizieren (Rn 4). Folgerichtig behandelt das Gesetz in den §§ 630a ff den Behandlungsvertrag als Unterart des Dienstvertrages, für den ergänzend Dienstvertragsrecht gilt (§ 630b, Rn 35). Dadurch werden die Parteien aber nach § 311 Abs. 1 nicht gehindert, im Einzelfall auch ganz oder teilweise die Anwendung von Werkvertragsrecht zu vereinbaren, etwa bei Schönheitsreparaturen oder bei zahnprothetischen Leistungen. Aufgrund des Vertrages ist der Arzt zur Durchführung der versprochenen Behandlung verpflichtet (§ 630a Abs. 1), wobei er zur Anwendung der zum Zeitpunkt der Behandlung bestehenden allgemein anerkannten fachlichen Standards verpflichtet ist (§§ 276 Abs. 1 und 630a Abs. 1), während der Patient die vereinbarte Vergütung zu zahlen hat, sofern nicht nach Sozialversicherungsrecht ein Sozialversicherungsträger zahlungspflichtig ist wie in der Regel bei den sogenannten **Kassenpatienten** (§§ 79 Abs. 5 und 85 Abs. 4 SGB V). Wegen der Vergütung ist § 612 Abs. 2 zu beachten (o. Rn 17). – Bei einer **Krankenhausbehandlung** kommen Verträge mit den Ärzten nur bei Wahl eines gespaltenen Arzt-Krankenhausvertrages oder eines totalen Krankenhausvertrages mit Arztzusatzvertrag (zwecks Sicherung der Behandlung durch die leitenden Ärzte) zustande, während sonst Vertragspartei des in das Krankenhaus aufgenommenen Patienten allein das Krankenhaus ist. Auch in diesem Fall handelt es sich jedoch um einen Dienstvertrag, wenn auch mit starken mietvertraglichen Elementen.[64]

3. Einwilligung

38 Nach § 630d Abs. 1 S. 1 muss der Arzt (ebenso wie die anderen Behandelnden) vor der Durchführung einer medizinischen Maßnahme die Einwilligung des Patienten einholen, um das Selbstbestimmungsrecht des Patienten zu schützen. Die bisher vor allem deliktsrechtlich begründete Notwendigkeit einer vorherigen Einwilligung des Patienten in die ärztliche Behandlung ergibt sich seitdem auch unmittelbar aus dem Behandlungsvertrag. Voraussetzung einer wirksamen Einwilligung ist die Einwilligungsfähigkeit des Patienten (§ 630d Abs. 1 S. 2, Rn 40) sowie dessen ordnungsmäßige *vorherige Aufklärung* über die von dem Arzt ins Auge gefassten medizinischen Maßnahmen (§§ 630d Abs. 2 und 630e, Rn 41 f). Eine ohne wirksame vorherige Einwilligung des Patienten durchgeführte ärztliche Behandlung ist rechtswidrig und löst ebenso wie ein Behandlungsfehler die Haftung des Arztes für alle negativen Folgen des Eingriffs aus (§§ 280 Abs. 1, 823 Abs. 1, Rn 39).

64 S. *Staudinger/Emmerich*, 2014, Vor § 535 Rn 51; *Looschelders* II, Tz 619 ff.

Hintergrund der gesetzlichen Regelung ist der Umstand, dass dem deutschen Recht ein *Behandlungsrecht* des Arztes fremd ist. Bereits vor Inkrafttreten des BGB hatte das Reichsgericht daraus den Schluss gezogen, dass die nicht nicht durch eine Einwilligung des Patienten gedeckte ärztliche Behandlung als **Körperverletzung** zu qualifizieren ist[65]. Nach Inkrafttreten des BGB ergab sich daraus nahezu zwangsläufig die **Haftung** des Arztes aus § 823 Abs. 1 sowie aus § 823 Abs. 2 iVm den §§ 222 ff StGB, wenn er **ohne wirksame Einwilligung** des Patienten zur Behandlung schreitet[66]. Eine wirksame Einwilligung des Patienten setzt zudem dessen vorherige ordnungsgemäße **Aufklärung** über die Chancen und Risiken der Behandlung voraus, weil der Patient nur in etwas einwilligen kann, was er überhaupt kennt, worüber er, anders gewendet, zuvor hinreichend informiert oder aufgeklärt wurde. Aus Delikt ebenso wie aus Vertrag ist der Arzt daher seitdem grundsätzlich zur Aufklärung des Patienten vor Beginn der Behandlung verpflichtet (Rn 40 ff). Das Ergebnis dieser Weichenstellungen war die für das deutsche Recht kennzeichnende **Zweispurigkeit der Arzthaftung**: Der Arzt haftet aus Delikt wie aus Vertrag nicht nur – selbstverständlich – für Behandlungsfehler, sondern *ebenso* für eine Verletzung der Aufklärungspflicht, und zwar selbst bei einer lege artis durchgeführten Behandlung (s. §§ 280 Abs. 1, 630a und 823 Abs. 1). Und weil sich naturgemäß die Verletzung der Aufklärungspflicht leichter als ein Behandlungsfehler nachweisen lässt, spielt in Arzthaftungsprozessen die Verletzung der Aufklärungspflicht als Anspruchsgrundlage nahezu dieselbe Rolle wie ein etwaiger Behandlungsfehler, ein gewiss nicht in jeder Hinsicht befriedigendes Ergebnis. 39

Die Einwilligung (§ 630d) besteht in der **Zustimmung** des **informierten Patienten** zu der ihm vom Arzt vorgeschlagenen Behandlung[67]. Es handelt sich dabei nicht um eine rechtsgeschäftliche, sondern um eine **rechtsgeschäftsähnliche Erklärung**[68], sodass im Einzelfall auch **Minderjährige** und andere in der Geschäftsfähigkeit beschränkte Personen wirksam in einen ärztlichen Eingriff einwilligen können, vorausgesetzt, dass sie über die nötige geistige und sittliche Reife verfügen, um die Tragweite des Eingriffs und der Einwilligung richtig einschätzen zu können[69]. Fehlt es hieran, so ist die Einwilligung des oder der gesetzlichen Vertreter oder bei Volljährigen des Betreuers einzuholen, zu der gegebenenfalls noch die Genehmigung des Betreuungsrichters hinzutreten muss (§ 1904). 40

4. Aufklärungspflicht

Der Patient muss wissen, in was er einwilligt (Rn 40). Deshalb ist der Arzt verpflichtet, den Patienten vor der Einwilligung und damit erst recht vor der Durchführung einer medizinischen Maßnahme ordnungsmäßig aufzuklären (§§ 630d Abs. 1 S. 1 41

65 RGSt 25, S. 375 (377 ff) von 1894; s. dazu *Ohly*, Einwilligung, S. 238, 293 ff.

66 RGZ 68, S. 431 (433 ff) von 1908; dagegen verbreitet das Schrifttum.

67 Dazu insbesondere *Looschelders* II, Tz 616a ff; *Ohly*, Einwilligung, S. 238 ff; *Oetker/Maultzsch*, § 7 Rn 151 ff.

68 BGHZ 105, S. 45 (47 f) = NJW 1988, S. 2146; s. *Belling*, Familie und Recht (FuR) 1990, S. 68; *Heilmann*, NJW 1990, S. 1513 (1518); *Kothe*, AcP Bd 185 (1985), S. 105; *Ohly*, Einwilligung, S. 293 ff.

69 BGHZ 29, S. 33 (35 ff) = NJW 1959, S. 811; BGH, LM Nr 28 zu § 823 (Aa) BGB = NJW 1972, S. 335 = JuS 1972, S. 283 Nr 4; LM Nr 52 zu § 823 (Ah) BGB = NJW 1974, S. 1947 = JuS 1975, S. 121 Nr 7.

und Abs. 2, 630e und 823 Abs. 1). Die Modalitäten der Aufklärung regelt § 630e im Anschluss an die umfangreiche bisherige Rechtsprechung. Danach hat man im Einzelnen die **Selbstbestimmungs- oder Risikoaufklärung**, die therapeutische oder Sicherheitsaufklärung sowie die diagnostische Aufklärung zu unterscheiden. § 630e betrifft allein die im Interesse der Wahrung des Selbstbestimmungsrechts des Patienten nötige Selbstbestimmungs- oder Risikoaufklärung. Sie muss sich nach § 630e Abs. 1 S. 1 auf alle für die Einwilligung wesentlichen Umstände beziehen; solche sind insbesondere Art und Umfang des Eingriffs, weiter dessen Folgen und Risiken sowie die Notwendigkeit und die Erfolgsaussichten des Eingriffs (§ 630e Abs. 1 S. 2). Stehen gleichermaßen indizierte alternative Maßnahmen zur Verfügung, so sind auch diese zu diskutieren (§ 630e Abs. 1 S. 3)[70]. Die Aufklärung muss grundsätzlich mündlich, verständlich und so rechtzeitig erfolgen, dass sich der Patient noch frei entscheiden kann (§ 630e Abs. 2)[71].

42 Bei **Jugendlichen** im Alter von noch nicht achtzehn Jahren ist der Arzt daher in der Regel verpflichtet, vor ihrer Behandlung, die **Einwilligung der** personensorgeberechtigten **Eltern** einzuholen (§ 1631 Abs. 1)[72]. Die Einwilligung nur *eines* Elternteils reicht nicht aus. Im Regelfall darf der Arzt freilich darauf vertrauen, dass der einwilligende Elternteil von dem anderen zur Erklärung der Einwilligung ermächtigt wurde; doch gilt dies z. B. nicht bei besonders schweren Operationen[73]. Jugendliche, die über eine ausreichende Reife verfügen, haben zudem zumindest ein **Vetorecht** bei schweren Eingriffen, selbst wenn ihre Eltern in diese bereits eingewilligt haben. Deshalb muss in solchen Fällen auch der Jugendliche zuvor ordnungsgemäß aufgeklärt werden, widrigenfalls der Eingriff – trotz der Einwilligung der Eltern – rechtswidrig ist und die Haftung des Arztes auslöst[74].Eine gesetzliche Sonderregelung für die problematische Beschneidung von Jungen findet sich seit 2012 in § 1631d.

43 Das Gesagte (Rn 42) entspricht im wesentlichen der Rechtsprechung zu § 823 Abs. 1, nach der Maßstab **für** den **Umfang** der jeweils gebotenen Aufklärung des Patienten grundsätzlich das Informationsbedürfnis des „verständigen" Patienten ist. Wichtig sind insoweit neben dem Zustand und dem allgemeinen Bildungs- und Wissensstand des Patienten vor allem die Häufigkeit und die Schwere bestimmter Risiken. Insgesamt genügt es, wenn dem Patienten **„im Großen und Ganzen"** ein zutreffendes Bild von Schwere und Risiko des Eingriffs verschafft wird[75]. Ohne besondere Fragen des Patienten erstreckt sich die Aufklärungspflicht dagegen nicht auf etwaige Risiken des Eingriffs, die derart **selten oder** im Verhältnis zu den Heilungschancen so **unbedeutend** sind, dass sie bei einem verständigen Menschen für den Entschluss zur Einwilligung in den Eingriff nicht mehr ernsthaft ins Gewicht fallen[76]. Die Aufklärungs-

70 Ebenso z. B. BGH, LM Nr 163 zu § 823 (Aa) BGB = NJW 1995, S. 2410; LM Nr 60 zu § 823 (Ac) BGB = NJW 1996, S. 777 (779); NJW 2007, S. 217 (218, Tz 10); NJW 2014, S. 1529 Tz 8.

71 Ebenso z. B. BGH, NJW 2014, S. 1527 Tz 21.

72 BGH, NJW 2007, S. 217 (218, Tz 8).

73 BGHZ 105, S. 45 (49 ff) = NJW 1988, S. 2946; BGHZ 144, S. 1 (4) = NJW 2000, S. 1784.

74 BGH, NJW 2007, S. 217 (218, Tz 8).

75 BGHZ 144, S. 1 (7) = NJW 2000, S. 1784; BGH, NJW 2009, S. 1209 Tz 11; 2010, S. 3230 Tz 11; 2011, S. 375 Tz 7.

76 S. insbes. BGHZ 29, S. 176 (181 ff) = NJW 1959, S. 814; BGHZ 90, S. 103 (106) = NJW 1984, S. 1385; BGH, NJW 2006, S. 2108; 2007, S. 217 (218, Tz 12); 2007, S. 2771 (2772, Tz 10); sehr streng für Impfschäden BGHZ 144, S. 1 (5 ff) = NJW 2000, S. 1784.

pflicht erstreckt sich auch nur auf **bekannte Risiken**; sie entfällt außerdem bei solchen Risiken, die dem Arzt nicht bekannt sein müssen, weil sie lediglich auf anderen Spezialgebieten der medizinischen Wissenschaft diskutiert werden[77]. *Keine* Aufklärungspflicht besteht in **Notsituationen** sowie dann, wenn der Aufklärung (ausnahmsweise) zwingende therapeutische Erwägungen entgegenstehen (§ 630e Abs. 3)[78].

Die Selbstbestimmungs- oder Risikoaufklärungspflicht besteht bei Eingriffen *aller* Art einschließlich *diagnostischer oder kosmetischer Eingriffe*, bei denen die Aufklärungspflicht sogar besonders weit geht, da solche Eingriffe in der Regel nicht unaufschiebbar sind[79]. **Gesteigerte** Aufklärungspflichten bestehen ferner z. B. bei der Verwendung **neuer**, noch nicht zugelassener **Arzneimittel**[80] sowie insbesondere bei der Entscheidung für eine in der medizinischen Wissenschaft noch umstrittene **Außenseitermethode**, deren Anwendung nur zulässig ist, wenn der Patient zuvor sorgfältig über das „Für und Wider" dieser Methode informiert wurde[81]. **Aufklärungspflichtige Punkte** sind außerdem etwa noch die ernsthafte Möglichkeit, dass eine Erweiterung der Operation erforderlich werden könnte[82], das besondere Risiko einer Infektion bei einer Injektion, mit der kein Patient zu rechnen braucht[83], sowie insbesondere die Dringlichkeit einer Operation[84]. **Keine Aufklärungspflicht** besteht dagegen hinsichtlich solcher Risiken, die mit jeder Operation unvermeidlich verbunden und deshalb jedermann bekannt sind[85]. Die **Wahl der Behandlungsmethode** unter mehreren gleichermaßen in Betracht kommenden Methoden ist dagegen allein Sache des Arztes als des hierfür kompetenten Fachmannes. 44

Die **Beweislast** für die Erfüllung der Aufklärungspflicht trägt nach § 630h Abs. 2 der Arzt, wobei keine übertriebenen Anforderungen gestellt werden dürfen, um die ohnehin schwierige Situation der Behandlungsseite nicht noch weiter unnötig zu erschweren[86]. Dagegen ist es Sache des Patienten, vorzutragen und gegebenenfalls zu beweisen, dass bei ordnungsmäßiger Aufklärung der Schaden vermieden worden wäre, etwa, weil er dann eine andere, mehr Erfolg versprechende Behandlungsmethode verlangt hätte[87]. Dem Arzt bleibt nach § 630h Abs. 2 S. 2 die Möglichkeit einzuwenden, dass der Patient auch bei ordnungsmäßiger Aufklärung in den Eingriff eingewilligt hätte, weil jede andere Entscheidung unvernünftig gewesen wäre (sog. **hypothetische Einwilligung**)[88]. Voraussetzung ist, dass der Patient überhaupt plausibel machen 45

77 BGH, NJW 2010, S. 3230 Tz 12; 2011, S. 375 Tz 8.
78 Ebenso schon BGHZ 90, S. 103 (109 f) = NJW 1984, S. 1397.
79 BGHZ 90, S. 96 (98 ff) = NJW 1984, S. 1385; BGH, LM Nr 28 zu § 823 (Aa) BGB = NJW 1972, S. 335 = JuS 1972, S. 283 Nr 4; vgl auch für Impfungen BGHZ 144, S. 1 (5 ff) = NJW 2000, S. 1784; BGH 166, S. 336 = NJW 2006, S. 2108 = JuS 2006, S. 846 Nr 7.
80 BGHZ 172, S. 1 (13 f, Tz 31 ff) = NJW 2007, S. 2767.
81 BGHZ 102, S. 17 (20 ff) = NJW 1988, S. 763; BGHZ 106, S. 153 (157 f) = NJW 1989, S. 1538; BGHZ 113, S. 297 (309) = NJW 1991, S. 1535; BGHZ 172, S. 254 (260, Tz 23 f) = NJW 2007, S. 2774.
82 BGH, LM Nr 146 zu § 823 (Aa) BGB = NJW 1993, S. 2372.
83 BGHZ 106, S. 391 (394 f) = (ausführlicher) NJW 1989, S. 1533 = JuS 1989, S. 756 Nr 5.
84 BGHZ 90, S. 103 (105 ff) = NJW 1984, S. 1397 = JuS 1984, S. 809 Nr 5; BGH, LM Nr 120 zu § 823 (Aa) BGB = NJW 1990, S. 2928; NJW 2003, S. 1862 (1863).
85 BGH, LM Nr 126 zu § 823 (Aa) BGB = NJW 1991, S. 1541 (1542): Wundinfektion.
86 BGH, NJW 2014, S. 1527 Tz 12 f.
87 BGH, NJW 2012, S. 850 Tz 10: eine probatio diabolica.
88 BGHZ 90, S. 103 (111 f) = NJW 1984, S. 1397 = JuS 1984, S. 809 Nr 5; BGH, NJW 2005, S. 2072 (2073); 2009, S. 1209 Tz 22 ff; *G. Müller*, NJW 1997, S. 3049 (3050 f).

kann, bei ordnungsmäßiger Aufklärung vor einer echten Entscheidungsalternative gestanden zu haben; gelingt ihm das nicht, so greift der Einwand des Arztes in der Regel durch[89]. Steht dagegen die Verletzung der Aufklärungspflicht fest, so **haftet** der Arzt grundsätzlich für sämtliche schädlichen Folgen des Eingriffs für den Patienten[90], selbst wenn sich später ein ganz anderes Risiko verwirklicht, hinsichtlich dessen an sich keine Aufklärungspflicht bestand[91].

5. Informations- und Dokumentationspflicht

46 Das Gesetz trennt heute in §§ 630c und 630f von der Aufklärungspflicht des § 630c eine Informations- und eine Dokumentationspflicht des Arztes. Die Informationspflicht des Arztes (sowie der anderen Behandelnden) muss sich nach § 630c Abs. 2 und 3 im Wesentlichen auf drei Punkte beziehen: Der erste Punkt ist die herkömmliche therapeutische und diagnostische Aufklärung nach § 630c Abs. 2 S. 1. Kern der **therapeutischen oder Sicherungsaufklärung** ist die Verpflichtung es Arztes, dem Patienten genaue Hinweise für sein therapiegerechtes Verhalten nach der Behandlung zu geben, damit nicht der Patient durch unvernünftige Verhaltensweisen den Therapieerfolg ohne Not aufs Spiel setzt. Bei **diagnostischen Eingriffen** muss noch die genaue Aufklärung über die Ergebnisse der Untersuchung hinzukommen, insbesondere, wenn der Arzt bei der Untersuchung des Patienten auf den Verdacht weiterer Krankheiten stößt[92]. Bei den weiteren Gegenständen, auf die sich nach § 630c Abs. 2 S. 2 die Informationspflicht des Arztes beziehen soll, handelt es sich dagegen durchweg um Umstände, die zugleich aufklärungspflichtig nach § 630e Abs. 1 sind, sodass sich eine Wiederholung erübrigt.

47 Der zweite Punkt, hinsichtlich dessen den Arzt nach § 630c Abs. 2 S. 2 eine Informationspflicht trifft, ist neu. Der Arzt ist danach verpflichtet, den Patienten gegebenenfalls auf eigene oder fremde **Behandlungsfehler** hinzuweisen, wenn dafür Anhaltspunkte vorliegen, freilich nur auf Nachfrage des Patienten oder zur Abwendung gesundheitlicher Gefahren. Um eine problematische Selbstbezichtigungspflicht des Arztes zu vermeiden, enthält das Gesetz jedoch in § 630c Abs. 2 S. 3 eine merkwürdige Ausnahme. Schließlich erstreckt sich die Informationspflicht des Arztes heute noch unter bestimmten Voraussetzungen auf die voraussichtlichen **Kosten** der Behandlung (sogenannte wirtschaftliche Informationspflicht nach § 630c Abs. 3).

48 Auch die bisher schon anerkannte **Dokumentationspflicht** des Arztes hat jetzt erstmals eine gesetzliche Regelung in § 630f gefunden. Der Arzt muss danach in unmittelbarem zeitlichen Zusammenhang mit der Behandlung eine *Patientenakte* führen (§ 630f Abs. 1), in die sämtliche für die Behandlung wesentlichen Maßnahmen und Ergebnisse aufzunehmen sind (§ 630f Abs. 2). Der Patient hat grundsätzlich ein *Einsichtsrecht* (§ 630g). Durch diese Regelung soll dem Patienten die Durchsetzung von Schadensersatzansprüchen erleichtert werden. Verstöße des Arztes gegen die Dokumentationspflicht haben vor allem beweisrechtliche Folgen (§ 630h Abs. 3). Diese

89 Zuletzt BGHZ 172, S. 1 (14, Tz 34 ff) = NJW 2007, S. 2767; BGHZ 172, S. 254 (262, Tz 30 f) = NJW 2007, S. 2774; BGH, NJW 2007, S. 2771 (2772 f, Tz 17 f).

90 BGH, LM Nr 87 zu § 823 (Aa) BGB = NJW 1987, S. 1481.

91 BGHZ 106, S. 391 (396 ff) = NJW 1989, S. 1533 = JuS 1989, S. 756 Nr 5; sehr str.

92 BGH, NJW 2005, S. 427 (428).

Frage soll, weil vor allem bei den Behandlungsfehlern von Ärzten relevant, im Zusammenhang mit diesem Fragenkreis im Rahmen der Ausführung zu § 823 Abs. 1 diskutiert werden (u § 21 Rn 10 ff).

6. Kind als Schaden?

Ein in den letzten Jahren besonders lebhaft diskutierter Aspekt der Arzthaftung ist die Frage, unter welchen Voraussetzungen einen Arzt eine Ersatzpflicht trifft, wenn es infolge seines Behandlungsfehlers zur **Geburt eines** den Eltern **nicht erwünschten Kindes** kommt. Als Anspruchsgrundlage für Schadensersatzansprüche der Eltern wegen der Belastung mit Unterhaltsleistungen für ein „unerwünschtes" Kind kommt hier in erster Linie der **Arztvertrag** zwischen der Schwangeren und dem behandelnden Arzt in Betracht, in dessen Schutzbereich in der Regel der Vater des Kindes einbezogen ist (§§ 249, 280 Abs. 1, 328 und 630a). Daneben ist, z. B. bei einer missglückten Sterilisation oder Abtreibung, auch Raum für die Anwendung des § 823 Abs. 1 und 2. Nach beiden Anspruchsgrundlagen kommt sowohl bei der erfolglosen Verhinderung einer Schwangerschaft als auch bei einer missglückten Abtreibung eine Haftung des Arztes nach dem gegenwärtigen Stand der Rechtsprechung nur unter den folgenden Voraussetzungen in Betracht[93]: 1. Die Verhinderung der Belastung der Eltern mit Unterhaltskosten für ein ungewolltes Kind muss vom **Schutzzweck des Behandlungsvertrages** umfasst werden. 2. Der Vertrag muss, soweit es um die Haftung des Arztes für eine missglückte Abtreibung geht, auf eine **rechtmäßige Abtreibung** im Sinne des § 218a Abs. 2 und 3 StGB gerichtet gewesen sein, nicht auf eine lediglich straflose, gleichwohl aber rechtswidrige Abtreibung im Sinne des § 218a Abs. 1 StGB (u. Rn 50). 3. Dem Arzt muss schließlich eine Vertragsverletzung, insbesondere in Gestalt eines **schuldhaften Behandlungsfehlers** vorzuwerfen sein, der kausal für die Belastung der Eltern mit dem Unterhaltsaufwand ist. Sind diese Voraussetzungen erfüllt, so umfasst dann der Ersatzanspruch der Eltern den **gesamten Unterhaltsschaden**[94]. 49

Hervorzuheben ist, dass in den besonders kritisch zu beurteilenden) Fällen einer **unterbliebenen oder missglückten Abtreibung** die Haftung des Arztes zusätzlich voraussetzt, dass die Abtreibung nach den Maßstäben des *§ 218a Abs. 2* und *3 StGB rechtmäßig* gewesen wäre und nicht nur straflos im Sinne des § 218a Abs. 1 StGB. Dabei ist zu beachten, dass § 218a StGB in seinen Abs. 2 und 3 heute nur noch **zwei rechtmäßige Indikationen** kennt, nämlich die medizinische (oder medizinisch-soziale) (Abs. 2 aaO) und die kriminologische Indikation (Abs. 3 aaO), während die **embryopathische (eugenische) Indikation** vom Gesetzeswortlaut nicht mehr umfasst wird. Diese Fälle können daher nur noch unter zusätzlichen Voraussetzungen unter die **medizinische Indikation** subsumiert werden, sofern nämlich von der Missbildung des Kindes der *Schwangeren* die Gefahr einer schwerwiegenden Beeinträchtigung des körperlichen oder seelischen Gesundheitszustandes droht *und* die Gefahr nicht auf eine andere, für die Schwangere zumutbare Weise abgewendet werden kann (§ 218a Abs. 2 HS 2 StGB), während dem Lebensrecht des Kindes und insbesondere dem Ausmaß der drohenden Behinderung des Kindes in diesem Zusammenhang kei- 50

93 S. zum Folgenden *Emmerich*, JuS 2002, S. 811 und 1227; 2006, S. 751; *G. Müller*, NJW 2003, S. 697.
94 BGH, NJW 2007, S. 989 (991 f, Tz 28 f); OLG Celle, NJW 2007, S. 1000.

ne Bedeutung mehr zukommt[95]. Die Folge ist, dass es jetzt auch für die embryopathische Indikation **keine zeitliche Beschränkung** mehr gibt, sodass **selbst Spätabtreibungen** unter diesem Gesichtspunkt möglich sind. Diese widersprüchliche und im Ergebnis verstörende Rechtsprechung trifft zu Recht auf verbreitete Ablehnung[96]. Mit gutem Grund entscheiden daher auch die österreichischen und schweizerischen Gerichte genau entgegengesetzt[97].

51 Ein besonderer Aspekt der Problematik ist die unter dem Stichwort des „Schadensersatzes für **wrongful life**" diskutierte Frage, ob ein schwer behindertes Kind Ersatzansprüche gegen einen Arzt **wegen pflichtwidrig unterlassener oder missglückter Abtreibung** dieses Kindes geltend machen kann. Solche Ersatzansprüche des Kindes werden in Deutschland bisher überwiegend **verneint**, letztlich deshalb, weil kein Mensch einen Anspruch auf Verhinderung der *eigenen*, wenn auch noch so belasteten Existenz habe[98]. Ebenso hat der österreichische **OGH** entschieden[99]. Dagegen hat der französische **Kassationshof** in mehreren Urteilen, die großes Aufsehen erregt haben, solche Ersatzansprüche des Kindes bejaht[100]. Jedoch hat der französische Gesetzgeber auf Druck der Ärzteschaft hin diese Rechtsprechung mittlerweile ebenfalls wieder rückgängig gemacht[101].

§ 10 Werkvertrag

Architekten-Fall 13: Der Architekt A war von H mit der Anfertigung der Pläne für den Bau eines Hauses sowie mit der Bauaufsicht beauftragt worden. Den Bauauftrag selbst hatte H an den Bauunternehmer U vergeben. Infolge mangelhafter Arbeit der Leute des U traten an dem Neubau des H schon kurz nach seiner Fertigstellung so erhebliche Schäden auf, dass H vorübergehend wieder ausziehen musste. H fragt an, welche Ansprüche ihm gegen U und A, der seine Aufsichtspflicht verletzt hatte, zustehen. A möchte wissen, ob und in welcher Höhe er bei U Regress nehmen kann, wenn er dem H Schadensersatz leistet. **Lösung Rn 11 und § 11 Rn 6 f**

95 BGHZ 151, S. 133 (136, 139 ff) = NJW 2002, S. 2636 = JuS 2002, S. 1227 Nr 6; BGH, NJW 2006, S. 1660 Tz 10 ff = JuS 2006, S. 751 Nr 9; *Deutsch*, NJW 2003, S. 26; *G. Müller*, NJW 2003, S. 697; *Chr. Wagner*, NJW 2002, S. 3379.

96 S. die treffende bittere Kritik bei *Honsell*, ZIP 2009, S. 1689 (1692).

97 OGH, ZEuP 2010, S. 147; SchweizBGE 132 (2005) II, S. 359 = ZEuP 2007, S. 888; w.N. bei *Honsell*, ZIP 2009, S. 1689 (1692); *Mörsdorf-Schulte*, ZEuP 2010, S. 153.

98 BGHZ 86, S. 240 (250 ff) = NJW 1983, S. 1371 = JuS 1983, S. 632 Nr 5; *Fischer*, JuS 1984, S. 434; *G. Müller*, NJW 2003, S. 697 (700 f); *Picker*, Schadensersatz für das unerwünschte eigene Leben, 1995; *ders.*, AcP Bd 195 (1995), S. 483; *ders.*, in: Festgabe f. Flume, 1998, S. 155.

99 SZ Bd 72 (1999) I Nr 91, S. 587 (597 ff).

100 Cass. civ., 26.3.1996, Bull. civ. 1996 I Nrn 155 u. 156 = Dalloz 1997 Jur. 35 und 36 = ZEuP 2000, S. 119 = JCP 2000 II 10438 „Perruche"; s. dazu *Arnold*, VersR 2004, S. 309; *v. Bar*, ZEuP 2000, S. 121; *Deutsch*, NJW 2003, S. 26 (27 f); *Katzenmeier*, in: Festschrift f. Jayme, 2006, S. 1277; *G. Müller*, NJW 2003, S. 697 (700); *Rebhahn*, ZEuP 2004, S. 794; *Reinhart*, VersR 2001, S. 1081; *Rolfs*, JR 2001, S. 140; *Sonnenberger*, FamRZ 2001, S. 1414; *Winter*, JZ 2002, S. 330.

101 Gesetz Nr 2002/303 v. 4.3.2003, Dalloz 2003, p. 1022; s. *Spickhoff*, NJW 2002, S. 1758 (1764); 2003, S. 1701 (1705 f); 2005, S. 1695 (1700).

Literatur: *Ganten*, Pflichtverletzung und Schadensrisiko im privaten Baurecht, 1974; *Gillig*, Nichterfüllung und Sachmängelgewährleistung, 1984; *Koller*, Die Risikozurechnung bei Vertragsstörungen in Austauschverträgen, 1979; *Kniffka*, Bauvertragsrecht, 2012; *Korintenberg*, Erfüllung und Gewährleistung beim Werkvertrag, 1935; *Locher*, Das private Baurecht, 8. Aufl. (2012); *Oetker/Maultzsch*, Vertragliche Schuldverhältnisse, § 8 (S. 515 ff); *Werner/Pastor*, Der Bauprozess, 14. Aufl. (2013); *Fr. Peters/Jacoby*, in: Eckpfeiler des Zivilrechts, 2014, Rn Q 1 ff (S. 1105 ff); *Rümelin*, Dienstvertrag und Werkvertrag, 1905; *Todt*, Die Schadensersatzansprüche des Käufers, Mieters und Werkbestellers aus Sachmängeln, 1970.

I. Begriff

Ein Werkvertrag ist nach § 631 Abs. 1 ein Vertrag, durch den sich der eine Teil, der Unternehmer, zur Herstellung des versprochenen Werks und der andere Teil, der Besteller, zur Entrichtung der vereinbarten Vergütung verpflichten. Der geschuldete **Erfolg** kann *beliebiger Art* sein (§ 631 Abs. 2). Es spielt keine Rolle, ob der Erfolg sich in einem körperlichen Werk niederschlägt oder unkörperlicher Art ist. Der Anwendungsbereich des Werkvertragsrechts ist daher an sich sehr weit. Eine wesentliche Einschränkung ergibt sich indessen seit 2001 aus der Vorschrift des § 651, nach der auf einen Vertrag, der die **Lieferung** (beliebiger neuer) herzustellender oder zu erzeugender **beweglicher Sachen** zum Gegenstand hat, Kaufrecht anzuwenden ist. Keine Rolle spielt dabei, wer die erforderlichen Stoffe stellt; § 651 gilt auch, wenn dies der Besteller ist (s. § 651 S. 2). Lediglich bei Verträgen über die Lieferung *nicht vertretbarer* Sachen sind nach S. 3 des § 651 mit Rücksicht auf die in derartigen Fällen häufig wichtige Mitwirkungspflicht des Bestellers *ergänzend*, d. h. zusätzlich zu dem grundsätzlich maßgeblichen Kaufrecht, aus dem Werkvertragsrecht die §§ 642, 643, 645, 649 und 650 anzuwenden, während sich der Gefahrübergang weiter nach Kaufrecht, d. h. nach den §§ 446 und 447 richtet (Paradigma: Vertrag über die Anfertigung eines Maßanzugs). § 651 erfasst damit alle Verträge über im Augenblick der **Lieferung bewegliche Sachen** einschließlich insbesondere der Verträge über die Anlieferung von Bau- oder Anlagenteilen, und zwar auch, wenn es sich um Verträge zwischen Unternehmen handelt und auch, wenn der Lieferant zuvor Planungsleistungen erbringen muss[1]. 1

Die Folge dieser weiten Auslegung des § 651 (Rn 1) ist, dass sich der **Anwendungsbereich** des Werkvertragsrechts (§§ 631 ff) heute im Wesentlichen auf Verträge über die Herstellung von Bauwerken, über Reparaturleistungen und über die Herstellung nicht körperlicher Werke wie z. B. Pläne oder Gutachten beschränkt[2]. Weitere **Beispiele** sind Verträge über die Einrichtung und Betreuung von Internetauftritten (Websites oder Homepages)[3], Verträge über die Herstellung einer auf die individuellen Bedürfnisse des Bestellers zugeschnittenen Software (im Gegensatz zu Verträgen über Standardsoftware, die üblicherweise als Kaufverträge qualifiziert werden)[4], Trans- 2

1 BGHZ 182, S. 140 (143 ff) = NJW 2009, S. 2877; zu den Kaufverträgen mit Montagepflicht des Verkäufers s. schon o. § 4 Rn 25 f, zu den Bauträgerverträgen s. u. § 11 Rn 1 f.

2 S. Rn 3, zB BGHZ 182, S. 140 (148, Tz 21) = NJW 2009, S. 2877; BGHZ 197, S. 252 (255, Tz 11) = NJW 2013, S. 2268; *Peters/Jacoby*, in: Eckpfeiler, 2014, Rn Q 27 ff.

3 BGHZ 184, S. 145 = NJW 2010, S. 1449.

4 BGH, LM Nr 97 zu § 631 BGB = NJW 2001, S. 1718; WM 2014, S. 1927 Tz 13; s. o. § 1 Rn 2.

portverträge, Fertighausverträge[5], ferner Verträge mit Tierärzten über die Untersuchung von Tieren vor ihrem Ankauf[6], Verträge über die Übernahme des Winterdienstes für einen großen Gebäudekomplex[7] sowie schließlich die meisten Verträge mit Werbungstreibenden.

3 Werkverträge weisen enge Berührungspunkte mit Dienstverträgen auf, weil beide letztlich auf eine Tätigkeit des Verpflichteten zielen. Der Unterschied besteht vor allem darin, dass der Gegenstand des Werkvertrages anders als bei dem Dienstvertrag nicht in der „bloßen" Tätigkeit des Verpflichteten, sondern weitergehend in der **Herbeiführung eines bestimmten Erfolges** (durch die Tätigkeit des Verpflichteten) besteht (s. o. § 9 Rn 5 ff). Unter dieser Voraussetzung können durchaus auch Verträge über geistige, künstlerische oder wissenschaftliche Leistungen als Werkverträge zu qualifizieren sein. Beispiele sind Verträge mit Freiberuflern über die Anfertigung von Plänen oder von Gutachten (s. für Architekten u. § 11 Rn 4). Auch Verträge über den einmaligen Auftritt eines berühmten Sängers oder Schauspielers sind grundsätzlich Werkverträge. In zahlreichen Fällen ist die Abgrenzung letztlich allein eine Frage der Konvention (§ 9 Rn 3 f).

4 Das Werkvertragsrecht des BGB wird durch zahlreiche **Sonderregelungen** für einzelne Werkverträge in- und außerhalb des BGB ergänzt. Eine besondere Erscheinungsform des Werkvertrags ist zunächst der in den §§ 651a bis 651m ausführlich geregelte Reisevertrag (u. § 11 Rn 8 ff). Außerdem gehören hierher noch aus dem BGB der Maklervertrag (§§ 652, 655a ff, u. § 11 Rn 26 ff) sowie die entgeltliche Verwahrung (§§ 688 ff u. § 11 Rn 30 ff). Beispiele aus dem **HGB** sind ferner die Kommissions-, die Spedition-, die Lager- und die Frachtverträge der §§ 383 ff HGB. Größte praktische Bedeutung hat schließlich für Bauwerkverträge das Regelwerk der **VOB/B** erlangt, bei denen es sich um nichts anderes als um teilweise durchaus problematische Geschäftsbedingungen handelt (s. aber den merkwürdigen § 310 Abs. 1 S. 3)[8].

II. Pflichten des Unternehmers

1. Überblick

5 Die Hauptleistungspflichten des Unternehmers ergeben sich aus den §§ 633 ff, die 2001 soweit wie möglich dem Kaufrecht angepasst wurden, so dass im folgenden zunächst ein kurzer Überblick zur ersten Orientierung genügt: Nach § 633 Abs. 1 ist der Unternehmer danach (ebenso wie der Verkäufer) verpflichtet, dem Besteller das Werk frei von Sach- und Rechtsmängeln zu verschaffen, wobei sich die Definition der Sach- und Rechtsmängel in § 633 Abs. 2 und 3 weitgehend an die kaufrechtlichen Vorbilder (§§ 434 und 435) anlehnt (s. im Einzelnen Rn 8 ff). Die Rechte, die der Besteller bei Vorliegen eines Sach- oder Rechtsmangels hat, zählt **§ 634** (wiederum im Anschluss an § 437) auf (s. o. § 5 und u. Rn 12 ff).

---

5 BGHZ 87, S. 112 (116 f) = NJW 1983, S. 1489 = JuS 1983, S. 802 f Nr 4; s. u. § 11 Rn 1 ff.
6 BGHZ 192, S. 182 (186, Tz 14) = NJW 2012, S. 1071; BGH NJW 2012, S. 1070 Tz 14.
7 BGH, NJW 2013, S. 3022 Tz 11.
8 *Peters/Jacoby*, in: Eckpfeiler, 2014, Rn Q 11–26.

Die Rechtslage stimmt beim Werkvertrag auch insofern mit der beim Kaufvertrag überein, als die Vorschriften über die Mängelhaftung des Werkunternehmers grundsätzlich erst **nach Gefahrübergang** (§ 644) eingreifen, während es in der Zeit *vor* Gefahrübergang bei der Anwendung der allgemeinen Regeln über Leistungsstörungen bewendet (§§ 275, 280 ff, 323 ff, u. Rn 23 ff). Wichtig ist das vor allem in den Fällen der **Unmöglichkeit**, z. B. aus rechtlichen Gründen, etwa wegen des Fehlens der für die Errichtung eines Bauwerks oder einer Anlage erforderlichen Genehmigungen, sowie in den Fällen des **Verzugs** (§§ 275, 280 und 286). Bei der Anwendung des allgemeinen Leistungsstörungsrechts verbleibt es außerdem, wenn der Besteller mit Rücksicht auf die Mangelhaftigkeit des Werks dessen **Abnahme ablehnt**, weil er dadurch nicht in Annahmeverzug gerät (§§ 640, 293 f), sodass es auch nicht zum Gefahrübergang kommt (§ 644 Abs. 1 S. 2, Rn 32 ff). Ein vertraglicher **Ausschluss** der Gewährleistungsrechte des Bestellers ist nur in den Grenzen des § 639 möglich (vgl. schon § 444 und dazu o. § 5 Rn 31). Die Rechte des Bestellers aus § 634 Nrn 1 bis 3 sind ferner bei vorbehaltloser Abnahme des Werks (Rn 32 ff) trotz Kenntnis des Mangels ausgeschlossen (§ 640 Abs. 2); unberührt bleiben aber in diesem Fall die Schadensersatzansprüche des Bestellers (§§ 640 Abs. 2, 634 Nr 4)[9]. 6

Neben den genannten Hauptleistungspflichten können den Unternehmer nach den §§ 241 Abs. 2 und 242 noch die unterschiedlichsten **Nebenpflichten** treffen, die umso größeres Gewicht haben, je enger die Zusammenarbeit der Parteien ist. Dazu gehört die Pflicht des Unternehmers, auf die **Vermögensinteressen** des Bestellers die gebotene **Rücksicht** zu nehmen und deshalb dessen Belastung mit unnötigen Kosten nach Möglichkeit zu vermeiden[10]. Der Unternehmer ist insbesondere verpflichtet, die Vorgaben des Bauherrn für die Kosten zu beachten[11] und den Bauherrn umgehend zu informieren, wenn auf dem geplanten Weg oder mit den ins Auge gefassten Mitteln das anvisierte Ziel des Bauherrn nicht erreichbar ist[12]. 7

2. Pflicht zur mangelfreien Verschaffung des Werks

Hauptleistungspflicht des Werkunternehmers ist es, dem Besteller das Werk frei von Sach- und Rechtsmängeln zu verschaffen (§ 633 Abs. 1; Rn 5). Die Definition des **Sachmangels** findet sich (im Anschluss an § 434) in § 633 Abs. 2. Für die Annahme eines Sachmangels kommt es danach in erster Linie auf die negative Abweichung des Werks von der vereinbarten Beschaffenheit an (§ 633 Abs. 2 S. 1; sog **subjektiver Mangelbegriff**). Maßgebend ist mit anderen Worten in erster Linie, was der Besteller nach den Abreden der Parteien verlangen kann, worauf der Besteller also nach dem Vertrag Anspruch hat, genauer: welchem Zweck, welcher Funktion das Werk nach dem Abreden der Parteien dienen soll (Stichwort: **Funktionstauglichkeit** des Werks)[13]. Das 8

9 Str., s. u. Rn 20 sowie *Busche*, in: MK, § 640 Rn 33 f; *Looschelders* II, Tz 697 f.
10 BGH, NJW 2009, S. 2947 Tz 7 ff; *Medicus/Lorenz* II, Tz 710.
11 BGHZ 197, S. 93 (95 f) = NJW 2013, S. 1593.
12 BGH, WM 2014, S. 1649 Tz 19 = NZM 2014, S. 645 = NJW 2014, S. 3365.
13 So z. B. BGHZ 153, S. 279 (283) = NJW 2003, S. 1188; BGHZ 172, S. 346 (351 ff, Tz 25 ff) = NJW 2007, S. 2983; BGHZ 174, S. 110 (115 ff, Tz 15 ff) = NJW 2008, S. 511; BGHZ 197, S. 252 (255 f, Tz 12 u. 258, Tz 15) = NJW 2013, S. 2268; BGH, NJW 2014, S. 3365 = WM 2014, S. 1649 Tz 14; BGH, NJW-RR 2011, S. 1240 Tz 11; NJW 2011, S. 3780 Tz 11; NJW 2013, S. 1226 Tz 9; 2014, S. 620 Tz 10 f, 14; 2014, S. 3368 Tz 19.

ist eine Frage der **Auslegung** des Vertrages im Einzelfall (§§ 133, 157), wobei auf die gesamten Umstände abzustellen ist[14]. Ein Bauwerk oder eine Anlage ist deshalb mangelhaft, wenn es für die vereinbarte Funktion, z. B. als Blockheizkraftwerk für ein Haus, ungeeignet ist, selbst wenn bei dem Bau der Anlage die Regeln der Technik im Übrigen beachtet wurden[15]. Anders verhält es sich lediglich dann, wenn der Mangel auf einer verbindlichen Anordnung des *Bestellers* beruht *und* der Unternehmer den Besteller auf seine Bedenken gegen die Anordnung nachdrücklich hingewiesen hat[16].

9 Den Sachmängeln (o. Rn 8) stehen ebenso wie im Kaufrecht (§ 435) **Rechtsmängel** gleich (§ 633 Abs. 3). Ein Rechtsmangel ist anzunehmen, wenn Dritte in Bezug auf das Werk Rechte gegen den Besteller geltend machen können, die der Besteller in dem Vertrag nicht übernommen hat. Zu denken ist hier in erster Linie an Patent- Urheber- oder Gebrauchsmusterrechte Dritter, durch die der Besteller an der Nutzung des Werks gehindert werden kann[17].

10 Die **Beweislast** für die Mangelfreiheit des Werkes trägt *bis* zur Abnahme der **Unternehmer**; daran ändert es auch nichts, wenn der Besteller die Mängel bereits vor der Abnahme zu Recht selbst beseitigt (§ 634 Nr 2); nur im Einzelfall kann sich dann aus den Grundsätzen über die Beweisvereitelung etwas anderes ergeben. *Nach* der Abnahme trifft dagegen den **Besteller** die Beweislast, wenn er jetzt noch Mängel des Werks behauptet (§§ 363 und 644)[18].

3. Beteiligung mehrerer Unternehmer

11 Zumal an größeren Bauwerken ist häufig eine *Mehrzahl* selbstständiger Unternehmer beteiligt. Dafür kommen unterschiedliche Organisationsformen in Betracht. Zunächst ist denkbar, dass der Bauherr einen **Generalunternehmer** beauftragt, der dann seinerseits Subunternehmer als Erfüllungsgehilfen heranzieht. Der Generalunternehmer muss in diesem Fall die Subunternehmer sorgfältig überwachen und den Herstellungsprozess entsprechend organisieren und sicherstellen, dass Mängel rechtzeitig vor der Abnahme entdeckt werden, widrigenfalls er sich nicht auf die regelmäßige Verjährungsfrist berufen kann (§ 634a Abs. 1 und 3)[19]. Stattdessen kann aber auch der Besteller **mehrere Unternehmer** neben- oder nacheinander mit verschiedenen Gewerken beauftragen. Für die Abgrenzung der Verantwortungsbereiche der beteiligten Unternehmen sind dann in erster Linie die Abreden der Beteiligten maßgeblich (§ 311 Abs. 1). Fehlen jedoch solche Abreden, so ist z. B. bei Mängeln eines Bauwerks davon auszugehen, dass der **Architekt** grundsätzlich (nur) hinsichtlich der Planung Erfüllungsgehilfe des Bauherrn ist, nicht dagegen hinsichtlich der Bauaufsicht, sodass der Bauherr allein Planungsfehler des Architekten gegenüber dem Bauunternehmer zu vertreten hat (§ 278)[20], während der **Bauunternehmer** bei Mängeln seiner

14 BGHZ 181, S. 225 (228 ff, Tz 10 ff) = NJW 2009, S. 2431.
15 BGHZ 168, S. 368 (374 f, Tz 25) = NJW 2006, S. 3141; BGHZ 174, S. 110 (115 ff, Tz 15 ff).
16 BGH, NJW 2011, S. 3780 Tz 14; s. u. Rn 11.
17 Begr. zum SMG, S. 261 (l. Sp. 1. Abs.).
18 BGH, NJW 2009, S. 360 Tz 14 ff.
19 BGHZ 179, S. 55 (60 ff, Tz 15 ff) = NJW 2009, S. 582.
20 BGHZ 179, S. 55 (66 ff, Tz 28; 68, Tz 35) = NJW 2009, S. 582; BGH, NJW 2014, S. 3645 Tz 14.

Leistung dem Bauherrn nicht entgegenhalten kann, der Architekt habe die Mängel pflichtwidrig nicht verhindert[21].

4. Nacherfüllung, Sowiesokosten

Die Rechte des Bestellers bei Vorliegen eines Sach- oder Rechtsmangels (Rn 8 f, 10) entsprechen im Kern denen eines Käufers bei Mängeln der Kaufsache, wie sich im Einzelnen aus **§ 634** ergibt. Im Vordergrund steht daher auch hier, sofern es sich um einen **behebbaren Mangel** handelt, der Anspruch des Bestellers auf Nacherfüllung, während der Besteller zu den anderen Rechten grundsätzlich erst nach fruchtloser Fristsetzung übergehen kann (Rn 13). Der Anspruch des Bestellers auf Nacherfüllung ist nach den §§ 634 Nr 1 und 635 auf Beseitigung des Mangels *oder* auf Herstellung eines neuen Werks gerichtet, wobei das **Wahlrecht** hier – insoweit anders als im Kaufrecht (s. § 439 Abs. 1) – dem *Unternehmer* zusteht (§ 635 Abs. 1). Der Besteller braucht sich aber nicht mit einer bloßen *partiellen* Beseitigung des Mangels unter gleichzeitiger Minderung des Werklohns wegen des verbliebenen Mangels zufrieden zu geben, sofern nicht dem Unternehmer ausnahmsweise die Beseitigung der restlichen Mangels wegen des dafür erforderlichen, unverhältnismäßigen Aufwandes nach Treu und Glauben nicht mehr zuzumuten ist (analog §§ 635 Abs. 3, 242)[22]. **12**

Der Nacherfüllung kommt ebenso wie im Kaufrecht (o. § 5 Rn 7) grundsätzlich der **Vorrang** vor den übrigen Gewährleistungsrechten des Bestellers aufgrund des § 634 Nrn 2 bis 4 (u. Rn 15 ff) zu, wie sich daraus ergibt, dass der Besteller zu den übrigen Gewährleistungsrechten im Regelfall erst nach **Fristsetzung** übergehen kann (s. §§ 281 Abs. 1, 323 Abs. 1, 636, 637 Abs. 1 und 638 Abs. 1). Dem Unternehmer soll dadurch eine **zweite Chance** eröffnet werden, durch ordnungsgemäße Nacherfüllung (§ 635) den Vertrag doch noch zu retten. Die **Kosten** der Nacherfüllung muss der Unternehmer tragen (§ 635 Abs. 2). Eine Fristsetzung ist jedoch **entbehrlich**, wenn der Mangel nicht behebbar ist, sowie unter den Voraussetzungen der §§ 281 Abs. 2, 323 Abs. 2, 636 und 637 Abs. 2, insbesondere also, wenn der Unternehmer die Nacherfüllung – zu Recht oder zu Unrecht[23] – verweigert (s. §§ 281 Abs. 2, 323 Abs. 2 Nr 1, 635 Abs. 3 und 636) oder wenn diese fehlschlägt oder dem Besteller unzumutbar ist (§ 636). Der Anspruch auf Nacherfüllung ist nur **ausgeschlossen**, wenn sich beide Formen der Nacherfüllung als unmöglich erweisen (§ 275 Abs. 1) oder wenn der Unternehmer die Nacherfüllung nach § 275 Abs. 2 und 3 oder § 635 Abs. 3 zu Recht verweigert, weil sie für ihn mit unverhältnismäßigen Kosten verbunden wäre, d. h. mit solchen Kosten, die ihm nach den Umständen des Falles nicht mehr zuzumuten sind (s. dazu o. § 5 Rn 13 ff). **13**

Solange der Unternehmer dem Anspruch des Bestellers auf Nacherfüllung nicht nachgekommen ist, kann dieser weiterhin die **Zahlung** des Werklohns **verweigern**, wobei man die Zeit vor und nach Abnahme (§ 640 und dazu u. Rn 32 ff) unterscheiden muss[24]: *Vor* Abnahme gilt **§ 320** ohne Einschränkungen, während *nach* Abnahme des **13a**

21 BGHZ 95, S. 128 (131) = NJW 1985, S. 2475; BGH, LM Nr 86 zu § 635 BGB = WM 1989, S. 21 (26).

22 BGHZ 172, S. 346 (359 f, Tz 44) = NJW 2007, S. 2783; BGH, NJW 2011, S. 1872 Tz 17 ff.

23 OLG Düsseldorf, NJW 2014, S. 2802 f, str.

24 S. *Emmerich*, in: MK, § 320 Rn 13 ff.

Werks die Sonderregelung des **§ 641 Abs. 3** zu beachten ist, so dass der Besteller jetzt grundsätzlich nur noch das *Doppelte* des zur Beseitigung des Mangels erforderlichen Betrages zurückbehalten darf (dazu u. Rn 22).

14 Die Nacherfüllung darf **nicht** zu einer **Bereicherung** des Bestellers führen. Kosten, die der Besteller „sowieso" zu tragen gehabt hätte, sowie solche Kosten, die er durch falsche Weisungen oder dadurch verursacht hat, dass er dem Unternehmer mangelhafte Pläne, Stoffe oder Vorarbeiten zur Verfügung gestellt hatte (s. o. Rn 11), muss der Besteller analog den §§ 254 und 278 selbst tragen, auch wenn die darauf beruhenden Mängel anlässlich der Nachbesserung von dem Unternehmer gleich mit beseitigt werden (sog. **Sowiesokosten**). Der Unternehmer hat insoweit ein (eingeschränktes) Zurückbehaltungsrecht analog den §§ 273 und 274[25]. Voraussetzung ist jedoch, dass der Unternehmer seiner **Hinweispflicht** hinsichtlich der Mängel der gelieferten Stoffe und Materialien oder der Vorarbeiten anderer Unternehmer nachgekommen war; andernfalls trifft ihn die volle Haftung für sämtliche Mängel[26].

5. Aufwendungsersatz

15 Nach § 637 Abs. 1 kann der Besteller – ebenso wie der Mieter (s. § 536a Abs. 2 Nr 1), aber anders als der Käufer (s. o. § 5 Rn 8) – einen Mangel des Werkes auch selbst beseitigen und Ersatz der *erforderlichen* Aufwendungen verlangen, freilich grundsätzlich erst nach Ablauf einer von ihm dem Unternehmer zur Nacherfüllung bestimmten *angemessenen Frist*, außer wenn der Unternehmer die Nacherfüllung zu Recht verweigert, z. B. weil sie nur mit unverhältnismäßigen Kosten möglich ist (§ 635 Abs. 3), da andernfalls die Gefahr bestände, dass der Unternehmer auf dem Weg über § 637 Abs. 1 im Ergebnis doch mit derartigen unverhältnismäßigen Kosten belastet würde. Die Fristsetzung ist nach § 637 Abs. 2 *entbehrlich* in den Fällen des § 323 Abs. 2, insbesondere also im Falle einer Erfüllungsverweigerung des Unternehmers (§ 323 Abs. 2 Nr. 1), sowie wenn die Nacherfüllung fehlgeschlagen oder dem Besteller unzumutbar ist. *Ersatzfähig* sind nach § 637 Abs. 1 alle (objektiv) erforderlichen Aufwendungen zur Mängelbeseitigung im Gegensatz zu unnötigen und übermäßigen Kosten[27]. In dieser Höhe hat der Besteller außerdem einen Anspruch auf **Vorschuss**, über den er nach Durchführung der Arbeiten abrechnen muss (§ 637 Abs. 3).

6. Rücktritt und Minderung

16 Bei mangelhafter Leistung des Unternehmers hat der Besteller nach § 634 Nr 3 iVm § 636 ferner das Rücktrittsrecht aufgrund der §§ 323 und 326 Abs. 5 sowie das Minderungsrecht nach § 638. Die Rechtslage beim Werkvertrag entspricht auch insoweit im Wesentlichen der beim Kauf (s. deshalb o. § 5 Rn 16, 17 f). Hervorzuheben ist lediglich, dass Rücktritt und Minderung mit Rücksicht auf den Vorrang der Nacherfül-

25 BGHZ 90, S. 344 (346 f) und 354 (357 ff) = NJW 1984, S. 1676 und 1679 = JuS 1984, S. 808 Nr 4; BGHZ 91, S. 206 (209 ff) = NJW 1984, S. 2457; BGHZ 174, S. 110 (119 ff, Tz 21 ff) = NJW 2008, S. 511; *Locher*, Baurecht, § 5, 3; *J. Kohler*, NJW 1993, S. 417 (421 ff).

26 S. z. B. BGH, NJW 2014, S. 3365 = WM 2014, S. 1649 Tz 19.

27 BGH, LM Nr 86 zu § 635 BGB = NJW-RR 1989, S. 86; LM Nr 81 zu § 633 BGB = NJW-RR 1991, S. 789.

lung (o. Rn 13) grundsätzlich erst **nach** fruchtlosem Ablauf einer **Frist** zur Nacherfüllung möglich sind. Die Fristsetzung ist nur **entbehrlich** in den Fällen des § 323 Abs. 2, des § 326 Abs. 5 sowie des § 636, insbesondere also, wenn es sich um einen nicht behebbaren Mangel handelt (§ 326 Abs. 5), Die praktische Bedeutung des Rücktritts ist beim Werkvertrag, sobald das Werk, wenn auch mangelhaft, einmal fertig gestellt ist, gering[28]. Anders dagegen die Minderung, die ebenso wie beim Kauf (§ 441 Abs. 3) zu einer verhältnismäßigen Herabsetzung der Vergütung, des Werklohns führt (§ 638 Abs. 3).

7. Schadensersatz

Bei Lieferung eines mangelhaften Werks kann der Besteller nach § 634 Nr 4 schließlich noch unter den Voraussetzungen der §§ 636, 280, 281, 283 und 311a Schadensersatz oder nach § 284 Aufwendungsersatz verlangen. § 634 Nr. 4 entspricht im Kern dem § 437 Nr. 3. Ebenso wie dort (§ 5 Rn 23 ff) muss man somit im Kern wie folgt unterscheiden, wobei die Frage des Verschuldens (§ 276) hier in aller Regel mit (Rücksicht auf § 280 Abs. 1 S. 2) keine Rolle spielt: In den Fällen **unbehebbarer Mängel** ist ebenso wie in sonstigen **Unmöglichkeitsfällen** gemäß § 634 Nr. 4 allein von den §§ 283 und 311a auszugehen, so dass der Besteller ohne weiteres Schadensersatz statt der Leistung verlangen kann. (Nur) im Falle einer *erheblichen* Pflichtverletzung (s. §§ 283 S. 2, 311a Abs. 2 S. 3 und 281 Abs. 1 S. 3) hat der Besteller dann die Wahl zwischen dem kleinen und dem großen Schadensersatz, wobei der *kleine* Schadensersatz den Ausgleich des Minderwerts des Werks infolge des Mangels umfasst, während der *große* Schadensersatz auf eine Vertragsliquidierung hinausläuft[29]. Bei **behebbaren Mängeln** richtet sich der Schadensersatzanspruch des Bestellers dagegen gemäß § 634 Nr. 4 nach den §§ 280 Abs. 1 und 3 sowie 281, so dass Voraussetzung des Schadensersatzanspruchs grundsätzlich eine fruchtlose **Fristsetzung** seitens des Bestellers ist (s. im Einzelnen o. § 5 Rn 25). Auch hier hat der Besteller gegebenenfalls die Wahl zwischen dem großen und dem kleinen Schadensersatz, wobei der kleine Schadensersatz hier entweder nach dem Minderwert des Werkes *oder* nach den Reparaturkosten berechnet wird[30]. Der Ersatzanspruch geht in jedem Fall auf Geld (weil der Anspruch auf die Leistung selbst nach § 281 Abs. 4 ausgeschlossen ist), wobei der Besteller in der Verwendung der Ersatzleistung frei ist[31]. **17**

Die Schadensersatzansprüche des Bestellers bei der Verletzung von **Nebenpflichten**, insbesondere also von Aufklärungs-, Instruktions- und Warnpflichten oder von Schutz- oder Fürsorgepflichten (§ 241 Abs. 2), richten sich gemäß § 634 Nr 4 unmittelbar nach § 280 Abs. 1 (s. o. § 5 Rn 29) und setzen daher ebenso wenig eine Fristsetzung voraus wie die Pflicht des Unternehmers zum Ersatz von **Mangelfolgeschäden** an sonstigen Rechtsgütern des Bestellers (s. o. § 5 Rn 27 f). **Verzögert** der Unternehmer dagegen die Erfüllung oder die von ihm geschuldete Nacherfüllung, so gelten schließlich nach § 634 Nr 4 die §§ 280 Abs. 2, 286 und 281[32]. **18**

28 *Peters/Jacoby*, in: Eckpfeiler, 2014, Rn Q 153 ff.
29 Ausführlich z. B. *Mehring*, ZGS 2009, S. 310.
30 BGHZ 186, S. 370 (372, Tz 11) = NJW 2010, S. 3085; OLG Düsseldorf, NJW 2014, S. 2802 (2803).
31 BGHZ 186, S. 370 (372, Tz 10) = NJW 2010, S. 3085; *Mehring*, ZGS 2009, S. 310.
32 S. o. § 5 Rn 26; z. B. BGH, NJW 2009, S. 2743 = EuZW 2009, S. 589 Tz 16.

8. Verjährung

19 In der schwierigen Frage der Verjährung unterscheidet das Gesetz in § 634a im Wesentlichen *drei* verschiedene Gruppen von Werkleistungen. Dies erste Gruppe bilden **sachbezogene Werkleistungen** wie insbesondere Reparaturleistungen, für die im Regelfall eine zweijährige Verjährungsfrist ab Abnahme des Werks läuft (§§ 634a Abs. 1 Nr 1 und Abs. 2, 640). Die zweite Gruppe umfasst die **bauwerkbezogenen Werkleistungen** einschließlich der zugehörigen Planungs- oder Überwachungsleistungen (Paradigma: Leistungen von Bauunternehmern und Architekten), für die eine fünfjährige Verjährungsfrist ebenfalls ab Abnahme gilt (§§ 634a Abs. 1 Nr 2 und Abs. 2, 640). Für alle **anderen** Werkleistungen, insbesondere also unkörperliche Leistungen, ist dagegen (drittens) die regelmäßige Verjährungsfrist der §§ 195 und 199 maßgebend. Besonderheiten bestehen, wenn der Unternehmer den Mangel **arglistig verschwiegen** hat (§ 634a Abs. 3), wofür es ausreicht, dass der Unternehmer den Mangel – trotz Kenntnis – bei der Abnahme dem Besteller nicht offenbart. Keine Anwendung findet § 634a dagegen auf Ansprüche aus § 280 Abs. 1 wegen der Verletzung von **Nebenpflichten** oder wegen **Mangelfolgeschäden** (o. Rn 18), bei denen sich die Verjährung daher nach den §§ 195 und 199 richtet (str). Unberührt bleiben zudem immer konkurrierende Deliktsansprüche aufgrund der §§ 823 ff.

III. Vergütung

1. Höhe

20 Dem Besteller treffen zwei Hauptleistungspflichten, die Pflicht zur Zahlung der vereinbarten Vergütung (§§ 631 Abs. 1 und 632 Abs. 1) sowie die Abnahmepflicht (§ 640; dazu u. Rn 32 ff). Die **Höhe** der Vergütung richtet sich in erster Linie nach den Vereinbarungen der Parteien, hilfsweise nach den marktüblichen Sätzen (§ 632 Abs. 2). In der Praxis unterscheidet man vor allem Pauschalpreis-, Einheitspreis- und Stundenlohnverträge[33].

20a Vor allem vor der Erteilung größerer Aufträge sind **Kostenvoranschläge** üblich, für die der Unternehmer nach dem Gesetz grundsätzlich keine Vergütung erhält (§ 632 Abs. 3). Entgegen einer verbreiteten Meinung ist ein derartiger Kostenvoranschlag freilich auch *nicht verbindlich*, sondern kann vom Unternehmer gegebenenfalls überschritten werden. Der Besteller kann jedoch **kündigen**, wenn er dem Unternehmer den Auftrag aufgrund des Kostenvoranschlags erteilt hatte und sich später herausstellt, dass der Voranschlag vermutlich wesentlich, d. h. um mindestens 10 %, überschritten werden dürfte; der Unternehmer kann dann nach Kündigung des Bestellers lediglich einen Teilvergütung beanspruchen (**§ 650 Abs. 1** iVm § 645 Abs. 1).

2. Fälligkeit

21 Der Anspruch des Unternehmers auf die Vergütung wird grundsätzlich erst *mit Abnahme* des Werks fällig (§§ 641 Abs. 1, 640; u. Rn 32 ff), sodass der Unternehmer

33 *Peters/Jacoby*, in: Eckpfeiler, 2014, Rn Q 86 ff.

nach dem gesetzlichen Regelungsmodell vorleistungspflichtig ist[34]. Diese **Vorleistungspflicht** gilt in der Praxis, vor allem bei aufwändigen Werkleistungen, weithin als unangemessen, sodass **abweichende Vereinbarungen** häufig sind, meistens in Gestalt von **Abschlagszahlungen** bei Fertigstellung der einzelnen Teile eines Werkes, z. B. eines umfangreichen Bauwerks. Die Einzelheiten regeln die §§ 632a und 641 Abs. 1 S. 2 sowie bei Bauwerkverträgen die verbreiteten VOB/B[35]. Zusätzlich wird noch durch § 641 Abs. 2 sichergestellt, dass **Subunternehmer** von dem Generalunternehmer die vereinbarte Vergütung spätestens erhalten, wenn der Besteller den Werklohn an den Generalunternehmer gezahlt hat[36].

Weist das Werk **Mängel** auf, so kann der Besteller die Abnahme ablehnen und die **Zahlung verweigern**, ohne in Annahmeverzug zu geraten (§§ 266, 297, 320 Abs. 1, 641). Die Zahlungsklage des Unternehmers wird in diesem Fall als zur Zeit unbegründet abgewiesen[37]. Auch **nach Abnahme** des Werks bleibt es grundsätzlich dabei, dass der Besteller die Bezahlung des Werks gemäß § 320 wenigstens *teilweise* verweigern kann, wenn das Werk weiterhin Mängel aufweist, deren Beseitigung er trotz Abnahme des Werks noch nach § 641 Abs. 3 verlangen kann, insbesondere, weil er sich rechtzeitig seine Rechte gemäß § 640 Abs. 2 vorbehalten hat (s. schon o. Rn 12). Die Erhebung der Einrede des nichterfüllten Vertrages führt freilich jetzt gegenüber der Zahlungsklage des Unternehmers nur noch zur Verurteilung des Bestellers zur Zahlung Zug um Zug gegen Nacherfüllung (§ 322)[38]. 22

3. Gefahrübergang mit Abnahme

Bei gegenseitigen Verträgen muss man zwischen der Leistungs- und der Gegenleistungsgefahr unterscheiden (s. o. § 3 Rn 13 ff). Während sich die Verteilung der **Leistungsgefahr** auch bei Werkverträgen nach § 275 richtet, enthält das Gesetz für die Verteilung der **Gegenleistungsgefahr**, d. h. für die Gefahr, den Anspruch auf den Werklohn bei Untergang des Werks vor Gefahrübergang zu verlieren, eine Sonderregelung in § 644 Abs. 1 S. 1. Nach dieser Bestimmung trägt der Unternehmer die Gegenleistungs- oder Preisgefahr nicht wie im Regelfall bis zur vollen Erfüllung (§ 326 Abs. 1), sondern nur bis zur gegebenenfalls früher erfolgten **Abnahme** des Werks durch den Besteller nach § 640. Dies bedeutet, dass mit der Abnahme die Preisgefahr auch dann auf den Besteller übergeht, wenn der Unternehmer in diesem Augenblick, etwa wegen eines Eigentumsvorbehalts, (ausnahmsweise) noch nicht vollständig erfüllt haben sollte, so dass der Unternehmer den Anspruch auf die Vergütung behält, selbst wenn das Werk jetzt noch untergehen sollte, ohne dass er erneut leisten müsste[39]. 23

Dagegen bleibt es dabei, dass bis zur Abnahme das Schicksal des möglicherweise schon teilweise oder sogar ganz fertig gestellten Werks den Besteller nicht berührt. Die Folgen eines etwaigen Untergangs des Werks trägt vielmehr bis dahin, d. h. in der 24

34 Str, anders z. B. *Peters/Jacoby*, in: Eckpfeiler, 2014, Rn Q 98 ff.
35 Ergänzend ist hier die VO über Abschlagzahlungen bei Bauträgerverträgen von 2001 (BGBl I, S. 981) zu berücksichtigen.
36 S. *Medicus/Lorenz* II, Rn 721.
37 S. im Einzelnen *Emmerich*, in: MK, § 320 Rn 13 ff; *St. Lorenz*, NJW 2013, S. 1341.
38 BGHZ 62, S. 83 (87) = NJW 1974, S. 551 = JuS 1974, S. 455 Nr 2.
39 *Medicus/Lorenz* II, Rn 738.

Zeit **vor Abnahme**, allein der **Unternehmer**. Von dieser Regel gibt es indessen gleichfalls verschiedene **Ausnahmen**; die wichtigsten folgen aus den §§ 644 und 645 (s. u. Rn 25 f; vgl außerdem noch § 326 Abs. 2). Der Unternehmer ist ferner nicht für den zufälligen Untergang oder eine zufällige Verschlechterung des von dem Besteller gelieferten Stoffes vor Abnahme verantwortlich (§ 644 Abs. 1 S. 3).

4. Vorzeitiger Gefahrübergang

25 Zu einem vorzeitigen Gefahrübergang kommt es zunächst bei **Annahmeverzug** des Bestellers (§§ 326 Abs. 2, 644 Abs. 1 S. 2). Dieser Fall spielt bei Werkverträgen wegen der für diese Verträge typischen Mitwirkungspflichten des Bestellers eine besondere Rolle (s. u. Rn 38 f). Vorzeitiger Gefahrübergang bedeutet hier, dass ein Untergang des Werkes (in der Zeit nach Eintritt des Annahmeverzuges) nichts mehr an der Vergütungspflicht des Bestellers ändert, während der Unternehmer frei geworden ist.

26 Ebenso verhält es sich, wenn der Unternehmer das fertig gestellte Werk auf Verlangen des Bestellers nach einem anderen Orte als dem Erfüllungsort **versendet**. Maßgebender Zeitpunkt für den Gefahrübergang ist dann der der Übergabe des fertig gestellten Werks an die Transportperson (§§ 644 Abs. 2, 447). Der Untergang des Werks ändert folglich auch in diesem Fall nichts mehr an der Vergütungspflicht des Bestellers, ohne dass der Unternehmer nochmals leisten müsste.

27 Nach § 645 Abs. 1 behält der Unternehmer seinen Vergütungsanspruch ferner, wenn das Werk *vor* der Abnahme infolge eines **Mangels des** vom Besteller gelieferten **Stoffes** oder infolge einer von dem Besteller für die Ausführung erteilten **Anweisung** untergegangen, verschlechtert *oder* unausführbar geworden ist, ohne dass ein Umstand mitgewirkt hat, den der Unternehmer zu vertreten hat.

28 In dieser Regelung kommt ein allgemeiner Rechtsgedanke zum Ausdruck, der auch in anderen vergleichbaren Fallgestaltungen entsprechend angewandt werden kann. Der Besteller muss daher außerdem die Gefahr derjenigen Leistungshindernisse tragen, die ihren Grund letztlich in dem von ihm zu stellenden **Leistungssubstrat** haben **oder** die auf seine **Weisungen oder** auf seine sonstigen **Handlungen** zurückgehen (s. o. § 9 Rn 25), so dass er zur Bezahlung wenigstens einer Teilvergütung verpflichtet bleibt, wenn das Werk aus einem der genannten Gründe untergeht oder wenn dem Unternehmer die Leistung aus einem derartigen Grund insgesamt unmöglich wird.

5. Sicherheiten

29 Wegen der Vorleistungspflicht des Unternehmers (Rn 21) gilt der Vergütungsanspruch des Unternehmers als besonders gefährdet. Bereits das Gesetz sieht deshalb verschiedene Sicherheiten für den Vergütungsanspruch des Unternehmers vor. Weitere sind in der Praxis entwickelt worden, wobei vor allem an die häufige Vereinbarung von Ansprüchen auf Teilvergütungen bei Fertigstellung einzelner Teile des Werks zu denken ist (Rn 21). Eine weitere Sicherheit bietet dem Unternehmer (neben § 320) die Vorschrift des § 647, nach der der Unternehmer ein **Pfandrecht** an den von ihm hergestellten oder ausgebesserten beweglichen Sachen *des Bestellers* erwirbt, sofern er an ihnen unmittelbaren Besitz erlangt. Wichtigster Anwendungsfall

ist das Pfandrecht der Werkstattunternehmer an den ihnen zur Reparatur übergebenen Sachen wie z. B. Kraftfahrzeugen. Es handelt sich dabei um ein **gesetzliches Pfandrecht**, sodass ein gutgläubiger Erwerb an bestellerfremden Sachen ausgeschlossen ist (§ 1257)[40]. Die Praxis behilft sich deshalb häufig mit formularmäßigen **Pfandklauseln**, d. h. mit der *vertraglichen* Bestellung eines Pfandrechts an den dem Unternehmer vom Besteller übergebenen Sachen, da dieses Pfandrecht auch gutgläubig an bestellerfremden Sachen erworben werden kann (§ 1207)[41].

Ein Pfandrecht kennt das BGB nur an beweglichen Sachen (§ 1204 Abs. 1). Bei **Grundstücken** musste deshalb auf andere Weise Vorsorge getroffen werden. So erklärt sich die Regelung des § 648, nach der der Bauwerkunternehmer einen Anspruch auf Einräumung einer **Sicherungshypothek** an dem Baugrundstück des Bestellers hat, vorausgesetzt, dass das Werk mangelfrei ist[42]. Derselbe Anspruch wird Architekten zugebilligt[43]. Der Schutz, den diese Regelung den Bauwerkunternehmern und Architekten bietet, ist freilich *gering*, da die Durchsetzung des Anspruchs aus § 648 umständlich ist und das endlich erstrittene Urteil häufig zu spät kommt. **30**

Bauwerkunternehmern ist deshalb 1993 durch § 648a zusätzlich (unter engen Voraussetzungen) ein Recht auf **Sicherheitsleistung** für die von ihnen zu erbringenden Vorleistungen eingeräumt worden. Der Bauwerkunternehmer hat seitdem (nur) ein *Leistungsverweigerungsrecht*, wenn der Besteller nicht binnen angemessener Frist auf sein Verlangen hin Sicherheit leistet (§ 648a Abs. 1). Diese Regelung gilt auch *nach Abnahme* des Werks durch den Besteller (u. Rn 32 ff). Die Folge ist, dass, wenn der Besteller die Bezahlung der Vergütung wegen Mängeln des Werks (§ 320) verweigert und Nacherfüllung verlangt (§§ 634 Nr 1, 635; s. o. Rn 13 ff), der Unternehmer doch immer noch ein Leistungsverweigerungsrecht aufgrund des § 648a Abs. 1 bis zur Sicherheitsleistung des Bestellers in Höhe der Vergütung hat, soweit sie nicht wegen der Mängel zu mindern ist. Wenn der Besteller die Sicherheitsleistung ablehnt, kann der Unternehmer, um den entstehenden Schwebezustand zu beenden, nach den §§ 648a Abs. 5 und 643 vorgehen, d. h. der Sache nach den **Vertrag** nach Fristsetzung **kündigen** und die gegebenenfalls geminderte Vergütung verlangen, wobei auch etwaige Mängel der Teilleistung zu berücksichtigen sind, während eine Nacherfüllung jetzt nicht mehr in Betracht kommt[44]. **31**

IV. Abnahme

1. Bedeutung

Nach § 640 Abs. 1 S. 1 ist der Besteller verpflichtet, das *vertragsmäßig* hergestellte Werk abzunehmen, sofern nicht nach der Beschaffenheit des Werks die Abnahme ausgeschlossen ist. Wegen unwesentlicher Mängel darf er die Abnahme nicht verwei- **32**

40 BGHZ 34, S. 153 (154 ff) = NJW 1961, S. 502; str.
41 BGHZ 68, S. 323 (326 ff) = NJW 1977, S. 1240.
42 BGHZ 68, S. 180 (183 ff) = NJW 1977, S. 947.
43 BGHZ 51, S. 190 (191) = NJW 1969, S. 419 = JuS 1969, S. 238 Nr 5.
44 BGHZ 157, S. 335 (340 ff) = NJW 2004, S. 1525; BGHZ 169, S. 261 (263, Tz 9) = NJW 2007, S. 60; BGH, NJW-RR 2004, S. 740 f; 2005, S. 609 (610 f); zur Problematik der komplizierten Regelung s. z. B. *Peters/Jacoby*, in: Eckpfeiler, 2014, Rn Q 118 f.

gern (S. 2 aaO). In den Fällen, in denen nach der Beschaffenheit des Werkes die Abnahme ausgeschlossen ist, tritt an deren Stelle die Vollendung des Werks (§ 646; s. u. Rn 35).

33 Der Abnahme (§ 640) kommt zentrale Bedeutung in der Abwicklung eines Werkvertrages zu. Denn (erst) mit der Abnahme beschränkt sich der Vertrag auf das vom Unternehmer hergestellte Werk (sog. **Konkretisierung**, vgl § 243 Abs. 2 sowie o. Rn 23), sodass fortan an die Stelle des Erfüllungsanspruchs des Bestellers (iVm den allgemeinen Vorschriften über Leistungsstörungen) die besonderen Rechte des Bestellers bei Mängeln des fertiggestellten Werkes aufgrund der §§ 634 ff treten (o. Rn 6, 12 ff). Zugleich wird in diesem Augenblick der Vergütungsanspruch des Unternehmers **fällig** (§ 641 Abs. 1 S. 1; s. o. Rn 20 f) und geht die **Preisgefahr** auf den Besteller über (§ 644 Abs. 1 S. 1; s. o. Rn 23 f). Wegen dieser weitreichenden Bedeutung stellt die Abnahme hier – anders als beim Kauf (§ 433 Abs. 2) – eine **Hauptleistungspflicht** des Bestellers dar, sodass insbesondere auch die §§ 320 ff Anwendung finden[45].

2. Begriff

34 Unter der Abnahme des Werks ist in § 640 Abs. 1 S. 1 nach h.M. für den Regelfall die körperliche Hinnahme des fertig gestellten Werks verbunden mit der Erklärung des Bestellers zu verstehen, dass er das Werk als im Wesentlichen vertragsgemäß anerkenne[46]. Die Frage ist freilich umstritten[47] und in der Tat zweifelhaft, weil eine Abnahme des Werks durch körperliche Hinnahme in Verbindung mit dessen grundsätzlicher Billigung in vielen Fällen, z. B. bei Reparatur- oder Transportleistungen, durchaus ungebräuchlich ist. Man behilft sich dann häufig mit der Annahme einer **stillschweigenden Billigung** durch Hinnahme und Benutzung des fertig gestellten Werks[48]. Beispiele sind die konkludente Billigung der Pläne eines Architekten durch den Bauherrn nach Erteilung der Baugenehmigung oder später der Bezug und die Benutzung des fertigen Gebäudes ohne jede Rüge nach Ablauf einer angemessenen Prüfungsfrist[49].

35 Wo sich auch die Annahme einer konkludenten Abnahme (Rn 34) verbietet, genügt für die Abnahme bereits die bloße körperliche **Hinnahme** des Werks, während dort, wo eine körperliche Hinnahme unüblich oder unmöglich ist, an die Stelle der Abnahme je nach der Verkehrsübung eben einfach die **Billigung** der Leistung *oder* deren **Vollendung** tritt (§ 646). Beispiele sind die Beförderung von Personen sowie geistige oder künstlerische Leistungen, ebenso aber auch die Übernahme des Winterdienstes für ein großes Gebäude durch ein Unternehmen[50]. Hilfsweise kommt immer noch die Anwendung des § 640 Abs. 1 S. 3 in Betracht. nach dem es der Abnahme gleichsteht,

45 RGZ 171, S. 297 (300); BGH, LM Nr 21 zu § 631 BGB = NJW 1972, S. 99; *Weber*, WM 1994, S. 725.

46 BGHZ 48, S. 257 (262 f) = NJW 1967, S. 2259 = JuS 1968, S. 139 Nr 6; BGHZ 132, S. 96 (100 ff) = NJW 1996, S. 1749 f; BGH, WM 2014, S. 1927 Tz 21.

47 Anders z. B. *Peters/Jacoby*, in: Eckpfeiler, 2014, Rn Q 133.

48 BGHZ 132, S. 96 (100) = NJW 1996, S. 1749 (1750); BGH, LM Nr 89 zu § 631 BGB = NJW 1999, S. 3118.

49 BGHZ 192, S. 93 (99, Tz 14) = NJW 2013, S. 1593, BGH, NJW 2013, S. 3513 Tz 18 ff.

50 BGH, NJW 2013, S. 3022 Tz 16 f.

wenn der Besteller das Werk nicht innerhalb einer ihm vom Unternehmer bestimmten angemessenen **Frist** abnimmt, obwohl er dazu verpflichtet ist, weil das Werk im Wesentlichen mangelfrei ist (s. § 640 Abs. 1 S. 1 und 2, sog **Abnahmesurrogate**).

V. Mitwirkungspflichten

Dem Unternehmer ist häufig eine Herstellung des Werks ohne Mitwirkung des Bestellers nicht möglich. Beispiele sind die Lieferung der erforderlichen Daten für die Herstellung eines auf die besonderen Bedürfnisse des Bestellers zugeschnittenen EDV-Programms sowie insbesondere bei Bauwerkverträgen die Bereitstellung des entsprechend vorbereiteten Grundstücks durch den Bauherren. In solchen Fällen ist die Situation des Unternehmers, der möglicherweise bereits Vorleistungen erbracht hat oder doch Kapazitäten vorhält, besonders prekär, wenn der Besteller nicht in der erforderlichen Weise bei der Fertigstellung des Werkes mitwirkt. 36

Die Lösung dieser Fälle ist noch verhältnismäßig einfach, wenn dem Vertrag, gegebenenfalls auch konkludent, *ausnahmsweise* eine echte **Mitwirkungspflicht des Bestellers** entnommen werden kann, weil der Unternehmer dann bei einem Verstoß des Bestellers gegen diese Pflicht den Erfüllungsanspruch sowie die weiteren Rechte bei Verzug des Bestellers hat (§§ 280, 281, 286 und 323). 37

In den übrigen Fällen ist zunächst zu beachten, dass der Besteller bereits durch die bloße Unterlassung der gebotenen Mitwirkung jedenfalls in **Annahmeverzug** gerät, sodass der Unternehmer von ihm zumindest Ersatz für seine Mehraufwendungen verlangen kann (§§ 293, 296 und 304); außerdem geht nunmehr die **Preisgefahr** auf den Besteller über mit der Folge, dass der Unternehmer auch den Vergütungsanspruch behält, wenn ihm jetzt noch die Leistung unmöglich werden sollte (§§ 295, 296, 644 Abs. 1 S. 2, 326 Abs. 2)[51]. 38

Viel geholfen ist dem Unternehmer freilich auch damit nicht, weshalb das Gesetz in den §§ 642 und 643 zwei weitere Rechtsbehelfe vorsieht, die dem Unternehmer einen Ausweg aus der schwierigen Situation eröffnen, in die er durch die Unterlassung der gebotenen Mitwirkung seitens des Bestellers geraten ist: Nach **§ 642** kann er zunächst von dem Besteller *neben* dem Werklohn und dem Aufwendungsersatz aufgrund des § 304 eine **angemessene Entschädigung** für seine Verluste durch die Verzögerung verlangen; außerdem kann er gemäß **§ 643** nach Fristsetzung den Vertrag **kündigen**, wodurch er sich nach § 645 Abs. 1 S. 2 wenigstens den Anspruch auf eine Teilvergütung erhält. 39

VI. Fürsorgepflicht

Bei einem Werkvertrag kann es ebenso wie bei einem Dienstvertrag dazu kommen, dass sich der Unternehmer zur Ausführung des übertragenen Werks in den Gefahrenbereich des Bestellers begeben muss. Den Besteller trifft dann entsprechend § 618 eine Fürsorgepflicht, sodass er verpflichtet ist, die Räume, in denen der Unternehmer 40

51 BGHZ 143, S. 32 (39 ff) = NJW 2000, S. 1336; OLG Düsseldorf, NJW-RR 2000, S. 466 (467).

tätig werden muss, gefahrlos einzurichten und dessen Eigentum nach Möglichkeit vor Diebstahl oder Beschädigung zu schützen. Bei Verstößen des Bestellers gegen diese Pflichten haben der Unternehmer und seine Angehörigen die Ansprüche aus § 618 Abs. 3 in Verbindung mit den §§ 842 bis 846[52].

VII. Kündigung

41 Durch Werkverträge wird häufig eine langfristige Zusammenarbeit der Parteien begründet, sodass der Besteller eine Möglichkeit haben muss, sich vorzeitig wieder vom Vertrag zu lösen. Deshalb bestimmt § 649 S. 1, dass der Besteller den Vertrag bis zur Vollendung des Werks jederzeit kündigen kann. Der Besteller bleibt jedoch in diesem Fall zur **Bezahlung der** vereinbarten **Vergütung** verpflichtet (§ 649 S. 2 HS 1); der Unternehmer muss sich lediglich die ersparten Aufwendungen sowie einen anderweitigen Erwerb anrechnen lassen (§ 649 S. 2 HS 2). Dies bedeutet, dass der Besteller die schon erbrachten (mangelfreien) Teilleistungen nach deren Abnahme auf jeden Fall bezahlen muss, während der Unternehmer hinsichtlich der restlichen Teilleistungen nur Anspruch auf den vereinbarten Werklohn abzüglich der ersparten Aufwendungen und des anderweitigen Erwerbs hat. Ersparte Aufwendungen sind solche, die der Unternehmer bei ordnungsmäßiger Durchführung des Vertrags noch hätte machen müssen und die jetzt infolge der Kündigung entfallen[53]. Die Berechnung ist häufig ausgesprochen schwierig. Das Gesetz vermutet deshalb seit 2008 in § 649 S. 3, dass dem Unternehmer auf jeden Fall **5 % der Vergütung** zustehen, die auf den noch nicht erbrachten Teil seiner Leistungen entfallen – wohl entsprechend der üblichen Gewinnspanne.

42 Die Vergütungspflicht des Bestellers im Falle der Kündigung (Rn 41) entfällt, wenn sich der Unternehmer einer schweren Vertragsverletzung schuldig gemacht hat, sodass der **Besteller analog § 314** aus wichtigem Grunde **kündigen** und seinerseits Schadensersatz verlangen kann (§ 280 Abs. 1). Voraussetzung ist lediglich, dass der Werkvertrag auf eine enge Zusammenarbeit der Parteien angelegt und deshalb mit einem Dauerschuldverhältnis vergleichbar ist[54]. Nach Kündigung ist der Besteller dann nur verpflichtet, die bereits erbrachten mangelfreien Leistungen des Unternehmers zu bezahlen, während er für die Zukunft frei wird[55].

---

52 RGZ 159, S. 268 (270 f); BGHZ(GS) 5, S. 62 (66 f) = NJW 1952, S. 458; BGHZ 26, S. 365 (370 f) = NJW 1958, S. 710.

53 BGHZ 131, S. 362 (364 ff) = NJW 1996, S. 1282; BGHZ 143, S. 79 (82 ff) = NJW 2000, S. 653; BGHZ 188, S. 149 (155 ff, Tz 18 ff) = NJW 2011, S. 915; BGH, WM 2011, S. 1716 Tz 13.

54 *Looschelders* II, Tz 710.

55 BGHZ 136, S. 33 (38 f) = NJW 1997, S. 3017 (3018); BGH, LM Nr 23 zu § 649 BGB = NJW 1993, S. 1972.

§ 11 Besondere Erscheinungsformen des Werkvertrags

I. Bauträgervertrag

Als Bauträgerverträge bezeichnet man Verträge, durch die sich eine Partei zur Errichtung eines Hauses oder einer Eigentumswohnung *auf einem von ihr zu beschaffenden Grundstück*, also nicht wie im Regelfall des Bauwerkvertrages auf einem dem *Besteller* bereits gehörenden Grundstück verpflichtet. Solche Verträge enthalten Elemente von Kaufverträgen, Werkverträgen und Geschäftsbesorgungsverträgen, sodass es sich bei ihnen im Grunde um gemischte Verträge handelt. Gleichwohl wendet die Rechtsprechung traditionell auf die *Herstellungspflicht* des Bauträgers zum Schutze des Bestellers doch allein **Werkvertragsrecht** an, weil jedenfalls vor der Schuldrechtsreform von 2001 nur das Werkvertragsrecht im Gegensatz zum Kaufrecht einen Anspruch des Bestellers auf Nacherfüllung durch die Beseitigung von Mängeln kannte. Unerheblich ist, wieweit der Bau bei Vertragsabschluss bereits fortgeschritten ist[1]. Dagegen ist von der Anwendung des Kaufrechts auszugehen, wenn der Veräußerer nur geringfügige Eingriffe in die Bausubstanz vorgenommen hat, sodass er in derartigen Fällen nach Werkvertragsrecht allein für seine Bauleistungen, im Übrigen aber nach Kaufrecht haftet[2]. 1

Für die **Haftung** des Bauträgers **für Mängel** des Objekts gelten nach dem Gesagten (o. Rn 1) grundsätzlich die §§ 633 ff (s. o. § 10 Rn 8 ff). Jedoch ist es in der Bauträgerbranche üblich geworden, die **Bestellerrechte** formularmäßig nach Möglichkeit zu **beschränken**[3]. Die Rechtsprechung betont deshalb mit wachsender Schärfe die **Schranken**, die sich für solche Ausschlussklauseln aus den §§ 305 und 307 ff ergeben, soweit auf die Bauleistungen Werkvertragsrecht Anwendung findet[4]. Danach ist auf jeden Fall bei Verträgen über *neue* Häuser oder Wohnungen weder ein Ausschluss der werkvertraglichen Haftung des Bauträgers noch deren Ersetzung durch die Abtretung der Ansprüche des Bauträgers gegen seine Subunternehmer zulässig (§§ 307 Abs. 2, 309 Nr 8 lit. b, aa)[5]. Außerdem kann der Erwerber bei **Verzug** des Bauträgers mit der Übergabe des Hauses oder der Wohnung Ersatz der Kosten für eine Ersatzwohnung sowie darüber hinaus auch eine Nutzungsausfallentschädigung verlangen, wenn er sich in der Zwischenzeit mit einer wesentlich kleineren oder schlechteren Wohnung behelfen musste (§§ 286, 280 und 249)[6]. 2

1 BGHZ 101, S. 350 (352 f) = NJW 1988, S. 135 = JuS 1988, S. 311 Nr 6; BGHZ 108, S. 164 (167) = NJW 1989, S. 2748 = JuS 1990, S. 141 f Nr 6.
2 BGHZ 164, S. 225 (228 ff) = NJW 2006, S. 214; BGH, NJW 2005, S. 1115 (1116) = NZM 2005, S. 187; *Palandt/Sprau*, Rn 3 vor § 633; – dagegen heute für die Anwendung des Kaufrechts z. B. *Busche*, in: MK, § 631 Rn 229; *Medicus/Lorenz* II, Tz 696, 798 ff.
3 S. *Emmerich*, JuS 2003, S. 90 f.
4 S. o. Rn 1; BGHZ 164, S. 225 (230 f) = NJW 2006, S. 214.
5 BGHZ 98, S. 100 (107 f) = NJW 1986, S. 2824 = JuS 1987, S. 65 Nr 3; BGHZ 150, S. 226 (231 ff) = NJW 2002, S. 2470 (2471 f) = JuS 2003, S. 90 Nr 7.
6 BGH, WM 2014, S. 1640; WM 2014, S. 1647 Tz 19 ff = NZG 2014, S. 672.

II. Architektenvertrag

3 Der typische Architektenvertrag wird ebenso wie der Bauträgervertrag (Rn 1) überwiegend als Werkvertrag eingestuft, obwohl der Architekt neben der Anfertigung der Pläne, einer echten Werkleistung, mit der Bauaufsicht auch reine Tätigkeiten schuldet, sodass dienstvertragliche Elemente nicht zu übersehen sind[7]. Indessen manifestiert sich die Leistung des Architekten letztlich in der mangelfreien Herstellung des Bauwerks, sodass sich zum Schutze des Auftraggebers in der Tat die strenge verschuldensunabhängige Haftung des Architekten nach den §§ 633 ff als unabdingbar erweist[8]. Wegen der meisten Einzelheiten kann infolgedessen auf die vorausgehenden Ausführungen zum Werkvertrag verwiesen werden, in denen auch immer schon zu den Architektenverträgen Stellung genommen wurde (o. § 10).

4 Der Architekt ist der geborene, weil **kompetente Sachwalter** des Bauherren mit Bezug auf das Bauvorhaben, woraus sich für ihn je nach den Umständen des Einzelfalls die unterschiedlichsten Pflichten ergeben können[9]. Die den Vertrag charakterisierende Hauptleistungspflicht ist seine Pflicht zur Anfertigung einer **„funktionstauglichen" Planung**, d. h. einer Planung, die sicherstellt, dass der Zweck des Bauwerks, dessen Funktion erreicht werden kann, die, soweit erforderlich, genehmigungsfähig ist und die zugleich die Wünsche des Bauherrn, die rechtlichen Voraussetzungen für die Bebauung des Grundstücks und dessen natürliche Gegebenheiten berücksichtigt[10].

5 Der Architekt ist zur umfassenden **Wahrung der Interessen** des Bauherren bei dem Bauvorhaben verpflichtet. Dazu gehören insbesondere die genaue Beachtung der Vorgaben des Bauherrn für den Kostenrahmen und die Warnung des Bauherrn, wenn dessen Änderungswünsche zu einer Überschreitung des Kostenrahmens führen müssen[11], überhaupt die Vermeidung unnötiger Kosten, z. B. durch eine übertrieben aufwendige Planung[12], weiter die sorgfältige Auswahl des Bauunternehmers und der Handwerker, die Nachprüfung der Rechnungen sowie, sobald sich Mängel zeigen, die sofortige Untersuchung der Ursachen und des Umfangs der Mängel[13]. Auch *eigene* Fehler, die zu dem Baumangel geführt haben, muss der Architekt dann dem Bauherren offenbaren; verstößt er gegen diese Pflicht, so kann er sich selbst nach Ablauf der Verjährungsfristen des § 634a Abs. 1 Nr 2 gemäß § 280 Abs. 1 nicht mehr auf Verjährung berufen kann (sog. **Sekundäranspruch**)[14].

6 Für die Verletzung der genannten Pflichten (o. Rn 4 f) haftet der Architekt nach den §§ 634 ff[15]. Grundsatz ist daher hier ebenfalls der Vorrang der Nacherfüllung, etwa in

---

7 Deshalb für Einstufung als gemischter Vertrag z. B. *Jakobs*, in: Festschrift f. Ballerstedt, 1975, S. 355; *Schiemann*, JuS 1983, S. 649 (651); *Tempel*, JuS 1973, S. 414.

8 BGHZ 31, S. 224 (227 f) = NJW 1960, S. 431; BGHZ 82, S. 100 (105 ff) = NJW 1982, S. 438 = JuS 1982, S. 382 Nr 7.

9 BGHZ 159, S. 376 (381 f) = NJW 2004, S. 2588; BGHZ 197, S. 93 (95 ff) = NJW 2013, S. 1593.

10 BGHZ 147, S. 1 (4 f) = NJW 2001, S. 1276; BGHZ 197, S. 252 (255 f, Tz 12 f; 258, Tz 15) = NJW 2013, S. 2268; BGH, NJW 2003, S. 287; 2011, S. 1442 Tz 11 ff; NJW 2013, S. 684 Tz 14 ff.

11 BGHZ 197, S. 93 (95 f, Tz 9 ff) = NJW 2013, S. 1593.

12 BGH, NJW 2009, S. 2947 Tz 7 ff; 2014, S. 3511 Tz 10 ff.

13 BGH, NJW 2007, S. 365 f Tz 10; 2009, S. 3360 Tz 12 f.

14 BGHZ 133, S. 399 (401 f) = NJW 1997, S. 586; BGH, NJW 2007, S. 365 f Tz 10; 2009, S. 3360 Tz 12 f; 2013, S. 3513 Tz 25 f; *U. Hübner*, NJW 1989, S. 4; *Odersky*, NJW 1989, S. 1; str.

15 Zur idR konkludenten Abnahme des Architektenwerkes s. schon o. § 10 Rn sowie z. B. BGHZ 197, S. 93 (99, Tz 14) = NJW 2013, S. 1593; BGH, NJW 2013, S. 3513 Tz 18 ff.

Gestalt der **Nachbesserung** der Planung (§§ 634 Nr 1, 635). In der Regel wird der Auftraggeber jedoch versuchen, von dem Architekten bei Mängeln des Bauwerks sofort **Schadensersatz** zu erlangen. Eine Fristsetzung dürfte dafür in der Mehrzahl der Fälle entbehrlich sein (s. §§ 634 Nr 4, 636 und 281 Abs. 2). Soweit der Architekt *neben* dem *Bauunternehmer* für Mängel des Hauses verantwortlich ist (o. Rn 5), sind beide als **Gesamtschuldner** anzusehen, sodass der Bauherr wählen kann, wen er in Anspruch nehmen will (§ 421 S. 1)[16]. Der Ausgleich im Innenverhältnis zwischen Architekt und Bauunternehmer richtet sich dann nach den §§ 426, 254[17].

Für unseren **Architekten-Fall 13** bedeutet dies, dass der Architekt A im Falle seiner Inanspruchnahme durch den H aufgrund der §§ 634 Nr 4, 280 Abs. 1, 281 und 636 einen Ausgleichsanspruch gegen U erwirbt, wobei es für die Verteilung des Schadens im Innenverhältnis vor allem darauf ankommt, wer den Schaden überwiegend verursacht hat (§§ 426, 254). Das dürfte hier U sein. 7

III. Reisevertrag

1. Begriff

Eine weitere praktisch bedeutsame Variante des Werkvertrags ist der Reisevertrag, 8
unter dem nach § 651a Abs. 1 ein Vertrag zu verstehen ist, durch den sich der Reiseveranstalter gegen Entgelt verpflichtet, dem Reisenden eine „Gesamtheit von Reiseleistungen", d. h. mindestens *zwei* Reiseleistungen wie insbesondere Beförderung *und* Unterbringung, zu erbringen. Die geltende Fassung der §§ 651a ff beruht auf dem Gesetz von 1994 zur Umsetzung der Pauschalreisen-Richtlinie von 1990[18]. Weitere Änderungen dieser Richtlinie zur Verbesserung der Rechtsstellung der Reisenden sind für die nächste Zukunft geplant[19].

Die Reiseverträge müssen vor allem von den bloßen **Reisevermittlungsverträgen** 9
unterschieden werden, wie sie typischerweise mit **Reisebüros** abgeschlossen werden, da sich diese in der Regel nur verpflichten, dem Kunden bestimmte Reiseleistungen, etwa eine Flug- oder Schiffsreise, *von Dritten zu verschaffen*[20], während sich der *Veranstalter* bei dem Reisevertrag des § 651a Abs. 1 – anders als der bloße Vermittler – *selbst* zur Erbringung der verschiedenen Reiseleistungen *verpflichtet*, sodass dritte Leistungsträger, die er zur Leistungserbringung heranzieht, lediglich seine Erfüllungsgehilfen sind (s. Rn 8, 12). Reisevermittlungsverträge haben Ähnlichkeit mit Maklerverträgen (u. Rn 26 f), unterscheiden sich von diesen jedoch durch die *Verpflichtung* des Vermittlers zur sorgfältigen Auswahl des Leistungsträgers (s. u.

16 S. o. § 10 Rn 11; BGHZ(GS) 43, S. 227 (229 ff) = NJW 1965, S. 1175; ebenso für das Verhältnis zwischen dem Verkäufer eines kranken Tieres und dem Tierarzt BGHZ 192, S. 182 (186 f, Tz 15 ff) = NJW 2012, S. 1071 und BGH, NJW 2012, S. 1070 Tz 18 f.

17 BGHZ(GS) 43, S. 227 (229 ff) = NJW 1965, S. 1175; BGHZ 58, S. 216 (218 ff) = NJW 1972, S. 942 = JuS 1972, S. 601 Nr 7; BGH, LM Nr 31 zu § 426 BGB = NJW 1971, S. 752 = JuS 1971, S. 427 Nr 5.

18 ABl. Nr L 158/59 = EuZW 1990, S. 413.

19 S. *Gsell*, in: Eckpfeiler, 2014, Rn L 104 f (S. 878 ff); *Staudinger/Bauer*, NJW 2014, S. 895 (898).

20 Z. B. BGH, NJW 2011, S. 599 Tz 11 ff; 2014, S. 1168 Tz 33; ausführlich *Neuner*, AcP 193 (1993), S. 1 ff; *Tempel*, NJW 1999, S. 3657.

Rn 27). Es handelt sich deshalb bei ihnen um normale Geschäftsbesorgungsverträge mit Dienstvertragscharakter (§§ 675 Abs. 1, 611).

10 Was jeweils vorliegt, ist eine **Frage der Auslegung** der Parteierklärungen im Einzelfall, wobei in erster Linie darauf abzustellen ist, ob der Anbieter nach den Umständen des Falles bei objektiver Betrachtungsweise bei den Kunden den Eindruck erweckt, selbst die Leistungen zu erbringen (natürlich: gegebenenfalls unter Hinzuziehung Dritter) oder die Leistungen lediglich zu vermitteln[21]. Nach § 651a Abs. 2 ist *im Zweifel* zum Schutze der Kunden ein **Reisevertrag** und nicht nur ein bloßer Reisevermittlungsvertrag anzunehmen. § 651a Abs. 2 greift auch ein, wenn der Veranstalter am Urlaubsort zusätzliche Leistungen, z. B. Ausflüge anbietet, sodass derartige Leistungen nachträglich in den Vertrag einbezogen werden, wenn sie nach den gesamten Umständen im Organisations- und Verantwortungsbereich des Veranstalters stattfinden[22].

11 Die Annahme eines Reisevertrages setzt nach § 651a Abs. 1 an sich die Verpflichtung des Veranstalters zur Erbringung einer *Mehrheit* von Reiseleistungen voraus. Allseits bekannte Beispiele sind Verträge über Reisen auf Kreuzfahrtschiffen[23] sowie insbesondere über Flugreisen zu Hotels in südlichen Ländern[24]. Den Gegensatz bilden danach grundsätzlich Verträge über die Erbringung einer *einzigen* touristischen Leistung wie z. B. Transport *oder* Unterbringung in einem Hotel. Ist Ziel des Vertrages indessen letztlich gleichfalls die Gestaltung eines bestimmten Urlaubs, so werden zum Schutze des Kunden die §§ 651a ff doch entsprechend angewandt[25]. Die Folge ist, dass die „Miete" eines Ferienhauses je nach den Abreden der Parteien Reisevertrag oder reine Miete sein kann, ersteres z. B. bei Angebot einer großen Zahl von Ferienhäusern und -wohnungen in einem Katalog durch einen Veranstalter, letzteres dagegen bei „Miete" der Ferienwohnung aufgrund eines Inserats des Vermieters in einer Zeitung[26].

2. Parteien, Abschluss, Inhalt

12 **Parteien** des Reisevertrags sind (nur) der Veranstalter und der „Reisende", d. h. der Kunde (Rn 8), *nicht* dagegen das gegebenenfalls als Vermittler eingeschaltete Reisebüro (o. Rn 9 f) und auch nicht die einzelnen Leistungsträger, also insbesondere nicht die Fluggesellschaften und die Hotelbetreiber, die lediglich *Erfüllungsgehilfen* des Veranstalters bei der Durchführung des Vertrages sind (§ 278). Jedoch werden die Verträge zwischen dem Veranstalter und den Leistungsträgern überwiegend als **Verträge zu Gunsten der Kunden** interpretiert, sodass diese eigene Leistungsansprüche gegen die Leistungsträger, d. h. gegen die Fluggesellschaften und die Hotelbetreiber erwerben (§ 328 Abs. 1)[27].

21 BGH, NJW 2011, S. 371 Tz 11; 2011, S. 599 Tz 9; 2013, S. 308 Tz 12 ff.
22 BGH, NJW-RR 2008, S. 1501 f Tz 12 ff.
23 BGH, NJW 2013, S. 1674 Tz 14 f; 2013, S. 3170.
24 BGH, NJW 2014, S. 1168.
25 BGHZ 119, S. 152 (161 ff) = NJW 1992, S. 3158 = JuS 1993, S. 252 Nr 6; BGHZ 130, S. 128 (130 f) = NJW 1995, S. 2629 (2630); NJW 2013, S. 308 Tz 25; 2014, S. 2955 Tz 8 f, str, kritisch z. B. *Medicus/Lorenz* II, Tz 807 ff.
26 S. BGHZ 130, S. 128 (131 ff) = NJW 1995, S. 2629 (2630); BGH, NJW 2013, S. 308 Tz 25.
27 BGHZ 93, S. 271 (274 f) = NJW 1985, S. 1457 f; str., anders z. B. *Medicus/Lorenz* II, Tz 814 ff.

Hauptleistungspflicht des **Veranstalters** ist die *sorgfältige Planung, Organisation und Durchführung* der Reise sowie die sorgfältige *Auswahl* der einzelnen Leistungsträger, insbesondere also der Fluggesellschaften und der Hotels (§§ 651a Abs. 1, 276). Zum Schutze der Kunden treffen den Veranstalter außerdem beim Abschluss eines Reisevertrages weitreichende **Informationspflichten**. Die Einzelheiten ergeben sich aus § 651a Abs. 3 iVm der Verordnung über Informationspflichten von 2002[28], die in den §§ 4 ff genau vorschreibt, welche Angaben ein etwaiger **Reiseprospekt** zu enthalten hat, welche Informationen dem Kunden vor Vertragsabschluss zu geben sind und welchen Inhalt die durch § 651a Abs. 3 nach Vertragsabschluss vorgeschriebene **Reisebestätigung** haben muss. Reiseprospekt und Reisebestätigung sind zugleich die wichtigsten Erkenntnisquellen für den Inhalt des Vertrages, weil sich aus ihnen ergibt, welche Reise dem Kunden konkret geschuldet wird[29]. **13**

Hauptleistungspflicht des **Kunden** ist die Zahlung des vereinbarten **Reisepreises** (§ 651a Abs. 1 S. 2). Bei Gruppenreisen trifft die Zahlungspflicht idR jeden Teilnehmer persönlich. **Fällig** wird der Reisepreis an sich erst bei Beendigung der Reise (s. §§ 641, 646, 651k Abs. 4). Jedoch finden sich in den Reisebedingungen, weil die Vorleistungspflicht für die Veranstalter eine erhebliche Belastung darstellt, verbreitet sogenannte **Vorauszahlungsklauseln**, nach denen die Kunden verpflichtet sein sollen, einen Teil des Reisepreises bereits bei *Abschluss* des Vertrages und einen weiteren erheblichen Teil bei *Antritt* der Reise zu zahlen. Die Rechtsprechung lässt solche Klauseln – entgegen den §§ 309 Nr 2 lit a und 320 – in beschränktem Umfang im Interesse der Reisebranche zu, wenn die Kunden gemäß § 651k Abs. 4 S. 1 wenigstens gegen das Insolvenzrisiko abgesichert werden[30]. **14**

Vor Antritt der Reise kann der Kunde jederzeit nach § 651i Abs. 1 von dem Vertrag **zurücktreten**. Jedoch hat der Veranstalter in diesem Fall einen Anspruch auf eine angemessene Entschädigung (§ 651i Abs. 2). Beide Parteien haben außerdem ein **Kündigungsrecht**, wenn die Reise infolge bei Vertragsabschluss nicht voraussehbarer höherer Gewalt erheblich erschwert, gefährdet oder beeinträchtigt wird (§ 651j). **Höhere Gewalt** wird nur angenommen, wenn es sich um ein von außen kommendes, keine betrieblichen Zusammenhänge aufweisendes, in diesem Sinne unvermeidbares und unverschuldetes Ereignis handelt, das nicht zum Risikobereich einer Partei gehört[31]. Beispiele sind unvoraussehbare Ereignisse wie Kriege, innere Unruhen in dem Reiseland mit Massendemonstrationen und gewalttätigen Auseinandersetzungen[32], Epidemien und vergleichbare Katastrophen[33] wie etwa ein allgemeines Flugverbot infolge eines Vulkanausbruchs, das es dem Kunden unmöglich macht, den Heimathafen eines Kreuzfahrtschiffes überhaupt zu erreichen[34], nicht jedoch ein Streik des Personals des **15**

---

28 BGBl. I, S. 3002.

29 BGH, LM Nr 9 zu § 651a = NJW 2000, S. 1188 = JuS 2000, S. 817 Nr 9.

30 BGH, NJW 2006, S. 3134 = JuS 2007, S. 83 f Nr 9; kritisch *A. Staudinger*, NJW 2006, S. 3136; 2014, S. 895 (896 m. Nachw.).

31 BGHZ 100, S. 185 (188) = NJW 1987, S. 1938 „Nile Concorde"; BGHZ 161, S. 79 (82) = NJW 2005, S. 418.

32 *Staudinger/Bauer*, NJW 2013, S. 3760 m. Nachw.

33 S. u. § 27 Rn 7; BGHZ 109, S. 224 (226) = NJW 1990, S. 572 = JuS 1990, S. 501 Nr 6 für das Reaktorunglück in Tschernobyl; *Tonner*, NJW 2003, S. 2783.

34 BGH, NJW 2013, S. 1674 Tz 18 ff.

Leistungsträgers, da derartige Vorkommnisse in den Risikobereich des Veranstalters fallen[35].

16 **Preiserhöhungen** sind nur in engen Grenzen zulässig (s. § 651a Abs. 4 und § 309 Nr 1). Bei zulässigen Preiserhöhungen hat der Kunde außerdem ebenso wie bei sonstigen wesentlichen Vertragsänderungen ein **Rücktrittsrecht** (§ 651a Abs. 5). Kraft Gesetzes (§ 651b Abs. 1) hat der Kunde ferner eine **Ersetzungsbefugnis**, sodass er statt seiner einen anderen Teilnehmer der Reise bezeichnen kann. Der Kunde und der Ersatzmann haften in diesem Fall als Gesamtschuldner für den Reisepreis (§ 651b Abs. 2).

3. Haftung des Veranstalters

a) Überblick

17 Den Kern der gesetzlichen Regelung bilden die Vorschriften über die Haftung des Veranstalters für Mängel der Reiseleistung (§§ 651c–651h). Der Kunde kann danach, wenn die Reise nicht dem Vertrag entspricht (§ 651c Abs. 1, Rn 18 f), in erster Linie *Abhilfe* verlangen, z. B. durch Zuweisung einer besseren Unterkunft (§ 651c Abs. 2 S. 1). Außerdem ist während der Dauer des Mangels, d. h. bis zur Abhilfe durch den Veranstalter, der Reisepreis *gemindert* (§ 651d); Voraussetzung ist jedoch eine Anzeige des Mangels bei dem Veranstalter (§ 651d Abs. 2, Rn 20 f). Bei schweren Mängeln oder bei Unzumutbarkeit der Reisefortsetzung infolge des Mangels kann der Kunde ferner nach § 651e den Vertrag kündigen (Rn 22). Schließlich steht ihm noch bei Verschulden des Veranstalters ein Schadensersatzanspruch zu (§ 651f, Rn 24). Den genannten Vorschriften wird heute bei Störungen der Reise *nach* Vertragsabschluss, die ihre Ursache nicht ausschließlich in der Person des Kunden haben, überwiegend der **Vorrang** vor den allgemeinen Vorschriften über Leistungsstörungen zugebilligt. Unberührt bleiben lediglich konkurrierende **Deliktsansprüche**, worauf vor allem ihre praktische Bedeutung im vorliegenden Zusammenhang beruht[36].

b) Mangel

18 Die Definition des Reisemangels findet sich in § 651c Abs. 1 im Anschluss an die früheren §§ 459, 537 und 633. Die Reise ist danach mangelhaft, wenn sie nicht die zugesicherten Eigenschaften hat oder mit Fehlern behaftet ist, die den Wert oder die Tauglichkeit zu dem gewöhnlichen oder dem nach dem Vertrag vorausgesetzten Nutzen der Reise aufheben oder mindern. Die Reise ist mit anderen Worten *mangelhaft*, wenn sie negativ von dem vereinbarten Standard abweicht, der durch die Reisebestätigung und den Prospekt, durch besondere Zusagen des Veranstalters oder des Reisebüros sowie durch ihren Charakter, z. B. als Erholungsurlaub, Kreuzfahrt, Abenteuerreise oder Kongressbesuch, definiert wird (s. o. Rn 11 f)[37]. Eine *Zusicherung* von Eigenschaften im Sinne des § 651c Abs. 1 liegt vor, wenn der Veranstalter – ausdrücklich oder konkludent – eine unbedingte Garantie für das Vorhandensein oder für

35 S. BGHZ 100, S. 185 (188 f) = NJW 1987, S. 1938 „Nile Concorde“; anders eine verbreitete Meinung.

36 BGHZ 103, S. 298 (302) = NJW 1988, S. 1380 = JuS 1988, S. 737 Nr 7 „Balkonbrüstung“; *Medicus/Lorenz* II, Tz 841 ff.

37 BGH, NJW 2007, S. 2549 (2550, Tz 20).

das Fehlen bestimmter Eigenschaften der Reise, z. B. für die absolute Ruhe des Hotels übernimmt[38]. Dies dürfte ausgesprochen selten sein.

Ein Reisemangel ist **beispielshalber** anzunehmen, wenn das gebuchte Hotel belegt ist, sodass der Kunde in ein anderes Hotel ausweichen muss[39], wenn es nicht beheizt werden kann oder von Ungeziefer befallen[40] oder übermäßig laut ist[41], ferner generell, wenn die nötige Sicherheit der Kunden infolge von Verstößen des Veranstalters gegen seine Verkehrssicherungspflicht (Rn 17) nicht mehr gewährleistet ist[42], wenn bei einer Kreuzfahrt wichtige Ziele ausfallen[43] oder wenn die in dem Prospekt oder in der Reisebestätigung genannten Abflugzeiten nicht eingehalten werden[44]. Umfasst der gebuchte Urlaub auch bestimmte *Sportmöglichkeiten*, so gehört deren Gefahrlosigkeit gleichfalls zu den geschuldeten Leistungen. Dagegen verstößt es z. B., wenn bei einem Reiturlaub von dem Veranstalter ein nervöses oder sonst ungeeignetes Pferd eingesetzt wird[45]. **19**

c) Abhilfe, Minderung, Anzeige

Liegt ein Mangel (o. Rn 18 f) vor, so kann der Kunde zunächst nach § 651c Abs. 2 von der örtlichen Reiseleitung oder von dem Veranstalter **Abhilfe** verlangen. Bei diesem Abhilfeanspruch des Kunden handelt es sich um den (modifizierten) Erfüllungsanspruch. Außerdem wird der Reisepreis kraft Gesetzes, d. h. automatisch „für die Dauer des Mangels" verhältnismäßig gemindert (§ 651d Abs. 1 iVm § 638 Abs. 3). Diese Regelung bedeutet nicht, dass sich die **Minderung** mit Notwendigkeit anteilig auf die Zeit beschränkt, in der der Mangel vorlag; vielmehr kann bei besonders schweren Mängeln, selbst wenn sie nur einzelne Tage betreffen, der Reisepreis weit darüber hinaus und gegebenenfalls sogar bis auf Null gemindert sein[46]. Berechnet wird die Minderung grundsätzlich aufgrund einer Gesamtbetrachtung der Reise und ihrer Mängel in Prozenten des Reisepreises[47]. **20**

Voraussetzung der genannten Rechte der Kunden bei Mängeln der Reise (Rn 20) ist, dass der Mangel der örtlichen Reiseleitung oder dem Veranstalter **angezeigt** wird (§ 651d Abs. 2), wofür keine besondere Form vorgeschrieben ist[48]. Mit der Anzeige kann dann auch gleich die **Geltendmachung** der Kundenrechte binnen der kurzen Ausschlussfrist des § 651g Abs. 1 gegenüber dem Veranstalter verbunden werden[49]. Ist dies nicht geschehen, so muss der Kunde die genannten Rechte nach Beendigung der Reise ebenso wie den Schadensersatzanspruch (§ 651 f; s. dazu u. Rn 22) inner- **21**

38 S. o. § 5 Rn 40 f; *Medicus/Lorenz* II, Tz 829.
39 BGHZ 161, S. 389 = NJW 2005, S. 418; OLG Düsseldorf, NJW-RR 1986, S. 1175.
40 LG Dortmund, NJW-RR 1986, S. 1174; LG Hannover, MDR 1985, S. 496.
41 *Looschelders* II, Tz 738 (S. 227).
42 BGH, NJW 2007, S. 2549 (2550, Tz 20).
43 BGH, NJW 2013, S. 3170.
44 BGH, NJW 2009, S. 2743 Tz 14 ff; 2014, S. 1168 Tz 13 ff m. Anm. *Führich* (gegen die übliche, skandalöse Praxis); *Staudinger/Bauer*, NJW 2014, S. 895 (897 f).
45 BGHZ 161, S. 79 (84) = NJW 2005, S. 418; BGH, LM Nr 9 zu § 651a BGB = NJW 2000, S. 1188 = JuS 2000, S. 817 (818) Nr 9.
46 BGH, NJW 2008, S. 2775 f Tz 9 ff; Beispiele bei *S. Schattenkirchner*, NJW 2005, S. 2506 ff.
47 BGH, NJW 2013, S. 3170 Tz 18 f.
48 S. BGHZ 145, 343 (347 ff) = NJW 2001, S. 289 = JuS 2001, S. 397 Nr 7.
49 BGH, LM Nr 4 zu § 651g BGB = NJW 1988, S. 488.

halb eines Monats gegenüber dem Reiseveranstalter geltend machen (§ 651g Abs. 1 S. 1); nach Ablauf dieser Frist ist dies nur noch möglich, wenn der Reisende ohne Verschulden an der Einhaltung der Frist verhindert wurde (S. 3 aaO), z. B. wenn der Kunde nicht ordnungsgemäß über die Ausschlussfrist informiert wurde (s. § 651a Abs. 3) oder wenn es sich um Spätschäden handelt[50].

d) Kündigung, Schadensersatz

22 Wird die Reise infolge des Mangels erheblich beeinträchtigt, so hat der Kunde ein **Kündigungsrecht**, das jedoch im Regelfall voraussetzt, dass er dem Veranstalter zunächst vergeblich eine Frist zur Abhilfe gesetzt hatte (**§ 651e**). Ob eine **erhebliche Beeinträchtigung** der Reise in diesem Sinne vorliegt, lässt sich nur im Einzelfall aufgrund einer Gesamtwürdigung aller relevanten Umstände des Falles beurteilen. Die Verspätung eines Zubringerfluges, so dass ein oder zwei Reisetage bei einer längeren Reise ausfallen, reicht dafür im Regelfall noch nicht aus[51], wohl aber etwa der Ausfall wichtiger Zielhäfen bei einer Kreuzfahrt, deren Charakter gerade durch den Besuch dieser Häfen bestimmt wurde[52].

23 Ist die Reise mangelhaft, so kann der Reisende außerdem **Schadensersatz** „wegen Nichterfüllung" verlangen, sofern der Veranstalter sich hinsichtlich des Mangels nicht zu entlasten vermag (§ 651f Abs. 1)[53]. Der Ersatzanspruch umfasst das gesamte positive Interesse des Kunden, wobei nicht zwischen Mangel- und Mangelfolgeschäden unterschieden wird. Der Anspruch setzt aber ebenso wie die anderen Rechte des Kunden (Rn 20 f) – trotz des unklaren Wortlauts des Gesetzes – eine **Mängelanzeige** oder ein Abhilfeverlangen des Kunden am Reiseort voraus[54]. Außerdem muss der Anspruch nach § 651g gegenüber dem Veranstalter rechtzeitig geltend gemacht werden (s. o. Rn 20 f).

24 Nach § 651f Abs. 2 kann der Kunde bei Vereitelung oder erheblicher Beeinträchtigung der Reise (s. Rn 22) ferner eine **angemessene Entschädigung** in Geld wegen nutzlos aufgewandter Urlaubszeit verlangen. Bei § 651f Abs. 2 handelt es sich um einen der seltenen Fälle, in denen über § 253 hinaus ausnahmsweise ein Ersatz des immateriellen Schadens bei einer „bloßen" Vertragsverletzung in Betracht kommt[55]. Die **Höhe** der Entschädigung bemisst sich in erster Linie nach der Höhe des Reisepreises, weil in ihm vornehmlich zum Ausdruck kommt, was der (entgangene) Urlaubsgenuss dem Kunden wert ist[56].

e) Abweichende Vereinbarungen

25 Die gesetzliche Regelung der §§ 651a bis 651l ist grundsätzlich **zwingend** (§ 651m S. 1). Abweichungen, insbesondere durch Geschäftsbedingungen, d. h. durch die weitgehend einheitlichen so genannten Allgemeinen Reisebedingungen **(ARB)** der

50 BGH, NJW 2007, S. 2549 (2551 f, Tz 25 ff); *Tonner*, NJW 2007, S. 2738 (2739 f).
51 BGH, NJW 2009, S. 287 Tz 15 f; *A. Staudinger/J. Ilchmann*, NJW 2008, S. 2752 (2753).
52 BGH, NJW 2013, S. 3170 Tz 32 ff.
53 S. z. B. BGHZ 161, S. 79 (81 ff) = NJW 2005, S. 418, BGH, NJW 2007, S. 2549 (2551, Tz 22 ff).
54 BGHZ 92, S. 177 (179 ff) = NJW 1985, S. 132; *Looschelders* II, Tz 750; *Medicus/Lorenz* II, Tz 833.
55 S. EuGH Slg. 2002, I-2651 (2660 f, Tz 21 ff) = NJW 2002, S. 1255 „Leitner"; *Teichmann*, JZ 1993, S. 990 (994); *Tonner/B. Lindner*, NJW 2002, S. 1475.
56 BGHZ 161, S. 389 (396 ff) = NJW 2005, S. 1047.

Veranstalter, sind nur im Rahmen der §§ 651h und 651m S. 2 möglich[57]. Entgegen einer verbreiteten Meinung[58] ist die geschilderte Regelung nicht abschließend, so dass sich weitere Schranken für die ARB aus den §§ 305 ff und damit insbesondere aus § 309 Nr. 7 ergeben, der deutlich enger als § 651h ist[59]. Außerdem gilt die nach § 651h in bestimmten Fällen zulässige **Beschränkung der Haftung** des Veranstalters auf den dreifachen Reisepreis allein für Sachschäden und auch nur für die vertraglichen Ansprüche des Kunden, nicht dagegen für Körperschäden oder für konkurrierende Deliktsansprüche[60].

IV. Maklervertrag

1. Überblick

Die Maklerverträge[61], die eine erhebliche wirtschaftliche Bedeutung haben, sind z. T. im HGB (§§ 93 ff) und z. T. im BGB (§§ 652–656) geregelt. Unter die §§ 652 bis 655 fallen vor allem die **Grundstücks- und Wohnungsmakler**. Eine Sonderform stellt der in den §§ 655a bis 655e idF von 2010 geregelte **Darlehensvermittlungsvertrag** zwischen einem Unternehmer (§ 14) und einem Verbraucher (§ 13) dar[62]. Auch die **private Arbeitsvermittlung** gehört hierher, wobei ergänzend die §§ 296 ff SGB III zu beachten sind, mit denen vor allem ein Schutz der Arbeitssuchenden bezweckt wird[63]. Eine weitere Sonderform bildet die durch § 656 ausgesprochen stiefmütterlich behandelte Ehevermittlung (u. Rn 28 f). Neben den genannten Vorschriften sind noch verschiedene gesetzliche Sonderregelungen zu beachten, mit denen durchweg ein zusätzlicher Verbraucherschutz bezweckt wird. Hervorzuheben sind das **Wohnungsvermittlungsgesetz** von 1971, **§ 34c GewO** sowie die auf dessen Grundlage ergangene (öffentlich-rechtliche) **Makler- und BauträgerVO von 1975**. 26

Ein **Maklervertrag** liegt nach § 652 Abs. 1 S. 1 vor, wenn jemand, der so genannte Auftraggeber, dem Makler einen Lohn, meistens Provision genannt, für den Nachweis der Gelegenheit zum Abschluss eines Vertrages oder für die Vermittlung eines Vertrages verspricht. Der Vertrag ist im Zweifel **entgeltlich** (§ 653), jedoch kein gegenseitiger Vertrag, da den Makler grundsätzlich keine Tätigkeitspflicht trifft; es ist vielmehr allein seine Sache, ob er tätig werden will. Die Provision steht ihm aber nach § 652 erst zu, wenn der Auftraggeber gerade *infolge seines Nachweises* oder seiner Vermittlungstätigkeit einen (wirksamen) Vertrag mit einem Dritten abgeschlossen hat, wozu er trotz der Bemühungen des Maklers nicht verpflichtet ist. Bei der Wohnungsvermittlung ist dies zwingendes Recht (§ 2 WohnungsvermittlungsG). Bei anderen Maklerverträgen sind dagegen beliebige Abweichungen von der gesetzlichen Regelung jedenfalls durch Individualvereinbarung möglich. Hervorzuheben ist die Vereinbarung einer Tätigkeitspflicht des Maklers. Der Vertrag bleibt jedoch auch dann im Kern Maklervertrag, vorausgesetzt, dass die Vergütung weiterhin erfolgsab- 27

57 Dazu *Kappus*, ARB, 2008.
58 Z. B. *Medicus/Lorenz* II, Tz 840.
59 BGH, NJW 2009, S. 1486 Tz 16 ff; *Führich*, NJW 2009, S. 1487 (1488).
60 BGHZ 100, S. 157 (180 ff) = NJW 1987, S. 1931.
61 Im Gesetz immer „Mäklerverträge" genannt.
62 Wegen der Einzelheiten s. *Emmerich*, in: Graf v. Westphalen, VerbrKrG, §§ 15 ff (S. 638 ff).
63 BGH, NJW 2010, S. 3222 Tz 13.

hängig sein soll wie im Zweifel bei dem so genannten **Alleinauftrag**. Andernfalls liegt ein normaler Dienstvertrag vor (§§ 611, 675 Abs. 1).

2. Insbesondere Ehevermittlung

28 Nach § 656 Abs. 1 S. 1 wird durch das Versprechen eines Lohnes für den Nachweis der Gelegenheit zur Eingehung einer Ehe oder für die Vermittlung des Zustandekommens einer Ehe eine Verbindlichkeit *nicht* begründet; jedoch kann das auf Grund des Versprechens Geleistete nicht deshalb zurückgefordert werden, weil durch solche Verträge eine Verbindlichkeit nicht begründet wird (§ 656 Abs. 1 S. 2). Der **Grund** für diese eigenartige Regelung liegt einmal in der (abwegigen) Vorstellung der Gesetzesverfasser, die Ehevermittlung sei sittenwidrig, zum anderen in der Annahme, Klagen aus Ehevermittlungsverträgen müssten zu anstößigen und peinlichen Eingriffen in die „Intimsphäre" der Eheleute führen[64]. Obwohl diese Erwägungen heute längst obsolet sind, wird doch § 656 nach wie vor als wirksam behandelt[65]. Alle Pläne zu einer Neuregelung sind bisher gescheitert.

29 Die Ehevermittler versuchen verständlicherweise auf unterschiedlichen Wegen, der für sie so nachteiligen gesetzlichen Regelung (§ 656) zu entgehen. *Ein* Ausweg ist die Forderung von Vorschüssen schon bei Vertragsabschluss, ein *anderer* der Abschluss von **Eheanbahnungsdienstverträgen** oder von **Partnervermittlungsverträgen**, die sich von den eigentlichen Ehevermittlungsverträgen des § 656 vor allem dadurch unterscheiden, dass hier der „Vermittler" eine echte *Tätigkeitspflicht* übernimmt, die meistens auf die Bereitstellung von Adressen oder die Anbahnung von Kontakten gerichtet ist. In der Mehrzahl der Fälle begegnen die Gerichte indessen bisher derartigen Ausweichstrategien der Ehevermittler durch die entsprechende Anwendung des (missglückten) § 656, eine wenig überzeugende Lösung[66].

V. Verwahrung

30 Durch den Verwahrungsvertrag wird der Verwahrer verpflichtet, eine ihm von dem Hinterleger übergebene, bewegliche Sache für diesen aufzubewahren (§ 688). Der Vertrag kann unentgeltlich oder entgeltlich sein (§§ 689, 690, 699). Im zweiten Falle handelt es sich um einen normalen gegenseitigen Vertrag. Eine handelsrechtliche Sonderform ist das **Lagergeschäft** der §§ 416 ff HGB.

31 Äußerlich weist der Verwahrungsvertrag manche Ähnlichkeiten mit der Miete auf. Die **Interessenlage** ist indessen bei ihm eine völlig andere. Während nämlich bei der Miete die Überlassung der Sache im Interesse des Mieters erfolgt (der deshalb dafür auch in Gestalt der Miete eine Gegenleistung zu erbringen hat), liegt bei der Verwahrung die Überlassung gerade im Interesse des *Hinterlegers*, der von der Sorge für die Sache entlastet werden will. Folglich ist, sofern die Verwahrung entgeltlich ist, der

64 S. BGH, NJW 2008, S. 982 (984, Tz 21).

65 BVerfGE 20, S. 31 = NJW 1966, S. 1211; BGH, NJW-RR 2004, S. 778 (779).

66 BGHZ 87, S. 309 (313 f) = NJW 1983, S. 2817 = JuS 1984, S. 58 Nr 3; BGHZ 112, S. 122 (124 ff) = NJW 1990, S. 2550; BGH, NJW-RR 2004, S. 778 (779); NJW 2008, S. 982 (984, Tz 21 f); NJW-RR 2010, S. 410 Tz 15.

Hinterleger und nicht etwa der Verwahrer zur Zahlung der Vergütung verpflichtet. Aus dieser Interessenlage folgt zugleich, dass den Verwahrer die Pflicht trifft, in gewissem Umfang die Vermögensinteressen des Hinterlegers wahrzunehmen. Er schuldet deshalb nicht nur die **Aufbewahrung** der ihm übergebenen Sachen durch die Gewährung von Raum; sondern ihn trifft auch eine **Obhutspflicht** hinsichtlich der Sachen (s. im Einzelnen die §§ 691–698).

Eine praktisch bedeutsame Sonderform der Verwahrung ist die sogenannte **unregelmäßige Verwahrung**, bei der das Eigentum an den hinterlegten vertretbaren Sachen, 32
insbesondere Geld, auf den Verwahrer übergeht. Der Unterschied zum Darlehen besteht vor allem darin, dass der Hinterleger hier *jederzeit Rückgabe* der hinterlegten Sachen oder Rückzahlung des hinterlegten Geldes verlangen kann (s. § 700 Abs. 1 S. 3 iVm § 695), während bei dem Darlehen die Fälligkeit des Rückzahlungsanspruchs grundsätzlich eine Kündigung voraussetzt (§§ 488 Abs. 3, 608 Abs. 1). Trotz der daraus resultierenden Unterschiede in der Interessenlage ordnet das Gesetz doch in § 700 Abs. 1 die **Anwendbarkeit von Darlehensrecht** an. Unregelmäßige Verwahrung (und nicht etwa Darlehen) sind vor allem die Verträge über Geldeinlagen bei Banken, vorausgesetzt, dass der Kontoinhaber jederzeit die Auszahlung seines Guthabens verlangen kann (s. o. § 8 Rn 22).

VI. Anhang: Auslobung

Unter einer Auslobung versteht man die *einseitige* Aussetzung einer Belohnung für 33
die Vornahme einer bestimmten Handlung, z. B. für die Rückführung eines entlaufenen Hundes, durch öffentliche Bekanntmachung (§ 657). Wer den Hund zurückbringt, kann folglich die Belohnung verlangen, selbst wenn er von der Auslobung gar nichts wusste. Die Auslobung ist der wichtigste Fall, in dem entgegen § 311 Abs. 1 ein rechtsgeschäftliches Schuldverhältnis nicht durch Vertrag, sondern bereits durch eine *einseitige* Willenserklärung begründet wird[67]. Eine Sonderform der Auslobung stellt das **Preisausschreiben** des § 661 dar. Preisausschreiben sind insbesondere auch **sportliche Wettkämpfe**, bei denen Preise verliehen werden wie z. B. Autorennen oder Reitturniere, sodass hier – trotz der Einseitigkeit des Rechtsverhältnisses (§§ 661 und 657) – eine schuldrechtliche Sonderverbindung zwischen dem Veranstalter des Wettkampfes und den Teilnehmern entsteht. Der Veranstalter ist deshalb insbesondere verpflichtet, nach Möglichkeit für die Sicherheit der Teilnehmer zu sorgen und vor allem gefahrlose Anlagen zur Verfügung zu stellen (§ 241 Abs. 2)[68].

Nach § 661a, der auf das Fernabsatzgesetz von 2000[69] zurückgeht, hat ein Unterneh- 34
mer, der **Gewinnzusagen** an Verbraucher versendet und durch die Gestaltung dieser Zusendungen den Eindruck erweckt, dass der Verbraucher einen Preis gewonnen habe, dem Verbraucher diesen Preis zu leisten. § 661a ist im Grunde eine wettbewerbsrechtliche Norm, deren Zweck es ist, in jüngster Zeit vermehrt auftretende unseriöse Werbemethoden zu bekämpfen (s. § 4 Nr. 5 und 6 UWG von 2008).

67 S. dazu Motive Bd. II, S. 175 f.
68 BGHZ 187, S. 86 (90 ff, Tz 11 ff) = NJW 2011, S. 139; BGH, LM Nr 2 zu § 661 BGB = MDR 1966, S. 572.
69 BGBl. I, S. 897.

§ 12 Auftrag, Geschäftsbesorgung

Fall 14: A benötigt einen neuen Wagen. Da er aber keine Zeit hat, sich einen Wagen auszusuchen, bittet er den Kraftfahrzeugmeister B, ihm für höchstens € 5000,– einen gebrauchten Wagen zu besorgen. B sagt zu; auf dem Weg zu dem Gebrauchtwagenhändler V fällt B indessen hin und zerreißt sich die Hose. Dadurch verliert er jede Lust an der Ausführung des Auftrags und überredet deshalb seinen Freund C, einen Wagen für A erwerben. Obwohl C nicht viel von Autos versteht, kommt er der Bitte des B nach. Als B den von C erworbenen Wagen bei A abliefert, erzählt er ihm den ganzen Sachverhalt. A nimmt den Wagen zwar an, behält sich aber Ersatzansprüche vor, falls C ungünstig eingekauft haben sollte. Tatsächlich fällt der Wagen schon wenig später wegen eines Motorschadens aus. A muss sich daher für einige Zeit einen Wagen mieten. B bestreitet nicht, dass er den Schaden bemerkt und auf einer Reparatur bestanden hätte, zu der V jetzt nicht mehr in der Lage ist, weil er mittlerweile insolvent geworden ist. Welche Ansprüche haben A und B? **Lösung Rn 1, 6, 10, 11, 15**

I. Auftrag

1. Begriff, Abschluss

1 Ein Auftrag ist nach § 662 ein Vertrag, durch den sich eine Partei, der Beauftragte, verpflichtet, ein ihm von dem anderen Teil, dem Auftraggeber, übertragenes „Geschäft" für diesen *unentgeltlich* zu besorgen. Unter einem **Geschäft** versteht man in diesem Zusammenhang jede beliebige Tätigkeit tatsächlicher oder rechtsgeschäftlicher Art in fremdem Interesse[1]. Die vertragliche Verpflichtung zur unentgeltlichen Ausübung einer derartigen Tätigkeit ist daher ausnahmslos Auftrag. Einen gesetzlich geregelten Sonderfall des Auftrags stellt der Kreditauftrag des § 778 dar (s. u. § 14 Rn 7). Der so verstandene Auftrag muss vor allem von einem bloßen **Gefälligkeitsverhältnis** unterschieden werden. Denn während sich aus einem Auftrag für beide Parteien Rechte und Pflichten ergeben können (s. u. Rn 4, 7 ff), werden durch ein Gefälligkeitsverhältnis – in deutlichem Gegensatz zum Auftrag – gerade *keine* beiderseitigen Leistungspflichten begründet, eben, weil die Parteien hier keine rechtliche Bindung wollen. Die **Abgrenzung** ist häufig schwierig. *Indizien* für das Vorliegen eines Bindungswillens und damit eines *Auftrages* sind – neben den Abreden der Parteien – in erster Linie die wirtschaftliche Bedeutung der Angelegenheit für den Auftraggeber sowie die damit verbundenen Risiken für den Beauftragten[2].

In unserem **Autokauf-Fall 14** dürfte danach wegen der für B erkennbaren Bedeutung der Angelegenheit für A ein Auftragsvertrag, kein bloßes Gefälligkeitsverhältnis vorgelegen haben.

1 BGHZ 16, S. 265 (266) = NJW 1955, S. 785; BGHZ 56, S. 204 (207) = NJW 1971, S. 1404; NJW 2012, S. 36 Tz 12, zu § 675 Abs. 1 BGB s. u. Rn 15.

2 S. BGHZ 21, S. 102 (106 ff) = NJW 1956, S. 1212; BGHZ 56, S. 204 (208 ff) = NJW 1971, S. 1404; BGH, NJW 2009, S. 1141 Tz 7; NJW 2012, S. 36 Tz 14 f; *Busche*, in: Eckpfeiler, 2014, Rn F 14 ff (S. 388 ff).

Die praktische **Bedeutung** der §§ 662 ff erschöpft sich nicht in der Regelung der seltenen (unentgeltlichen!) Auftragsverträge[3], sondern reicht weit darüber hinaus, da das Gesetz an vielen anderen Stellen ergänzend auf Auftragsrecht verweist. Es handelt sich dabei überwiegend um Rechtsverhältnisse, die durch die Begründung besonderer **Interessenwahrungspflichten** gekennzeichnet sind; exemplarisch sind die Vorschriften der §§ 27 Abs. 3 und 713 für die Pflichten der Geschäftsführer von Verbänden aller Art, die im Grunde als **Treuhänder** ihrer Mitglieder tätig werden[4]. Dies zeigt. dass die Vorschriften der §§ 662 bis 674 letztlich das Muster für die nähere Ausgestaltung **treuhänderischer Verhältnisse** im BGB enthalten. Es ist daher nur folgerichtig, dass insbesondere die §§ 667 und 670, die ohnehin den Kern der Regelung bilden, entsprechend insbesondere auch auf **Arbeitsverträge** angewandt werden[5]. In dieselbe Richtung weist der wichtige § 675 Abs. 1 (u. Rn 13 f). Die praktische Bedeutung der Materie kann daher kaum überschätzt werden. 2

Für den **Abschluss** des Auftragsvertrages gelten keine Besonderheiten. Sonderregelungen finden sich lediglich in **§ 663** und in § 362 HGB, die unter engen Voraussetzungen eine Pflicht begründen, auf Anträge zum Abschluss eines Auftrags oder eines Geschäftsbesorgungsvertrages zu antworten. Ein Verstoß gegen diese **Anzeigepflicht** führt jedoch nur zu einer Schadensersatzpflicht (§ 280 Abs. 1), nicht etwa zu einem Vertragsabschluss gegen den Willen des Beauftragten. 3

2. Pflichten des Beauftragten

Der Beauftragte ist verpflichtet, den Auftrag **sorgfältig auszuführen** (§§ 662, 276, 280). Er muss deshalb alles ihm Mögliche und Zumutbare tun, um die Interessen des Auftraggebers zu wahren (§§ 241 Abs. 2, 242). Jede schuldhafte Verletzung seiner weitgespannten Pflichten macht ihn **ersatzpflichtig** (§§ 280 Abs. 1 und 3, 281). Eine Haftungsmilderung kennt das Gesetz hier – trotz der Unentgeltlichkeit des Vertrages – wegen des treuhänderischen Charakters solcher Verhältnisse nicht (s. Rn 2). Soll er z. B. ein Grundstück verkaufen, so muss er sich um einen möglichst hohen Preis bemühen und darf keinesfalls unter dem Preis abschließen, den der Käufer zu akzeptieren bereit ist[6]. Ist er dagegen beauftragt, ein Grundstück zu erwerben, so muss er versuchen, einen möglichst niedrigen Preis durchzusetzen und jeden etwa vorhandenen Verhandlungsspielraum zu diesem Zweck ausschöpfen. 4

Bei der Durchführung des Auftrags ist der Beauftragte grundsätzlich an die **Weisungen** des Auftraggebers gebunden (s. § 665). Der Auftraggeber kann von ihm außerdem **Auskunft** und nach Durchführung des Auftrags **Rechnungslegung** verlangen (§ 666). Bei der Auskunftspflicht des Beauftragten (§ 666 Fall 2) handelt es sich um eine unselbstständige Dauernebenpflicht, die nicht vor Beendigung des Auftrags verjähren kann[7]. 5

3 Eines der ganz seltenen Beispiele in BGH, NJW 2012, S. 36 „Schenkkreis“.

4 Vgl außerdem für die Stiftung § 86, für die Testamentsvollstreckung § 2218, für Vormundschaft und Pflegschaft die §§ 1835 Abs. 1 und 1915 Abs. 1 usw.; vgl. außerdem für die GoA die §§ 681 und 683 und dazu u. § 13.

5 BAGE 118, S. 16 (20 ff) = NJW 2006, S. 3803 (3804 f, Tz 20 ff).

6 BGH, LM Nr 28 zu § 662 BGB = NJW 1982, S. 175.

7 BGHZ 192, S. 1 (5 f, Tz 15 ff) = NJW 2012, S. 917.

5a Als Interessenwahrer muss der Beauftragte an den Auftraggeber alles herausgeben, was er aus der Geschäftsbesorgung erlangt hat (§ 667). Diese **Herausgabepflicht** umfasst alles, was der Beauftragte auch nur mittelbar im inneren Zusammenhang mit der Geschäftsbesorgung, nicht nur bei deren Gelegenheit erlangt hat[8]. **Beispiele** sind Schmiergelder, die Dritte an ihn gezahlt haben, oder sonstige Vorteile aufgrund der Geschäftsbesorgung, bei Arbeitnehmern etwa die auf Dienstreisen erworbenen Bonusmeilen[9]. Die Art der **Herausgabe** richtet sich nach der Art des erlangten Gegenstandes. Hat der Beauftragte in Durchführung der Geschäftsbesorgung von Dritten **Geld** erhalten, so muss er dieses zunächst sicher anlegen und anschließend an den Auftraggeber abführen. Dabei handelt es sich freilich nicht um eine Geldsummenschuld (für deren Erfüllung der Beauftragte unbedingt einstehen müsste), sondern ebenso wie bei seinen sonstigen Pflichten um eine **normale Schuldnerpflicht**, sodass er für den etwaigen Verlust des eingezogenen Geldes nur bei Verschulden haftet (§§ 276, 280 Abs. 1, 667)[10]. – Verwendet der Beauftragte in den genannten Fällen Gelder des Auftraggebers in der Zwischenzeit für sich, so muss er diese Beträge verzinsen (§ 668).

6 Dem Beauftragen ist es nach dem sogenannten **Substitutionsverbot** des § 664 Abs. 1 S. 1 im Zweifel verboten, die Ausführung des Auftrags einem Dritten zur selbstständigen Erledigung an seiner Stelle zu übertragen. Lediglich die Hinzuziehung unselbstständiger Gehilfen ist ihm in der Regel gestattet (§§ 664 Abs. 1 S. 2, 278).

Für unseren **Fall 14** folgt daraus, dass A von B schon deshalb Schadensersatz verlangen kann, weil dieser schuldhaft gegen das Substitutionsverbot verstoßen hat (§§ 664, 276, 280 Abs. 1, 249).

3. Pflichten des Auftraggebers

7 Der Auftrag ist zwar ein unentgeltlicher Vertrag (§ 662), aber keine „Schenkung". Deshalb kann der Beauftragte nach Ausführung des Auftrags Ersatz derjenigen **Aufwendungen** verlangen, die er den Umständen nach für erforderlich halten durfte (§ 670). Aufwendungen in diesem Sinne sind *freiwillige* Opfer des Beauftragten zur Durchführung des Auftrages, die aus der Sicht eines vernünftigen Menschen *(objektiv) erforderlich* sind und die von der Rechtsordnung gebilligt werden. Den Gegensatz bilden auf der einen Seite etwaige Schäden des Beauftragten (dazu u. Rn 9 f) und auf der anderen Seite unnötige, weil überflüssige, oder sonst zu missbilligende Aufwendungen. Ersatzfähig sind daher z. B. bei einem Kaufauftrag grundsätzlich die Reisekosten und der von dem Beauftragten verauslagte Kaufpreis, *nicht* dagegen die Folgen eines Unfalls, den der Beauftragte auf der Reise erleidet (s. aber u. Rn 9 f), oder die von ihm an die Mitarbeiter des Verkäufers gezahlten Schmiergelder[11].

8 Soweit der Beauftragte danach einen Anspruch auf Aufwendungsersatz hat, kann er außerdem einen **Vorschuss** verlangen, wenn er zur Durchführung des Auftrags Auf-

8 BGHZ 39, S. 1 (3) = NJW 1963, S. 649 = JuS 1963, S. 244 Nr 2; BAGE 118, S. 16 (21) = NJW 2006, S. 3803 (3804 f, Tz 22 ff); *Medicus/Lorenz* II, Tz 864 f.
9 BAGE 118, S. 16 (21) = NJW 2006, S. 3803 (3804 f, Tz 22 ff).
10 BGHZ 165, S. 298 (301 ff) = NJW 2006, S. 986 = JuS 2006, S. 460 Nr 7 m. Nachw.
11 BGHZ 37, S. 258 (263 f) = NJW 1962, S. 2010; BGH, LM Nr 12 zu § 670 BGB = NJW 1965, S. 293.

wendungen machen muss (§ 669). Das gilt auch für Arbeitnehmer. Entsprechend anwendbar sind auch die §§ 618 und 619, sodass den Auftraggeber unter den dort genannten Voraussetzungen ferner eine **Fürsorgepflicht** gegenüber dem Beauftragten trifft[12]. Dagegen kann der Beauftragte für seine **Arbeitszeit** im Regelfall *keinen* Ersatz verlangen, da der Auftrag einen unentgeltlichen Vertrag darstellt (§ 662), bei einer Vergütung der eingesetzten Arbeitszeit aber zu einem normalen, gegenseitigen Vertrag würde (§§ 611, 631, 675 Abs. 1)[13].

Die geschilderte Regelung (o. Rn 7 f) kann im Einzelfall zu unbilligen Ergebnissen führen. War z. B. für beide Parteien von Anfang an erkennbar, dass mit der Durchführung des Auftrags die **Gefahr bestimmter Schäden** verbunden ist, so muss der Beauftragte von dem Auftraggeber, sei es analog § 670, sei es aufgrund des § 242, **Ersatz** verlangen können, wenn sich später dieses Risiko verwirklicht. Auch ein Schmerzensgeld steht dem Beauftragten dann entsprechend § 253 Abs. 2 zu[14]. Anwendbar sind außerdem die **§§ 844 und 845**, falls der Beauftragte bei der Durchführung des Auftrags sein Leben verliert. Hat er besonders unvorsichtig gehandelt, so kann jedoch sein Ersatzanspruch entsprechend **§ 254 Abs. 1** gemindert sein[15]. Bei grob fahrlässigem Verhalten des Beauftragten entfällt der Ersatzanspruch sogar ganz[16]. Diese Regeln gelten auch, wenn z. B. ein **Verein** eines seiner Mitglieder mit der Durchführung eines schadensträchtigen Auftrags betraut[17]. 9

Die **Abgrenzung der** hiernach ausnahmsweise ersatzfähigen **Schäden** bereitet häufig Schwierigkeiten. Keinen Ersatz erhält der Beauftragte jedenfalls für solche Schäden, die er eher **zufällig bei** der **Durchführung** des Auftrags erleidet und in denen sich letztlich nur sein allgemeines Lebensrisiko verwirklicht[18]. 10

In unserem **Fall 14** kann B von A folglich nur Ersatz des von ihm verauslagten Kaufpreises, nicht dagegen Schadensersatz für die Beschädigung seiner Kleidung verlangen, weil sein Sturz nicht Ausdruck einer mit einem derartigen Auftrag typischerweise verbundenen Gefahr ist, sondern Teil seines allgemeinen Lebensrisikos.

4. Beendigung

Der Auftrag endet mit der Erfüllung der beiderseitigen Pflichten (§ 362). Vorher kann er jederzeit von dem Auftraggeber widerrufen und von dem Beauftragten gekündigt werden (§ 671, vgl. § 627). Er erlischt außerdem im Zweifel mit dem Tode des Beauftragten (§ 673), nicht jedoch mit dem Tode des Auftraggebers (§ 672). Das Vertrauen des Beauftragten auf den Fortbestand des Auftrags wird im Rahmen des § 674 geschützt. 11

12 BGHZ 16, S. 265 (267 ff) = NJW 1955, S. 785.
13 BGH, LM Nr 4 zu § 27 BGB = NJW-RR 1988, S. 745 (746); str., s. *Dorn*, JZ 1964, S. 93; *H. Köhler*, JZ 1985, S. 359; *Looschelders* II, Tz 813; *Medicus/Lorenz* II, Tz 870 f.
14 *Looschelders* II, Tz 812; *Medicus/Lorenz* II, Tz 872.
15 BGHZ 89, S. 153 (157 f) = NJW 1984, S. 789; BGHZ 92, S. 270 (271) = NJW 1985, S. 429; BGH, NJW 2005, S. 981.
16 BGH, NJW 2005, S. 981.
17 Vgl für den Deutschen Alpenverein BGH (vorige Fn).
18 BGH, LM Nr 69 zu § 823 (C) BGB = NJW 1993, S. 2234 (2235) = JuS 1993, S. 1060 Nr 5.

In **Fall 14** endeten daher die von B übernommenen Pflichten trotz seines Verstoßes gegen das Substitutionsverbot (o. Rn 7), als A den Wagen als Erfüllung annahm und dadurch zugleich das von C als Vertreter ohne Vertretungsmacht abgeschlossene Geschäft genehmigte (§§ 177, 362 Abs. 1).

II. Geschäftsbesorgung

1. Begriff, Bedeutung

12 Nach § 675 Abs. 1 findet auf einen Dienst- oder Werkvertrag, der eine Geschäftsbesorgung zum Gegenstand hat, *ergänzend* Auftragsrecht Anwendung; ausgenommen sind lediglich das Verbot der Substitution (§ 664) und das jederzeitige Kündigungsrecht beider Parteien (§ 671).

Der Begriff der „Geschäftsbesorgung" wird in § 675 Abs. 1 üblicherweise enger als in § 662 verstanden (s. o. Rn. 1) und im Wesentlichen auf **selbstständige Tätigkeiten wirtschaftlicher Art in fremdem Interesse** beschränkt,[19] dies vor allem, um eine sinnvolle Abgrenzung der Geschäftsbesorgungsverträge des § 675 Abs. 1 von sonstigen Dienst- und Werkverträgen zu ermöglichen.

13 **Beispiele** für Geschäftsbesorgungsverträge im Sinne des § 675 Abs. 1 sind Verträge mit Rechtsanwälten, Steuerberatern und sonstigen Beratern (§ 9 Rn 6, 14 ff), Verträge mit Wirtschaftsprüfern und Anlageberatern sowie mit Vermögens- oder Hausverwaltern[20], weiter die bereits behandelten Reisevermittlungsverträge (§ 11 Rn 9), die Bankverträge (u. Rn 17 f), der Kreditauftrag (§ 14 Rn 7) sowie die Handelsvertreter- und Kommissionsverträge[21]. Sind die genannten Personen zur Besorgung von Geschäften öffentlich bestellt oder haben sie sich dazu öffentlich erboten, so gelten für sie zusätzlich aufgrund des **§ 675a besondere Informationspflichten** für Standardgeschäfte.

2. Gesetzliche Regelung

14 Geschäftsbesorgungsverträge sind nach § 675 Abs. 1 in erster Linie **Dienst- oder Werkverträge**, sodass sich ihre rechtliche Behandlung zunächst und vorrangig nach den **§§ 611 ff** oder **631 ff** richtet. Hieran ändert auch § 675 Abs. 1 nichts, der lediglich besagt, dass auf diese Verträge *neben* dem Dienst- oder Werkvertragsrecht **zusätzlich** in einzelnen Beziehungen **Auftragsrecht** Anwendung findet. Hervorzuheben sind die Bindung des Verpflichteten an die Weisungen des Berechtigten (§ 665), die Auskunfts- und die Rechenschaftspflicht des Verpflichteten (§ 666)[22] sowie seine He-

19 BGHZ 45, S. 223 (228 f) = NJW 1966, S. 1452; *Looschelders* II, Tz 821; *Medicus/Lorenz* II, Tz 883; *Musielak*, in: Gutachten Bd. II, S. 1209 (1220 ff).

20 BGHZ 137, S. 69 (73 f) = NJW 1998, S. 449 = JuS 1998, S. 367 Nr 7; BGH, LM Nr 246 zu § 675 BGB = NJW 1998, S. 680; ZIP 2008, S. 168 Tz 17.

21 S. z. B. BGH, NJW 2011, S. 1726 Tz 11 f.

22 Vgl für den Girovertrag BGB, LM Nr 115 zu § 675 BGB = NJW 1985, S. 2699 = JuS 1985, S. 989 Nr 4; für die Vermögensverwaltung (sehr eng) BGH, ZIP 2008, S. 168 (169 f, Tz 27 f) = WM 2008, S. 112.

rausgabepflicht aufgrund des § 667 (s. o. Rn 5). **Nicht** in Bezug genommen sind in § 675 Abs. 1 aus dem Auftragsrecht allein die **§§ 664 und 671 Abs. 1**. Die Bedeutung dieser Regelung ist gering: Die Unanwendbarkeit des § 671 folgt schon aus dem Vorrang der Vorschriften des Dienst- oder Werksvertragsrechts über die Vertragsbeendigung[23], während sich das Substitutionsverbot (§ 664) für Dienstverträge bereits aus § 613 S. 1 ergibt. Bei Werkverträgen hindert schließlich von Fall zu Fall ebenfalls nichts eine entsprechende Anwendung der §§ 613 S. 1 und 664[24].

In **Fall 14** wäre daher das Ergebnis kein anderes, wenn A dem B für seine Bemühungen ein Honorar versprochen hätte. Es liegt auf der Hand, dass der Pflichtenkanon des B bei Entgeltlichkeit des Vertrags nicht kleiner als bei Unentgeltlichkeit sein kann (§§ 631, 662, 664, 675 Abs. 1).

III. Rat und Empfehlung

Nach **§ 675 Abs. 2** begründet die bloße Erteilung eines Rats, einer Empfehlung oder, wie zu ergänzen ist, einer Auskunft noch *keine Haftung* für Schäden, die sich bei ihrer Befolgung ergeben, unbeschadet freilich der Haftung aus Vertrag, Delikt oder einer sonstigen gesetzlichen Bestimmung. Mit dieser Regelung sollte lediglich klargestellt werden, dass Ratschläge, Empfehlungen und Auskünfte für sich allein noch **keine Rechtsgeschäfte** sind, sondern der außerrechtlichen, gesellschaftlichen Sphäre angehören, sodass sie eine **Haftung** allein bei Vorliegen **zusätzlicher Voraussetzungen** begründen können, wobei an vertragliche wie an deliktische Ansprüche zu denken ist. Näherer Betrachtung bedürfen im vorliegenden Zusammenhang allein vertragliche Ansprüche. 15

Eine Haftung für falsche Auskünfte oder Ratschläge kann sich zunächst aus einem **bestehenden Vertrag** ergeben. Es versteht sich von selbst, dass Rechtsanwälte, Steuerberater und Wirtschaftsprüfer sowie Anlageberater und Vermögensverwalter ihren Mandanten haften, wenn sie ihnen schuldhaft unrichtige Ratschläge oder Auskünfte erteilen (§§ 611, 675 Abs. 1, 276, 280 Abs. 1; s. o. § 9 Rn 14 ff). In Ausnahmefällen kann ferner bereits durch die bloße Erfüllung der Bitte um Erteilung eines Rats oder einer Auskunft ein darauf gerichteter **Vertrag** zu Stande kommen. Voraussetzung ist nach Meinung der Gerichte, dass der Anfragende die gewünschte Auskunft oder den erbetenen Rat, für den anderen Teil erkennbar, zur Grundlage wesentlicher Vermögensdispositionen machen will und der andere Teil für die Auskunft oder den Rat besonders sachkundig ist oder wenn er doch an der Angelegenheit selbst wirtschaftlich interessiert ist[25]. Ein Beispiel ist die telefonische Auskunft eines **Steuerberaters** in einer für den anrufenden Mandanten bedeutsamen Angelegenheit[26]. Ebenso beurteilt werden häufig die Auskünfte von **Banken**, die sie **Dritten**, die *nicht* ihre *Kunden* sind, z. B. über die Deckung eines Schecks oder die Kreditwürdigkeit einer Person, 16

23 Vgl für Kreditkartenverträge BGHZ 125, S. 343 (349 f) = NJW 1994, S. 1532.

24 BGH, LM Nr 1 zu § 664 BGB = NJW 1952, S. 257; *Looschelders* II, Tz 823.

25 Vgl BGHZ 74, S. 103 (106) = NJW 1979, S. 1449; BGH LM Nr 45 zu § 249 (Hd) BGB = NJW-RR 1995, S. 619 (620); NJW 2009, S. 1141 Tz 10 ff; *Lang*, WM 1988, Beil. 9, S. 17 f.

26 BGH, NJW 2009, S. 1141 Tz 10 ff.

erteilen[27]. Auch für unrichtige **Anlageempfehlungen** können die Banken unter diesem Gesichtspunkt haften[28].

IV. Zahlungsdiensteverträge

17 **Literatur:** *Bitter*, WM 2010, S. 1725, 1773; *Franck/Massari*, WM 2009, S. 1117; *Grundmann*, WM 2009, S. 1109; *Nobbe*, WM 2011, S. 961; *ders.*, WM 2012, Beilag 1 zu H. 37.

Im Anschluss an die Geschäftsbesorgungsverträge des § 675 Abs. 1 (o. Rn 12 f) regelt das Gesetz ganz ausführlich (und kompliziert) in den §§ 675c bis 676c die sogenannten Zahlungsdiensteverträge als besondere banktypische Erscheinungsformen der Geschäftsbesorgungsverträge. Grundlage der Regelung ist die sog **Zahlungsdiensterichtlinie** von 2007[29], die durch zwei Gesetze von 2009 in deutsches Recht umgesetzt wurde, der aufsichtsrechtliche Teil der Richtlinie in dem neuen Zahlungsdiensteaufsichtsgesetz (ZAG) und der zivilrechtliche Teil in den §§ 675b bis 676c BGB. Mit dieser Regelung wurde vor allem der **Zweck** verfolgt, im Rahmen des europäischen Binnenmarktprojektes einen **einheitlichen europäischen Zahlungsraum** ohne Grenzen (SEPA) zu schaffen, in dem Zahlungen über die Ländergrenzen hinweg ebenso einfach, schnell und preiswert wie im Inland möglich sind. Die gesetzliche Regelung wird aus diesem Grund durch eine Reihe unionsrechtlicher Vorschriften ergänzt, unter denen die **SEPA-Verordnung** Nr 2060/2012 vom 14.3.2012[30] hervorragt, auf deren Grundlage seit 2014 der gesamte Zahlungsverkehr in der Union auf das SEPA-Verfahren umgestellt wird. Die Umstellung muss 2016 abgeschlossen sein[31]

18 **Zahlungsdienste** sind nach den §§ 675f und 675c Abs. 3 das Lastschriftgeschäft, das Überweisungsgeschäft und das Zahlungskartengeschäft einschließlich insbesondere des Kreditkartengeschäfts. Die **Beteiligten** an solchen Zahlungsdiensten heißen heute nicht mehr Kunde und Bank, sondern Zahlungsdienstenutzer und Zahlungsdienstleister. Ein **Zahlungsdienstevertrag** ist dementsprechend nach § 675f Abs. 2 ein Vertrag, durch den sich der Zahlungsdienstleister, d. h. die Bank verpflichtet, für ihre Kunden Zahlungsvorgänge auszuführen, insbesondere also Überweisungsaufträge zu erfüllen sowie Gutschriften und Lastschriften auf den Konten ihrer Kunden vorzunehmen.

19 In den §§ 675g ff regelt das Gesetz für alle genannten Zahlungsdienste (Rn 18) gleichzeitig die Durchführung des Zahlungsvorgangs bis zur Gutschrift des Betrages auf dem Konto des Empfängers, – wobei sich der Gesetzgeber nicht entblödete, Zahlungs- und Kreditkarten jetzt allen Ernstes „Zahlungsauthentifizierungsinstrumente" und Geldkarten „Kleinbetragsinstrumente" zu nennen! – Hervorzuheben sind folgende Punkte: Neben der **Weisung** des Kunden an seine Bank zur Überweisung eines Betrages (jetzt: Zahlungsauftrag nach § 675f Abs. 3 S. 2) setzt die Zulässigkeit der

27 BGHZ 49, S. 167 (168 f) = NJW 1968, S. 588 = JuS 1968, S. 240 Nr 5; BGH, LM Nr 39 zu § 676 BGB = NJW 1990, S. 513; NJW 2009, S. 1141 Tz 10 ff.

28 BGHZ 100, S. 117 (118 ff) = NJW 1987, S. 1815.

29 ABl. Nr L 319/1; s. dazu schon Vorauflage, S. 177.

30 ABl Nr L 94/22.

31 S. dazu z. B. *Palandt/Sprau*, Vorb 10 vor § 675c; *Reymann*, JuS 2012, S. 781 (787).

Belastung des Kundenkontos nach § 675j fortan noch zusätzlich eine Zustimmung oder **Autorisierung** seitens des Kunden voraus. Für den **Umgang mit Karten** gelten außerdem besondere Sorgfalts- und Anzeigepflichten (§ 675l). Die Banken müssen die Zahlungsvorgänge schließlich nach Möglichkeit so **beschleunigen**, dass der Überweisungsbetrag dem Empfänger schon am nächsten Tag gutgeschrieben werden kann (§§ 675s und 675t) – das eigentliche Ziel der ganzen komplexen Regelung.

Die **Haftungsfragen** sind geregelt in den: §§ 675u bis 676c. Es geht dabei im Wesentlichen um die folgenden drei Fragen: Bereits aus § 675c Abs. 1 iVm § 670 folgt zunächst (1.), dass die Bank keinen **Aufwendungsersatz** von dem Kunden verlangen kann und daher eine etwaige Belastung des Kundenkontos rückgängig machen muss, wenn dieser keine wirksame Weisung in Gestalt eines Zahlungsauftrags zur Belastung seines Kontos für einen Zahlungsvorgang erteilt hatte (§§ 665, 675f Abs. 3). Dasselbe wiederholt § 675u nochmals für den Fall, dass die nach § 675j erforderliche Zustimmung oder Autorisierung fehlte. Davon zu trennen ist 2. die umstrittene **Haftung der Karteninhaber** für einen Missbrauch ihrer Zahlungskarten, geregelt in den §§ 675v f. Das Gesetz unterscheidet hier zwei Fälle: Hat der Karteninhaber höchstens leicht fahrlässig gegen seine Pflichten aus § 675l (s. Rn 19) verstoßen, so muss er der Bank ihren Schaden bis zu einem Betrag von höchstens 150 € ersetzen. Hat er dagegen mindestens grob fahrlässig gehandelt, so ist er zum vollen Schadensersatz verpflichtet. Schließlich trifft noch 3. die Bank nach § 675y eine strenge Risikohaftung für **versäumte oder fehlgeschlagene Zahlungen**. Die gesetzliche Regelung ist zu Gunsten der Kunden grundsätzlich zwingend (§§ 675e und 676c). 20

2. Kapitel
Gesetzliche Schuldverhältnisse

§ 13 Geschäftsführung ohne Auftrag

Selbstaufopferungs-Fall 15: Dem Kraftfahrer G läuft plötzlich der unerkannt geisteskranke S, der sich auf einem Spaziergang befindet, in die Fahrbahn. G kann deshalb S nur noch dadurch ausweichen, dass er seinen Wagen in den Straßengraben lenkt, wobei das Auto des G völlig zerstört wird; G selbst erleidet erhebliche Verletzungen. Er verlangt jetzt Schadensersatz von dem vermögenden S. Wie wäre es, wenn es sich bei S um einen Selbstmörder gehandelt und G dies erkannt hätte? **Lösung Rn 3, 10, 13**

Literatur: *Ebert*, Die Geschäftsanmaßung, 2000; *Helm*, Geschäftsführung ohne Auftrag, in: BMJ (Hrsg.), Gutachten Bd. III, S. 335; *Loyal*, Die entgeltliche" Geschäftsführung ohne Auftrag , 2011; *Martinek*, GoA, in: Eckpfeiler des Zivilrechts, 2014, Rn. S. 71 ff (S. 1223 ff); *Wittmann*, Begriff und Funktionen der Geschäftsführung ohne Auftrag, 1981; *Wollschläger*, Die Geschäftsführung ohne Auftrag, 1976.

I. Überblick

1 In den §§ 677 bis 687 regelt das Gesetz im Anschluss an den Auftrag noch das **gesetzliche Schuldverhältnis** der Geschäftsführung ohne Auftrag **(GoA)** sowie im Zusammenhang damit die eigenartigen Fälle der Geschäftsanmaßung (§ 687 Abs. 2) und der irrtümlichen Führung eines fremden Geschäfts als eigenes (§ 687 Abs. 1; s. u. Rn 18 f).

2 Eine GoA liegt nach § 677 vor, wenn jemand ein Geschäft für einen anderen besorgt, ohne von ihm beauftragt oder sonst dazu berechtigt zu sein. Innerhalb der so umschriebenen GoA muss man vor allem die berechtigte und die unberechtigte GoA unterscheiden, wie insbesondere die §§ 683 und 684 verdeutlichen (Rn 3 ff, 17). Sind die Voraussetzungen der berechtigten GoA erfüllt, so ist der Übergriff des Geschäftsführers in den Rechtskreis des Geschäftsherren ausnahmsweise gerechtfertigt und begründet zwischen den Beteiligten ein auftragsähnliches, aber eben gesetzliches Schuldverhältnis (s. u. Rn 15).

II. Berechtigte Geschäftsführung ohne Auftrag

1. Voraussetzungen

a) Führung eines Geschäfts (§ 677)

3 Die Annahme einer GoA im Sinne des Gesetzes setzt nach § 677 *dreierlei* oder genauer: viererlei voraus: 1. die Führung eines Geschäfts, und zwar 2. für einen anderen (Rn 4 ff), ohne dass 3. der Geschäftsführer von dem Geschäftsherren dazu beauftragt

oder ihm gegenüber sonst dazu berechtigt ist (Rn 10). Hinzukommen muss 4. noch nach § 683, dass die Übernahme des Geschäfts nicht dem Interesse und dem Willen des Geschäftsherrn widerspricht (Rn 12 ff). Der Begriff des **Geschäfts** ist hier derselbe wie in § 662 (o. § 12 Rn 1) und umfasst daher *sämtliche fremdnützigen Handlungen* rechtsgeschäftlicher oder tatsächlicher Art einschließlich etwa von Notmaßnahmen zur Rettung Dritter[1].

Deshalb kann auch die Selbstaufopferung eines Kraftfahrers zur Rettung eines Passanten wie in unserem **Fall 15** ohne Bedenken als Geschäftsbesorgung iS des § 677 eingestuft werden.

b) Fremdgeschäftsführungswille

Zweite (und wichtigste) Voraussetzung der GoA ist nach § 677, dass die Geschäftsbesorgung gerade „für einen anderen" erfolgt. Zu den Voraussetzungen der GoA gehört folglich auch ein **subjektives Element**, das meistens Fremdgeschäftsführungswillen genannt wird[2]. Die Bedeutung dieses Tatbestandsmerkmals erhellt vor allem aus der Vorschrift des § 687 Abs. 1, nach der die Annahme einer GoA ausgeschlossen ist, wenn der Geschäftsführer der irrigen Meinung ist, es handele sich bei dem fremden Geschäft um ein eigenes. Aus Abs. 2 dieser Vorschrift folgt zugleich, dass auch das bloße *Bewusstsein*, ein fremdes Geschäft zu führen, noch keine GoA begründet, solange nicht ein entsprechender *Wille* hinzukommt (vgl. aber auch § 686). 4

Die Feststellung des Fremdgeschäftsführungswillens (o. Rn 4) bereitet häufig Schwierigkeiten. Die Rechtsprechung unterscheidet deshalb verschiedene **Fallgruppen**, wodurch sie sich die Möglichkeit eröffnet hat, in einzelnen Fallgruppen mit einer (problematischen) **Vermutung** des Fremdgeschäftsführungswillens zu arbeiten. Die erste derartige Fallgruppe bilden die sog. **objektiv fremden Geschäfte**. Man versteht darunter Geschäfte, die schon ihrem Inhalt nach (in erster Linie) einen anderen angehen und deshalb ohne weiteres zu einem fremden Interessenkreis gehören[3]. **Beispiele** sind die Rettung eines anderen aus Gefahren für Leib und Leben[4], die Bewahrung fremden Eigentums vor Zerstörung sowie die Bezahlung fremder Schulden. Die Besonderheit dieser Fälle besteht darin, dass in ihnen die **Vermutung** gerechtfertigt sein soll, dass der Täter *mit Fremdgeschäftsführungswillen* tätig geworden ist[5]. 5

Anders verfahren wird dagegen bei den **subjektiv fremden Geschäften**. Das sind Geschäfte, die ihrem äußeren Erscheinungsbild nach an sich *neutral* sind und deshalb durchaus auch Eigengeschäfte des Geschäftsführers darstellen können. In solchen Fällen muss der Fremdgeschäftsführungswille folglich in irgendeiner Form nach außen hervorgetreten sein, damit das fragliche Geschäft als fremdes behandelt werden kann[6]. 6

1 BGHZ 43, S. 188 (190 ff) = NJW 1965, S. 1271 = JuS 1965, S. 366 Nr 5; BGHZ 92, S. 270 f = NJW 1985, S. 492; *Hey*, JuS 2009, S. 400 (402).
2 Ausführlich *Loyal*, GoA, 2011; *B. Schmidt*, JuS 2004, S. 862 ff; *Thole*, NJW 2010, S. 1243.
3 BGHZ 181, S. 188 (195, Tz 18) = NJW 2009, S. 2590 „Schönheitsreparaturen".
4 BGHZ 92, S. 270 f = NJW 1985, S. 492; BayObLGZ 1968, S. 200 (204) = MDR 1968, S. 920 = VersR 1968, S. 951; *v. Bar*, in: Festschrift f. Schlechtriem, 2003, S. 717.
5 BGHZ 143, S. 9 (14 f) = NJW 2000, 422; BGHZ 181, S. 188 (195, Tz 18) = NJW 2009, S. 2590; BGH, LM Nr 40 zu § 677 BGB (Bl. 2 R) = NJW 2000, S. 72 = JuS 2000, S. 603 Nr 5; NJW 2012, S. 1648 Tz 16 (für die Bestattung Verstorbener).
6 BGHZ 40, 28 (31) = NJW 1963, S. 1825.

7 Gleichsam auf der Mitte zwischen den objektiv und den nur subjektiv fremden Geschäften (o. Rn 5 f) stehen die **Auch-fremden-Geschäfte**. Man versteht darunter Geschäfte, die gleichzeitig den eigenen Interessenkreis des Geschäftsführers *und* den Interessenkreis eines Dritten berühren. Die wichtigsten Beispiele sind die Fälle des pflichtgebundenen Geschäftsführers sowie des Geschäftsführers, der aufgrund eines nichtigen Dienst- oder Werkvertrages tätig wird: Als **„pflichtgebunden"** bezeichnet man Geschäftsführer, die an sich *aufgrund* einer vertraglichen oder gesetzlichen *Verpflichtung gegenüber Dritten* handeln, damit aber *zugleich* im Interessenkreis eines anderen, des (vermeintlichen) Geschäftsherren, tätig werden. Auch in derartigen Fallgestaltungen bejaht die **Rechtsprechung** häufig das Vorliegen eines Fremdgeschäftsführungswillens, um sich so den Zugang zu den §§ 683, 670 zu eröffnen[7]. **Beispiele** sind Hilfsmaßnahmen der Feuerwehr durch Löschung eines von Bahnlokomotiven verursachten Waldbrandes[8] oder durch die Bergung eines umgestürzten Tankwagens[9] sowie die Beseitigung gefährlicher Straßenverschmutzungen durch die Straßenbaubehörden[10] oder von Schäden an Kraftfahrzeugen durch eine Werkstatt, wenn für die Schäden eindeutig eine andere Werkstatt verantwortlich ist[11] Ebenso wird ferner häufig in Fällen der **Nichtigkeit** eines Auftrags oder eines **Dienst- oder Werkvertrags** entschieden, um die Abwicklung nach Bereicherungsrecht zu vermeiden und dem Dienstverpflichteten oder Unternehmer statt dessen Aufwendungsersatzansprüche nach den §§ 677, 683 und 670 zubilligen zu können[12].

8 Der verbreiteten **Kritik des Schrifttums** an der geschilderten Praxis ist zuzustimmen[13]. Dass hier in Wirklichkeit kein Raum für die Annahme einer GoA ist, ist zunächst evident in den Fällen der Erfüllung eines *später* als nichtig erkannten Auftrags, Dienst- oder Werkvertrages (Rn 7): Gegen die Annahme eines – auch fremden – Geschäfts spricht hier bereits die einfache Überlegung, dass derjenige, der aufgrund eines solchen Vertrages tätig wird, damit grundsätzlich *allein* den Zweck verfolgt, seinen (angenommenen) vertraglichen Pflichten nachzukommen. Für einen Fremdgeschäftsführungswillen ist daneben kein Raum. Die Abwicklung solcher Verhältnisse hat sich vielmehr allein nach Bereicherungsrecht zu richten. Dasselbe gilt (erst recht), wenn der angebliche Geschäftsführer **Dritten gegenüber** kraft Gesetzes oder Vertrags tatsächlich zu der fraglichen Handlung **verpflichtet** ist; einen sogenannten pflichtgebundenen Geschäftsführer gibt es nicht. Die Konsequenz kann nur sein, die GoA nach Möglichkeit auf Fälle zu beschränken, in denen der Geschäftsführer eindeutig aus *altruistischen* Motiven tätig wird. Beispiele sind Hilfeleistungen bei Gefahr[14], etwa Hilfsmaß-

---

7 BGH, NJW-RR 2004, S. 81 (82); NJW 2005, S. 3208; NJW-RR 2008, S. 683 (685, Tz 14 f); BGHZ 181, S. 188 (195, Tz 18) = NJW 2009, S. 2590; *Lang*, WM 1988, Beil. 9, S. 18.

8 BGHZ 40, S. 28 (30 f) = NJW 1963, S. 1825.

9 BGHZ 63, S. 167 (169) = NJW 1975, S. 207.

10 BGHZ 65, S. 354 (357 f) = NJW 1976, S. 619.

11 BGH, LM Nr 50 zu § 133 (C) BGB = NJW 1982, S. 2235; weitere Beispiele in BGH, NJW 2007, S. 63 f Tz 6 ff; NJW 2012, S. 1648 und 1651.

12 BGHZ 39, S. 87 (90) = NJW 1963, S. 950; BGH, LM Nr 40 zu § 677 BGB (Bl. 3) = NJW 2000, S. 72 = JuS 2000, S. 603 f Nr 5; BGH, NJW 2005, S. 3208; NJW 2012, S. 3366 (3368, Tz 27).

13 *Beuthien*, JuS 1987, S. 841; *Einsele*, JuS 1998, S. 401 (403 f); *Falk*, JuS 2003, S. 833 (835 ff); *Gursky*, AcP Bd. 185 (1985), S. 13 (36 ff); *Hey*, JuS 2009, S. 400 (402 ff); *Looschelders* II, Tz 850 ff, 857; *Medicus/Lorenz* II, Tz 1114, 1122; *St. Lorenz*, NJW 1996, S. 883 (885 f); *B. Schildt*, JuS 1995, S. 953 (957); *B. Schmidt*, JuS 2004, S. 862 (866 f); *Thole*, NJW 2010, S. 1243.

14 BGHZ 92, S. 270 f = NJW 1985, S. 492.

nahmen auf hoher See[15] oder im Falle eines verbrecherischen Überfalls[16], sowie die Abwendung drohender Gefahren, z. B. durch das Anhalten eines unbeleuchteten, gefährlichen Fahrzeugs[17].

Für die **Selbstaufopferung im Straßenverkehr** (s. unseren **Fall 15**) folgt aus dem Gesagten, dass ein Fremdgeschäftsführungswille hier nur dann angenommen werden kann, wenn der Fahrer nicht zur Rettung verpflichtet war, weil ein etwaiger Unfall für ihn ausnahmsweise höhere Gewalt iS des § 7 Abs. 2 StVG gewesen wäre (s. u. § 27 Rn 30). Wäre der Fahrer dagegen für den Unfall nach § 7 Abs. 1 StVG oder gar nach § 823 BGB verantwortlich gewesen, so ist die Rettungshandlung im Wesentlichen ein *eigenes* Geschäft des Fahrers mit dem Ziel, die Belastung mit Schadensersatzansprüchen zu vermeiden; für die Annahme einer GoA zu Gunsten des Geretteten ist dann kein Raum[18]. Dies wird bestätigt durch die sonst entbehrliche Regelung des § 2 Abs. 1 Nr. 13 lit a SGB VII, wonach der Retter in derartigen Fällen kraft Gesetzes gegen Unfall versichert ist. 9

c) Ohne Auftrag oder sonstige Berechtigung

Weitere Voraussetzung einer GoA ist nach § 677, dass der Geschäftsführer die fragliche Handlung (o. Rn 3) mit Fremdgeschäftsführungswillen (Rn 4 ff) vornimmt, ohne dazu von dem Geschäftsherrn beauftragt oder ihm gegenüber sonst dazu berechtigt zu sein. Das Gesetz verweist damit auf den **Vorrang anderer** gesetzlicher oder vertraglicher **Ausgleichsordnungen**, mag es sich dabei um privatrechtliche oder öffentlichrechtliche Regelungen handeln, denen gegenüber die GoA folglich subsidiär ist[19]. Sonstige Eingriffsrechte, z. B. aus Besitz (s. § 859), ändern dagegen nichts an der Anwendbarkeit der Regeln über die GoA (vgl § 904 S. 2). 10

Die GoA setzt als gesetzliches (nicht vertragliches) Schuldverhältnis **keine Geschäftsfähigkeit** auf der Seite des Geschäftsführers voraus; insbesondere ist hier kein Raum für die Anwendung der §§ 104 ff[20]. Ein in der Geschäftsfähigkeit beschränkter Geschäftsführer haftet aber zu seinem Schutz nur nach Bereicherungs- und Deliktsrecht (**§ 682**). 11

d) Interesse und Wille des Geschäftsherrn (§ 683)

Die Annahme einer berechtigten GoA setzt nach § 683 S. 1 im Regelfall (wegen Ausnahmen s. sogleich u. Rn 13) noch zusätzlich voraus, dass die Übernahme der Geschäftsführung dem Interesse *und* dem wirklichen oder mutmaßlichen Willen des Geschäftsherrn entspricht[21]. Beides muss mithin vorliegen, wenn eine berechtigte GoA 12

15 BGHZ 67, S. 368 (371 f) = NJW 1977, S. 530.
16 BGHZ 52, S. 115 (116) = NJW 1969, S. 1665.
17 BGHZ 43, S. 188 (190 f) = NJW 1965, S. 1271 = JuS 1965, S. 366 Nr 5.
18 S. BGHZ 38, S. 270 (273 f) = NJW 1963, S. 390 = JuS 1963, S. 199 Nr 1; *Berg*, JuS 1975, S. 681 (685); *Hagen*, NJW 1966, S. 1893; *Looschelders* II, Tz 855; *Medicus/Lorenz* II, Tz 1117; *G. Reinicke*, JuS 1964, S. 420 (426 f); anders *v. Bar*, in: Festschrift f. Schlechtriem, S. 699 (717).
19 Vgl. für die Polizeigesetze BGHZ 156, S. 394 (397 ff) = NJW 2004, S. 513; BGH, NJW-RR 2004, S. 81 (83, l. Sp.); *Hey*, JuS 2009, S. 400.
20 S. *Hey*, JuS 2009, S. 400; str., anders z. B. *Loyal*, JZ 2012, S. 1102 (1107).
21 Im Schrifttum ist der Fragenkreis insbesondere wegen des unklaren Verhältnisses zwischen den §§ 677 und 683 buchstäblich seit vielen Jahrzehnten umstritten, s zuletzt ausführlich *Loyal*, GoA, 2011; *ders*, AcP 212 (2012), S. 365.

angenommen werden soll, wobei der (geäußerte oder vermutete) **Wille** des Geschäftsherrn den **Vorrang** hat (s. §§ 311 Abs. 1, 681 S. 1!); keine Rolle spielt, jedenfalls nach h.M., ob der Geschäftsführer den entgegenstehenden Willen des Geschäftsherrn überhaupt erkennen konnte[22]. Hat er sich die Geschäftsführung verbeten, so muss diese eben unterbleiben, mag sein Wille, objektiv gesehen, auch noch so unvernünftig sein. Nur wenn sich sein Wille nicht feststellen lässt, kommt es statt dessen auf seinen mutmaßlichen Willen an, der sich idR, aber nicht notwendig, mit seinen objektiv verstandenen **Interessen** decken wird. Gleich steht nach § 684 S. 2 der Fall, dass der Geschäftsherr die Geschäftsführung **nachträglich genehmigt**, weil auch dann entsprechend dem Grundsatz der Privatautonomie sichergestellt ist, dass sich Geschäftsführung und Wille des Geschäftsherrn decken.

13 Lediglich in dem Sonderfall des **§ 679** sind das Interesse und der Wille des Geschäftsherrn unbeachtlich. Voraussetzung ist, dass ohne die Geschäftsführung eine **Pflicht** des Geschäftsherrn, deren Erfüllung **im öffentlichen Interesse** liegt, oder eine gesetzliche **Unterhaltspflicht** des Geschäftsherrn nicht rechtzeitig erfüllt würde (s. auch § 683 S. 2). Beispiele sind die Bestattung Verstorbener und der Schutz des öffentlichen Verkehrs vor unmittelbar drohenden Gefahren[23], die Rettung von Menschen in akuter Not sowie die Erfüllung der Unterhaltspflicht der Eltern gegenüber ihren Kindern durch einen Dritten (vgl auch § 685 Abs. 2).

Fraglich ist, ob auch die Rettung eines **Selbstmörders** (vgl unseren **Fall 15**) trotz des entgegenstehenden Willens des „Geschäftsherren" über § 679 als GoA erfasst werden kann, da die Gesetzesverfasser die Erfüllung bloßer sittlicher Pflichten für die Anwendung des § 679 an sich nicht genügen lassen wollten[24]. Der der Rettung entgegenstehende Wille des Selbstmörders kann deshalb nur dann vernachlässigt werden, wenn man ihn zugleich als sittenwidrig qualifiziert (§ 138 Abs. 1)[25]. Nach anderen soll dann jedenfalls § 823 Abs. 1 eingreifen[26].

2. Rechtsfolgen

14 Liegen alle genannten Voraussetzungen einer berechtigten GoA (o. Rn 3–13) vor, so entsteht zwischen den Parteien ein auftragsähnliches, aber eben *gesetzliches Schuldverhältnis* (u. Rn 15 ff). Die berechtigte GoA stellt außerdem einen **Rechtfertigungsgrund** für etwaige Eingriffe des Geschäftsführers in die Rechtsgüter des Geschäftsherren dar; so etwa, wenn er bei Feuersgefahr die Tür zu dem Nachbarhaus aufbricht, um Rettungsmaßnahmen einzuleiten.

15 Der **Geschäftsführer** muss das Geschäft **sorgfältig führen**, und zwar so, wie es dem Interesse und dem wirklichen oder mutmaßlichen Willen des Geschäftsherrn entspricht (§ 677). Sobald tunlich, hat er außerdem die Übernahme der Geschäftsführung dem Geschäftsherrn **anzuzeigen** und dessen Entschließung abzuwarten (§ 681 S. 1).

22 *Hey*, JuS 2009, S. 400 (404 f); *Medicus/Lorenz* II, Tz 1116; str und in der Tat fraglich.
23 Vgl. BGH, NJW-RR 2008, S. 683 (686, Tz 22); NJW 2012, S. 1648 (1650, Tz 18: „Schulfall").
24 Protokolle Bd. II, S. 738.
25 So (ohne Begründung) BayObLGZ 1968, S. 200 (204) = MDR 1968, S. 920 = VersR 1968, S. 951; *Berg*, JuS 1975, S. 681 (686); kritisch *Maurer*, JuS 1970, S. 561.
26 *Looschelders* II, Tz 862; *Medicus/Lorenz* II, Tz. 1117.

Der Geschäftsherr kann sich daher jederzeit die weitere Geschäftsführung eines anderen verbitten, sodass er tatsächlich immer der „Herr des Geschäfts" bleibt, soweit nicht ausnahmsweise § 679 eingreift (o. Rn 13). Den Geschäftsführer trifft ferner eine **Auskunfts- und Rechenschaftspflicht** sowie eine **Herausgabepflicht** (§ 681 S. 2 iVm §§ 666 und 667). Ein schuldhafter Verstoß gegen die genannten Pflichten macht ihn schadensersatzpflichtig (§§ 276, 280 Abs. 1). Nur wenn die Geschäftsführung die Abwendung einer dem Geschäftsherrn drohenden Gefahr bezweckt, beschränkt sich seine Haftung auf Vorsatz und grobe Fahrlässigkeit (§ 680)[27].

Hauptpflicht des **Geschäftsherrn** ist die Pflicht zum **Aufwendungsersatz (§ 683 S. 1 iVm § 670)**. Der Begriff der Aufwendungen wird hier ebenso*weit* wie in § 670 verstanden, sodass er alle freiwilligen Vermögensopfer des Geschäftsführers zur Durchführung des Geschäfts umfasst, soweit sie objektiv notwendig sind (s. o. § 12 Rn 8 f). Dazu gehört bei der GoA entsprechend § 1835 Abs. 3 und letztlich aus Billigkeitsgründen (§ 242) auch eine **angemessene Vergütung** für die von dem Geschäftsführer geleistete Arbeit[28]. Der Geschäftsführer kann aus demselben Grund ferner Ersatz für solche **Schäden** verlangen, die aus Gefahren entspringen, die typischerweise mit der Durchführung eines derartigen Geschäfts verbunden sind[29]. Der Aufwendungsersatzanspruch entfällt jedoch, wenn der Geschäftsführer von vornherein nicht die Absicht hatte, Aufwendungsersatz zu verlangen (§ 685 Abs. 1). 16

III. Unberechtigte Geschäftsführung ohne Auftrag

Von einer unberechtigten GoA spricht man, wenn bei einer Handlung, die an sich die Merkmale einer GoA nach § 677 erfüllt (o. Rn 3 ff), die zusätzlichen **Voraussetzungen der berechtigten GoA** nach **§ 683 S. 1** (o. Rn 12 f) **fehlen**. Der wichtigste Fall ist der, dass die Geschäftsführung dem Willen des Geschäftsherren widerspricht und dieser die Geschäftsführung auch nicht nachträglich genehmigt hat (§ 684 S. 2). Für diesen Fall bestimmt **§ 678**, dass der Geschäftsführer, wenn er den Widerspruch der Geschäftsführung mit dem wirklichen oder dem mutmaßlichen Willen des Geschäftsherren erkennen musste, zum **Ersatz jedes** dem Geschäftsherren aus der Geschäftsführung entstehenden **Schadens** verpflichtet ist. Lediglich, wenn die Geschäftsführung die Abwendung einer dem Geschäftsherrn drohenden dringenden Gefahr bezweckt, beschränkt sich die Haftung des Geschäftsführers nach **§ 680** auf Vorsatz und grobe Fahrlässigkeit, wobei es genügt, wenn der Geschäftsführer ohne grobes Verschulden vom Vorliegen einer Gefahr im Sinne des § 680 ausgeht[30]. Umstritten ist die Rechtslage **bei fehlendem Übernahmeverschulden** des Geschäftsführers: Da er dann nicht mehr nach § 678 haftet, bleibt zum Schutze des Geschäftsherrn nur die Annahme, dass subsidiär die Haftung nach § 677 iVm § 280 Abs. 1 eingreift[31]. Im Übrigen richtet sich die Abwicklung des Verhältnisses zwischen den Beteiligten nach **Bereicherungsrecht** (§ 684 S. 1). Bei beschränkter oder fehlender 17

27 Vgl *Hey*, JuS 2009, S. 400 (402); s. auch § 682 und dazu o. Rn 11.
28 *Hey*, JuS 2009, S. 400 (401); *Looschelders* II, Tz 871; *Medicus/Lorenz* II, Tz 1118.
29 BayObLGZ 1968, S. 200 (205); *Genius*, AcP Bd 173 (1973), S. 481.
30 BGH, LM Nr 2 zu § 680 BGB = NJW 1972, S. 475; *Looschelders* II, Tz 875.
31 *Looschelders* II, Tz 877.

Geschäftsfähigkeit haftet der Geschäftsherr gemäß **§ 682** generell nur nach Bereicherungs- und Deliktsrecht.

IV. Unechte Geschäftsführung

18 1. **§ 687** regelt im Anschluss an die GoA noch zwei allenfalls am Rande mit der GoA zusammenhängende Fälle, die dadurch gekennzeichnet sind, dass der Geschäftsführer hier **ohne Fremdgeschäftsführungswillen** tätig wird (s. o. Rn 4 ff). Der erste Fall ist die irrtümliche Führung eines objektiv fremden Geschäfts als eigenes (**§ 687 Abs. 1**). Ein **Beispiel** ist der schon erwähnte Fall des Mieters, der die an sich dem Vermieter obliegenden Schönheitsreparaturen durchführt, weil er sich irrtümlich aufgrund des Mietvertrages dazu für verpflichtet hält (Rn 8). Mangels Anwendbarkeit der §§ 677 ff richtet sich die Abwicklung des Verhältnisses der Beteiligten dann allein nach Bereicherungsrecht[32].

19 2. Der zweite hierher gehörige Fall ist die so genannte **Geschäftsanmaßung**. Eine solche liegt nach **§ 687 Abs. 2** vor, wenn jemand ein objektiv fremdes Geschäft als eigenes behandelt, **obwohl** er **weiß**, dass er dazu nicht berechtigt ist. Beispiele sind die Nutzung fremder Sachen und Rechte sowie der Verkauf oder die Vermietung fremder Sachen[33]. Nicht hierher gehören dagegen Eingriffe in vertragliche Alleinvertriebsrechte oder Wettbewerbsverbote, die nicht gegen Dritte wirken[34].

20 Für diese Fälle bestimmt § 687 Abs. 2 S. 1, dass der Geschäftsherr die sich aus den §§ 677, 678, 681 und 682 ergebenden Ansprüche geltend machen *kann*. Von besonderer praktischer Bedeutung ist die sich daraus ergebende **Gewinnhaftung des Geschäftsführers** aufgrund der §§ 681 S. 2 und 667[35], die im Delikts- und Bereicherungsrecht keine Parallele hat (vgl §§ 252 und 818 Abs. 2) und dem Geschäftsherrn (ausnahmsweise) auch den **Zugriff** auf den von dem unechten Geschäftsführer selbst **erzielten Gewinn** erlaubt. Macht der Geschäftsherr diesen Anspruch auf Gewinnherausgabe geltend, so schuldet er freilich zum Ausgleich dem unechten Geschäftsführer **Aufwendungsersatz** bis zur Höhe seiner Bereicherung (§ 687 Abs. 2 S. 2 iVm § 684 S. 1)[36].

---

32 BGHZ 181, S. 188 (197 ff, Tz 22 ff) = NJW 2009, S. 2590.

33 S. *Wenckstern*, AcP Bd 200 (2000), S. 240.

34 BGH, LM Nr 13 zu § 687 BGB = NJW 1984, S. 2411; LM Nr 14 zu § 687 BGB = NJW 1988, S. 3018; *Ebert*, ZIP 2002, S. 2996 (2300); str, anders z. B. *H. Roth*, in: Festschrift. f. Niederländer, 1991, S. 361 (379 ff).

35 S. u. § 17 Rn 20, § 19 Rn 6; *Ebert*, ZIP 2002, S. 2996 (2300 f).

36 S. *Ebert*, ZIP 2002, S. 2996 (2300 f); *Looschelders* II, Tz 884; *Medicus/Lorenz* II, Tz 1123.

V. Schema: „Echte“ und „unechte“ GoA – Voraussetzungen und Rechtsfolgen

A. „Echte“ GoA 21

I. Berechtigte GoA

1. Voraussetzungen (§§ 677, 683)

a) Geschäftsführung
b) Fremdgeschäftsführungswille (§ 677: „für einen anderen“) und zwar:
   (1) objektiv fremde Geschäfte
   (2) subjektiv fremde Geschäfte
   (3) Auch-fremde-Geschäfte
c) ohne Auftrag oder Berechtigung
d) Geschäftsfähigkeit? (§ 682)
e) entweder (1) Wille und Interesse des Geschäftsherrn (§ 683; s. §§ 678, 679) oder (2) Ausnahme in §§ 679 oder 684 S. 2

2. Rechtsfolgen

a) Geschäftsführer
   (1) Anzeige (§ 681 S. 1)
   (2) Auskunft und Herausgabepflicht, Zinsen (§ 681 S. 2 i. V. m. §§ 666-668)
   (3) Haftung nach §§ 677, 280, 276, 682
b) Geschäftsherr
   (1) Aufwendungsersatz nach §§ 683 S. 1, 670 u. 1835 Abs. 3 analog
   (2) Ausschluss nach § 685

II. Unberechtigte GoA

1. Voraussetzungen

Widerspruch zum Willen und Interesse des Geschäftsherrn (§§ 678, 683 S. 1)

2. Rechtsfolgen

a) Geschäftsführer bei Übernahmeverschulden
   (1) Unterlassung
   (2) Schadensersatz (§ 678; §§ 823 ff)
   (3) Ausnahmen nach §§ 680 und 682
b) Geschäftsführer ohne Übernahmeverschulden: §§ 677, 280, 684 S. 1
c) Geschäftsherr
   Herausgabepflicht nach § 684 S. 1

B. Unechte Geschäftsführung

I. Fehlen des Fremdgeschäftsführungswillens: § 687 Abs. 1

II. Geschäftsanmaßung nach § 687 Abs. 2

1. Voraussetzung: Bösgläubigkeit

2. Rechtsfolgen

a) für Geschäftsherrn nach § 687 Abs. 2 S. 1: Ansprüche aus §§ 677, 678, 681 (mit §§ 666-668) und 682, insbesondere auf Auskunft und Herausgabe
b) für den Geschäftsführer nach § 687 Abs. 2 S. 2: ggf. Herausgabepflicht des Geschäftsherrn nach § 684 S. 1

VI. Anhang: Einbringung von Sachen bei Gastwirten

22 Die im Anschluss an die Verwahrung in den §§ 701 bis 704 geregelte Haftung von Gastwirten, die gewerbsmäßig Fremde zur Beherbergung aufnehmen, für die von ihren Gästen eingebrachten (nicht notwendigerweise diesen gehörenden) Sachen stellt neben der GoA ein weiteres **gesetzliches Schuldverhältnis** dar. Die Haftung aus den §§ 701 bis 704 tritt *neben* die etwaige Haftung des Gastwirts aus dem regelmäßig gleichzeitig abgeschlossenen *Beherbergungsvertrag*[37]. Die Haftung setzt **kein Verschulden** voraus und ist grundsätzlich zwingend, aber der Höhe nach begrenzt. Gleichsam zum Ausgleich gewährt das Gesetz in § 704 dem Gastwirt ein gesetzliches Pfandrecht an den eingebrachten Sachen seiner Gäste. Keine Anwendung findet diese Regelung jedoch auf bloße Schank- und Speisewirte, die daher z. B. für die Entwendung der Garderobe ihrer Gäste nur im Einzelfall aus Vertrag haften können[38].

37 BGHZ 63, S. 65 (71 f) = NJW 1974, S. 1818; BGHZ 63, S. 333 (336 ff) = NJW 1975, S. 645; *Hohloch*, JuS 1984, S. 357.

38 BGH, LM Nr 13 zu § 688 BGB = NJW 1980, S. 1096 = JuS 1980, S. 608 Nr 6; KG, MDR 1984, S. 846.

Teil IV

Sichernde und bestärkende Verträge

§ 14 Bürgschaft

Bürgschafts-Fall 16: 1. Kaufmann S hatte auf sein Konto bei der X-Bank mehrere Schecks in Höhe von insgesamt € 38 000,– gezogen, obwohl keine Deckung vorhanden war. Deshalb verweigerte die X-Bank zunächst die Einlösung der Schecks, änderte jedoch später ihre Haltung auf Grund einer Intervention des B, eines Geschäftspartners des S, der ihr telefonisch erklärte, er mache sich „stark" dafür, dass bis zum Ende der Woche Deckung für die Schecks beigeschafft werde. Kurz danach übernahm der B auch noch für eine Kaufpreisforderung des Fabrikanten G gegen den S in Höhe von € 25 000,– schriftlich die selbstschuldnerische Bürgschaft. S geriet später in Vermögensverfall; Zahlungen sind von ihm nicht mehr zu erwarten. Kann die X-Bank von B die Zahlung der € 38 000,– fordern? Kann auch G von B die Zahlung von € 25 000,– nebst 10% Zinsen seit dem Tag verlangen, an dem S in Verzug geraten ist? G behauptet, er sei zur Aufnahme eines zu 10% verzinslichen Darlehens gezwungen gewesen, als die Zahlung des S ausblieb. Kann B demgegenüber einwenden, die von G gelieferte Ware sei mangelhaft gewesen?

2. B zahlt den von G geforderten Betrag. Als er später erfährt, dass sich vor ihm auch noch der A für dieselbe Schuld des S gegenüber dem G verbürgt hatte, fordert er von A Zahlung desjenigen Betrages, den er selbst an G gezahlt hat. Hätte B gegen den A auch dann Ansprüche, wenn er erst € 10 000,– an G gezahlt hat? **Lösung Rn 6, 17, 20, 31**

Literatur: *Bülow*, Recht der Kreditsicherheiten, 7. Aufl. (2007); *Henssler*, Risiko als Vertragsgegenstand, 1994; *Herresthal,*, Kreditsicherung, in: Eckpfeiler, 2014, Rn K 1, 98 ff (S. 701, 742 ff); *Nobbe*, Bürgschaft, Garantie, in: *Schimansky/Bunte/Lwowski*, Bankrechts-Hdb, 4. Aufl. (2011), §§ 91, 92 (S. 173, 329 ff); *Oetker/Maultzsch*, Vertragliche Schuldverhältnisse, § 13 (S 735 ff); *Reinicke/Tiedtke*, Kreditsicherung, 5. Aufl. (2006); *dies,* Bürgschaftsrecht, 3. Aufl. (2008) ; *Hj. Weber*, Kreditsicherheiten, 8. Aufl. (2006).

I. Begriff, Zweck

Nach § 765 Abs. 1 verpflichtet sich der Bürge durch den Bürgschaftsvertrag gegenüber dem Gläubiger eines Dritten, des so genannten Hauptschuldners, für die Erfüllung der Verbindlichkeiten dieses Hauptschuldners einzustehen. Gemäß § 765 Abs. 2 kann die Bürgschaft auch für eine künftige oder bedingte Verbindlichkeit übernommen werden. Wichtigstes Beispiel für die Bedeutung des § 765 ist die Übernahme der Bürgschaft für einen Kredit, den eine Bank als Gläubiger einem dritten Schuldner gewährt hat. Die Beteiligten bezwecken damit, den Rückzahlungsanspruch der Bank aus dem Darlehensvertrag (§ 488 Abs. 1 S. 2) gegen den Hauptschuldner abzusichern, da die Bank den Bürgen auf Rückzahlung des Darlehens in Anspruch nehmen kann, wenn der Hauptschuldner seiner Rückzahlungspflicht nicht nachkommt (§ 765 Abs. 1). 1

2 Die Bürgschaft ist die Grundform der **Personalsicherheiten**, früher häufig auch Interzessionen genannt. Den Gegensatz bilden die **Realsicherheiten**, vor allem in Gestalt der Grundpfandrechte, des Pfandrechts an beweglichen Sachen oder der Sicherungsübereignung, die von Gläubigern wegen ihrer vermeintlich größeren Sicherheit häufig den Personalsicherheiten vorgezogen werden. Von einer generellen Überlegenheit der Realsicherheiten gegenüber den Personalsicherheiten kann indessen keine Rede sein. Man denke nur an Bürgschaften des Staates oder der Banken, die dem Gläubiger – im Gegensatz zu Realsicherheiten – eine nahezu vollständige Sicherheit bieten.

II. Abgrenzung

3 Neben der Bürgschaft iS der §§ 765 ff haben sich im Rechtsverkehr noch zahlreiche andere Formen von Personalsicherheiten herausgebildet, die, weil durchweg nicht formbedürftig, sorgfältig von der idR formbedürftigen Bürgschaft (§ 766, Rn 10 ff) unterschieden werden müssen. Beispiele sind die Garantie (Rn 3) und der Schuldbeitritt. Da der Schuldbeitritt an anderer Stelle ausführlich behandelt wird[1], genügen hier einige Bemerkungen zu dem Garantievertrag (Rn 5 f) und zu dem Kreditauftrag (Rn 7).

1. Garantievertrag

4 Als Garantie oder Garantievertrag bezeichnet man Verträge, durch die sich der eine Teil, der *Garant*, gegenüber dem anderen Teil, dem *Garantieempfänger*, verpflichtet, für das Eintreten eines bestimmten in der Zukunft liegenden Erfolges unbedingt einzustehen. Bei diesem Erfolg kann es sich auch um die Erfüllung einer Forderung handeln, sodass eine **Forderungsgarantie** ohne weiteres geeignet ist, dieselben Funktionen wie eine Bürgschaft zu übernehmen. Rechtlich gesehen bestehen jedoch bedeutsame Unterschiede. Während nämlich die Bürgschaft grundsätzlich akzessorisch und subsidiär ist (s. u. Rn 16, 24 f), wird durch die Garantie eine **selbstständige**, d. h. von der gesicherten Forderung **unabhängige, primäre Leistungspflicht** des Garanten begründet, sodass der Garantieempfänger von ihm Zahlung verlangen kann, wann immer der im Vertrag definierte Garantiefall eingetreten ist, sobald also z. B. die „gesicherte" Forderung nicht pünktlich erfüllt wird[2], und zwar im Regelfall selbst dann, wenn die gesicherte Forderung gar nicht entstanden oder mit Einreden oder Einwendungen behaftet ist, außer im Falle eines offensichtlichen, leicht beweisbaren Missbrauchs seitens des Garantieempfängers[3].

5 Garantien sind, wie unmittelbar einleuchtet, *überaus gefährlich* für den Garanten. Besonders deutlich wird dies an der Problematik des **Ausgleichs** zwischen den Beteiligten, wenn der Garant letztlich grundlos geleistet hat, weil die gesicherte Forderung

1 Schuldrecht Allgemeiner Teil, § 18 Rn 11–18; zu den Patronatserklärungen s noch *Emmerich/Habersack*, Konzernrecht, 10. Aufl. (2013), § 20 Rn 28 ff (S. 341 ff).

2 BGH, LM Nr 43 zu § 249 (Bb) BGB = NJW 1985, S. 2941; LM Nr 73 zu § 305 BGB (Bl. 2 f) = NJW 1999, S. 1542; WM 2006, S. 1022 (1025, Tz 32).

3 BGHZ 140, S. 49 (51 ff) = NJW 1999, S. 570, s. aber sogleich Rn 5.

überhaupt nicht bestand. Mangels Anwendbarkeit insbesondere des § 774 vollzieht sich dann der Ausgleich je nach den Abreden der Beteiligten entweder im Verhältnis zwischen den Parteien des Garantievertrages, indem der Garant von dem Garantieempfänger seine materiell grundlose Leistung zurückfordert (auf Grund des Vertrages oder aus § 812 Abs. 1 S. 1 Fall 1), *oder* zwischen dem Garantieempfänger und dem Hauptschuldner, bei dem der Garant zuvor aus dem Innenverhältnis Rückgriff genommen hatte, sodass sich der Hauptschuldner jetzt an den Garantieempfänger halten muss[4].

Garantien können nach überwiegender Meinung anders als Bürgschaften (§ 766; s. dazu u. Rn 10 f), aber ebenso wie der Schuldbeitritt **formlos** vereinbart werden[5]. Wegen ihrer **Gefährlichkeit** für den Garanten (s. Rn 5) dürfen sie aber nur angenommen werden, wenn sich aus den Umständen *eindeutig* ein entsprechender Verpflichtungswille des Versprechenden ergibt, für dessen Annahme grundsätzlich wohl nur Raum ist, wenn der Garant einen *erhebliches eigenes wirtschaftliches Interesse* an der Erfüllung der Hauptschuld hat (§§ 133, 157, 242)[6]. 6

In unserem **Fall 16** sind diese Voraussetzungen wohl ausnahmsweise erfüllt, sodass die Bank, nachdem sich das garantierte Risiko (fehlende Deckung der Schecks) verwirklicht hat, von B Zahlung verlangen kann[7].

2. Kreditauftrag

Kreditauftrag nennt man einen Vertrag, durch den sich jemand gegenüber einem anderen verpflichtet, einem Dritten, also *nicht* dem Vertragspartner, dem Auftraggeber, im eigenen Namen und auf eigene Rechnung ein Darlehen oder eine Finanzierungshilfe (iS des § 506) zu gewähren (§ 778). Je nachdem, ob der Vertrag unentgeltlich oder entgeltlich ist, handelt es sich dann um einen Auftrag oder um eine Geschäftsbesorgung (§§ 662, 675 Abs. 1), sodass sich die Beziehungen der Beteiligten in erster Linie nach **Auftragsrecht** richten. Im Unterschied zum Auftrag kann jedoch der aus einem Kreditauftrag Verpflichtete (mangels abweichender Abreden der Parteien) weder einen Vorschuss noch Aufwendungsersatz verlangen (§§ 669, 670); vielmehr haftet ihm nach § 778 der Auftraggeber lediglich für die Erfüllung der Darlehensschuld durch den Dritten wie ein Bürge, so dass im Ergebnis *nach* der *Darlehensgewährung* durch den Beauftragten an den Dritten das Auftragsrecht durch das **Bürgschaftsrecht** verdrängt wird[8]. Von den anderen Formen der Personalsicherheit unterscheidet sich der Kreditauftrag vor allem durch die *Verpflichtung* des Beauftragten zur Darlehensgewährung an den Dritten, an der der Auftraggeber idR ein eigenes Interesse haben wird. § 766 findet auf den Kreditauftrag keine Anwendung. 7

4 S. BGHZ 140, S. 49 (53) = NJW 1999, S. 570; s. dazu *Canaris*, ZIP 1998, S. 493; *D. Einsele*, JZ 1999, S. 466; *Kupisch*, WM 1999, S. 2381; *J. Wilhelm*, NJW 1999, S. 3519.

5 RGZ 61, S. 157 (160); str.

6 BGH, LM Nr 23 zu § 305 BGB = NJW 1981, S. 2295.

7 Ebenso BGH, LM Nr 13 zu § 765 BGB = NJW 1967, S. 1020.

8 *Herresthal*, in: Eckpfeiler, Rn K 141.

III. Zustandekommen

1. Vertrag zwischen Gläubiger und Bürge

8 Das Wesen der Bürgschaft besteht nach § 765 Abs. 1 in der vertraglichen Übernahme der Verpflichtung des Bürgen, dem anderen Teil, dem Gläubiger, für die Erfüllung der Verbindlichkeit eines Dritten, des Hauptschuldners, einzustehen. Die Bürgschaft wird mithin durch einen **Vertrag zwischen dem Bürgen und dem Gläubiger** begründet, an dem der Hauptschuldner nicht beteiligt ist[9]. Von dem durch den Bürgschaftsvertrag begründeten Rechtsverhältnis zwischen Gläubiger und Bürge muss deshalb das **Innenverhältnis zwischen** dem **Bürgen** und dem **Hauptschuldner** unterschieden werden, das ebenfalls vertraglich geregelt sein kann, aber nicht muss (Rn 26 ff). Zur Verdeutlichung der Rechtsbeziehungen mag folgende Skizze dienen:

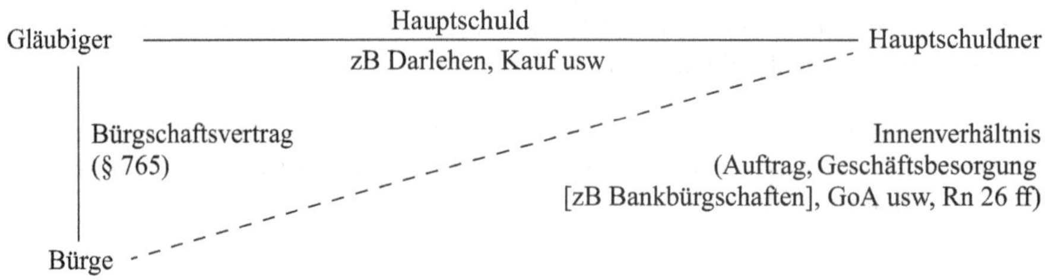

8a Die Bürgschaft kann entgeltlich oder unentgeltlich übernommen werden. Gesetzliche Regelform ist die **unentgeltliche Bürgschaftsübernahme**. Die Bürgschaft stellt dann einen einseitig verpflichtenden Vertrag zu Lasten des Bürgen dar, aus dem sich keine Verpflichtungen des Gläubigers ergeben, in der Regel auch nicht zur Aufklärung des Bürgen über das mit der Bürgschaft verbundene Risiko, über das sich jeder selbst informieren kann und muss[10]. Möglich ist aber ebenso gut auch die Vereinbarung einer **Gegenleistung** des Gläubigers für die Bereitschaft des Bürgen zur Übernahme der Bürgschaft. In diesem Fall bildet die Bürgschaft einen normalen gegenseitigen Vertrag iS der §§ 320 ff. Dies ist die Regel bei den verbreiteten **Bankbürgschaften**, die natürlich nicht „umsonst" zu haben sind (§ 354 HGB).

9 An dem Abschluss des Bürgschaftsvertrages ist der Hauptschuldner nach dem Gesagten (o. Rn 8) im Regelfall nicht beteiligt. Dies bedeutet zugleich, dass der Gläubiger aus der bloßen Zusage eines Dritten gegenüber dem *Schuldner*, für diesen eine Bürgschaft zu übernehmen, Rechte nur dann herleiten kann, wenn die Vereinbarung zwischen dem Schuldner und dem Dritten ausnahmsweise als **Vertrag zu seinen Gunsten** interpretiert werden kann (§§ 328 Abs. 1, 765 Abs. 1); in diesem Fall ist auch die Formvorschrift des § 766 zu beachten[11].

9 S. *St. Lorenz*, JuS 1999, S. 1145 ff.

10 S. Rn 13 sowie *Medicus*, JuS 1999, S. 833 (836 ff).

11 BGH, LM Nr 36 zu § 328 BGB = NJW 1984, S. 2088; NJW 2003, S. 2231 = ZIP 2003, S. 1033 (1035); *Hj. Weber*, Kreditsicherheiten, § 3 I 2 (S. 62).

2. Form

Bürgschaften sind (wie alle Interzessionen) ausgesprochen *gefährlich*[12]. Aus diesem Grund hat das Gesetz in § 766 S. 1 (nur) für die Bürgschaftserklärung des Bürgen (nicht also für deren Annahme durch den Gläubiger) **Schriftform** nach § 126 vorgeschrieben, um den Bürgen vor einer voreiligen Übernahme einer (auf den ersten Blick ja nichts kostenden) Bürgschaft zu warnen. Aus demselben Grund ist auch die Erteilung der Bürgschaftserklärung in elektronischer Form ausgeschlossen (§ 766 S. 2). Dasselbe gilt für eine Bürgschaftserklärung durch Telegramm oder Telefax[13]. Anders behandelt werden nur Bürgschaften von **Kaufleuten**, da diese keines besonderen Schutzes bedürfen (§ 350 HGB). Außerdem wird durch die Erfüllung der Hauptverbindlichkeit seitens des Bürgen ein etwaiger Formmangel nach § 766 S. 3 geheilt, da der Bürge dann naturgemäß keines Schutzes gegen Übereilung mehr bedarf. **10**

Mit Rücksicht auf den geschilderten Zweck des § 766 (o. Rn 10) ist das Schriftformerfordernis nur erfüllt, wenn sich bereits aus der **Bürgschaftsurkunde** die Person des Gläubigers, der Verbürgungswille sowie die verbürgte Hauptschuld mit hinlänglicher Deutlichkeit ergeben[14]. Dasselbe gilt für etwaige Erweiterungen der Bürgenhaftung über den gesetzlichen Rahmen hinaus, sodass z. B. bei der selbstschuldnerischen Bürgschaft der Verzicht auf die Einrede der Vorausklage gleichfalls dem Schriftformerfordernis unterliegt (§§ 766, 773 Abs. 1 Nr 1)[15]. **11**

Nach seinem Zweck erstreckt sich das Schriftformerfordernis auch auf jede **spätere** vertragliche **Erweiterung** der Bürgenhaftung[16], während Abreden, durch die die Bürgschaft entgegen der Bürgschaftsurkunde **eingeschränkt** wird, formlos möglich bleiben[17]. Wenn der Bürge seine Unterschrift **blanko** unter die Bürgschaftsurkunde setzt und einen Dritten, den Gläubiger oder den Hauptschuldner, zur Ausfüllung des Blanketts ermächtigt, bedarf zumindest diese **Ermächtigung** der Form des § 766[18]. Dasselbe gilt zum Schutze des Bürgen (entgegen § 167 Abs. 2) für die **Bevollmächtigung** eines Dritten zur Übernahme einer Bürgschaft namens des Bürgen und Vollmachtgebers[19]. Unklarheiten oder Widersprüche in der Bürgschaftsurkunde können zwar durch **Auslegung** beseitigt werden, sofern sich für den „wirklichen" Willen der Parteien wenigstens Anhaltspunkte in der Urkunde finden[20]. Fehlt es jedoch selbst daran, so ist die Bürgschaft mangels Einhaltung der gesetzlichen Form nichtig (§ 125), **11a**

---

12 So schon *J.W. v. Goethe*, Briefe, Hamburger Ausgabe Bd. III Nr 1068, S. 367 f.

13 BGHZ 121, S. 224 (229 ff) = NJW 1993, S. 1126; BGHZ 132, S. 119 (127) = NJW 1996, S. 1467; *St. Lorenz*, JuS 1999, S. 1145 (1146).

14 S. BGH, LM Nrn 24 und 25 zu § 766 BGB = NJW 1993, S. 724 und S. 1261; LM Nr 33 zu § 766 (Bl. 2) = NJW 2000, S. 1569.

15 BGH, LM Nr 1 zu § 773 BGB = NJW 1968, S. 2332.

16 BGHZ 197, S. 335 (344 f, Tz 24 f) = NJW 2013, S. 2508.

17 BGH, WM 1986, S. 11; *Tiedtke*, WM 1989, S. 737; *ders.*, ZIP 1990, S. 413.

18 BGHZ 132, S. 119 (122 ff) = NJW 1996, S. 1467; ZIP 2003, S. 1576 (1577); sehr str; s. *Herresthal*, in: Eckpfeiler, Rn K 109 f; MK/*Habersack*, § 766 Rn 22 f; *Medicus/Lorenz* II, Tz 1504.

19 BGHZ 132, S. 119 (122 ff) = NJW 1996, S. 1467; BGH, NJW-RR 2004, S. 337; *G. Fischer*, JuS 1998, S. 205; *Looschelders* II, Tz 953 ff; *St. Lorenz*, JuS 1999, S. 1145 (1146); *Tiedtke*, NJW 2005, S. 2498; dagegen z. B. *Herresthal*, in: Eckpfeiler, Rn K 108.

20 BGH, LM Nr 29 zu § 766 BGB = NJW 1995, S. 1886; LM Nr 33 zu § 766 BGB (Bl. 2 f) = NJW 2000, S. 1569.

auch wenn sich die Parteien tatsächlich über den Inhalt des Bürgschaftsvertrages einig gewesen sein sollten[21].

12 Schriftliche Abfassung der Bürgschaftserklärung allein reicht zum Zustandekommen eines wirksamen Bürgschaftsvertrages nicht aus; vielmehr muss noch die **Übergabe der Urkunde** an den Gläubiger hinzukommen, weil das Gesetz im § 766 S. 1 die schriftliche „Erteilung der Bürgschaftserklärung" verlangt[22]. Keine Rolle spielt dagegen, *wann* die Urkunde dem Gläubiger übergeben wird; dies kann auch schon vor Begründung der Hauptverbindlichkeit geschehen.

IV. Der Schutz des Bürgen gegen Übervorteilung

13 Mit Bürgschaften wird viel Missbrauch getrieben. Deshalb bemühen sich Literatur und Rechtsprechung seit einigen Jahren intensiv um einen verstärkten Bürgenschutz[23]. Zu denken ist hier zunächst an die Anwendung der Vorschriften über das Widerrufsrecht der Verbraucher bei Haustürgeschäften i. S. der §§ 312b ff idF von 2014 sowie über Verbraucherdarlehensverträge (§§ 491 ff). Die Rechtsprechung ist widersprüchlich: Während heute dem Bürgen das **Widerrufsrecht** des § 312g idF von 2014 bei Übernahme der Bürgschaft in einer Haustürsituation zugebilligt wird[24], wird (bedauerlicherweise) die Anwendung der Vorschriften über **Verbraucherdarlehensverträge** nach wie vor abgelehnt (s. o. § 8 Rn 25). Auch **Aufklärungspflichten** des Gläubigers gegenüber dem Bürgen (§§ 241 Abs. 2 und 311 Abs. 2) werden in der Regel verneint. Umso dringlicher ist angesichts dessen die Frage, welchen Schutz § 138 dem Bürgen zu bieten vermag.

14 Am Maßstab des **§ 138 Abs. 1** werden heute vor allem die durchweg von Banken geforderten **Bürgschaften von Angehörigen** des Darlehensnehmers überprüft, da solche Bürgschaften vielfach die reale Gefahr begründen, dass die Angehörigen im Falle ihrer Inanspruchnahme durch die Bank aufgrund der Bürgschaft auf Jahrzehnte, wenn nicht lebenslang ihr gesamtes Einkommen, soweit es die Pfändungsfreigrenzen übersteigt, an die Bank abführen müssen. Nach wiederholten Schwankungen gilt insoweit jetzt im Kern Folgendes[25]: Eine Bürgschaft einkommens- und vermögensloser **Kinder** für ihre Eltern ist grundsätzlich sittenwidrig[26]. Ebenso behandelt werden Bürgschaften von **Ehegatten**, *vorausgesetzt*, dass sie nach der Situation bei Vertragsabschluss vermutlich nicht einmal in der Lage sein werden, die *laufenden Zinsen* für das Darlehen aus eigenen Mitteln auf Dauer aufzubringen, wobei auch sonstige Belastungen zu berücksichtigen sind. Wenn diese Voraussetzung erfüllt ist, wird *vermutet*,

21 BGH, LM Nr 20 zu § 766 BGB = NJW 1989, S. 1484; LM Nr 22 zu § 766 BGB = NJW 1992, S. 1448; *Tiedtke*, WM 1989, S. 737; *ders.*, ZIP 1990, S. 413.

22 BGHZ 121, S. 224 (228 f) = NJW 1993, S. 1126.

23 Am Anfang der aktuellen Diskussion steht BVerfGE 89, S. 214 (231 ff) = NJW 1994, S. 36 = JuS 1994, S. 251 Nr 1.

24 BGHZ 165, S. 363 (366 ff) = NJW 2006, S. 845; BGHZ 171, S. 180 (190, Tz 36) = NJW 2007, S. 2106.

25 Schilderung der Entwicklung der Rechtsprechung bei *Emmerich*, JuS 2000, S. 494; 2001, S. 606; zum gegenwärtigen Stand der Rechtsprechung s. z. B. *Herresthal*, in: Eckpfeiler, Rn K 112, 126; MK/*Habersack*, § 765 Rn 15 ff; *Staudiner/Horn*, 2013, § 765 Rn 175 ff.

26 BGHZ 125, S. 206 (210, 213 ff) = NJW 1994, S. 1278 = JuS 1994, S. 707 Nr 4; BGH, LM Nr 110 zu § 765 BGB = NJW 1997, S. 52.

dass sich der Ehegatte bei Abschluss des Bürgschaftsvertrages nicht von rationalen Erwägungen leiten ließ, sondern die Bürgschaft **allein aufgrund seiner emotionalen Bindung** an den Darlehensnehmer **übernommen** hat. Gelingt der Bank nicht die Widerlegung dieser Vermutung, insbesondere durch den Nachweis, dass der Ehegatte (ausnahmsweise) mit der Übernahme der Bürgschaft unmittelbar eigene wirtschaftliche Interessen verfolgte, so gilt die Ehegattenbürgschaft gleichfalls als grundsätzlich *sittenwidrig*[27]. An der Maßgeblichkeit dieser Grundsätze hat die Einführung der **Restschuldbefreiung** durch die InsO nichts geändert[28]. Dieselben Grundsätze sind auf Bürgschaften von **Arbeitnehmern** zugunsten ihrer Arbeitgeber anzuwenden, wenn die Arbeitnehmer damit den Zweck verfolgen, ihren Arbeitsplatz zu sichern[29].

Bürgen können gegen eine Überforderung von Fall zu Fall außerdem durch eine strikte Anwendung der §§ 307 ff auf die üblichen Banken-AGB geschützt werden. Besonders wichtig ist das für sogenannte **Globalbürgschaften**, d. h. Bürgschaften, durch die der Bürge die Haftung für *sämtliche* Forderungen des Gläubigers gegen den Schuldner aus einer Geschäftsverbindung übernimmt. Die Gefährlichkeit solcher in ihrem Ausmaß überhaupt nicht kalkulierbaren Bürgschaften liegt auf der Hand (vgl § 767 Abs. 1 S. 2). Ihre Vereinbarung ist daher nur in Individualverträgen möglich, während entsprechende Klauseln in Bankenformularen grundsätzlich an den §§ 305c und 307 Abs. 2 Nr 1 scheitern, soweit die Bürgschaft über den konkreten Kreditbedarf des Schuldners bei Abschluss des Bürgschaftsvertrages hinausgeht[30]. **15**

V. Akzessorietät

1. Begriff

Die Bürgschaft unterscheidet sich von der Garantie (Rn 5) und dem Schuldbeitritt vor allem dadurch, dass der Bürge „nur" für eine *fremde* Schuld einstehen will und nicht etwa – als Gesamtschuldner – eine *eigene* zusätzliche Verbindlichkeit *neben* dem Schuldner übernimmt. Die Bürgenschuld bleibt vielmehr in ihrem Schicksal von der Hauptverbindlichkeit abhängig; sie ist, wie man zu sagen pflegt, an diese angelehnt oder **akzessorisch** – mit allen positiven *und* negativen Konsequenzen für den Bürgen, wie der folgende Überblick über die wichtigsten Auswirkungen der Akzessorietät zeigt: Bereits die **Entstehung** der Bürgenschuld hängt davon ab, dass die Hauptverbindlichkeit oder Hauptschuld ihrerseits wirksam entsteht (§ 765). Fehlt es daran von Anfang an oder wird die Hauptschuld nachträglich, z. B. durch Anfechtung oder Erfüllung seitens des Schuldners wieder beseitigt, so ist auch kein Raum mehr für eine Haftung des Bürgen[31]. Gemäß § 767 Abs. 1 S. 1 richtet sich auf der anderen Seite freilich auch der **Umfang** der Bürgenschuld nach dem der Hauptschuld (Rn 17). Daraus folgt nicht nur, dass die Bürgenschuld ohne weiteres zusammen mit der Hauptschuld **fällig** wird (§ 271), sondern auch, dass die Bürgenschuld zusammen mit der **16**

27 BGHZ 146, S. 37 (42 ff) = NJW 2001, S. 815 = JuS 2001, S. 606 f Nr 9; BGHZ 151, S. 34 (36 ff) = NJW 2002, S. 2228; BGH, NJW 2009, S. 2671 Tz 18 ff ; NJW 2013, S. 1534 Tz 9 f.

28 BGH, NJW 2009, S. 2671 Tz 30 ff m. Anm. *Krüger*, NJW 2009, S. 3408; sehr str.

29 S. *Herresthal*, in: Eckpfeiler, Rn K 121 m. Nachw.

30 BGHZ 151, S. 374 (377, 381 ff) = NJW 2002, S. 3167 (3168 f); BGHZ 156, S. 302 (310) = NJW 2004, S. 161; *Horn*, in: Festschrift f. Merz, 1992, S. 217; *Chr. Weber*, JuS 1997, S. 501 (505 ff).

31 S. Rn 20, 22; z. B. BGHZ 181, S. 278 (288, Tz 28) = NJW 2009, S. 3422.

Hauptschuld gegebenenfalls **wächst** (§ 767) – eine besondere Gefahr für den Bürger (Rn 17). Deshalb ist es auch nur folgerichtig, dass der Bürge – gleichsam zum Ausgleich – die dem Hauptschuldner zustehenden **Einreden** geltend machen (§ 768, Rn 18 f) und die Leistung verweigern kann, solange der Schuldner **anfechten** oder der Gläubiger **aufrechnen** kann (§ 770; s. u. Rn 20). Die Akzessorietät der Bürgschaft äußert sich ferner noch darin, dass mit der **Abtretung** der Hauptforderung die Bürgschaft automatisch auf den neuen Gläubiger übergeht (§ 401). Wird ihr Übergang ausgeschlossen, so erlischt sie, da sie nicht selbstständig fortbestehen kann, der Gläubiger der Hauptschuld vielmehr nach § 765 Abs. 1 immer zugleich der Gläubiger der Bürgschaft sein muss[32].

2. Umfang

17 Nach § 767 Abs. 1 S. 1 ist für die Verpflichtung des Bürgen der „jeweilige Bestand" der Hauptverbindlichkeit maßgebend. Die Konsequenz ist vor allem, dass sich die Bürgenschuld, wenn die Hauptverbindlichkeit durch **Verschulden oder Verzug** des Hauptschuldners erweitert oder verändert wird, ebenfalls entsprechend erweitert oder verändert (§ 767 Abs. 1 S. 2). Der Bürge haftet daher z. B. für die Verzugszinsen des Schuldners (§§ 288, 497), für Schadensersatzansprüche des Gläubigers statt der Leistung (§§ 281, 283), für eine Vertragsstrafe, die der Schuldner verwirkt hat (§ 339)[33], sowie für die Kosten der Rechtsverfolgung des Gläubigers gegen den Schuldner (§ 767 Abs. 2)[34]. Erlischt dagegen die Hauptschuld infolge ihrer Erfüllung durch den Schuldner, so wird auch der Bürge frei (Rn 22 f).

Für unseren **Fall 16** bedeutet dies, dass der Bürge B in der Abwandlung dem G auch dessen Verzugsschaden in Gestalt der Belastung mit Kreditzinsen in Höhe von 10% ersetzen muss (§§ 767 Abs. 1 S. 2, 280 Abs. 2, 286 Abs. 1 und 288 Abs. 3).

3. Einreden

a) Grundsatz

18 Der Bürge kann grundsätzlich die dem Hauptschuldner zustehenden Einreden geltend machen (§ 768 Abs. 1 S. 1); ein **Verzicht** des Hauptschuldners auf die Einreden wirkt nicht gegen ihn, weil es der Schuldner nicht in der Hand haben soll, einseitig durch solchen Verzicht die Haftung des Bürgen zu erweitern (§ 768 Abs. 2). Beispiele sind die Fälle der Verjährung oder der Stundung der Hauptschuld (§§ 214 und 271 Abs. 2)[35], das Zurückbehaltungsrecht des § 273 sowie die Einrede des nicht erfüllten Vertrags (§ 320). § 768 ist zusammen mit § 767 die wichtigste Ausprägung des die Bürgschaft kennzeichnenden Akzessorietätsprinzips, sodass er durch die **Geschäftsbedingungen** der Banken grundsätzlich nicht zum Nachteil des Bürgen eingeschränkt werden kann (§ 307 Abs. 2 Nr 1)[36].

32 BGHZ 115, S. 177 (181 ff) = NJW 1991, S. 3025; BGH, NJW 2003, S. 2231.
33 BGH, LM Nr 18 zu § 667 BGB = NJW 1982, S. 2305.
34 BGH, NJW 2009, S. 1879 Tz 12 ff.
35 Rn 19; BGHZ 181, S. 278 (288, Tz 28) = NJW 2009, S. 3422.
36 BGHZ 147, S. 99 (104) = NJW 2001, S. 1857; BGHZ 181, S. 278 (282, Tz 13; 286, Tz 25 ff) = NJW 2009, S. 3422.

Die Forderung gegen den Bürgen und die Hauptforderung verjähren unabhängig voneinander in eigenen Fristen. Die Erhebung der Klage gegen einen der beiden Verpflichteten führt infolgedessen nicht zur Hemmung der **Verjährung** im Verhältnis zu dem anderen Verpflichteten (§ 204 Abs. 1 Nr 1)[37]. In einem Prozess gegen den Bürgen kann sich dieser infolgedessen selbst dann noch auf Verjährung berufen, wenn der Gläubiger gegen den Hauptschuldner rechtzeitig Klage erhoben hatte[38]. Verzichtet der Hauptschuldner auf die Verjährungseinrede, so ändert das nach § 768 Abs. 2 gleichfalls nichts an der Befugnis des Bürgen, sich auf die eingetretene Verjährung zu berufen[39]. Anders zu behandeln ist indessen die kraft Gesetzes eintretende Hemmung der Verjährung bei Aufnahme von Verhandlungen des Schuldners mit dem Gläubiger nach § 203, zumal solche Verhandlungen gegebenenfalls auch dem Bürgen zugutekommen können[40]. 19

Der Bürge ist dagegen mangels Vertretungsmacht nicht befugt, etwaige **Gestaltungsrechte** des Hauptschuldners auszuüben. Zum Ausgleich verleiht ihm das Gesetz in § 770 ein **Leistungsverweigerungsrecht**, solange der Hauptschuldner noch anfechten oder der Gläubiger aufrechnen kann[41]. Nichts anderes gilt, wenn die Aufrechnungsbefugnis allein dem Schuldner (und nicht zugleich dem Gläubiger) zusteht[42]. Ebenso zu behandeln sind sonstige Gestaltungsrechte der Parteien[43]. Durch die **Geschäftsbedingungen** der Banken kann diese Regelung nur in einzelnen Beziehungen eingeschränkt, jedoch nicht generell ausgeschlossen werden[44]. 20

In **Fall 16** hat daher der Bürge B ein Leistungsverweigerungsrecht gegenüber dem Fabrikanten G, solange der Schuldner S wegen der Mängel der von G gelieferten Waren noch zurücktreten oder mindern kann (§§ 770, 434, 437).

b) Ausnahmen

Die Akzessorietät der Bürgschaft kann im Einzelfall in Konflikt mit dem legitimen Sicherungsinteresse des Gläubigers treten. In verschiedenen Fällen hat deshalb das Gesetz die strenge Akzessorietät der Bürgschaft selbst bereits **gelockert**; hervorzuheben sind die Fälle der beschränkten Erbenhaftung (§ 768 Abs. 1 S. 2) sowie der Insolvenz (§ 254 Abs. 2 S. 1 InsO)[45]. Aus diesen Bestimmungen ergibt sich der Grundsatz, dass der Bürge (ausnahmsweise) *selbstständig* forthaftet, wenn die Hauptschuld aus Gründen untergeht oder ermäßigt wird, die letztlich auf dem **Vermögensverfall** des Schuldners beruhen, gegen den die Bürgschaft den Gläubiger gerade absichern soll- 21

37 BGHZ 76, S. 222 (225) = NJW 1980, S. 1460; BGHZ 95, S. 375 (384) = NJW 1986, S. 310 (312); BGH, ZIP 2007, S. 2206 Tz 9 ff BGHZ 139, S. 214 (216 f) = NJW 1998, S. 2972 (2973); BGHZ 182, S. 76 (80, Tz 14); s. aber auch u. Rn 21.

38 BGHZ 95, S. 375 (384) = NJW 1986, S. 310 (312); BGHZ 139, S. 214 (218) = NJW 1998, S. 2972 (2973); BGH, LM Nr 17 zu § 768 BGB = NJW 1999, S. 278; ZIP 2007, S. 2206 Tz 9, 18.

39 BGHZ 107, S. 92 (96) = NJW 1989, S. 1276; BGHZ 139, S. 214 (218 f) = NJW 1998, S. 2972 (2974 f); BGHZ 182, S. 76 (82, Tz 20) = NJW-RR 2010, S. 975.

40 BGHZ 182, S. 76 (82 ff, Tz 21 ff) = NJW-RR 2010, S. 975.

41 BGHZ 153, S. 293 (301 f) = NJW 2003, S. 1521.

42 Str., anders z. B. *Herresthal*, in: Eckpfeiler, Rn K 130; *Looschelders* II, Tz 974.

43 *Herresthal*, in: Eckpfeiler, Rn K 130; *Tiedtke*, ZIP 1990, S. 413 (417 f); *Chr. Schwarz*, WM 1998, S. 116.

44 BGHZ 153, S. 293 (298 f) = NJW 2003, S. 1521.

45 Vgl *Habersack*, JZ 1997, S. 857 (863 f).

te[46]. Ein Beispiel ist die Löschung einer juristischen Person wegen Vermögenslosigkeit[47]. Keine Anwendung finden diese Regeln dagegen z. B. auf einen **außergerichtlichen Vergleich** zwischen dem Schuldner und dem Gläubiger, sodass der Vergleich das Erlöschen der Bürgschaft nach sich zieht, soweit der Gläubiger in dem Vergleich auf seine Forderung verzichtet (§§ 767 Abs. 1 S. 1, 397)[48].

4. Erlöschen

22 Die Schuld des Bürgen erlischt mit **Erfüllung** der gesicherten Hauptforderung einschließlich aller Nebenforderungen, z. B. auf Verzugszinsen, durch den Hauptschuldner oder durch den Bürgen (§§ 362, 765, 767 Abs. 1 S. 1)[49]. Leistet der Bürge, so muss er aber nach den §§ 241 Abs. 2 und 242 auf die Interessen des Schuldners in der gebotenen Weise **Rücksicht nehmen**. Er ist deshalb z. B. verpflichtet, die Berechtigung des Gläubigers sowie das Bestehen von Einwendungen des Schuldners zu prüfen. Ergibt die Prüfung, dass die Hauptforderung offenkundig verjährt ist, so darf er nicht an den Gläubiger zahlen, widrigenfalls er seinen Rückgriffsanspruch aus dem Innenverhältnis verwirkt[50].

23 Ein weiterer Erlöschensgrund ergibt sich aus **§ 776**. Nach dieser Vorschrift wird der Bürge frei, wenn der Gläubiger ein Vorzugsrecht, eine Hypothek, ein Pfandrecht oder das Recht gegen einen Mitbürgen aufgibt, freilich nur insoweit, als er aus dem fraglichen Recht nach § 774 hätte Ersatz verlangen können. Gleich steht der Fall, dass der Gläubiger eines der genannten Rechte, z. B. eine Grundschuld an einen Dritten abtritt[51]. Denn das Gesetz will durch die fragliche Regelung eine nachträgliche Verschlechterung der Position des Bürgen durch einseitige Maßnahmen des Gläubigers verhindern (o. Rn 19). Aus demselben Grund begründet § 776 nicht etwa eine bloße Einrede des Bürgen, sondern führt zum endgültigen **Erlöschen** der Bloggenschuld[52]. Wenn der Gläubiger das abgetretene Recht zurückerwirbt, lebt daher die Bürgschaft nicht etwa von selbst wieder auf, sondern muss, gegebenenfalls in der Form § 766, neu begründet werden – sofern der Bürge dazu noch bereit ist[53].

VI. Subsidiarität

24 Die Bürgschaft ist nach dem Gesetz (§ 771) nicht nur akzessorisch, sondern auch subsidiär. Damit wird zum Ausdruck gebracht, dass der Bürge grundsätzlich erst *hinter, nicht neben* dem *Hauptschuldner* (als Gesamtschuldner) haftet. Der Bürge hat deshalb so lange die **Einrede der Vorausklage**[54], wie der Gläubiger nicht vergeblich die

46 BGH, LM Nr 87 zu § 765 BGB = NJW 1993, S. 1917; BGHZ 182, S. 76 (80, Tz 14) = NJW-RR 2010, S. 975.
47 BGHZ 82, S. 323 (327 f) = NJW 1982, S. 875; BGHZ 153, S. 337 (340) = NJW 2003, S. 1250; BGHZ 182, S. 76 (80, Tz 14) = NJW-RR 2010, S. 975.
48 BGH, NJW 2003, S. 59 (60).
49 Z. B. BGH, NJW 2009, S. 1879 Tz 10.
50 BGHZ 95, S. 375 (385) = NJW 1986, S. 310; s. u. Rn 27 ff.
51 BGHZ 197, S. 335 (339, Tz 13 f) = NJW 2013, S. 2508.
52 BGHZ 197, S. 335 (340 f, Tz 16 f) = NJW 2013, S. 2508.
53 BGHZ 197, S. 335 (343 f, Tz 23 f) = NJW 2013, S. 2508.
54 D. h. der vorherigen „Ausklagung" des Schuldners.

Zwangsvollstreckung gegen den Hauptschuldner versucht hat (§§ 771, 772). Dasselbe gilt, wenn sich der Gläubiger auf Grund eines Pfandrechts oder eines sonstigen Sicherungsrechtes aus einer beweglichen Sache befriedigen kann (§ 772 Abs. 2; s. außerdem die §§ 773 Abs. 2 und 776).

In bestimmten Fällen ist die **Einrede** der Vorausklage **ausgeschlossen** (s. § 773 BGB sowie § 349 HGB). Der wichtigste Fall ist der Verzicht des Bürgen auf diese Einrede (§ 773 Abs. 1 Nr 1). Man spricht dann von einer **selbstschuldnerischen Bürgschaft**. Sie bildet heute aufgrund der Geschäftsbedingungen der Banken durchaus die Regel. Auch die selbstschuldnerische Bürgschaft bleibt aber eine Bürgschaft und damit akzessorisch[55]. Eine nichtakzessorische Bürgschaft (mit der Folge eine gesamtschuldnerischen Haftung der Beteiligten) gibt es nicht; es handelt sich dann vielmehr um eine Garantie oder um einen Schuldbeitritt (s. o. Rn 3, 5 f). **25**

VII. Verhältnis des Bürgen zum Hauptschuldner

1. Befreiungsanspruch

Die Bürgschaft wird durch einen Vertrag zwischen Gläubiger und Bürge begründet (o. Rn 8). Davon zu trennen ist das **Innenverhältnis** zwischen Bürge und Hauptschuldner, das unterschiedlich ausgestaltet sein kann. Meistens wird es sich um einen Auftrag oder um eine Geschäftsbesorgung handeln, wenn sich der Bürge auf eine Bitte des Hauptschuldners hin, entgeltlich oder unentgeltlich, verbürgt hat (§§ 662, 675 Abs. 1; s. o. Rn 8). Hat der Bürge den Vertrag mit dem Gläubiger dagegen ohne Absprache mit dem Hauptschuldner abgeschlossen, so wird im Innenverhältnis vielfach berechtigte Geschäftsführung ohne Auftrag vorliegen (§§ 677, 683 S. 1). Denkbar sind aber auch eine Schenkung (§§ 516 Abs. 1, 685 Abs. 1) oder eine Gefälligkeit[56]. **26**

Handelt es sich wie in der Regel um eine Geschäftsbesorgung oder Geschäftsführung (§§ 662, 675 Abs. 1 und 677), so muss Sorge dafür getragen werden, dass das dann anwendbare Auftragsrecht (§§ 662, 675 Abs. 1 und 677) nicht in Konflikt mit den Wertungen des Bürgschaftsrechts gerät. Der deshalb nötigen Anpassung des Auftragsrechts an Sinn und Zweck der Bürgschaft dient in erster Linie die Bestimmung des § 775, die dem **Befreiungsanspruch**, der sich an sich für den Bürger aus den §§ 670 und 257 ergibt, enge Grenzen zieht, weil durch einen unbegrenzten Befreiungsanspruch des Bürgen gegen den Schuldner von Anfang an die Wertungen des Bürgschaftsrechts auf den Kopf gestellt würden. Aus demselben Grund wird allgemein angenommen, dass für einen **Vorschussanspruch** des Bürgen aufgrund des § 669 neben § 775 gleichfalls kein Raum ist[57], während ein Befreiungsanspruch des Bürgen nach § 775 nur in Betracht kommt, wenn sich die Gefahr abzeichnet, dass wegen einer Verschlechterung der Vermögensverhältnisse des Schuldners der Rückgriffsanspruch des Bürgen (Rn 27 f) gefährdet ist. **26a**

55 BGHZ 76, S. 222 (226 f) = NJW 1980, S. 1460.
56 S. *St. Lorenz*, JuS 1999, S. 1145 (1147 f).
57 BGHZ 2140, S. 270 (274) = NJW 1999, S. 1182 (1184); MK/*Habersack*, § 775 Rn 1.

2. Rückgriffsanspruch

27 Wenn der Bürge den Gläubiger befriedigt, wird er idR bei dem Hauptschuldner Rückgriff nehmen wollen, außer wenn er die Bürgschaft schenkweise oder aus Gefälligkeit übernommen hat (§§ 516, 685; s. o. Rn 26). Das Gesetz eröffnet ihm dafür **zwei** verschiedene **Wege**. Der erste ergibt sich aus § 774 (u. Rn 28), der zweite im Regelfall aus dem Innenverhältnis (u. Rn 29).

28 Nach § 774 Abs. 1 S. 1 geht zunächst die **Forderung des Gläubigers** gegen den Hauptschuldner kraft Gesetzes auf den Bürgen über, *soweit* er den Gläubiger befriedigt. Mit der Forderung erwirbt der Bürge in diesem Fall zugleich etwaige Nebenrechte und akzessorische **Sicherheiten** des Gläubigers (§§ 412 und 401); sonstige Sicherungsrechte wie z. B. Sicherungseigentum sind analog § 401 ebenfalls vom Gläubiger auf den Bürgen zu übertragen[58]. Jedoch bleiben nach § 774 Abs. 1 S. 3 **Einwendungen** des Hauptschuldners **aus dem Innenverhältnis** unberührt, so dass sie *auch* der übergegangenen Hauptforderung entgegengesetzt werden können. Der Hauptschuldner kann daher gegebenenfalls sowohl gegenüber dem Aufwendungsersatzanspruch des Bürgen aus dem Innenverhältnis (Rn 29), als auch gegenüber der übergegangenen Hauptforderung einwenden, der Bürge habe von vornherein keinen Rückgriff bei ihm nehmen wollen (§§ 516, 685 Abs. 1; s. o. Rn 26).

29 Die zweite Rückgriffsmöglichkeit des Bürgen kann sich aus seinem **Innenverhältnis** zum Schuldner ergeben, sofern hier ein Auftrag, eine Geschäftsbesorgung oder eine Geschäftsführung vorliegt (s. §§ 670, 675 Abs. 1, 683 S. 1, 684 S. 1, 812 Abs. 1 S. 1 und 818 Abs. 2; s. o. Rn 26). Beide Forderungen des Bürgen stehen dann *selbstständig* nebeneinander. Für den Bürgen ist dies vor allem dann vorteilhaft, wenn die Verjährung der übergegangenen Hauptforderung (Rn 28) droht (§§ 412, 404), weil unabhängig davon die Verjährung des Rückgriffsanspruchs des Bürgen aus dem Innenverhältnis (§§ 670, 684) erst mit der Zahlung des Bürgen beginnt (§§ 195 und 199). Eine *Einschränkung* der Selbstständigkeit beider Rückgriffansprüche ergibt sich indessen aus § 774 Abs. 1 S. 3, nach dem Einwendungen aus dem Innenverhältnis unberührt bleiben und deshalb nicht nur dem Aufwendungsersatzanspruch aus dem Innenverhältnis, sondern auch der übergegangenen Hauptforderung entgegengesetzt werden können (s. Rn 26).

3. Wettlauf der Sicherungsgeber

30 Zusätzliche Probleme tauchen auf, wenn die Sicherheiten, die nach den §§ 774 Abs. 1, 412 und 401 mit der Hauptforderung auf den Bürgen übergehen, nicht vom Hauptschuldner, sondern **von** einem **Dritten** stammen, da für diesen Fall das Gesetz auch bei Befriedigung des Gläubigers durch den betreffenden Dritten vielfach genauso wie bei der Bürgschaft (s. Rn 28) einen Übergang der Forderung, und zwar jetzt zusammen mit der Bürgschaft, auf den Dritten anordnet (s. die §§ 1225, 1143 Abs. 1 [mit Verweisung auf § 774], 412 und 401). Wendete man diese Vorschriften wörtlich an, so hätte das die merkwürdige Folge, dass immer derjenige, der zufällig als erster den Gläubiger befriedigt, dann bei den anderen Mithaftenden aufgrund der auf ihn übergegangenen Sicherheiten Regress nehmen könnte. Das kann schwerlich richtig

58 BGHZ 92, S. 374 (378) = NJW 1985, S. 614; BGHZ 110, S. 41 (43 ff) = NJW 1990, S. 903.

sein (§ 242). Als Lösung kommt deshalb nur entweder ein genereller Vorrang des Bürgen entsprechend § 776[59] *oder* eine anteilige Mithaftung aller Personen in Betracht, die Sicherheiten gestellt haben, und zwar entsprechend den §§ 774 Abs. 2 und 426. In dieser lange umstrittenen Frage hat sich die Rechtsprechung mittlerweile für die *zweite* Lösung entschieden, d. h. für die **anteilige Mithaftung** sämtlicher Sicherungsgeber nach § 426, wobei sich die Anteile z. B. bei unterschiedlicher Höhe der Sicherheiten nach dem Verhältnis dieser Beträge zueinander richten[60].

VIII. Sonderformen

1. Mitbürgschaft

Von einer Mitbürgschaft spricht man, wenn sich *mehrere Personen* (nebeneinander) dem Gläubiger *gleichrangig* für *dieselbe* Schuld verbürgen. Sie haften dann mangels abweichender Vereinbarungen als **Gesamtschuldner** (§§ 427, 769), sodass sich der **Ausgleich** zwischen ihnen nach § 426 richtet (§ 774 Abs. 2). Grundsatz ist danach ein Ausgleich zwischen den Mitbürgern nach Köpfen; jedoch können die Beteiligten etwas anderes vereinbaren (§ 426 Abs. 1 S. 1). Auf den leistenden Mitbürgen geht infolgedessen die Forderung des Gläubigers gegen den *Hauptschuldner* in voller Höhe über (§ 774 Abs. 1 S. 1), während er dessen Forderungen gegen die übrigen *Mitbürgen* nur in der Höhe erwirbt, in der er von ihnen nach § 426 Ausgleich fordern kann. 31

Das Gesagte gilt auch bei bloßen Teilleistungen eines Mitbürgen, sodass in **Fall 16** der Bürge B in jedem Fall von dem Mitbürgen A Ausgleich in Höhe der Hälfte der von ihm erbrachten Leistungen fordern kann[61].

2. Zeitbürgschaft

Die Befristung einer Bürgschaft kann eine unterschiedliche Bedeutung haben. In Betracht kommt vor allem ein Verständnis der Befristung der Bürgschaft im Sinne einer zeitlichen oder einer gegenständlichen Begrenzung der Bürgenhaftung. **Gegenständliche Begrenzung** bedeutet, dass die Bürgschaft nur für diejenigen Verbindlichkeiten des Schuldners gelten soll, die innerhalb der fraglichen Frist fällig werden, nicht hingegen für später fällig werdende Verbindlichkeiten. § 777 gilt für eine derartige gegenständliche Begrenzung der Bürgschaft nicht. Der Anwendungsbereich des § 777 beschränkt sich vielmehr auf den Fall, dass die Befristung nach dem Willen der Parteien einen **zeitlichen Rahmen für die Geltendmachung** der Bürgschaft durch den Gläubiger abstecken soll (Rn 32a). 32

Für den Fall einer Befristung der *Geltendmachung* der Bürgschaft (Rn 32) enthält § 777 ergänzend eine eigenartige **Auslegungsregel**, durch die offenkundig der Gläubiger begünstigt werden soll. Auszugehen ist davon, dass die Bürgschaft an sich mit Ablauf der Frist für ihre Geltendmachung nach den §§ 163 und 158 Abs. 2 erlischt, 32a

59 So z. B. *Tiedtke*, ZIP 1990, S. 413 (426).

60 BGHZ 108, S. 179 (183 ff) = NJW 1989, S. 2530; BGH, NJW 2009, S. 437 Tz 13 ff; *Bayer/Wandt*, JuS 1987, S. 271; s. auch Rn 31.

61 BGHZ 23, S. 361 (353 f) = NJW 1957, S. 747; BGH, LM Nr 18 zu § 774 BGB = NJW 1986, S. 3131.

sofern der Gläubiger den Bürgen *nicht* bis zu dem vereinbarten Endtermin *in Anspruch genommen* hat[62]. Davon geht – nota bene – auch § 777 Abs. 1 S. 1 HS 1 aus. Die Vorschrift fügt jedoch zugunsten des Gläubigers einschränkend hinzu, dass (nur im Zweifel) etwas anderes gelten soll (die Bürgschaft also doch nicht erlischt), wenn der Gläubiger bei der **normalen** (d. h. nicht selbstschuldnerischen) **Zeitbürgschaft** noch *nach* Fristablauf unverzüglich gegen den Schuldner durch Klageerhebung und Zwangsvollstreckung im Rahmen des § 772 vorgeht; erst nach Abschluss dieses Verfahrens muss er dann dem Bürgen seine Inanspruchnahme anzeigen mit der Folge, dass sich jetzt die Haftung des Bürgen auf den Stand der Hauptforderung bei Abschluss des Verfahrens beschränkt, vorausgesetzt zudem, dass die Forderung bei Ablauf der Frist überhaupt schon fällig geworden war (§ 777 Abs. 2 Fall 1). Weitergehende Maßnahmen verlangt das Gesetz lediglich bei einer **selbstschuldnerischen Zeitbürgschaft** (o. Rn 25), bei der nach § 777 Abs. 1 S. 2 zur Wahrung der Rechte des Gläubigers zusätzlich eine **Anzeige** der Inanspruchnahme vor oder unmittelbar nach Fristablauf erforderlich ist[63]. Der Umfang der Bürgschaft richtet sich in diesem Fall nach dem Stand der Hauptverbindlichkeit bei Ablauf der vereinbarten Frist (§ 777 Abs. 2 Fall 2). Auf dem Boden der Vertragsfreiheit sind natürlich auch noch andere Varianten der Zeitbürgschaft möglich (§ 311 Abs. 1), z. B. die Verbindung einer gegenständlichen und einer zeitlichen Begrenzung der Bürgschaft zum Schutze des Bürgen.

3. Weitere Sonderformen

33 a) Der **Nachbürge** verbürgt sich dem Gläubiger gegenüber im Gegensatz zum Mitbürgen (o. Rn 31) nicht für die Hauptschuld, sondern für die Bürgenschuld des *Vorbürgen*. Die Folge ist, dass im Falle der Inanspruchnahme eines der verschiedenen Bürgen zwar nicht der Vorbürge bei dem Nachbürgen, wohl aber der Letztere bei dem Vorbürgen ebenso wie bei dem Schuldner in vollem Umfang *Regress* nehmen kann. Analog § 774 gehen deshalb die Hauptforderung *und* die Forderung des Gläubigers gegen den Vorbürgen auf ihn über[64].

34 b) Der **Rückbürge** verbürgt sich dem *Bürgen* gegenüber (also nicht gegenüber dem Gläubiger wie im Regelfall) für die Erfüllung des *Rückgriffsanspruchs* des *Bürgen* gegen den Hauptschuldner (o. Rn 27 ff). Die Entstehung der Rückbürgschaft setzt deshalb voraus, dass der Bürge überhaupt solchen Rückgriffsanspruch gegen den Hauptschuldner hat[65]. Befriedigt der Rückbürge den Bürgen, so erwirbt er nach § 774 den Ersatzanspruch des Bürgen gegen den Hauptschuldner und außerdem die Hauptforderung selbst.

35 c) Der **Ausfallbürge** übernimmt die Bürgschaft nur für den restlichen Betrag, den der Gläubiger weder durch sorgfältiges Vorgehen gegen den Schuldner noch durch die Verwertung anderer Sicherheiten zu erlangen vermag[66]. Bei ihm ist die Subsidiarität

62 S. BGH, LM Nr 9 zu § 777 BGB = NJW 1988, S. 908; NJW 2004, S. 2232; *Tiedtke*, ZIP 1990, S. 413 (421 f); *ders.*, NJW 2005, S. 2498 (2501 f).

63 S. BGHZ 76, S. 81 (83 ff) = NJW 1980, S. 830.

64 BGHZ 73, S. 94 (96) = NJW 1979, S. 415.

65 BGHZ 95, S. 375 (379 ff) = NJW 1986, S. 310.

66 BGH, LM Nr 68 zu § 765 BGB = WM 1989, S. 1855; ZIP 2012, S. 966.

der Bürgschaft gleichsam auf die Spitze getrieben, sodass seine Verpflichtung durch den Ausfall des Gläubigers bei dem Schuldner aufschiebend bedingt ist[67].

4. Bürgschaft auf erstes Anfordern

Als weitere Sonderform der Bürgschaft hat sich im Bankverkehr die Bürgschaft auf erstes Anfordern herausgebildet, bei der die Grenze zur Garantie (o. Rn 5) flüssig wird. Ihr Zweck ist es, dem Gläubiger eine **jederzeit liquide Sicherheit** zu verschaffen. Zu diesem Zweck wird hier vereinbart, dass der Bürge schon *auf die bloße Aufforderung* des Gläubigers hin zahlen muss, ohne dass er dem Gläubiger Einreden oder Einwendungen, sei es aus der Bürgschaft, sei es auf Grund der Hauptschuld, entgegensetzen darf[68]. Um die Zahlungspflicht des Bürgen auszulösen, genügt es mit anderen Worten bereits, dass der Gläubiger genau dasjenige erklärt, was in dem Vertrag als Voraussetzung der Bürgschaft festgelegt ist (sog. **formeller Bürgschaftsfall**)[69], sofern der Gläubiger nicht geradezu missbräuchlich handelt (Rn 38). Die Zahlung des Bürgen auf die Aufforderung des Gläubigers hin ist freilich *nur vorläufig*, sodass dem Bürgen die Möglichkeit bleibt, den gezahlten Betrag zu **kondizieren**, wenn die gesicherte Hauptforderung tatsächlich nicht bestand oder wenn ihr sonstige Einwendungen entgegenstanden (§§ 768, 812 Abs. 1 S. 1). In dem Rückforderungsprozess trägt dann der *Gläubiger* (und nicht etwa der Bürge) die **Beweislast** für den Bestand der gesicherten Hauptforderung[70]. **36**

Bürgschaften auf erstes Anfordern sind nach dem Gesagten (Rn 36) für den Bürgen ungemein **gefährlich**, weil hier immer die ernst zu nehmende Gefahr besteht, dass sich der Gläubiger mit der Geltendmachung der Bürgenforderung auf Kosten des Bürgen letztlich, und zwar notfalls auch ohne sachliche Berechtigung für längere Zeit Liquidität beschaffen will[71]. Deshalb ist anzunehmen, dass Bürgschaften auf erstes Anfordern nur durch Individualvereinbarung, dagegen nicht durch AGB und insbesondere nicht durch Banken-AG begründet werden können (§§ 305, 307, 138)[72]. Besonders kritisch ist die Situation des Bürgen, wenn der Gläubiger mittlerweile **insolvent** ist, sodass der Rückforderungsanspruch des Bürgen gegen ihn wertlos ist. Deshalb verwandelt sich in diesem Fall zum Schutze des Bürgen die Bürgschaft auf erstes Anfordern in eine gewöhnliche Bürgschaft[73]. **37**

Die Rechte des Gläubigers aus einer Bürgschaft auf erstes Anfordern finden ihre **Grenze** außerdem an dem für jedermann geltenden Verbot des Rechtsmissbrauchs (§ 242). Folglich endet die Zahlungspflicht des Bürgen, wenn die *fehlende Berechtigung* des Gläubigers *offenkundig* ist, wenn z. B. die Hauptforderung eindeutig verjährt ist; der Bürge kann (und muss dann sogar im Interesse des Hauptschuldners) die **38**

67 S. BGH, NJW 2002, S. 2869 (2870); *Hj. Weber*, Kreditsicherheiten, § 4 VI (S. 117 f).
68 BGHZ 94, S. 167 (170 f) = NJW 1985, S. 1829; BGH, NJW 2003, S. 2231.
69 S. BGH, LM Nr 137 zu § 765 BGB = NJW 1999, S. 2361 (2362); *St. Lorenz*, JuS 1999, S. 1145 (1151).
70 BGHZ 152, S. 246 (251) = NJW 2003, S. 352 (353); BGHZ 153, S. 311 (317) = NJW 2003, S. 1805; BGH, NJW 2003, S. 2231.
71 Dazu ausführlich *Oepen*. NJW 2009, S. 1110.
72 S. *Herresthal*, in: Eckpfeiler, Rn K 103; *St. Lorenz*, JuS 1999, S. 1145 (1151).
73 BGHZ 151, S. 236 (240 ff) = NJW 2002, S. 3170; BGH, NJW 2003, S. 2231.

Zahlung verweigern. Voraussetzung ist freilich, dass der Sachverhalt klar auf der Hand liegt und ohne weiteres beweisbar ist[74].

§ 15 Anerkenntnis und Vergleich

Fall 17: 1. Nach einem Zusammenstoß mit Rechtsanwalt B behauptete A, B trage die alleinige Schuld an dem Kfz-Unfall. Deshalb gab B noch an der Unfallstelle eine schriftliche Erklärung ab, in der er sich verpflichtete, dem A dessen Schaden zu ersetzen. Beide Parteien wollten damit vor allem eine polizeiliche Unfallaufnahme vermeiden. A verlangt jetzt von B Ersatz seiner Reparaturkosten in Höhe von € 10 000,–. B wendet ein, den A treffe ein erhebliches Mitverschulden an dem Unfall, sodass er nur € 7000,– verlangen könne.

2. A ist bei dem Unfall leicht verletzt worden. A und B einigen sich deshalb darauf, dass B freiwillig € 5000,– zahlt und A dafür auf alle zukünftigen Ersatzansprüche gegen B verzichtet. Später entwickelt sich die Verletzung des A wesentlich schlimmer, als zunächst vorauszusehen war, sodass er arbeitsunfähig wird. Kann er jetzt noch Ersatz von B verlangen? **Lösung Rn 3, 18**

I. Anerkenntnis

Literatur: *Baumann*, Das Schuldanerkenntnis, 1992; *Ehmann*, Schuldanerkenntnis und Vergleich, 2005; *Gernhuber*, Das Schuldverhältnis, 1989, § 18 (S. 430 ff); *Kübler*, Feststellung und Garantie, 1967; *Marburger*, Das kausale Schuldanerkenntnis als einseitiger Feststellungsvertrag, 1971; *Oetker/Maultzsch*, Vertagliche Schuldverhältnisse, § 15 (S. 797 ff).

1. Überblick

1 Zu den sichernden und bestärkenden Verträgen gehören aus dem BGB neben der Bürgschaft (dazu o. § 14) noch das Schuldversprechen (§ 780), das Schuldanerkenntnis (§ 781) und der Vergleich (§ 779; dazu u. Rn 11 ff). Ein **Schuldversprechen** ist nach § 780 S. 1 ein Vertrag, durch den eine Leistung in der Weise versprochen wird, dass *(allein)* das Versprechen die Verpflichtung „selbstständig", d. h. unabhängig von den sonstigen Beziehungen der Parteien (abstrakt), begründen soll, ein **Schuldanerkenntnis** nach § 781 S. 1 dagegen ein Vertrag, durch den das Bestehen eines Schuldverhältnisses (selbstständig) anerkannt wird. Schuldversprechen und Schuldanerkenntnis unterscheiden sich lediglich in der Formulierung, dagegen nicht in der Sache. Denn es läuft im Ergebnis auf dasselbe hinaus, ob jemand eine Leistung verspricht oder ob er anerkennt, zu einer Leistung verpflichtet zu sein. Für das selbstständige Schuldversprechen und Schuldanerkenntnis gibt das Gesetz in den §§ 780 bis 782 im Grunde nur **Formvorschriften** (u. Rn 9). Eine Regelung weiterer Einzelfragen findet sich an mehreren Stellen verstreut über das ganze Gesetz: Hervorzuhe-

74 S. BGHZ 147, S. 99 (102 f) = NJW 2001, S. 1857; s. dazu einerseits kritisch *Tiedtke*, ZIP 1990, S. 413 (422 f); andererseits *Weth*, AcP Bd 189 (1989), S. 303 (329 ff).

ben sind die §§ 518 Abs. 1 S. 2, 656 Abs. 2, 762 Abs. 2, 812 Abs. 2, 817 S. 2 HS 1 und 821 BGB sowie § 350 HGB.

2. Einfaches Anerkenntnis

Von dem in den §§ 780 bis 782 allein geregelten so genannten selbstständigen oder abstrakten Schuldversprechen und Schuldanerkenntnis werden üblicherweise das einfache und das deklaratorische Anerkenntnis unterschieden (zu dem Letzteren s. Rn 4 f). Ein einfaches Anerkenntnis liegt vor, wenn jemand (ohne Rechtsfolgewillen) bestätigt, aus einem bestimmten Grund zu einer Leistung verpflichtet zu sein. Dies ist eine bloße **Wissenserklärung**, der im Prozess „lediglich" die Bedeutung eines Beweisanzeichens mit der Folge einer **Umkehr der Beweislast** zukommt, sodass der Gegenbeweis möglich bleibt, dass die anerkannte Schuld tatsächlich nicht besteht[1]. Vor allem in dieser Umkehr der Beweislast liegt die (durchaus weit reichende) Bedeutung selbst einfacher Anerkenntnisse, die daher nicht leichthin, sondern nur aufgrund besonderer Umstände angenommen werden dürfen. Einfache Anerkenntnisse sind idR die Erklärung des Drittschuldners nach § 840 ZPO[2], das Anerkenntnis nach § 212 Abs. 1 Nr 1 sowie häufig (nicht immer) die unter dem Eindruck eines Unfalls erklärte Übernahme der Schuld an dem Unfall[3]. 2

In **Fall 17** verbietet sich die Annahme eines einfachen Anerkenntnisses schon deshalb, weil die Parteien mit ihm übereinstimmend den Zweck verfolgten, einen Rechtsstreit über den Umfang der Ersatzpflicht des B zu vermeiden. Die Erklärung des B, eines Rechtsanwaltes, kann daher nur in dem Sinne verstanden werden, dass ihm durch das Anerkenntnis etwaige *Einwendungen* gegen seine von beiden Parteien als möglich vorausgesetzte Ersatzpflicht *abgeschnitten* werden sollten. Folglich handelte es sich bei der Erklärung des B (zumindest) um ein deklaratorisches Anerkenntnis mit der Folge, dass B jetzt nicht mehr den Einwand mitwirkenden Verschuldens des A erheben kann[4]. 3

3. Deklaratorisches Anerkenntnis

Wenn zwischen den Parteien eines Schuldverhältnisses Streit über dessen Bestand oder Inhalt herrscht, können die Beteiligten darüber einen Vergleich schließen (s. u. Rn 11 ff); stattdessen kann aber auch eine Partei auf ihre Einwendungen verzichten und das Schuldverhältnis als mit einem bestimmten Inhalt gültig anerkennen. Dann liegt ein so genanntes deklaratorisches Anerkenntnis vor, auch kausales oder bestätigendes Anerkenntnis genannt, bei dem es sich der Sache nach um einen **vergleichsähnlichen Feststellungs- und Änderungsvertrag** handelt, durch den der Inhalt des Schuldverhältnisses durch die Einigung der Parteien über ihre Streitpunkte verbindlich festgelegt wird (§ 311 Abs. 1)[5]. Die Reichweite solcher Anerkenntnisse hängt al- 4

---

1 BGHZ 66, S. 250 (254 f, 259) = NJW 1976, S. 1259; BGH, NJW 2009, S. 580 Tz 9.

2 BGHZ 69, S. 328 (330 ff) = NJW 1978, S. 44.

3 BGH, LM Nr 13 zu § 781 BGB = NJW 1984, S. 799 = JuS 1984, S. 557 Nr 5; s. *Gernhuber*, Schuldverhältnis, § 18 IV 4 (S. 450 ff); *Lindacher*, JuS 1973, S. 79; *Michalski*, ZBB 1995, S. 260 (261 f).

4 S. u. Rn 4; ebenso KG, NJW 1971, S. 1219 = JuS 1971, S. 601 Nr 6.

5 BGH, LM Nr 30 zu § 781 BGB (Bl. 1 R f) = NJW 1999, S. 2889; NJW-RR 2007, S. 530 Tz 8; NJW 2008, S. 2425 (2426); 2009, S. 580 Tz 11; BAG, NJW 2011, S. 630 Tz 19; *Michalski*, ZBB 1995, S. 260 (262 ff).

lein davon ab, über welche Streitpunkte die Parteien sich tatsächlich einigen wollten und konnten. Im Regelfall wird es sich so verhalten, dass dem Schuldner durch sein Anerkenntnis (nur) diejenigen Einwendungen abgeschnitten werden, die er zur Zeit der Abgabe des Anerkenntnisses **kannte oder** mit denen er doch nach den Umständen **rechnen musste**, nicht dagegen ihm damals noch unbekannte Einwendungen[6].

5 Soweit hiernach das Anerkenntnis reicht, ist das Schuldverhältnis für die Zukunft dem Streit der Parteien entrückt und damit auf eine festere Basis als bisher gestellt. Wegen dieser weitreichenden Wirkung kann ein derartiges Anerkenntnis grundsätzlich nur angenommen werden, wenn die Parteien zu seiner Vereinbarung einen **besonderen Anlass** hatten, insbesondere, wenn zwischen ihnen tatsächlich Streit über einen oder mehrere Punkte bestand und sie mit dem Vertrag den Zweck verfolgten, diesen Streit beizulegen[7]. Deshalb handelt es sich z. B. um ein deklaratorisches Anerkenntnis, wenn Geschäftsführer oder Arbeitnehmer einer Gesellschaft, um Schadensersatzansprüche wegen Vertragsverletzungen oder strafbarer Handlungen abzuwehren, ihre Verpflichtung zur Deckung der entstandenen Verluste anerkennen[8], während die bloße Prüfung und Bezahlung einer Rechnung dafür nicht ausreichen[9].

6 Im Einzelfall kann das deklaratorische Anerkenntnis darüber hinaus auch eine mit der eines selbstständigen Anerkenntnisses (u. Rn 7 f) durchaus vergleichbare **(konstitutive) Wirkung** haben[10]. Dieser Fall tritt ein, wenn durch das Anerkenntnis eine „in Wirklichkeit" *nicht* oder nicht mehr *bestehende Schuld* erst selbstständig *begründet* wird, indem der Anerkennende auf **rechtshindernde** oder **rechtsvernichtende Einwendungen** „verzichtet"[11]. Auf dem Boden und im Rahmen der Vertragsfreiheit bestehen dagegen an sich keine Bedenken (§§ 311 Abs. 1, 780, str), – womit zugleich gesagt ist, dass – natürlich – die grundsätzliche Zulässigkeit deklaratorischer Anerkenntnisse den Parteien keinen Freibrief gibt, sich nach Belieben über eine auf den §§ 134 oder 138 beruhende **Nichtigkeit** des bestätigten Schuldverhältnisses hinwegzusetzen. Besteht der Nichtigkeitsgrund bei Abgabe des Anerkenntnisses fort, so erfasst er auch das Letztere[12]; denn es handelt sich ja immer noch um denselben, wenn auch geänderten Vertrag. Außerdem kann das Anerkenntnis selbst (als bloßer Änderungsvertrag) nichtig oder anfechtbar sein[13].

4. Selbstständiges Anerkenntnis

a) Begriff

7 Ein selbstständiges Schuldversprechen oder Schuldanerkenntnis liegt nach den §§ 780 S. 1 und 781 S. 1 vor, wenn durch den Vertrag die Verpflichtung des Schuld-

6 BGHZ 69, S. 328 (331) = NJW 1978, S. 44; BGH, LM Nr 17 zu § 780 BGB = NJW 1995, S. 3311 (3312); NJW 2008, S. 3425 (3426); WM 2008, S. 2270 (2271, Tz 11 f).
7 BGHZ 66, S. 250 (253 ff) = NJW 1976, S. 1259; BGH, LM Nr 26 zu § 781 BGB = NJW 1995, S. 960 (961); ZIP 2008, S. 2405 (2407, Tz 16); NJW 2009, S. 580 Tz 11.
8 BGH, NJW 2008, S. 1589 (1591, Tz 16 ff); BAG, NJW 2011, S. 630 Tz 19 f.
9 BGH, NJW-RR 2007, S. 530 f Tz 8 f; ZIP 2008, S. 2405 (2407, Tz 16); NJW 2009, S. 580 Tz 12.
10 Ebenso *Looschelders* II, Tz 1004; *Michalski,* ZBB 1995, S. 260 (262 ff).
11 BGH, LM Nr 25 zu § 781 BGB = NJW 1995, S. 961; BAG, NJW 2011, S. 630 Tz 20.
12 BGHZ 104, S. 18 (24) = NJW 1988, S. 1781 = JuS 1989, S. 60 Nr 6; BGH, NJW 2005, S. 2991 (2993); WM 2011, S. 2108 Tz 11 f.
13 BAG, NJW 2011, S. 630 Tz 29, 39 ff.

ners „selbstständig", d. h. unabhängig, losgelöst von den sonstigen Beziehungen der Parteien, in diesem Sinne **„abstrakt"** oder **konstitutiv**, begründet werden soll[14]. Dies sagt zwar ausdrücklich nur § 780 S. 1 für das Schuldversprechen, während in § 781 S. 1 der Zusatz „selbstständig" fehlt; aus dem unmittelbaren Zusammenhang der §§ 781 und 780 wird jedoch ebenso wie aus der Entstehungsgeschichte allgemein der Schluss gezogen, dass sich § 781 gleichfalls allein auf selbstständige oder abstrakte Schuldanerkenntnisse bezieht.

Die Zulässigkeit selbstständiger Schuldanerkenntnisse war im gemeinen Recht umstritten gewesen[15]. Durch die §§ 780 bis 782 wurde deshalb die Frage im positiven Sinne geklärt[16]. Heute versteht sich dies an sich von selbst (§ 311 Abs. 1). In der **Praxis** begegnen abstrakte Anerkenntnisse in erster Linie im Bankverkehr, insbesondere in Gestalt der Gutschrift auf einem Girokonto in Vollzug des Girovertrages mit der Bank nach § 675t[17], ferner in Gestalt des Saldoanerkenntnisses im Rahmen von Kontokorrentverhältnissen (§ 355 HGB) sowie als Grundlage von Grundpfandkrediten. Auch formnichtige eigene Wechsel enthalten durchweg z. B. zugleich ein wirksames selbstständiges Anerkenntnis (§ 140)[18]. 7a

Ein selbstständiges (abstraktes) Anerkenntnis erleichtert dem Gläubiger vor allem die Rechtsverfolgung, da er zur Begründung seiner Klage nur noch den Abschluss des Anerkenntnisvertrages zu beweisen braucht, während die Beweislast für etwaige Einwendungen aufgrund der §§ 812 Abs. 2 und 821 den Beklagten trifft[19]. Nur wenig überspitzt, kann man deshalb feststellen, dass sich im Rechtsstreit zwischen den Vertragsparteien die Wirkung des selbstständigen Anerkenntnisses in einer **Beweislastumkehr** zum Nachteil des Anerkennenden erschöpft[20]. Auch solche Beweislastumkehr kann freilich für den Anerkennenden ausgesprochen gefährlich sein. Deshalb darf ein selbstständiges Anerkenntnis grundsätzlich *nur* angenommen werden, wenn der Wille der Parteien *eindeutig* auf die Begründung einer neuen, selbstständigen Verbindlichkeit des Schuldners gerichtet ist. Es handelt sich dabei um eine häufig nur schwer zu beantwortende **Auslegungsfrage** (§§ 133, 157)[21]. *Gegen* die Annahme eines selbstständigen Anerkenntnisses spricht es vor allem, wenn in der Vertragsurkunde der Schuldgrund ausdrücklich genannt wird[22]. 8

b) Form

Die §§ 780 S. 1 und 781 S. 1 schreiben vor, dass das selbstständige Schuldversprechen und Schuldanerkenntnis von dem Verpflichteten schriftlich erteilt werden muss; 9

14 So z. B. BGH, NJW 2008, S. 1589 (1590, Tz 15).

15 S. grdl. *O. Bähr*, Die Anerkennung als Verpflichtungsgrund, 3. Aufl. (1894/1970).

16 Vgl *Medicus/Lorenz* II, Tz 1017: „Relikt der Rechtsgeschichte".

17 BGHZ 161, S. 273 (278 f) = NJW-RR 2005, S. 559; BGH, LM Nr 2 zu § 821 BGB = NJW 1991, S. 2140.

18 RGZ 48, S. 223 (229 ff); 136, S. 207 (210); OLG Hamm, ZIP 1982, S. 48.

19 S. insbesondere BGH, LM Nr 32 zu § 781 BGB (Bl. 2) = NJW 2000, S. 2501.

20 Ebenso ausdrücklich BGH, LM Nr 72a zu § 705 BGB = NJW-RR 1999, S 573; *Larenz/Canaris*, Schuldrecht II/2, § 61 I 1a/5a (S. 27, 30); *Looschelders* II, Tz 1001; *Medicus/Lorenz* II, Tz 1047; *Michalski*, ZBB 1995, S. 260 (264).

21 BGHZ 66, S. 250 (255 ff) = NJW 1976, S. 1259; BGHZ 161, S. 273 (279 f) = NJW-RR 2005, S. 559; BGH, NJW 2008, S. 1589 (1590, Tz 15); *Gernhuber*, Schuldverhältnis, § 18 III 3 (S. 445 ff).

22 BGH, LM Nr 38 zu § 157 (A) BGB (Bl. 1 R) = NJW 1999, S. 574; LM Nr 35 zu § 197 BGB (Bl. 2 R) = NJW 2002, S. 1791; dagegen z. B. *Medicus/Lorenz* II, Tz 1048.

eine Erteilung in elektronischer Form ist ausgeschlossen (§§ 780 S. 2, 781 S. 2). **„Schriftliche Erteilung"** des Schuldversprechens oder des Schuldanerkenntnisses bedeutet, dass zu der *Unterzeichnung* der Urkunde durch den Verpflichteten (§ 126) noch deren *Übergabe* an den anderen Teil hinzukommen muss[23], während die Annahme der Erklärung durch diesen formlos erfolgen kann. Die Schriftform ist nur **entbehrlich**, wenn das Schuldanerkenntnis auf Grund einer Abrechnung oder im Wege des Vergleichs erteilt wird **(§ 782)** oder wenn der Anerkennende Kaufmann ist und das Anerkenntnis auf seiner Seite ein Handelsgeschäft darstellt **(§ 350 HGB)**. Auf der anderen Seite haben **weitergehende Formvorschriften**, etwa aufgrund der §§ 311b oder 518, ihrerseits den Vorrang vor den §§ 780 und 781 (§§ 780 S. 1, 781 S. 3), sodass z. B. notarielle Beurkundung erforderlich ist, wenn das Anerkenntnis ohne Gegenleistung und damit schenkweise gegeben wird, etwa, weil der „anerkannte" Schuldgrund von den Parteien nur fingiert ist (§ 518 Abs. 1 S. 2)[24].

c) Abstrakte Verpflichtung

10 Schuldversprechen und Schuldanerkenntnis begründen die Verpflichtung des Schuldners „selbstständig" (§§ 780 S. 1 und 781 S. 1, Rn 7). Damit soll zum Ausdruck gebracht werden, dass beide in ihrer *Gültigkeit* von dem in aller Regel zugrundeliegenden Schuldverhältnis *unabhängig* sind, sodass der andere Teil eine Forderung selbst dann erwirbt, wenn ihm aus dem zugrundeliegenden Rechtsverhältnis, z. B. einem Kauf- oder Darlehensvertrag, tatsächlich gar keine Rechte zustehen (vgl § 364 Abs. 2). In diesem Sinne bezeichnet man Schuldversprechen und Schuldanerkenntnis auch als **„abstrakt"** oder **„konstitutiv"**[25].

10a Die vertragliche Anerkennung des Bestehens oder des Nichtbestehens eines Schuldverhältnisses gilt nach § 812 Abs. 2 als **Leistung**, sodass das Anerkenntnis **kondiziert** werden kann, wenn es nach den vertraglichen Beziehungen der Parteien letztlich grundlos gegeben wurde (s. außerdem die §§ 817 S. 2, 821 und dazu § 19 Rn 2). So verhält es sich insbesondere, wenn das Anerkenntnis zu Sicherungszwecken gegeben wurde (s Rn 8), die gesicherte Forderung indessen nicht bestand[26]. Dem Anspruch aus dem Anerkenntnis steht dann die **Einrede der ungerechtfertigten Bereicherung** nach § 821 entgegen, wofür freilich den Anerkennenden die Beweislast trifft[27]. Anders nur, wenn der Anerkennende seine mangelnde Verpflichtung positiv kannte (§ 814) oder wenn mit dem Anerkenntnis der Zweck verfolgt wurde, den Streit der Parteien über das zugrunde liegende Schuldverhältnis zu beseitigen, sodass es zugleich die Wirkung eines deklaratorischen Anerkenntnisses hat[28]. Die Wirkung des Anerkenntnisses entspricht dann der Sache nach derjenigen eines Vergleichs nach § 779[29].

---

23 Vgl § 766 und dazu o. § 14 Rn 10 ff.

24 BGH, NJW 1980, S. 1158; *Michalski*, ZBB 1995, S. 260 (265).

25 Z. B. BGH, NJW 2005, S. 2991 (2993); NJW 2008, S. 1589 (1590, Tz 15) sowie insbes. *Gernhuber*, Schuldverhältnis, § 18 I (S. 432 ff).

26 BGH, 72a zu § 705 BGB= NJW-RR 1999, S. 573; LM Nr 32 zu § 781 BGB = NJW 2000, S. 2501 (2502).

27 Rn 8; BGH, LM Nr 2 zu § 821 BGB = NJW 1991, S. 2140.

28 S. o. Rn 4 f; BGH, LM Nr 32 zu § 781 BGB (Bl. 2) = NJW 2000, S. 2501; *Michalski*, ZBB 1995, S. 260 (264 ff).

29 S. Rn 11 ff; ebenso BGH, LM Nr 32 zu § 781 BGB (Bl. 2) = NJW 2000, S. 2501.

II. Vergleich

Literatur: S. o. bei Rn 1 sowie *Bonin*, Der Prozessvergleich, 1957; *Bork*, Der Vergleich, 1988; *Ebel*, Berichtung, transactio und Vergleich, 1978; *Ehmann*, Schuldanerkenntnis und Vergleich, 2005; *H. Lehmann*, Der Prozessvergleich, 1911; *Oetker/Maultzsch*, Vertragliche Schuldverhältnisse, § 14 (S. 785 ff).

1. Begriff

Einen Streit über ein Rechtsverhältnis können die Beteiligten außer durch ein Anerkenntnis (o. Rn 4 ff) auch dadurch aus der Welt schaffen, dass *beide* (ein wenig) nachgeben. Schließen sie darüber einen Vertrag, so spricht man von einem Vergleich. § 779 Abs. 1 definiert dementsprechend den Vergleich als einen Vertrag, *durch* den der Streit oder die Ungewissheit der Parteien über ein Rechtsverhältnis im Wege gegenseitigen Nachgebens beseitigt wird. Eine praktisch bedeutsame Sonderform des Vergleichs stellt der **Prozessvergleich** dar, der auch prozessuale Wirkungen hat, da durch ihn die Rechtshängigkeit des Rechtsstreits beseitigt und ein Vollstreckungstitel geschaffen wird (§ 794 Abs. 1 Nr 1 ZPO). 11

Der Vergleich ist im Regelfall nichts anderes als ein **Änderungsvertrag iS des § 311 Abs. 1**, durch den die Parteien gemeinsam den Inhalt des Schuldverhältnisses oder eines sonstigen Rechtsverhältnisses feststellen. Besondere **Formvorschriften** bestehen nicht (s § 782). Anders verhält es sich nur mit dem Prozessvergleich (s. § 127a BGB iVm § 160 Abs. 3 Nr 1 ZPO) sowie dann, wenn eine Partei in dem Vergleich formbedürftige Verpflichtungen übernimmt (s. §§ 311b und 518). 12

2. Voraussetzungen

Die Annahme eines Vergleichs setzt nach § 779 Abs. 1 zunächst voraus, dass zwischen den Parteien überhaupt ein Streit oder eine Ungewissheit über ein Rechtsverhältnis besteht; ebenso zu behandeln ist nach § 779 Abs. 2 die Unsicherheit über die Verwirklichung eines Anspruchs. Die Parteien müssen außerdem über dieses Rechtsverhältnis verfügen können, sodass z. B. über den Bestand einer Ehe kein Vergleich möglich ist. Schließlich ist noch erforderlich, dass der Streit der Parteien über das Rechtsverhältnis gerade durch **gegenseitiges Nachgeben** beseitigt wird, wofür jedes noch so geringfügige Opfer einer Partei genügt. Nur wenn eine Partei überhaupt kein Opfer erbringt, scheidet die Annahme eines Vergleiches aus; vielmehr wird es sich dann bei dem Vertrag wohl entweder um ein deklaratorisches Anerkenntnis der anderen Partei (o. Rn 4 ff) oder um einen Erlassvertrag handeln (§ 367). 13

3. Wirkungen

Durch den Vergleich wird der Streit oder die Ungewissheit der Parteien über das Rechtsverhältnis im Wege der Änderung des Vertrags in dem von den von Parteien vereinbarten Sinn beseitigt. Dieser Punkt ist damit für die Zukunft dem Streit der Parteien entrückt und in diesem Sinne erledigt, sodass jetzt keine Partei mehr auf die „wirkliche“, genauer: auf die frühere Rechtslage zurückkommen kann, einfach deshalb, weil die Parteien diese gerade durch den Vergleich gemeinsam abgeändert haben (§§ 311 Abs. 1, 779 Abs. 1). 14

15 Der Vergleich ist im Regelfall kausal, sodass **Sicherheiten** für die bestätigte Schuld bestehen bleiben und die alten Verjährungsfristen fortgelten[30], eben weil durch den Vergleich der ursprüngliche Vertrag in aller Regel lediglich **abgeändert** und nicht etwa ersetzt wird (o. Rn 12, 14). Die beiderseitigen Ansprüche der Parteien ergeben sich folglich weiterhin aus dem ursprünglichen Vertrag, freilich in der Gestalt des Vergleichs; auch Einwendungen bleiben bestehen, sofern sich der Vergleich nicht auch auf sie erstreckt. Anders verhält es sich nur, wenn der Vergleich (ausnahmsweise) weitergehende, d. h. **novierende Kraft** hat (§ 311 Abs. 1); im Zweifel ist dies jedoch *nicht* anzunehmen[31].

4. Unwirksamkeit

16 Der Vergleich ist nach § 779 Abs. 1 unwirksam, wenn der nach seinem Inhalt als feststehend zugrundegelegte Sachverhalt der Wirklichkeit nicht entspricht *und* der Streit oder die Ungewissheit bei Kenntnis der Sachlage nicht entstanden wären. Mit dem dem Vergleich zugrunde gelegten **„Sachverhalt“** sind in § 779 Abs. 1 im Wesentlichen die von den Parteien für den Abschluss des Vergleichs gemeinsam als **maßgeblich angesehenen Tatsachen** („Sachverhalt“) gemeint, die für die Beteiligten nicht mehr ungewiss sind oder die von ihnen als wesentliche Voraussetzungen der Streitbeilegung angesehen werden; den Gegensatz bilden auf der einen Seite bloße *Rechtsfragen* und *Zukunftserwartungen* der Parteien, z. B. ihre Annahmen über die wirtschaftliche Entwicklung[32] oder über die Entwicklung von Gesetzgebung und Rechtsprechung[33], sowie auf der anderen Seite die streitigen und durch den Vergleich gerade *bereinigten Punkte*, sodass ein „Irrtum“ der Parteien über alle diese Punkte grundsätzlich unbeachtlich ist[34].

17 Ein **Rechtsirrtum** der Parteien gilt daher nur dann als erheblich, wenn er einen Irrtum über Tatsachen einschließt[35], wenn sich z. B. der Irrtum der Parteien über die Auslegung eines Vertrages oder den Bestand von Ansprüchen auf eine umfassende Wertung rechtlicher *und* tatsächlicher Umstände gründet[36]. Erledigen die Parteien etwa einen Streit über die Höhe des Rückzahlungsanspruchs einer Bank aus einem Darlehensvertrag durch einen Vergleich, so ist es daher ohne Einfluss auf die Wirksamkeit des Vergleichs, wenn sich der Darlehensnehmer (nur) über den *Rechtsgrund* seiner feststehenden Zahlungspflicht irrt, weil es sich dabei eben lediglich um einen (grundsätzlich unbeachtlichen) *Rechts*irrtum handelt[37]. Und wenn die Parteien gerade über die Echtheit der Unterschrift unter einer Urkunde streiten, so wird die Wirksamkeit eines Vergleichs, durch den dieser Streit beigelegt wird, durch den Irrtum einer Partei über die Echtheit der Unterschrift gleichfalls nicht berührt[38].

30 BGH, LM Nr 55 zu § 779 BGB = NJW-RR 1987, S. 1426.
31 BGH, NJW 2002, S. 1503; 2003, S. 3345 (3346; insoweit nicht in BGHZ 155, S. 199 abgedruckt).
32 RG, LZ 1926, Sp. 168.
33 RGZ 117, S. 306 (309 f); BGHZ 58, S. 355 (361 f) = NJW 1972, S. 1577.
34 BGHZ 155, S. 342 (353) = NJW 2003, S. 3193.
35 RGZ 112, S. 215 (218 f); BGH, LM Nr 2 zu § 339 HGB = WM 1967, S. 315 = JuS 1967, S. 378 Nr 4; NJW 2007, S. 838 Tz 10; NJW-RR 2008, S. 643 f Tz 14.
36 BGHZ 155, S. 342 (351 f) = NJW 2003, S. 3193 (3195); BGH, NZM 2004, S. 28 (29).
37 BGH, NJW RR 2008, S. 643 (644, Tz 15).
38 BGH, LM Nr 18 zu § 138 (Ca) BGB = NJW-RR 1989, S. 1143.

In **Fall 17** scheidet nach dem Gesagten (o. Rn 17) eine Unwirksamkeit des Abfindungsvergleichs aufgrund des § 779 Abs. 1 aus, da das Ausbleiben unvoraussehbarer Spätschäden gewiss nicht zu dem von beiden Parteien zugrundegelegten Sachverhalt gehörte. In derartigen Fällen kommt es vielmehr in erster Linie darauf an, ob die Parteien bei Abschluss des Vergleichs von bestimmten Vorstellungen über das Ausmaß der vorhandenen Schäden ausgegangen sind, sodass unvoraussehbare Spätschäden von dem Vergleich schon deshalb nicht erfasst werden sollten. Wenn jedoch der Vergleich nach dem Willen der Parteien derartige Spätschäden ebenfalls mit abgelten sollte, hat es dabei grundsätzlich sein Bewenden, da der Geschädigte damit das Risiko jetzt noch unvoraussehbarer Spätschäden übernommen hat. Nur in besonders krassen Fällen hilft die Rechtsprechung dem Verletzten hier doch noch mit dem Einwand der unzulässigen Rechtsausübung (§ 242)[39]. **18**

39 BGH, LM Nr 107 zu § 242 (Bb) BGB = NJW 1984, S. 115; LM Nr 135 zu § 242 (Bb) BGB = NJW 1991, S. 1535; OLG Koblenz, NJW 2004, S. 782; *Looschelders* II, Tz 994 (S. 311 f).

Teil V

Ungerechtfertigte Bereicherung

§ 16 Leistungskondiktion

Flugreise-Fall 18: Dem knapp achtzehnjährigen M war es gelungen, ohne Flugschein eine Linienmaschine der Lufthansa nach New York zu besteigen. Da ihm in den USA die Einreise verweigert wurde, obwohl er sofort nach bewährtem deutschen Muster „Asyl" in den USA beantragte hatte, beförderte ihn die Lufthansa noch am selben Tag nach Deutschland zurück. Kann die Lufthansa von M Bezahlung des Hinfluges verlangen? Von wem kann sie gegebenenfalls Ersatz der Rückflugkosten fordern? **Lösung u. Rn 5 Fn 10, Rn 10 Fn 16 und u. § 19 Rn 12**

Literatur: *Weitnauer/Schlechtriem/Lorenz/Hager*, Ungerechtfertigte Bereicherung, Grundlagen, Tendenzen, Perspektiven, 1984; *v. Caemmerer*, Bereicherung und unerlaubte Handlung, in: Festschrift f. Rabel Bd. I, 1954, S. 333; *Canaris*, Der Bereicherungsausgleich im Dreipersonenverhältnis, in: 1. Festschrift f. Larenz, 1973, S. 779; *Ebert*, Bereicherungsausgleich im Wettbewerbs- und Immaterialgüterrecht, 2001; *Flume*, Die ungerechtfertigte Bereicherung, in: Festgabe 50 Jahre BGH Bd. I, 2000, S. 525; *P. Gödicke*, Bereicherungsrecht und Dogmatik, 2002; *Henke*, Die Leistung, 1991; *Joerges*, Bereicherungsrecht als Wirtschaftsrecht, 1977 (= Die AG 1976, S. 281 u. 315); *J. Kohler*, Die gestörte Rückabwicklung gescheiterter Austauschverträge, 1989; *D. König*, Ungerechtfertigte Bereicherung, 1985; *Koppensteiner/Kramer*, Ungerechtfertigte Bereicherung, 2. Aufl. (1988); *Kötter*, Zur Rechtsnatur der Leistungskondiktion, AcP 153 (1954), S. 193; *Krawielicki*, Grundlagen des Bereicherungsrechts, 1936; *Kupisch*, Gesetzespositivismus im Bereicherungsrecht, 1978; *Loewenheim*, Bereicherungsrecht, 2. Aufl. (1997); *Martinek*, Ungerechtfertigte Bereicherung, in: Eckpfeiler des Zivilrechts, 2012, Rn S. 9 ff (S. 1186 ff); *R. v. Mayr*, Der Bereicherungsanspruch des deutschen bürgerlichen Rechts, 1903; *R. Mazza*, Kausale Schuldverträge: Rechtsgrund und Kondizierbarkeit, 2002; *Reeb*, Grundprobleme des Bereicherungsrechts, 1975; *D. Reuter/M. Martinek*, Ungerechtfertigte Bereicherung, 1983; *Fr. Schäfer*, Das Bereicherungsrecht in Europa, 2001; *Schlechtriem*, Restitution und Bereicherungsausgleich in Europa, 2 Bde, 2000 und 2001; *Staake*, Gesetzliche Schuldverhältnisse, 2014, § 2 ff; *Thomale*. Leistung als Freiheit, 2012; *Wandt*, Gesetzliche Schuldverhältnisse, 6. Aufl. (2014), §§ 9 ff; *Wieling*, Bereicherungsrecht, 4. Aufl. (2007); *J. Wilhelm*, Rechtsverletzung und Vermögensentscheidung als Grundlagen und Grenzen des Anspruchs aus ungerechtfertigter Bereicherung, 1973; *Wilburg*, Die Lehre von der ungerechtfertigten Bereicherung nach österreichischem und deutschem Recht, Graz 1934; *J. Wolf*, Der Stand der Bereicherungslehre und ihre Neubegründung, 1980; *Zimmermann*, Grundstrukturen eines europäischen Bereicherungsrechts, 2005.

I. Überblick, Geschichte

1 In den §§ 812 bis 822 regelt das BGB das gesetzliche Schuldverhältnis der ungerechtfertigten Bereicherung. Das Gesetz benennt hier zunächst in § 812 Abs. 1 S. 1 mit der condictio indebiti (als Hauptfall der Leistungskondiktion) und der Bereicherung in sonstiger Weise die beiden Grundformen der ungerechtfertigten Bereicherung. Hierauf baut sodann die Regelung der einzelnen Kondiktionsformen auf. Weitere Erschei-

nungsformen der Leistungskondiktion sind danach die Bereicherungsansprüche wegen nachträglichen Wegfalls des Rechtsgrundes und wegen Zweckverfehlung (§ 812 Abs. 1 S. 2)[1] sowie wegen gesetz- oder sittenwidrigen Empfangs (§ 817 S. 1)[2]. Auch § 813 gehört in diesen Zusammenhang, während die §§ 814, 815 und 817 S. 2 mehrere Fälle regeln, in denen die verschiedenen Leistungskondiktionen aus besonderen Gründen ausgeschlossen sind (sog. Kondiktionssperren). Sonderformen der Bereicherung in sonstiger Weise finden sich dagegen in den §§ 816 und 822.

Die **Rechtsfolgen** beurteilen sich dann wieder für alle genannten Fälle einheitlich 2
nach den §§ 818 bis 820. Die Herausgabepflicht des Bereicherungsschuldners beschränkt sich danach grundsätzlich auf das, was er jeweils von dem grundlos Erlangten noch hat (§ 818 Abs. 1–3); nur unter zusätzlichen Voraussetzungen ist seine Haftung verschärft (§§ 818 Abs. 4, 819 und 820).

Die heutige Bereicherungslehre geht in ihrem Kern auf **Fr. C. v. Savigny** zurück, 3
dessen Versuch, die zahlreichen überlieferten Kondiktionsformen des römischen und des gemeinen Rechts auf eine feste dogmatische Basis zu stellen, den denkbar größten Einfluss auf die weitere Entwicklung des Bereicherungsrechts in Deutschland hatte[3]. Im Anschluss an Savigny waren die **Verfasser des BGB** gleichfalls vor allem darum bemüht, die verschiedenen Bereicherungsansprüche nach Möglichkeit auf **einen Grundtatbestand** zurückzuführen (§ 812 Abs. 1 S. 1), neben dem sich deshalb nur noch wenige Sonderfälle im Gesetz finden[4].

Dieser sogenannten alten **Einheitslehre** (oder auch Einheitstheorie) folgten zunächst 4
überwiegend Literatur und Rechtsprechung[5], bis 1934 *Wilburg*[6] und sodann zwanzig Jahre später *v. Caemmerer*[7] die großen Unterschiede zwischen der Bereicherung durch Leistung und der in sonstiger Weise herausarbeiteten. Im Anschluss an ihre Untersuchungen setzte sich schnell die Auffassung durch, dass das Gesetz in § 812 Abs. 1 tatsächlich **zwei verschiedene Fälle** mit unterschiedlichen Funktionen regelt, für die sich die Bezeichnungen Leistungskondiktion und Bereicherung in sonstiger Weise oder (pars pro toto) Eingriffskondiktion eingebürgert haben (sog. **Trennungslehre**).

Neuerdings trifft die Trennungslehre wieder auf zunehmende Kritik (sog. **neue Ein-** 5
heitslehre). Sämtliche neuen Einheitsformeln leiden freilich unter dem Nachteil, auf einem derart hohen Abstraktionsniveau angesiedelt zu sein, dass ihre praktische Brauchbarkeit zweifelhaft erscheint. Jedenfalls für Darstellungszwecke empfiehlt es sich unter diesen Umständen weiterhin, an der **Trennung** zwischen der Leistungs- und der Eingriffskondiktion als den beiden Grundformen der Bereicherung **festzuhalten**[8].

---

1 Sog. condictiones ob causam finitam und ob rem.

2 Sog. condictio ob turpem vel iniustam causam.

3 System des heutigen Römischen Rechts Bd. V, 1841, S. 523 ff; s. dazu ausführlich *Fr. Schäfer*, Bereicherungsrecht, S. 84, 176 ff.

4 S. im Einzelnen *Fr. Schäfer*, Bereicherungsrecht, S. 279 ff; *Wieling*, Bereicherungsrecht, S. 2 ff.

5 Vgl insbes. *Krawielicki*, Grundzüge; *R. v. Mayr*, Bereicherungsanspruch.

6 Die Lehre von der ungerechtfertigten Bereicherung; s. dazu zuletzt *Fr. Schäfer*, Bereicherungsrecht, S. 366 ff.

7 In: Festschrift f. Rabel Bd. I, 1954, S. 333.

8 Ebenso *Larenz/Canaris*, Schuldrecht II/2, § 67 I 2 (S. 129 ff); *Loewenheim*, Bereicherungsrecht, S. 14; *Looschelders* II, Tz 1012 f; *Medicus/Lorenz* II, Tz 1124; *Schlechtriem*, Schuldrecht, Tz 718 f; *Staake*, Gesetzliche Schuldverhältnisse, § 2 Rn 4; *Wandt*, Gesetzliche Schuldverhältnisse, § 9 Rn 6; *Wieling*, Bereicherungsrecht, S. 2 ff.

II. Condictio indebiti

1. Zweck

6 Es herrscht im Wesentlichen Übereinstimmung darüber, dass die Hauptaufgabe der Leistungskondiktion in der **Rückabwicklung fehlgeschlagener Leistungsverhältnisse** besteht. Daher ihre große praktische Bedeutung im deutschen Recht, in dem sie wegen des für das deutsche Recht kennzeichnenden Abstraktionsprinzips (s. o. § 1 Rn 14 f) weithin die Aufgaben übernehmen muss, die in anderen Rechtsordnungen, die dem Konsensprinzip folgen, der Vindikation zufallen. Paradigma ist die Abwicklung eines fehlgeschlagenen Kaufvertrages nach Leistung seitens des Verkäufers: Während dafür in Deutschland grundsätzlich nur die Leistungskondiktion zur Verfügung steht, kann der Verkäufer in anderen Rechtsordnungen vindizieren (§ 985).

7 Das BGB kennt, streng genommen, keinen einheitlichen Grundtatbestand der Leistungskondiktion, da es im Anschluss an römisch-rechtliche Vorbilder in den §§ 812 Abs. 1, 813 und 817 S. 1 lediglich **vier verschiedene Erscheinungsformen** der Leistungskondiktion geregelt hat. Die Unterscheidung dieser Kondiktionsformen hat indessen im Wesentlichen nur Bedeutung für die Ausschlusstatbestände (s. §§ 814, 815, 817 S. 2) sowie für die Haftungsverschärfung (s. §§ 819 Abs. 2, 820), sodass es durchaus vertretbar ist, im Folgenden zunächst allein die **condictio indebiti** des § 812 Abs. 1 S. 1 Fall 1 zu erörtern, die heute geradezu die Rolle der **Grundform** der verschiedenen Leistungskondiktionen übernommen hat.

8 Die condictio indebiti setzt nach § 812 Abs. 1 S. 1 voraus, dass jemand durch die Leistung eines anderen etwas (auf dessen Kosten) ohne rechtlichen Grund erlangt hat. Daraus ergeben sich die wichtigsten **Tatbestandsmerkmale** der Leistungskondiktion: Sie setzt erstens voraus, dass jemand etwas, d. h. einen bestimmten Gegenstand (im weitesten Sinne) erlangt hat und dadurch (noch) bereichert ist (u. Rn 9). Diese Bereicherung muss zweitens auf der Leistung eines anderen beruhen (u. Rn 12). Schließlich ist noch (drittens) erforderlich, dass die Leistung ohne rechtlichen Grund erfolgte (u. Rn 17). Dagegen spielt das Merkmal „auf dessen Kosten" nach überwiegender Meinung bei der Leistungskondiktion keine Rolle, sodass es vorerst vernachlässigt werden kann (s. u. § 17 Rn 12 ff).

2. Gegenstand

9 Die Leistungskondiktion soll entsprechend ihrem Zweck (o. Rn 6) nicht einen Schaden des Leistenden ausgleichen (das ist in erster Linie Aufgabe des Deliktsrechts), sondern eine nach der „schuldrechtlichen Unterlage" grundlose Vermögensvermehrung des Bereicherten rückgängig machen. Als Gegenstand der Leistungskondiktion kommt daher **alles** in Betracht, **was** überhaupt im geschäftlichen Verkehr **geleistet werden kann**[9]. Das Gesetz bringt dies durch den ganz allgemeinen Begriff „etwas" in § 812 Abs. 1 S. 1 zum Ausdruck. § 812 Abs. 2 fügt noch hinzu, dass Gegenstand der Leistungskondiktion auch die durch Vertrag erfolgte Anerkennung des Bestehens oder des Nichtbestehens eines Schuldverhältnisses sein kann. Gemeint ist damit in

9 BGH, LM Nr 242 zu § 812 BGB = NJW 1995, S. 53 (54).

erster Linie das selbstständige oder abstrakte **Schuldanerkenntnis** des § 781 (s. o. § 15 Rn 10).

Beispiele für Leistungs- und damit auch für Bereicherungsgegenstände sind das Eigentum und der Besitz an Sachen, die Inhaberschaft von Rechten, die Befreiung von Verbindlichkeiten, Dienstleistungen und Verwendungen sowie die Möglichkeit zum Gebrauch oder zur Nutzung von Sachen und Rechten einschließlich der Immaterialgüterrechte. Das ist nach heute h.M. **gegenständlich** zu verstehen, sodass es nicht darauf ankommt, ob der geleistete Gegenstand für den Leistungsempfänger überhaupt einen Vermögenswert hat[10]. Mögliche Leistungsgegenständ sind aus diesem Grund z. B. auch private Briefe (ohne jeden Wert für Dritte) oder auch der bloße *Besitz* an einer Sache, selbst wenn man annimmt, dass dem Besitz allein kein Vermögenswert zukommt, dieser vielmehr ausschließlich mit dem Eigentum an der Sache verbunden ist[11]. **10**

Der Fragenkreis ist vielfältig umstritten. Die Problematik lässt sich am besten an dem Beispiel der Kondiktion von **Nutzungsmöglichkeiten** weiter verdeutlichen[12]. Ist Gegenstand des Vertrags – wie etwa bei einem Miet- oder Pachtvertrag – die Möglichkeit zur Nutzung von Sachen oder Rechten, so ist – bei Fehlen eines Rechtgrundes – nach der vorherrschenden gegenständlichen Betrachtung des Bereicherungsgegenstandes (Rn 10) eben diese Nutzungs*möglichkeit* herauszugeben (§ 812 Abs. 1 S. 1), sodass, da hier eine Herausgabe in Natur ausscheidet, ein **Wertersatz** zu leisten ist (§ 818 Abs. 2), wobei der Wert solcher Leistungen gewöhnlich mit dem Preis gleichgesetzt wird, zu dem sie auf dem Markt zu haben sind[13]. Hält man dagegen daran fest, dass die Leistungskondition stets eine *Vermögensmehrung* bei dem Leistungsempfänger voraussetzt, so kommen in den genannten Fällen als Gegenstand des Bereicherungsanspruchs allein die von dem Leistungsempfänger *tatsächlich* gezogenen Nutzungen in Betracht, wie die Rechtsprechung meistens annimmt[14]. Das ist wenig befriedigend, weil die Entscheidung dann von reinen, zudem nur schwer nachzuweisenden Zufälligkeiten abhängt. Eine streng gegenständliche Betrachtung des Leistungsgegenstandes ist deshalb bei der Leistungskondition durchaus vorzugswürdig (§ 19 Rn 3 ff). **11**

3. Leistung

Die Vermögensvermehrung des Bereicherten, d. h. die Erlangung eines „etwas" (o. Rn 9 f), muss nach § 812 Abs. 1 S. 1 durch „Leistung" erfolgt sein, wenn die Leistungskondiktion eingreifen soll. Die Leistung stellt daher das **zentrale Tatbestandsmerkmal** der Leistungskondiktion dar. **12**

Unter einer Leistung wurde früher meistens ganz allgemein jede bewusste Vermehrung fremden Vermögens verstanden[15]. Dieser sogenannte natürliche Leistungsbegriff ist erst nach dem letzten Krieg weitgehend durch den „modernen" oder finalen **13**

---

10 *Staake*, Gesetzliche Schuldverhältnisse, § 3 Rn 4 ff; *Wandt*, Gesetzliche Schuldverhältnisse, § 10 Rn 4 ff; anders aber BGH, NJW 2013, S. 2021 Tz 27 m. Nachw.

11 So BGH, NJW 2014, S. 1095; kritisch dazu *Fervers*, NJW 2014, S. 1097.

12 S. u. § 19 Rn 5 sowie z. B. *Fervers/Gsell*, NJW 2013, S. 3607.

13 S. u. § 19 Rn 9 f sowie insbesondere unseren **Flugreise-Fall 19** und dazu BGHZ 55, S. 128 (130 ff) = NJW 1971, S. 609 = JuS 1971, S. 316 Nr 2.

14 Grdl. BGHZ 196, S. 285 (293 ff, Tz 26 ff) = NJW 2013, S. 2021 m. Nachw.

15 S. insbes. *R. v. Mayr*, Bereicherungsanspruch; ebenso heute *Kupisch*, JZ 1985, S. 163 (168 f).

Leistungsbegriff verdrängt worden, nach dem eine Leistung iS des Bereicherungsrechts (nur) im einer **bewussten und zweckgerichteten Vermehrung fremden Vermögens** zu sehen ist[16]. Man versprach sich von dieser Präzisierung des Begriffs vor allem Erleichterungen bei der Lösung der vielfältigen Probleme, die mit der Bestimmung der Rechtsgrundlosigkeit der Leistung (u. Rn 18 ff) oder mit dem Bereicherungsausgleich in Mehrpersonenverhältnissen verbunden sind (s. u. § 18).

14 Der moderne Leistungsbegriff beruht letztlich auf der Überlegung, dass von einer Leistung iS des Gesetzes nur die Rede sein kann, wenn die Vermehrung des fremden Vermögens (durch die Erlangung eines etwas) **bewusst** erfolgt und dem **Willen** des Leistenden entspricht, weil es allein unter dieser Voraussetzung möglich ist, die jeweilige Güter- oder Wertbewegung, die sogenannte **Zuwendung** (im Gegensatz zur Leistung im engeren Sinne), **in Beziehung zu** einem bestimmten **Kausalverhältnis zu setzen**, wie es § 812 Abs. 1 verlangt, damit beurteilt werden kann, zwischen welchen Personen die Leistung vorgenommen wurde *und* ob sie in dieser Beziehung mit Rechtsgrund erfolgt ist oder nicht (s. u. Rn 19). Geschieht die Vermehrung fremden Vermögens **ohne** oder gegen den **Willen** des Entreicherten, unbewusst, durch dritte Personen oder sogar ganz ohne menschliches Zutun, wie es in Ausnahmefällen vorstellbar ist[17], so kann sie nach dieser Auffassung nicht mit einem bestimmten Kausalverhältnis verknüpft werden mit der Folge, dass es sich dann nur noch fragen kann, ob eine Bereicherung in sonstiger Weise vorliegt.

15 Der „moderne" Leistungsbegriff ist in den letzten Jahren auf vielfältige **Kritik** gestoßen[18]. Der Hauptvorwurf geht dahin, seine Anhänger huldigten einer extremen Begriffsjurisprudenz, indem sie versuchten, die Lösung der meisten Probleme der Leistungskondiktion aus ihrer Definition des Leistungsbegriffs abzuleiten. Für alle legitimen Zwecke, die sinnvollerweise mit dem Leistungsbegriff verfolgt werden, reiche es vielmehr aus, entsprechend dem natürlichen Leistungsbegriff (o. Rn 13) den Anwendungsbereich der Leistungskondiktion auf die bewusste Vermehrung fremden Vermögens zu beschränken.

16 Richtig daran ist, dass dem „modernen" Leistungsbegriff (natürlich) nur die Lösung derjenigen Fallgestaltungen entnommen werden kann, die man bei seiner Konzipierung seinerzeit im Auge hatte. Genau dies trifft aber nach wie vor für eine Vielzahl problematischer Fälle zu, sodass es unbedenklich ist, bei der Prüfung der häufig schwierigen Frage, ob und zwischen welchen Personen und auf welcher Grundlage Leistungsbeziehungen bestehen, grundsätzlich weiterhin bei dem modernen Leistungsbegriff einzusetzen[19].

---

16 BGHZ 40, S. 272 (277) = NJW 1964, S. 399 = JuS 1964, S. 248 Nr 5; BGHZ 48, S. 70 (73) = NJW 1967, S. 1905 = JuS 1967, S. 475 Nr 6; BGHZ 162, S. 157 (160) = NJW 2005, S. 1356; BGH, NJW 2013, S. 2519 Tz 11; *Kötter*, AcP Bd 153 (1954), S. 193; *Wandt*, Gesetzliche Schuldverhältnisse, § 10 Rn 9 ff.

17 Beispiele: Die Kühe des A grasen ganz ohne dessen Zutun die saftigen Weiden des erbosten B ab; bei einem Hochwasser wird ein Stück Land von dem Grundstück des B abgerissen und an das des hocherfreuten A angeschwemmt (s. dazu u. § 17 Rn 20).

18 Vgl insbes. *Canaris*, in: 1. Festschrift f. Larenz, S. 779; *Harder*, JuS 1979, S. 76; *Kupisch*, Gesetzespositivismus; *J. Wilhelm*, JuS 1973, S. 1; s. dazu auch die Schilderung bei *Kamionka*, JuS 1992, S. 849.

19 Ebenso *Looschelders* II, Tz 1026 f; *Medicus/Lorenz* II, Tz 1126 ff; *Staake*, Gesetzliche Schuldverhältnisse, § 3 Rn 34 f.

4. Rechtsgrund

Eine Leistung (o. Rn 12 ff) kann nach § 812 Abs. 1 S. 1 und S. 2 Fall 1 nur kondiziert werden, wenn sie „ohne rechtlichen Grund“ erfolgt ist, d. h. wenn der Rechtsgrund der Leistung von Anfang an fehlte oder doch später weggefallen ist (Rn 27). Mit dem „Grund“ der Leistung meint das Gesetz in § 812 Abs. 1 S. 1 und 2 den **Zweck**, zu dem die Leistung nach dem Willen des Leistenden vorgenommen wird. Die somit zentrale **Zweckbestimmung** der Leistung hat nach h.M. rechtsgeschäftlichen Charakter[20]. Für die Leistungskondiktion ist somit nur Raum, wenn der von dem Leistenden rechtsgeschäftlich und damit verbindlich festgelegte Zweck nicht erreicht wurde *und* die Verfehlung des fraglichen Zwecks von der Rechtsordnung außerdem als relevant anerkannt ist (§ 812 Abs. 1 S. 1 und 2). Um diesen Zusammenhang zu verstehen, muss man sich vor allem vergegenwärtigen, dass Menschen mit einer Leistung ganz *unterschiedliche* Zwecke verfolgen können. Sie reichen beispielshalber von der Erfüllung einer Verbindlichkeit bis hin zu dem Zweck, einem anderen zu imponieren. 17

Aus Gründen der Rechtssicherheit ist es jedoch ausgeschlossen, bei der Verfehlung jedes beliebigen denkbaren Zwecks dem Leistenden einen Bereicherungsanspruch gegen den Empfänger zuzubilligen. Deshalb werden von der Rechtsordnung im Rahmen der §§ 812 ff **nur** ganz **wenige Zwecke** tatsächlich als **relevant** anerkannt, sodass bei ihrer Verfehlung eine Kondiktion in Betracht kommt[21]. Der wichtigste ist die **Erfüllung einer bestehenden Verbindlichkeit**, einfach deshalb, weil in der Mehrzahl der Fälle eine Leistung erbracht wird, um eine (angenommene) Schuld zu erfüllen (sog. Leistung **solvendi causa**). Solche Leistung ist folglich rechtsgrundlos, wenn die vermeintlich erfüllte Verbindlichkeit tatsächlich nicht oder nicht mehr besteht. 17a

Die Vorschrift des § 812 Abs. 1 S. 2 Fall 2 zeigt aber, dass die Rechtsordnung noch eine **Reihe weiterer Leistungszwecke** als bereicherungsrechtlich relevant anerkennt. Denn danach kann mit einer Leistung auch der Zweck verfolgt werden, den Empfänger der Leistung zu einem Tun zu veranlassen, zu dem er rechtlich an sich nicht verpflichtet ist (sogenannte Leistung **ob rem**, s. dazu u. Rn 28 ff). Eine Anwendung des § 812 Abs. 1 S. 1 kommt ferner in Betracht, wenn mit einer Leistung der Zweck verfolgt wird, durch sie überhaupt erst einen Rechtsgrund für die mit der Leistung bewirkte Vermögensvermehrung bei dem Empfänger zu schaffen; Beispiele sind die Fälle der Handverträge und der Geschäftsführung ohne Auftrag (sowie früher auch noch die der Realverträge). Man spricht dann von Leistungen **donandi, credendi und obligandi causa**. Lehnt der Empfänger die ihm schenkweise zugedachte Leistung ab, so kann sie folglich – als nunmehr ohne Rechtsgrund erfolgt – kondiziert werden (§§ 516, 518 und 812 Abs. 1 S. 1). 18

Rechtsgrund einer Leistung ist somit der vom Leistenden festgelegte Zweck der Leistung, sofern von der Rechtsordnung als relevant anerkannt. Der Begriff des Zwecks kann dabei subjektiv oder objektiv verstanden werden; dementsprechend unterscheidet man eine objektive und eine subjektive **Rechtsgrundlehre**. Vorherrschend ist die 19

20 Das ist wichtig wegen der schwierigen Abgrenzung der allgemeinen Leistungskondiktion von der so genannten condictio ob rem, s. u. Rn. 28 ff sowie z. B. *Staake*, Gesetzliche Schuldverhältnisse, § 10 Rn 15 f; *Wandt*, Gesetzliche Schuldverhältnisse, § 3 Rn 25 ff.

21 S. *Medicus/Lorenz* II, Tz 1132 ff; *Loewenheim*, Bereicherungsrecht, S. 25 f; *Wieling*, Bereicherungsrecht, § 3 I 2.

subjektive Lehre[22]. Nach ihr verfolgt jeder vernünftige Mensch mit der bewussten Vermehrung eines fremden Vermögens durch eine Leistung einen bestimmten Zweck. Genau aus diesem Grund spricht man auch von der „Zweckgerichtetheit" einer Leistung (o. Rn 13). Dahinter steht letztlich die Vorstellung, dass es überhaupt erst der von dem Leistenden festgelegte Zweck ist, der es gestattet, eine äußerliche Wertbewegung zu einem bestimmten Kausalverhältnis in Beziehung zu setzen, aus dem sich dann der „eigentliche" Rechtsgrund der Leistung im Sinne des § 812 ergibt (s. Rn 14).

20 Dagegen sieht die **objektive Lehre** den Rechtsgrund einer Leistung in dem **Kausalverhältnis**, auf das hin nach dem Willen des Leistenden die Leistung erfolgt, oder genauer: in der mit jedem Kausalverhältnis verbundenen Abrede, aus der sich überhaupt erst ergibt, dass der Leistungsempfänger die Leistung auch behalten darf[23]. Der Unterschied zu der subjektiven Lehre (Rn 19) wird meistens an dem Grenzfall der Handverträge exemplifiziert. Paradigma ist der **Handkauf**. Bei einem derartigen sofort vollzogenen Kaufvertrag fehlt es nach den Vertretern der objektiven Lehre an einem Leistungsanspruch des Käufers. Die Erreichung des Zwecks, diesen Anspruch zu erfüllen (worauf die subjektive Lehre abstellt, Rn 19), könne daher hier, so wird gelehrt, schwerlich den Rechtsgrund für die Leistung abgeben; dieser bestehe vielmehr einfach in dem Kausalverhältnis, aus dem sich ergibt, dass der Empfänger die Leistung tatsächlich behalten darf.

21 Die **Unterschiede** zwischen den beiden Rechtsgrundlehren (o. Rn 19 f) sind bei Lichte besehen nur **gering**, sodass es nicht verwundert, dass beide in der Mehrzahl der Fälle zu demselben Ergebnis gelangen. Deutlich ist das vor allem bei Leistungen, die zum Zwecke der Erfüllung einer Verbindlichkeit erbracht werden, da es hier für das Ergebnis offenkundig unerheblich ist, ob man den Rechtsgrund der Leistung in dem (zu erfüllenden) Kausalverhältnis (so die objektive Lehre) oder in der Erreichung des Erfüllungszweckes (so die subjektive Lehre) sieht. In jedem Fall kommt es allein darauf an, ob das **Schuldverhältnis**, dessen Erfüllung mit der Leistung bezweckt wird, **besteht oder nicht**.

5. Beispiele, § 813

22 Die condictio indebiti greift nach dem Gesagten ein, wenn eine Leistung zur Erfüllung einer nicht oder nicht mehr bestehenden Verbindlichkeit erbracht wird. **Beispiele** sind Leistungen auf eine nicht wirksam begründete oder rückwirkend durch Anfechtung beseitigte Schuld (s. § 142 Abs. 1; s. Rn 27), die Lieferung eines anderen als des geschuldeten Gegenstandes (s. §§ 434 Abs. 3, 633 Abs. 2 S. 3) oder an die falsche Person (§ 241a Abs. 2) sowie die versehentliche Zuvielzahlung, da in jedem dieser Fälle von Anfang an ein Rechtsgrund für die Leistung fehlte.

---

22 S. statt aller *Koppensteiner/Kramer*, Bereicherung, S. 15; *Fr. Mazza*, Kausale Schuldverträge, S. 144 ff; *Reuter/Martinek*, Bereicherung, S. 84 ff; *Loewenheim*, Bereicherungsrecht, S. 55 ff; *Weitnauer*, in: Ungerechtfertigte Bereicherung, S. 29 ff; *ders.*, JZ 1985, S. 555.

23 So insbes. *Kupisch*, in: 2. Festgabe f. v. Lübtow, 1980, S. 501; *ders.*, JZ 1985, S. 101 (102 ff); *Larenz/Canaris*, Schuldrecht II/2, § 67 III 1 (S. 136 ff); *Looschelders* II, Tz 1030 f; *Schlechtriem*, Schuldrecht, Tz 643 f; *Staake*, Gesetzliche Schuldverhältnisse, § 10 Rn 23; *Wandt*, Gesetzliche Schuldverhältnisse, § 3 Rn 38 ff.

Einen Sonderfall der condictio indebiti regelt **§ 813 Abs. 1 S. 1.** Nach dieser Vorschrift kann das zum Zwecke der Erfüllung einer Verbindlichkeit Geleistete kondiziert werden kann, wenn dem Anspruch eine Einrede entgegenstand, durch die die Geltendmachung des Anspruchs „dauernd" ausgeschlossen wurde. Der Anwendungsbereich des§ 813 Abs. 1 beschränkt sich somit auf die sog. **dauernden Einreden**. Den Gegensatz bilden bloß vorübergehende (oder aufschiebende) Einreden wie das Zurückbehaltungsrecht (§ 273) und die Einrede des nicht erfüllten Vertrages (§ 320). **Anwendungsfälle** des § 813 sind insbesondere die Einrede der ungerechtfertigten Bereicherung und der unerlaubten Handlung (§§ 821 und 853), die Einrede der allgemeinen Arglist einschließlich der Verwirkung (§§ 242 und 826) sowie die erbrechtlichen Einreden der §§ 1973, 1990, 2083 und 2345. **Unanwendbar** ist § 813 dagegen bei Leistungen auf eine verjährte Forderung (s. § 813 Abs. 1 S. 2 iVm § 214 Abs. 2), bei Leistungen in Verkennung einer Anfechtungs- oder Aufrechnungslage[24] sowie bei vorzeitiger Erfüllung einer betagten Verbindlichkeit (§ 813 Abs. 2). 23

6. Kondiktionssperre (§ 814)

Die condictio indebiti ist nach **§ 814** ausgeschlossen, wenn der Leistende bei der Leistung gewusst hat, dass er zur Leistung nicht verpflichtet ist, *oder* wenn die Leistung einer sittlichen Pflicht (wie insbesondere die Unterstützung von Angehörigen) oder einer auf den Anstand zu nehmenden Rücksicht entsprach. Diese Kondiktionssperre, ein besonderer Anwendungsfall des Verbots widersprüchlichen Verhaltens (venire contra factum proprium)[25], setzt **positive Kenntnis** des Leistenden von dem Fehlen des Rechtsgrundes voraus. Die bloße Kenntnis der *Tatsachen*, aus denen sich das Fehlen des Rechtsgrundes ergibt, genügt für die Anwendung des § 814 nicht, solange der Leistende aus den Tatsachen nicht den zutreffenden Schluss auf seine fehlende Leistungspflicht gezogen hat[26]. Ist für den Leistenden ein **Vertreter** tätig geworden, so kommt es auf dessen Kenntnis an[27]. 24

Der Kenntnis des Fehlens des Rechtsgrundes steht die Kenntnis der **Anfechtbarkeit** des Geschäfts gleich (§ 142 Abs. 2), sodass nicht mehr kondizieren kann, wer trotz der ihm bekannten Anfechtbarkeit eines Vertrages die vertragliche Leistung erbringt. Anders jedoch, wenn allein der *andere* Teil, z. B. nach § 123, anfechten kann[28]. § 814 ist entsprechend anwendbar in den Fällen des **§ 813**, weil es sich bei diesem Tatbestand (Leistung trotz des Bestehens einer dauernden Einrede) nur um eine besondere Erscheinungsform der condictio indebiti handelt, nicht dagegen in den Fällen der condiktio ob causam finitam (§ 812 Abs. 1 S. 2, Rn 27). 25

Für die Anwendung des § 814 ist **kein Raum**, wenn der Empfänger der Leistung von vornherein nicht auf den Bestand der Vermögensvermehrung vertrauen durfte[29], weil dann nämlich der Leistende mit der späteren Kondiktion nicht widersprüchlich han- 26

24 Str., s. *Koppensteiner/Kramer*, Bereicherung, S. 53.
25 BGHZ 73, S. 202 (205) = NJW 1979, S. 763; BGHZ 113, S. 98 (105 f) = NJW 1991, S. 560; *Kohte*, BB 1988, S. 633.
26 BGH, WM 2014, S. 1325 (1337, Tz 109 f).
27 BGH, LM Nr 10 zu § 814 BGB (Bl. 3 f) = NJW 1999, S. 1024.
28 BGH, NJW 2008, S. 1878 (1879, Tz 15 ff); *Staudinger/St. Lorenz*, § 814 Rn 3.
29 BGH, LM Nr 10 zu § 814 BGB (Bl. 3 R) = NJW 1999, S. 1024.

delt. So verhält es sich insbesondere, wenn die Leistung **unter Vorbehalt** erfolgt oder wenn sie in der erkennbaren **Erwartung** erbracht wird, ein wirksamer **Vertrag** werde später zustande kommen[30], wenn z. B. die Leistung auf einen formnichtigen Vertrag in der dem Gegner nicht verborgenen Hoffnung vorgenommen wird, der Formmangel werde doch noch nachträglich geheilt werden[31]. Ebenso zu beurteilen sind Leistungen **unter Druck oder Zwang**[32]. Die wichtigsten Fälle sind Leistungen aufgrund eines vorläufig vollstreckbaren Urteils oder auf Grund eines Vorbehaltsurteils zur Abwendung der Zwangsvollstreckung aus dem nur vorläufigen Titel; wird dieser später aufgehoben, so kann der Leistende seine Leistung immer noch kondizieren (§ 812 Abs. 1 S. 1)[33].

III. Condictio ob causam finitam

27 Die condictio ob causam finitam, der Sache nach ebenso wie § 813 nur ein Anwendungsfall der condictio indebiti, ist nach § 812 Abs. 1 S. 2 gegeben, wenn der Rechtsgrund der Leistung nachträglich wegfällt. Der Anwendungsbereich dieser Kondiktionsform ist schmal[34]. **Beispiele** sind der Eintritt einer auflösenden Bedingung[35], die Fortzahlung von Unterhalt trotz zwischenzeitlichen Wegfalls der Unterhaltspflicht[36] sowie die einverständliche Aufhebung eines Vertrages, auf den der eine Teil bereits Leistungen erbracht hat, die sich jetzt als grundlos erweisen (§ 311 Abs. 1)[37]. Ein gesetzlich geregelter **Sonderfall** ist die Herausgabepflicht des Beschenkten nach Widerruf der Schenkung wegen groben Undanks (§§ 530, 531 Abs. 2)[38]. Dagegen fällt die **Anfechtung** eines Vertrages wegen deren Rückwirkung (§ 142 Abs. 1) nicht unter § 812 Abs. 1 S. 2, sondern bereits unter dem Grundtatbestand des § 812 Abs. 1 S. 1 (str.); das ist wichtig wegen § 814, der für die condictio ob causam finitam nicht gilt (s. Rn 26).

IV. Condictio ob rem

1. Voraussetzungen

28 Die so genannte condictio ob rem, auch Leistungskondiktion wegen Zweckverfehlung oder kurz Zweckkondiktion genannt, ist nach § 812 Abs. 1 S. 2 Fall 2 gegeben, wenn der mit der Leistung nach dem „Inhalt" des Rechtsgeschäfts bezweckte Erfolg

30 BGH, LM Nr 160 zu § 812 BGB = NJW 1983, S. 1905.
31 BGHZ 73, S. 202 (205) = NJW 979, S. 763; BGH, LM Nr 7 zu § 815 BGB (Bl. 1 R) = NJW 1999, S. 2892.
32 *Palandt/Sprau*, § 814 Rn 5; *Staudinger/St. Lorenz*, § 814 Rn 8.
33 BGHZ 86, S. 267 = NJW 1983, 1111; BGH, NJW 1995, 3052 (3054); OLG Koblenz, NJW-RR 2002, S. 784 (785).
34 Ausführlich *Medicus/Lorenz* II, Tz 1134, 1138 ff; *Larenz/Canaris*, Schuldrecht II/2, § 68 I 2 (S. 146 ff).
35 *Loewenheim*, Bereicherungsrecht, S. 59; *Schlechtriem*, Schuldrecht, Rn 732; anders *Medicus/Lorenz* II, Tz 1139.
36 BGHZ 118, S. 383 (384 f) = NJW 1992, S. 2415.
37 Ein Beispiel bei *Emmerich*, NZM 1998, S. 49 (54).
38 BGHZ 140, S. 275 (284 f) = NJW 1999, S. 1626 (1630).

nicht eintritt. Gemeint ist mit dieser unscharfen Formulierung des Gesetzes eine zumindest **tatsächliche Einigung** der Parteien **über** einen gemeinsamen **Leistungszweck**. Den Gegensatz bilden auf der einen Seite die rechtsgeschäftliche Fixierung eines Leistungszwecks (weil bei dessen Verfehlung bereits die allgemeine condictio indebiti eingreift) und auf der anderen Seite bloße, einseitige Erwartungen einer Partei, die von der anderen nicht geteilt werden und deshalb irrelevant sind. Entscheidend für die Anwendbarkeit der condictio ob rem ist mit anderen Worten, ob der Leistende **trotz Einigkeit** der Parteien über den Leistungszweck **doch keinen** durchsetzbaren **Anspruch** auf die Leistung des anderen Teils hat, zu der er den anderen Teil gerade durch seine Leistung veranlassen will; der BGH spricht in diesem Sinne plastisch von einer „auf einer tatsächlichen Willensübereinstimmung zwischen dem Leistenden" und dem Empfänger „gegründeten berechtigten Erwartung" über den Eintritt eines bestimmten Erfolges[39], bzw. von „einer finalen Ausrichtung der Leistung auf einen nicht erzwingbaren Erfolg", für dessen Voraussetzungen der Leistende die Beweislast trägt.[40] Die Einzelheiten sind umstritten, insbesondere wegen der ständigen Ausweitung des Anwendungsbereichs der condictio ob rem in der jüngsten Rechtsprechung (Rn 30 f) und wegen der daraus resultierenden erheblichen Abgrenzungsschwierigkeiten im Verhältnis zu konkurrierenden Rechtsinstituten wie insbesondere dem Wegfall der Geschäftsgrundlage (§ 313, s. Rn 30 f).

2. Fallgruppen

Den wichtigsten (und zugleich am wenigsten umstrittenen) Anwendungsfall der condictio ob rem bilden die so genannten **Veranlassungs- und Vorleistungsfälle**. Beispiele sind zunächst Leistungen auf einen noch nicht wirksam zu Stande gekommenen Vertrag mit dem Ziel, den anderen Teil zum Vertragsabschluss oder doch zur Erbringung seiner Gegenleistung zu veranlassen,[41] sowie Leistungen, durch die der Empfänger zu einem bestimmten Verhalten veranlasst werden soll, das entweder überhaupt nicht Gegenstand einer vertraglichen Verpflichtung sein kann oder es doch im Einzelfall tatsächlich nicht ist. Hierher gehören z. B. Dienstleistungen an eine alte Erbtante in der übereinstimmenden Erwartung der späteren Erbeinsetzung des Neffen, umfangreiche Bauarbeiten auf fremdem Grundstück bzw. die Leistung erheblicher Beiträge zur Finanzierung derartiger Bauarbeiten in der vom Grundstückseigentümer gebilligten Erwartung des späteren Eigentumserwerbs an dem Grundstück, etwa im Wege der Erbfolge[42], ein Schuldanerkenntnis mit dem von den Beteiligten übereinstimmend verfolgten Zweck, eine Strafanzeige abzuwenden[43], sowie die Finanzierung der weiteren Ausbildung eines Mitarbeiters zu dem gemeinsamen Zweck, diesem den späteren Eintritt in die Geschäftsführung zu ermöglichen[44]. 29

39 BGHZ 197, S. 110 (114, Tz 13) = NJW 2013, S. 2025.

40 BGHZ 183, S. 242 (252, Tz 33) = NJW 2010, S. 998; BGHZ 184, S. 190 (206, Tz 51) = NJW 2010, S. 2202; BGH, NJW-RR 2009, S. 1142 Tz 15; NJW 2011, S. 2880 Tz 31.

41 BGH, LM Nr 5 zu § 815 BGB (Bl. 2) = NJW 1980, S. 451; LM Nr 10 zu § 815 BGB (Bl 1 R f) = NJW 1999, S. 2892.

42 BGHZ 108, S. 256 (261 ff) = NJW 1989, S. 2745 (2746); BGHZ 197, S. 110 (114, Tz 13) = NJW 2013, S. 2025; dagegen *Looschelders* II, Tz 1043; *Wieling*, Bereicherungsrecht, § 3 III 3d.

43 BGH, LM Nr 208 zu § 812 BGB = NJW-RR 1990, S. 827.

44 BGH, NJW 2004, S. 512 (513).

29a Unterbleibt in den genannten Fällen später die Erbringung der Gegenleistung oder der Vertragsabschluss oder kommt es wider Erwarten nicht zu der Erbeinsetzung oder dem Eintritt des Mitarbeiters in die Geschäftsführung, weil er aus dem Unternehmen ausscheidet, oder wird die Strafanzeige doch erstattet, so können nunmehr die sich infolgedessen nachträglich als grundlos erweisenden Leistungen kondiziert werden (§ 812 Abs. 1 S. 2 Fall 2)[45]. Der Bereicherungsanspruch entsteht in diesen Fällen mit Vornahme der fraglichen Leistung aufschiebend bedingt durch die endgültige Zweckverfehlung. Diese Rechtsposition ist vererblich (§ 1922), sodass bei Vorversterben des Leistenden dessen Erben den Bereicherungsanspruch aus § 812 Abs. 1 S. 2 Fall 2 bei Zweckverfehlung geltend machen können[46].

30 In weiteren Fallgruppen ist die Anwendbarkeit des § 812 Abs. 1 S. 2 Fall 2 umstritten. Ein Beispiel sind zunächst **Zweckschenkungen**, d. h. Schenkungen, durch die der Empfänger zu einem bestimmten Verhalten veranlasst werden soll. Die Anwendbarkeit des § 812 Abs. 1 S. 2 Fall 2[47] ist hier ebenso problematisch wie in den eigenartigen Fällen, in denen die Parteien mit vertraglichen Leistungen zusätzliche, so genannte **„angestaffelte" Zwecke** verfolgen, die sich später als unerreichbar erweisen. Man denke z. B. an eine Mietsenkung im Hinblick auf die Zustimmung des Mieters zu einer Vertragsverlängerung, der sich der Mieter dann später unter Hinweis auf einen Formverstoß des Änderungsvertrages nach § 550 S. 2 entzieht[48]. Die Anwendung des § 812 Abs. 1 S. 2 Fall 2 ist in diesen Fällen deshalb zweifelhaft, weil hier durchweg der einzige relevante Leistungszweck, nämlich die Erfüllung der bestehenden Verbindlichkeit, tatsächlich erreicht wurde[49]. Eine Lösung dieser Fälle muss daher auf anderen Wegen versucht werden, wobei in erster Linie an die ergänzende Vertragsauslegung (§§ 157, 242) sowie an den Wegfall der Geschäftsgrundlage (§ 313) zu denken ist, je nachdem, ob die Zweckvereinbarung Bestandteil des Vertrages oder lediglich subjektive Geschäftsgrundlage ist[50].

30a Ebenso verfährt die Rechtsprechung heute bei den so genannten **ehebedingten Zuwendungen**, vor allem, wenn die Eheleute Gütertrennung vereinbart haben, sodass hier im Falle des Scheiterns der Ehe ein Ausgleich offenbar nur noch auf dem Weg über § 313, d. h. unter dem Gesichtspunkt des Wegfalls der Geschäftsgrundlage in Betracht kommt[51]. Anders dagegen weiterhin bei erheblichen Vermögenszuwendungen im Rahmen **nichtehelicher Lebensgemeinschaften**, wenn damit von den Parteien übereinstimmend der Zweck verfolgt wird, auf Dauer eine Grundlage für ihr weiteres Zusammenleben, z. B. in einem gemeinsam errichteten Haus, zu schaffen[52], so-

45 Nach anderen soll in diesen Fällen z. T. bereits § 612 eine angemessene Lösung durch Begründung eines Anspruchs auf Vergütung der Dienstleistungen ermöglichen (so *Looschelders* II Tz 584).

46 BGHZ 197, S. 110 (115 ff, Tz 17 ff) = NJW 2013, S. 2025.

47 Dafür z. B. BGH, NJW 1984, S. 233.

48 BGH, LM Nr 26 zu § 566 BGB = NJW-RR 1986, S. 944.

49 S. *Frh. v. Proff*, NJW 2008, S. 3266 (3268 f); *Leitmeier*, NJW 2010, S. 2006; *Larenz/Canaris*, Schuldrecht II/2, § 68 I 3 d (S. 153 f); *Loewenheim*, Bereicherungsrecht, S. 64 f; *Looschelders* II, Tz 1045; *Staake*, Gesetzliche Schuldverhältnisse, § 3 Rn. 60 ff; *Wandt*, Gesetzliche Schuldverhältnisse, § 10 Rn 60 ff; *Wieling*, Bereicherungsrecht, § 3 III 3e.

50 Ebenso BAGE 52, S. 273 = NJW 1987, S. 918.

51 S. o. § 6 Rn 52 sowie z. B. BGHZ 197, S. 110 (112 f, Tz 10 f); BGH, NJW 2012, S. 3374 Tz 20 ff; *Staake*, Gesetzliche Schuldverhältnisse, § 3 Rn 60 ff; *Wandt*, Gesetzliche Schuldverhältnisse, § 10 Rn 67 ff.

52 BGHZ 183, S. 242 (252 f, Tz 32 ff) = NJW 2010, S. 998; BGH, NJW 2008, S. 3277 (3280, Tz 34 ff); NJW-RR 2009, S. 1142 Tz 14 ff; NJW 2011, S. 2880 Tz 10 ff.

wie vergleichbaren Zuwendungen von **Schwiegereltern** an Schwiegerkinder, wenn nach dem Willen der Beteiligten die Zuwendungen auch dem leiblichen Kind der Zuwendenden durch Absicherung des Fortbestandes der Ehe auf Dauer zugutekommen sollen[53]. Wird dieser Zweck verfehlt, weil die nichteheliche Lebensgemeinschaft oder die Ehe scheitert, so ist offenbar nach Meinung der Gerichte weiterhin Raum für einen Bereicherungsausgleich auf der Grundlage des § 812 Abs. 1 S. 2 Fall 2. Dagegen sprechen letztlich dieselben Bedenken wie in den problematischen Fällen so genannter „angestaffelter" Zwecke (Rn 30).

3. Kondiktionssperre (§ 815)

Die condictio ob rem ist gemäß § 815 ausgeschlossen, wenn der Eintritt des Erfolges von Anfang an unmöglich war und der Leistende dies gewusst hat oder wenn der Leistende den Eintritt des Erfolges wider Treu und Glauben verhindert hat (vgl § 162 Abs. 1). Ein **Beispiel** ist die treuwidrige, weil grundlose Auflösung einer nichtehelichen Lebensgemeinschaft, sodass dann anschließend der für die Auflösung verantwortliche Partner von dem anderen Teil keinen Ausgleich für Vermögenszuwendungen nach § 812 Abs. 1 S. 2 Fall 2 (Rn 30) verlangen kann[54]. Dagegen reicht es für die Annahme einer treuwidrigen Verhinderung des Erfolgseintritts durch den Leistenden nicht aus, dass er sich z. B. auf die Formnichtigkeit eines Grundstückskaufvertrages nach § 311b Abs. 1 S. 1 beruft, um eine Heilung des Vertrags durch Auflassung und Eintragung des Käufers zu verhindern; es müssen vielmehr immer noch weitere Umstände hinzukommen, um solche Vorgehensweise einer Partei (ausnahmsweise) als treuwidrig erscheinen zu lassen[55]. **31**

V. Condictio ob turpem vel iniustam causam

Literatur: *H. Honsell*, Die Rückabwicklung sittenwidriger oder verbotener Geschäfte, 1974; *R. Hornung*, Die Rückabwicklung gescheiterter Verträge nach französischem, deutschem und nach Einheitsrecht, 1998; *Klöhn*, AcP 210 (2010), S 804.

1. Tatbestand

Die letzte gesetzlich geregelte Sonderform der Leistungskondiktion ist die condictio ob turpem vel iniustam causam des § 817 S. 1. Voraussetzung ist, dass der Zweck einer Leistung derart bestimmt war, dass (nur) der Empfänger der Leistung durch die Annahme der Leistung gegen ein gesetzliches Verbot oder gegen die guten Sitten verstoßen hat. Der Anwendungsbereich dieser besonderen Kondiktion beschränkt sich somit auf Fälle, in denen **allein dem Empfänger** der Leistung ein **Gesetzes- oder Sittenverstoß** zur Last fällt. Fälle dieser Art sind selten. Die Gesetzesverfasser hatten hier seinerzeit vor allem Fälle wie die einfache Beamtenbestechung des § 331 StGB im Auge, weil man der Auffassung war, in derartigen Fällen treffe (nach der damali- **32**

53 BGHZ 184, S. 190 (214 ff, Tz 47 ff) = NJW 2010, S. 2202; BGH, NJW 2010, S. 2884 Tz 30 f.
54 BGH, NJW 2008, S. 3277 (3282, Tz 49).
55 BGHZ 197, S. 110 (115 Tz 16); BGH, LM Nr 5 zu § 815 BGB (Bl. 2 R) = NJW 1980, S. 451; LM Nr 7 zu § 815 BGB (Bl. 1 R f) = NJW 1999, S. 2892.

gen Gesetzeslage, anders heute) der Vorwurf des Gesetzesverstoßes *allein* den die Leistung annehmenden Beamten, nicht dagegen auch den Leistenden. Als weitere Beispiele werden im Schrifttum die Zahlung von Lehrgeld entgegen § 5 BBiG[56], Erpressungsgelder und das Abkaufen von Strafanzeigen genannt, da in jedem dieser Fälle *nur* der *Leistungsempfänger*, nicht jedoch zugleich der Leistende rechts- oder sittenwidrig handele[57].

33 In den genannten Fällen ist freilich häufig wegen der Nichtigkeit des Vertrages (§§ 134 und 138) oder der Zweckabrede zugleich der Tatbestand der condictio indebiti (§ 812 Abs. 1 S. 1 Fall 1) oder der condictio ob rem (§ 812 Abs. 1 S. 2 Fall 2) erfüllt, so dass es an sich nicht des Rückgriffs auf § 817 S. 1 bedarf. § 817 S. 1 ist gleichwohl nicht überflüssig, da die beiden **Kondiktionssperren** der §§ 814 und 815 **keine Anwendung** auf die besondere Leistungskondiktion des § 817 S. 1 finden, so dass die Leistungskondiktion in den fraglichen Fällen, selbst wenn die Voraussetzungen der §§ 814 oder 815 im Einzelfall erfüllt sein sollten, immer noch aufgrund des § 817 S. 1 möglich bleibt, – sofern nicht zugleich die weiteren Voraussetzungen der besonderen Kondiktionssperre des § 817 S. 2 gegeben sind (Rn 34 ff).

2. Kondiktionssperre (§ 817 S. 2)

a) Zweck

34 Nach § 817 S. 2 ist die Rückforderung einer Leistung aufgrund des § 817 S. 1 (wegen eines Gesetzes- oder Sittenverstoßes des Empfängers der Leistung) ausgeschlossen, wenn dem Leistenden „gleichfalls" ein Gesetzes- oder Sittenverstoß zur Last fällt, außer wenn die Leistung in der Eingehung einer Verbindlichkeit, z. B. in einem selbstständigen Schuldanerkenntnis oder einem Wechselakzept bestand; jedoch kann das zur Erfüllung einer solchen Verbindlichkeit Geleistete ebenfalls nicht zurückgefordert werden. Ein Beispiel für den zuletzt genannten Fall ist die Begebung eines Wechselakzepts zur Sicherung der Ansprüche aus einem sittenwidrigen und deshalb nichtigen Vertrag, etwa über die entgeltliche Verschaffung öffentlicher Ämter oder Titel[58].

35 § 817 S. 2 bedeutet, dass (entgegen § 817 S. 1; s. o. Rn 32) die *Mehrzahl* der gesetz- oder sittenwidrigen Geschäfte, sobald eine Partei einmal geleistet hat, doch *nicht* mehr *rückabgewickelt* wird, sodass es im Ergebnis bei der vom Gesetz an sich missbilligten Vermögensverschiebung bleibt. Der **Grund** für diese auffällige Regelung ist umstritten. Früher sah man ihn überwiegend darin, dass der Leistende (nicht aber der Leistungsempfänger) für seinen Gesetzes- oder Sittenverstoß durch den Ausschluss des Rückforderungsanspruchs bestraft werden sollte[59]. Derartige **Strafzwecke** sind indessen unserem Privatrecht fremd. Nichts spricht dafür, dass § 817 S. 2 insoweit eine Ausnahme machen sollte. Deshalb wird der Zweck des § 817 S. 2 heute überwie-

56 Berufsbildungsgesetz von 1969 (BGBl. I, S. 1112).
57 BAGE 39, S. 226; *Staudinger/St. Lorenz*, § 817 Rn 8 f.
58 BGH, LM Nr 5 zu § 138 (Cg) BGB = NJW 1994, S. 187 „Honorarkonsul"; OLG Koblenz, NJW 1999, S. 2904.
59 BGHZ 39, S. 87 (91) = NJW 1963, S. 950 = JuS 1963, S. 328 Nr 3; BGHZ 63, S. 365 (369) = NJW 1975, S. 638 „Amanda".

gend darin gesehen, den Parteien für ihre anstößigen Geschäfte, mit denen sie sich selbst bewusst außerhalb der Rechtsordnung gestellt haben, den **Rechtsschutz zu verweigern**[60]. Das ist, wie die Erfahrung lehrt, in zahlreichen Fallgestaltungen eine durchaus sinnvolle Entscheidung, weil auf diese Weise auch das Zivilrecht einen Beitrag zur Durchsetzung von Verbotsgesetzen zu leisten vermag.

b) Anwendungsbereich

Seinem Wortlaut und seiner Stellung im Gesetz nach beschränkt sich der Anwendungsbereich des § 817 S. 2 auf den seltenen Fall des § 817 S. 1, d. h. auf die condictio ob turpem vel iniustam causam (o. Rn 32). Da die praktische Bedeutung der Vorschrift dann jedoch marginal wäre, wird ihr Anwendungsbereich heute auf **sämtliche Bereicherungsansprüche** einschließlich insbesondere der condictio indebiti und der condictio ob rem erstreckt[61]. Außerdem betrifft § 817 S. 2 – über seinen missverständlichen Wortlaut hinaus – neben den Fällen eines *beiderseitigen* Gesetzes- oder Sittenverstoßes auch die Fälle, in denen **allein** dem **Leistenden** ein derartiger Verstoß zur Last fällt[62]. Das ist wichtig für die Fälle des Wuchers und des Monopolmissbrauchs, in denen durchweg ein Gesetzes- oder Sittenverstoß nur auf der Seite des Leistenden vorliegt (u. Rn 41). **36**

Mit Bereicherungsansprüchen konkurrieren in den hier interessierenden Fällen häufig andere gesetzliche Ausgleichs- und Abwicklungsansprüche aus Geschäftsführung ohne Auftrag (GoA), Delikt und Eigentum. In diesen Fällen stellt sich jeweils die Frage, inwieweit der weitgespannte Grundgedanken der gesetzlichen Regelung (Rn 35) auch zum Ausschluss der mit der Leistungskondiktion **konkurrierenden Ansprüche** führen kann. Für Aufwendungsersatzansprüche des Leistenden aus **GoA** wird die Frage heute im Ergebnis zu Recht überwiegend bejaht, weil ein Geschäftsführer die trotz Nichtigkeit des Geschäfts getätigten Aufwendungen wegen des Verstoßes gegen die §§ 134 und 138 grundsätzlich nicht für erforderlich halten durfte (§§ 677, 683 S. 1 und 670)[63]. Ein Beispiel sind Werkleistungen von Schwarzarbeitern unter Verstoß gegen das Gesetz zur Bekämpfung der Schwarzarbeit und 2004[64]. Dagegen ist eine entsprechende Anwendung des § 817 S. 2 auf mit Bereicherungsansprüchen konkurrierende Ansprüche aus **Eigentum** (§ 985) bislang noch durchweg am Widerspruch der Gerichte gescheitert[65]. Die nur schwer verständliche Konsequenz ist freilich, dass in den besonders gravierenden Fällen eines Gesetzes- oder Sittenverstoßes, in denen neben dem Grundgeschäft auch das **Erfüllungsgeschäft nichtig** ist, eine Rückforderung der Leistung über § 985 doch wieder möglich ist, während bei ausschließlicher **37**

60 BGHZ 44, S. 1 (6) = NJW 1965, S. 1585; BGHZ 118, S. 182 (193) = NJW 1992, S. 2557; *Koppensteiner/Kramer*, Bereicherung, S. 63 f; *Medicus/Lorenz* II, Tz 1157; *Reuter/Martinek*, Bereicherung, S. 204 ff; *Staake*, Gesetzliche Schuldverhältnisse, § 3 Rn 94; *Stamm*, NJW 2014, S. 2145; *Wieling*, Bereicherungsrecht, § 3 III 6a.

61 BGHZ 35, S. 103 (107) = NJW 1961, S. 1458; BGHZ 44, S. 1 (6) = NJW 1965, S. 1585.

62 RGZ (GS) 161, S. 52 (55); BGH, NJW 2014, S. 1805 Tz 18.

63 BGH, NJW 2014, S. 1805 Tz 14; BGH, NJW 2011, S. 373 Tz 18 für einen gesetzwidrigen Anwaltsvertrag; s. aber BGHZ 39, S. 87 (91) = NJW 1963, S. 950 = JuS 1963, S. 328 Nr 3.

64 BGH, NJW 2014, S. 1805 Tz 14; vgl. auch schon BGHZ 198, S. 141 = NJW 2013, S. 3167; *St. Lorenz*, NJW 2013, S. 3132.

65 BGHZ 63, S. 365 (369) = NJW 1975, S. 638 = JuS 1975, S. 396 Nr 7; BGHZ 75, S. 299 (305) = NJW 1980, S. 452.

Nichtigkeit des Grundgeschäftes die Rückforderung an § 817 S. 2 scheitert[66]. Weitgehend gebilligt wird dagegen die von den Gerichten gleichfalls angenommene Unanwendbarkeit des § 817 S. 2 auf konkurrierende Ansprüche aus **Delikt** wobei insbesondere an § 826 zu denken ist[67].

38 Die Zweifel an der sachlichen Berechtigung der Kondiktionssperre des § 817 S. 2 haben die Gerichte immer wieder dazu veranlasst, in einzelnen Fallgruppen von einer Anwendung der Vorschrift abzusehen, wenn in ihren Augen aus Gründen der Billigkeit oder **nach** dem **Zweck der** jeweiligen **Verbotsvorschrift** eine **Rückforderung** des Geleisteten doch möglich sein musste (§ 242)[68]. Ein Beispiel ist die Organisation eines sittenwidrigen, weil nach dem Schneeballsystem funktionierenden sogenannten „Schenkkreises“[69]. Die Rechtsprechung ist aber nicht einheitlich, weil in anderen Fällen dem § 817 S. 2 – trotz auf der Hand liegender Bedenken – doch wieder der Vorrang zugebilligt wurde, so z. B. im Falle der Prüfung eines Jahresabschlusses unter Verstoß gegen § 319 Abs. 2 Nr 5 HGB[70], bei Veröffentlichung sogenannter Kontaktanzeigen unter Verstoß gegen § 120 Abs. 1 Nr 2 OWiG[71] sowie bei dem als sittenwidrig eingestuften Verkauf sogenannter Radarwarngeräte unter Verstoß gegen die §§ 23 und 49 StVO[72]. Im Anschluss an diese Rechtsprechung hat der BGH jetzt auch – entgegen seiner früheren Rechtsprechung[73] – dem bereits erwähnten Gesetz zur Bekämpfung der Schwarzarbeit von 2004 den Vorrang vor Billigkeitserwägungen eingeräumt, sodass **Schwarzarbeiter** heute für ihre unter Verletzung des Gesetzes erbrachten Leistungen auch nach Bereicherungsrecht keine Bezahlung mehr verlangen können[74].

c) Subjektive Voraussetzungen?

39 Die Auseinandersetzung über den Zweck des § 817 S. 2 (o. Rn 35) strahlt auch auf die Frage aus, welche subjektiven Voraussetzungen erfüllt sein müssen, damit die Kondiktionssperre eingreifen kann. Solange § 817 S. 2 überwiegend als Strafvorschrift interpretiert wurde, lag es nahe, zusätzlich zu verlangen, dass sich der Leistende des Gesetzes- oder Sittenverstoßes **bewusst** gewesen ist **und** ihn **gewollt** hat. Die Rechtsprechung möchte daran offenbar bis heute festhalten; als ausreichend wird es jedoch bereits angesehen, wenn sich der Leistende der Sitten- oder Gesetzwidrigkeit

66 Kritisch deshalb *Koppensteiner/Kramer*, Bereicherung, S. 63 f; *Larenz/Canaris*, Schuldrecht II/2, § 68 III 3e (S. 165 f); *Looschelders* II, Tz 1055; *Medicus/Lorenz* II, Tz 1166; *Reuter/Martinek*, Bereicherung, S. 213 f; *Wieling*, Bereicherungsrecht, § 6 III 6c.

67 BGH, LM Nr 5 zu § 826 (E) BGB = NJW 1992, S. 310.

68 BGHZ 36, S. 395 (401) = NJW 1962, S. 955 = JuS 1962, S. 322 Nr 2 „Göring-Urteil“; BGHZ 41, S. 341 (343) = NJW 1964, S. 1791; BAGE 39, S. 226; im Grundsatz auch noch BGH, NJW 2014, S. 1805 Tz 19, 21; *Staake*, Gesetzliche Schuldverhältnisse, § 3 Rn 100; kritisch dazu *Stamm*, NJW 2014, S. 2145 (2148 f).

69 BGH, NJW 2006, S. 45 (46, Tz 11 f); WM 2008, S. 1169; OLG Köln, NJW 2006, S. 3288; *Medicus/Lorenz* II, Tz 1160.

70 BGHZ 118, S. 142 (150) = NJW 1992, S. 2021.

71 BGHZ 118, S. 182 (192 f) = NJW 1992, S. 2557.

72 BGH, NJW 2005, S. 1490 (1491) = JuS 2005, S. 746 (747) Nr 6; – kritisch dazu *Larenz/Canaris*, Schuldrecht II/2, § 68 III 3 g (S. 166 f); *Schlechtriem*, JZ 1993, S. 139; *Tiedtke*, Betr. 1990, S. 2307; *H. Weyer*, WM 2002, S. 627; *Wieling*, Bereicherungsrecht, § 3 III 6 f.

73 BGHZ 111, S. 308 (312 ff) = NJW 1990, S. 2542.

74 BGHZ 201, S. 1 = NJW 2014, S. 1805 Tz 19, 21; ebenso *St. Lorenz*, NJW 2013, S. 3132 (3135); *Stamm*, NJW 2014, S. 2145.

seines Verhaltens leichtfertig verschlossen hat[75]. Seitdem jedoch die Vorstellung aufgegeben ist, § 817 S. 2 sei eine zivilrechtliche Strafvorschrift, besteht kein Anlass mehr zur Annahme subjektiver Voraussetzungen[76].

d) Beispiele

Beispiele für § 817 S. 2 sind – außer den bereits erwähnten Leistungen von Schwarzarbeitern (Rn. 38) – Leistungen im Rahmen von Bordellpacht- und Bordellkaufverträgen (soweit heute noch als sittenwidrig angesehen), Zuwendungen, mit denen außereheliche Liebesbeziehungen belohnt werden sollen oder mit denen der Zweck verfolgt wird, den Empfänger zu einer gesetzwidrigen Handlung anzustiften[77], entgeltliche Verträge über die Verschaffung öffentlicher Ämter oder Titel[78], ferner Darlehen für verbotene Glücksspiele, sofern der Darlehensnehmer den Betrag verspielt hat[79], die Annahme eines Mandats durch einen Rechtsanwalt unter Verstoß gegen § 45 Abs. 1 Nr. 1 BRAO[80] sowie schließlich strafbare Schmiergelder[81]. 40

Besonderheiten gelten für **wucherische Darlehen**. § 817 S. 2 darf hier, wie immer man im Übrigen seinen Zweck interpretiert (o. Rn 35), jedenfalls nicht dazu führen, dass der Darlehensbetrag, die sog. Valuta, *endgültig* dem Bewucherten verbleibt. Deshalb sieht man heute die nach § 817 S. 2 nicht kondizierbare Leistung des Darlehensgebers nicht mehr in der Darlehensvaluta selbst, sondern lediglich in deren **vorübergehender Überlassung** an den Darlehensnehmer, sodass der Darlehensgeber die Valuta nach Ablauf der (unwirksam) vereinbarten Zeit unbehindert von § 817 S. 2 zurückfordern kann[82]. Umstritten ist, ob dies bedeutet, dass der Darlehensnehmer während der vereinbarten Zeit das Kapital auch unentgeltlich nutzen darf oder ob er nach § 818 Abs. 1 zumindest die üblichen **Zinsen** zahlen muss. Während das Schrifttum überwiegend das Letztere annimmt[83], hält die Rechtsprechung daran fest, dass dem Darlehensgeber wegen der Nichtigkeit des Vertrages keine Zinsen gebühren, sodass sich auf einmal – wohl zur größten Verblüffung des Darlehensnehmers selbst – das (zunächst) überteuerte Darlehen in ein zinsloses Darlehen verwandelt[84]. Für diese Lösung der Problematik spricht indessen bereits die einfache Überlegungen, dass andernfalls der Sittenverstoß für den Wucherer nahezu risikolos wäre, da er sonst (höchstens) eine geringfügige Reduzierung seiner Zinsen im Rechtsstreit zu befürchten hätte. 41

---

75 BGHZ 75, S. 299 (302) = NJW 1980, S. 452; BGH, NJW 2005, S. 1490 (1491, unter 2a); NJW 2011, S. 373 Tz 20; *Larenz/Canaris*, Schuldrecht II/2, § 68 III 3 b (S. 163); *Looschelders* II, Tz 1052.

76 Ebenso *Koppensteiner/Kramer*, Bereicherung, S. 65; *Reuter/Martinek*, Bereicherung, S. 211 ff, *Stamm*, NJW 2014, S. 2145 (2148).

77 *H. Honsell*, Rückabwicklung, S. 136 ff.

78 BGH, LM Nr 5 zu § 138 (Cg) BGB = NJW 1994, S. 187 „Honorarkonsul"; OLG Koblenz, NJW 1999, S. 2904; *Loewenheim*, Bereicherung, S. 73 f; s. auch o. Rn 36.

79 BGH, LM Nr 152 zu § 607 BGB = NJW 1995, S. 1152; NJW 1996, S. 248.

80 BGH, NJW 2011, S. 373.

81 OLG Köln, ZMR 1977, S. 148; weitere Beispiele s. o. Rn 38.

82 RGZ(GS) 161, S. 52 (55 ff); BGH, LM Nr 152 zu § 607 BGB = NJW 1995, S. 1152; für Ratenkredite s. *Emmerich*, JuS 1988, S. 925 (931 f).

83 *Koppensteiner/Kramer*, Bereicherung, S. 65 f; *Looschelders* II, Tz 351; *Medicus*, in: Gedächtnisschrift f. Dietz, 1973, S. 61; *Medicus/Lorenz* II, Tz 1153, 1155 und 1161; *Reuter/Martinek*, Bereicherung, S. 217 ff; anders aber *Wieling*, Bereicherungsrecht, § 3 III 6h (S. 40).

84 BGH, LM Nr 1 zu § 22 GenG = NJW 1983, S. 1420 = JuS 1983, S. 801 Nr 3; LM Nr 38 zu § 817 BGB = NJW 1993, S. 2108; *Staake*, Gesetzliche Schuldverhältnisse, § 3 Rn 114.

§ 17 Bereicherung in sonstiger Weise, Nichtleistungkondiktionen

Hausbau-Fall 19: 1. E hatte mit dem Bauträger S einen Vertrag abgeschlossen, durch den sich S verpflichtete, dem E ein Haus binnen einer bestimmten Frist zu einem festen Preis zu bauen. S bestellte darauf hin bei der Firma D bestimmte Geräte, die die D unmittelbar an die Baustelle des E lieferte und dort einbaute. Kann D Bezahlung der Geräte von E verlangen, wenn S zahlungsunfähig ist? Wie steht es, wenn S unerkannt geisteskrank war?

2. Wie ist die Rechtslage, wenn S entgegen seiner Vereinbarung mit E den Vertrag mit der Firma D nicht im eigenen Namen, sondern im Namen des E abgeschlossen hat? Kann E einwenden, er habe nur mit S etwas zu tun? **Lösung Rn 18; § 18 Rn 1, 13, 15**

Leder-Fall 20: Der D hatte der Firma X einen Posten Leder gestohlen und an die gutgläubige Firma Y veräußert. Dieser gelang es infolge einer vorübergehenden Lederverknappung, das Leder sehr günstig an ihre Abnehmer weiter zu veräußern, die es alsbald in ihren Fabriken verarbeiteten. Die X verlangt jetzt von der Y Herausgabe des Erlöses. **Lösung Rn 25**

Literatur: S. o. bei § 16 sowie *Büscher*, Der Anwendungsbereich der Eingriffskondiktion im Wettbewerbsrecht; *Ebert*, Bereicherungsausgleich im Wettbewerbs- und Immaterialgüterrecht, 2001; *Ellger*, Bereicherung durch Eingriff, 2002; *N. Fest*, Bereicherungs- und Schadensausgleich bei der Verletzung von Immaterialgüterrechten, 1996; *Fournier*, Bereicherungsausgleich bei Verstößen gegen das UWG, 1999; *Haines*, Bereicherungsansprüche bei Warenzeichenverletzung, 1970; *Jakobs*, Eingriffserwerb und Vermögensverschiebung, 1964; *Kellermann*, Grundsätze der Gewinnhaftung, 1969; *A. Kobbelt*, Der Schutz von Immaterialgütern durch das Bereicherungsrecht, 1999; *Fr. Schäfer*, Bereicherungsrecht, 2001; *Fr. Schulz*, System der Rechte aus dem Eingriffserwerb, AcP Bd 105 (1909), S. 1; *J. Wilhelm*, Rechtsverletzung und Vermögensverschiebung, 1973.

I. Eingriffskondiktion

1. Überblick

1 § 812 Abs. 1 S. 1 unterscheidet zwischen der Leistungskondiktion (dazu o. § 16) und der Bereicherung in sonstiger Weise, die eingreift, wenn jemand etwas in sonstiger Weise auf Kosten eines anderen ohne rechtlichen Grund erlangt. Die wichtigsten **Erscheinungsformen** der Bereicherung in sonstiger Weise sind die Eingriffs-, die Verwendungs- und die Rückgriffskondiktion (u. Rn 33, 35 f), die im Grunde nur das eine gemeinsam haben, dass die Bereicherung des Kondiktionsschuldners hier *nicht* auf einer Leistung des Entreicherten, sondern auf sonstigen Vorgängen beruht. Deshalb spricht man in diesen Fällen häufig auch von Nichtleistungskondiktionen.

2 Die wichtigste Erscheinungsform der Nichtleistungskonditionen ist die Eingriffskondiktion. Bei der Eingriffskondiktion handelt es sich im Ergebnis um ein **Mittel des allgemeinen Rechtsgüterschutzes**, mit dem der Berechtigte Übergriffe Dritter in den ihm von der Rechtsordnung zur ausschließlichen Nutzung zugewiesenen Rechtskreis abwehrt (daher die Nähe zum Deliktsrecht)[1]. Paradigma ist die unbefugte Nutzung

1 Ebenso z. B. *Staake*, Gesetzliche Schuldverhältnisse, § 4 Rn 7.

fremder Sachen und Rechte (Rn 7).Gesetzlich geregelte **Sonderformen** der Eingriffskondiktion finden sich in § 816 (Rn 20), § 822 (§ 19 Rn 18 f) und in § 951.

Die Eingriffskondiktion setzt nach dem Gesagten (Rn 1, 2) gemäß § 812 Abs. 1 S. 1 Fall 2 voraus, dass jemand etwas auf Kosten eines anderen nicht durch dessen Leistung, sondern durch Eingriff in eine von der Rechtsordnung anerkannte und geschützte Rechtsposition des anderen, des Berechtigten ohne Berechtigung hierzu erlangt. Der Begriff des **„etwas“**, d. h. des möglichen Bereicherungsgegenstandes wird in diesem Zusammenhang ebensoweit wie im Rahmen der Leistungskondiktion ausgelegt (§ 16 Rn 9 f). Darunter fällt deshalb jede rechtlich vorteilhafte Position im weitesten Sinne, jeder vermögensrechtlich nutzbare Vorteil, vom Eigentum an Sachen bis hin zu unrichtigen Eintragungen in öffentlichen Registern wie insbesondere dem Grundbuch[2]. Wann immer jemand eine derartige rechtlich vorteilhafte Position durch einen Eingriff in die geschützte Rechtsposition eines anderen, des Berechtigten erlangt, ist er folglich nach § 812 Abs. 1 S. 1 Fall 2 zur Herausgabe des Erlangten verpflichtet. Daraus ergeben sich die einzelnen **Prüfungsschritte** der Eingriffskondiktion: Es sind dies der Reihe nach: 1. die Erlangung einer rechtlich vorteilhaften Position, 2. gerade durch einen Eingriff in eine rechtlich geschützte Position eines anderen und damit „auf dessen Kosten“ (Rn 4, 11 ff), und zwar 3. ohne Berechtigung des Eingreifers zu dem Eingriff gegenüber dem Berechtigten (Rn 14 ff). 3

2. Geschützte Positionen[3]

Mit der Eingriffskondiktion sollen Eingriffe Dritter in die dem Berechtigten zur ausschließlichen Nutzung zugewiesenen Rechtspositionen sanktioniert werden (Rn 2 f). Zur **Abgrenzung** der auf diese Weise geschützten Rechtspositionen kann man entweder vorrangig auf die Rechtswidrigkeit des Eingriffs (sog. Rechtswidrigkeitstheorie) oder auf den Zuweisungsgehalt des verletzten Rechts abstellen (zu letzterem s. u. Rn 5 f). Die so genannte **Rechtswidrigkeitstheorie** wurde 1909 von *Fr. Schulz* begründet[4]. In ihrer ursprünglichen Form billigte sie dem Berechtigten die Eingriffskondiktion grundsätzlich überall dort zu, wo er *Unterlassung des Eingriffs in seine Rechts- und Gütersphäre* verlangen konnte. Die heutigen Vertreter der Rechtswidrigkeitstheorie führen dagegen durchweg, um eine übermäßige Ausdehnung des Anwendungsbereichs der Eingriffskondiktion zu verhindern, noch ergänzende Kriterien zur Abgrenzung der geschützten Rechtspositionen ein, wobei besonderen Anklang die Frage gefunden hat, ob der Verletzte befugt ist, *allein* über die betreffende Position zu *disponieren*[5]. 4

Nach der Lehre vom **Zuweisungsgehalt**, die auf *Heck* zurückgeht[6], ist dagegen – anders als nach der Rechtswidrigkeitstheorie (o. Rn 4) – nicht jeder rechtswidrig erlang- 5

2 BGHZ 192, S. 204 (214 f, Tz 36) = NJW 2012, S. 2034 „gewinn.de“.

3 Über den Meinungsstand informieren *Ebert*, Bereicherungsausgleich, S. 70 ff; *Ellger*, Bereicherung, S. 21 ff; *Fournier*, Bereicherungsausgleich, S. 55 ff; *Haines*, Bereicherungsansprüche S. 68 ff; *A. Kobbelt*, Schutz, S. 78 ff; *Koppensteiner/Kramer*, Bereicherung, S. 70 ff; *Larenz/Canaris*, Schuldrecht II/2, § 69 I 1 (S. 168 ff); *Loewenheim*, Bereicherungsrecht, S. 80 ff; *Reuter/Martinek*, Bereicherung, S. 234 ff; *J. Wolf*, Der Stand der Bereicherungslehre, 1980, S. 50 ff.

4 AcP Bd 105 (1909), S. 1 ff.

5 Vgl. im Einzelnen *Ebert*, Bereicherungsausgleich, S. 122 ff; *Haines*, Bereicherungsansprüche, S. 89, 102 ff; *Jakobs*, Eingriffserwerb; *Kellmann*, Gewinnhaftung, S. 110 ff; *Reeb*, Grundprobleme, S. 37 ff; *J. Wilhelm*, Rechtsverletzung.

6 Schuldrecht, 1929, § 141, 5b.

te Vorteil, sondern allein derjenige Erwerb kondizierbar, der durch den Eingriff in ein fremdes Recht gerade *entgegen* dessen *Zuweisungsgehalt* (versteht sich: ohne Rechtsgrund) erlangt wird[7]. Diese Lehre ist heute durchaus herrschend[8]; vor allem der **BGH** hat sich wiederholt ausdrücklich zu ihr bekannt (Rn 6). Die **Kriterien**, an Hand derer die geschützten Rechtspositionen im Einzelnen abzugrenzen sind, sind jedoch (ebenso wie unter den Anhängern der Rechtswidrigkeitstheorie, Rn 4) umstritten geblieben. Während ein Teil der Lehre auf die Notwendigkeit verweist, jeden Einzelfall gesondert zu beurteilen[9], wollen andere entsprechend dem Paradigma des Eigentums vor allem darauf abstellen, ob die fragliche Position inzwischen so weit verfestigt ist, dass der Berechtigte sie selbst *„marktmäßig" verwerten* kann, insbesondere durch Verkauf, Vermietung, Verpachtung oder Lizenzierung[10].

6 Auf derselben Linie liegt heute die **Rechtsprechung**, insbesondere des BGH[11]. Maßgebend ist danach, ob die Rechtsposition, in die ein anderer eingegriffen hat, nach der Rechtsordnung dem Berechtigten zu dessen *ausschließlicher Verfügung und Verwertung* zugewiesen ist, sodass der erlangte Vermögensvorteil dem Zuweisungsgehalt der verletzten Rechtsposition widerspricht. Das entscheidende Kriterium sieht der BGH folgerichtig in der Befugnis des Berechtigten, jedem anderen die Nutzung des fraglichen Rechtsguts zu verbieten, sodass im Ergebnis der Eingriffskondiktion jeder vermögensrechtliche Vorteil unterliegt, den der Eingreifer nur unter Verletzung einer geschützten Rechtsposition und der alleinigen Verwertungsbefugnis des Rechtsinhabers erlangen konnte[12].

3. Beispiele

7 Das umfassendste subjektive Privatrecht ist das **Eigentum** (§ 903)[13]. Die **unbefugte**, d. h. weder durch Vertrag noch durch Gesetz gedeckte **Nutzung fremder Sachen** ist infolgedessen der Schulfall der Eingriffskondiktion. Beispiele sind die Nutzung fremder Grundstücke über den gesetzlich erlaubten Rahmen hinaus oder nach Ablauf eines Nutzungsrechts[14], z. B. die unbefugte Nutzung eines fremden Grundstücks zur Verlegung von Leitungen oder als Abstellplatz von Taxen[15], der Verbrauch fremder

---

7 So im Anschluss an *Heck* (vorige Fn) insbes. noch 1934 *Wilburg*, Ungerechtfertigte Bereicherung; sowie sodann 1954 *v. Caemmerer*, in: Festschrift f. Rabel Bd. I, S. 333.

8 Insbes. *Ellger*, Bereicherung, S. 308, 355 ff; *Hüffer*, JuS 1981, S. 263; *Canaris*, in: Festschrift f. Deutsch, 1999, S. 85 (87 ff); *Reuter/Martinek*, Bereicherung, S. 234, 248 ff; *Schlechtriem*, Restitution II, S. 89 ff.

9 *Koppensteiner/Kramer*, Bereicherung, S. 76 f; *Schlechtriem*, ZHR Bd 149 (1985), S. 327 (332 f).

10 *Hüffer*, JuS 1981, S. 263 (265); *Looschelder* II, Tz 1066; *Reuter/Martinek*, Bereicherung, S. 256 f; ausführlich *Ellger*, Bereicherung, S. 353, bes. 472 ff.

11 BGHZ 82, S. 299 (306) = NJW 1982, S. 1154; BGHZ 99, S. 385 (387 f) = NJW 1987, S. 1631; BGHZ 107, S. 117 (120 ff) = NJW 1990, S. 52; BGHZ 192, S. 204 (216, Tz 40) = NJW 2012, S. 2034 "gewinn.de"; BGH, NJW 2007, S. 296 Tz 17; 2013, S. 781 Tz 21 f; 2013 S. 2519 Tz 15 f; ebenso z. B. öOGH, JBl 1998, S. 250 (252).

12 So insbes. BGHZ 192, S. 204 (216, Tz 40) = NJW 2012, S. 2034 "gewinn.de"; BGH, NJW 2013, S. 781 Tz 21 f.

13 Zur Geschichte s. ausführlich *D. König*, Ungerechtfertigte Bereicherung, S. 157 ff; *Ellger*, Bereicherung, S. 485 ff; rechtsvergleichend *Schlechtriem*, Restitution II, S. 110–262.

14 RGZ 97, S. 310; 119, S. 265; BGH, NZM 2000, S. 183 (184) = NJW-RR 2000, S. 382; LM Nr 283 zu § 812 BGB (Bl. 2 R f) = NJW 2002, S. 60 (61); NJW 2013, S. 1809 Tz 14.

15 BGHZ 132, S. 198 (203 ff) = NJW 1996, S. 3409; BGH, LM Nr 6 zu § 103a GWB = NJW-RR 2002, S. 180 (181).

Sachen[16] sowie die Verwertung schuldnerfremder Sachen in der Zwangsvollstreckung zum Vorteil des Gläubigers[17]. Dagegen lösen das bloße Fotografieren eines fremden Hauses und die gewerbliche Verwertung der Aufnahmen allein noch keine Ansprüche aus Eingriffskondiktion aus, solange kein Urheberrecht an dem Haus besteht[18], vorausgesetzt zudem, dass die Aufnahmen nicht auf dem Grundstück selbst gemacht wurden, weil es sich andernfalls infolge des unbefugten Betretens des fremden Grundstücks doch um eine Eigentumsverletzung und damit um einen bereicherungsrechtlich relevanten Eingriff in das fremde Eigentum handelt, der Ansprüche aus Eingriffskondiktion nach sich ziehen kann[19]. **Sonderregelungen** finden sich in § 816 Abs. 1 für Verfügungen eines Nichtberechtigten über fremdes Eigentum (dazu u. Rn 20 ff) sowie für die Fälle der Verbindung, Vermischung und Verarbeitung fremder Sachen (§§ 946–950) in § 951, der folglich eine Rechtsgrundverweisung auf § 812 Abs. 1 S. 2 Fall 2 enthält (Rn 17).

Ebenso geschützt wie das Eigentum werden die **beschränkten dinglichen Rechte** so- 8
wie darüber hinaus der **berechtigte Besitz** (s. Rn 10), sodass z. B. der Nießbraucher ebenso wie der Mieter oder Pächter gegen jeden, der die ihnen überlassenen Grundstücke oder Räume unberechtigt nutzt, mit der Eingriffskondiktion vorgehen können[20]. Schutzwürdig ist weiter die Mehrzahl der **Immaterialgüterrechte** einschließlich insbesondere des Patent-, Gebrauchsmuster- und Urheberrechts[21] sowie des Markenrechts[22], sodass die unbefugte Nutzung eines der genannten Rechte zur Zahlung einer angemessenen **Lizenzgebühr** verpflichtet (§§ 812 Abs. 1 S. 1 Fall 2, 818 Abs. 2), während der weitergehende Anspruch auf Gewinnherausgabe nur unter zusätzlichen Voraussetzungen, insbesondere also bei Verschulden des Eingreifers, in Betracht kommt (§§ 687 Abs. 2, 823 Abs. 1 BGB; § 97 UrhG)[23].

Zu den geschützten Positionen werden heute ferner allgemein die verschiedenen **Per-** 9
sönlichkeitsrechte einschließlich des Namensrechtes und des Rechts am eigenen Bild gezählt[24]. Beispiele sind die **Verwertung fremder Bilder** sowie die **Ausnutzung fremder Namen in der Werbung** ohne Erlaubnis des Berechtigten, soweit nicht im Einzelfall eine Rechtfertigung des Eingriffs auf Grund vorrangiger Wertungen in Betracht kommt (s. u. Rn 17)[25]. Selbst für die Veröffentlichung erfundener In-

16 BGHZ 14, S. 7 (9) = NJW 1954, S. 1194.

17 BGHZ 32, S. 240 (244 ff) = NJW 1960, S. 1461; BGHZ 100, S. 95 (99 f) = NJW 1987, S. 1880; BGH, NJW 2013, S. 2519 Tz 16.

18 BGH, LM Nr 10 zu § 903 BGB = NJW 1989, S. 2251; LG Freiburg, NJW-RR 1986, S. 400; s. dazu *Schlechtriem*, JZ 1988, S. 854 (860); 1993, S. 189 f.

19 BGH, NJW 2013, S. 1809 Tz 12, 14, 26 „Preuß. Gärten und Schlösser"; *Warncke*, NJW 2013, S. 1812 m. Nachw.

20 BGH, LM Nr 79 zu § 249 (A) BGB = NJW 1987, S. 771; *Wieling*, Bereicherungsrecht, § 4 I 2b.

21 BGHZ 82, S. 299 (305 ff) = NJW 1982, S. 1154; BGH, LM Nr 32 zu § 34 GWB (Bl. 2 R f) = NJW 1997, S. 2954; *Büscher*, Anwendungsbereich; *Ebert*, Bereicherungsausgleich, S. 60, 115 ff; *Ellger*, Bereicherung, S. 591 ff.

22 BGHZ 99, S. 244 (246 ff) = NJW 1987, S. 2869 „Chanel Nr 5“; *Ellger*, Bereicherung, S. 695 ff.

23 BGHZ 99, S. 244 (248) = NJW 1987, S. 2869; s. o. § 13 Rn 20, u. § 19 Rn 6.

24 *Canaris*, in: Festschrift f. Deutsch, 1999, S. 85 (87 ff); *Beuthien/Schmölz*, Persönlichkeitsschutz durch Persönlichkeitsgüterrechte, 1999; *Frommeyer*, JuS 2003, S. 13 (17 f); *Ellger*, Bereicherung, S. 729 ff.

25 BGHZ 20, S. 345 (354 f) = NJW 1956, S. 1554 „Paul Dahlke“; BGHZ 81, S. 75 (81 f) = NJW 1981, S. 2402 „Carrera“; BGHZ 169, S. 340 (344, Tz 12) = NJW 2007, S. 689 „O. Lafontaine“; BGH, LM Nr 226 zu § 812 BGB = NJW 1992, S. 2084; GRUR 2008, S. 1124 f Tz 11 ff „Ernst August“; NJW 2013, S. 793 Tz 14 ff, 42 „Playboy am Sonntag“.

terviews mit Prominenten in der Presse – ein beliebtes Mittel der Auflagensteigerung – sollte heute, seitdem die Erteilung derartiger Interviews mit allgemeiner Billigung weitgehend kommerzialisiert ist, nicht mehr anders entschieden werden.

10 **Keinen Zuweisungsgehalt** hat dagegen der bloße **Besitz** (im Gegensatz zu dem berechtigten Besitz etwa des Nießbrauchers oder des Mieters, Rn 8), weil es sich dabei um ein bloßes tatsächliches Verhältnis handelt[26]. Dasselbe gilt im Ergebnis für „Eingriffe" in das **Recht am Gewerbebetrieb** oder in die durch das UWG geschützten **Wettbewerbspositionen**. Zu Recht wird hier überwiegend ein Schutz des Verletzten über die Eingriffskondiktion verneint,[27] weil es dabei in der Mehrzahl der Fälle allein um die Verletzung von Normen geht, die das Verhalten von Unternehmen im Wettbewerb steuern sollen, die aber nicht die Aufgabe haben, allseits geschützte Positionen, noch dazu mit positivem vermögensrechtlichen Gehalt, zu begründen[28]. Bloße **Forderungsrechte** genießen gleichfalls grundsätzlich keinen Schutz mittels der Eingriffskondiktion, da sie nur vom Schuldner, nicht jedoch von Dritten verletzt werden können[29]; abweichend wird indessen häufig unter Hinweis auf § 816 Abs. 2 (dazu u. Rn 31 f) für die sogenannte *Forderungszuständigkeit* entschieden[30].

4. Eingriff

11 Zweites Tatbestandsmerkmal der Eingriffskondiktion ist der grundlose „Eingriff" eines Dritten in eine der geschützten Positionen (o. Rn 4 ff). Darunter ist, wie sich aus § 812 Abs. 1 S. 1 ergibt, jeder Erwerb zu verstehen, der *nicht* gerade auf einer *Leistung* des Berechtigten beruht, sondern sich „in sonstiger Weise" vollzieht. Die Art des Erwerbs bleibt gleich. Auch der Erwerb kraft Gesetzes, z. B. durch Verbindung oder Vermischung (§§ 946 ff, 951), oder durch natürliche Vorgänge gehört daher hierher. Als **Schulfälle** werden immer wieder zitiert: Die Kühe des A grasen die Weiden des B ab (ein in der amerikanischen Praxis vielerörterter Fall); bei einem Hochwasser wird ein Stück Land des A an das Grundstück des B angeschwemmt (ein schon in den Digesten behandelter Fall)[31]. Der Begriff des Eingriffs wird somit ganz **weit** gefasst.

5. Parteien

12 Hinzu kommen muss weiter, dass der Schuldner durch den Eingriff (o. Rn 11) in ein geschütztes Recht (Rn 4 f) gerade „auf Kosten" des Berechtigten bereichert wird. Durch dieses Merkmale werden somit die Parteien der Eingriffskondiktion bestimmt[32]. Im Regelfall ergeben sich daraus keine Schwierigkeiten, weil **berechtigt**

26 BGH, NJW 2013, S. 1809 Tz 26; 2014, S. 1095 Tz 13 ff; str.

27 So für das Recht am Gewerbebetrieb BGHZ 71, S. 86 (98 ff) = NJW 1978, S. 1377; BGHZ 107, S. 117 (121) = NJW 1990, S. 52; *Ellger*, Bereicherung, S. 785, 803 ff; *Hüffer*, JuS 1981, S. 263 (265); anders *Haines*, Bereicherungsansprüche, S. 95 ff; *Ebert*, Bereicherungsausgleich, S. 119 ff (für die Beeinträchtigung konkreter Gewinnaussichten).

28 Insbesondere *Mestmäcker*, Der verwaltete Wettbewerb, 1984, S. 159.

29 BGH, LM Nr 79 zu § 249 (A) BGB = NJW 1987, S. 771; LM Nr 233 zu § 812 BGB = NJW 1993, S. 1919 (für bloße Herausgabeansprüche); *Ellger*, Bereicherung, S. 851 ff.

30 S. BGHZ 192, S. 204 (216 f, Tz 41); Sx 27; *Larenz/Canaris*, Schuldrecht II/2, § 69 I 2 d (S. 174 f); *Schlechtriem*, Restitution II, S. 175 ff; *Wieling*, Bereicherungsrecht, § 4 I 2c.

31 Vgl. *Ellger*, Bereicherung, S. 339 ff; *Loewenheim*, Bereicherungsrecht, S. 95 f; im Einzelnen str.

32 Ebenso BGHZ 94, S. 160 (165) = NJW 1985, S. 1952 „Baulast"; *Loewenheim*, Bereicherungsrecht, S. 96 f.

durchweg der Inhaber der geschützten Rechtsposition ist, während die **Verpflichtung** zur Herausgabe der Bereicherung den Eingreifer trifft. Dadurch werden zugleich etwaige Ansprüche des Berechtigten gegen sonstige Dritte ausgeschlossen, die im *weiteren* Verlauf aus dem Eingriff in sein Recht Nutzen gezogen haben (sogenanntes **Durchgriffsverbot**; s. dazu u. § 18 Rn 3 ff).

Lediglich wenn die Bereicherung einer Partei auf **Eingriffen Dritter** oder auf **Naturvorgängen** beruht (Rn 11), kann die Bestimmung der Parteien der Eingriffskondiktion Probleme aufwerfen. Deshalb war früher vielfach zusätzlich gefordert worden, der Bereicherung des Schuldners müsse unmittelbar eine Entreicherung des Berechtigten entsprechen; beide Vorgänge müssten zudem kausal miteinander verknüpft sein[33]. Man spricht oder besser: sprach insoweit auch von dem Erfordernis der **Unmittelbarkeit der Vermögensverschiebung** und billigte Ansprüche aus Eingriffskondiktion nur den unmittelbar an der Vermögensverschiebung beteiligten Personen zu. 13

Die Beschränkung des Tatbestands der Eingriffskondiktion auf unmittelbare Vermögensverschiebungen ist heute überwunden, vor allem aus der Überlegung heraus, dass die Eingriffskondiktion ebenso wenig wie die Leistungskondiktion die Aufgabe hat, einen *Verlust* auf der Seite des Berechtigten auszugleichen, sondern lediglich grundlose Vermögens*vermehrungen* auf der Seite des Bereicherten rückgängig machen soll[34]. Daraus folgt insbesondere, dass es *keine* Rolle spielt, ob der Berechtigte selbst **jemals in der Lage gewesen** wäre, sein Recht ebenso wie der Eingreifer zu nutzen[35]. Macht z. B. eine unbefugte Radiosendung (ein Eingriff) einen bis dahin völlig unbekannten Song zum „Hit" (ein kalifornischer Fall), so stehen dem Verfasser des Songs (selbstverständlich) Ansprüche aus Eingriffskondiktion gegen den rechtswidrig handelnden Sender zu, – obwohl der Verfasser selbst vermutlich niemals in der Lage gewesen wäre, einen vergleichbaren Erfolg zu erzielen. Ebenso unerheblich ist, ob der Berechtigte dem Eingriff **zugestimmt** hätte, woran es zumal bei Eingriffen in das Persönlichkeitsrecht häufig fehlen wird; der Eingreifer muss sich vielmehr an der von ihm selbst geschaffenen Lage festhalten lassen[36]. 13a

6. Rechtsgrund

Letzte Voraussetzung der Eingriffskondiktion ist nach § 812 Abs. 1 S. 1, dass die Bereicherung des Eingreifers ohne rechtlichen Grund erfolgt ist. Das ist grundsätzlich der Fall, wenn die Bereicherung **im Widerspruch zu** dem **Recht** steht, in das eingegriffen wurde, sodass es sich durchweg eigentlich nur fragen kann, ob der Eingriff ausnahmsweise durch Vertrag (u. Rn 15) oder Gesetz (u. Rn 16 f) erlaubt ist. 14

Für eine Eingriffskondiktion ist zunächst kein Raum, wenn der Berechtigte dem anderen Teil den Eingriff in sein Recht **vertraglich gestattet** hat. Beispiele sind der Abschluss eines Mietvertrages über eine Sache oder die Lizenzierung von Patent- oder Urheberrechten. Zur Rechtfertigung des Eingriffs reicht es in derartigen Fällen bereits 15

33 *Mestmäcker*, JZ 1958, S. 521; *Knieper*, BB 1991, S. 1578 (1580 ff).

34 BGHZ 81, S. 75 (82) = NJW 1981, S. 2402 „Carrera"; *Reuter/Martinek*, Bereicherung, S. 237 ff.

35 S. u. § 19 Rn 10; ebenso BGHZ 169, S. 340 (344, Tz 12) = NJW 2007, S. 689 „O. Lafontaine"; *Koppensteiner/Kramer*, Bereicherung, S. 84 ff.

36 BGHZ 169, S. 340 (344, Tz 12) = NJW 2007, S. 689 „O. Lafontaine"; *Canaris*, in: Festschrift f. Deutsch, 1999, S. 85 (89 f); *Chr. Siemes*, AcP Bd 201 (2001), S. 202 (218 ff).

aus, dass der Berechtigte lediglich *verpflichtet* ist, die dem Eingriff entsprechende Rechtslage herzustellen. Der Mieter, der sich eigenmächtig in den Besitz der ihm vermieteten Räumlichkeiten setzt, mag sich dadurch einer verbotenen Eigenmacht schuldig machen (§ 858); Nutzungsersatz qua Eingriffskondiktion schuldet er jedoch nicht, sondern „nur" Zahlung der vereinbarten Miete sowie gegebenenfalls Schadensersatz (§§ 280 Abs. 1, 823 Abs. 1, str.).

16 Beruht der Erwerb des Eingreifers auf **Gesetz**, so kann sich die Rechtfertigung des Eingriffs auch aus dem betreffenden Gesetz ergeben. In Fällen eines **gesetzlichen Erwerbs** muss deshalb stets geprüft werden, ob der Erwerb die Rechtfertigung in sich trägt (so dass er nicht mehr nachträglich über die Eingriffskondiktion desjenigen, der sein Recht eingebüßt hat, wieder rückgängig gemacht werden kann) oder ob die Eingriffskondiktion als Ausgleich für den Rechtsverlust möglich bleibt.

17 An einigen Stellen hat das Gesetz diese Frage bereits selbst entschieden. Hervorzuheben ist **§ 951**, aus dem sich ergibt, dass der gesetzliche Erwerb aufgrund der §§ 946 ff durch Verbindung, Vermischung oder Verarbeitung *nicht* schon kraft Gesetzes gerechtfertigt ist, sodass dem früheren Eigentümer zum Ausgleich für seinen Rechtsverlust die Eingriffskondiktion verbleibt. § 951 enthält mit anderen Worten eine **Rechtsgrundverweisung**[37]. Dasselbe gilt gemäß **§ 977** für den Eigentumserwerb an einem Fund aufgrund der §§ 973, 974 und 976[38]. Umgekehrt zu entscheiden ist dagegen in den Fällen des **gutgläubigen Erwerbs** aufgrund der §§ 892 f und 932 ff, da das Gesetz mit diesen Vorschriften offenkundig den gutgläubigen Erwerber begünstigen wollte. Damit wäre eine Eingriffskondiktion des früheren Eigentümers unvereinbar[39]. Dasselbe folgt zwanglos aus § 816 Abs. 1 S. 1[40]. Nur selten ist freilich die Rechtslage so eindeutig, wie in den genannten Fällen, da an zahlreichen Stellen die Frage der Rechtfertigung und damit der Endgültigkeit des gesetzlichen Erwerbs vom Gesetzgeber bewusst *offengelassen* wurde. Ein vor allem früher vieldiskutiertes Beispiel ist die **Ersitzung**, weil § 937 abweichend von den §§ 951 und 977 keinen Verweis auf § 812 enthält; daraus wird heute überwiegend der Schluss gezogen, dass die Ersitzung zu einem endgültigen Eigentumserwerb führen soll, dass sie mit anderen Worten „kondiktionsfest" ist[41].

7. Subsidiarität

18 In Mehrpersonenverhältnissen kann die Leistungskondiktion des Vertragspartners des Bereicherten mit der Eingriffskondiktion eines Dritten zusammentreffen.

Dies zeigt unser **Hausbau-Fall 19**, der hier als Beispiel für die sogenannten **Einbaufälle** dienen mag (s. dazu u. § 18 Rn 13, 15). Diese Fälle sind dadurch gekennzeichnet, dass ein Lieferant D auf Grund eines Vertrages z. B. mit einem Bauträger S Material direkt bei dem Auftraggeber des Bauträgers, dem Grundstückseigentümer E, in dessen Haus einbaut (s. die nachstehende Skizze). Die Vermögensvermehrung des Grundstückseigentümers E beruht

37 S. schon o. Rn 7; z. B. BGH, NJW 2014, S. 1805 Tz 32.
38 *Staake*, Gesetzliche Schuldverhältnisse, § 4 Rn 34.
39 BGHZ 55, S. 176 (177 f) = NJW 1971, S. 612 „Jungbullen-Fall".
40 S. dazu u. Rn 21 ff; zu der Ausnahme, die sich aus § 816 Abs. 1 S. 2 ergibt, s. u. Rn 29 f.
41 *Palandt/Bassenge*, Vorbem vor § 937 Rn 2; anders RGZ 130, S. 69.

hier zwar auf einer Leistung seines Vertragspartners, des Bauträgers S, der sich zur Erfüllung seiner vertraglichen Pflichten gegenüber dem E lediglich des Lieferanten D als seines Erfüllungsgehilfen bedient hat (§ 278). Zugleich sind jedoch im Verhältnis des Lieferanten D zu dem Grundstückseigentümer E dem Wortlaut nach auch die Voraussetzungen der Eingriffskondiktion aufgrund der §§ 951, 946 erfüllt, so dass entschieden werden muss, welche Beziehung hier den Vorrang haben soll, da jedenfalls eine doppelte Inanspruchnahme des E von S *und* D ausscheidet.

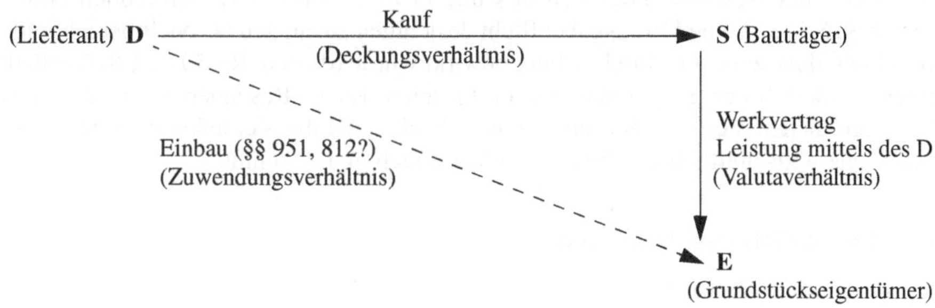

In Fallgestaltungen der geschilderten Art gebührt nach h.M. grundsätzlich der **Leistungskondiktion** des Vertragspartners (in unserem Fall also: des S) der **Vorrang** vor der Eingriffskondiktion Dritter (hier: des D)[42]. Daraus wird in den erwähnten Einbaufällen der Schluss gezogen, dass der Werklohnanspruch oder die etwaige Leistungskondiktion des Bauträgers S gegen den Grundstückseigentümer E (bei Unwirksamkeit seines Vertrages mit E) eine Eingriffskondiktion des Lieferanten D aufgrund der §§ 951 und 812 Abs. 1 S. 1 ausschließt. Das Beispiel macht zugleich deutlich, dass bei der Anwendung des Subsidiaritätsprinzips auf die Person des Kondiktionsschuldners (E) und nicht etwa auf die des Gläubigers (D) abzustellen ist. Konkret gesprochen, bedeutet das Prinzip mithin, dass derjenige, der (aus *seiner* Sicht) *durch Leistung* bereichert ist, in unserem Beispiel also der Grundstückseigentümer E, *nicht* zugleich auf sonstige Weise seitens eines Dritten bereichert sein kann[43], sodass er nicht zusätzlich mit einer Eingriffskondiktion Dritter, hier des Materiallieferanten D, überzogen werden kann[44]. Das so verstandene Subsidiaritätsprinzip ist in den letzten Jahren vielfach **kritisiert** worden[45], da sich mittlerweile herausgestellt hat, dass es Fallgestaltungen gibt, in denen das Prinzip versagt[46]. Indessen handelt es sich dabei um Ausnahmefälle, die es nicht rechtfertigen, das Subsidiaritätsprinzip generell aufzugeben[47]. 19

42 Zuletzt z. B. BGH, NJW 2014, S. 1805 Tz 32; BGH, NJW 2013, S. 2519 Tz 11; w. Nachw. u. Fn 44.

43 Lies § 812 Abs. 1 S. 1: „... oder ..."!

44 BGHZ 40, S. 272 (278) = NJW 1964, S. 399 „Elektroherde"; BGHZ 56, S. 228 (240) = NJW 1971, S. 1750; BGH, NJW 2014, S. 1805 Tz 32; BGH, NJW 2005, S. 60; *Kötter*, AcP Bd 153 (1954), S. 210; *Reuter/Martinek*, Bereicherung, S. 399 ff; *Wieling*, Bereicherungsrecht, § 6 IV 2 (S. 86 ff).

45 Z. B. *Beuthien*, JuS 1987, S. 841 (844 f); *Jakobs*, JuS 1973, S. 152 (155 f); *Wilhelm*, JuS 1973, S. 1.

46 S. Rn 22; *Ellger*, Bereicherung, S. 237 ff; vgl. insbesondere den Jungbullen-Fall BGHZ 55, S. 176 (177 f) = NJW 1971, S. 612 und dazu *H.P. Westermann*, JuS 1972, S. 18; *D. Schildt*, JuS 1995, S. 953 (954 f).

47 *Hüffer*, JuS 1981, S. 263 (267 f); *Loewenheim*, Bereicherungsrecht, S. 79; *Looschelders* II, Tz 1060; *Medicus/Lorenz* II, Tz 1226.

II. Verfügungen eines Nichtberechtigten

1. Überblick

20 Nach § 816 Abs. 1 S. 1 ist ein Nichtberechtigter, der wirksam über einen fremden Gegenstand verfügt hat, dem Berechtigten zur Herausgabe des Erlangten verpflichtet. Erfolgte die Verfügung unentgeltlich, so trifft die Herausgabepflicht statt dessen den Empfänger (§ 816 Abs. 1 S. 2; dazu u. Rn 28 f). Eine vergleichbare Regelung für andere Bereicherungsfälle findet sich in § 822 (s. u. § 19 Rn 18 f). Schließlich ordnet noch § 816 Abs. 2 eine Herausgabepflicht desjenigen an, an den als Nichtberechtigten vom Schuldner wirksam eine Leistung bewirkt wurde (dazu u. Rn 30 f). § 816 enthält einen Sonderfall der Eingriffskondiktion (s. schon Rn 7). Besonders deutlich ist das bei entgeltlichen Verfügungen über fremde Sachen, da die Veräußerung einer fremden Sache wirtschaftlich gesehen ihrem Verbrauch gleichkommt.

2. Entgeltliche Verfügungen

a) Anwendungsbereich

21 § 816 Abs. 1 S. 1 bestimmt zunächst, dass ein Nichtberechtigter, der über einen Gegenstand eine (entgeltliche) Verfügung trifft, die dem Berechtigten gegenüber wirksam ist, dem Letzteren zur Herausgabe des durch die Verfügung Erlangten verpflichtet ist. **Verfügung** im Sinne des § 816 Abs. 1 S. 1 ist jedes Rechtsgeschäft, durch das, namentlich im Wege der Veräußerung oder Belastung, unmittelbar auf das Recht eingewirkt wird. Den Gegensatz bilden Verpflichtungsgeschäfte sowie Hoheitsakte[48]. Paradigma ist die **Veräußerung fremder Sachen** durch einen Dritten **an** einen **Gutgläubigen** (§§ 892, 932). Hintergrund der gesetzlichen Regelung ist der Umstand, dass der (entgeltliche) Erwerb kraft guten Glaubens die Rechtfertigung in sich trägt, sodass der frühere Eigentümer jetzt nicht mehr mit der Eingriffskondiktion gegen den *Erwerber* vorgehen kann (s. o. Rn 17). Weitere hierher gehörende Fälle sind der gutgläubige Erwerb beschränkter dinglicher Rechte, z. B. eines Pfandrechts an fremden Sachen (§ 1207) sowie der Erwerb von Erbschaftsgegenständen von einem durch einen Erbschein ausgewiesenen Nichterben (§ 2166). In allen genannten Fällen billigt das Gesetz dem ursprünglich Berechtigten, dem Eigentümer oder dem wirklichen Erben, zum Ausgleich für ihren Rechtsverlust in § 816 Abs. 1 S. 1 eine **Eingriffskondiktion gegen den Verfügenden** zu (s. schon o. Rn 20).

22 In einer Reihe von Fallgestaltungen ist umstritten, ob eine **entsprechende Anwendung** des § 816 Abs. 1 S. 1 in Betracht kommt. Diese Frage stellt sich zunächst in den uns schon bekannten **Einbaufällen** (Fall 19), sofern der Einbauende (D) nicht eigenes, sondern widerrechtlich *fremdes Material*, d. h. Material eines Dritten verwendet (s. die Skizze Rn 18). In derartigen Fällen beruht zwar der Erwerb des Grundstückseigentümers (E) an diesem Material auf *Gesetz* (§§ 946 ff) – mit der Folge, dass es an sich an einer Verfügung des Einbauenden iS des § 816 Abs. 1 S. 1 fehlt. Die Situation ist jedoch durchaus mit der bei Vorliegen einer rechtsgeschäftlichen Verfügung vergleichbar, sodass der Grundstückseigentümer (E) zwar analog § 932 im Falle seiner

48 BGH, LM Nr 47 zu § 816 BGB (Bl. 2 f) = NJW 1999, S. 1026; *Wieling*, Bereicherungsrecht, § 4 III 1.

Gutgläubigkeit (!) gegen eine Eingriffskondiktion des Materialeigentümers aus § 951 geschützt wird, der Letztere aber zum Ausgleich einen Anspruch aus § 816 Abs. 1 S. 1 gegen denjenigen erwirbt, der sein Material widerrechtlich in das Grundstück des E *eingebaut* hat, in unserem Fall 19 also gegen D. Der Einbau wird dann m.a.W. **wie** eine **Verfügung** über fremde Sachen behandelt. Anders ist jedoch zu entscheiden, wenn der Grundstückseigentümer (E) **bösgläubig** (§ 932) oder das Material dem Eigentümer des Materials **abhanden gekommen** ist (§ 935). (Nur) dann tritt nach Einbau des Materials (§ 946) ausnahmsweise an die Stelle der Vindikation (§ 985) die Eingriffskondiktion des Eigentümers direkt gegen den Grundstückseigentümer (E) (§§ 951, 812 Abs. 1 S. 1 Fall 2). Es handelt sich somit hier um einen der Fälle, in denen mit Rücksicht auf vorrangige Wertungen (§§ 935, 985) kein Raum für die Anwendung des Subsidiaritätsprinzips ist (Rn 19)[49].

Die Frage einer entsprechenden Anwendung des § 816 Abs. 1 S. 1 stellt sich ferner in dem Fall der Vermietung oder Verpachtung fremder Sachen. Ein praktisch bedeutsames Beispiel ist die **unberechtigte Untervermietung** einer Sache durch den Mieter. In diesem umstrittenen Fall werden unterschiedliche Anspruchsgrundlagen diskutiert: neben vertraglichen Ersatzansprüchen (§§ 540 und 280 Abs. 1) Ansprüche aus Eingriffskondiktion (§ 812 Abs. 1 S. 1) und aus dem Eigentümer-Besitzerverhältnis (§§ 987, 988 und 990) sowie insbesondere auch Ansprüche aufgrund einer entsprechenden Anwendung des § 816 Abs. 1 S. 1[50]. Am nächsten liegt dabei in der Tat – entgegen der durchaus h.M. – die ja auch sonst für möglich gehaltene (Rn 22) entsprechende Anwendung des § 816 Abs. 1 S. 1, da es bereicherungsrechtlich *keinen* Unterschied macht, ob ein Nichtberechtigter ein fremdes Grundstück wirksam mit einem Wohnungsrecht oder einem Nießbrauch zu Gunsten eines anderen belastet (das sind Verfügungen iS des § 816 Abs. 1 S. 1) oder ob er ihm stattdessen die Sache einfach vermietet oder verpachtet. **23**

b) Wirksamkeit der Verfügung

Zweite Voraussetzung der Herausgabepflicht des Nichtberechtigten ist nach § 816 Abs. 1 S. 1, dass seine Verfügung dem Berechtigten gegenüber wirksam ist. Die Wirksamkeit kann zunächst auf den gesetzlichen Vorschriften über den Schutz des gutgläubigen Erwerbs beruhen, in erster Linie also auf den **§§ 892 f und 932 ff sowie § 2366**. Die Wirksamkeit der Verfügung kann sich genauso gut aber auch aus einer nachträglichen **Genehmigung** der Verfügung durch den Berechtigten ergeben (§ 185). Der Berechtigte erhält auf diese Weise die Möglichkeit, in **Veräußerungsketten** auf denjenigen zuzugreifen, der für ihn noch auffindbar ist. Die Genehmigung der Verfügung liegt in derartigen Fällen idR schon in der Erhebung der **Klage** auf Herausgabe des Erlöses, freilich auflösend bedingt durch die Nichtzahlung des verlangten Betrages[51]. **24**

---

49 S. dazu auch u. § 18 Rn 18 ff sowie *Loewenheim*, Bereicherungsrecht, S. 101 f; *D. Schildt*, JuS 1995, S. 953 (954 ff).

50 S. m. Nachw. Staudinger/*Emmerich*, 2014, § 540 Rn 30; *Emmerich*, JuS 1996, S. 648 f.

51 S. *Koppensteiner/Kramer*, Bereicherung, S. 94; *Larenz/Canaris*, Schuldrecht II/2, § 69 II 1 c (S. 182); *Loewenheim*, Bereicherungsrecht, S. 104; *Medicus/Lorenz* II, Tz 1193; *Wieling*, Bereicherungsrecht, § 4 III 1c.

25 Für unseren **Leder-Fall 20** folgt aus dem Gesagten, dass die Firma X immer noch die an sich wegen § 935 unwirksamen Verfügungen der Firma Y über ihr Leder genehmigen kann. Dem steht auch nicht entgegen, dass sie im Augenblick der Genehmigung bereits das Eigentum infolge der Verarbeitung des Leders durch die Abnehmer der Firma Y nach § 950 verloren hatte (§§ 185 Abs. 1, 242)[52].

c) Parteien

26 Der Anspruch aus § 816 Abs. 1. S. 1 steht dem (bisher) **Berechtigten** zu, der aufgrund der Vorschriften über den Schutz des guten Glaubens oder infolge der Genehmigung der Verfügung eines Nichtberechtigten sein Recht verloren hat. **Verpflichtet** ist dagegen derjenige, der im eigenen Namen ohne Befugnis gegenüber dem Berechtigten (wirksam) über das fremde Recht verfügt hat[53]. Wer dagegen mit Einwilligung des Berechtigten handelt, kann in der Regel nicht als Nichtberechtigter im Sinne des § 816 Abs. 1 S. 1 behandelt werden[54].

d) Das Erlangte

27 Unter den Voraussetzungen des § 816 Abs. 1 S. 1 ist der Nichtberechtigte zur Herausgabe des „Erlangten“ verpflichtet. Was darunter zu verstehen ist, ist umstritten. Während nach einer Meinung der Nichtberechtigte entsprechend § 818 Abs. 2 nur **Wertersatz** in Höhe des „objektiven“ Verkehrswertes des Verfügungsobjektes zu leisten braucht[55], muss er nach durchaus h.M. auch einen etwaigen **Gewinn** (als Erlangtes) an den Berechtigten abführen[56]. Das gilt selbst dann, wenn der Gewinn auf einer besonderen Geschicklichkeit des Nichtberechtigten beruht (vgl § 285). Den möglicherweise zuvor an einen Dritten gezahlten **Kaufpreis** darf der Nichtberechtigte **nicht abziehen**[57]; insoweit muss er sich vielmehr mit seinem Vormann auseinandersetzten (s. §§ 433, 434, 437). Hat der Nichtberechtigte umgekehrt (infolge seiner Ungeschicklichkeit) einen besonders **niedrigen Erlös** erzielt, so hat es dabei gleichfalls sein Bewenden. Mehr als er tatsächlich erlangt hat, braucht er nach § 816 Abs. 1 S. 1 nicht herauszugeben (s. § 818 Abs. 3), solange er nicht bösgläubig ist (§§ 819 Abs. 1, 818 Abs. 4).

3. Unentgeltliche Verfügungen

28 Die Anordnung der Herausgabepflicht des Erlangten (§ 816 Abs. 1 S. 1) macht nur so lange Sinn, wie der widerrechtlich Verfügende tatsächlich etwas erlangt hat. Sie versagt dagegen bei unentgeltlichen Verfügungen. Deshalb bestimmt für diese Fälle er-

52 BGHZ 56, S. 131 (133 ff) = NJW 1971, S. 1452 = JuS 1971, S. 600 Nr 4; *Looschelders* II, Tz 1081; *Medicus/Lorenz* II, Tz 1193.

53 BGH, NZG 2003, S. 1164 (1165); *Jahr*, JuS 1963, S. 397; *Reuter/Martinek*, Bereicherung, S. 291 ff.

54 BGH, NZG 2003, S. 1164 (1165).

55 *Bollenberger*, Das stellvertretende commodum, 1999, S. 259 ff; *Ebert*, ZIP 2002, S. 2296 (2300); *Medicus/Lorenz* II, Tz 1197; *Schlechtriem*, ZHR 149 (1985), 327 (333 f).

56 So BGHZ 47, S. 128 (129) = NJW 1967, S. 1021; BGHZ 75, S. 203 (206) = NJW 1980, S. 178; *Koppensteiner/Kramer*, Bereicherung, S. 121 ff; *Loewenheim*, Bereicherungsrecht, S. 106 ff; *Looschelders* II, Tz 1032 f.

57 S. u. § 19 Rn 29 sowie BGHZ 47, S. 128 (129 f) = NJW 1967, S. 1021; *Larenz/Canaris*, Schuldrecht, II/2, § 73 I 5 (S. 302 ff); *Loewenheim*, Bereicherungsrecht, S. 109 f, 150; *Medicus/Lorenz* II, Tz 1198.

gänzend **§ 816 Abs. 1 S. 2**, dass zum Schutze des Berechtigten die Herausgabepflicht dann den **Erwerber** trifft. Der Sache nach bedeutet dies, dass der *unentgeltliche* gutgläubige Erwerb letztlich keinen Schutz genießt[58]. Der Begriff der **Unentgeltlichkeit** ist hier derselbe wie in § 516 (s. deshalb o. § 6 Rn 51). Daraus ergibt sich die Frage, wie **gemischte Schenkungen** im Rahmen des § 816 Abs. 1 S. 2 zu behandeln sind (s. § 6 Rn 54). Anders als bei § 516 will die Rechtsprechung insoweit bei § 816 Abs. 1 S. 2 in der Regel darauf abstellen, ob der unentgeltliche Charakter des Geschäfts überwiegt; nur dann soll Raum für die Anwendung unserer Vorschrift sein[59]. Das Schrifttum tritt dagegen häufig für eine differenzierende Lösung ein, die im Kern auf eine Wertersatzpflicht des Beschenkten hinausläuft, *soweit* er tatsächlich unentgeltlich erworben hat, während sich hinsichtlich des Restes der Anspruch weiterhin gegen den Schenker richten soll (§§ 816 Abs. 1 S. 2, 818 Abs. 2).

Fraglich ist, ob den unentgeltlichen Verfügungen in § 816 Abs. 1 S. 2 **rechtsgrundlo- 29
se Verfügungen eines Nichtberechtigten** gleichgestellt werden können. Die Frage wird akut, wenn zunächst A grundlos zugunsten des B und sodann B ebenfalls grundlos zu Gunsten des C über eine Sache verfügt (s. nachstehende Skizze). Soweit hier ein „Durchgriff" des A auf C bejaht wird (sog **Einheitskondiktion**), ist dafür vor allem die Überlegung maßgebend, dass es in derartigen Fällen einen überflüssigen Umweg bedeutete, den Berechtigten (A) auf die Kondiktion des Bereicherungsanspruchs des Verfügenden (B) gegen den Empfänger der grundlosen Leistung (C) zu verweisen[60]. **Gegen** die **Zulassung** des **Durchgriffsanspruchs** des Berechtigten A gegen den Leistungsempfänger C spricht jedoch in diesen Fällen, dass dem Letzteren (C) dadurch etwaige Einwendungen aus seinem Verhältnis zu dem Verfügenden (B) ebenso wie dem B aus seinem Verhältnis zu A abgeschnitten würden. Deshalb ist in unserem Beispiel der A darauf zu verweisen, den Bereicherungsanspruch des B gegen den C zu kondizieren (so genannte **Doppelkondiktion**)[61].

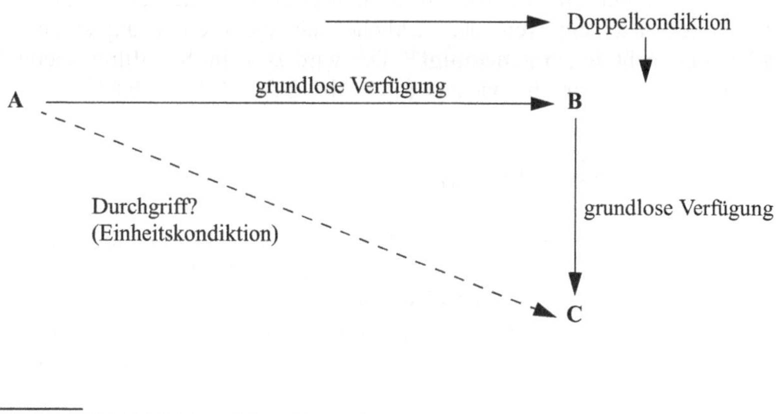

58 BGHZ 81, S. 395 (396 f) = NJW 1982, S. 761.

59 BGH, WM 1964, S. 614; *Palandt/Sprau*, § 816 Rn 14.

60 So noch BGHZ 37, S. 363 (368 f) = NJW 1962, S. 1671.

61 *Ellger*, Bereicherung, S. 199 f; *Larenz/Canaris*, Schuldrecht II/2, § 69 II 2 b (S. 184); *Loewenheim*, Bereicherungsrecht, S. 111 f; *Medicus/Lorenz* II, Tz 1195; *Schlosser*, JuS 1963, S. 141; *Wieling*, Bereicherungsrecht, § 6 VII (mit einem wunderschönen Fall von 1770!); offengelassen in BGHZ 47, S. 393 (395 f) = NJW 1967, S. 1660.

4. Leistung an einen Nichtberechtigten

30 Ein Bereicherungsanspruch kommt nach nach **§ 816 Abs. 2** ferner in Betracht, wenn der Schuldner mit Wirksamkeit gegenüber dem Gläubiger an einen (nichtberechtigten) Dritten leistet. Der Gläubiger kann sich dann zwar nicht mehr an seinen Schuldner halten (§ 362); er bleibt aber befugt, gemäß § 816 Abs. 2 die Leistung von dem Nichtberechtigten zu kondizieren, der die Leistung des Schuldners grundlos eingezogen hat (s. nachstehende Skizze).

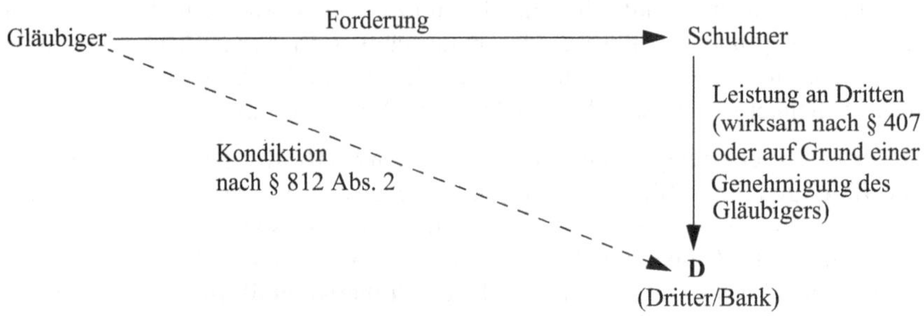

31 § 816 Abs. 2 setzt voraus, dass die **Leistung** an den Nichtberechtigten (D, o. Rn 30) dem wirklichen Gläubiger gegenüber **wirksam** ist. Die Wirksamkeit der Leistung kann sich hier zunächst aus Schuldnerschutzbestimmungen ergeben, wobei in erster Linie an die **§§ 407 bis 409** zu denken ist (vgl außerdem noch die §§ 370, 808, 851, 893 und 2367 BGB sowie § 366 HGB). Unter § 816 Abs. 2 fallen daher **z. B.** Leistungen an den Zedenten in Unkenntnis der Abtretung (§ 407), Leistungen an den späteren Erwerber einer Forderung bei mehrfacher Abtretung (§ 408), Leistungen an einen Scheingläubiger aufgrund einer unrichtigen Abtretungsanzeige (§ 409) sowie Leistungen an einen durch einen Erbschein ausgewiesenen Nichterben (§ 2367). § 816 Abs. 2 greift aber auch ein, wenn der wirkliche Gläubiger die Leistung an den Nichtberechtigten D nachträglich **genehmigt**[62]. Das wird zwar im Schrifttum vielfach bestritten[63], indessen zu Unrecht, wie aus § 362 Abs. 2 iVm § 185 folgt[64].

III. Verwendungskondiktion

32 Eine Verwendungskondiktion kommt in Betracht, wenn jemand ohne Verpflichtung hierzu und ohne Mitwirkung des Eigentümers auf dessen Sachen aus seinem Vermögen Verwendungen macht[65]. Unter **Verwendungen** versteht man allgemein freiwillige Vermögensopfer, die einer Sache zugutekommen sollen, ohne sie grundlegend zu verändern, insbesondere also die Reparatur oder Verbesserung einer Sache (s. schon

62 BGH, LM Nr 38 zu § 816 BGB = NJW 1986, S. 2430; LM Nr 6 zu § 808 BGB = NJW 1986, S. 2104.

63 *Koppensteiner/Kramer*, Bereicherung, S. 100 f; *Loewenheim*, Bereicherungsrecht, S. 115 f; vermittelnd *Reuter/Martinek*, Bereicherung, S. 353 ff.

64 Ebenso *Larenz/Canaris*, Schuldrecht II/2, § 69 II 3 d (S. 186 f); *Looschelders* II, Tz 1089; *Wieling*, Bereicherungsrecht, § 4 III 2b.

65 *Ellger*, Bereicherung, S. 203 ff; *Larenz/Canaris*, Schuldrecht II/2, § 69 III 1 (S. 188 ff); *Loewenheim*, Bereicherungsrecht, S. 116 ff; *Wandt*, Gesetzliche Schuldverhältnisse, § 11 Rn 59 ff.

o. § 12 Rn 7). Wird durch die Verwendungen der Wert der Sachen erhöht, so kann der Verwendende grundsätzlich anschließend von dem Eigentümer der Sachen nach den §§ 812 Abs. 1 S. 1 Fall 2 und 818 Abs. 2 Wertersatz verlangen. Der **Anwendungsbereich** dieser Verwendungskondiktion ist freilich, jedenfalls nach h.M., schmal, da in der Mehrzahl der Fälle andere Regelungen den **Vorrang** haben[66]. Eindeutig ist dies zunächst, wenn die Verwendungen eine **Leistung** an den dadurch bereicherten Eigentümer darstellen, wie es häufig der Fall sein wird, wenn der Verwendende seine mangelnde Berechtigung hinsichtlich der Sache kennt, er aber gleichwohl um der Sache willen tätig wird, weil er dann damit den Zweck verfolgt, im Ergebnis das Vermögen des Eigentümers der Sache zu vermehren, sodass eine Leistung vorliegt (o. § 16 Rn 12 ff). In diesem Fall richtet sich die Abwicklung des Verhältnisses zwischen den Parteien entweder nach ihren vertraglichen Beziehungen (s. für die Miete die §§ 536a Abs. 2, 539) oder nach der grundsätzlich vorrangigen Leistungskondiktion (o. Rn 19), während für die Verwendungskondiktion hier kein Raum ist[67]. Aber auch in den Fällen, in denen die Verwendungen (ausnahmsweise) **keine Leistung** an den Eigentümer darstellen wie etwa bei Verwendungen eines Diebes auf die gestohlene Sache oder bei Verwendungen des gutgläubigen Eigenbesitzers, kommt nach überwiegender Meinung Sonderregelungen wie der **Geschäftsführung ohne Auftrag (§§ 677, 683, 684**; s. o. § 13) oder dem **Eigentümer-Besitzerverhältnis** (§§ 994 ff) der **Vorrang** vor der Verwendungskondiktion zu, sodass nur selten Raum für einen Rückgriff auf diese Kondiktionsform sein wird, insbesondere bei Verwendungen eines Nichtbesitzers[68]. **Beispiele** sind der Anbau an eine vom Nachbar errichtete, halbscheidige Giebelmauer[69] oder Arbeiten an dem Haus der Eltern in der Erwartung der Erbeinsetzung[70].

Für einen Rückgriff auf die „Verwendungskondiktion" nach § 812 Abs. 1 S. 2 Fall 2 **33**
ist ferner grundsätzlich dann Raum, wenn die fraglichen Verwendungen auf eine fremde Sache nicht unter den üblichen engen Verwendungsbegriff der h.M. fallen, weil durch sie die fremde Sache nicht verbessert, sondern völlig *verändert* wird (Rn 32). Paradigma ist die **Bebauung eines fremden Grundstücks**. In solchen Fällen stellt sich dann freilich sofort die zusätzliche Frage, wie der Eigentümer des Grundstücks gegen die **aufgedrängte Bereicherung** in Gestalt der Bebauung seines Grundstücks, die er gar nicht wollte, geschützt werden kann. Als Ausweg empfiehlt sich hier, – neben einer strikten Anwendung des § 1004 – darauf abzustellen, was die fraglichen Verwendungen speziell dem einzelnen Eigentümer der Sache wert sind. Abgelesen werden kann dieser sogenannte **subjektive Wert** der Verwendungen in erster Linie daran, welche zusätzlichen Einnahmen der Eigentümer aus der durch die Verwendungen verbesserten Sache zu ziehen vermag[71].

66 Überblick bei *Schlechtriem*, Restitution II, S. 36 ff; *Medicus/Lorenz* II, Tz 1208 f; *Verse*, Verwendungen im Eigentümer-Besitzer-Verhältnis, 1999.

67 *Wieling*, Bereicherungsrecht, § 4 II; für die Miete s. *Emmerich*, NZM 1998, S. 49.

68 Ebenso z. B. *Staake*, Gesetzliche Schuldverhältnisse, § 4 Rn 64.

69 OLG Düsseldorf, NJW-RR 1987, S. 531.

70 OLG Koblenz, NJW 1990, S. 126.

71 S. *Emmerich*, NZM 1998, S. 49 (54); *Koppensteiner*, NJW 1971, S. 1769 (1771); *Larenz*, in: Festschrift f. v. Caemmerer, 1978, S. 209 (224 ff); *Loewenheim*, Bereicherungsrecht, S. 120 f, 139; *Medicus/Lorenz* II, Tz 1173, 1209; *Schlechtriem*, Restitution II, S. 41 f; *Wieling*, Bereicherungsrecht, § 5 I 4b.

IV. Rückgriffskondiktion

34 Eine Rückgriffskondiktion ist zu erwägen, wenn jemand gemäß § 267 **fremde Verbindlichkeiten tilgt**, ohne hierzu dem Schuldner gegenüber berechtigt oder verpflichtet zu sein (zur Verdeutlichung s. nachstehende Skizze). Denn dadurch erlangt der Schuldner etwas, nämlich die Befreiung von seiner Verbindlichkeit, auf Kosten des leistenden Dritten ohne rechtlichen Grund (§ 812 Abs. 1 S. 1 Fall 2). Damit ist zugleich gesagt, dass für die Rückgriffskondiktion des Dritten gegen den Schuldner wegen des Vorrangs von Leistungsbeziehungen jedenfalls dann kein Raum ist, wenn zwischen dem Dritten und dem Schuldner **vertragliche Beziehungen** bestehen, aufgrund derer der Dritte tätig wird. Etwaige Ausgleichsansprüche des Dritten richten sich dann allein nach dieser vertraglichen Beziehung, insbesondere also nach § 670 bei Auftrag und in Geschäftsbesorgungsverhältnissen. – Vorrang gebühren ferner speziellen Abwicklungsmechanismen, etwa aufgrund der §§ 268 Abs. 3, 426 Abs. 2 und 774 Abs. 1 S. 1. Der dort jeweils angeordnete **gesetzliche Übergang** der Forderung des Gläubigers auf den leistenden Dritten, z. B. auf den Bürgen (§ 774 Abs. 1 S. 1, s. o. § 14 Rn 28), macht ebenfalls eine zusätzliche Rückgriffskondiktion entbehrlich.

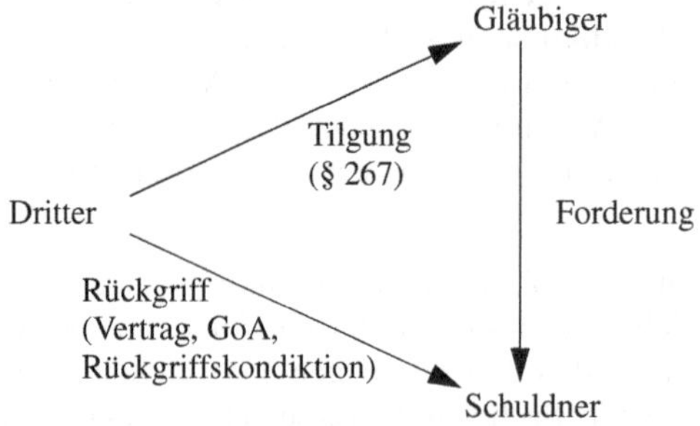

35 Für eine Rückgriffskondiktion bleibt damit nur in wenigen Fällen Raum. **Beispiele** sind die Tilgung fremder Unterhalts- oder Schadensersatzverpflichtungen[72], die Beseitigung von Bauwerksmängeln durch einen Bauträger anstelle der hierzu in erster Linie verpflichteten Handwerker[73], die Beseitigung von Eigentumsstörungen durch den Eigentümer selbst an Stelle des Störers[74] sowie die Reparatur eines Kraftfahrzeugs durch eine Werkstatt anstelle des hierzu eigentlich verpflichteten Schädigers[75]. Bei Lichte besehen ist indessen auch in vielen dieser Fälle die Rechtslage zweifelhaft, da in ihnen die Drittleistung wohl durchweg eine Geschäftsführung für den Schuldnern darstellt, so dass ihre Lösung vorrangig den Regeln über die **Geschäftsführung ohne Auftrag** zu entnehmen sein dürfte (s. o. § 13): War die Geschäftsführung berechtigt, so ergibt sich ein Aufwendungsersatzanspruch des Geschäftsführers gegen den Schuldner bereits aus den §§ 677, 683 und 670. Andernfalls, d. h. wenn ausnahmsweise die in der Schuldentilgung liegende Geschäftsführung dem Willen oder

72 BGHZ 78, S. 201 (205 ff) = NJW 1981, S. 48; BGHZ 137, S. 89 (94 f) = NJW 1998, S. 378 (379).
73 BGHZ 70, S. 389 (396 ff) = NJW 1978, S. 1375.
74 BGHZ 97, S. 231 (234) = NJW 1986, S. 2640; OLG Düsseldorf, NJW 1986, S. 2648.
75 BGH, LM Nr 35 zu § 823 (Ac) BGB = NJW 1983, S. 812.

dem Interesse des Schuldners widerspricht, greift dagegen **§ 684** ein, der ohnehin auf das Bereicherungsrecht verweist, sodass fraglich ist, ob es daneben überhaupt noch einer eigenen Kategorie der Rückgriffskondiktion bedarf[76]. Überwiegend wird die Frage bisher bejaht, vor allem in den eigenartigen Fällen einer nachträglichen Tilgungsbestimmung (Rn 36)[77].

Von einer **nachträglichen Tilgungsbestimmung** spricht man, wenn der leistende Dritte (s. wiederum unsere Skizze Rn 34) irrtümlich annimmt, *selbst* zu der Leistung gegenüber dem Gläubiger *verpflichtet* zu sein und er erst später nach Erkenntnis seines Irrtums die irrtümliche Eigenleistung als eine solche auf eine tatsächlich bestehende fremde Verbindlichkeit bestimmt, um sich dergestalt eine Rückgriffsmöglichkeit gegen den wirklichen Schuldner zu eröffnen. Ein **Beispiel** ist die Zahlung einer Versicherung (als „Dritter") auf Grund vermeintlicher Eintrittspflicht an den *(wirklichen)* Gläubiger ihres Versicherungsnehmers. Stellt sich dann später heraus, dass die Versicherung tatsächlich gar nicht zur Leistung verpflichtet war, etwa, weil der Versicherungsvertrag unwirksam oder bereits abgelaufen war, so kann sie zwar ihre nicht geschuldete Leistung bei dem (wirklichen) Gläubiger ihres Versicherungsnehmers kondizieren (condictio indebiti nach § 812 Abs. 1 S. 1). Fraglich ist jedoch, ob sie statt dessen auch befugt ist, *nachträglich* die irrtümliche Eigenleistung als eine solche auf die tatsächlich bestehende Schuld ihres Versicherungsnehmers *zu bestimmen,* sodass sie sich anschließend an ihren Versicherungsnehmer mit der Rückgriffskondiktion halten kann (o. Rn 34 f), etwa, weil der Gläubiger inzwischen insolvent geworden ist. Da der Schuldner bei solcher Vorgehensweise seiner Versicherung Gefahr läuft, etwaige Einwendungen aus dem Verhältnis zu seinem Gläubiger einzubüßen, kann eine nachträgliche Tilgungsbestimmung der Versicherung jedenfalls nur unter gleichzeitiger **entsprechender Anwendung der §§ 404 ff** zugelassen werden[78]. **36**

§ 18 Mehrpersonenverhältnisse

Literatur: *Hadding*, Der Bereicherungsausgleich bei dem Vertrag zu Rechten Dritter, 1970; *Hassold*, Zur Leistung im Dreipersonenverhältnis, 1981; *D. König*, Ungerechtfertigte Bereicherung, S. 179 ff; *Kupisch*, Gesetzespositivismus im Bereicherungsrecht, 1978; *U. Meyer*, Der Bereicherungsausgleich in Dreiecksverhältnissen, 1979; *Schnauder*, Grundfragen der Leistungskondiktion bei Drittbeziehungen, 1981; *Solomon*, Der Bereicherungsausgleich in Anweisungsfällen, 2004; *Stierle*, Bereicherungsausgleich bei fehlerhafter Banküberweisung, 1980; *Wilhelm*, Rechtsverletzung und Vermögensentscheidung, 1973; *J. Wolf*, Der Stand der Bereicherungslehre, S. 164 ff.

76 Verneinend *Koppensteiner/Kramer*, Bereicherung, S. 102 ff; *Reeb*, Grundprobleme, S. 83 ff; *Hüffer*, JuS 1981, S. 263 (265 f); *Looschelders* II, Tz 1100.

77 *Larenz/Canaris*, Schuldrecht II/2, § 69 III 2 (S. 191 ff); *Ellger*, Bereicherung, S. 210 f; *Loewenheim*, Bereicherungsrecht, S. 121 ff; *Staake*, § 4 Rn 65 f; *Wandt*, § 11 Rn 66 ff.

78 Für die Zulassung solcher nachträglichen Tilgungsbestimmung BGH, LM Nr 35 zu § 823 (Ac) BGB = NJW 1983, S. 812; LM Nr 183 zu § 812 BGB = NJW 1986, S. 2700; *Larenz/Canaris*, Schuldrecht II/2, § 69 III 2 c (S. 192 f); *Loewenheim*, Bereicherungsrecht, S. 123 ff; *Looschelders* II, Tz 1102 f; dagegen *Koppensteiner/Kramer*, Bereicherung, S. 39; *Medicus/Lorenz* II, Tz 1213; *Reuter/Martinek*, Bereicherung, S. 466, 473 ff.

I. Überblick

1 Die eigentlichen Probleme des Bereicherungsrechts liegen heute nicht mehr bei den noch verhältnismäßig leicht überschaubaren Zweipersonenverhältnissen, sondern bei den Drei- oder Mehrpersonenverhältnissen, vielfach auch ungenau, aber plastisch Dreiecksverhältnisse genannt, in denen häufig zweifelhaft ist, wer hier eigentlich was an wen geleitet hat.

Ein Beispiel bildet unser **Hausbau-Fall 19**, in dem sich der Bauträger S zur Erfüllung seines Vertrages mit dem E der Firma D bediente, die auf entsprechende Weisung des S hin ihre Geräte – in Erfüllung ihres Vertrages mit S – sofort in den Neubau des E einbaute (s. die Skizze bei § 17 Rn 18). Die Besonderheit dieses Falles ist das Zusammentreffen einer Leistungsbeziehung im Verhältnis zwischen S und E mit einer Bereicherung in sonstiger Weise im Verhältnis zwischen D und E. Der Grund für diese eigenartige Konstellation liegt letztlich darin, dass wir es hier mit einer **abgekürzten Leistungskette** zu tun haben. Denn anstatt erst an seinen Auftraggeber, den Bauträger S zu liefern (damit dieser sodann das gelieferte Material in das Haus des E einbauen kann), liefert D das Material direkt an E, womit die Beteiligten Zeit und Geld sparen.

2 Wichtig ist nun, sich klar zu machen, dass für derartige Leistungs- oder Zahlungsketten das BGB ein grundsätzliches **Durchgriffsverbot** enthält, aus dem sich in einer Vielzahl von Fällen (nicht in allen!) letztlich die bereicherungsrechtliche Lösung der mit Mehrpersonenverhältnissen zusammenhängenden Fragen erklärt[1]. **Ausnahmen** von diesem bereicherungsrechtlichen Durchgriffsverbot kennt das Gesetz lediglich in den Sonderfällen der §§ 816 Abs. 1 S. 2 und 822, d. h. bei unentgeltlicher Weitergabe des Erlangten (s. u. § 19 Rn 18). Jenseits dieser Sonderfälle gilt dagegen die **Regel**, dass, wenn A einen Gegenstand an B und B in der Folge denselben Gegenstand an C leistet, A nur einen Bereicherungsanspruch gegen B hat, mag nun in dem Verhältnis A – B allein oder auch in dem Verhältnis B – C der Rechtsgrund für die Leistung fehlen. Die Gesetzesverfasser wollten damit vor allem eine Übernahme der so genannten Versionsklage des gemeinen und des preußischen Rechts ins BGB verhindern (ALR I 13 §§ 262–280).

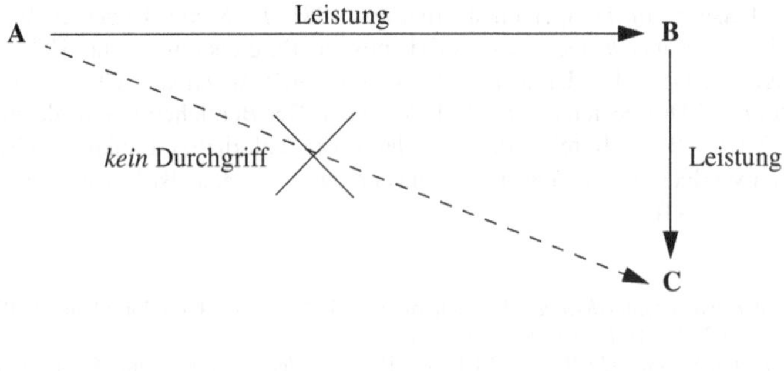

1 Vgl zum Folgenden insbesondere *Canaris*, in: Festschrift f. Larenz, S. 779; *Larenz/Canaris*, Schuldrecht II/2, § 70 (S. 200 ff); *D. König*, Ungerechtfertigte Bereicherung, S. 179 ff; *St. Lorenz*, JuS 2003, S. 729 ff m. Nachw.

Bei Leistungs- oder Zahlungsketten hat daher die Abwicklung grundsätzlich allein in der jeweiligen Leistungsbeziehung zu erfolgen hat. Der **Grund** für dieses Durchgriffsverbot liegt – neben der Ablehnung der früheren Versionsklage (o. Rn 2) – einmal in der Erwägung, dass in den genannten Fällen (o. Rn 2) A lediglich an B und nur dieser an C geleistet haben, sodass es bei **Fehlschlagen eines** der **beiden Leistungszwecke** nur billig ist, wenn A sich allein mit B (und dieser mit C) auseinandersetzen muss, zum anderen in der Überlegung, dass B aus seinem Verhältnis zu A und entsprechend C aus seinem Verhältnis zu B **Gegenrechte** haben können, die sie beide bei einem unmittelbaren Durchgriff des A gegen C verlören (vgl. die Skizze bei Rn 2!). Schließlich ist noch zu bedenken, dass, insbesondere im Falle einer Vorleistung des A, dieser ausschließlich dem B Kredit gewährt hat, sodass er bei der Rückabwicklung sinnvollerweise auch allein das **Insolvenzrisiko** des B (und nicht zugleich oder allein das des C) tragen sollte[2]. Freilich lassen sich (bedauerlicherweise) nicht alle einschlägigen Fälle auf der Basis dieser unmittelbar einleuchtenden Wertungen entscheiden, da in zahlreichen Fallgestaltungen insbesondere von der Rechtsprechung *anderen Wertungen* wie insbesondere Zurechnungsfragen und dem Schutz des guten Glaubens der *Vorrang* vor den genannten grundlegenden Wertungen zugebilligt werden, um im Einzelfall zu befriedigenden Ergebnissen zu gelangen[3]. Das ist letztlich der Grund für die zunehmende, nicht immer unbedingt notwendige Komplexität der Materie. 3

II. Anweisungsfälle

1. Grundlagen

Grundmodell der Dreipersonenverhältnisse sind die Anweisungsfälle, so genannt wegen der nahe liegenden Parallele zu der Anweisung der §§ 783 ff, da es in der Mehrzahl der Fälle hier in der Tat letztlich darum geht, dass ein Schuldner, der Anweisende S, im Deckungsverhältnis den sogenannten Angewiesenen D auffordert („anweist"), für ihn, den S, eine „abgekürzte" Leistung auf das Valutaverhältnis zu seinem Gläubiger, dem Anweisungsempfänger E, zu erbringen (s. nachstehende Skizze bei Rn 5). Von der Möglichkeit hierzu geht das Gesetz selbst in **§ 362 Abs. 2** aus. Paradigma ist die **Banküberweisung**, weil es sich auch bei dieser im Kern letztlich so verhält, dass die Bank des Schuldners S als Angewiesene (D) aufgrund eines Zahlungsauftrags des S (§§ 675, 675n; s. o. § 12 Rn 17 ff) einen Betrag dem Gläubiger des Schuldners S, dem Anweisungsempfänger E auf dessen Konto gutschreibt (§ 675s). Die Bank des Anweisungsempfängers fungiert in diesem Rahmen lediglich als bloße *Zahlstelle* des Empfängers – mit der Folge, dass sie in die etwaige bereicherungsrechtliche Abwicklung der Leistungsbeziehungen der Beteiligten *nicht* einbezogen werden kann[4]. 4

2 Ebenso im Anschluss an *Canaris* und *D. König* (o. Fn 1) *Kamionka*, JuS 1992, S. 929 (931 ff); *Kümpel*, WM 2001, S. 2381 (2382); *Loewenheim*, Bereicherungsrecht, S. 28 ff; *St. Lorenz*, JuS 2003, S. 839, besonders 844 f; *Medicus/Lorenz*. II, Tz 1217; *Schlechtriem*, Restitution II, S. 285 ff; *Staake*, Gesetzliche Schuldverhältnisse, § 5 Rn 12; *Wandt*, Gesetzliche Schuldverhältnisse, § 13 Rn 4; *Wieling*, Bereicherungsrecht, § 6 III.

3 S. besonders u. Rn 10 f; *Staake*, Gesetzliche Schuldverhältnisse, § 5 Rn 13.

4 BGHZ 170, S. 121 (124, Tz 10) = NJW 2007, S. 914.

5 Festzuhalten ist somit, dass sich im Ergebnis, und zwar letzlich aufgrund der von den Beteiligten getroffenen Zweckbestimmung ihrer verschiedenen Leistungen (s. o. § 16 Rn 12 ff, 17), die Zuwendung des Angewiesenen D (der Bank) an den Empfänger E, bei der Banküberweisung also die Gutschrift des Betrages auf dem Konto des Gläubigers E, als **Leistung** des D (der Bank) an den Anweisenden S **im Deckungsverhältnis** darstellt (die für S aufgrund einer entsprechenden Ermächtigung des S der E entgegennimmt) sowie als **Leistung** des Anweisenden S (mittels des von ihm eingeschalteten D [der Bank]) an seinen Gläubiger, den Anweisungsempfänger E, **im Valutaverhältnis**[5]. Oder einfacher: Anstatt das Geld bei der Bank (D) abzuheben und zu E zu bringen, überweist S den Betrag einfach von seinem Konto bei der D auf das des E.

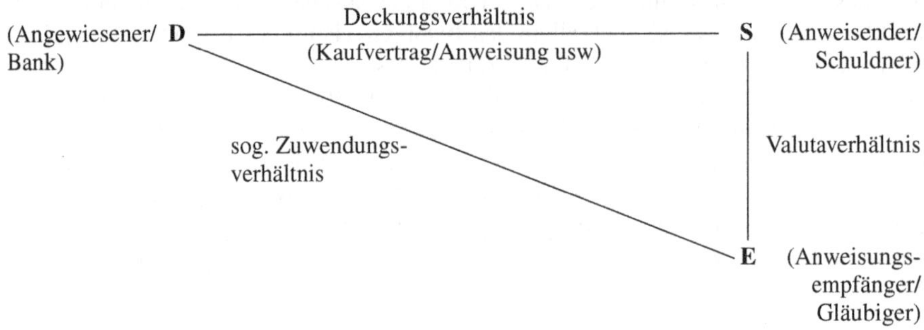

6 Für die bereicherungsrechtliche Abwicklung ergibt sich daraus, dass sie im Regelfall den **Leistungsbeziehungen im Deckungs- und im Valutaverhältnis** zwischen D, S und E zu folgen hat (o. Rn 2-5). Bei Unwirksamkeit des Deckungs- oder des Valutaverhältnisses findet der Bereicherungsausgleich mit anderen Worten *allein zwischen den Parteien des betreffenden Leistungsverhältnisses* statt, d. h. entweder zwischen dem Angewiesenen D und dem Anweisenden S oder zwischen diesem und dem Empfänger E (vgl. die vorstehende Skizze Rn 5). Ein direkter Durchgriff des Angewiesenen D gegen den Empfänger E scheitert dagegen im Regelfall an dem bereicherungsrechtlichen **Durchgriffsverbot**[6]. Insbesondere im Falle der **Banküberweisung** leuchtet dieses Ergebnis auch in der Sache unmittelbar ein. Stellt sich z. B. nachträglich heraus, dass der Anweisende S dem Anweisungsempfänger E tatsächlich gar nichts schuldete, so ist es, wie keiner weiteren Darlegung bedarf, allein sachgerecht, die Abwicklung ausschließlich im Valutaverhältnis zwischen S und E vorzunehmen, an dem die Bank (D) überhaupt nicht beteiligt ist, – ebenso wie sich die Bank (D) nur an S (und nicht auch an E) halten kann, wenn sie verspätet erkennt, dass für die Überweisung des S an E keine Deckung vorhanden war.

6a Ebenso wie eine Banküberweisung wird ferner die Zahlung mittels **Lastschrift** im Abbuchungsauftragsverfahren behandelt. Anders dagegen die Belastung des Kontos des Schuldners im **Einzugsermächtigungsverfahren**, da der Schuldner jederzeit der

5 Grdlg. *Flume*, AcP Bd 199 (1999), S. 1 (2 ff); *Kupisch*, WM 1999, S. 2381 (2383 ff).
6 S. o. Rn 2 f; BGHZ 147, S. 269 (273 ff) = NJW 2001, S. 2880; BGHZ 152, S. 307 (311) = NJW 2003, S. 582 (583); BGHZ 167, S. 171 (172 f, Tz 9) = NJW 2006, S. 1965; BGHZ 170, S. 121 (124, Tz 10) = NJW 2007, S. 914; BGHZ 176, S. 234 (236 f) = NJW 2008, S. 2331 Tz 9; NJW 2011, S. 66 (69, Tz 31 ff); NJW 2014, S. 547 Tz 11, 16.

dann rechtswidrigen Belastung seines Kontos widersprechen kann – mit der Folge, dass die Schuldnerbank Rückgriff bei dem Gläubiger nehmen kann (so genannte **Direktkondiktion**, u. Rn 11)[7].

Besonderheiten gelten bei der „echten“ **angenommenen Anweisung**, bei der der Anweisungsempfänger E einen unmittelbaren Anspruch gegen den Angewiesenen D erwirbt (§ 784 Abs. 1, s. die Skizze bei Rn 5). In solchen Fällen lässt sich durchaus die Auffassung vertreten, dass der Angewiesene D mit der „Zuwendung“ an den Empfänger E *auch* diesem gegenüber eigene Leistungszwecke verfolgt, einfach deshalb, weil er ihm ebenfalls zur Leistung verpflichtet ist. Gleichwohl wird selbst bei der angenommenen Anweisung überwiegend bei Mängeln des Deckungsverhältnisses ein **Durchgriff** des Angewiesenen D gegen den Empfänger E **abgelehnt** und der D stattdessen auf die Kondiktion gegen den Anweisenden S verwiesen, weil mit der Regelung des § 784 lediglich eine Verbesserung (und nicht etwa eine Verschlechterung) der Position des Anweisungsempfängers bezweckt werde und weil dementsprechend der Angewiesene die Zuwendung, zumindest in erster Linie, weiterhin als Leistung an den Anweisenden bestimme, – dies eine besonders deutliche Auswirkung der zentralen Bedeutung des Merkmals der Zweckbestimmung des „modernen“ Leistungsbegriffs (oben § Rn 12 ff, 17). Eine abweichende Beurteilung kommt lediglich unter den besonderen Voraussetzungen des **§ 822** in Betracht[8]. 7

2. Doppelmangel

Das Gesagte (Rn 4 ff) gilt – entgegen der früheren Rechtsprechung[9] – grundsätzlich auch in den besonders kritischen Fällen des Doppelmangels. Man versteht darunter Fallgestaltungen, in denen nicht allein das Deckungs- *oder* das Valutaverhältnis, sondern *beide gleichzeitig unwirksam* sind. In diesen Fällen wird mit anderen Worten heute ebenfalls grundsätzlich allein eine Abwicklung **„über das Dreieck“**, d. h. im Valuta- *und* im Deckungsverhältnis zugelassen[10]. Eine **Ausnahme** wird in Analogie zu § 822 lediglich dann erwogen, wenn im Valutaverhältnis zwischen dem Anweisenden S und dem Empfänger E eine **unentgeltliche Zuwendung** vorliegt, letztlich mit Rücksicht auf die „typische bereicherungsrechtliche Schwäche unentgeltlicher Zuwendungen“ (vgl. auch § 816 Abs. 1 S. 2)[11]. 8

Eine andere Frage ist, worin in den Fällen des Doppelmangels überhaupt die **Bereicherung des Anweisenden** S besteht (auf die der Angewiesene bei Doppelmangel nach dem Gesagten [Rn 8] nur zugreifen kann). Das Problem rührt daher, dass sich – auf den ersten Blick – seine Bereicherung auf seinen *Bereicherungsanspruch* gegen 9

---

7 BGHZ 167, S. 171 (173 ff, Tz 11 ff) = NJW 2007, S. 1965; BGH, NJW 2011, S. 1434 Tz 16 f; *Wandt*, Gesetzliche Schuldverhältnisse, § 13 Rn 57.

8 S. BGHZ 122, S. 46 (52) = NJW 1993, S. 1578 (1579); *Kupisch*, WM 1999, S. 2381 (2386 f); *St. Lorenz*, JuS 2003, S. 729 (733); *Medicus/Lorenz* II, Tz 1220; *Staake*, Gesetzliche Schuldverhältnisse, § 5 Rn 32; *Wandt*, Gesetzliche Schuldverhältnisse, § 13 Rn 58.

9 BGHZ 36, S. 30 (32) = NJW 1961, S. 2251; OLG Celle, NJW 1992, S. 3178.

10 S. BGHZ 48, S. 70 (75 f) = NJW 1967, S. 1905 = JuS 1967, S. 475 Nr 6; OLG Hamburg, WM 1990, S. 753; offen gelassen aber in BGHZ 147, S. 269 (275) = NJW 2001, S. 2880; s. *St. Lorenz*, JuS 2003, S. 729 (732); *Schlechtriem*, Restitution II, S. 310 ff.

11 BGHZ 88, S. 232 (237 ff) = NJW 1984, S. 483; *Flume*, NJW 1984, S. 464; *Gottwald*, JuS 1984, S. 841; s. zu dieser Frage *St. Lorenz*, JuS 2003, S. 729 (733).

den Empfänger E beschränkt, sodass er nach § 818 Abs. 1 und 3 lediglich verpflichtet wäre, seinerseits diesen Bereicherungsanspruch an den Angewiesenen D auf dessen Verlangen hin abzutreten (sog. **Kondiktion der Kondiktion**)[12]. Die Folge wäre freilich genau diejenige *Kumulierung von Einwendungs- und Insolvenzrisiken* bei dem Angewiesenen D, die für den Regelfall bei der bereicherungsrechtlichen Abwicklung von Dreiecksverhältnissen vermieden werden soll (o. Rn 3). Im Schrifttum wird deshalb als Ausweg vielfach erwogen, hier die Herausgabepflicht des Anweisenden (S) auf den Leistungsgegenstand selbst, sofern noch vorhanden, und sonst auf **Wertersatz** (§ 818 Abs. 2) zu erweitern[13]. Eine abweichende Beurteilung ist lediglich im Falle einer *besonderen Schutzbedürftigkeit* des Anweisenden (S) geboten, z. B. im Falle dessen arglistiger Täuschung[14].

3. Fehlerhafte Anweisung

10 Zusätzliche Fragen stellen sich, wenn der Angewiesene D auf eine von ihm nur irrtümlich angenommene oder vom Anweisenden S im Deckungsverhältnis bereits wirksam widerrufene oder sonst **unwirksame Anweisung** hin leistet. Die Entscheidung dieser Fälle ist wegen der widerstreitenden Interessen der Beteiligten schwierig. Die Rechtsprechung[15] stellt deshalb durch die Einbeziehung von Zurechnungs- und Vertrauensschutzgedanken (s. schon o. Rn 3) ganz auf die Umstände des Einzelfalles ab. Die Komplexität der Materie wird noch dadurch erhöht, dass das Gesetz neuerdings in Gestalt des § 675u möglicherweise eine weitere Konditionssperre gerade für unsere Fälle enthält.

10a Im Kern gilt (oder galt doch bisher) folgendes: **Fehlt** eine **Anweisung** ganz, so überwiegt in den Augen der Gerichte im Regelfall die Schutzbedürftigkeit des (vermeintlichen) Anweisenden S, der tatsächlich mit der ganzen Angelegenheit nichts zu tun hat. Folglich kommt hier als angemessene Lösung nur ein **Durchgriff** des (angeblich) „Angewiesenen" D gegen den Empfänger E in Betracht, der auf Kosten des „Angewiesenen" D „in sonstiger Weise" bereichert ist (§ 812 Abs. 1 S. 1 Fall 2). Hierher gehören die Fälle einer wegen **Geschäftsunfähigkeit** des Anweisenden S nichtigen Anweisung[16], der **Fälschung** einer Anweisung (sodass das Fälschungsrisiko in derartigen Fällen die Bank tragen muss)[17] sowie der Anweisung eines **vollmachtlosen Vertreters**[18]: Immer kann sich die Bank allein an den Empfänger E hal-

12 *Koppensteiner/Kramer*, Bereicherung, S. 28 f.

13 *Köndgen*, in: Festschrift f. Esser, S. 55 (74); *Flume*, AcP Bd 199 (1999), 1 (16 f); *Looschelders* II, Tz 1145; *St. Lorenz*, JuS 2003, S. 729 (732 f); *Medicus/Lorenz* II, Tz 1218; *Staake*, Gesetzliche Schuldverhältnisse, § 5 Rn 16 ff; *Wandt*, Gesetzliche Schuldverhältnisse, § 13 Rn 39.

14 Vgl BGH, LM Nr 9 zu § 142 BGB (Bl. 4 R) = NJW 1989, S. 2879; OLG Nürnberg, NJW-RR 1989, S. 1137; anders OLG Celle, NJW 1992, S. 3178 (Durchgriffskondiktion); s. *Schlechtriem*, JZ 1993, S. 27 f.

15 Zusammenfassend BGHZ 87, S. 393 (396 ff) = NJW 1983, S. 2499 usw bis BGHZ 176, S. 234 (237) = NJW 2008, S. 2331 (2332, Tz 10 f); BGH, NJW 2011, S. 66 (69, Tz 32 f); NJW 2014, S. 547 (549, Tz 17).

16 BGHZ 111, S. 382 (385 ff) = NJW 1990, S. 3194; BGHZ 176, S. 234 (237) = NJW 2008, S. 2331 (2332, Tz 10 f); *Flume*, NJW 1991, S. 2521; *ders.*, AcP Bd 199 (1999), S. 1 (6).

17 BGH, LM Nr 213 zu § 812 BGB = NJW 1990, S. 1200; BGH, NJW 2005, S. 3213 (3214 f); NJW 2011, S. 66 (69, Tz 33).

18 BGHZ 147, S. 145 (149 ff) = NJW 2001, S. 955; BGHZ 158, S. 1 (5 ff) = NJW 2004, S. 1315.

ten. Auf die Gutgläubigkeit des Empfängers E kommt es in diesen Fällen grundsätzlich *nicht* an[19].

Anders verhalten sich die Dinge indessen (bisher), wenn tatsächlich eine *Anweisung* vorliegt und diese „lediglich" *mit Mängeln behaftet* **oder** wirksam **widerrufen** ist. Paradigma ist die **Schecksperre**. Da hier der Anweisende den Anschein einer Anweisung gesetzt habe, halten die Gerichte den Empfänger E so lange für schutzwürdiger als den Anweisenden S, wie er (E) **gutgläubig** ist. Ebenso lange wird dementsprechend der Angewiesene D auf die Auseinandersetzung mit dem *Anweisenden* S verwiesen (s. wiederum die Skizze bei Rn 5, so genannte **Lehre vom objektiven Empfängerhorizont**)[20]. Dieses Ergebnis ist mit § 675u (der bei nicht autorisierten Überweisungen Aufwendungsersatzansprüche der Bank gegen ihren Kunden ausschließt) nur zu vereinbaren, wenn man annimmt, dass sich der Anwendungsbereich der Vorschrift auf vertragliche Aufwendungsersatzansprüche der Bank aus § 670 beschränke, konkurrierende Bereicherungsansprüche jedoch unberührt lasse. Richtiger Meinung nach handelt es sich jedoch bei § 675u S. 1 nach Wortlaut und Zweck um eine neue *Kondiktionssperre*, sodass die Bank in allen Fällen auf die Auseinandersetzung mit dem Empfänger der Überweisung beschränkt ist[21]. Ebenso entscheidet die Rechtsprechung bisher freilich nur, wenn der Empfänger E **bösgläubig** ist, z. B. die Schecksperre kennt *oder* kennen muss, sodass jedenfalls dann der unmittelbare Durchgriff des (nicht mehr) Angewiesenen D gegen den Empfänger E zugelassen wird (§ 812 Abs. 1 S. 1 Fall 2)[22]. 11

Einen besonders schwierigen Grenzfall stellt die versehentliche **Zuviel- oder Doppelzahlung** seitens der angewiesenen Bank dar. Der BGH zieht hier eine Parallele zu den Fällen der fehlerhaften Anweisung (Rn 10a) und kommt so zu dem Ergebnis, dass ein Durchgriff der Bank auf den Empfänger abzulehnen ist, solange der Empfänger gutgläubig ist; stattdessen wird die Bank auf die Auseinandersetzung mit ihrem anweisenden Kunden im Valutaverhältnis verwiesen[23]. Auch diese Rechtsprechung dürfte unter dem Regime des neuen § 675u kaum aufrechtzuerhalten sein[24]. 11a

4. Verträge zu Gunsten Dritter

Verträge zugunsten Dritter im Sinne der §§ 328 bis 335 werfen bereicherungsrechtlich im Kern dieselben Fragen wie die schon behandelten Anweisungsfälle auf (o. Rn 4 ff). Bei **Mängeln des Deckungsverhältnisses** zwischen dem Versprechenden D 12

19 BGHZ 147, S. 145 (151) = NJW 2001, S. 1855 usw bis BGHZ 158, S. 1 (5 f) = NJW 2004, S. 315; BGHZ 176, S. 234 = NJW 2008, S. 2331 f Tz 10 f; *St. Lorenz*, JuS 2003, S. 839 (840 m. Nachw.); *Staake*, Gesetzliche Schuldverhältnisse, § 5 Rn 53 f; *Wandt*, Gesetzliche Schuldverhältnisse, § 13 Rn 44 ff, 52.

20 BGHZ 61, S. 289 (292 ff) = NJW 1974, S. 39; BGHZ 147, S. 145 (150 f) = NJW 2001, S. 1855; BGHZ 176, S. 234 (238 f) = NJW 2008, S. 2331 (2332, Tz 12 ff); anders insbesondere *Flume*, AcP Bd 199 (1999), S. 1 (6 ff); *St. Lorenz*, JuS 2003, S. 839 (840 l. Sp. o.); *v. Olshausen*, in: Festschrift f. Eisenhardt, 2007, S. 277 (290 ff); *Wilhelm*, AcP Bd 175 (1975), S. 304.

21 Ausführlich MK/*Casper* § 675u Rn 19, 22 ff, 24 m. Nachw.; *Palandt/Sprau*, § 675u Rn 3 und § 812 Rn 107a; *Staake*, Gesetzliche Schuldverhältnisse, § 5 Rn 60.

22 BGHZ 87, S. 246 (249) = NJW 1983, S. 2501; BGH, LM Nr 174 zu § 812 BGB = NJW 1984, S. 2205; NJW 2011, S. 66 (69, Tz 34).

23 BGHZ 176, S. 234 (240 ff, Tz 19 ff) = NJW 2008, S. 2331; BGH, NJW 2011, S. 66 (70, Tz 36).

24 *Staake*, Gesetzliche Schuldverhältnisse, § 5 Rn 62.

und dem Versprechensempfänger S findet folglich selbst dann die Abwicklung allein in diesem Verhältnis statt, wenn der begünstigte Dritte – in unserem Schema der Empfänger E – einen unmittelbaren Anspruch gegen den Versprechenden D erwirbt (§§ 328 Abs. 1, 334)[25]. Dafür sind letztlich dieselben Erwägungen maßgebend wie für den Ausschluss der Direktkondiktion bei der angenommenen Anweisung (Rn 7).

12a Aber es gibt Ausnahmen. Anders wird analog § 822 insbesondere dann entschieden, wenn im *Valutaverhältnis* zwischen S und E eine **unentgeltliche Zuwendung** vorliegt *und* Bereicherungsansprüche gegen den Versprechensempfänger S nach § 818 Abs. 3 ausscheiden; gleich steht der Fall, dass das Forderungsrecht des Versprechenempfängers vertraglich ausgeschlossen ist (s. § 335). Es handelt sich dann vielfach um Versorgungsfälle (s. § 331), z. B. um eine Lebensversicherung des S zugunsten seiner Angehörigen (E). Die Folge ist, dass bei Mängeln des Deckungsverhältnisses (des Versicherungsvertrages zwischen D und S) der Versicherer D einen **direkten Anspruch** gegen die Begünstigten (E) erlangt.

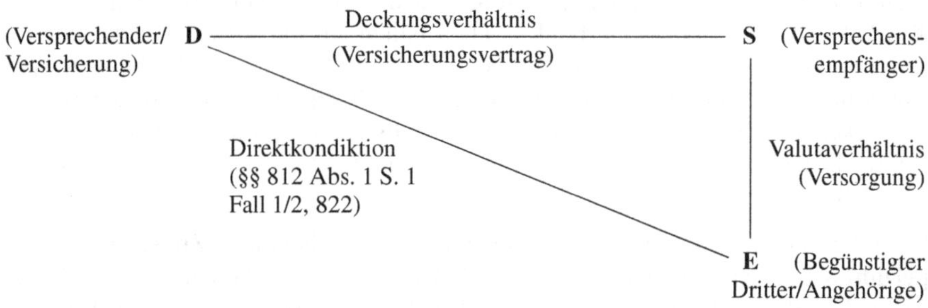

III. Einbaufälle

1. Kein Durchgriff

13 Die sogenannten Einbaufälle bilden eine weitere Variante der Anweisungsfälle. Ein Beispiel ist unser **Hausbau-Fall 19** (vgl. dazu unsere Skizze o. bei § 17 Rn 18). Denn es ist nicht falsch, wenn man sagt, der Bauträger S habe die Firma D „angewiesen", für ihn an seinen Gläubiger, den Grundstückseigentümer E, durch Einbau der fraglichen Geräte zu „leisten". Mit dieser Zuwendung wollte die Firma D zudem in erster Linie ihren Verpflichtungen aus dem Deckungsverhältnis zwischen ihr und dem Bauträger S nachkommen, während S zugleich mittels der Firma D seine Verpflichtungen aus dem Valutaverhältnis zwischen ihm und dem Grundstückseigentümer E erfüllte.

14 Hieraus folgt, dass es für den Regelfall angemessen ist, die bereicherungsrechtliche Abwicklung derartiger Fallgestaltungen gleichfalls nach dem für die Anweisungsfälle entwickelten Muster durchzuführen. Dies bedeutet im Grundsatz den **Ausschluss des unmittelbaren Durchgriffs** der Firma D gegen den Grundstückseigentümer E auf-

25 *D. König*, Ungerechtfertigte Bereicherung, S. 199 ff; *Larenz/Canaris*, Schuldrecht II/2, § 70 V 2 (S. 240 ff); *Lorenz*, JuS 2003, S. 839 (840 f); *Staake*, Gesetzliche Schuldverhältnisse, § 5 Rn 67 ff; *Wandt*, Gesetzliche Schuldverhältnisse, § 13 Rn 74 ff.

grund der §§ 951 und 812 Abs. 1 S. 1 Fall 2[26]. Der sachliche Grund für diese Entscheidung ergibt sich aus dem uns bereits bekannten Prinzip, dass bei abgekürzten Lieferketten im Interesse des Verkehrsschutzes die Abwicklung, sei es nach Vertrags-, sei es nach Bereicherungsrecht grundsätzlich allein in den jeweiligen Vertragsbeziehungen zu erfolgen hat (o. Rn 2 ff)[27]. Denn E ist durch eine Leistung des Bauträgers S (mittels des Lieferanten D) bereichert, sodass hier – wegen des sogenannten Vorrangs der Leistungskondition – kein Raum für eine Eingriffskondiktion des D gegen E, gestützt auf die §§ 951 Abs. 1 und 812 Abs. 1 S. 1 Fall 2, ist[28].

2. Irrtumsfälle

In der zweiten Abwandlung unseres **Hausbau-Falles 19** (s. wiederum unsere Skizze o bei § 17 Rn 18) meinte die Firma D, in unmittelbaren vertraglichen Beziehungen zu dem Grundstückseigentümer E zu stehen und deshalb *diesem* gegenüber zur Leistung verpflichtet zu sein, weil der Bauträger S nicht im eigenen Namen, sondern (abredewidrig) als Vertreter des E aufgetreten war. Dagegen erschien dem Grundstückseigentümer E auf Grund seiner Abreden mit dem Bauträger S der von der Firma D vorgenommene Einbau der Geräte als Leistung seines Vertragspartners S mittels einer von diesem (als Subunternehmer) eingeschalteten Firma D. In derartigen **Irrtumsfällen** stellt sich in erster Linie die Frage, auf **wessen Sicht** bei der Beurteilung der Leistungsbeziehungen **abzustellen** ist, auf die des Leistenden, hier der Firma D, oder auf die des Leistungsempfängers, des Grundstückseigentümers E. Hält man die Sicht des *Leistenden (D)* für maßgeblich, so liegt eine Leistung an E vor, während bei Zugrundelegung der Sichtweise des *Leistungsempfängers E* eine Leistung des Bauträgers S (mittels des D) anzunehmen ist, durch die ein Rückgriff auf die Eingriffskondiktion des D versperrt würde. 15

Die Rechtsprechung hält hier auf der Basis der und schon bekannten Lehre vom objektiven Empfängerhorizont (Rn 11) den Leistungsempfänger für schutzwürdiger als den Leistenden und geht deshalb von der **Sicht des Leistungsempfängers** aus[29]. Für die Richtigkeit dieser Lösung spricht vor allem, dass das Risiko des Abschlusses mit einem Vertreter ohne Vertretungsmacht (das ist in unserem Fall der Bauträger S) grundsätzlich nicht der angeblich vertretene Grundstückseigentümer E, sondern der Vertragspartner des Vertreters, die Firma D tragen muss. Denn die D konnte sich unschwer durch eine Rückfrage bei dem angeblich Vertretenen (E) über die Vertretungsmacht der als sein Vertreter auftretenden Person (S) informieren (s. §§ 177, 179). 16

26 BGH, LM Nr 52 zu § 823 (Ac) BGB = NJW-RR 1991, S. 343; ebenso in Österreich öOGH, JBl. 1955, S. 17 (22); *Wilburg*, JBl. 1992, S. 545.

27 *Larenz/Canaris*, Schuldrecht II/2, § 70 III 2 (S. 212 ff); *Looschelders* II, Tz 1163; zu den möglichen Ausnahmen s. BGHZ 55, S. 176 (177 f) = NJW 1971, S. 612 „Jungbullen-Fall"; *St. Lorenz*, JuS 2003, S. 839 (844); *H.P. Westermann*, JuS 1972, S. 18.

28 *Staake*, Gesetzliche Schuldverhältnisse, § 5 Rn 94 ff.

29 BGHZ 36, S. 30 (35) = NJW 1961, S. 2251 „Idealheimfall"; BGHZ 40, S. 272 (277 ff) = NJW 1964, S. 399 = JuS 1964, S. 248 Nr 5 „Elektroherdfall"; BGHZ 162, S. 157 (160) = NJW 2005, S. 1356; BGH, NJW 2005, S. 60 f; ebenso öOGH, JBl. 1955, S. 17 ff.

IV. Zessionsfälle

17 Unter dem Stichwort Zessionsfälle werden unterschiedliche Fallgestaltungen diskutiert[30]. Im Vordergrund des Interesses steht die Frage, wie sich die Rechtslage bei Zahlungen auf eine **abgetretene**, tatsächlich gar **nicht bestehende Forderung** gestaltet. Die h.M. nimmt hier an, der (angebliche) Schuldner, der an der Zession nicht beteiligt ist, müsse jedenfalls bereicherungsrechtlich dagegen geschützt werden, dass ihm im Wege der Abtretung ein neuer „Gläubiger" (und Bereicherungsschuldner) aufgedrängt werde; deshalb könne er seine grundlose Leistung nach wie vor bei dem **Zedenten** kondizieren[31]. Indessen ist offenkundig, dass der Schuldner in den Fällen der Abtretung einer vermeintlichen, tatsächlich nicht bestehenden Forderung immer auf *diese* Forderung und damit an den **Zessionar** zahlen will, sodass er in der Lage sein muss, seine Leistung (auch) bei diesem zu kondizieren, wenn sich später herausstellt, dass die abgetretene Forderung nicht bestand[32]. Ebenso dürfte schließlich zu entscheiden sein, wenn die Forderung zwar besteht, sich aber ihre **Abtretung** nachträglich als **unwirksam** erweist[33] Immer wollte der Schuldner dann (nur) an den Zessionar (als seinen vermeintlichen Gläubiger) leisten; die vom BGH gezogene Parallele zu den Anweisungsfällen geht fehl.

§ 19 Inhalt und Umfang des Anspruchs

Autokauf-Fall 21: K hatte von V einen gebrauchten Wagen gekauft, der schon kurze Zeit nach Lieferung bei einem Unfall schwer beschädigt wurde. Als K jetzt obendrein noch feststellte, dass ihn V seinerzeit durch Zurückstellen des Kilometerzählers über die bisherige Fahrleistung des Wagens getäuscht hatte, focht er den Vertrag wegen arglistiger Täuschung an und verlangte Rückzahlung des vollen Kaufpreises. Darf V einen Abzug in Höhe des an dem Wagen entstandenen Schadens sowie in Höhe einer angemessenen „Nutzungsvergütung" machen? **Lösung Rn 28**

Literatur: S. o. bei den §§ 16 und 17 sowie *Ebert*, Bereicherungsausgleich im Wettbewerbs- und Immaterialgüterrecht, 2001, S. 142 ff; *Flessner*, Wegfall der Bereicherung, 1970; *Ellger*, Bereicherung durch Eingriff, 2002, S. 868 ff; *Frieser*, Der Bereicherungswegfall in Parallele zur hypothetischer Schadensentwicklung, 1987; *D. Höhn*, Die Beeinträchtigung von Rechten durch Verfügungen, 1986; *H.H. Jakobs*, Lucrum ex negotiatione, 1993; *A. Kobbelt*, Schutz von Immaterialgütern, 1999, S. 280 ff; *Kurz*, Der Besitz als möglicher Gegenstand der Eingriffskondiktion, 1969; *Leser*, Der Rücktritt vom Vertrag, 1975.

30 Überblick bei *Wandt*, Gesetzliche Schuldverhältnisse, § 13 Rn 68 ff.

31 BGHZ 105, S. 365 (369 ff) = NJW 1989, S. 900; BGHZ 122, S. 46 (50) = NJW 1993, S. 1578; BGH, NJW 2005, S. 1369; 2012, S. 3373 Tz 7; *Lieb*, in: Festgabe 50 Jahre BGH Bd I, S. 547 (562 ff); *Looschelders* II, Tz 1158 f; *St. Lorenz*, JuS 2003, S. 839 (842 f).

32 *W. Bayer*, JuS 1990, S. 883 (887 f); *Medicus/Lorenz*. II, Tz 1222; *v. Olshausen*, in: Festschrift f. Eisenhardt, 2007, S. 277 (280 f); *Staake*, Gesetzliche Schuldverhältnisse, § 5 Rn 80 f.

33 BGHZ 113, S. 62 (70) = NJW 1991, S. 919; BGH, NJW 2006, S. 1731 (1732, Tz 16 f); *St. Lorenz*, JuS 2003, S. 839 (842 f); *Flume*, AcP Bd 199 (1999), S. 1 (21 f).

I. Überblick

§ 818 regelt zusammen mit den §§ 819 bis 822 einheitlich für sämtliche Kondiktionsformen Inhalt und Umfang des Bereicherungsanspruchs entsprechend der ursprünglichen Einheitskonzeption der Gesetzesverfasser (s. o. § 16 Rn 3 f). Herauszugeben sind danach grundsätzlich jeweils das **Erlangte** (s. die §§ 812 Abs. 1 S. 1, 813 S. 1, 816 Abs. 1 S. 1 und 817 S. 1) **sowie** zusätzlich gemäß § 818 Abs. 1 die vom Bereicherungsschuldner aus dem Bereicherungsgegenstand gezogenen **Nutzungen und** die **Surrogate** (u. Rn 3, 5, 7). Nur wenn die Herausgabe des Erlangten, der Nutzungen oder der Surrogate nicht möglich ist, tritt nach § 818 Abs. 2 an die Stelle der Herausgabepflicht eine **Wertersatzpflicht** (u. Rn 8). Die Herausgabepflicht ist jedoch ebenso wie die Wertersatzpflicht des Bereicherungsschuldners ausgeschlossen, soweit er nicht mehr bereichert ist (§ 818 Abs. 3; u. Rn 13). 1

Die Begünstigung des Bereicherungsschuldners durch seine Befreiung bei Wegfall der Bereicherung (§ 818 Abs. 3) entfällt wieder unter den Voraussetzungen der §§ 818 Abs. 4, 819 Abs. 1 und 2 und 820 Abs. 1, insbesondere also bei **Bösgläubigkeit** des Bereicherungsschuldners (§ 819 Abs. 1). In diesen Fällen tritt an die Stelle der Privilegierung des Bereicherungsschuldners durch § 818 Abs. 3 seine Haftung nach den „allgemeinen Vorschriften" (§ 818 Abs. 4; s. u. Rn 30). § 822 fügt hinzu, dass, falls der Empfänger das Erlangte unentgeltlich einem Dritten zuwendet, dieser Dritte zur Herausgabe verpflichtet ist, wie wenn er die Zuwendung von dem Gläubiger ohne rechtlichen Grund erhalten hätte (s. u. Rn 18 f). Aus § 821 folgt schließlich noch, dass bei grundloser Eingehung einer Verbindlichkeit deren Erfüllung mit der **Einrede der Bereicherung** verweigert werden kann, und zwar auch noch nach Verjährung des auf Befreiung von der fraglichen Verbindlichkeit gerichteten Bereicherungsanspruchs. Wichtig ist dies insbesondere bei selbstständigen Verpflichtungen im Sinne der §§ 780 und 781 (§ 812 Abs. 2), z. B. bei der grundlosen Gutschrift eines Betrages auf dem Konto eines Kunden durch seine Bank[1]. 2

II. Gegenstand

1. Das Erlangte

Gegenstand des Bereicherungsanspruchs ist in erster Linie das jeweils „Erlangte". 3
Dieser Begriff wird ganz weit gefasst und überwiegend gegenständlich verstanden (s. schon o. § 16 Rn 9 ff und § 17 Rn 3). Herauszugeben ist mit anderen Worten jeder Gegenstand, den der Bereicherungsschuldner grundlos durch Leistung oder in sonstiger Weise auf Kosten eines anderen, insbesondere also durch einen Eingriff in dessen Rechte erlangt hat (§ 812 Abs. 1 S. 1), mag er einen Wert haben oder nicht (im Einzelnen str.). Speziell für die Leistungskondiktion folgt hieraus, dass bei ihr als Gegenstand des Bereicherungsanspruchs alles in Betracht kommt, was im Verkehr üblicherweise Gegenstand einer Leistung sein kann (o. § 16 Rn 9). **Beispiele** sind das Eigentum und der Besitz an Sachen, die Begründung oder die Aufhebung von Rechten (s.

1 S. o. § 15 Rn 7, 10; BGH, LM Nr 2 zu § 821 (Bl 2f) = NJW 1991, S. 2140.

§ 812 Abs. 2), die Nutzung fremder Sachen und Rechte sowie Dienst- und Werkleistungen (o. § 16 Rn 10 f).

4 Die Art der **Herausgabe** richtet sich nach der Art des Erlangten (o. Rn 3)[2]. Wo eine Herausgabe in Natur möglich ist, ist diese geschuldet. Daher muss z. B. grundlos erworbenes **Eigentum** nach den §§ 925 und 929 zurückübertragen werden[3]. Unrichtige Eintragungen im Grundbuch müssen berichtigt, grundlos erlassene Forderungen neu begründet werden, während ohne Rechtsgrund begründete Forderungen wieder aufzuheben sind (§§ 311 Abs. 1, 397; s. § 821 und dazu o. Rn 2). Selbst grundlos erlangte **Unternehmen** oder freiberufliche Praxen müssen grundsätzlich in Natur zurückgegeben werden, solange sie noch als betriebliche Einheiten identifiziert werden können[4]. Nur wo wie bei Dienst- und Werkleistungen eine Herausgabe des Erlangten in Natur nicht möglich ist, tritt an die Stelle der Herausgabepflicht die **Wertersatzpflicht** des Bereicherungsschuldners nach § 818 Abs. 2 (dazu u. Rn 8 ff).

2. Nutzungen

5 § 818 Abs. 1 erstreckt die Herausgabepflicht des Bereicherungsschuldners zunächst auf die vom ihm aus dem grundlos erlangten Gegenstand (tatsächlich) gezogenen Nutzungen. Gemeint sind damit allein die sogenannten **sekundären Nutzungen** im Gegensatz zu den primären Nutzungen. Von **primären Nutzungen** spricht man, wenn bereits der Gegenstand des Bereicherungsanspruchs selbst in der *Möglichkeit zur Nutzung* fremder Sachen oder Rechte besteht. Beispiele sind nichtige Mietverträge sowie Eingriffe in fremde Ausschließlichkeitsrechte wie etwa die unberechtigte Nutzung fremder Patente oder Urheberrechte. Nach bisher h.M. ist in den zuletzt genannten Fällen aufgrund der heute üblichen gegenständlichen Betrachtung des Bereicherungsgegenstandes bereits die bloße Möglichkeit zur Nutzung der fremden Sachen und Rechte als Bereicherungsgegenstand anzusehen, sodass die *Nutzungsmöglichkeit* selbst nach § 818 Abs. 1 herauszugeben ist – mit der Folge, dass, da eine Herausgabe in Natur ausscheidet, nach § 818 Abs. 2 Wertersatz in Gestalt des üblichen oder angemessenen Mietzinses oder der üblichen Lizenzgebühr zu leisten ist[5]. Das ist freilich heute offenbar nicht mehr die Sicht der **Rechtsprechung**, nach der vielmehr in den kritischen Fällen der Bereicherung um primäre Nutzungsmöglichkeiten gleichfalls immer nur die *tatsächlich gezogenen* Nutzungen herauszugeben sind, um zu verhindern, dass der Schuldner mehr herausgeben muss, als er tatsächlich erhalten hat (vgl. § 818 Abs. 3)[6]. Diese Auffassung ist jedoch, wie bereits ausgeführt, mit den Grundgedanken der gesetzlichen Regelung nur schwer zu vereinbaren (§ 16 Rn 11).

6 Eine Beschränkung auf die tatsächlich gezogenen Nutzungen ist dagegen in der Tat bei den **sekundären Nutzungen**, d. h. den Nutzungen des Bereicherungsgegenstandes, etwa einer Sache oder eines Rechts, geboten, die § 818 Abs. 1 allein im Auge hat. Nutzungen eines Gegenstandes sind nach den §§ 99 und 100 die Früchte einer

---

2 *Medicus*, JuS 1985, S. 657 (660 f); *Staake*, Gesetzliche Schuldverhältnisse, § 6 Rn 2.

3 BGHZ 150, S. 187 (193 ff) = NJW 2002, S. 1872.

4 BGHZ 168, S. 220 (229 f, Tz 20 ff) = NJW 2006, S. 2847; s. Rn 8.

5 Z. B. *Fervers/Gsell*, NJW 2013, S. 3607 m. Nachw.; *Staake*, Gesetzliche Schuldverhältnisse, § 6 Rn 8 ff; *Wandt*, Gesetzliche Schuldverhältnisse, § 12 Rn 6

6 Insbes. BGHZ 196, S. 285 (293 ff, Tz 25 ff) = NJW 2013, S 2021 m. Nachw.

Sache oder eines Rechts sowie die Gebrauchsvorteile. Ein **Beispiel** sind Zinsen, die der Bereicherungsschuldner mit dem grundlos erhaltenen Kapital erwirtschaftet hat. Gleich stehen ersparte Sollzinsen, wenn er den fraglichen Betrag zur Schuldentilgung verwandt hat[7]. Insoweit ist – in Übereinstimmung mit der Rechtsprechung (Rn 5) – davon auszugehen, dass grundsätzlich allein die vom (gutgläubigen) Bereicherungsschuldner **tatsächlich gezogenen Nutzungen** herauszugeben. § 818 Abs. 1 begründet *keine* Haftung für schuldhaft nicht gezogene Nutzungen[8] und ebenso wenig eine *Gewinnhaftung* des Bereicherungsschuldners. Vor allem die Sonderregelung in § 687 Abs. 2 zeigt, dass eine Gewinnhaftung des Schuldners, wenn überhaupt, so nur bei Verschulden in Betracht kommt[9]. Anders behandelt die Rechtsprechung freilich Gewinne, die mit einem grundlos erlangten Unternehmen erwirtschaftet werden, sofern sie nicht gerade auf der besonderen Tüchtigkeit des Bereicherungsschuldners beruhen[10].

3. Surrogate

Gegenstand des Bereicherungsanspruchs ist nach § 818 Abs. 1 ferner, was der Empfänger auf Grund eines erlangten Rechtes oder als Ersatz für die Zerstörung, Beschädigung oder Entziehung des erlangten Gegenstandes erwirbt. Gemeint sind damit die Surrogate des Bereicherungsgegenstandes, das sogenannte **commodum ex re. Beispiele** sind das zur Erfüllung auf eine Forderung Geleistete, der Erlös eines grundlos bestellten Pfandes sowie Schadensersatz- und Versicherungsleistungen, die der Bereicherungsschuldner als Ersatz für den zerstörten oder beschädigten Bereicherungsgegenstand erhält. Den Gegensatz bildet nach h.M. (anders als bei § 816 Abs. 1 [s. o. § 17 Rn 27] oder bei § 285) das **commodum ex negotiatione**, in erster Linie also der Erlös im Falle der Veräußerung einer grundlos erlangten Sache[11]. Die Folge ist z. B., dass im Falle der grundlosen Gewährung eines Darlehens der Darlehensnehmer nicht auch die mit dem Darlehen erworbene Wohnung oder deren Nutzung herauszugeben braucht. 7

III. Wertersatz

1. Tatbestand des § 818 Abs. 2

Nach § 818 Abs. 2 tritt in zwei Fällen an die Stelle der Herausgabe des Erlangten (o. Rn 3 f) die Pflicht zum Wertersatz. Der erste Fall liegt vor, wenn die Herausgabe des Erlangten in Natur wegen dessen Beschaffenheit nicht möglich ist, der zweite, wenn 8

7 BGHZ 138, S. 160 (163 ff) = NJW 1998, S. 2354 (2355); BGH, LM Nr 264 zu § 812 BGB (Bl. 2 f) = NJW 1999, S. 2890; *Flume*, in: Gedächtnisschrift für Knobbe-Keuk, 1997, S. 111 (128 ff).

8 *Medicus/Lorenz* II, Tz. 1167, str.

9 S. o. § 13 Rn 21, § 17 Rn 8; BGHZ 7, S. 208 (218) = NJW 1952, S. 1410; BGHZ 99, S. 244 (248) = NJW 1987, S. 2869; BGHZ 196, S. 285 (293 f, Tz 26 ff); *Ebert*, ZIP 2002, S. 2296 (2298); *Ellger*, Bereicherung, S. 900, 907 ff; *H. Roth*, in: Festschrift f. Niederländer, 1991, S. 363 ff.

10 BGHZ 63, S. 365 (368) = NJW 1975, S. 638; BGHZ 168, S. 220 (241 f, Tz 46, 48) = NJW 2006, S. 2847; kritisch zu Recht *Staake*, Gesetzliche Schuldverhältnisse, § 6 Rn 18.

11 RGZ 86, S. 343 (347); 101, S. 389 (391); BGHZ 75, S. 203 (206) = NJW 1980, S. 178; *Frank*, JuS 1981, S. 102 (104); *Höhn*, Beeinträchtigung, S. 106 ff; *Reuter/Martinek*, Bereicherung, S. 549 ff; *H. Roth*, in: Festschrift f. Niederländer, 1991, S. 372 ff; *Staake*, Gesetzliche Schuldverhältnisse, § 6 Rn 11 ff; *Wandt*, Gesetzliche Schuldverhältnisse, § 12 Rn 8; – kritisch *Medicus/Lorenz* II, Tz 1168. Wegen der Berücksichtigung des Erlöses bei der Ermittlung der Bereicherung s. noch u. Rn 16.

der Empfänger aus einem anderen Grund zu Herausgabe (des Erlangten) außerstande ist. Gemeint sind damit die Fälle der anfänglichen oder nachträglichen, objektiven oder subjektiven **Unmöglichkeit** der Herausgabe des Erlangten im Sinne des § 275[12]. Die Unmöglichkeit der Herausgabe des Erlangten wegen dessen **Beschaffenheit** ist nur ein besonderer Anwendungsfall der anfänglichen objektiven Unmöglichkeit der Herausgabe. Das Gesetz hat dabei in erster Linie **nichtgegenständliche Bereicherungen** im Auge, also vor allem die Fälle der Bereicherung infolge grundlos empfangener Dienst- oder Werkleistungen sowie durch die Nutzung fremder Sachen oder Rechte (o. Rn 3 f). **Unmöglichkeit** der Herausgabe aus einem anderen Grund im Sinne des § 818 Abs. 2 ist dagegen insbesondere anzunehmen bei Untergang des Bereicherungsgegenstandes, bei dessen Weiterveräußerung[13], bei untrennbarer Verbindung des Bereicherungsgegenstandes mit anderen, wertvolleren Sachen, bei aufwendiger Bebauung eines Grundstücks sowie bei vollständiger Umgestaltung eines Unternehmens[14]. Völlige und Teilunmöglichkeit stehen wie immer im BGB grundsätzlich gleich, sodass auch die bloße **Beschädigung** des Bereicherungsgegenstandes unter § 818 Abs. 2 fällt[15].

2. Wertermittlung

9 In den genannten Fällen (o. Rn 8) schuldet der gutgläubige Bereicherungsschuldner nach § 818 Abs. 2 grundsätzlich Ersatz des Wertes des Erlangten, d. h. des Bereicherungsgegenstandes. Die Ermittlung des Wertes eines Gegenstandes ist freilich generell und deshalb auch im Rahmen des § 818 Abs. 2 ungewöhnlich schwierig und ausnahmslos mit großen Unsicherheiten belastet. Im Rahmen des § 818 Abs. 2 unterscheidet man deshalb üblicherweise einen objektiven und einen subjektiven Wertbegriff[16]. Nach dem (vorherrschenden) **objektiven Wertbegriff** bemisst sich der Wertersatz allein nach dem **Verkehrswert** des jeweils Erlangten[17]. Abzustellen ist danach auf den Betrag, den der Bereicherungsschuldner am Markt bei legaler Vorgehensweise normalerweise zahlen müsste, freilich begrenzt durch den vereinbarten Preis[18]. Maßgebender **Zeitpunkt** ist der, in dem der Anspruch auf Wertersatz entstanden ist[19].

---

12 *Staake*, Gesetzliche Schuldverhältnisse, § 6 Rn 21 ff.

13 S. o. Rn 7; BGHZ 112, S. 376 (379 f) = NJW 1991, S. 917.

14 S. Rn 4; BGHZ 168, S. 220 (231 ff, Tz 23 ff) = NJW 2006, S. 2847; BGH, LM Nr 21 zu § 818 Abs. 2 BGB = NJW 1981, S. 2687 = JuS 1982, S. 213 Nr 7; s. *Palandt/Sprau*, § 818 Rn 16 f.

15 *Staake*, Gesetzliche Schuldverhältnisse, § 6 Rn 23, str.

16 Über den Meinungsstand informieren *Ellger*, Bereicherung, S. 888 ff; *Goetzke*, AcP Bd 173 (1973), S. 589; *Koppensteiner/Kramer*, Bereicherung, S. 155 ff; *Loewenheim*, Bereicherungsrecht, S. 137 ff; *Reuter/Martinek*, Bereicherung, § 16 III (S. 563 ff); *Mankowski/Schreier*, AcP Bd 208 (2008), S. 725.

17 BGHZ 82, S. 299 (305 ff) = NJW 1982, S. 1154; BGHZ 112, S. 376 (381) = NJW 1991, S. 917; BGHZ 168, S. 220 (239, Tz 39) = NJW 2006, S. 2847; BGHZ 196, S. 285 (294 f, Tz 28) = NJW 2013, S. 2021; BGH, NZM 2008, S. 886 (889, Tz 49); *Ebert*, ZIP 2002, S. 2296 (2298 f); *ders.*, Bereicherungsausgleich, S. 142 f; *Ellger*, Bereicherung, S. 892 ff; *H. Roth*, in: Festschrift f. Niederländer, 1991, S. 363 (376 ff); *König*, in: Festschrift f. v. Caemmerer, 1976, S. 179 (187 f); *Larenz*, in: Festschrift f. v. Caemmerer, S. 209; *Medicus/Lorenz* II, Tz 1170; *Staake*, Gesetzliche Schuldverhältnisse, § 6 Rn 26 ff; *Wandt*, Gesetzliche Schuldverhältnisse, § 12 Rn 11.

18 BGHZ 196, S. 285 (294 f, Tz 28) = NJW 2013, S. 2021; str.

19 BGHZ 168, S. 220 (241 ff, Tz 45 ff) = NJW 2006, S. 2847; *Staake*, Gesetzliche Schuldverhältnisse, § 6 Rn 30; *Wandt*, Gesetzliche Schuldverhältnisse, § 12 Rn 11, 13, ebenfalls str.

Die Höhe des jeweils geschuldeten Wertersatzes bemisst sich folglich im Falle der unbefugten Nutzung fremder Sachen und Rechte nach der **üblichen Miete oder Pacht**, freilich mit der vereinbarten Miete oder Pacht als Obergrenze[20], bei der grundlosen Gewährung eines Darlehens nach der marktüblichen **Verzinsung**[21], bei grundlos erbrachten Dienst- oder Werkleistungen nach der üblichen **Vergütung**[22], bei Arbeitnehmern nach dem Tariflohn[23] sowie schließlich bei unberechtigten Eingriffen in fremde Immaterialgüter- und Persönlichkeitsrechte nach der „üblichen" **Lizenzgebühr**[24]. Daraus folgt zugleich, dass es dem Schuldner grundsätzlich *nicht* gestattet ist, sich gegenüber dem auf Wertersatz gerichteten Anspruch des Gläubigers nachträglich auf andere, für ihn günstigere Alternativen oder darauf zu berufen, dass er im Ergebnis nichts erspart oder gewonnen hat, weil solche Einwände auch dem rechtmäßig Handelnden verwehrt wären[25]. Der Bereicherungsschuldner muss sich vielmehr an der von ihm selbst geschaffenen Situation festhalten lassen. **10**

Nach den Vertretern des **subjektiven Wertbegriffs** ist dagegen auf die konkrete Situation des Bereicherungsschuldners abzustellen und deshalb zu prüfen, was *ihm* jeweils der fragliche Gegenstand nach *seinen* persönlichen Verhältnissen wert war (s. § 818 Abs. 3). Gemessen wird dieser Wert vor allem daran, was der Bereicherungsschuldner infolge der Bereicherung tatsächlich **erspart** hat[26]. Der Gegensatz zwischen den beiden Wertbegriffen ist nicht so groß, wie es auf den ersten Blick vielleicht den Anschein haben mag. In der Mehrzahl der Fälle dürften beide Ansätze vielmehr zu *demselben* Ergebnis führen, weil gewöhnlich auch die vom Bereicherungsschuldner ersparten Aufwendungen allein an den anderweitig zu zahlenden Marktpreisen abgelesen werden können. Unter diesen Umständen bestehen keine Bedenken dagegen, mit der h.M. für den Regelfall den **objektiven Wertbegriff** zu Grunde zu legen. Es gibt freilich auch Fallgestaltungen, in denen ohne eine zumindest partielle **Subjektivierung des Wertbegriffs** nicht auszukommen ist. Für den gebotenen Schutz des Eigentümers gegen **aufgedrängte Bereicherungen** im Rahmen der Verwendungskondiktion ist dies bereits gezeigt worden (o. § 17 Rn 14). Ein weiterer vergleichbarer Fall ist der unumgängliche **Schutz Minderjähriger** bei Eingriffen in fremde Sachen und Rechte. Nutzt z. B. ein Minderjähriger auf Grund eines nichtigen Mietvertrages eine fremde Sache, so kann man als seine Bereicherung schwerlich den objektiven Mietwert der Sache ansehen; vielmehr ist hier zum Schutz des Minderjährigen darauf abzustellen, was ihm, dem *Minderjährigen,* nach *seinen* individuellen Verhältnissen die betreffende Leistung wert war, d. h. was *gerade er* durch die Leistung *erspart* hat. Hätte er bei ordnungsgemäßem Vorgehen, insbesondere bei Mitwirkung des gesetzlichen Vertreters, die fragliche Leistung überhaupt nicht in Anspruch genommen, so entfällt mithin seine Bereicherung. **11**

---

20 BGHZ 196, S. 285 (294 f, Tz 28) = NJW 2013, S. 2021; BGH, NZM 2008, S. 886 (889, Tz 49 ff); *Flume*, in: Gedächtnisschrift für Knobbe-Keuk, 1997, S. 111 (125 f).

21 *Flume* (vorige Fn), S. 126 ff; *Lass*, WM 1997, S. 145; zum Wucherdarlehen s. schon o. § 16 Rn 41.

22 BGH, NJW-RR 1986, S. 155.

23 BGHZ 140, S. 275 (283: „fiktiver Arbeitslohn"); BAGE 54, S. 232 = NJW 1987, S. 2251.

24 BGHZ 82, S. 299 (305 ff) = NJW 1982, S. 1154; BGHZ 169, S. 340 (344, Tz 12) = NJW 2007, S. 689 „O. Lafontaine"; BGH, LM Nr 19 zu § 19 GmbHG = NJW 1998, S. 1951 (1953); *Ellger*, Bereicherung, S. 892, 894 ff.

25 S. o. § 17 Rn 12; insbesondere BGHZ 169, S. 340 (344, Tz 12) = NJW 2007, S. 689 „O. Lafontaine"; – anders dagegen *Ebert*, ZIP 2002, S. 2296 (2298); *ders.*, Bereicherungsausgleich, S. 143 f.

26 *Frieser*, Bereicherungswegfall, S. 80 ff; *Hagen*, in: (1.) Festschrift f. Larenz, 1973, S. 867 (871 ff); *Koppensteiner*, NJW 1971, S. 1769.

12 Folgerichtig darf auch in unserem **Flugreise-Fall 19** der Minderjährigenschutz nicht dadurch unterlaufen werden, dass der Minderjährige M trotz des zu seinem Schutz nichtigen Transportvertrages gleichwohl aus Bereicherung verpflichtet wird, der Lufthansa den Verkehrswert der Transportleistung, d. h. den Tarifpreis zu ersetzen. Nach dem Gesagten (o. Rn 11) ist vielmehr darauf abzustellen, ob der M nach seinen speziellen Verhältnissen durch den Flug etwas erspart hat. Ist diese Frage zu verneinen, weil er sich bei ordnungsgemäßem Vorgehen den Flug nicht hätte leisten können, so ist er auch nicht bereichert.

IV. Wegfall der Bereicherung

1. Zweck. Problematik

13 Nach **§ 818 Abs. 3** ist die Verpflichtung zur Herausgabe *oder* zum Ersatz des Wertes ausgeschlossen, soweit der Empfänger nicht mehr bereichert ist, vorausgesetzt, dass er gutgläubig ist, während er bei Bösgläubigkeit nach den §§ 819 Abs. 1 und 818 Abs. 4 ebenso wie jeder andere Schuldner „nach den allgemeinen Vorschriften" haftet (s. u. Rn 30 ff). Dieselbe strenge Haftung trifft den verklagten Bereicherungsschuldner (§ 818 Abs. 4); weitere Fälle dieser Art finden sich in den §§ 819 Abs. 2 und 820 Abs. 1 (s. u. Rn 34).

14 § 818 Abs. 3 führt zu einer erheblichen **Begünstigung** des gutgläubigen Bereicherungsschuldners im Verhältnis zu sonstigen Schuldnern. Das wird deutlich, wenn man den Grenzfall der **Unmöglichkeit** der Herausgabe des geschuldeten Gegenstandes wegen dessen Untergangs ins Auge fasst (vgl § 818 Abs. 2 und dazu o. Rn 8): Während in diesem Fall nach allgemeinem Schuldrecht eine *Schadensersatzpflicht* des Bereicherungsschuldners bereits bei *einfacher Fahrlässigkeit* einträte (s. §§ 280 Abs. 1, 283), kommt es nach Bereicherungsrecht zu solcher Haftung des Schuldners erst bei *positiver Kenntnis* der Rechtsgrundlosigkeit des Erwerbs, grundsätzlich also erst bei *Vorsatz* (vgl. die §§ 818 Abs. 4, 819 und 820 mit den §§ 276 und 280 Abs. 1, 283). Fehlt es hieran, so trifft den Bereicherungsschuldner lediglich die **Wertersatzpflicht** des § 818 Abs. 2 und auch diese nur in den engen Grenzen des § 818 Abs. 3. Die hierin liegende offenkundige **Privilegierung** des Bereicherungsschuldners ist der wichtigste Ausdruck der ursprünglichen Konzeption der Gesetzesverfasser, nach der sich die Bereicherungsschuld immer auf das *jeweilige unrechtmäßige Haben* des Schuldners auf Kosten des Gläubigers beschränken sollte[27], weil man der Meinung war, dass der Bereicherungsschuldner im Falle seiner Gutgläubigkeit grundsätzlich auf die Beständigkeit seines Erwerbs vertrauen dürfe[28].

15 Die geschilderte Privilegierung des gutgläubigen Bereicherungsschuldners durch § 818 Abs. 3 (Rn 14) gilt heute überwiegend als **problematisch**. Der offenbar *zu weit* geratene § 818 Abs. 3 wird deshalb in Literatur und Rechtsprechung in verschiedener Hinsicht eingeschränkt. Das wichtigste Beispiel ist die Beschränkung der Vorschrift auf solche Aufwendungen, die der Bereicherungsschuldner gerade *im Vertrauen* auf

27 S. o. Rn 3; zur Entstehungsgeschichte s. außerdem *D. König*, Ungerechtfertigte Bereicherung, S. 51 ff; *D. Reuter*, in: Festschrift f. Georgiades, 2006, S. 321 ff.

28 Ebenso BGHZ 118, S. 383 (386) = NJW 1992, S. 2415.

die Beständigkeit oder Unwiderruflichkeit des vermeintlichen Erwerbs gemacht hat, während er bloße Zufallsschäden – als Teil seines allgemeinen Lebensrisikos – selbst tragen muss (u. Rn 17)[29].

2. Die einzelnen Fälle

16 Der Wegfall der Bereicherung im Sinne des § 818 Abs. 3 kann *zwei* verschiedene *Gründe* haben, zum einen den ersatzlose Wegfall des Bereicherungsgegenstandes, zum anderen die Belastung des Vermögens des Bereicherungsschuldners aufgrund des Bereicherungsvorgangs mit Aufwendungen, sonstigen Kosten oder Schäden in Höhe der Bereicherung (Rn 17). Der erste Fall **(ersatzloser Wegfall des Bereicherungsgegenstandes)** ist anzunehmen, wenn der Bereicherungsgegenstand zerstört wird oder wenn ihn der Bereicherungsschuldner verbraucht, verliert, veräußert oder beschädigt, *ohne* dass er dafür ein *Surrogat* erhält (§ 818 Abs. 1) und ohne dass er sonst noch um den Wert des Gegenstandes bereichert ist (§ 818 Abs. 2). Im Falle der **Veräußerung** des Erlangten, d. h. des Bereicherungsgegenstandes, stellt zwar nach h.M. der Erlös k*ein* Surrogat im Sinne des § 818 Abs. 1 dar (Rn. 7); das schließt indessen nicht die Berücksichtigung des Erlöses bei der Berechnung der Bereicherung des Schuldners aus, sodass er nach § 818 Abs. 2 zum Wertersatz verpflichtet bleibt, soweit er noch um den Erlös bereichert ist (§ 818 Abs. 3)[30].

16a Bei der Prüfung, ob der Bereicherungsschuldner noch bereichert ist, ist fernen die **Ersparnis von Aufwendungen** zu berücksichtigen, zu denen er sonst verpflichtet gewesen wäre[31]. Verwendet der Schulter z. B. überhöhte Unterhaltszahlungen (die er zurückgeben muss) zur Bezahlung von Schulden, so ist er in Höhe der getilgten Schulden weiter bereichert[32]. Anders dagegen, sobald er – ohne die Ersparnis sonst nötiger Aufwendungen – das Geld restlos verbraucht hat[33] oder wenn er sich durch die empfangene Leistung zu Aufwendungen verleiten lässt, die er sonst nicht gemacht hätte, wenn er z. B. das grundlos erlangte Geld sinnlos verprasst oder verspielt[34].

17 Ein Wegfall der Bereicherung kann sich ferner aus der **Belastung des Vermögens** des Schuldners mit Aufwendungen, Kosten oder Schäden im Zusammenhang mit dem Bereicherungsvorgang ergeben (Rn 16). Insbesondere **Kosten**, die mit dem Erwerb und der Aufbewahrung oder der Erhaltung des Bereicherungsgegenstandes, des Erlangten, verbunden sind, wirken ebenso wie **Verwendungen** und die Kosten der Rückabwicklung grundsätzlich nach § 818 Abs. 3 bereicherungsmindernd, wobei nicht weiter zwischen notwendigen, nützlichen, wertsteigernden und sonstigen Ver-

29 Vgl *Koppensteiner/Kramer*, Bereicherung, S. 129 ff; *Larenz/Canaris*, Schuldrecht II/2, § 73 I (S. 295 ff); *Flume*, in: Festgabe 50 Jahre BGH I, 2000, S. 525 (540 ff); *Loewenheim*, Bereicherungsrecht, S. 142 ff; *Medicus/Lorenz* II, Tz 1176; *Staake*, Gesetzliche Schuldverhältnisse, § 6 Rn 48 f; *Wandt*, Gesetzliche Schuldverhältnisse, § 12 Rn 23.

30 *Staake*, Gesetzliche Schuldverhältnisse, § 6 Rn 36; *Wandt*, Gesetzliche Schuldverhältnisse, § 12 Rn 19.

31 BAGE 53, S. 77 (84 ff) = AP Nr 5 zu § 812 BGB; eingehend *Frieser*, Bereicherungswegfall; *Staake*, Gesetzliche Schuldverhältnisse, § 6 Rn 28; *Wandt*, Gesetzliche Schuldverhältnisse, § 12 Rn 17 f.

32 BGHZ 118, S. 383 (386 f) = NJW 1992, S. 2415; BGH, LM Nr 40 zu § 818 Abs. 3 BGB = NJW 1996, S. 926; NJW 2003, S. 3271.

33 BGHZ 118, S. 383 (386 ff) = NJW 1992, S. 2415; BGH, NJW 2003, S. 3271.

34 BGHZ 55, S. 128 (132) = NJW 1971, S. 609 „Flugreise".

wendungen unterschieden wird[35]. **Beispiele** sind die Kosten der Bebauung eines grundlos empfangenen Grundstücks[36] sowie die Kosten der Fruchtziehung gegenüber dem Anspruch auf Herausgabe der Nutzungen[37] Bei den **Erwerbskosten** im weiteren Sinne, d. h. einschließlich des Kaufpreises für den Bereicherungsgegenstand muss man freilich weiter unterscheiden: Soweit der **Kaufpreis** an den anderen Teil, den Gläubige des Bereicherungsanspruchs gezahlt wurde, richtet sich seine Berücksichtigung nach den Regeln für die Abwicklung gegenseitiger Verträge (Rn 20 ff). Bei den Nichtleistungskonditionen, insbesondere also bei der Eingriffskondiktion ist dagegen im Rahmen des § 818 Abs. 3 *kein* Raum für die Berücksichtigung des Kaufpreises, weil sich der Schuldner insoweit mit seinem Vertragspartner auseinandersetzen muss (§ 17 Rn 7). **Sonstige Erwerbskosten** können dagegen in beiden Fällen bereicherungsmindernd berücksichtigt werden. Beispiele sind Transport- und Maklerkosten sowie Zölle und Steuern[38]. Generell *nicht* abzugsfähig sind schließlich **bloße Zufallsschäden**, die der erlangte Gegenstand im sonstigen Vermögen des Bereicherungsschuldners verursacht (Rn 15). Schulfall ist der Wert eines Teppichs, den der grundlos geleistete Hund bei dem Bereicherungsschuldner zerrissen hat.

3. § 822

18 Die Privilegierung des gutgläubigen Bereicherungsschuldners durch § 818 Abs. 3 erfährt eine Einschränkung durch § 822, sofern der Fortfall seiner Bereicherung darauf beruht, dass er das Erlangte unentgeltlich einem Dritten zuwendet, diesem z. B. den grundlos erlangten Gegenstand schenkt. Entfällt infolgedessen seine Haftung auf Herausgabe des Erlangten nach § 818 Abs. 3, so kann der Bereicherungsgläubiger jetzt ausnahmsweise zu seinem Schutz auf den begünstigten **Dritten durchgreifen** und von ihm (dem Dritten) die Herausgabe des Geschenks verlangen, wie wenn der Dritte dieses von dem Gläubiger selbst grundlos erhalten hätte (§§ 822, 812 Abs. 1 S. 1 Fall 2). Das gilt für die unentgeltliche Zuwendung jedes denkbaren Bereicherungsgegenstandes, also auch z. B. für die der Nutzungen oder Surrogate[39]. Die Vorschrift des § 822 ist Ausdruck der typischen bereicherungsrechtlichen Schwäche unentgeltlicher Zuwendungen, die insbesondere noch in § 816 Abs. 1 S. 2 zum Ausdruck kommt[40]. Für gemischte Schenkungen empfiehlt sich deshalb bei § 822 dieselbe differenzierende Lösung wie bereits bei § 816 Abs. 1 S. 2[41]. § 822 kann entsprechend seinem Grundgedanken schließlich noch analog angewandt werden, wenn der Bereicherungsschuldner das Erlangte veräußert und den Erlös an Dritte unentgeltlich weiterreicht, sodass er selbst nicht mehr bereichert ist (§§ 818 Abs. 3 und 822)[42].

---

35 BGHZ 140, 275 (282 f) = NJW 1999, S. 1626; BGHZ 168, S. 220 (240 f, Tz 44) = NJW 2006, S. 2847; s. *Flume*, in: Gedächtnisschrift f. Knobbe-Keuk, 1997,S. 111 (114, 117 ff); *Loewenheim*, Bereicherungsrecht, S. 148 ff; *Staake*, Gesetzliche Schuldverhältnisse, § 6 Rn 45 ff; *Wandt*, Gesetzliche Schuldverhältnisse, § 12 Rn 20 ff.

36 BGH, NJW 1980, S. 1789 (1790).

37 BGH, WM 1983, S. 674 (676).

38 S. *Reuter/Martinek*, Bereicherung, S. 592, 621 ff.

39 BGHZ 158, S. 63 (66) = NJW 2004, S. 1314; BGH, LM Nr 47 zu § 816 BGB (Bl. 3) = NJW 1999, S. 1026 m. Anm. *H. H. Jakobs*, ZIP 1999, S. 733.

40 S. o. § 17 Rn 28 f; BGH, NJW 2014, S. 782 Tz 17 f.

41 S. o. § 17 Rn 28; *Staake*, Gesetzliche Schuldverhältnisse, § 6 Rn 55, 58.

42 S. o. 16; *Staake*, Gesetzliche Schuldverhältnisse, § 6 Rn 57.

Rechtsgrundlose Leistungen stehen dagegen hier unentgeltlichen Leistungen nicht gleich[43].

Als **unentgeltlich** im Sinne des § 822 gilt jede Leistung, die objektiv ohne Gegenleistung erfolgt, mag es sich dabei um eine Schenkung im Sinne des § 516 oder um eine sonstige Zuwendung handeln[44]. Hinzu kommen muss ferner, dass die **Haftung des ersten Empfängers** nach § 818 Abs. 3 gerade *infolge* der unentgeltlichen Zuwendung des fraglichen Gegenstandes an den Dritten **entfällt**. Für die Anwendung des § 822 ist dagegen kein Raum, wenn der erste Empfänger forthaftet, z. B. weil er bösgläubig war (§ 819 Abs. 1)[45]. Nach h.M. soll es dabei auch dann sein Bewenden haben, wenn die Haftung des ersten Empfängers aus tatsächlichen Gründen, z. B. wegen Vermögensverfalls nicht mehr durchsetzbar ist[46]. Die Folge wäre freilich, dass der Gläubiger letztlich rechtlos gestellt würde, so dass anzunehmen ist, dass die Haftung des zweiten Empfängers aus § 822 nur dann subsidiär ist, wenn der Bereicherungsanspruch gegen den ersten Empfänger auch **tatsächlich durchsetzbar** ist[47]. 19

V. Gegenseitige Verträge

Literatur: S. o. vor Rn 1 sowie *Diesselhorst*, Die Natur der Sache als außergesetzliche Rechtsquelle, die Saldotheorie als Beispiel, 1968; *Ebert*, Bereicherungsausgleich, S. 145 ff; *Fest*, Der Einfluss der rücktrittrechtlichen Wertungen auf die bereicherungsrechtliche Rückabwicklung nichtiger Verträge, 2006; *Hellwege*, Die Rückabwicklung gegenseitiger Verträge als einheitliches Problem, 2004; *R. Hornung*, Die Rückabwicklung gescheiterter Verträge nach französischem, deutschem und nach Einheitsrecht, 1998, S. 133 ff; *D. Kaiser*, Die Rückabwicklung gegenseitiger Verträge wegen Nicht- und Schlechterfüllung, 2000; *J. Kohler*, Die gestörte Rückabwicklung gescheiterter Austauschverträge, 1989; *Leser*, Der Rücktritt vom Vertrag, 1975; *Linke*, Die Rückabwicklung gescheiterter gegenseitiger Verträge, 2007.

1. Überblick

Die Begünstigung des Bereicherungsschuldners durch § 818 Abs. 3 (Rn 14 ff) wirkt sich vor allem bei der Abwicklung gegenseitiger Verträge aus. Paradigma ist die Abwicklung eines nichtigen Kaufvertrages. Stellt sich z. B. die Nichtigkeit eines Kaufvertrages erst nach beiderseitiger Erfüllung *und* Untergang des Kaufgegenstandes bei dem Käufer heraus, so muss entschieden werden, ob der Käufer trotzdem weiterhin Rückzahlung des Kaufpreises in voller Höhe verlangen kann, während er selbst den Verkäufer nach § 818 Abs. 3 auf die Reste der Kaufsache verweisen kann. Dieses Ergebnis gilt vor allem dann als wenig angemessen, wenn der Käufer den Untergang der Kaufsache zu vertreten hat (§ 276 Abs. 1). 20

Die nicht abreißende Diskussion über den richtigen Weg zur Lösung der aufgeworfenen Fragen bei der Abwicklung zumal nichtiger Kauf- und Werkverträge (o. Rn 20) 21

43 *Palandt/Sprau*, § 822 Rn 6.
44 BGHZ 142, S. 300 (303 f) = NJW 2000, S. 134.
45 Z. B. BGH, NJW 2014, S. 782 Tz 22.
46 BGH, LM Nr 19 zu § 816 BGB (Bl. 2) = NJW 1969, S. 605; LM Nr 47 zu § 816 BGB (Bl. 3 R) = NJW 1999, S. 1026; NJW-RR 1995, S. 130 (132); KG, WM 2002, S. 688 (689); *Staake*, Gesetzliche Schuldverhältnisse, § 6 Rn 56.
47 *Medicus/Lorenz* II, Tz 1183; *Palandt/Sprau*, § 822 Rn 9; *Wieling*, Bereicherungsrecht, § 5 I 5c.

stand lange Zeit im Zeichen des Gegensatzes zwischen der **Zweikondiktionen- und** der **Saldotheorie**[48]. Die Rechtsprechung hat sich in dieser Auseinandersetzung bis in die jüngste Zeit zwar wiederholt ausdrücklich zur Saldotheorie bekannt[49], gleichzeitig aber so viele „Ausnahmen" zugelassen, dass ihre generelle Gültigkeit zunehmend in Frage gestellt wird (s. u. Rn 26 ff).

2. Zweikondiktionentheorie

22 Die Zweikondiktionentheorie wollte in ihrer ursprünglichen Fassung an der durch § 818 Abs. 3 jedenfalls dem Wortlaut nach nahe gelegten Verteilung von Leistungs- und Gegenleistungsgefahr bei der Abwicklung gegenseitiger Verträge festhalten[50]. In unserem Beispiel eines nichtigen Kaufvertrages bedeutete dies, dass der Käufer bei Nichtigkeit des Vertrages den Kaufpreis zurückfordern könnte, während er selbst (fast) nichts mehr herauszugeben bräuchte. Vor allem, um dieses als unbillig angesehene Ergebnis zu vermeiden, nehmen die heutigen Vertreter der Zweikondiktionentheorie in derartigen Fällen meistens eine **Wertersatzpflicht** des Käufers in offener Korrektur des § 818 Abs. 3 an, jedenfalls, **wenn** der Käufer **schuldhaft** in dem Sinne gehandelt hat, dass er bei der Behandlung der Kaufsache nicht die eigenübliche Sorgfalt beobachtet hat[51], wobei man sich in erster Linie auf die in der Tat nahe liegende Analogie zu § 346 Abs. 2 S. 1 Nr 1 und Abs. 3 S. 1 Nr 3 stützen kann.

3. Saldotheorie

a) Grundsatz

23 Die Saldotheorie wurde entwickelt, um den Besonderheiten gegenseitiger Verträge mit der für diese typischen synallagmatischen Verknüpfung der beiderseitigen Leistungen auch bei der Abwicklung gescheiterter Verträge besser als die Zweikonditionentheorie Rechnung tragen zu können[52]. Deshalb behandelt die Saldotheorie die von dem anderen Teil erbrachte Gegenleistung, je nach Fallgestaltung also den Kaufgegenstand oder den Kaufpreis, nur *als bereicherungsmindernden Posten* bezüglich der gegenüberstehenden Leistung, sodass von vornherein immer **nur ein einheitlicher Bereicherungsanspruch auf** den **Überschuss** der einen Leistung über die andere, den sogenannten *„Saldo"* (daher der Name) besteht, sodass z. B. bei einem nichtigen Kaufvertrag der Käufer von vornherein immer nur einen Anspruch *auf* den *etwaigen Überschuss* des Kaufpreises über den (objektiven) Wert des Kaufgegenstandes hat und er in keinem Fall mehr als diesen Saldo verlangen kann, selbst wenn er infolge des Untergangs des Kaufgegenstandes diesen nicht mehr zurückgeben kann[53]. Viel-

48 Über den Diskussionsstand informieren *Hellwege*, Rückabwicklung; *Linke*, Rückabwicklung; *D. Kaiser*, Rückabwicklung.

49 Zuletzt BGHZ 147, S. 152 (157 f) = NJW 2001, S. 1863; BGHZ 161, S. 242 (250 f) = NJW 2005, S. 884.

50 *Oertmann*, DJZ 1915, Sp. 1063; *v. Tuhr*, in: Festschrift f. Bekker, 1907, S. 293; *ders.*, DJZ 1916, Sp. 582.

51 S. *Flume*, AcP Bd 194 (1994), S. 427 (439 ff); *ders.*, in: Festgabe 50 Jahre BGH Bd I, S. 525 (541 ff); *ders.*, JZ 2002, S. 321 (324); *Koppensteiner/Kramer*, Bereicherung, S. 181 ff; im Ergebnis auch *Büdenbender*, AcP Bd 200 (2000), S. 627 (671, 678 ff).

52 S. insbes. Weintraud, Die Saldotheorie, 1931.

53 So zuletzt BGHZ 161, S. 241 (250 f) = NJW 2005, S. 884 (887) m. Nachw.; BGH, NZM 2008, S. 886 (888, Tz 48); *Palandt/Sprau*, § 818 Rn 48 ff.

fach spricht man in diesem Zusammenhang auch von einem **faktischen Synallagma**[54]. In die Saldierung werden dabei auf beiden Seiten neben den Leistungen auch **sonstige** bereicherungsmindernde oder -erhöhende **Posten** wie einerseits Verwendungen oder andererseits Nutzungen einbezogen[55].

Die Rückabwicklung gescheiterter gegenseitiger Verträge nach der Saldotheorie gestaltet sich unterschiedlich, je nachdem, ob sich gleichartige oder ungleichartige Leistungen gegenüberstehen: problemlos ist die Rückabwicklung lediglich in dem ersten Fall des Austauschs **gleichartiger Leistungen**. In diesem Fall besteht (sofern feststellbar) *von vornherein nur ein Anspruch* der einen Partei gegen die andere auf den Überschuss, den Saldo. Einer Aufrechnung bedarf es hierzu nicht; die Saldierung tritt vielmehr von selbst (kraft Gesetzes) ein[56]. Bei **ungleichartigen Leistungen** geschieht die Rückabwicklung dagegen in der Weise, dass (allein) diejenige Partei, die um den Saldo entreichert ist, Rückgabe ihrer (höherwertigen) Leistung und **nur Zug um Zug gegen Rückgabe** der (geringerwertigen) Gegenleistung des anderen Teils fordern darf. Ist sie hierzu nicht mehr in der Lage, so muss sie in Abweichung von § 818 Abs. 3 **Wertersatz** leisten. Die Folge ist, dass es dann vielfach doch wieder zur automatischen Saldierung kommen wird. Um diese Beschränkung des Bereicherungsanspruchs auszulösen, bedarf es nicht etwa der Ausübung eines Zurückbehaltungsrechtes durch den Gegner; vielmehr muss der Bereicherungsgläubiger von vornherein selbst die Rückgabe der von ihm empfangenen Leistung oder Wertersatz Zug um Zug gegen die Rückgewähr seiner Leistung anbieten (sog **verfahrensrechtliche Saldotheorie**)[57]. 24

b) Vorleistungen

Die Saldotheorie passt offenkundig nicht bei Vorleistungen einer Partei, weil es hier – mangels beiderseitiger Leistungsbewirkung – nichts zu saldieren gibt. Nach früher h.M. wurde deshalb der Käufer frei, wenn der Verkäufer vorleistet und der Kaufgegenstand sodann beim Käufer untergeht (§ 818 Abs. 3). Dies ist deshalb verblüffend, weil sich der Käufer dann bei Unwirksamkeit des Vertrages besser als bei dessen Wirksamkeit stände, bei der er nach Gefahrübergang trotz Untergangs der Kaufsache zur Bezahlung des Kaufpreises verpflichtet bliebe (§ 446). Um dieses Ergebnis zu vermeiden, wird neuerdings auch bei Vorleistungen vielfach eine Berücksichtigung der (tatsächlich überhaupt noch nicht erbrachten) Gegenleistung bei der „Abrechnung" gefordert, meistens im Wege eines **Wertersatzanspruchs** des Verkäufers gegen den Käufer[58]. 25

---

54 So auch ausdrücklich BGHZ 147, S. 152 (157 f) = NJW 2001, S. 1863; ebenso im Ergebnis BGH (vorige Fn); *Finkenauer*, JuS 1998, S. 986 (987) m. Nachw.; *Wieling*, Bereicherungsrecht, § 51 I 4c, aa; dagegen *Ebert*, Bereicherungsausgleich, S. 152 ff.

55 BGH, LM Nr 264 zu § 812 BGB (Bl. 2 f) = NJW 1999, S. 2890.

56 BGHZ 145, S. 52 (54 ff) = NJW 2000, S. 3064; BGHZ 161, S. 241 (250) = NJW 2005, S. 884 (887); dagegen *Ebert*, Bereicherungsausgleich, S. 147 ff; *Finkenauer*, JuS 1998, S. 986 (988 f) m. Nachw.

57 BGHZ 147, S. 152 (157 f) = NJW 2001, S. 1863; BGH, LM Nr 11 zu § 818 Abs. 3 BGB = NJW 1963, S. 1870 = JuS 1964, S. 36 Nr 2; LM Nr 12 zu § 818 Abs. 3 BGB = NJW 1964, S. 39 = JuS 1964, S. 121 Nr 4; str., anders vielfach das Schrifttum.

58 *Canaris*, in: Festschrift f. Lorenz, 1991, S. 19 (23 ff); ; *Flume*, in: Festschrift f. Niedermeyer, 1953, S. 103; *ders.*, AcP Bd 194 (1994), S. 427 (439 ff); zustimmend *J. Braun*, JuS 1981, S. 813 (816); *Finkenauer*, JuS 1998, S. 986 (987 f); *B Grunewald*, in: Festschrift f. Hadding, 2004, S. 33 (39); *Koppensteiner/Kramer*, Bereicherung, S. 188 f; *Loewenheim*, Bereicherungsrecht, S. 157; *Looschelders* II, Tz 1131 ff; *Reuter/Martinek*, Bereicherung, S. 599 ff; *Reeb*, Grundprobleme, S. 124 f; *Staake*, Gesetzliche Schuldverhältnisse, § 6 Rn 27; *Wieling*, Bereicherungsrecht, § 5 I 4c, bb.

c) Ausnahmen

26 Die Saldotheorie kann dort keine Anwendung finden, wo die durch sie bewirkte „faktische Aufrechterhaltung" des gegenseitigen Vertrages (o. Rn 23) mit vorrangigen Wertungen anderer Vorschriften in **Konflikt** geriete[59]. Evident ist dies etwa für den durch viele Vorschriften innerhalb und außerhalb des BGB belegten **Vorrang des Minderjährigenschutzes** vor anderen Schutzzwecken. Die Saldotheorie darf hier nicht entgegen den Wertungen insbesondere der §§ 105 und 107 f zum Nachteil von Minderjährigen zur faktischen Aufrechterhaltung eines gegenseitigen Vertrages führen. Deshalb folgt in diesen Fällen die Abwicklung der **Zweikondiktionentheorie** (o. Rn 22), sodass der Minderjährige immer noch einwenden kann, er sei um die empfangene Gegenleistung nicht mehr bereichert (§ 818 Abs. 3)[60].

27 Ebenso zu entscheiden ist im Falle der Nichtigkeit eines Grundstückkaufvertrages nach **§ 138 Abs. 1** (wucherähnliches Geschäft)[61], sowie, jedenfalls nach Meinung der Gerichte, im Falle der Bedrohung oder der **arglistige Täuschung** einer Partei bei dem Abschluss eines gegenseitigen Vertrages. Die (problematische) Folge ist, dass der arglistig getäuschte oder bedrohte Käufer den Kaufpreis nach Bereicherungsrecht selbst dann zurückfordern kann, wenn er seinerseits die schon empfangene Kaufsache nur noch in völlig entwertetem Zustand oder überhaupt nicht mehr zurückgeben kann[62].

Für den **Autokauf-Fall 21** bedeutete dies, dass der arglistig getäuschte K von dem Autohändler V den Kaufpreis in voller Höhe zurückbekäme, obwohl der Wagen inzwischen nur noch „Schrottwert" hat.

28 Die Anwendung der Zweikondiktionentheorie hätte in diesem Fall (o. Rn 27) unverkennbar **Straffunktion**, weshalb sie im Schrifttum auf verbreitete **Kritik** gestoßen ist[63]. Als **Ausweg** empfiehlt sich eine Differenzierung zwischen den verschiedenen Fallgestaltungen parallel den **Wertungen des Rücktrittsrechts**, wie sie insbesondere in § 346 Abs. 2 S. 1 Nr 1 und Abs. 3 S. 1 Nr 3 zum Ausdruck kommen. Der Käufer braucht daher insbesondere dann *keinen* Wertersatz zu leisten, wenn der Untergang

---

59 Aufzählung der einzelnen Fälle z. B. bei *Wandt*, Gesetzliche Schuldverhältnisse, § 12 Rn 37; s. für das Insolvenzverfahren noch BGHZ 161, S. 241 (250 ff) = NJW 2005, S. 884.

60 BGHZ 136, S. 105 (107 f) = NJW 1994, S. 2021; BGHZ 147, S. 152 (158) = NJW 2001, S. 1863; BGH, LM Nr 50 zu § 818 Abs. 3 BGB (Bl. 1 R) = NJW 2000, S. 3562; NJW 2003, S. 3271; *Canaris*, in: Festschrift f. Lorenz, 1991, S. 19 (35 ff); *Flume*, AcP Bd 194 (1994), S. 427 (440 f); *Finkenauer*, JuS 1998, S. 986 (988); *D. König*, Ungerechtfertigte Bereicherung, 1985, S. 89 ff; *Staake*, Gesetzliche Schuldverhältnisse, § 6 Rn 68.

61 BGHZ 146, S. 298 (307 ff) = NJW 2001, S. 1127 = JuS 2001, S. 707 m. ablehnender Anm. *Flume*, ZIP 2001, S. 1621.

62 So BGHZ 53, S. 144 (147 ff) = NJW 1970, S. 656 = JuS 1970, S. 300 Nr 6; BGHZ 57, S. 137 (147 ff) = NJW 1972, S. 36 = JuS 1972, S. 215 Nr 7; BGHZ 72, S. 252 (254 ff) = NJW 1979, S. 160; BGHZ 78, S. 216 (222 ff) = NJW 1981, S. 224; *Medicus/Lorenz* II, Tz 1187; *Staake*, Gesetzliche Schuldverhältnisse, § 6 Rn 69; *Wandt*, Gesetzliche Schuldverhältnisse, § 12 Rn 37, 40.

63 S. insbes. *Büdenbender*, AcP Bd 200 (2000), S. 627 (661, 679 f); *Canaris*, in: Festschrift f. Lorenz, 1991, S. 19 (41 ff); *v. Caemmerer*, in: (1.) Festschrift f. Larenz, 1973, S. 621; *Flume*, AcP Bd 194 (1994), S. 427 (441, 443 f); *ders.*, ZIP 2001, S. 1621; *ders.*, JZ 2002, S. 321; *Finkenauer*, JuS 1998, 986 (987 f); *Frieser*, Bereicherungswegfall, S. 205 ff; *H. Honsell*, JuS 1982, S. 810; *U. Huber*, JuS 1972, S. 439; *Reuter/Martinek*, Bereicherung, S. 608 ff; *Schlechtriem*, Restitution I, S. 572, 637 ff.

der Sache auf ihren **Mängeln** beruht oder auf Umstände wie höhere Gewalt zurückzuführen ist, während der Käufer den Untergang z. B. zu vertreten hat, wenn er **grob-fahrlässig** gehandelt hat (§§ 346 Abs. 3 S. 1 Nr 3, 277).

Ebenso dürfte zu entscheiden sein, wenn er die Sache noch weiter nutzt und dabei beschädigt, nachdem er von dem Grund der Nichtigkeit des Vertrags *Kenntnis* erlangt hat (§§ 819 Abs. 1, 142 Abs. 2, Rn 32 f), während umgekehrt für die entsprechende Anwendung des § 346 Abs. 3 S. 1 Nr 3 zum Nachteil des Käufers kein Raum sein wird, wenn auch der Verkäufer den Grund der Nichtigkeit des Vertrages nicht zu vertreten hat (Paradigma: unverschuldeter Dissens der Parteien). In dieselbe Richtung weist wohl die von *Canaris*[64] entwickelte Lehre von der **Gegenleistungskondiktion**, die im neueren Schrifttum verbreitete Zustimmung gefunden hat[65]. 29

VI. Haftungsverschärfung

1. Voraussetzungen

Gemäß § 818 Abs. 4 haftet der Empfänger vom Eintritt der Rechtshängigkeit an „nach den allgemeinen Vorschriften". Dasselbe gilt insbesondere dann, wenn er den Mangel des Rechtsgrundes von vornherein kennt oder später erfährt (§ 819 Abs. 1). Drei weitere Fälle der Haftungsverschärfung finden sich in § 819 Abs. 2 sowie in § 820 Abs. 1 S. 1 und 2 (Rn 32 ff). In allen genannten Fällen kann sich der Schuldner, wie aus dem Zusammenhang der Abs. 3 und 4 des § 818 folgt, nicht mehr auf den Wegfall der Bereicherung nach § 818 Abs. 3 berufen, sondern muss wie jeder andere Schuldner nach den allgemeinen Vorschriften haften (Rn 35 ff). Unberührt bleibt seine Wertersatzpflicht nach § 818 Abs. 2, insbesondere in den Fällen einer nichtgegenständlichen Bereicherung, z. B. in Gestalt von Dienstleistungen (Rn 37). 30

Hintergrund der geschilderten Regelung ist der Umstand, dass ein Schutz des Bereicherungsschuldners gegen eine über seine jeweilige Bereicherung hinausgehende Belastung (§ 818 Abs. 3) nur angebracht ist, wenn und solange er auf die *Endgültigkeit* der Bereicherung *vertrauen* darf, dagegen nicht mehr, sobald er damit rechnen muss, gegebenenfalls zur Herausgabe der Bereicherung verpflichtet zu sein.[66] Deshalb bestimmt zunächst § 818 Abs. 4, dass der Empfänger, d. h. der Bereicherungsschuldner vom Eintritt der **Rechtshängigkeit** an nach den allgemeinen Vorschriften haftet. Denn (spätestens) ab Zustellung der Klage (§§ 253, 261 ZPO) muss der Bereicherungsschuldner damit rechnen, dass er die Bereicherung wieder herauszugeben hat. Erforderlich ist dafür die Erhebung der *Leistungsklage* selbst, während eine bloße Feststellungsklage nicht genügt[67]. Bei gegenseitigen Verträgen ist § 818 Abs. 4 ent- 31

---

64 *Canaris*, in: Festschrift f. Lorenz, 1991, S. 19 (60 ff); *Larenz/Canaris*, Schuldrecht II/2, § 73 III 2 (S. 323 ff).

65 S. insbesondere *Bockholdt*, AcP 206 (2006), S. 769; *Büdenbender*, AcP Bd 200 (2000), S. 627 (641 ff); *Flume*, AcP Bd 194 (1994), S. 427 (439 ff); *ders.*, in: Festgabe 50 Jahre BGH Bd I, 2000, S. 525 (536 ff); *ders.*, ZIP 2001, S. 1621; *ders.*, JZ 2002, S. 321; *Koppensteiner/Kramer*, Bereicherung, S. 181 ff; *Konzen*, *W. Lorenz* und *H. Roth*, in: Festschrift f. Canaris I, 2007, S. 605, 793 und 1131.

66 So z. B. BGH, NJW 2014, S. 1294 Tz 13; s. schon o. Rn 13 ff.

67 BGHZ 93, S. 183 (185 ff) = NJW 1985, S. 1074; BGHZ 118, S. 383 (390 ff) = NJW 1992, S. 2415.

sprechend auch auf den Kläger anzuwenden (sodass er ebenfalls verschärft haftet), weil er mit Rücksicht die Nichtigkeit des Vertrags ebenfalls mit der Verpflichtung zur Herausgabe der von ihm empfangenen Gegenleistung des anderen Teils, des Beklagten rechnen muss[68].

32 Eine Haftungsverschärfung tritt nach **§ 819 Abs. 1** ferner ein, wenn der Empfänger den Mangel des rechtlichen Grundes bei dem Empfang kennt *oder* später erfährt. Voraussetzung der Haftungsverschärfung ist in diesem Fall **positive Kenntnis der Rechtsgrundlosigkeit** des Erwerbs. Grobe Fahrlässigkeit genügt ebensowenig wie die bloße Kenntnis der *Tatsachen*, aus denen sich die Rechtsgrundlosigkeit des Erwerbs ergibt; die Kenntnis muss vielmehr, wenigstens in groben Zügen, auch die *Rechtsfolgen* umfassen[69]. Gleich steht der Fall, dass sich für jeden Vernünftigen unter den gegebenen Umständen die **Kenntnis** der Rechtsfolgen wie insbesondere bei Sittenwidrigkeit des Vertrages geradezu **aufdrängen** musste, sodass sich dann auch der Bereicherungsschuldner nicht mehr darauf berufen kann, trotzdem auf die Endgültigkeit des Erwerbs vertraut zu haben[70]. Aus demselben Grund ist der **Darlehensnehmer** gleichfalls niemals gutgläubig, da er weiß, dass er später (leider) die Valuta zurückzahlen muss[71]. Beruht die Nichtigkeit des Vertrages auf einer wirksamen Anfechtung, so genügt ferner bereits die Kenntnis der **Anfechtbarkeit** des Geschäfts (§ 142 Abs. 2). Anders verhält es sich jedoch, wenn der Empfänger weiß oder doch annimmt, dass auch dem anderen Teil, bei der Leistungskondiktion dem Leistenden, die Nichtigkeit des Vertrags bekannt ist, weil der Empfängen in diesem Fall mit Rücksicht auf § 814 doch wieder auf die Beständigkeit des Erwerbs vertrauen durfte[72].

33 Ist der Bereicherte vertreten worden, so kommt es analog § 166 Abs. 1 grundsätzlich auf die Kenntnis seines **Vertreters** oder der sonstigen Personen an, die ihn in der fraglichen Beziehung repräsentieren[73]. Das gilt auch für **Minderjährige**[74]. Entgegen einer verbreiteten Meinung[75] darf man hier nicht etwa zwischen der Leistungs- und der Eingriffskondiktion unterscheiden und auf die Letztere entsprechend die §§ 827 und 828 anwenden, weil die Folge eine dem Bereicherungsrecht sonst fremde Schadensersatzpflicht des Minderjährigen wäre.

---

68 *Staake*, Gesetzliche Schuldverhältnisse, § 6 Rn 76.

69 BGHZ 118, S. 383 (392) = NJW 1992, S. 2415 (2417); BGH, NJW 2014, S. 2790 Tz 27 f; weitergehend *Probst*, AcP Bd 196 (1996), S. 225 (252 ff).

70 BGHZ 133, S. 246 (249 ff) = NJW 1996, S. 2652; BGH, LM Nr 185 zu § 812 BGB = NJW 1987, S. 185; NJW-RR 2003, S. 989 (990); NJW 2014, S. 2790 Tz 27, 29; s. dazu *K. Otte*, JuS 1998, S. 305; *Martinek*, JZ 1996, S. 1099; *Wandt*, Gesetzliche Schuldverhältnisse, § 12 Rn 51.

71 BGH, LM Nr 33 zu HWiG = NJW 1999, S. 1636; *Medicus/Lorenz* II, Tz 1178; *Wieling*, Bereicherungsrecht, § 5 II 1b.

72 BGH, NJW 2014, S. 2790 Tz 27 (mit Ausnahmen).

73 BGH, NJW 2014, S. 1294 Tz 11; vgl. auch für Eheleute BGHZ 83, S. 293 (295 ff) = NJW 1982, S. 1585; *Reuter/Martinek*, Bereicherung, S. 645 ff.

74 *Loewenheim*, Bereicherung, S. 159 f; *Medicus/Lorenz* II, Tz 1178; *Reeb*, Grundprobleme, S. 126 f; *Reuter/Martinek*, Bereicherung, S. 653 ff; *Staake*, Gesetzliche Schuldverhältnisse, § 6 Rn 80; *Wieling*, Bereicherungsrecht, § 5 II 1b; ein Beispiel in BGH, LM Nr 5 zu § 819 BGB = MDR 1977, S. 388.

75 Im Anschluss an BGHZ 55, S. 128 (136 f) = NJW 1971, S. 609 = JuS 1971, S. 316 Nr 2 *Koppensteiner/Kramer*, Bereicherung, S. 144; *Schlechtriem*, Schuldrecht BT, Tz 790; *D. Schildt*, JuS 1995, S. 953 (958); *Wandt*, Gesetzliche Schuldverhältnisse, § 12 Rn 46 f; – dagegen auch *Looschelders* II, Tz 1119 f.

Drei weitere Fälle der Haftungsverschärfung ergeben sich aus § 819 Abs. 2 und aus § 820 Abs. 1 S. 1 und S. 2. Der erste Fall liegt vor, wenn der Empfänger durch die Entgegennahme der Leistung gegen ein **gesetzliches Verbot** oder gegen die **guten Sitten** verstößt (§ 819 Abs. 2); gemeint ist damit der Fall des § 817 S. 1 (s. dazu o. § 16 Rn 32), wobei hier freilich zusätzlich das Bewusstsein der Gesetz- oder Sittenwidrigkeit erforderlich ist, um die Haftungsverschärfung zu rechtfertigen[76]. Der zweite Fall ist gegeben, wenn die Beteiligten bei der **condictio ob rem** des § 812 Abs. 1 S. 2 Fall 2 von vornherein damit rechnen, dass der Eintritt des mit der Leistung bezweckten Erfolges ungewiss ist (§ 820 Abs. 1 S. 1; s. dazu o. § 16 Rn 28 ff). Der letzte Fall folgt aus § 820 Abs. 1 S. 2, nach dem es zu einer Haftungsverschärfung kommt, wenn die Leistung aus einem Rechtsgrund erfolgte, dessen Wegfall nach dem Inhalt des Rechtsgeschäfts als möglich angesehen wurde. Das Gesetz hat hier die (seltene) **condictio ob causam finitam** im Auge (s. o. § 16 Rn 27 f). Zu beachten ist, dass das Gesetz in den beiden zuletzt genannten Fällen durch die Bezugnahme auf den „Inhalt des Rechtsgeschäfts" in § 820 Abs. 1 S. 1 und 2 auf die gemeinsamen und übereinstimmenden Vorstellungen *beider* Parteien abstellt, während es in den Fällen des § 819 Abs. 1 und 2 nur auf die Kenntnis des Schuldners allein ankommt. 34

2. Rechtsfolgen

In den genannten Fällen (o. Rn 31–34) richtet sich die Haftung des Bereicherungsschuldners gemäß § 818 Abs. 4 nach den „allgemeinen Vorschriften". Was darunter zu verstehen ist, ist offen. Eine verbreitete Meinung folgert aus dem Kontext des § 818 Abs. 4, dass das Gesetz hier auf die allgemeinen Vorschriften über die Haftung *nach* Rechtshängigkeit, d. h. auf die **§§ 291 und 292** iVm den §§ 987 und 994 ff Bezug nehme[77]. § 292 verweist (nur) für den Fall, dass der Schuldner einen bestimmten Gegenstand herauszugeben hat, für die Zeit nach Rechtshängigkeit des Herausgabeanspruchs hinsichtlich der Ersatzpflicht des Schuldners für die Unmöglichkeit der Herausgabe, hinsichtlich seiner Pflicht zum Nutzungsersatz sowie hinsichtlich der Gegenansprüche des Schuldners auf Verwendungsersatz auf die §§ 987 f, 989 f und 994 ff. Streitig ist, ob sich die Haftung des Bereicherungsschuldners unter den Voraussetzungen der §§ 818 Abs. 4, 819 und 820 Abs. 1 auf die genannten Vorschriften des Eigentümerbesitzerverhältnisses beschränkt oder ob daneben gegebenenfalls auch Raum für den Rückgriff auf die **weiteren Vorschriften des Allgemeinen Teils** des Schuldrechts und damit insbesondere auf die §§ 275, 280 bis 283 und 285 ist. Für die zuletzt genannte Interpretation des § 818 Abs. 4, die ohne weiteres mit dem ganz allgemeinen Wortlaut der Vorschrift vereinbar ist, hat sich mittlerweile zu Recht auch die Rechtsprechung entschieden, vor allem, weil nur auf diese Weise praktikable Ergebnisse erreichbar sind[78]. 35

76 *Looschelders* II, Tz 1121.

77 BGHZ 133, S. 246 (252 ff) = NJW 1996, S. 2652; BGHZ 140, S. 275 (280) = NJW 1999, S. 1626 (1629); *Medicus*, JuS 1993, S. 705 ff; *Medicus/Lorenz* II, Tz 1180; *Larenz/Canaris*, Schuldrecht BT II/2, § 73 II 3 (S. 314 ff), *Staake*, Gesetzliche Schuldverhältnisse, § 6 Rn 83.

78 So BGH, NJW 2014, S. 782 Tz 26; 2014, S. 2140 Tz 38; BAGE 10, S. 176 (181) = NJW 1961, S. 622; BAGE 11, S. 202 (205) = NJW 1961, S. 1989; ebenso i. Erg. bereits BGHZ 75, S. 203 (207 ff) = NJW 1980, S. 178; BGHZ 83, S. 293 (299 f) = NJW 1982, S. 1585; *Wandt*, Gesetzliche Schuldverhältnisse, § 12 Rn 54 f; sowie (nur für die Leistungskondiktion) *Reuter/Martinek*, Bereicherung, S. 635 ff.

36 Ein **Untergang** des Bereicherungsgegenstandes befreit folglich den Bereicherungsschuldner nur noch, wenn er den Untergang nicht zu vertreten hat (§ 275)[79]; andernfalls haftet er nach den §§ 989 und 990 in voller Höhe auf Schadensersatz[80]. Außerdem gilt (spätestens) ab Haftungsverschärfung § 285 mit der Folge, dass der Bereicherungsschuldner im Falle der Veräußerung des Bereicherungsgegenstandes fortan das commodum ex negotiatione herauszugeben hat[81]. Schließlich kann der Bereicherungsschuldner ab Haftungsverschärfung auch in **Verzug** geraten, sodass er dann sogar für Zufall haftet (§ 287 S. 2)[82].

37 Unberührt bleibt die **Wertersatzpflicht** des Bereicherungsschuldners nach § 818 Abs. 2. Ist der Bereicherungsschuldner zum Geldersatz verpflichtet, z. B. wegen der Nutzung fremder Sachen und Rechte oder wegen der Inanspruchnahme fremder Dienstleistungen, so wird seine Ersatzpflicht daher im Augenblick der Haftungsverschärfung umfangmäßig endgültig fixiert; für einen Wegfall der Bereicherung ist bei derartigen Geldersatzansprüchen kein Raum[83]

---

79 BGH, NJW 2014, S. 782 Tz 26.

80 BGH, NJW 2014, S. 2140 Tz 31, 34.

81 BGHZ 75, S. 203 (207 ff) = NJW 1980, S. 178; BGHZ 83, S. 293 (299 f) = NJW 1982, S. 1585; BGH, NJW 2014, S. 2140 Tz 38; *Canaris*, in: Festschrift f. Deutsch, 1999, S. 85 (90, 94 ff); *Medicus*, JuS 1993, S. 705 (707).

82 BGHZ 83, S. 293 (299 f) = NJW 1982, S. 1585; BGHZ 93, S. 183 (188) = NJW 1985, S. 1074; *Medicus*, JuS 1993, S. 705 (707).

83 Rn 30; BGHZ 83, S. 293 (299 f) = NJW 1982, S. 1585; BGHZ 93, S. 183 (188) = NJW 1985, S. 1074; *Staake*, Gesetzliche Schuldverhältnisse, § 6 Rn 84 f; *Wandt*, Gesetzliche Schuldverhältnisse, § 12 Rn 57 f; – str, anders insbesondere *Medicus*, JuS 1993, S. 705 (709); *Medicus/Lorenz* II, Tz 1181; *Larenz/Canaris*, Schuldrecht II/2, § 73 II 3 c (S. 315 ff.

Teil VI
Unerlaubte Handlungen

§ 20 Einleitung

Literatur: *Bälz*, Zum Strukturwandel des Systems zivilrechtlicher Haftung, 1991; *v. Bar*, Verkehrspflichten, 1980, *ders.*, Gemeineuropäisches Deliktsrecht I, 1996; *ders.*, Moderne Deliktsrechtspflege, in: Festgabe 50 Jahre BGH Bd I, 2000, S. 595; *Bollweg/Hellmann*, Das neue Schadensersatzrecht, 2002; *Brüggemeier*, Deliktsrecht, 1986; *Cahn*, Einführung in das neue Schadensersatzrecht, 2003; *v. Caemmerer*, Wandlungen des Deliktsrechts, in: Hundert Jahre deutsches Rechtsleben, DJT-Festschrift Bd II, 1960, S. 49; *Deutsch*, Fahrlässigkeit und erforderliche Sorgfalt, 1963; *ders.*, Haftungsrecht I, 1976; *ders./Ahrens*, Deliktsrecht, 6. Aufl. (2014); *Ehmann*, Deliktsrecht, 2014; *Fraenkel*, Tatbestand und Zurechnung bei § 823 Abs. 1 BGB, 1979; *Fuchs*, Deliktsrecht, 7. Aufl. (2009); *Geigel*, Der Haftpflichtprozess, 26. Aufl. (2011); *Hager*, in: Eckpfeiler des Zivilrechts, 2014, Rn T 1 ff (S. 1265 ff); *Jansen*, Struktur des Haftungsrechts, 2003; *Kleindiek*, Deliktshaftung der juristischen Person, 1997; *Kötz/Wagner*, Deliktsrecht, 12. Aufl. (2014); *R. Lang*, Normzweck und duty of care, 1983; *Looschelders*, Die Mitverantwortlichkeit des Geschädigten im Privatrecht, 1999; *Schiemann*, Argumente und Prinzipien bei der Fortbildung des Schadensrechts, 1981; *Schlechtriem*, Vertragsordnung und außervertragliche Haftung, 1972; *Staake*, Gesetzliche Schuldverhältnisse, §§ 7 ff (S. 159 ff); *H. Stoll*, Das Handeln auf eigene Gefahr, 1961; *ders.*, Kausalzusammenhang und Normzweck im Deliktsrecht, 1968; *ders.*, Haftungsfolgen im bürgerlichen Recht, 1993; *G. Wagner*, Das neue Schadensersatzrecht, 2002; *Wandt*, Gesetzliche Schuldverhältnisse, §§ 14 ff (S. 263 ff); *Weyers*, Unfallschäden, 1971; *Wurmnest*, Grundzüge eines europäischen Haftungsrechts, 2003; *Wussow*, Das Unfallhaftpflichtrecht, 16. Aufl. (2014).

I. Verschuldensprinzip

Das Recht der unerlaubten Handlungen, meistens Deliktsrecht genannt, das seine Regelung vornehmlich in den §§ 823 bis 853 BGB sowie in einer Fülle von Nebengesetzen gefunden hat, hat die **Aufgabe**, die Voraussetzungen zu definieren, unter denen – außerhalb vertraglicher Beziehungen – (ausnahmsweise) die Verlagerung des Schadens, den eine Person erlitten hat, auf eine andere Person in Betracht kommt. Daher die große praktische Bedeutung des Deliktsrechts, mit dem der Gesetzgeber letztlich den Handlungsspielraum des einzelnen absteckt. 1

Bei dieser Aufgabe (Rn 1) kann sich der Gesetzgeber von unterschiedlichen **Haftungsprinzipien**, leiten lassen. Man versteht darunter die einem Rechtsgebiet zu Grunde liegenden und dieses prägenden Rechtsgrundsätze. Das wichtigste derartige Haftungsprinzip ist im deutschen Recht, wie insbesondere § 823 und § 826 zeigen, das Verschuldensprinzip (Rn 3, 5), ergänzt freilich heute auf vielen Gebieten durch den Gedanken der so genannten Gefährdungshaftung (Rn 6). 2

Das **Verschuldensprinzip** besagt, dass die Abwälzung eines Schadens von dem Geschädigten auf eine andere Person grundsätzlich nur in Betracht kommt, wenn diese 3 andere Person den Schaden rechtswidrig und schuldhaft herbeigeführt hat, – womit zugleich die drei wichtigsten Merkmale des Deliktstatbestandes definiert sind. Es sind dies nach dem Gesagten der Reihe nach die Erfüllung eines der gesetzlich umschriebenen Tatbestände, in denen eine Ersatzpflicht des Verursachers eines Schadens, des sogenannten Täters in Betracht kommt, die Rechtswidrigkeit der fraglichen Handlung des Täters sowie dessen Verschulden (s. im Einzelnen Rn 8 ff). In dieser Form gilt heute das Verschuldensprinzip nahezu universell. Jedoch hat es in den einzelnen Rechtsordnungen eine durchaus unterschiedliche Ausprägung erfahren, wobei man vor allem danach zu unterscheiden hat, ob sich eine Rechtsordnung für eine große deliktische Generalklauseln oder für ein System deliktischer Einzeltatbestände entschieden hat. Die meisten Rechtsordnungen unserer Nachbarstaaten haben sich nach dem Vorbild der Art. 1382 und 1383 des **französischen Code civil** für eine sogenannte **große deliktische Generalklausel** entschieden, nach der *jede* rechtswidrige und schuldhafte Schädigung eines anderen ersatzpflichtig macht[1]. Derartige deliktische Generalklauseln haben den **Vorteil**, der Rechtsprechung eine flexible Anpassung des Deliktsrechts an die sich wandelnden, sozialen und wirtschaftlichen Verhältnisse zu ermöglichen. Auf der anderen Seite sind mit ihnen aber auch nicht zu übersehende **Nachteile** verbunden. Denn da es sich von selbst versteht, dass nicht jede schuldhafte Schädigung eines anderen eine Ersatzpflicht auslösen kann, – man denke nur an die (beabsichtigte!) Schädigung der Konkurrenten im Wettbewerb – machen Generalklauseln **schwierige, zusätzliche Überlegungen zur Abgrenzung** der erlaubten von verbotenen Schädigungen erforderlich. Das ist der Grund, warum sich Deutschland mit dem Inkrafttreten des BGB im Jahr 1900 schließlich für ein System deliktischer Einzeltatbestände entschieden hat (Rn 4 ff).

II. System des BGB

4 In weiten Teilen Deutschlands galt vor Inkrafttreten des BGB gleichfalls eine deliktische Generalklausel[2]. Es verwundert deshalb nicht, dass noch im ersten Entwurf zum BGB im Anschluss an die genannten Vorbilder ebenfalls eine **Generalklausel** vorgesehen war[3]. In den weiteren Beratungen ist man jedoch wegen der genannten Probleme, mit denen jede Generalklausel behaftet ist (o. Rn 3), davon wieder abgekommen und zu dem für das deutsche Recht heute kennzeichnenden **System der deliktsrechtlichen Einzeltatbestände** übergegangen, **ergänzt durch partielle Generalklauseln** wie die §§ 823 Abs. 2 und 826 BGB sowie die §§ 3 und 9 UWG und § 33 Abs. 3 GWB. Die Gesetzesverfasser wollten auf diese Weise vor allem die mit einer großen Generalklausel verbundene richterliche Freiheit bei der Abgrenzung von Handlungsspielräumen vermeiden. Zugleich versprach man sich von der schließlich gewählten Lösung eine klarere Abgrenzung des Kreises der ersatzberechtigten Personen, als sie

---

1 Art. 1382 C. civ.; „Tout fait quelconque de l'homme, qui cause à autrui un dommage, oblige celui, par la faute duquel il est arrivé, à le reparer".

2 Vgl. für Preußen ALR I 6 §§ 10 ff (s. *Hattenhauer*, ALR, 3. Aufl. [1996], S. 90); ebenso in den linksrheinischen Gebieten aufgrund des dort seinerzeit von Kaiser Napoleon I eingeführten Code civil sowie in Baden (Bad. Landrecht).

3 S. E I § 704 und dazu Motive Bd. II, S. 724 ff; *Katzenmeier*, AcP Bd 203 (2003), S. 79 (84 ff); *Medicus/Lorenz* II, Tz 1231.

auf der Basis einer deliktischen Generalklausel möglich ist (Stichwort: Ausschluss mittelbarer Schäden, s. im Einzelnen u. § 26 Rn 16 f). Einen weiteren Vorteil des Systems der Einzeltatbestände sah man in dessen Beitrag zur Rechtssicherheit, da man annahm, dass zumindest im Regelfall die gesetzlichen Einzeltatbestände dem Richter einen festen Anhalt zur Beurteilung der Rechtswidrigkeit menschlicher Verhaltensweisen geben könnten[4]. In einer Vielzahl von Fällen trifft dies auch heute noch zu (s. aber u. Rn 10 f).

Das deutsche System deliktischer Einzeltatbestände bringt es mit sich, dass das Verschuldensprinzip im geltenden Recht unterschiedliche Ausprägungen erfahren hat. **5**
Die Grundform des Verschuldensprinzips ist gekennzeichnet durch die **volle Beweislast** des Geschädigten für den Deliktstatbestand einschließlich des Verschuldens des Täters. Hierher gehören die beiden Grundtatbestände der §§ 823 und 826 sowie noch die Fälle der §§ 824 und 825 (nF). Dagegen wird bei der zweiten Variante der Verschuldenshaftung (zum Schutze des Geschädigten) das **Verschulden** des Täters **vermutet**. Beispiele aus dem BGB sind neben den wichtigen Vorschriften der §§ 831 und 832 noch die §§ 833 S. 2, 834 und 836 bis 838 sowie aus dem StVG der § 18. Im Ergebnis bedeutet bereits diese **Beweislastumkehr** eine spürbare Verschärfung der Haftung gegenüber dem Normalfall der Verschuldenshaftung mit voller Beweislast des Geschädigten.

In einer Reihe weiterer Tatbestände verzichtet das geltende Recht schließlich ganz **6**
auf ein Verschulden des Täters als Haftungsvoraussetzung. Man spricht dann meistens von **Gefährdungshaftung** (s. u. § 27). Eine derartige *verschuldensunabhängige* Haftung ist vor allem dort vorgesehen, wo eine typischerweise mit besonderen Gefahren verbundene Tätigkeit trotz ihrer Risiken wegen ihrer sozialen Nützlichkeit nicht generell verboten werden kann. Paradigmata sind der Betrieb von Eisenbahnen oder von Kraftfahrzeugen (s. u. § 27 Rn 5, 20 ff). Den Ausgleich für die Zulassung derartiger Tätigkeiten bildet die Gefährdungshaftung des Nutznießers für die genannten Risiken. Der wichtigste Fall aus dem BGB ist die Tierhalterhaftung nach § 833 S. 1 (s. u. § 27 Rn 9 ff; vgl außerdem den Sonderfall des § 231). Der Schwerpunkt der Gefährdungshaftung liegt jedoch außerhalb des BGB (u. § 27).

Das von den Vätern des BGB konzipierte System tatbestandlich genau umschriebener **7**
deliktsrechtlicher Einzeltatbestände, ergänzt um eine kleine Zahl partieller Generalklauseln (o. Rn 5), gehört schon lange der Geschichte an, da sich bereits wenige Jahre nach Inkrafttreten des Gesetzes herausstellte, dass die gesetzliche Regelung (§§ 823–853) entgegen den Erwartungen der Gesetzesverfasser tatsächlich doch **bedenkliche Schutzlücken** aufwies[5]. Die Rechtsprechung sah sich deshalb alsbald genötigt, die Deliktstatbestände des Gesetzes um **drei neue partielle Generalklauseln** zu ergänzen. Es sind dies das allgemeine Persönlichkeitsrecht (u. § 22 Rn 15 ff), das „Recht" am eingerichteten und ausgeübten Gewerbebetrieb (u. § 22 Rn 7 ff) sowie die Haftung für die Verletzung sogenannter Verkehrspflichten (u. § 23). Die Rechtsprechung hat außerdem dem Geschädigten in zahlreichen Fällen durch **Beweiserleichterungen** geholfen. Auch dadurch ist im Ergebnis, wie das Beispiel der Produkthaftung zeigt, die Deliktshaftung deutlich ausgeweitet worden (u. § 23).

---

4 S. Prot. Bd. II, S. 566 ff.
5 S. *v. Bar*, in: Festgabe 50 Jahre BGH Bd I, S. 595.

III. Deliktstatbestand

8 Im Bereich der Verschuldenshaftung folgt der **Deliktsaufbau** dem klassischen strafrechtlichen Schema, gekennzeichnet durch die Trennung von Tatbestand, Rechtswidrigkeit und Schuld (s. schon Rn 3). Der **Tatbestand** eines Delikts umfasst **zwei Elemente**, eine menschliche Handlung (oder Unterlassung, Rn 9) sowie eine tatbestandsmäßige Rechtsgutverletzung. Beide Elemente müssen außerdem *kausal* verknüpft sein, da andernfalls keine Möglichkeit besteht, die Rechtsgutverletzung einer bestimmten Person und ihren Handlungen zuzurechnen[6]. Daraus folgt, dass im Deliktsrecht auf der Ebene des Tatbestandes grundsätzlich **dreierlei** geprüft werden muss, nämlich 1. das Vorliegen einer menschlichen Handlung, 2. das Vorliegen einer tatbestandsmäßigen Rechtsgutsverletzung, insbesondere im Sinne der §§ 823 ff, etwa in Gestalt einer Körperverletzung, sowie 3. eine kausale Verknüpfung dieser beiden Elemente (Rn 10). Unter einer **menschlichen Handlung** wird jedes menschliche Verhalten im weitesten Sinne verstanden, das der Bewusstseinskontrolle und Willenslenkung unterliegt und deshalb zumindest beherrschbar ist[7]. Den Gegensatz bilden Bewegungen, die vom Menschen nicht beherrschbar sind. Beispiele sind Bewegungen, die auf physischem Zwang oder auf Reflexen infolge fremder Einwirkungen beruhen, sowie Bewegungen im Zustand der Bewusstlosigkeit (s. aber § 827 S. 2)[8].

9 Den Handlungen stehen **pflichtwidrige Unterlassungen** gleich. Voraussetzung ist, dass der Täter rechtlich *verpflichtet* war, den *Erfolg abzuwenden*, sodass er für den Erfolgseintritt, beruhend auf seiner pflichtwidrigen Untätigkeit, von der Rechtsordnung verantwortlich gemacht werden kann[9]. Die wichtigsten Quellen derartige **Handlungspflichten** sind eine Garantenstellung des Täters sowie vorausgegangenes Tun, genauer: die Begründung oder Beherrschung einer Gefahrenquelle. **Garantenstellungen** ergeben sich insbesondere aus familienrechtlichen Beziehungen; Paradigma ist die Verpflichtung der Eltern zum Schutze ihrer Kinder vor vermeidbaren Gefahren (§§ 1626, 1664, 277). Derartige Garantenstellungen dürfen nicht leichthin angenommen werden; die Rechtsprechung ist aus diesem Grund bei ihrer Anerkennung daher zu Recht ausgesprochen zurückhaltend, um die Haftungsrisiken des Einzelnen nicht übermäßig auszudehnen[10]. Umso größere praktische Bedeutung haben die Gefahrabwendungspflichten aus vorausgegangenem Tun (sog. **Ingerenz**), im Zivilrecht meistens als **Verkehrs- oder Verkehrssicherungspflichten** bezeichnet (§ 23 Rn 1 ff).

10 Liegt eine menschliche Handlung (Rn 8) oder die pflichtwidrige Unterlassung eines Menschen (Rn 9) vor, so ist als nächstes zu prüfen, ob zwischen der Handlung oder Unterlassung und der tatbestandsmäßigen Rechtsgutverletzung, z. B. im Sinne der §§ 823, 824 oder 826 ein **Kausalzusammenhang** besteht. Die damit zusammenhän-

6 S. dazu statt aller *Faust*, JuS 2004, S. 114; *Medicus*, JuS 2005, S. 289; *Spindler*, AcP 208 (2008). S. 283.

7 BGHZ 39, S. 103 (106 ff) = NJW 1963, S. 953; BGHZ 98, S. 135 (137) = NJW 1987, S. 121 = JuS 1987, S. 405 Nr 4.

8 Dazu insbes. BGHZ 98, S. 135 (138) = NJW 1987, S. 121 = JuS 1987, S. 405 Nr 4.

9 BGHZ 194, S. 26 (32 f, Tz 18 f) = NJW 2012, S. 3439; BGH, NZG 2014, S. 991 Tz 16, 22 = WM 2014, S. 1479.

10 S. z. B. ablehnend für die Geschäftsführer von Unternehmen BGHZ 194, S. 26 (33 ff, Tz 21 f) = NJW 2012, S. 3439; BGH, NZG 2014, S. 991 Tz 23 = WM 2014, S. 1479.

genden Fragen sind bereits an anderer Stelle ausführlich behandelt[11]. Deshalb genügen hier folgende Bemerkungen: Kausal ist grundsätzlich jede menschliche Handlung, die eine **Bedingung** des eingetretenen Erfolgs darstellt **(conditio sine qua non)**, während eine pflichtwidrige Unterlassung als kausal für eine Rechtsgutverletzung gilt, wenn nach menschlichem Ermessen bei pflichtgemäßem Handeln des Täters der abzuwendende Erfolg in Gestalt einer Rechtsgutverletzung, z. B. die Tötung oder die Verletzung eines Menschen tatsächlich vermieden worden wäre. Dabei wird im deutschen Recht nicht zwischen unmittelbarer und mittelbarer Kausalität unterschieden; ebenso wenig kommt es darauf an, ob die Kausalität physisch oder „nur" psychisch vermittelt ist (sogenannte **Äquivalenztheorie**, s. u. § 21 Rn 5 ff). Die Folge kann freilich in bestimmten eigenartigen Fallgestaltungen eine kaum mehr vertretbare Ausdehnung der Deliktshaftung sein, sodass Korrekturen unvermeidlich sind. Auf der Ebene der Kausalität dient diesem Zweck die sogenannte **Adäquanztheorie**, nach der bestimmte, ungewöhnliche, einmalige und deshalb sinnvollerweise nicht vorhersehbare Kausalzusammenhänge, wie sie gelegentlich vorkommen, aus der rechtlichen Betrachtung auszuklammern sind[12].

Die Adäquanztheorie (o. Rn 10) erlaubt allenfalls eine erste grobe Sichtung der in Betracht kommenden Fälle, weshalb an ihre Stelle heute weithin die verschiedenen **Schutzzwecklehren** getreten sind, häufig auch Lehren vom Rechtswidrigkeitszusammenhang genannt[13]. Danach setzt die Ersatzpflicht einer Person außer der Kausalität ihrer Handlung für die Rechtsgutverletzung noch zusätzlich voraus, dass zwischen der Rechtsgutverletzung, d. h. dem Schaden einer Person, und der verletzten Norm bei wertender Betrachtungsweise ein **Zurechnungszusammenhang** in dem Sinne besteht, dass die Rechtsgutverletzung noch vom Schutzzweck der verletzten Norm umfasst wird. Fehlt es daran, so handelt es sich im Grunde um bloße **Zufallsschäden**, die zum allgemeinen Lebensrisiko des Betroffenen gehören (s. im Einzelnen u. § 21 Rn 5 ff). 11

IV. Rechtswidrigkeit

Die Verschuldenshaftung beruht auf dem Vorwurf gegen eine bestimmte Person, den Täter, eine tatbestandsmäßige (kausale) und rechtswidrige Handlung begangen zu haben, obwohl er in der Lage *und* verpflichtet gewesen wäre, anders zu handeln (Rn 3). Die Deliktshaftung setzt mithin zusätzlich ein **Unwerturteil der Rechtsordnung** über die für die Rechtsgutverletzung kausale Handlung voraus. Die Voraussetzungen dieses Unwerturteils, genauer: der Anknüpfungspunkt des Unwerturteils der Rechtsordnung über eine bestimmte Handlung, sind umstritten[14]. 12

Im Deliktsrecht steht die Auseinandersetzung um die Voraussetzungen der Rechtswidrigkeit im Zeichen des Gegensatzes zwischen der Lehre vom Erfolgsunrecht und 13

11 BGB-Schuldrecht Allgemeiner Teil, § 13 Rn 8 ff.

12 Vgl. BGB-Schuldrecht Allgemeiner Teil, § 13 Rn 11 f; z. B. BGHZ 137, S. 11 (19) = NJW 1998, S. 138; BGH, LM Nr 101 zu § 328 BGB (Bl. 2 R) = NJW 2001, S. 514; NJW 2005, S. 1420 (1421); BAG, NJW 2009, S. 251 Tz 53; s. *Emmerich*, JuS 2002, S. 1124.

13 BGB-Schuldrecht Allgemeiner Teil, § 13 Rn 13 ff.

14 S. wegen der Einzelheiten BGB-Schuldrecht Allgemeiner Teil, § 6 Rn 13 ff.

vom Verhaltensunrecht. Nach der Lehre vom **Erfolgsunrecht** gilt bereits die bloße Erfüllung des Tatbestandes, d. h. die (kausale) *Herbeiführung des tatbestandsmäßigen Erfolgs* durch eine menschliche Handlung grundsätzlich als rechtswidrig, *sofern* nicht ausnahmsweise ein besonderer *Rechtfertigungsgrund* eingreift (u. Rn 16). Nach der Lehre vom **Verhaltensunrecht** bedarf dagegen die Annahme der Rechtswidrigkeit einer Handlung zusätzlich einer positiven Begründung durch den Nachweis der *Verletzung einer* bestimmten *Verhaltenspflicht*[15]. Dahinter steht die Überzeugung, dass sich die Rechtsordnung mit ihren Geboten und Verboten immer nur an menschliches Verhalten richten und deshalb nur über dieses ein Unwerturteil aussprechen kann.

14 Keine der beiden genannten Lehren (Rn 13) lässt sich ohne Konzessionen an die andere widerspruchsfrei durchführen. Für die Mehrzahl der Fälle trifft zwar die Lehre vom **Erfolgsunrecht** nach wie vor das Richtige, jedenfalls, soweit es um die Verletzung klar umschriebener Einzeltatbestände geht, etwa um die Verletzung des Lebens, des Körpers oder des Eigentums eines Menschen (§ 823 Abs. 1), da in derartigen Fällen durch die bloße Tatbestandserfüllung die Rechtswidrigkeit des Eingriffs, wie man sagt, „indiziert" wird, sofern nicht ausnahmsweise ein Rechtfertigungsgrund eingreift (u. Rn 16).

15 Auf der anderen Seite gibt es aber unbestreitbar auch Fallgestaltungen, in denen der Lehre vom **Verhaltensunrecht** der Vorzug zu geben ist. Die wichtigsten sind auf der einen Seite die sogenannten „offenen" Tatbestände, d. h. die gesetzlichen und richterrechtlich geschaffenen **Generalklauseln**, und auf der anderen Seite die **Unterlassungsdelikte**, die gerade im Deliktsrecht eine zentrale Bedeutung haben (Rn 9). Denn in diesen Fällen kann offenkundig keine Rede davon sein, durch die bloße Tatbestandserfüllung werde bereits die Rechtswidrigkeit des Eingriffs „indiziert", sodass hier tatsächlich die Bejahung der Rechtswidrigkeit des Eingriffs zusätzlich einer positiven Begründung durch den Nachweis einer objektiven **Sorgfaltspflichtverletzung** des Täters bedarf.

16 Die Rechtswidrigkeit eines Eingriffs ist ausgeschlossen, wenn ein **Rechtfertigungsgrund** vorliegt[16]. So verhält es sich vor allem, wenn der Täter in **Notwehr** gehandelt hat (§ 227)[17] oder wenn die Voraussetzungen des rechtfertigenden **Notstandes** oder der Selbsthilfe gegeben sind (§§ 228 und 229)[18]. Als weitere Rechtsfertigungsgründe sind noch hervorzuheben die berechtigte **Geschäftsführung** ohne Auftrag (s. o. § 13 Rn 2 ff) sowie die **Einwilligung** des Verletzten[19]. Nimmt der Täter dagegen lediglich **irrtümlich** eine Notwehrlage an, so bleibt seine Tat rechtswidrig; er handelt dann jedoch möglicherweise schuldlos, wenn sein Irrtum nicht auf Fahrlässigkeit beruht (§ 276)[20].

---

15 S. insbesondere *Münzberg*, Verhalten und Erfolg als Grundlagen der Rechtswidrigkeit und Haftung, 1966; *Raab*, JuS 2002, S. 1041.

16 S. BGB-Schuldrecht Allgemeiner Teil, § 6 Rn 15 f.

17 Ein Beispiel in BGH, NJW 2008, S. 571 (572, Tz 11 ff): Abwehr eines Angriffs nach einem Streit durch Schläge ins Gesicht des Angreifers.

18 Weitere Fälle der Selbsthilfe in §§ 562b, 859, 860, 910 und 962.

19 S. *Ohly*, Die Einwilligung im Privatrecht, 2003.

20 BGH, LM Nr 7 zu § 227 BGB = NJW 1987, S. 2509 = JuS 1988, S. 77 Nr 13; *Kuchinke*, in: Festschrift f. Krause, 1990, S. 327 (333 f).

V. Verschulden

Letzte Haftungsvoraussetzung ist, dass der Täter schuldhaft, d. h. vorsätzlich oder fahrlässig gehandelt hat (s. insbes. § 823 Abs. 1), weil ihm nur dann die Tat auch persönlich zum Vorwurf gemacht werden kann (s. o. Rn 3, 12). Wann der Täter **vorsätzlich und** wann er **fahrlässig** gehandelt hat, beurteilt sich im Einzelnen nach **§ 276**,[21] vorausgesetzt, dass der Täter überhaupt deliktsfähig ist (§ 276 Abs. 1 S. 2). Die Einzelheiten ergeben sich aus den **§§ 827 und 828**[22]. 17

Hervorzuheben ist § 828 in der Fassung von 2001[23], der die **Deliktsfähigkeit von Kindern** regelt. Danach sind heute **drei Stufen** der Deliktsfähigkeit von Kindern zu unterscheiden. Keinerlei Verantwortlichkeit trifft Kinder bis zur Vollendung des siebenten Lebensjahres (§ 828 Abs. 1). Bei Kindern und Jugendlichen im Alter zwischen der Vollendung des siebenten und des achtzehnten Lebensjahres muss man dagegen nach der Art der Schädigung unterscheiden. Grundsatz ist, dass Kinder und Jugendliche dieser Altersgruppe nach § 828 Abs. 3 für Schäden, die sie einem anderen zufügen, nach Deliktsrecht (nur) verantwortlich sind, wenn sie bei der Begehung der schädigenden Handlung die zur Erkenntnis der Verantwortlichkeit **erforderliche Einsicht** hatten. Dies richtet sich danach, ob sie nach ihrer geistigen Entwicklung fähig sind, das Unrecht ihrer Tat und ihre allgemeine Verpflichtung zur Ersatzleistung zu erkennen, während es – anders als nach Strafrecht (§ 20 StGB) – nicht darauf ankommt, ob sie sich auch dementsprechend verhalten konnten[24]. 18

Etwas anderes gilt jedoch nach **§ 828 Abs. 2** für Schäden, die Kinder zwischen der Vollendung des siebenten und des zehnten Lebensjahres einem anderen bei einem **Unfall mit** einem **Kraftfahrzeug**, einer Schienenbahn oder einer Schwebebahn zufügen. Für derartige Schäden sind sie grundsätzlich nicht verantwortlich (S. 1 aaO), außer wenn sie vorsätzlich gehandelt haben (S. 2 aaO)[25]. **Zweck** der Regelung ist vor allem eine Einschränkung des § 254. Die Folge der gesetzlichen Regelung ist nämlich, dass Kindern im Alter zwischen sieben und zehn Jahren bei einer Verletzung im Straßenverkehr auch **kein mitwirkendes Verschulden** mehr entgegengehalten werden kann[26]. Hintergrund der gesetzlichen Regelung ist letztlich die **intellektuelle Überforderung** von Kindern zwischen sieben und zehn Jahren durch den modernen Verkehr, weil nach gesicherten Erkenntnissen der Entwicklungspsychologie Kinder bis zum zehnten Lebensjahr die Entfernung und die Geschwindigkeit von Fahrzeugen im Straßenverkehr nicht richtig einzuschätzen vermögen[27]. 19

Der **Anwendungsbereich** dieses Haftungsprivilegs wird teilweise entsprechend dem Grundgedanken der Regelung, aber entgegen dem Wortlaut des Gesetzes auf soge- 20

---

21 S. dazu BGB-Schuldrecht Allgemeiner Teil, § 6 Rn 4 ff.

22 S. dazu im Einzelnen BGB-Schuldrecht Allgemeiner Teil, § 6 Rn 17 ff.

23 BGBl. I, S. 3138; s. dazu die Begr., BT-Dr 14(2001)/7752.

24 S. u. Rn 20; RGZ 53, S. 157 (158 f); BGHZ 39, S. 281 (285 f) = NJW 1963, S. 1609 = JuS 1963, S. 450 Nr 3; BGHZ 161, S. 180 (187) = NJW 2005, S. 354 = JuS 2005, S. 374 (375) Nr 8.

25 S. dazu insbesondere *Cahn*, Einführung, 2003, S. 122 ff; *Emmerich*, JuS 2005, S. 374; *Grüneberg*, NJW 2013, S. 2705; *Chr. Huber*, Das neue Schadensersatzrecht, 2003, § 3 Rn 48 ff (S. 157); *Oechsler*, NJW 2009, S. 3185; *Pardey*, DAR 2004, S. 409.

26 BGHZ 181, S. 368 (373, Tz 14) = NJW 2009, S. 3231.

27 S statt aller m. Nachw. *Grüneberg*, NJW 2013, S. 2705 (2707).

nannte **typische Überforderungssituationen** beschränkt, d. h. auf solche Verkehrssituationen, in denen die Kinder *tatsächlich* in der genannten Weise altersbedingt mit Rücksicht auf die Schnelligkeit, Komplexität und Unübersichtlichkeit des modernen Straßenverkehrs intellektuell überfordert sind. So verhält es sich jedenfalls generell bei Unfällen unter Beteiligung von Kindern im **fließenden Verkehr** im weitesten Sinne[28]. Dagegen wird häufig im **ruhenden Verkehr** kein Raum mehr für die Anwendung des Haftungsprivilegs des § 828 Abs. 2 gesehen, sodass Kinder für die Beschädigung ordnungsmäßig parkender Kraftfahrzeuge beim Spielen nach § 828 Abs. 3 haften müssten, ohne sich auf das Haftungsprivileg des § 828 Abs. 2 berufen zu können[29]. Freilich trägt der **Geschädigte** die **Beweislast** für das *Fehlen* einer Überforderungssituation bei dem Kind[30], – ein kaum zu führender Beweis[31], sodass für den Regelfall doch von der generellen Anwendbarkeit des § 828 Abs. 2 im Verkehr auszugehen ist. Außerdem ist zu beachten, dass die dem § 828 Abs. 2 zugrunde liegende gesetzliche Wertung, d. h. die Berücksichtigung der Überforderungssituation von Kindern im Verkehr, durchaus auch bei Kindern im Alter **über zehn Jahren** zu einer erheblichen Herabsetzung der Sorgfaltsanforderungen im Verhältnis zu Erwachsenen führen kann. § 828 Abs. 2 und 3 bedeutet nicht, dass Kinder im Alter von über zehn Jahren im Straßenverkehr in jeder Hinsicht ebenso wie Erwachsene zu behandeln sind, im Gegenteil[32].

VI. Billigkeitshaftung

21 Entfällt die Haftung eines Täters mangels Deliktsfähigkeit nach den §§ 827 und 828 (o. Rn 17 ff), so kommt nach **§ 829** in Ausnahmefällen immer noch eine so genannte Billigkeitshaftung in Betracht. Das gilt auch, wenn bei **Kindern** im Alter zwischen sieben und 18 Jahren (§ 828 Abs. 3) aus altersbedingten Gründen Fahrlässigkeit verneint wird (§ 276 Abs. 2)[33]. Voraussetzung ist, dass der Täter an sich, wenn man einmal von seiner mangelnden Deliktsfähigkeit absieht, den **gesamten Tatbestand** eines Delikts iS der §§ 823 bis 826 erfüllt hat[34]. Seine Ersatzpflicht hängt dann von den Umständen ab. Maßgebend sind insbesondere Art und Schwere der Verletzung, das Ausmaß der verbliebenen Einsichtsfähigkeit des Täters sowie die beiderseitigen Vermögensverhältnisse, wobei auch ein etwaiger Haftpflichtversicherungsschutz des Täters zu berücksichtigen sein kann[35].

---

28 BGHZ 172, S. 83 (87 f, Tz 10 f) = NJW 2007, S. 2113; BGH, NJW 2008, S. 147 Tz 10.

29 So z. B. BGHZ 161, S. 180 (184 ff) = NJW 2005, S. 354 = JuS 2005, S. 374 f Nr 8 m. Nachw.; BGHZ 172, S. 83 (86, Tz 8) = NJW 2007, S. 2113; BGH, NJW 2005, S. 356; 2008, S. 147 Tz 8 f; NJW-RR 2009, S. 95 Tz 3 ff; zustimmend *Oechsler*, NJW 2009, S. 3185.

30 BGHZ 181, S. 368 (371 f, Tz 10 ff) = NJW 2009, S. 3231.

31 Deshalb ablehnend *Oechsler*, NJW 2009, S. 3185 (3187 f).

32 S. m. Nachw. *Grüneberg*, NJW 2013, S 2705, besonders 2708 f.

33 BGHZ 39, S. 281 = NJW 1963, S. 1609 (1610).

34 Weitergehend BGHZ 23, S. 90 (98) = NJW 1957, S. 674; BGHZ 39, S. 281 (284 ff) = NJW 1963, S. 1609 = JuS 1963, S. 450 Nr 3 „Ritterspiel"; *Medicus/Lorenz* II, Tz 1263–1269.

35 BGHZ 76, S. 279 (283 ff) = NJW 1980, S. 1623; BGHZ 127, S. 186 (190 ff) = NJW 1995, S. 452; *Kilian*, ZGS 2003, S. 168 (171 f).

§ 21 Lebensgüter

Arzt-Fall 22: Die siebzehnjährige X litt unter der Bildung hässlicher Warzen an ihren Händen. Sie konsultierte deshalb den Facharzt Dr. Y, der die Warzen mit Röntgenstrahlen behandelte. Er versäumte dabei jedoch, die X darauf hinzuweisen, dass diese Behandlung mit gewissen, wenn auch seltenen Risiken verbunden ist; außerdem vergaß er, der X zu sagen, dass sie die bestrahlten Stellen während und nach der Behandlung vor bestimmten Reizen schützen müsse, weil sich sonst in Ausnahmefällen Geschwüre im Bereich der bestrahlten Stellen bilden können. Tatsächlich entwickelten sich bei der X nach der Bestrahlung derartige Geschwüre. Die X verlangt deshalb jetzt Schadensersatz. Wie, wenn die X schwanger war und infolge der Bestrahlung ihr Kind später mit schweren Missbildungen zur Welt kommt? **Lösung § 9 Rn 40, 42 und u. Rn 17.**

I. Leben

Nach § 823 Abs. 1 macht sich zunächst schadensersatzpflichtig, wer schuldhaft und rechtswidrig das Leben eines anderen verletzt. Mit Verletzung des Lebens ist in diesem Zusammenhang Tötung gemeint. In Ausnahmefällen kann darunter auch die schuldhafte Veranlassung eines anderen zum Selbstmord fallen, insbesondere, wenn dieser erkennbar suizidgefährdet ist[1]. Ersatzansprüche haben dann naturgemäß nur die **Hinterbliebenen** nach den §§ 844 und 845 (s. u. § 26 Rn 16 ff). Geht aber dem Eintritt des Todes eine Körperverletzung voraus, so kommen auch eigene Ersatzansprüche des später verstorbenen Opfers aufgrund der §§ 823, 842 und 253 Abs. 2 in Betracht, die auf die Erben übergehen können (§ 1922). 1

II. Körper und Gesundheit

1. Begriff

Geschützt werden durch § 823 Abs. 1 ferner Körper und Gesundheit des Menschen. 2
Körperverletzung ist jeder Eingriff in die körperliche Integrität eines Menschen, der zu einer Störung der körperlichen, geistigen oder seelischen Lebensvorgänge führt[2], Der Begriff wird *weit* ausgelegt[3], sodass nach h.M. z. B. schon die bloße Beschädigung abgetrennter Körperteile, die wieder in den Körper eingefügt werden sollen, für die Annahme einer Körperverletzung ausreicht[4]. Jedoch muss die Körperverletzung feststehen, wenn der Verletzte Schadensersatz nach § 823 Abs. 1 verlangt; der bloße Verdacht einer Körperverletzung reicht nicht aus, selbst wenn sich der Betroffene deshalb in ärztliche Behandlung begeben muss[5]. Für die Annahme einer **Gesundheitsverletzung** genügt darüber hinaus bereits ein Vorgang, der zur Folge hat, dass ein Mensch physisch oder psychisch erkrankt, ohne Rücksicht darauf, ob schon

1 BAG, NJW 2009, S. 251 (254 f, Tz 51, 54 f) „Mobbing".
2 BGHZ 124, S. 52 (54) = NJW 1994, S. 127 = JuS 1994, S. 351 Nr 6; BGH, NJW 2013, S. 3634 Tz 12.
3 BGH, NJW 2013, S. 3634 Tz 12.
4 *Staake*, Gesetzliche Schuldverhältnisse, § 8 Rn 10; *Wandt*, Gesetzliche Schuldverhältnisse, § 16 Rn 4.
5 BGH, NJW 2013, S. 3634 Tz 8, 14.

Schmerzen oder sonstige Krankheitssymptome aufgetreten sind[6]. Das Schwergewicht liegt hier auf der Störung der inneren Lebensvorgänge, die die unterschiedlichsten Ursachen haben kann. Körper- und Gesundheitsverletzungen werden nach dem Gesagten zwar idR, aber nicht notwendig zusammenfallen[7]; ein Beispiel für Gesundheitsverletzungen ohne gleichzeitige Körperverletzung sind etwa die problematischen Schockschäden (Rn. 6). Eine noch weitergehende präzise Abgrenzung zwischen Körper- und Gesundheitsverletzungen ist entbehrlich, weil das Gesetz beide Fälle gleich behandelt. Entscheidend ist allein, ob der auf dem Eingriff des Täters beruhende neue Zustand des Verletzten aus medizinischer Sicht **behandlungsbedürftig** ist[8].

3 Auch die „bloße“ **Infektion mit einer schweren Krankheit** wie etwa Aids stellt nach dem Gesagten (Rn 2) bereits eine Gesundheitsverletzung dar, weil der eingetretene Zustand behandlungsbedürftig ist, selbst wenn die Krankheit noch nicht ausgebrochen ist[9], während die **Verursachung von Schmerz oder Trauer** allein nicht genügt, solange dem keine pathologischen (und damit behandlungsbedürftigen) Vorgänge zugrundeliegen, die medizinisch fassbar sind[10]. Darauf beruht es, dass in Deutschland Personen für die seelischen Erschütterungen, die sie bei der Nachricht von dem Tod oder der schweren Verletzung eines nahen Angehörigen erleiden, grundsätzlich *kein* Schmerzensgeld erhalten, sofern die Erschütterung nicht (ausnahmsweise) Krankheitswert hat; – ein Angehörigenschmerzensgeld ist dem deutschen Recht fremd[11]. Sogenannte **Schockschäden** lösen vielmehr eine Ersatzpflicht nur aus, wenn sie Krankheitswert haben (Rn 2, 6).

4 Der Schutz der körperlichen Integrität des Menschen **beginnt** (spätestens) mit dem Augenblick der Zeugung, sodass Verletzungen des Kindes im Mutterleib ebenfalls ersatzpflichtig machen[12]. Dem steht die mangelnde Rechtsfähigkeit des noch nicht geborenen Kindes, des sogenannten nasciturus nicht entgegen (§ 1, str), weil die Kausalität des Eingriffs für die spätere Schädigung des Kindes nach seiner Geburt davon unabhängig ist. Aus demselben Grund kann bereits eine Schädigung der Mutter *vor* Zeugung des Kindes, z. B. ihre Ansteckung mit einer übertragbaren Krankheit, zu eigenen Ersatzansprüchen des Kindes führen, wenn es infolgedessen mit einer schweren Krankheit zur Welt kommt[13].

---

6 BGHZ 8, S. 243 (247 f) = NJW 1953, S. 417 „Lues“; BGHZ 114, S. 284 (289) = NJW 1991, S. 1948 = JuS 1991, S. 959 Nr 5 „Aids-Infektion“; BGHZ 163, S. 209 (212) = NJW 2005, S. 2614 (2615).

7 S. *Looschelders* II, Tz 1023; *Medicus/Lorenz* II, Tz 1272.

8 S. *Larenz/Canaris*, Schuldrecht II/2, § 76 II 1 (S. 377 ff); *Spindler*, in: Bamberger/Roth, BGB, § 823 Rn 30 ff.

9 BGHZ 114, S. 284 (289) = NJW 1991, S. 1948 = JuS 1991, S. 959 Nr 5; BGHZ 163, S. 209 (212 ff) = NJW 2005, S. 2614 (2617 f).

10 BGH, LM Nr 109 zu § 823 (Aa) BGB = NJW 1989, S. 2317; OLG Nürnberg, DAR 1995, S. 447 (448).

11 BGHZ 56, S. 163 (164 ff) = NJW 1971, S. 1883 = JuS 1971, S. 657 Nr 8; OLG Nürnberg, DAR 1995, S. 447 (448) m. Nachw.; NJW 1998, S. 2293; *Deutsch*, JuS 1969, S. 197 (199 ff); *Ordersky*, Schmerzensgeld bei Tötung naher Angehöriger, 1989, S. 16 ff; *Teubner*, JuS 1971, S. 622; *Ullmann*, WRP 2000, S. 1049.

12 Vgl. für einen Schock der Mutter während der Schwangerschaft BGHZ 93, S. 351 (354 ff) = NJW 1985, S. 1390 = JuS 1985, S. 727 Nr 3; allgemein insbesondere BGHZ 161, S. 255 (262) = NJW 2005, S. 888; *Staake* , Gesetzliche Schuldverhältnisse, § 8 Rn 25; s. auch unseren Fall 22 und dazu u. Rn 17.

13 Vgl. für die Infektion der Mutter mit Lues noch vor Zeugung des Kindes BGHZ 8, 243 (246 ff) = NJW 1953, S. 417.

§ 823 Abs. 1 wird wie gezeigt zum Schutze der körperlichen Integrität des Menschen grundsätzlich weit ausgelegt (Rn 2). In verschiedenen, eigenartigen Fallgruppen kann dies freilich zu einer nur schwer erträglichen Ausdehnung der Ersatzpflicht führen, weil im deutschen Recht grundsätzlich nicht zwischen unmittelbarer und mittelbarer oder zwischen physisch und psychisch vermittelter Kausalität unterschieden wird (§ 20 Rn 10). Der deshalb nötigen Korrektur im Einzelfall dient neben der Adäquanztheorie in erster Linie die bereits erwähnte **Schutzzwecklehre** (§ 20 Rn 11), nach der auch bei Kausalität eines Eingriffs für eine Körperverletzung eine Ersatzpflicht nur in Betracht kommt, wenn – bei wertender Betrachtungsweise – der Verletzte zu den durch die fragliche Norm geschützten Personen gehört und sein Schaden außerdem in den Kreis derjenigen Schäden fällt, deren Abwendung die Norm bezweckt[14]. Die Folge ist z. B., dass auf § 823 Abs. 1 trotz Kausalität eines Unfalls für eine Krankheit keine Ersatzansprüche gestützt werden können wenn die Krankheit letztlich Ausdruck einer Begehrens- oder **Rentenneurose** ist, wenn der Verletzte mit anderen Worten den Unfall zum Anlass nimmt, sich in eine Krankheit zu „flüchten"[15]. 5

2. Schockschäden

Da im deutschen Recht zwischen physisch und psychisch vermittelter Kausalität nicht unterschieden wird (§ 20 Rn 10), machen auch psychisch bedingte Folgeschäden des Verletzten den Täter grundsätzlich ersatzpflichtig, und zwar selbst dann, wenn das schädigende Ereignis die fraglichen psychischen Reaktionen des Geschädigten nur aufgrund einer entsprechenden Prädisposition des Geschädigten, z. B. infolge einer ausgeprägten psychischen Labilität ausgelöst hat, sofern es sich nicht um Bagatellfälle handelt und auch nicht die Gefahr einer Begehrens- oder Rentenneurose besteht[16]. Unter diesen Voraussetzungen lösen insbesondere auch **Schockschäden** (nur) **naher Angehörigen** nach einem Unfall eine Ersatzpflicht aus, immer vorausgesetzt, dass es sich um eine Gesundheitsbeeinträchtigung mit Krankheitswert handelt[17]. 6

3. Verfolgungs- und Nothilfefälle[18]

Bei den **Verfolgungsfällen** geht es um Verletzungen, die Personen bei der Verfolgung deliktischer Täter erleiden. Die **Nothilfefälle** betreffen dagegen Verletzungen Dritter bei Hilfsmaßnahmen, die durch das deliktische Verhalten eines anderen ausgelöst wurden. Gleich stehen sonstige **Selbstschädigungen** des Verletzten als Reaktionen auf das vorausgegangene rechtswidrige Verhalten des Täters, z. B. Verletzungen bei der Flucht vor einem Einbrecher[19]. 7

14 Z. B. BGH, NJW 2014, S. 2190 Tz 10; BGH, NJW 2012, S. 2024 Tz 14 m. Nachw.

15 S. Rn 6; z. B. BGH, NJW 2012, S. 2964 Tz 11 ff m. Nachw.

16 S. Rn 5; BGHZ 132, S. 341 (343 ff) = NJW 1996, S. 2425; BGHZ 137, S. 142 (145 ff) = NJW 1998, S. 810 = JuS 1998, S. 657 (658) Nr 5; BGH, NJW 2004, S. 1945 f; NJW 2012, S. 2964 Tz 8, 12 ff; OLG Nürnberg, DAR 1995, S. 447 (448).

17 S. o. Rn 3 sowie BGH, LM Nr 147 zu § 823 (Aa) BGB = NJW 1993, S. 1525; NJW 2012, S. 1730 Tz 8 f; OLG Nürnberg, DAR 1995, S. 447 (448 m. Nachw.); *A. Diederichsen*, NJW 2013, S. 641 (647); *Larenz/Canaris*, Schuldrecht II/2, § 76 II 1 c (S. 380 ff).

18 S. hierzu *v. Caemmerer*, DAR 1970, S. 291; *J. Hübner*, JuS 1974, S. 496; *v. Mohrenfels*, JuS 1979, S. 775; *Medicus*, JuS 2005, S. 289 (291 ff); *Nützel*, Die Rechtsstellung des Nothelfers, 1968; *Strauch*, VersR 1992, S. 932; *R. Weber*, in: Festschrift f. Steffen, 1995, S. 507; *Zimmermann*, JZ 1980, S. 10.

19 BGH, NJW 2002, S. 2232 = JuS 2002, S. 1124 Nr 7.

8 In derartigen Fällen wird ein Zurechnungszusammenhang zwischen dem Schaden der eingreifenden Personen und dem deliktischen Verhalten des Täters bejaht, sofern der Täter in zurechenbarer Weise eine **Situation** geschaffen hatte, in der sich der später Geschädigte zu seinem Tun **herausgefordert** fühlen durfte. Hinzu kommen muss noch, dass sich in dem Unfall gerade die gesteigerte Gefahrenlage ausgewirkt hat, für die der Täter verantwortlich ist, und nicht nur das allgemeine Lebensrisiko, das jeder selbst tragen muss. Eine Haftung des Täters wird dagegen verneint, wenn der Entschluss des Verfolgers oder Helfers mit Rücksicht auf die dabei eingegangenen Risiken *ganz unvernünftig* war[20]. Wer sich der berechtigten Festnahme durch die Polizei nach einer Straftat durch Flucht entzieht, haftet folglich grundsätzlich für Schäden, die Polizisten bei der Verfolgung erleiden, wenn sich etwa ein Polizist bei dem Sprung aus einem Fenster, um des Täters habhaft zu werden, schwer verletzt oder wenn bei einer Verfolgungsjagd ein Polizeiauto beschädigt wird, selbst wenn die Polizei damit den Zweck verfolgt, den flüchtigen Täter zum Anhalten zu zwingen[21].

4. Sportverletzungen[22]

9 Die übliche ganz weite Auslegung des § 823 Abs. 1 wirft erhebliche Probleme bei Sportverletzungen auf, weil bei zahlreichen Sportarten kleinere Verletzungen gang und gäbe sind. In diesen Fällen ist davon auszugehen, dass bei Verletzungen einzelner Teilnehmer an sportlichen Wettkämpfen eine Haftung anderer Teilnehmer von vornherein nur in Betracht kommt, wenn der Täter überhaupt bei dem Wettkampf eine **Sorgfaltspflicht verletzt** hat (Verhaltensunrecht, § 20 Rn 13 f). Diese Pflichten richten sich nach den Gegebenheiten der einzelnen Sportarten, den sportlichen Regelwerken sowie dem Fairnessgebot[23]. Wegen der verbreiteten Regelverstöße (und der daraus resultierenden großen Haftungsrisiken) werden jedoch häufig noch **weitere Haftungsbeschränkungen** zu Gunsten der Teilnehmer gefordert. Die Rechtsprechung neigt deshalb jedenfalls bei **Kampfsportarten** wie Boxen und Fußball sowie sonstigen besonders gefährlichen Sportarten wie insbesondere Autorennen dazu, eine Haftung der Teilnehmer *untereinander* nicht nur bei strenger Beachtung der Regeln, sondern **auch bei leichten Regelüberschreitungen**, wie sie immer vorkommen können, zu verneinen, und zwar mit der (durchaus problematischen) Begründung, jeder Teilnehmer an derartigen gefährlichen Sportarten kenne diese Risiken und nehme sie deshalb durch die Teilnahme an dem Wettkampf letztlich billigend in Kauf[24].

---

20 BGHZ 57, S. 25 (28 ff) = NJW 1971, S. 1980 = JuS 1972, S. 101 Nr 5; BGHZ 101, S. 215 (219 ff) = NJW 1987, S. 2925 = JuS 1988, S. 153 Nr 5 „Nierenfall"; BGHZ 172, S. 263 (267, Tz 15) = NJW 2007, S. 2764; BGHZ 192, S. 261 (265 ff, Tz 8 ff) = NJW 2012, S. 1951; BGH, LM Nr 69 zu § 823 (C) BGB = NJW 1993, S. 2234 = JuS 1993, S. 1060 Nr 5.

21 BGHZ 132, S. 164 (166 ff) = NJW 1996, S. 1533 = JuS 1996, S. 845 f Nr 8; BGHZ 192, S. 261 (267, Tz 11 f) = NJW 2012, S. 1951.

22 S. zum Folgenden *Emmerich*, JuS 1975, S. 462; 2003, S. 1026; *Fleischer*, VersR 1999, S. 785; *Fritzweiler*, NJW 2002, S. 1014; *Looschelders*, JR 2000, S. 265; *Ohly*, Die Einwilligung im Privatrecht, 2003, S. 257 ff; *E. Scheffen*, NJW 1990, S. 2658.

23 BGH, NJW 2010, S. 573 Tz 10 f.

24 BGHZ 63, S. 140 (142 ff) = NJW 1975, S. 109 = JuS 1975, S. 463 Nr 5; BGHZ 154, S. 316 (322 ff) = NJW 2003, S. 2018 = JuS 2003, S. 1026 f Nr 7; BGH, NJW-RR 2006, S. 813 (815 f, Tz 15 ff); NJW 2008, S. 1591 (1592, Tz 8 f).

5. Arzthaftung

Wie bereits im einzelnen ausgeführt, sind ärztliche Eingriffe in die körperliche Unversehrtheit des Patienten nur dann rechtmäßig, wenn sie durch eine wirksame Einwilligung des Patienten gedeckt sind (§ 630d, oben § 9 Rn 35, 38 ff). Vor Beginn der Behandlung ist der Arzt deshalb vertraglich ebenso wie deliktsrechtlich verpflichtet, den Patienten über die Behandlung ordnungsgemäß aufzuklären (§ 630e, § 9 Rn 41 ff). Ein Verstoß des Arztes gegen die Aufklärungspflicht macht diesen ebenso wie ein Behandlungsfehler gleichermaßen aus Vertrag wie aus Delikt ersatzpflichtig (§§ 280 Abs. 1, 823 Abs. 1 und 2, sogenannte Zweispurigkeit des deutschen Arzthaftungsrechts). Da zur Verletzung der Aufklärungspflicht bereit eingehend Stellung genommen wurde, ist jetzt nur noch auf einzelne Aspekte der **Haftung** des Arztes **für Behandlungsfehler** einzugehen, die traditionell § 823 Abs. 1 und 2 zugeordnet werden – ohne dass damit eine parallele Haftung des Arztes aus Vertrag (§ 280 Abs. 1) ausgeschlossen wäre. Vertrags- und Deliktshaftung werden vielmehr in diesem Zusammenhang seit jeher gleich behandelt (o. § 9 Rn 36), ob auch noch nach der partiellen Kodifikation der Materie in den §§ 630a bis 630h, ist offen. 10

Bei der Haftung des Arztes für Behandlungsfehler ist davon auszugehen, dass der Arzt dem Patienten aufgrund des Behandlungsvertrages persönlich (§§ 630b, 613) eine sorgfältige Behandlung nach den zum Zeitpunkt der Behandlung bestehenden, allgemein anerkannten fachlichen Standards schuldet (§§ 630a Abs. 2 und 276 Abs. 2), d. h. nach den anerkannten Regeln der medizinischen Wissenschaft, wobei das umfassend verstandene Wohl des Patienten die alleinige Richtschnur seines Handelns zu sein hat[25]. Dazu gehören im einzelnen eine sorgfältige **Befunderhebung**, d. h. die Erhebung sämtlicher medizinisch gebotener Befunde, die zutreffende Interpretation der erhobenen Befunde, die so genannte **Diagnose** (oft der schwierigste Teil der Behandlung), die Wahl der richtigen Methode aufgrund der gefällten Diagnose **(Indikation)** sowie schließlich die lege artis durchgeführte **Therapie**. **Maßstab** der vom Arzt geschuldeten Sorgfalt sind in allen diesen Beziehungen das Wissen und Können eines sorgfältigen Arztes des betreffenden Fachgebietes, sodass es den behandelnden Arzt nicht entlastet, wenn seine individuellen Fähigkeiten hinter diesem Standard zurückbleiben (§ 630a Abs. 2). 11

Im Rahmen der Therapie muss sich der Arzt strikt auf das **Tätigkeitsgebiet** beschränken, für das er, z. B. als Chirurg oder Internist zugelassen ist. Tätigkeiten auf anderen Gebieten sind ihm untersagt. Die Folge ist, dass er, wenn er im Rahmen der Behandlung Ärzte anderer Fachrichtungen hinzuzieht, für diese *nicht* nach § 278 einzustehen braucht.[26] Auch wenn Ärzte unterschiedlicher Fachrichtungen nebeneinander tätig werden, ist jeder beteiligte Arzt **allein für sein Fachgebiet zuständig** und verantwortlich und darf sich deshalb darauf verlassen, dass die anderen mitwirkenden Fachärzte ebenfalls mit der gebotenen Sorgfalt vorgehen werden; er kann und darf nur intervenieren, wenn den mitwirkenden Ärzten offenkundige Fehler unterlaufen (so genannter **Vertrauensgrundsatz**)[27]. 12

---

25 Z. B. BGHZ 188, S. 29 (34, Tz 11) = NJW 2011, S. 1672.
26 BGHZ 142, S. 126 (131 ff) = NJW 1999, S. 2731 = JuS 2000, S. 185.
27 BGHZ 140, S. 309 (311 ff) = NJW 1999, S. 1779 = JuS 1999, S. 1126.

13 Falls ein Arzt gegen die geschilderten Regeln der ärztlichen Wissenschaft verstößt (Rn 11 f), liegt ein **Behandlungsfehler** vor, der ihn aus Vertrag wie aus Delikt ersatzpflichtig macht (§§ 630a, 280 Abs. 1, 823 Abs. 1 und 2). Schädigungen des Patienten durch fehlerhafte, also nicht lege artis durchgeführte Eingriffe und die Unterlassung gebotener therapeutischer Maßnahmen stehen dabei gleich[28]. Der behandelnde Arzt haftet ferner für Kunstfehler späterer Ärzte, wenn ihre Hinzuziehung durch sein Fehlverhalten nötig wurde[29]. Von diesem Grundsatz gibt es einzelne Ausnahmen, insbesondere, wenn das Fehlverhalten des zweiten Arztes so schwer wiegt, dass daneben der vorausgegangene Behandlungsfehler des ersten Arztes bei wertender Betrachtungsweise völlig in den Hintergrund tritt.[30]

14 Die **Beweislast** für einen Behandlungsfehler des Arztes trägt grundsätzlich der Patient (Rn 15). Von diesem Grundsatz gibt es indessen nach § 630h verschiedene **Ausnahmen**. Bei diesen Ausnahmen handelt es sich um gesetzliche Vermutungen im Sinne des § 292 ZPO, die der besonderen Beweisnot des Patienten in Arzthaftungsprozessen Rechnung tragen sollen. Es geht dabei im einzelnen um die Fälle eines voll beherrschbaren Risikos (§ 630h Abs. 1), eines Dokumentationsfehlers (§ 630h Abs. 3), der fehlenden Befähigung des Arztes (Stichwort: Anfängeroperation, § 630h Abs. 4) sowie insbesondere des groben Behandlungsfehlers (§ 630h Abs. 5). Außerdem überträgt § 630h Abs. 2 die Beweislast für die Erfüllung der Aufklärungspflicht und der Pflicht zur Einholung einer Einwilligung des Patienten (§§ 630d und 630e) ebenfalls dem Arzt (dazu schon o. § 9 Rn 45). Alle diese Fälle einer Umkehrung der Beweislast gehen auf die bisherige Rechtsprechung zurück und haben daher primär deliktsrechtliche Wurzeln. Daraus wird allgemein der Schluss gezogen, dass § 630h grundsätzlich gleichermaßen Bedeutung für die vertragliche wie für die deliktische Haftung des Arztes haben.[31]

15 Zum Verständnis der komplizierten gesetzlichen Regelung muss man sich, wie bereits betont (Rn 14), vergegenwärtigen, dass grundsätzlich die Beweislast für den schuldhaften **Behandlungsfehler** des Arztes *und* für die **Kausalität** zwischen dem Behandlungsfehler und den eingetretenen Gesundheitsschäden (den sog Primärschäden) sowie den nachfolgenden Sekundärschäden den **Patienten** trifft[32]. Daran hat im Bereich der Vertragshaftung auch § 280 Abs. 1 S. 2 nichts geändert, da bei Behandlungsfehlern des Arztes die objektive Sorgfaltspflichtverletzung, d. h. der objektive Tatbestand des **Behandlungsfehlers** zum **Tatbestand** der Pflichtverletzung gehört, für den den Patienten auch nach § 280 Abs. 1 S. 1 die Beweislast trifft[33]. Erst wenn der Behandlungsfehler als solcher feststeht, ist es folglich entsprechend § 280 Abs. 1 S. 2 Sache des Arztes, sich zu *entlasten*, entweder durch den **Nachweis fehlenden Verschuldens** oder durch den **fehlender Kausalität**, weil es auch bei ordnungsgemäßem Verhalten des Arztes zu dem fraglichen Schaden gekommen wäre[34]. Beide Entlastungsmöglichkeiten sind freilich nur von geringer praktischer Bedeutung.

28 BGHZ 142, S. 126 (135) = NJW 1999, S. 2731 = JuS 2000, S. 185.
29 BGH, NJW1989, S. 767 = JuS 1989, S. 574; NJW 2012, S. 2024 Tz 16.
30 BGH, NJW 2012, S. 2024 Tz 15.
31 *Palandt/Sprau*, § 823 Rn 136, 155.
32 BGHZ 171, S. 358 (361, Tz 9) = NJW 2007, S. 1687; BGHZ 188, S. 29 (37, Tz 19) = NJW 2011, S. 1672; *Steffen*, in: Festschrift f. Brandner, 1996, S. 327 (328 f).
33 *Looschelders* II, Tz 617; *Schärtl*, NJW 2014, S. 3601; *Spindler/Rieckers*, JuS 2004, S. 272 (274 ff).
34 BGH, NJW 2003, S. 2827 (2828); 2005, S. 2072 (2073); 2011, S. 2508 Tz 10.

Die grundsätzliche Beweislast des Patienten für den Behandlungsfehler des Arztes als Ursache etwaiger Gesundheitsschäden des Patienten (Rn 15) stellt eine erhebliche Belastung der Patienten bei der Verfolgung von Ersatzansprüchen gegen Ärzte aus Vertrag oder Delikt dar. Daher rührt die große praktische Bedeutung der Fälle, in denen nach § 630h eine Beweislastumkehr in Betracht kommt. Der wichtigste Fall ist das Vorliegen eines **groben Behandlungsfehlers**. Nach § 630h Abs. 5 S. 1 wird die *Kausalität* des Behandlungsfehlers für die eingetretenen Schäden vermutet, sofern der Behandlungsfehler als *grob* einzustufen ist *und* der Fehler obendrein grundsätzlich geeignet ist, eine Körperverletzung der eingetretenen Art herbeizuführen. Das entspricht der ständigen bisherigen Rechtsprechung des BGH.[35] Bei der Annahme eines groben Behandlungsfehlers ist **Zurückhaltung** geboten, um eine übermäßige Ausdehnung der Arzthaftung zu vermeiden[36], und zwar mit Rücksicht auf die besondere Schwierigkeit jeder Diagnose insbesondere bei der fehlerhaften Interpretation von Befunden[37]. Ein grober Behandlungsfehler darf aus diesem Grund nur bei *eindeutigen Verstößen* gegen die Regeln der ärztlichen Kunst angenommen werden, sodass der Fehler aus objektiver Sicht nicht mehr verständlich ist[38]. Von dem Grundsatz der Umkehr der Beweislast bei Vorliegen eines groben Behandlungsfehlers gibt es außerdem verschiedene **Ausnahmen**, insbesondere dann, wenn die Kausalität des Fehlers für den eingetretenen Schaden äußerst unwahrscheinlich ist, ferner wenn sich ein anderes Risiko verwirklicht hat, das mit dem groben Behandlungsfehler nicht zusammenhängt, sowie schließlich, wenn der Patient durch sein Verhalten selbst maßgeblich zu dem Schaden beigetragen hat.[39] 16

Für unseren **Arzt-Fall 22** folgt aus den bisherigen Überlegungen, dass Dr. Y der X schon deshalb schadensersatzpflichtig ist, weil eine wirksame Einwilligung der X in die Bestrahlung, d. h. in einen Eingriff in ihre körperliche Integrität, nicht vorliegt (§ 280 Abs. 1, 611, 630b, § 823 Abs. 1). Denn die X ist noch minderjährig (§ 2), sodass (neben ihrer Einwilligung) auch die ihrer personensorgeberechtigten Eltern erforderlich gewesen wäre (§§ 630d Abs. 1, 1631 Abs. 1, oben § 9 Rn 41 f). Außerdem war auch die Einwilligung der X unwirksam, weil sie von Dr. Y nicht ordnungsgemäß über die Risiken der Behandlung und über die nach der Behandlung zu beobachtenden Vorsichtsmaßnahmen aufgeklärt worden war (§§ 630d, 630e Abs. 1). Mangels wirksamer Einwilligung der X und ihrer Eltern stellte die Behandlung durch Dr. Y somit eine rechtswidrige und schuldhafte Körperverletzung dar, die den Arzt ersatzpflichtig machte (§ 9 Rn 38 und oben Rn 10 ff). Die Schadensersatzpflicht des Dr. Y besteht auch gegenüber dem Kind der X, da bereits der sogenannte nasciturus gegen Schädigungen im Mutterleib geschützt wird (o. Rn 4). 17

---

35 Z.B BGHZ 144, S. 296 (304 ff) = NJW 2000, S. 2737; BGHZ 159, S. 48 (54 ff) = NJW 2004, S. 2011 (2012 f); BGHZ 172, S. 1 (11, Tz 25) = NJW 2007, S. 2767; BGH, NJW 2011, S. 2508; NJW 2012, S. 2653 Tz 6, 12.

36 S. BGH, LM Nr 194 (Bl. 2) und Nr 195 (Bl. 2 R) zu § 823 (Aa) BGB = NJW 2001, S. 2792 und 2794.

37 BGHZ 188, S. 29 (37 f, Tz 20).

38 BGHZ 172, S. 1 (10, Tz 25) = NJW 2007, S. 276; BGH, NJW 2011, S. 3442 Tz 10 f.

39 BGH, NJW 2012, S. 2653 Tz 6, 13.

III. Freiheit

18 § 823 Abs. 1 schützt ferner die „Freiheit" anderer Menschen. Die Auslegung dieses Begriffes ist umstritten. Überwiegend wird der Begriff der Freiheitsverletzung in § 823 Abs. 1 *eng* im Sinne der Entziehung oder **Beeinträchtigung der körperlichen Bewegungsfreiheit** sowie der **Nötigung** zu einer Handlung durch Drohung, Zwang oder Täuschung interpretiert[40]. Sonstige Eingriffe in die Handlungs-, Willens- und Entschließungsfreiheit des Menschen können dagegen nur im Einzelfall als Verletzungen des allgemeinen Persönlichkeitsrechts erfasst werden, weil man andernfalls entgegen dem Willen der Gesetzesverfasser doch alsbald wieder bei einer großen deliktischen Generalklausel anlangte[41]. **Beispiele** für eine Freiheitsverletzung sind daher allein Fälle wie die Einsperrung einer Person oder die Veranlassung einer behördlichen Freiheitsentziehung, insbesondere durch eine rechtswidrige Anzeige wider besseres Wissens.

§ 22 Eigentum und sonstige Rechte

Kabel-Fall 23: Im Auftrag der Stadt K. führte der Bauunternehmer U Baggerarbeiten durch. Entgegen der Landesbauordnung kümmerte er sich dabei nicht um den Schutz der in dem Bereich der Baustelle verlegten Stromkabel. So kam es, dass sein Baggerführer X ein Kabel zerriss, durch das der Betrieb des A mit Strom versorgt wurde. Infolge des Stromausfalls musste der A seinen Betrieb mehrere Tage stilllegen, wodurch ihm ein hoher Schaden entstand, für den er von U und X Ersatz verlangt. Wie ist die Rechtslage, wenn infolge der Stromunterbrechung bei A ein Brutapparat ausfällt, wodurch mehrere tausend Eier verderben? **Lösung Rn 3, 11; § 24 Rn 8**

Fernsehansagerin-Fall 24: In der von der X-Verlags GmbH herausgegebenen Illustrierten „St." erschien eine äußerst kritische Artikelserie über die Fernsehansagerin B, in der es u. a. hieß, die B gehöre in ein zweitklassiges Tingeltangel, sie sehe aus „wie eine ausgemolkene Ziege". Außerdem wurde bei den Lesern durch entsprechende Formulierungen und Fotografien der Eindruck erweckt, die B sei sexuell abartig veranlagt. Die B wurde infolge dieser Angriffe entlassen. Sie verlangt von dem Herausgeber X und von dem verantwortlichen Redakteur Y Schadensersatz sowie ein Schmerzensgeld, da die Angriffe jeder Grundlage entbehrten. **Lösung Rn 26, 28**

I. Eigentum

1 **Literatur:** *v. Bar*, Probleme der Haftpflicht für deliktsrechtliche Eigentumsverletzungen, 1992; *Boecken*, Deliktsrechtlicher Eigentumsschutz gegen reine Nutzungsbeeinträchtigungen, 1995; *B. Gsell*, Substanzverletzung und Herstellung, 2003.

40 OLG München, OLGZ 1985, S. 466 (467); *Medicus/Lorenz* II, Tz 1276; *Staake*, Gesetzliche Schuldverhältnisse, § 8 Rn 27 ff; *Wandt*, Gesetzliche Schuldverhältnisse, § 16 Rn 12.

41 Anders *Eckert*, JuS 1994, S. 624 (630 f); *Leinemann*, Der Begriff Freiheit nach § 823 Abs. 1 BGB, 1969, S. 97 ff; *Hammen*, AcP Bd 199 (1999), S. 591 (600 f); *E. Wolf*, JuS 1968, S. 77 (79 f).

§ 823 Abs. 1 schützt neben den wichtigsten Lebensgütern (dazu o. § 21) vor allem noch das Eigentum. Worin eine Eigentumsverletzung besteht, wird vor allem bei einem Blick auf § 903 deutlich, der die Befugnisse des Eigentümers im einzelnen umschreibt. Der Eigentümer einer Sache darf danach mit dieser nach Belieben verfahren und andere von jeder Einwirkung ausschließen. Das Eigentum hat folglich eine Nutzungsfunktion, auch Zuweisungsgehalt genannt, sowie eine Ausschlussfunktion gegen Dritte. Jeder Eingriff eines Dritten in diese umfassend verstandenen Befugnisse des Eigentümers stellt damit eine Eigentumsverletzung dar, soweit der Eingriff nicht ausnahmsweise erlaubt ist, etwa nach § 227. Die wichtigsten **Erscheinungsformen** einer Eigentumsverletzung sind dementsprechend Einwirkungen auf die Sachsubstanz oder auf das Eigentumsrecht sowie Gebrauchsbeeinträchtigungen[1]. Beispiele für **Einwirkungen auf** die **Sachsubstanz** sind insbesondere die Entziehung, Beschädigung oder Zerstörung der Sache, während man bei **Beeinträchtigungen des Eigentumsrechts** in erster Linie Fälle wie die Veräußerung einer Sache an einen Gutgläubigen oder ihre Belastung mit Rechten zugunsten gutgläubiger Dritter im Auge hat (§§ 892 f, 932, 936). Weitere hierher gehörende Fälle sind die Verursachung eines Eigentumsverlusts bei einem anderen durch Verbindung, Vermischung oder Verarbeitung (§§ 946 ff) sowie die Bewirkung eines Eigentumsverlustes durch Hoheitsakt, insbesondere auf dem Wege über die unberechtigte Pfändung und Verwertung fremder Sachen[2].

Die dritte Erscheinungsformen von Eigentumsverletzungen bilden **Gebrauchsbeeinträchtigungen**. Sie werden nach h.M. von § 823 Abs. 1 nur erfasst, wenn der Eigentümer **für längere Zeit vollständig** von der Nutzung seiner Sache **ausgesperrt** wird, während bloße kurzfristige und geringfügige Störungen des Eigentümers in dem bestimmungsgemäßen Gebrauch seiner Sache nicht ausreichen, wodurch eine uferlose Ausdehnung des Eigentumsschutzes in Richtung auf den von den Vätern des BGB gerade abgelehnten, umfassenden deliktischen Vermögensschutz über § 823 Abs. 1 verhindert werden soll[3]. Die Grenzziehung ist schwierig und letztlich nur im Einzelfall aufgrund einer Interessenabwägung möglich, die Rechtsprechung daher widersprüchlich und keineswegs immer überzeugend. 2

Als Eigentumsverletzung wurden z. B. eingestuft die Versperrung einer Garagenausfahrt oder das Zuparken eines Kraftfahrzeugs auf einem Parkplatz nicht nur kurzfristig, sondern für längere Zeit[4], das Einsperren eines Schiffs in einem Hafen durch eine umgestürzte Ufermauer[5] sowie eine mehrtägige Blockade von Baumaschinen durch Demonstranten[6], dagegen *nicht* die kurzfristige Hinderung eines Bauunternehmens an dem Einsatz eines Krans durch das verkehrswidrige Parken eines Kraftfahrzeugs[7]. Ebenso wenig handelt es sich bei der **Lieferung einer mangelhaften Sache** um eine 3

1 Z. B. *Staake*, Gesetzliche Schuldverhältnisse, § 7 Rn 30 ff; *Wandt*, Gesetzliche Schuldverhältnisse, § 20 Rn 13 ff.
2 BGHZ 118, S. 201 (205 ff) = NJW 1992, S. 2014 (2015).
3 BGH, NJW 2004, S. 356 = JuS 2004, S. 545 (546) Nr 11; *Boecken*, Deliktsrechtlicher Eigentumsschutz; *Eckert*, JuS 1994, S. 625 (626 f); *Chr. Grüneberg*, NJW 1992, S. 945; *Timme*, JuS 2000, S. 1154 (1155 f).
4 BGHZ 63, S. 203 (206) = NJW 1975, S. 347.
5 BGHZ 55, S. 153 (159 f) = NJW 1971, S. 886 „Fleet-Urteil".
6 BGHZ 137, S. 89 (97 f) = NJW 1998, S. 377 (380 f) = JuS 1998, S. 459 Nr 7.
7 BGH, NJW 2004, S. 356 = JuS 2004, S. 545 (546 Nr 11).

Eigentumsverletzung, weil der Eigentümer dann niemals im Besitz einer einwandfreien Sache war, die beschädigt werden konnte (s. im Einzelnen o. § 5 Rn 49 f).

Für unseren **Kabel-Fall 23** folgt aus den Gesagten, dass jedenfalls in der Abwandlung, in der infolge des Stromausfalls mehrere tausend Eier in dem Brutapparat des A verdarben, die Voraussetzungen des § 823 Abs. 1 erfüllt sind, weil hier U und X (mittelbar) in das Eigentum des A an den Eiern eingegriffen haben (sog. *Verderbschäden*)[8]. Anders zu beurteilen sind dagegen, jedenfalls nach h.M., die sog. *Gebrauchsausfallschäden* (black out), obwohl in der Stilllegung der Maschinen durch den Stromausfall an sich ebenfalls eine (vorübergehende) Beeinträchtigung ihrer Gebrauchsmöglichkeit gesehen werden könnte[9].

II. Sonstige Rechte

4 **Literatur:** *Habersack*, Die Mitgliedschaft – Subjektives und „sonstiges" Recht, 1996; *Hammen*, AcP Bd 199 (1999), S. 591; *Koziol*, Die Beeinträchtigung fremder Forderungsrechte, 1967; *M. Löwisch*, Der Deliktsschutz relativer Rechte, 1970.

Als letztes Schutzgut nennt § 823 Abs. 1 neben dem Eigentum noch „ein sonstiges Recht". Der Begriff des sonstigen Rechts in § 823 Abs. 1 muss mit Rücksicht auf die Ablehnung einer deliktischen Generalklausel durch die Väter des BGB restriktiv ausgelegt werden. Deshalb und wegen des Zusammenhangs des sonstigen Rechts in § 823 Abs. 1 mit dem Eigentum ist anzunehmen, dass darunter nur solche Rechte zu verstehen sind, die ebenso wie das Eigentum durch Zuweisungsgehalt und Ausschlussfunktion gegen Dritte (s. § 903) gekennzeichnet sind[10]. Den **Gegensatz** bilden (mangels Eigentumsähnlichkeit) bloße Forderungen einschließlich der sogenannten Forderungszuständigkeit[11], der unberechtigte Besitz und die allgemeine Handlungsfreiheit (s. o. § 21 Rn 9 f) sowie vor allem das **Vermögen** als bloßer *Inbegriff* von Rechten und Chancen.

5 Sonstige Rechte iS des § 823 Abs. 1 sind nach dem Gesagten (Rn 4) insbesondere die beschränkten **dinglichen Rechte** einschließlich der Grundpfandrechte[12], die **Anwartschaften** des Vorbehaltskäufers[13] und des Auflassungsempfängers, die Letztere freilich erst, wenn der Auflassungsempfänger den Eintragungsantrag gestellt hat[14], weiter die **Immaterialgüterrechte** und bestimmte **Mitgliedschaftsrechte** wie etwa Ge-

8 BGHZ 41, S. 123 (125 ff) = NJW 1964, S. 720 = JuS 1964, S. 288 Nr 4; aA *Hager*, JZ 1979, S. 53 (56 f).

9 Kritisch daher z. B. *Brüggemeier*, Deliktsrecht, Tz 312 ff (S. 205 f); *Hager*, in: Eckpfeiler, Rn T 228 (S. 1276Sf); *Kötz/Wagner*, Deliktsrecht, Tz 147 f (S. 67 f); *Staake*, Gesetzliche Schuldverhältnisse, § 7 Rn 52 ff; *Wandt*, Gesetzliche Schuldverhältnisse, § 20 Rn 33.

10 S. Rn 1; *Canaris*, in: Festschrift f. Steffen, 1995, S. 85; *Hammen*, AcP Bd 199 (1999), S. 591 (595 ff); *Staake*, Gesetzliche Schuldverhältnisse, § 7 Rn 57 ff; *Wandt*, Gesetzliche Schuldverhältnisse, § 20 Rn 36.

11 So jedenfalls die hM: *Hammen*, AcP Bd 199 (1999), S. 591; *Medicus*, in: Festschrift f. Steffen, 1995, S. 333; – anders aber *Chr. Becker*, AcP Bd 196 (1996), S. 439; *Canaris*, in: Festschrift f. Steffen, 1995, S. 85; *Larenz/Canaris*, Schuldrecht II/2, § 76 II 4g (S. 397 f).

12 BGHZ 65, S. 211 (212 f) = NJW 1976, S. 189; *Medicus/Lorenz* II, Tz 1305.

13 S. o. § 6 Rn 18 f; BGHZ 55, S. 20 (25 f) = NJW 1971, S. 799; BGHZ 114, S. 161 (164 f) = NJW 1991, S. 2019.

14 BGHZ 114, S. 161 (164 f) = NJW 1991, S. 2019.

schäftsanteile an einer GmbH oder Aktien[15] sowie das **Besitzrecht** des Mieters und Pächters[16]. Ferner gehören hierher die wenigen gesetzlich anerkannten Erscheinungsformen des allgemeinen Persönlichkeitsrechts wie das **Namensrecht** (§ 12), die Firma (§ 17 HGB, §§ 5, 15 MarkenG), das **Recht am eigenen Bild** (§§ 22–24 KUG; s. u. Rn 16, 20 f) und das **Urheberpersönlichkeitsrecht** (§§ 12–14 UrhRG).

Einzelne **Familienrechte** werden (wegen ihrer „Eigentumsähnlichkeit") gleichfalls **6** als sonstige Rechte über § 823 Abs. 1 geschützt[17]. Ein Beispiel ist das **elterliche Sorgerecht** (§§ 1626, 1632), sodass z. B. Eltern, denen ihre Kinder rechtswidrig vorenthalten werden, von dem Täter Ersatz der Rückführungskosten sowie der Detektivkosten verlangen können, die sie aufwenden mussten, um ihre Kinder wieder zu finden[18].

Nur einen eingeschränkten deliktischen Schutz genießt dagegen, jedenfalls nach **6a** h.M., die **Ehe**. Generell anerkannt ist der deliktische Schutz bisher lediglich für den sogenannten **räumlich-gegenständliche Bereich der Ehe**, sodass sich z. B. eine Ehefrau mit Unterlassungs- und Beseitigungsansprüchen dagegen wehren kann, dass ihr Mann seine Freundin ausgerechnet in die Ehewohnung aufnimmt. Dagegen werden im Falle des **Ehebruchs** Schadensersatzansprüche aus § 823 Abs. 1 gegen den untreuen Ehegatten ebenso wie gegen dessen Partner meistens abgelehnt[19], und zwar wegen des Vorrangs familienrechtlicher Regelungen, in Wirklichkeit jedoch nur, um eine Sanktionierung des Ehebruchs mit zivilrechtlichen Mitteln zu vermeiden[20]. Tatsächlich gibt es indessen keinen Vorrang familienrechtlicher Regelungen vor dem Deliktsrecht, schon gar nicht vor § 826, sodass heute im Ergebnis von dem Ausschluss des § 823 Abs. 1 bei Ehebruch nur noch wenig übrig geblieben ist[21]. Zunächst greift immer **§ 826** ein, wenn zu dem „bloßen" Ehebruch noch weitere zu missbilligende Umstände hinzukommen, insbesondere in Gestalt einer Täuschung des Ehegatten über seine Vaterschaft an einem Kind[22]; zum andern geht auch der BGH heute von dem Bestand eines **schuldrechtlichen Schutzverhältnisses** zwischen den Ehegatten aus, aufgrund dessen jeder Ehegatte gegebenenfalls zur Auskunft über die Vaterschaft an einem Kind verpflichtet ist, so dass bei einem Verstoß gegen die Auskunftspflicht Ersatzansprüche nach § 280 Abs. 1 in Betracht kommen[23].

---

15 BGHZ 110, S. 323 (327, 334 f) = NJW 1990, S. 2877; *Habersack*, Die Mitgliedschaft, 1996, S. 117 ff.

16 S. BGHZ 73, S. 355 (362) = NJW 1979, S. 1358; BGHZ 79, S. 232 (236 ff) = NJW 1981, S. 865 = JuS 1981, S. 537 Nr 5; *Th. Honsell*, JZ 1983, S. 531; *Looschelders* II, Tz 1217 f; *Medicus/Lorenz* II, Tz 11302; *Sosnitza*, Besitz und Besitzschutz, 2003, S. 253 ff.

17 *Fuchs*, Deliktsrecht, S. 36 ff; *Jayme*, Die Familie im Recht der unerlaubten Handlungen, 1971; *Looschelders* II, Tz 1220 f; *ders.*, Jura 2000, S. 169; *Medicus/Lorenz* II, Tz 1303 f; *Staake*, Gesetzliche Schuldverhältnisse, § 7 Rn 63 ff.

18 BGHZ 111, S. 168 (172 ff) = NJW 1990, S. 2060.

19 BGHZ 57, S. 229 (231 ff) = NJW 1972, S. 199 = JuS 1972, S. 215 Nr 8; BGHZ 80, S. 235 (237 f) = NJW 1981, S. 1445; insbes. BGHZ 196, S. 207 (211 ff, Tz 13 ff) = NJW 2013, S. 2108; zustimmend zuletzt z. B. *Löhnig/Preisner*, NJW 2013, S. 2080; – dagegen zutreffend *Erbarth*, NJW 2013, S. 3478, alle m. Nachw.

20 So ausdrücklich z. B. *Staake*, Gesetzliche Schuldverhältnisse, § 7 Rn 63.

21 Ebenso *Erbarth*, NJW 2013, S. 3478.

22 Grdlg BGHZ 196, S. 207 (212 ff, Tz 16 ff; 215, Tz 24 f) = NJW 2013, S. 2108.

23 BGHZ 196, S. 207 (216 ff, Tz 28 ff) = NJW 2013, S. 2108; *D. Coester-Waltjen*, in: Festschrift Canaris Bd I, 2007, S. 131 (134 f); *Erbarth*, NJW 2013, S. 3478 (3483 f); *Löhnig/Preisner*, NJW 2013, S. 2080 (2081 f); sehr str.

III. Das Recht am Gewerbebetrieb

Literatur: *Buchner*, Die Bedeutung des Rechts am eingerichteten und ausgeübten Gewerbebetrieb, 1971; *Katzenberger*, Recht am Unternehmen und unlauterer Wettbewerb, 1967; *Schippel*, Das Recht am eingerichteten und ausgeübten Gewerbebetrieb, 1956; *Schrauder*, Wettbewerbsverstöße als Eingriffe in das Recht am Gewerbebetrieb 1970 .

1. Tatbestand

7 Zu den sonstigen Rechten im Sinne des § 823 Abs. 1 gehört ferner kraft Gewohnheitsrechts das so genannte Recht am Gewerbebetrieb, auch Recht am eingerichteten und ausgeübten Gewerbebetrieb oder Recht am Unternehmen genannt. Dieses „Recht", schon kurze Zeit nach Inkrafttreten des BGB vom RG erfunden, hatte ursprünglich die **Aufgabe**, gewisse **Lücken** im Rechtsschutz von Unternehmen über das Deliktsrecht des BGB zu schließen, die vor Inkrafttreten des UWG von 1909 noch mangels einer wettbewerbsrechtlichen Generalklausel bestanden[24]. Seit der Einführung der wettbewerbsrechtlichen **Generalklausel** im Jahre 1909 (§ 1 UWG von 1909 = § 3 UWG von 2004/2008) ist der deliktsrechtliche Unternehmensschutz folgerichtig in erster Linie eine Aufgabe des Wettbewerbsrechts. Für einen Rückgriff auf § 823 Abs. 1 ist daneben nur noch in einer Reihe eigenartiger Fallgruppen Raum, in denen das Wettbewerbsrecht offenbar keinen ausreichenden Rechtsschutz bietet (sogenannte **Subsidiarität** des Rechts am Gewerbebetrieb)[25].

8 Im Ergebnis praktizieren die Gerichte heute unter dem Stichwort „Recht am Gewerbebetrieb" in bestimmten Fallgruppen (Rn 12 ff) den **Schutz von Unternehmen aller Art** gegen rechtswidrige Eingriffe in ihre Funktionen und in ihren Bestand. Geschützt werden nicht nur „Gewerbebetriebe" im eigentlichen Sinne, sondern z. B. auch gemeinnützige Unternehmen und freiberufliche Praxen, also *jede wirtschaftliche Tätigkeit* einschließlich etwa der Tätigkeit von Rechtsanwälten, sonstigen Freiberuflern oder Berufssportlern[26]. Geschützt wird der „Gewerbebetrieb" ferner gegen jeden **Eingriff** in den „gewerblichen" Tätigkeitskreis und damit im Ergebnis gegen jede **Beeinträchtigung der Funktion** ebenso wie gegen jeden Eingriff in den **Bestand** des Unternehmens[27].

9 Aus dem Gesagten darf nicht der Schluss gezogen werden, dass Unternehmen über das Deliktsrecht heute sogar gegen die normalen Auswirkungen des Wettbewerbs geschützt würden. Der in seiner Anlage offenbar zu weit geratene Unternehmensschutz über § 823 Abs. 1 wird deshalb in mehreren Hinsichten sogleich wieder deutlich eingeschränkt. Er ist zunächst **subsidiär** gegenüber dem spezialgesetzlich geregelten Unternehmensschutz insbesondere durch das UWG (§ 9) oder durch das GWB (§ 33, Rn 7). Der deliktsrechtliche Unternehmensschutz beschränkt sich außerdem – in Ab-

24 Grdlg. RGZ 58, S. 24.

25 S. BGHZ 36, S. 252 (256 f) = NJW 1962, S. 1103 „Gründerbildnis"; BGHZ 69, S. 128 (138 f) = NJW 1977, S. 1875 „Fluglotsen"; BGHZ 166, S. 84 (108, Rn 93 ff) = NJW 2006, S. 830 „Kirch/Breuer"; BGH, WM 2014, S. 1532 Tz 12.

26 BGHZ 193, S. 227 (232 f, Tz 19 f) = NJW 2012, S. 2574 „Sportsoldaten"; BGH, NJW 2003, S. 1040 = JuS 2003, S. 709 Nr 4 „Eiskunstläufer"; OLG Hamburg, NJW-RR 1999, S. 1060; *R. Schröter/M. Bedau*, NJW 1999, S. 3361 (3364 ff).

27 BGHZ 193, S. 227 (232 f, Tz 19 f) = NJW 2012, S. 2574; BGH, WM 2014, S. 1532 Tz 19.

grenzung zu dem Schutz der einzelnen Betriebsmittel und der Mitarbeiter – auf sogenannte unmittelbare oder besser: **„betriebsbezogene" Eingriffe**. Gemeint sind damit Eingriffe, die sich gegen den *Betrieb als solchen* und nicht nur gegen von ihm ohne weiteres ablösbare Rechte oder Rechtsgüter wenden. Der Eingreifer muss maW. Verhaltenspflichten verletzt haben, die ihm gerade im Hinblick auf das besondere Schutzbedürfnis eines Betriebs obliegen und mit denen letztlich ein **Schutz des Gewerbebetriebs** gegen Eingriffe der fraglichen Art bezweckt wird[28]. Auch die Willensrichtung des Eingreifers spielt in diesem Zusammenhang eine erhebliche Rolle: Nur Eingriffe, die sich **subjektiv** direkt gegen den fraglichen Betrieb, gegen seine Tätigkeit oder gegen seinen Bestand richten, fallen unter § 823 Abs. 1.

Ein Gewerbebetrieb erhält dagegen keinen Ersatz für solche Schäden, die wie z. B. **kurzfristige Behinderungen** im Straßenverkehr jeder andere unter sonst gleichen Umständen ebenfalls entschädigungslos hinnehmen muss[29]. Für einen deliktsrechtlichen Unternehmensschutz nach § 823 Abs. 1 ist ferner kein Raum, wenn der Eingriff „lediglich" in der **Verletzung der Mitarbeiter** des Betriebs besteht, eben, weil es sich bei der Gesundheit der genannten Personen um ohne weiteres von dem Betrieb „ablösbare" (und zudem selbstständig schutzfähige) Rechtsgüter handelt (Rn 8)[30]. **10**

Eine letzte Restriktion des deliktsrechtlichen Unternehmensschutz ist ergibt sich daraus, dass es sich bei dem Unternehmensschutz über § 823 Abs. 1 um einen sogenannten offenen Tatbestand handelt (s. o. § 20 Rn 14), sodass die Rechtswidrigkeit des Eingriffs in jedem Fall einer positiven Feststellung aufgrund einer **umfassenden Interessen- und Güterabwägung** bedarf[31], – wodurch es möglich wird, in jedem Einzelfall umfassend die Wertungen insbesondere des Verfassungs- und des Wettbewerbsrechts sowie die Umstände des Einzelfalls zu berücksichtigen. Damit ist aber zugleich gesagt, dass die Ergebnisse, zu denen die Gerichte bei der Anwendung des § 823 Abs. 1 auf den Unternehmensschutz gelangen, heute kaum mehr voraussehbar sind. Das zeigt bereits ein Blick auf die **Kabelfälle** (s. Fall 23), in denen bei Unterbrechung der Stromversorgung eines Betriebes durch einen Kabelbruch bisher aus nur schwer nachvollziehbaren Gründen ein „betriebsbezogener" Eingriff seitens des für den Kabelbruch Verantwortlichen verneint wird[32]. **11**

2. Fallgruppen

Den sozusagen klassischen Anwendungsfall des Unternehmensschutzes über § 823 Abs. 1 bilden (oder bildeten doch bisher) die Fälle der unberechtigten **Schutzrechts-** **12**

---

28 BGHZ 69, S. 128 (139 ff) = NJW 1977, S. 1875; BGHZ 86, S. 152 (156) = NJW 1983, S. 2313; BGHZ 193, S. 227 (232 f, Tz 19 f) = NJW 2012, S. 2574; BGH, NJW 2003, S. 1040 = JuS 2003, S. 709 Nr 4; WM 2012, S. 608 Tz 31; WM 2014, S. 1532 Tz 19; *Looschelders* II, Tz 1249.

29 BGH, NJW 2004, S. 356 = JuS 2004, S. 545 (546) Nr 11.

30 BGH, LM Nr 21 zu § 249 (Hd) BGB = VersR 1977, S. 227 = JuS 1977, S. 406 Nr 4; NJW 2003, S. 1040 = JuS 2003, S. 709 Nr 4 „Eiskunstläufer"; anders im Ergebnis *Chr. Becker*, AcP Bd 196 (1996), S. 439.

31 BGHZ 166, S. 84 (109 f, Tz 97 ff) = NJW 2006, S. 830 „Kirch/Breuer"; BGHZ 193, S. 227 (235 ff, Tz 27 ff) = NJW 2012, S. 2574; BGH, NJW-RR 2006, S. 832 (833, Tz 24); WM 2014, S. 1532 Tz 15 ff.

32 BGHZ 66, S. 388 (391, 393 f) = NJW 1976, S. 1740 = JuS 1977, S. 120 Nr 7; BGH, NJW 1977, S. 2208 = JuS 1978, S. 273 Nr 10; – kritisch zu Recht z. B. *Brüggemeier*, Deliktsrecht, Tz 439 ff (S. 279 f); *Hager*, JZ 1979, S. 53 (55); *K. Schmidt*, JuS 1993, S. 985 (990 f).

verwarnung[33]. Man versteht darunter das Verlangen nach Einstellung oder Einschränkung des Betriebs eines Konkurrenten unter Berufung auf ein eigenes vorrangiges Schutzrecht. Die Verwarnung kann gegenüber dem Hersteller *oder* gegenüber dessen Abnehmern ausgesprochen werden. Je nachdem unterscheidet man die **Hersteller- und** die **Abnehmerverwarnung**. Kommt der Verwarnte dem Verlangen des anderen Teils nach Aufgabe seiner Tätigkeit nach, so kann er nach § 823 Abs. 1 Schadensersatz verlangen, wenn sich später die Verwarnung als grundlos erweist, etwa wegen der Nichtigkeit des von dem Verwarnenden behaupteten Schutzrechtes, vorausgesetzt, dass der Täter zumindest mit leichter Fahrlässigkeit gehandelt hat, wovon aber idR ohne weiteres ausgegangen wird[34]. Ob an dieser Praxis heute noch festzuhalten ist, ist im Hinblick auf vorrangige andere Vorschriften (§ 826 BGB; §§ 4 Nr 10, 9 UWG; §§ 19, 33 GWB) wegen der Subsidiarität des deliktsrechtlichen Unternehmensschutzes (Rn 7) durchaus fraglich[35] und wohl eher zu verneinen.

13 Eine gewisse Rolle spielt § 823 Abs. 1 ferner heute noch bei dem Schutz von Unternehmen gegen **rechtswidrige Streiks**, etwa aus politischen Gründen[36], sowie gegen rechtswidrige **Boykottaufrufe**. Mit Rücksicht auf den Vorrang spezialgesetzlicher Regelungen (s. insbesondere §§ 4 Nr 10, 9 UWG; §§ 19, 20, 21 Abs. 1, 33 GWB) ist hier freilich für eine Anwendung des § 823 Abs. 1 tatsächlich nur Raum, wenn der Boykottaufruf nicht wirtschaftliche, sondern z. B. politische oder religiöse Gründe hat. Und auch dann kann im Einzelfall die stets zusätzlich erforderliche umfassende Interessen- und Güterabwägung mmer noch zur Zulässigkeit des Boykottaufrufs führen[37].

14 Ein letzter Schwerpunkt des deliktsrechtlichen Unternehmensschutzes über § 823 Abs. 1 liegt bei der **Kritik an Unternehmen** und ihren Produkten. Vorrang haben freilich auch insoweit verschiedene Sonderregelungen wie insbesondere § 824 (s. dazu u. § 25 Rn 12 ff) und § 4 Nrn 8 und 10 UWG. Außerdem folgt aus **Art. 5 Abs. 1 GG**, dass sich jeder, der sich mit seinen Leistungen an die Allgemeinheit wendet, grundsätzlich öffentlicher Kritik stellen muss. Schutz genießt das Unternehmen daher über § 823 Abs. 1 im Grunde **nur** noch gegen die **Verbreitung unwahrer Tatsachen** (s. § 824 BGB und § 4 Nr 8 UWG) sowie gegen die böswillige, unsachliche **Schmähkritik**[38]. Aus dem Gesagten folgt zugleich die deliktsrechtliche Zulässigkeit verglei-

33 S. zum Folgenden m. Nachw. *Emmerich*, JuS 2005, S. 1125 ff; zuletzt *Sack*, NJW 2009, S. 1642.

34 RGZ 22, S. 208; 58, S. 24; BGHZ 38, S. 200 (204 ff) = NJW 1963, S. 531 = JuS 1963, S. 200 Nr 3 „Kindernähmaschinen"; grdlg. BGHZ(GS) 164, S. 1 (2, 5 ff) = NJW 2005, S. 3141 = JuS 2005, S. 1125 ff Nr 4; BGH, NJW-RR 2006, S. 621; 2006, S. 832 (833, Tz 24).

35 S. einerseits BGHZ 164, S. 1 (Fn 34); ebenso sodann BGH, NJW-RR 2006, S. 621 sowie wohl auch BGHZ 179, S. 238 (243, Tz 14) = NJW 2009, S. 1262; andererseits BGH, NJW-RR 2009, S. 1496 Tz 16 ff; zur verbreiteten Kritik des Schrifttums s. m. Nachw. *Emmerich*, JuS 2005, S. 1125 ff; zuletzt *Sack*, NJW 2009, S. 1642; *Wagner*, in: MK, § 823 Rn 189 f; *J. Wilhelm*, in: Festschrift f. Canaris I, 2007, S. 1293, besonders S. 1306 ff.

36 BGHZ 69, S. 128 (138 ff) = NJW 1977, S. 1875 „Fluglotsenstreik"; BAGE 58, S. 364 = NJW 1989, S. 57 (60 f) „Warnstreik"; BAGE 58, S. 343 = NJW 1989, S. 63.

37 S. einerseits BGHZ 193, S. 227 (235 ff, Tz 26 ff); BGH, LM Nr 64 zu § 823 (Ai) BGB = NJW 1985, S. 1620; andererseits BGH, WM 2014, S. 1532 Tz 16 ff.

38 BGHZ 45, S. 296 (306 ff) = NJW 1966, S. 1617 „Höllenfeuer"; BGHZ 80, S. 25 (31 ff) = NJW 1981, S. 1065 „Wallraff I"; BGHZ 166, S. 84 (109 ff, Tz 97 ff) = NJW 2006, S. 830 „Kirch/Breuer"; BGH, NJW 2008, S. 2110 (2111 ff, Tz 10 ff, 29) „Gen-Milch" m. Anm. *Gostowzyk*, NJW 2008, S. 2082; NJW 2011, S. 2004 Tz 19 ff „Bonitätsindex"; WM 2014, S. 1532 Tz 20 ff; OLG München, WM 2013, S. 795 (801 f) „Kirch/Breuer"; s. im Übrigen u. Rn 20 ff.

chender **Warentests**, sofern nur der Test objektiv, neutral und mit vertretbaren Methoden durchgeführt wird[39].

IV. Das allgemeine Persönlichkeitsrecht

Literatur: *Götting*, Persönlichkeitsrechte als Vermögensrechte, 1995; *ders./Schertz/Seitz* (Hrsg), Handbuch (Hdb) des Persönlichkeitsrechts, 2008; *Heldrich*, in: Festschrift f. Heinrichs, 1998, S. 319; *Helle*, Der Schutz der Persönlichkeit, der Ehre und des wirtschaftlichen Rufs im Privatrecht, 2. Aufl. (1969); *Hubmann*, Das Persönlichkeitsrecht, 2. Aufl. (1967); *H. Hübner* (Hrsg.), Das Persönlichkeitsrecht im Spannungsfeld zwischen Informationsauftrag und Menschenwürde, 1989; *P. Schwerdtner*, Das Persönlichkeitsrecht in der deutschen Zivilrechtsordnung, 1977; *Stark*, Ehrenschutz in Deutschland, 1995; *Tettinger*, Die Ehre – ein ungeschütztes Verfassungsgut?, 1995; *Wenzel*, Das Recht der Wort- und Bildberichterstattung, 5. Aufl. (2003).

1. Überblick

Das allgemeine Persönlichkeitsrecht ist neben dem Recht am Gewerbebetrieb (o. Rn 8 ff) die zweite partielle Generalklausel, die von der Rechtsprechung auf dem Weg über die Anerkennung als „sonstiges Recht" formal auf § 823 Abs. 1 gestützt wird. In den Beratungen zum BGB hatten dagegen noch die ablehnenden Stimmen überwogen, weshalb sich der Gesetzgeber seinerzeit darauf beschränkt hatte, lediglich einzelnen bereits weitgehend verfestigten Ausprägungen der Persönlichkeit wie dem **Namen** und dem **Recht am eigenen Bild** einen besonderen gesetzlichen Schutz zu gewähren (s. § 12 BGB und die §§ 22–23 KUG von 1907). Daraus hatten sich jedoch alsbald zumal bei dem zivilrechtlichen Schutz der **Ehre** (über die §§ 823 Abs. 2, 824 und 826) bedenkliche Schutzlücken ergeben[40]. 15

Dieser wenig befriedigende Zustand hatte sich erst Anfang der fünfziger Jahre durch die Anerkennung des allgemeinen Persönlichkeitsrechts als „sonstiges Recht" im Sinne des § 823 Abs. 1 durch den BGH geändert[41] Man versteht darunter meistens unter Berufung auf die Art. 1 *und* 2 GG das Recht jedes Menschen auf Achtung seiner Würde und auf freie Entfaltung seiner Persönlichkeit im Rahmen der für alle geltenden Gesetze[42]. 16

Vor allem in den letzten Jahren ist die Reichweite dieses deliktischen Persönlichkeitsschutzes durch die Rechtsprechung immer weiter ausgedehnt worden. Als **Ausprägungen** des deliktischen Persönlichkeitsschutzes gelten seitdem insbesondere der Schutz der Intim- und der Privatsphäre, der Schutz der Ehre, der Schutz des Rechts am eigenen Bild und am gesprochenen Wort, weiter das Recht auf informationelle Selbstbestimmung sowie (als neueste Errungenschaft) das Recht auf Nichtwissen der 17

39 BGHZ 65, S. 325 (331 ff) = NJW 1976, S. 620 = JuS 1976, S. 329 f Nr 6; BGH, LM Nr 66 zu § 823 (Ai) BGB = NJW 1987, S. 2222 = JuS 1987, S. 743 Nr 5.

40 S. z. B. *Medicus/Lorenz* II, Tz 1292.

41 Grdl. BGHZ 13, S. 334 (338 ff) = NJW 1954, S. 1404 „Schachtbriefe".

42 So z. B. BGHZ 143, 214 (218) = NJW 2000, S. 2195 (2197) = JuS 2000, S. 1222 Nr 5 „Marlene Dietrich".

eigenen genetischen Veranlagung[43]. Die Aufzählung ist nicht erschöpfend. Ebenso wenig handelt es sich in den genannten Fällen um abgeschlossene feste Tatbestände; die Feststellung einer Verletzung des Persönlichkeitsrechts, eines sogenannten offenen Tatbestandes setzt vielmehr immer eine **umfassende Interessen- und Güterabwägung** unter Berücksichtigung der Umstände des Einzelfalles voraus, sodass für die Anwendung des § 823 Abs. 1 durchweg nur Raum ist, wenn letztlich als Ergebnis der Abwägung die Schutzinteressen des Betroffenen die entgegenstehenden Interessen anderer, der Allgemeinheit oder insbesondere der Medien überwiegen[44]. Die Folge ist, dass die Rechtsprechung sehr uneinheitlich ist und dass sich ihre Ergebnisse kaum mehr verlässlich voraussagen lassen. Deutlich ist jedoch, dass insgesamt die Schutzinteressen des Einzelnen immer mehr insbesondere zugunsten der Freiheit der Medien unter Berufung auf Art. 5 Abs. 1 GG zurückgedrängt werden[45].

2. Träger

18 Als Träger des Persönlichkeitsrechts kommen grundsätzlich nur **natürliche Personen** während ihrer **Lebenszeit** in Betracht, sodass jedenfalls die **ideellen Bestandteile** ihres Persönlichkeitsrechts grundsätzlich unübertragbar und **unvererblich** sind – mit der Folge z. B., dass das Namensrecht einer Person grundsätzlich mit ihrem Tod erlischt[46]. Anders behandelt werden jedoch die **vermögensrechtlichen Bestandteile** des Persönlichkeitsrechts, um sicherzustellen, dass die Erben z. B. Schadensersatz verlangen können, wenn der Name oder das Bild des Verstorbenen rechtswidrig für Werbezwecke missbraucht werden[47]. **Juristische Personen** genießen dagegen nur unter engen Voraussetzungen einen gewissen Schutz gegen die Beeinträchtigung ihrer Verbandsehre[48].

19 Obwohl das allgemeine Persönlichkeitsrecht nach dem Gesagten (o. Rn 18) seiner Natur nach in vollem Umfang nur lebenden Personen zustehen kann, wird doch auch zumindest nach dem Tod bekannter Persönlichkeiten das Lebensbild und das Gesamtwerk des Verstorbenen gegen willkürliche, grobe Verzerrungen für eine heute grundsätzlich auf zehn Jahre bemessene Übergangszeit geschützt (sog **postmortaler Persönlichkeitsschutz**)[49]. **Beispiele** für eine Verletzung des postmortalen Persön-

---

43 Insbesondere zuletzt BGHZ 198, S. 346 (348 f, Tz 10 ff) = NJW 2014, S. 768 „G. Jauch I"; BGHZ 199, S. 237 Tz 16, 66 f = NJW 2014, S. 2029 „Sächsischer Korruptionssumpf"; BGH, NJW 2014, S. 2190; BGH, NJW 2014, S. 2276 Tz 6 „G. Jauch II" m. Anm. *A. Schneider*, NJW 2014, S. 3133.

44 S. zuletzt z. B. BGHZ 197, 213 (220, Tz 21) = NJW 2013, S. 2348 "google"; BGHZ 198, S. 346 (350, Tz 13) = NJW 2014, S. 768 „G. Jauch I"; BGHZ 199, S. 237 Tz 22 = NJW 2014, S. 2029.

45 S. die Kritik bei *Frenz*, NJW 2008, S. 3102; *Honsell*, ZIP 2009, S. 1689 (1693 ff); *Seelmann-Eggebert*, NJW 2008, S. 2551 (2556 f); *J. Stender-Vorwachs*, NJW 2009, S. 334; *Chr. Teichmann*, NJW 2007, S. 1917; *Wanckel*, NJW 2011, S. 726.

46 BGHZ 169, S. 193 (195 f, Tz 8) = NJW 2007, S. 684; BGH, NJW 2014, S. 2871 „P. Alexander"; BGH, NJW 2009, S. 751 Tz 16 „Ehrensache"; wegen Ausnahmen s. Rn 19.

47 S. m. Nachw. *Emmerich*, JuS 2006, S. 458 (459); zuletzt BGH NJW 2012, S. 1728 Tz 16, 23 f.

48 S. BGHZ 78, S. 24 (25 f) = NJW 1980, S. 2807; BGHZ 98, S. 94 (97 ff) = NJW 1986, S. 2951 = JuS 1987, S. 69 Nr 8 „BMW-Bums mal wieder"; BGHZ 176, S. 175 (187) = NJW 2008, S. 2262 (2265, Tz 28 ff) „Focus"; BGH, NJW 2009, S. 915 Tz 9 „ARD".

49 BVerfGE 30, S. 173 (193 ff) = NJW 1971, S. 1645 „Mephisto"; BGHZ 50, S. 133 (136 ff) = NJW 1968, S. 1773 „Mephisto"; BGHZ 143, S. 214 (223 f) = NJW 2000, S. 2195 „Marlene Dietrich"; BGHZ 165, S. 203 (205) = JuS 2006, S. 605 = JuS 2006, S. 458 Nr 6; BGHZ 169, S. 193 (196 ff, Tz 10 ff) = NJW 2007, S. 684; GRUR 2009, S. 83; NJW 2009, S. 751 Tz 16 ff „Ehrensache".

lichkeitsrechts eines Verstorbenen sind die Fälschung der Bilder eines berühmten Malers[50] oder die Nachahmung der Stimme eines bekannten Schauspielers nach seinem Tod in der Werbung[51]. Zur **Wahrnehmung** dieses „Rechts" ist in erster Linie berufen, wer von dem Verstorbenen noch zu Lebzeiten mit dieser Aufgabe betraut wurde[52]. Hilfsweise steht die Wahrnehmungsbefugnis den nächsten Angehörigen des Verstorbenen zu, die nicht notwendig mit den Erben identisch sind. Als **Rechtsfolgen** einer Verletzung des postmortalen Persönlichkeitsrechtes kommen in erster Linie Unterlassungs- und Widerrufsansprüche der Wahrnehmungsberechtigten in Betracht, während Schadensersatzansprüche allein den Erben bei Eingriffen in die vermögensrechtlichen Bestandteile des Persönlichkeitsrechtes des Verstorbenen zustehen können (o. Rn 18).

3. Beispiele

Das allgemeine Persönlichkeitsrecht hat vor allem die Aufgabe, den **privaten Lebensbereich** des Menschen gegen das unbefugte Eindringen Dritter abzuschirmen[53] sowie den Einzelnen gegen die unbefugte Veröffentlichung von Daten aus seiner Privatsphäre zu schützen (Recht auf informationelle Selbstbestimmung, Rn 17). Es geht dabei in erster Linie um den Schutz so genannter Prominenter gegen die Veröffentlichung von Aufnahmen aus ihrem Privatleben, gegen Presseberichte über ihr Privatleben sowie um den Schutz des gesprochenen Worts gegen dessen Verfälschung bei der Wiedergabe. Dafür einige Beispiele aus der ausufernden Rechtsprechung: 20

In der besonders sensiblen Frage, unter welchen Voraussetzungen die Veröffentlichung von **Aufnahmen** aus dem **Privatleben** so genannter Persönlichkeiten der Zeitgeschichte zulässig ist, hat der BGH aufgrund der Vorgaben des EGMR[54] und letztlich im Anschluss an die §§ 22 und 23 KUG ein **abgestuftes Schutzkonzept** entwickelt, das im Kern folgendes besagt: Grundsätzlich ist die Veröffentlichung von Bildern einer Person nur mit ihrer Einwilligung zulässig; anders verhält es sich jedoch bei Bildnissen aus dem Bereich der Zeitgeschichte im weitesten Sinne. Diese Ausnahme wird indessen ihrerseits wiederum begrenzt durch vorrangige berechtigte Interessen des Abgebildeten,[55] wobei besonders strenge Zulässigkeitsvoraussetzungen für die Veröffentlichung der Bilder von Kindern so genannter Prominenter bestehen, die im Grunde nur erlaubt ist, wenn die Eltern die Bilder selbst für die Veröffentlichung freigegeben haben, sowie in vergleichbaren Fallgestaltungen[56]. 21

Andere Regeln gelten für die **Wortberichterstattung** über Prominente. Sie ist mit Rücksicht auf Art. 5 Abs. 1 GG in weit größerem Ausmaß als die Bildberichterstat- 22

50 BGHZ 107, S. 384 (391 ff) = NJW 1990, S. 1986 = JuS 1990, S. 933 Nr 4 „Emil Nolde".
51 OLG Hamburg, NJW 1990, S. 1995.
52 BGHZ 107, S. 384 (389) = NJW 1990, S. 1986 = JuS 1990, S. 933 Nr 4 „Emil Nolde".
53 Grdlg. BVerfGE 101, S. 361 = NJW 2000, S. 1021 ff „Caroline von Monaco "; EGMR, NJW 2004, S. 2647 „Caroline von Monaco I".
54 EGMR, NJW 2012, S. 1053 Tz 96, 108 ff „Caroline von Monaco II".
55 S. insbes. BGHZ 171, S. 274 (278 ff, Tz 9 ff) = NJW 2007, S. 1977; BGHZ 178, S. 213 (215 ff, Tz 11 ff) = NJW 2009, S. 757 „Karsten Speck"; BGHZ 187, S. 200 (203 ff, Tz 8 ff) = NJW 2011, S. 744 „Rosenball I" usw bis BGH, NJW 2012, S. 3645 Tz 26, 28; NJW 2013, S. 2890 Tz 10 ff „Alexandra von Monaco"; NJW 2013, S. 3029 Tz 7 ff „Mahnwache".
56 BGH, NJW 2013, S. 2890 Tz 19„ Alexandra von Monaco".

tung zulässig und kann, falls zutreffend, nur im Einzelfall aufgrund überwiegender Interessen des Einzelnen untersagt werden[57]. Auszuscheiden haben zunächst generell **unwahre Tatsachenbehauptungen**, weil an der Aufstellung derartiger Behauptungen grundsätzlich niemand ein berechtigtes Interesse haben kann[58], sodass sie immer unzulässig ist, wobei – besonders wichtig – die *Beweislast* für die Wahrheit der aufgestellten Behauptungen die Presse trifft[59]. Die Presse weicht deshalb neuerdings in großem Umfang in die Berichterstattung über bloße Verdächtigungen aus, die aber zum Schutze des Betroffenen nicht ins Blaue hinein aufgestellt werden dürfen; eine sogenannte *Verdachtsberichterstattung* ist vielmehr nur unter engen zusätzlichen Voraussetzungen erlaubt[60]. Auch für den anderen beliebten Ausweg der Presse, Tatsachenbehauptungen anderen Personen in den Mund zu legen, gelten zusätzliche, aber meistens großzügig gehandhabte Schranken[61].

23 Bei erweislich **wahren Tatsachenbehauptungen** muss man weiter nach ihrem Gegenstand unterscheiden, ob es sich um Berichte über die Intimsphäre, die Privatsphäre oder die Sozialsphäre des Einzelnen handelt[62]. Am weitesten geht der Schutz des Persönlichkeitsrechts des Einzelnen noch bei der **Intimsphäre**, die grundsätzlich unantastbar ist. Beispiele sind Berichte über die Erkrankung oder das Sexualleben Einzelner, beides Dinge, die grundsätzlich niemanden etwas angehen, mag der Betreffende noch so berühmt sein.[63] Deutlich geringer ist der Schutz des Persönlichkeitsrechts Einzelner bereits bei Berichten über ihre **Privatsphäre**, die zulässig sind, wenn ein legitimes öffentliches Interesse an ihnen besteht, etwa bei der zutreffenden Berichterstattung über eine schwere *Straftat*[64]. Eindeutig den Vorrang genießt schließlich die Pressefreiheit bei Berichten über die **Sozialsphäre**, d. h. über die Wirkungen eines Menschen in der Öffentlichkeit einschließlich insbesondere seines Berufslebens, so dass es ein Lehrer z. B. grundsätzlich hinnehmen muss, von seinen Schülern im Internet bewertet zu werden[65]. Vor allem Missstände in der Wirtschaft dürfen auch mit großem Nachdruck angeprangert werden[66]. Ausnahmen gelten auf der anderen Seite aber auch hier wieder zu Gunsten von *Kindern*, über deren Abstammung z. B. entgegen dem Wunsch der Eltern nur berichtet werden darf, wenn die fraglichen Daten ohnehin schon allgemein bekannt sind[67].

57 BGHZ 187, S. 200 (204 ff, Tz 10 ff) = NJW 2011, S. 744 „Rosenball I“; ebenso z. B. BVerfG, NJW 2012, S. 756 Tz 11.

58 BGHZ 197, S. 213 (221, Tz 22) = NJW 2013, S. 2348 „google“; BGHZ 199, S. 237 Tz 23 f = NJW 2014, 2029; BGH, NJW 2010, S. 760 Tz 21.

59 BGHZ 199, S. 237 Tz 24 = NJW 2014, S. 2029; zustimmend *Gounalakis*, NJW 2014, S. 2000.

60 BGHZ 199, S. 237 Tz 26 ff = NJW 2014, S. 2029.

61 BGHZ 199, S. 237 Tz 18 ff = NJW 2014, S. 2029.

62 S. z. B. BGHZ 181, S. 318 (323 f, Tz 30 f) = NJW 2009, S. 2888; BGH, NJW 2012, S. 771 Tz 13 ff „Babyklappen“; zusammenfassend *Seelmann-Eggebert*, NJW 2008, S. 2551 (2553).

63 BVerfGE 82, S. 236 = NJW 1991, S. 95 (96); BGH, NJW 2010, S. 754 Tz 20; 2012, S. 763 Tz 10 „Inka Bause“; NJW 2012, S. 767 Tz 12 ff; 2012, S. 3645 Tz 12 f, 17, 21; 2013, S. 1681 Tz 15, 17, 21 „Kachelmann“.

64 BGHZ 188, S. 353 (357 ff, Tz 13 ff) = NJW 2010, S. 757 „Sedelmayr-Mord“; BGHZ 199, S. 237 Tz 17, 66 = NJW 2014, S. 2029; BGH, NJW 2009, S. 3576 Tz 11 „Kannibale von Rotenburg“; NJW 2013, S. 1681 Tz 15, 18 f, 26 „Kachelmann“.

65 BGHZ 181, S. 318 (328 f) = NJW 2010, S. 760 Tz 21 „spickmich.de“; BGH, NJW 2012, S. 771 Tz 11 ff.

66 BGH, LM Nr 44 zu Art. 1 GG = NJW 1994, S. 124 = JuS 1994, S. 346 Nr 2 „Greenpeace/Hilger“; gebilligt durch BVerfG, NJW 1999, S. 2358 „Hilger“.

67 BGHZ 198, S. 346 (351 ff, Tz 17 ff) = NJW 2014, S. 768 „G. Jauch I"; BGH, NJW 2014, S. 2276 Tz 9 f, 22 „G. Jauch II".

Den Gegensatz zu Tatsachenbehauptungen (Rn 23) bilden **Werturteile**, für die wieder andere Regeln gelten. Bei der deshalb stets nötigen **Abgrenzung** von Tatsachenbehauptungen und Werturteilen ist davon auszugehen, dass eine Tatsachenbehauptung (nur) vorliegt, wenn die betreffende Äußerung einem Wahrheitsbeweis mit den Mitteln der ZPO zugänglich ist[68], während ein Werturteil oder eine bloße Meinungsäußerung anzunehmen sind, wenn ein Wahrheitsbeweis ausscheidet, wobei maßgebend allein das Verständnis der angesprochenen Verkehrskreise ist. Die genaue Abgrenzung ist häufig schwierig, vor allem, weil sich in zahlreichen Äußerungen tatsächliche und wertende Elemente nahezu ununterscheidbar durchdringen[69]. In diesen eigentlich kritischen Fällen ist darauf abzustellen, worauf jeweils der **Schwerpunkt** der fraglichen Äußerung liegt. Überwiegen die Elemente der Stellungnahme, des Dafürhaltens und des Meinens, geben diese Elemente der fraglichen Äußerung mit anderen Worten ihr eigentliches Gepräge, so ist sie insgesamt als *Meinungsäußerung* zu werten und damit dem Schutz des Art. 5 Abs. 1 GG zu unterstellen. Nach Meinung der Gerichte ist es dann auch nicht zulässig, einzelne Tatsachenbehauptungen aus dem Gesamtzusammenhang zu lösen, in dem sie stehen, und gesondert auf ihren Wahrheitsgehalt zu überprüfen[70]. 24

Über die Zulässigkeit von **Werturteile** und sonstigen Meinungsäußerungen einschließlich solcher Äußerungen, denen wertende Elemente das Gepräge geben (Rn 24), kann mit Rücksicht auf Art. 5 Abs. 1 GG immer nur im Einzelfall aufgrund einer umfassenden **Interessenabwägung** entschieden werden (Rn 17). Grundsätzlich haben dabei zwar die Positionen der Beteiligten gleiches Gewicht[71]; tatsächlich verschieben die Gerichte indessen die Gewichte (entgegen Art. 5 Abs. 2 GG) immer mehr *zugunsten der Meinungsäußerungsfreiheit* Dritter (Art. 5 Abs. 1 GG) und damit zum Nachteil des Ehrenschutzes des Betroffenen (Art. 1 und 2 Abs. 1 GG)[72], sodass auch sehr negative Werturteile im Regelfall hingenommen werden müssen, wenn nicht ausnahmsweise die Interessen des Betroffenen eindeutig überwiegen. Von solchen Ausnahmefällen abgesehen zieht hier neben dem Verbot von **Formalbeleidigungen** (§§ 185, 186 StGB) gewisse äußerste Grenzen nur noch das Verbot der reinen, d. h. der *allein* auf Verunglimpfung des anderen Teils abzielenden **Schmähkritik**, wobei dieser Begriff zudem meistens ganz *eng* ausgelegt wird; selbst eine überzogene oder ausfällige Kritik ist grundsätzlich erlaubt, solange es nur (auch) um eine Auseinandersetzung in der Sache geht. Eine (grundsätzlich unzulässige) Schmähkritik wird nur angenommen, wenn bei der Äußerung nicht mehr die Auseinandersetzung in der Sache, sondern die Diffamierung des Betroffenen im Vorder- 24a

68 S. u. § 25 Rn 15 ff sowie z. B. BGH, NJW 2010, S. 760 Tz 15.

69 S. statt aller m. Nachw. *Seelmann-Eggebert*, NJW 2008, S. 2551 (2552 ff).

70 BGHZ 176, S. 175 = NJW 2008, S. 2262 (2263, Tz 16); BGH, NJW 2008, S. 2110 ff Tz 10, 29 ff „Gen-Milch"; 2009, S. 915 Tz 12 ff „Subventionsbetrug"; 2009, S. 1872 Tz 12 ff „Fraport-Manila-Skandal"; NJW 2009, S. 3580 Tz 11; 2010, S. 760 Tz 15 ff „Heute wird offen gelogen"; NJW 2011, S. 2004 Tz 10 ff „Bonitätsindex"; NJW 2014, S. 3154 Tz 13; str. und in der Tat zweifelhaft.

71 Z. B. BVerfG, NJW 2006, S. 207 (208) Tz 30; NJW 2008, S. 358 (359); BGHZ 166, S. 84 (111 f, Tz 107) = NJW 2006, S. 830 „Kirch/Breuer"; BGH, NJW 2008, S. 2110 ff „Gen-Milch".

72 S. überwiegend (zu Recht) kritisch *Ehmann*, JuS 1997, S. 193 (198); *ders.*, in: Festgabe 50 Jahre BGH, Bd I, S. 613 (622 ff); *ders.*, in: Festschrift f. Georgiades, S. 117 (145 ff); *Gostomzyk*, NJW 2008, S. 2082; *Larenz/Canaris*, Schuldrecht II/2, § 80 V 1a (S. 524 f); *Seelmann-Eggebert*, NJW 2008, S. 2551 (2553).

grund steht[73]. Noch weitere Zulässigkeitsgrenzen gelten schließlich mit Rücksicht auf Art. 5 Abs. 3 GG für "künstlerische" Äußerungen[74].

25 Auf der anderen Seite bleibt es aber (selbstverständlich) dabei, dass es unzulässig ist, aufgrund nicht beweisbarer Tatsachenbehauptungen eine Person in der Presse als skrupellose und pädophile Person hinzustellen, die buchstäblich über Leichen gehe[75]. Ebenso wenig ist es zulässig, in einem Roman eine lebende und als solche deutlich erkennbare Person bewusst verzerrt in negativer Weise darzustellen[76]. Eine absolute Grenze zieht schließlich allen Eingriffen in das Persönlichkeitsrecht durch die Medien die Menschenwürde des Betroffenen (Art. 1 GG)[77]. Auf der anderen Seite wird der Schutz des Persönlichkeitsrechts dagegen bei Äußerungen im Rahmen eines laufenden gerichtlichen Verfahrens stark eingeschränkt, weil es den Parteien erlaubt sein muss, in einem Prozess alles vorzutragen, was ihrer Meinung nach zur Wahrung ihres Rechtsstandpunktes erforderlich ist, selbst wenn dadurch in die Ehre der anderen Partei oder eines Dritten eingegriffen wird (so genanntes **Verfahrensprivileg**)[78].

25a Wieder andere Regeln gelten schließlich für den **Schutz des gesprochenen Worts**: Der Einzelne ist grundsätzlich dagegen geschützt, dass seine Worte in der Presse unrichtig, entstellt oder verfälscht wiedergegeben werden[79]. Ebenso negativ ist es zu beurteilen, wenn die Worte eines anderen heimlich auf Tonband aufgenommen und anschließend veröffentlicht werden oder wenn sich jemand unbefugt zu Verhandlungen Dritter Zugang verschafft[80].

26 Für unseren **Fernsehansagerin-Fall 24** folgt aus dem Gesagten: Die haltlosen und buchstäblich aus der Luft gegriffenen, ausdrücklichen und verklausulierten Angriffe der Illustrierten „St" auf die Fernsehansagerin B stellten eine schwerwiegende Verletzung der Ehre der B und damit einen Eingriff in ihr Persönlichkeitsrecht dar[81]. Verantwortlich für diesen Eingriff ist neben dem Redakteur Y der Herausgeber X, da er verpflichtet ist, seine Zeitschrift vor ihrem Erscheinen darauf zu kontrollieren, ob sie rechtswidrige Eingriffe in fremde Persönlichkeitsrechte enthält[82]. Der Fall macht zugleich deutlich, dass es im vorliegenden Zusammenhang ganz falsch wäre, einseitig nur den Schutz der Presse gegen übermäßige Haftungsrisiken zu betonen; zumindest genauso wichtig ist der Schutz grundlos Angegriffener vor den Medien mit ihrer großen Breitenwirkung, wobei nach wie vor insbesondere der Schutz gegen Angriffe des Fernsehens im Argen liegt[83].

---

73 BGHZ 143, S. 199 (208 ff) = NJW 1999, S. 1036; BGH, NJW 2005, S. 279 (283); 2009, S. 3580 Tz 17.

74 BGHZ 84, S. 237 (243) = NJW 1983, S. 1194 „Horten"; BGH, NJW 2009, S. 15 ff „Kannibale von Rotenburg"; dagegen mit Recht *Ehmann*, in: Festgabe 50 Jahre BGH Bd I, S. 613 (640 f); *ders.*, JuS 1997, S. 193 (198); *Kübler*, JZ 1984, S. 541.

75 BGHZ 199, S. 237 Tz 16, 23 ff = NJW 2014, S. 2029 „Sächsischer Korruptionssumpf"; zustimmend *Gounalakis*, NJW 2014, S. 2000.

76 Vgl. durchweg zu dem Roman „Esra" von *M. Biller* BVerfGE 119, S. 1 = NJW 2008, S. 39; BGHZ 183, S. 227 (232 ff) = NJW 2010, S. 763; BGH, NJW 2005, S. 2844; 2008, S. 2587 (2588 ff, Tz 7 ff).

77 BVerfGE 75, S. 369 (379 f) = NJW 1987, S. 2661 „Strauß-Urteil".

78 S. u. 24 Rn 16; BGHZ 183, S. 309 (313 ff, Tz 14 ff) = NJW-RR 2010, S. 554 „Fischdosendeckel"; BGH, NJW 2005, S. 279 (280 f).

79 BGH, NJW 2011, S. 3516 Tz 11 ff.

80 BGH, LM Nr 95 zu § 823 (Ah) BGB = NJW 1987, S. 2667.

81 BGHZ 39, S. 124 (127 ff) = NJW 1963, S. 902 „Fernsehansagerin".

82 *Larenz/Canaris*, Schuldrecht II/2, § 80 IV 2 (S. 521).

83 *Medicus*, Bürgerliches Recht, Tz 615; s. auch u. Rn 26 f.

4. Rechtsfolgen

Bei Eingriffen in das allgemeine Persönlichkeitsrecht kann der Verletzte analog § 1004 ebenso wie bei sonstigen Delikten zunächst bei Wiederholungsgefahr[84] **Unterlassung** weiterer Eingriffe und **Beseitigung** des schon erfolgten Eingriffs, insbesondere in Gestalt des Widerrufs ehrverletzender Äußerungen verlangen, den **Widerruf** freilich nur bei Tatsachenbehauptungen, nicht bei Werturteilen (s. u. § 26 Rn 28 f). Ist dem Verletzten ein Schaden entstanden, so kann er außerdem **Schadensersatz** fordern, sofern der Täter rechtswidrig und schuldhaft gehandelt hat. Die Berechnung des Schadens stößt bei Eingriffen in das Persönlichkeitsrecht freilich häufig auf erhebliche Schwierigkeiten. Zum Schutze des Verletzten lassen deshalb die Gerichte hier auch die Schadensberechnung nach einer angemessenen **Lizenzgebühr** zu[85]. Außerdem kommen von Fall zu Fall noch **Bereicherungsansprüche** in Betracht, da die meisten Ausprägungen des allgemeinen Persönlichkeitsrechts heute als Ausschließlichkeitsrechte mit Zuweisungsgehalt anerkannt sind (§ 812 Abs. 1 S. 1 Fall 2)[86]. 27

Die **Durchsetzung** der genannten Ansprüche gegen die Massenmedien ist ausgesprochen schwierig, aufwendig und für den Verletzten mit zahlreichen Unwägbarkeiten belastet. Die Rechtsprechung hat sich deshalb schon früh entschlossen, dem Verletzten in Abweichung von den §§ 253 und 847 aF bei Eingriffen in das allgemeine Persönlichkeitsrecht außerdem eine **Geldentschädigung** zuzubilligen, sofern es sich um einen **schweren Eingriff** handelt *und* die Beeinträchtigung des Betroffenen **nicht auf andere Weise** befriedigend **ausgeglichen** werden kann[87]. Wegen der problematischen Vereinbarkeit dieser Praxis mit § 253 Abs. 2 (der das allgemeine Persönlichkeitsrecht gerade nicht als Schutzgut nennt) unterscheidet der BGH heute diese Geldentschädigung von dem herkömmlichen Schmerzensgeld und sieht darin eine besondere Sanktion für Verletzungen des Persönlichkeitsrechts, deren Grundlage § 823 Abs. 1 BGB iVm Art. 1 Abs. 1 und 2 Abs. 1 GG sei[88]. Die Geldentschädigung hat vor allem eine *Genugtuungsfunktion*; hinzu tritt der Gedanke der *Prävention*. 28

Für die *Höhe* der Geldentschädigung ist vor allem die Verbreitung des fraglichen Eingriffs in das Persönlichkeitsrecht durch die Medien einschließlich des Internets maßgebend[89]. Die Folge sind häufig erstaunlich hohe Geldentschädigungen bei Eingriffen der Medien in das Persönlichkeitsrecht Prominenter. Auf der anderen Seite hat die Betonung der Genugtuungsfunktion der Entschädigung die Konsequenz, dass der Entschädigungsanspruch nicht abtretbar und auch nicht vererblich ist; ebenso wenig ist Raum für eine Geldentschädigung bei einer Verletzung des postmortalen Persönlichkeitsrechts, da nach Meinung des BGH eine Genugtuung durch eine Geldentschä- 29

84 S. u. § 26 Rn 28 f; BGH, NJW 2013, S. 1681 Tz 30 f "Kachelmann".
85 Grdlg. BGHZ 143, S. 214 (231 f) = NJW 2000, S. 2195 = JuS 2000, S. 1222 (1223) Nr 5 „Marlene Dietrich“.
86 S. schon o. § 17 Rn 9 sowie BGH, GRUR 2008, S. 1124 f Tz 11; NJW 2012, S. 1728 Tz 14.
87 Grdl. BGHZ 26, S. 349 (355 ff) = NJW 1958, S. 827 „Herrenreiter“; BGHZ 128, S. 1 (12 f, 14 ff) = NJW 1995, S. 861 = JuS 1995, S. 646 Nr 8 „Caroline v. Monaco“; BGHZ 183, S. 227 (231, Tz 11) = NJW 2010, S. 263 „Esra II“; BGHZ 199, S. 237 Tz 38 = NJW 2014, S 2029 „Sächsischer Korruptionssumpf“.
88 BGHZ 199, S. 237 Tz 40 = NJW 2014, S. 2029 „Sächsischer Korruptionssumpf“.
89 BGHZ 160, S. 298 (302 f) = NJW 2005, S. 215 „Caroline v. Monaco“; BGHZ 199, S. 237 Tz 28 = NJW 2014, S. 2029 „Sächsischer Korruptionssumpf“; BGH, NJW 2014, S. 2871 „Peter Alexander“.

digung nur bei einer noch lebenden Person Sinn macht[90]. Aus ähnlichen Erwägungen heraus bestehen bei Eingriffen in das Persönlichkeitsrecht durch *Kunstwerke* gleichfalls ganz enge Schranken für eine Geldentschädigung (Art. 5 Abs. 3 GG).[91]

Die Bedeutung der zusätzlichen Sanktion von Persönlichkeitsverletzungen durch eine Geldentschädigung zeigt sich an unserem **Fernsehansagerin-Fall 24**. Ein Widerruf etwa der Behauptung, die B sei sexuell abartig veranlagt, verschlimmerte den Eingriff nur noch weiter. Die einzige sinnvolle Sanktion ist daher in derartigen Fällen in der Tat ein (möglichst hohes) Schmerzensgeld für den Verletzten.

§ 23 Verkehrspflichten, Produkthaftung

Schwarzfahrer-Fall 25: A hatte seinen Wagen verschlossen vor seinem Haus abgestellt, indessen vergessen, das Lenkradschloss einzurasten. In der folgenden Nacht brach der achtzehnjährige B das Kraftfahrzeug auf und fuhr damit, obwohl er keinen Führerschein besaß, in angetrunkenem Zustand davon. Wenig später fiel er dem Polizisten P auf, der den B anhielt und aufforderte, seine Papiere zu zeigen. B fuhr daraufhin aus Furcht, verhaftet zu werden, mit Vollgas an und verletzte dadurch den P schwer. P verlangt Schadensersatz von A und von dessen Haftpflichtversicherung. Von B ist nichts zu holen. **Lösung Rn 1, 10**

I. Verkehrspflichten

1. Überblick

1 Bei der Haftung für die Verletzung von Verkehrs- oder Verkehrssicherungspflichten geht es um die Haftung für die *Unterlassung* von Sicherungsmaßnahmen, bei deren Beachtung eine Schädigung Dritter durch die Verletzung ihrer nach § 823 Abs. 1 geschützten Rechtsgüter mit großer Sicherheit vermieden worden wäre (s. schon o. § 20 Rn 8). Die Bedeutung dieses Haftungstatbestandes zeigt

unser **Schwarzfahrer-Fall 25**, in dem der verletzte Polizist P dem Kraftfahrzeughalter A in erster Linie den Vorwurf macht, seinen Wagen seinerzeit nicht genügend gegen Diebstahl gesichert zu haben, obwohl ihm dies möglich gewesen wäre. Der Schwerpunkt der Vorwürfe des P gegen A liegt folglich auf der von A zu vertretenden **Unterlassung** der hier nach den Umständen gebotenen Sicherungsmaßnahmen zur Verhinderung von Schwarzfahrten. Denn wenn A sein Auto pflichtgemäß gegen Diebstahl gesichert hätte, wäre es nicht zu der Schwarzfahrt des B und damit auch nicht zu der Verletzung des P gekommen (§ 823 Abs. 1).

2 Die Verpflichtung zur Ausrüstung von Kraftfahrzeugen mit Sicherungseinrichtungen gegen eine unbefugte Benutzung einschließlich Wegfahrsperren ergibt sich aus der

90 BGHZ 165, S. 203 (206 ff) = NJW 2006, 605 Tz 11 ff = JuS 2006, S. 458 (459) Nr 6; BGH, NJW 2014, S. 2871 Tz 18 ff „Peter Alexander"; zur Kritik s. *Heldrich*, in: Festschrift f. Heinrichs, S. 319 (322 ff); *Stender-Vorwachs*, NJW 2014, S. 2831; *Ullmann*, WRP 2000, S. 1048.

91 BGHZ 183, S. 227 (232 ff, Tz 13 ff) = NJW 2010, S. 263 „Esra II".

StVZO (§ 38a Abs. 1). Die Verpflichtung, bei dem Abstellen eines Fahrzeugs von diesen Sicherungseinrichtungen auch tatsächlich Gebrauch zu machen, folgt dagegen unabhängig von der StVZO bereits daraus, dass durch das Abstellen eines nicht gegen Diebstahl gesicherten Fahrzeugs erhebliche Gefahren für Dritte durch Schwarzfahrten begründet werden (s. § 7 Abs. 3 S. 1 HS 2 StVG, und dazu u. § 27 Rn 28),- wie unser Fall 25 deutlich macht. Es war also das vorausgegangene Tun des A, durch das eine von ihm beherrschbare Gefahrenquelle für Dritte geschaffen wurde, die ihn zum Handeln verpflichtete, sodass die Unterlassung der gebotenen Sicherungsmaßnahmen rechtswidrig war (sogenannte **Ingerenz**).

Gefahrabwendungspflichten auf der Grundlage der **Eröffnung oder Beherrschung einer Gefahrenquelle** für Dritte, heute meistens Verkehrs- oder auch Verkehrssicherungspflichten genannt (beide Begriffe werden synonym verwandt), wurden erstmals im Jahre 1902 vom Reichsgericht grundsätzlich anerkannt[1]. Die Haftung für die Verletzung von Verkehrspflichten entwickelte sich seitdem schnell zu der bei weitem **wichtigsten partiellen Generalklausel**, die überhaupt erst die Anpassung des Deliktsrechts des BGB an die modernen Verhältnisse ermöglichte. 3

Bei den Verkehrspflichten handelt es sich um den bedeutsamsten Anwendungsbereich der Lehre vom Verhaltensunrecht, da die **Rechtswidrigkeit** in den fraglichen Fällen durchweg einer positiven Feststellung durch den Nachweis der **Verletzung einer** bestimmten **Verhaltenspflicht** bedarf (o. § 20 Rn 10 ff). Davon zu trennen ist die Frage, ob dem Täter die Pflichtverletzung auch subjektiv vorgeworfen werden kann, sodass er **schuldhaft** gehandelt hat und deshalb für die Pflichtverletzung haften muss (§ 276 Abs. 2). In der Regel wird zwar beides zusammenfallen; notwendig ist dies indessen nicht[2]. An der subjektiven Vorwerfbarkeit der Pflichtverletzung kann es insbesondere fehlen, wenn die strengen, von der Rechtsprechung fortwährend verschärften Anforderungen an die Beachtung der Verkehrspflichten (Rn 5) für den Täter im Augenblick der Rechtsgutverletzung beim besten Willen noch nicht vorhersehbar waren[3]. 4

Das **Maß** der zur Gefahrvermeidung oder Gefahrabwehr **geschuldeten Sorgfalt** lässt sich nur von Fall zu Fall aufgrund einer sorgfältigen Abwägung der jeweils relevanten Umstände bestimmen[4]. Maßgebend ist, was **nach der Verkehrsauffassung** im konkreten Fall zur Vermeidung der betreffenden Gefahr **erforderlich, zumutbar und vernünftig** erscheint (§ 276 Abs. 2)[5]. Übertriebene Anforderungen sind nicht angebracht; ein Schutz vor allen theoretisch denkbaren Gefahren ist mit wirtschaftlich zumutbarem Aufwand ohnehin nicht möglich. Namentlich solche Gefahren, die dem Verkehr **bekannt** sind und die von ihm bewusst **in Kauf genommen** werden, brau- 5

1 Grdl. RGZ 52, S. 373; ebenso sodann insbes. noch 1903 RGZ 54, S. 53.

2 Die Frage ist streitig, s. einerseits *Staake*, Gesetzliche Schuldverhältnisse, § 8 Rn 152, andererseits *Wandt*, Gesetzliche Schuldverhältnisse,§ 21 Rn 110.

3 BGH LM Nr 141 zu § 823 (Dc) BGB = NJW 1985, S. 620 „Schlepplift"; LM Nr 162 zu § 823 (Aa) BGB (Bl 4 f) = NJW 1995, S. 2631 „Oberleitung"; *Raab*, JuS 2002, S. 1041 (1047 f); dagegen z. B. *Staake*, Gesetzliche Schuldverhältnisse, § 8 Rn 152.

4 S. *v. Bahr*, JuS 1988, S. 169 (170 f); *Edenfeld*, VersR 2002, S. 2272; *Marburger*, Regeln der Technik im Recht, 1979; *Raab*, JuS 2002, S. 1041 (1043 f).

5 Grdl. BGHZ 195, S. 30 (32 f, Tz 6 f) = NJW 2013, S. 48 sowie z. B. BGH, NJW 2004, S. 1449 = JuS 2004, S. 628 Nr 7 „Schwimmbäder" usw. bis BGH, NJW 2014, S. 2104 Tz 8 f.

chen grundsätzlich nicht vermieden zu werden. Es sind deshalb nur die, aber auch alle diejenigen Schutzvorkehrungen erforderlich, die in den Augen eines verständigen und gewissenhaften Angehörigen der maßgeblichen Verkehrskreise geboten sind[6]. Soweit bereits **technische Normen** für ein Gebiet vorliegen, ist in erster Linie an diese anzuknüpfen; jedoch bleibt das Privatrecht frei, auf dem Weg über § 823 Abs. 1 noch *strengere* Maßnahmen zur Gefahrabwehr vorzuschreiben als bereits in den fraglichen Normen geschehen[7].

2. Beteiligte

6 Gefahrabwendungspflichten entstehen aus der Begründung oder Beherrschung einer Gefahrenlage für Dritte (o. Rn 2 f und u. Rn 8 ff). Verpflichtet ist folglich derjenige, der die **Gefahrenlage** für Dritte **begründet** hat **oder** der sie doch **beherrscht und aufrechterhält**, im Falle der Eröffnung des Verkehrs auf einem Grundstück daher derjenige, der diesen Verkehr eröffnet hat (s. u. Rn 7 f). Der Verkehrssicherungspflichtige braucht die Gefahrabwendungspflicht freilich nicht in Person zu erfüllen, sondern kann sie auch durch Werkvertrag auf einen Dritten **übertragen**. Voraussetzung dafür sind jedoch klare und eindeutige Absprachen, durch die Gefahren für andere Personen nach Möglichkeit ausgeschlossen werden. Zurückbleibt außerdem in jedem Fall bei dem ursprünglich Verkehrssicherungspflichtigen eine Überwachungs- und Kontrollpflicht[8].

7 **Geschützt** wird nur, wer in dem *Schutzbereich* der fraglichen Verkehrspflichten einbezogen ist, und auch nur gegen diejenigen *Gefahren*, deren Abwendung die fragliche Pflicht bezweckt, nicht gegen sonstige Gefahren, die zum allgemeinen Lebensrisiko gehören[9]. Wenn der Verpflichtete den Verkehr auf seinem Grundstück in zulässiger Weise beschränkt hat, braucht er folglich Dritten, die sich wie z. B. ein Dieb unbefugt auf seinem Grundstück aufhalten, nicht zu haften[10]. Besonderheiten gelten für **Kinder**, weil sie erfahrungsgemäß in ihrem Spieltrieb einschlägige Verbote kaum zu beachten pflegen. Deshalb müssen insbesondere Grundstückseigentümer – über ein bloßes Zutrittsverbot hinaus – wirksame Schutzmaßnahmen ergreifen, um Kinder vor den Folgen ihrer Unerfahrenheit zu schützen, wenn ihnen bekannt ist oder doch bekannt sein muss, dass trotz des Verbots Kinder auf ihrem Grundstück spielen und dass den Kindern davon Gefahren drohen[11].

---

6 BGHZ 195, S. 30 (32 f, Tz 7) = NJW 2013, S. 48; BGH, NJW 2010, S. 1967 Tz 5 f; 2014, S. 2104 Tz 8.

7 BGH, LM Nr 22 zu § 823 (Db) BGB = NJW 1987, S. 372 = JuS 1987, S. 320 Nr 5; LM Nr 212 zu § 823 (Bc) BGB (Bl. 1 R) = NJW 2001, S. 2019 „Rockkonzert"; NJW 2008, S. 3775 (3777, Tz 18); 2008, S. 3778 (3779, Tz 16 f); *v. Bahr*, JuS 1988, S. 169 (172 f).

8 BGHZ 142, S. 227 (233) = NJW 1999, S. 3633; BGH, NJW 2006, S. 3628 (3629, Tz 11); 2013, S. 3022; OLG Hamm, NJW 2013, S. 1325; OLG Naumburg, NZM 2014, S. 466.

9 BGH, NJW 2006, S. 3628 (3629 f, Tz 12 ff).

10 BGH, LM Nr 26 zu § 823 (Eb) BGB = NJW 1987, S. 2671; LM Nr 215 zu § 823 (Dc) BGB (Bl. 2 f) = NJW 2002, S. 1263 (für Baustellen).

11 BGH, LM Nr 51 zu § 823 (F) BGB = NJW 1991, S. 2340 = JuS 1992, S. 75 Nr 4; LM Nr 24 zu § 823 (Ef) BGB (Bl. 2) = NJW 1999, S. 2364; LM Nr 162 zu § 823 (Aa) BGB = NJW 1995, S. 2631 „Oberleitungs-Urteil"; *Raab*, JuS 2002, S. 1041 (1047 f).

3. Fallgruppen[12]

a) Eröffnung eines Verkehrs

Jeder, der einen Verkehr auf einem Grundstück eröffnet, muss alles ihm Mögliche und Zumutbare tun, um Gefahren zu vermeiden, die Dritten von der Benutzung des Grundstücks drohen. Bei Eröffnung eines Verkehrs in einem **Gebäude** müssen sich daher z. B. die Böden, die Zugänge und die Treppen in einem Zustand befinden, der eine gefahrlose Benutzung gestattet[13]. Unzumutbares darf aber auch hier nicht verlangt werden[14]. Insbesondere für Gefahren, die auf Naturgewalten wie einem Wolkenbruch beruhen, kann der Grundstückseigentümer grundsätzlich nicht verantwortlich gemacht werden[15]. 8

Für die öffentliche Hand gelten insoweit keine Besonderheiten, sodass z. B. eine **Gemeinde** als Betreiberin eines **Schwimmbades** verpflichtet ist, alle zumutbaren Vorkehrungen gegen die besonderen Risiken solcher Anlagen zu treffen[16]. Wenn eine Gemeinde **Kinderspielplätze** anlegt, muss sie außerdem dafür Sorge tragen, dass sich die Spielgeräte in einem Zustand befinden, der Verletzungen der Kinder durch die Geräte nach Möglichkeit ausschließt[17]. 9

Die praktisch besonders bedeutsame Verpflichtung der öffentlichen Hand, die von ihr dem Verkehr freigegebenen **Wege und Straßen**, soweit möglich und vertretbar, in einem ordnungsgemäßen, den Verkehrserfordernissen jeweils entsprechenden Zustand zu erhalten, wird ebenfalls grundsätzlich als **Verkehrssicherungspflicht** iS des § 823 Abs. 1 eingestuft. In der Mehrzahl der Bundesländer ist freilich mittlerweile die Verkehrssicherungspflicht durch die Wege- und Straßengesetze ins **öffentliche Recht** verwiesen worden, sodass sich dann die Haftung der öffentlichen Hand für die Verletzung der Verkehrssicherungspflicht nach § 839 BGB iVm Art. 34 GG richtet (s. u. § 25 Rn 10). 10

Die Verkehrssicherungspflicht hinsichtlich der **Gehwege** – eine unendliche Geschichte – obliegt nach dem Gesagten (Rn 10) an sich den *Gemeinden* als den Wegeeigentümern, sodass sie für die Säuberung der Gehwege im Sommer und im Winter für die Räumung und das Streuen verantwortlich sind. Aufgrund der Wege- und Straßengesetze der Länder übertragen die Gemeinden indessen ausnahmslos diese Pflichten durch Satzungen auf die *Grundstückseigentümer* (s. Rn 6) – und diese sodann ebenso häufig weiter auf die *Mieter*, sodass schließlich die Mieter die Verkehrssicherungspflicht für die Gehwege tragen müssen – mit allen Konsequenzen[18]. Die Grundstückseigentümer müssen außerdem, soweit zumutbar und möglich, dafür Sorge tra- 11

12 Zahlreiche weitere Beispiele zuletzt bei *Mergner/Matz*, NJW 2014, S. 186.

13 BGH, LM Nr 152 zu § 823 (Dc) BGB = NJW 1986, S. 2757; LM Nr 26 zu § 823 (Eb) BGB = NJW 1987, S. 2671; NJW 2010, S. 1967 Tz 5.

14 BGH, NJW 2007, S. 762 (763 f, Tz 14 ff); *O. Roth*, NJW 2007, S. 740.

15 BGH, LM Nr 145 zu § 823 (Dc) BGB = NJW 1985, S. 1773.

16 S. im Einzelnen BGH, LM Nr 114 zu § 823 (Dc) BGB = NJW 1978, S. 1629; LM Nr 127 zu § 823 (Dc) BGB = NJW 1980, S. 1159; NJW 2004, S. 1449 = JuS 2004, S. 628 Nr 7 „Rutsche"; *Fritzweiler/Steffen*, SpuRt 1998, S. 148; *Pfeiffer*, ZfS 1997, S. 401; *Tücks*, VersR 2000, S. 422.

17 BGHZ 103, S. 338 (340 ff) = NJW 1988, S. 2667 = JuS 1989, S. 405 Nr 3; BGH, NJW 2008, S. 3775 (3776 f) „Trampolin" m. Anm. *S. Wesser*, NJW 2008, S. 3761.

18 Wegen der Einzelheiten s. z. B. Staudinger/*Emmerich*, 2014, § 535 Rn 33 f; *Hitpaß*, WuM 2011, S. 662; *Mergner/Matz*, NJW 2014, S. 186 (188 ff).

gen, dass von den auf ihren Grundstücken stehenden **Bäumen** dem Straßenverkehr keine vermeidbaren Gefahren drohen[19]. Das gilt jedoch nicht für Waldwege, sodass Verletzungen von Wanderern auf Waldwegen durch herabfallende Äste grundsätzlich zu deren allgemeinem Lebensrisiko zählen[20].

b) Gefährliche Sachen

12 Die Herrschaft über gefährliche Sachen zieht ebenfalls die Verpflichtung nach sich, alles nach den Umständen Mögliche und Zumutbare zu tun, um die von solchen Sachen Dritten drohenden Gefahren hintanzuhalten. Gefährliche Sachen in diesem Sinne sind insbesondere **Kraftfahrzeuge**, so dass z. B., wer ein Auto abstellt, alles Nötige tun muss, um die unbefugte Benutzung seines Wagens durch Dritte zu verhindern (s. unseren **Schwarzfahrer-Fall 25** und dazu Rn 1 f). Vergleichbare Pflichten können den **Verkäufer eines Kraftfahrzeugs** treffen: Muss er damit rechnen, dass sein Fahrzeug in ungeeignete Hände gerät, so ist er verpflichtet, sich darüber zu informieren, ob der Käufer tatsächlich eine Fahrerlaubnis besitzt. Ohne Nachweis der Fahrerlaubnis darf er ihm das Fahrzeug nicht aushändigen[21].

c) Gefährlicher Beruf

13 Wer einen gefährlichen Beruf ausübt, trägt der Allgemeinheit gegenüber die **Verantwortung für einen geordneten Ablauf der Dinge**, sodass er sich darum bemühen muss, Schädigungen Dritter durch seine Berufsausübung nach Möglichkeit zu vermeiden. Die Folge ist z. B., dass ein **Architekt** auch Dritten nach § 823 Abs. 1 ersatzpflichtig ist, wenn er ein Bauwerk derart fehlerhaft plant, dass Dritte, die es bestimmungsgemäß benutzen, dabei zu Schaden kommen (Paradigma: gefährliche Treppen), oder wenn er bei der Bauaufsicht fahrlässig Baumängel übersieht, durch die später Dritte (einschließlich der Mieter des Gebäudes) geschädigt werden[22]. Weitreichende Verkehrssicherungspflichten obliegen außerdem etwa den Inhabern von **Reparaturwerkstätten**. Sie haften infolgedessen aus § 823 Abs. 1, wenn es infolge der mangelhaften Reparatur eines Fahrzeugs zu einem Unfall kommt[23].

II. Produkthaftungsgesetz[24]

1. Überblick

14 Bei der Produkt- oder Produzentenhaftung geht es um die Frage, unter welchen Voraussetzungen die Hersteller gefährlicher Produkte den Benutzern ihrer Produkte zum

---

19 BGHZ 195, S. 30 (36, Tz 16) = NJW 2013, S. 48; BGH, NJW 2014, S. 1588 Tz 7 ff; *Duhme*, NJW 2013, S. 17.

20 Grdl. BGHZ 195, S. 30 (34 ff, Tz 10 ff) = NJW 2013, S. 48; *Duhme*, NJW 2013, S. 17.

21 BGH, LM Nr 1 zu § 21 StVG = NJW 1979, S. 2309 = JuS 1980, S. 150 Nr 9; vgl. auch für die Verkäufer von Feuerwerkskörpern BGHZ 139, S. 43 (47 ff) = NJW 1998, S. 2436 = JuS 1998, S. 1162 Nr 6 „Tolle Biene"; BGHZ 139, S. 79 (83 ff) = NJW 1998, S. 2905 = JuS 1998, S. 1161 Nr 5 „Feuerwirbel".

22 BGH, LM Nr 50 zu § 823 (Ac) BGB = NJW-RR 1990, S. 726 = JuS 1991, S. 244 Nr 3; LM Nr 177 zu § 823 (Dc) BGB = NJW 1991, S. 562.

23 BGH, LM Nr 57 zu § 823 (Ac) BGB = NJW 1993, S. 655; zu Spediteuren s. noch *Emmerich*, JuS 1967, S. 345.

24 §§ ohne Gesetzesangabe sind in den folgenden Rn 14–18 solche des ProdHaftG.

Schadensersatz verpflichtet sind, wenn die Benutzer Schäden erleiden. Diese Frage ist nur dann verhältnismäßig einfach zu beantworten, wenn Hersteller und Benutzer unmittelbar durch einen **Vertrag** verbunden sind (§§ 276, 280 Abs. 1, 437 Nr 3 und 440). In der Mehrzahl der Fälle stehen die Produzenten jedoch infolge des üblichen mehrstufigen Vertriebs industrieller Erzeugnisse *nicht* in vertraglichen Beziehungen zu den Benutzern ihrer Produkte, sodass dann eine Lösung der Problematik der Produkthaftung nur über das **Deliktsrecht** möglich ist.

Die deliktische Produkthaftung beruht auf mehreren Säulen. Die wichtigsten sind das **Produkthaftungsgesetz (ProdHaftG)** von 1989[25] sowie § 823 Abs. 1 BGB. Daneben kommt vielfach noch eine Anwendung des § 823 Abs. 2 in Verbindung mit den zahlreichen Gesetzen in Betracht, die die Produktsicherheit gewährleisten sollen[26]. Das wichtigste dieser Gesetze ist das neue Produktsicherheitsgesetz **(ProdSG)** von 2011[27]. Das ProdHaftG beruht auf der Produkthaftungsrichtlinie der EU von 1985[28]. Diese Richtlinie bezweckt in ihrem Anwendungsbereich eine *Vollharmonisierung* des nationalen Haftungsrechts, so dass abweichende Regelungen der Mitgliedstaaten nicht mehr möglich sind, betrifft aber – neben Personenschäden – nur Schäden an solchen Sachen, die für den *privaten Ge- oder Verbrauch* bestimmt sind (s. § 1 Abs. 1 S. 2 ProdHaftG), sodass die Mitgliedstaaten in der Regelung der Haftung für Schäden an Sachen frei sind, die für den beruflichen Gebrauch bestimmt sind und beruflich verwendet werden[29]. 15

Das ProdHaftG hat zwar eine **verschuldensunabhängige Haftung** der Hersteller fehlerhafter Produkte eingeführt[30], lässt aber die Haftung der Hersteller gefährlicher Produkte nach anderen Gesetzen und damit insbesondere nach § 823 Abs. 1 und 2 BGB unberührt (§ 15 Abs. 2). Die Folge ist, dass das Deliktsrecht des BGB bisher neben dem ProtHaftG nur wenig an Bedeutung als Anspruchsgrundlage eingebüßt hat. 16

2. Voraussetzungen

Die verschuldensunabhängige Haftung für fehlerhafte Produkte auf Grund des ProdHaftG trifft den Hersteller des Produkts (s. die § 1 Abs. 1 und § 4 und dazu u. Rn 19 f) und setzt voraus, dass durch den Fehler eines Produkts ein Mensch getötet oder verletzt oder eine Sache beschädigt wird (§ 1 Abs. 1 S. 1). Im Falle der Sachbeschädigung muss noch hinzukommen, dass der Schaden an einer *anderen Sache* eintritt und dass diese andere Sache für den privaten Ge- oder Verbrauch bestimmt ist und tatsächlich ver*wandt* wird (§ 1 Abs. 1 S. 2, s. Rn 15). Die Haftung ist in bestimmten Fällen, die im Einzelnen in § 1 Abs. 2 aufgezählt sind, generell ausgeschlossen. Den wichtigsten Fall bilden die sogenannten **Entwicklungsfehler**, d. h. Fehler, die auch von dem sorgfältigsten Hersteller nach dem Stand von Wissenschaft und Technik im Augenblick des Inverkehrbringens des Produkts nicht erkannt werden konnten 17

25 BGBl I, S. 2198 mit Änderungen.
26 BGH, NJW 2006, S. 1589 (1590, Tz 9 ff) „Tapetenkleistermaschine".
27 BGBl. I, S. 2179.
28 ABl. Nr L 210/29 mit Änderungen.
29 EuGH Slg. 2006, S. I-199 = EuZW 2006, S. 181 „Skov"; Slg. 2009, S. I-4735 = EuZW 2009, S. 501 „Moteurs Leroy Somer".
30 Str., anders z. B. *Kötz/Wagner*, Deliktsrecht, Tz 614 (S. 247 f); *Staake*, Gesetzliche Schuldverhältnisse, § 19 Rn 39.

(§ 1 Abs. 2 Nr 5). Maßgebend für das Vorliegen eines Entwicklungsfehlers sind die objektiven Erkenntnismöglichkeiten, während es auf die (subjektiven) Erkenntnismöglichkeiten des einzelnen Herstellers nicht ankommt; die Beweislast für das Vorliegen eines Entwicklungsfehlers trägt der Hersteller (§ 1 Abs. 4 S. 2)[31]. Der Anwendungsbereich dieser Ausnahme beschränkt sich jedoch auf **Konstruktionsfehler** (s. u. Rn 23 f) und Instruktionsfehler (Rn 27)[32]. Nicht erfasst werden dagegen Fabrikationsfehler (u. Rn 25). Die Folge ist, dass nach dem ProdHaftG anders als nach § 823 Abs. 1 BGB für sogenannte **Ausreißer**, weil in § 1 Abs. 2 nicht erfasst, immer gehaftet wird[33].

18 Als **Produkte** im Sinne des ProdHaftG gelten (nur) bewegliche Sachen, auch wenn sie einen Teil einer anderen beweglichen Sache oder einer unbeweglichen Sache bilden; gleich steht die Elektrizität (§ 2). Der Begriff wird *weit* ausgelegt. Produkte sind z. B. auch das von einem Bäcker gebackene Brot oder menschliche Organe, die dem Körper eines Spenders zwecks Transplantation in einen anderen Körper entnommen werden (sog. Implantate). Die Haftung des Herstellers des Produkts (§ 4) für Schäden, die durch das fragliche Produkt verursacht sind, setzt nach § 1 Abs. 1 vor allem voraus, dass das Produkt **fehlerhaft** ist. Dies ist nach § 3 Abs. 1 der Fall, wenn das Produkt nicht die Sicherheit bietet, die nach den Umständen billigerweise erwartet werden kann (s. auch Rn 22 ff). Hervorzuheben ist, dass das Gesetz in § 3 Abs. 1 als Kriterium des Fehlers allein auf die *berechtigten Sicherheitserwartungen* der maßgebenden Verkehrskreise abstellt. Keine Rolle spielen dagegen die subjektiven Sicherheitserwartungen der einzelnen Benutzer[34]; maßgebend ist vielmehr allein, was der Verkehr zu Recht an Sicherheit der Produkte erwartet. Die Folge ist eine *ganz weite* Auslegung des Fehlerbegriffs in § 3. Technische Normen wie die DIN fixieren lediglich einen *Mindeststandard*, sodass die Gerichte in den Anforderungen an die Sicherheit von Produkten durchaus auch darüber hinaus gehen können[35].

18a **Beispiele:** Ein Bäcker haftet nach § 1 Abs. 1, wenn sich in seinem Brot eine Schraube befindet[36]; ebenso ein Krankenhaus, wenn es das einem Spender entnommene Organ so fehlerhaft behandelt, dass die Transplantation zu Schäden des Patienten führt[37]. Bei besonders sensiblen Produkten wie etwa Herzschrittmachern kann auch schon der bloße *Verdacht* eines Fehlers haftungsbegründend sein, wenn der Verdacht für die Patienten Anlass genug für eine neue Operation (Körperverletzung) ist[38]. Bei *Strom* (§ 2) genügen außerdem erhebliche Spannungs- oder Frequenzschwankungen, wenn die Folge Schäden an den Geräten der an das Netz angeschlossenen Abnehmer sind, nicht dagegen die bloße Unterbrechung oder der Ausfall des Stroms insgesamt[39]. Ebenso wenig haftet zum Beispiel ein Konditor nach § 1 Abs. 1, wenn sich in einem von ihm gebackenen Kuchenstück noch ein Kirschkern befindet, so dass sich ein Kunde bei dem Verzehr des Kuchenstücks einen Zahn ausbeißt, weil billigerweise

31 BGHZ 181, S. 253 (265, Tz 28 ff) = NJW 2009, S. 2952 „BMW-Airbag".
32 BGHZ 181, S. 253 (264, Tz 27) = NJW 2009, S. 2952 „BMW-Airbag".
33 BGHZ 129, S. 353 (358 ff) = NJW 1995, S. 2162 = JuS 1995, S. 935 Nr 8 „Mineralwasserflasche II".
34 BGH, NJW 2013, S. 1302 Tz 12; 2014, S. 2106 Tz 8; *Oechsler*, NJW 2014, S. 2080 f.
35 BGH, NJW 2014, S. 2106 Tz 8; s. auch u. Rn 24.
36 S. u. Rn 20; OLG Köln, NJW 2004, S. 521 (522).
37 EuGH Slg. 2001, I-3586 (3596 ff, Tz 17 ff) = NJW 2001, S. 2781 „Veedfalt".
38 Sehr str, s *Molitoris/Klindt*, NJW 2012, S. 1489 (1439 f); 2014, S. 1567 (1569 f).
39 BGH, NJW 2014, S. 2106 Tz 10; *Oechsler*, NJW 2014, S. 2080 f.

niemand darauf vertrauen darf, dass alle verbackenen Kirschen tatsächlich erfolgreich entsteint sind[40].

Die Haftung ist summenmäßig **beschränkt** (s. im Einzelnen die §§ 10 und 11), umfasst heute aber auch ein Schmerzensgeld (§ 8 S. 2 nF). Die **Beweislast** für die Voraussetzungen der Herstellerhaftung einschließlich der Kausalität des feststehenden Fehlers für den eingetretenen Schaden trifft nach § 1 Abs. 4 des Gesetzes grundsätzlich den Geschädigten[41]. **18b**

III. Produkthaftung nach § 823

1. Hersteller

Bei der deliktsrechtlichen Produkthaftung handelt es sich im Kern um eine Haftung für die Verletzung (nur) der durch § 823 Abs. 1 geschützten Rechte und Rechtsgüter Dritter aufgrund des schuldhaften Verstoßes des Herstellers des Produkts gegen *Verkehrssicherugspflichten*, durch die bei der Herstellung die Gefahren, die mit der Benutzung des fraglichen Produkts typischerweise für Dritte verbunden sind, nach Möglichkeit hintangehalten werden sollen. Die Haftung trifft folglich in erster Linie den Hersteller, daneben zum Schutze des Geschädigten aber auch noch verschiedene andere Personen (u. Rn 20 f). **19**

Hersteller des Produkts ist nach dem sinngemäß anwendbaren, freilich tautologischen **§ 4 Abs. 1 S. 1 ProdHaftG** jeder, der das Endprodukt, einen Grundstoff oder ein Teilprodukt hergestellt hat. Gemeint sind damit alle Personen, in deren Verantwortungs- oder Organisationsbereich die Herstellung des Produkts fällt. Den Gegensatz bilden Vertrieb und Handel, selbst wenn das Produkt auf diesen Stufen noch geringfügige Veränderungen erfährt, um es z. B. versandfähig zu machen[42]. Keine Rolle spielt die **Größe** des Betriebs. Die Produkthaftung beschränkt sich nicht etwa auf Großbetriebe, sondern gilt in gleichem Maße für kleine und mittlere Betriebe einschließlich der **Handwerksbetriebe**, deshalb z. B. auch für einen Bäcker (Rn 18) oder für Gastwirte. Ein Gastwirt haftet daher seinen Kunden im Falle einer Salmonellenvergiftung nicht nur vertraglich, sondern auch nach den Regeln über die Produkthaftung[43]. Bei Strom (s. § 2 ProdHaftG) ist außerdem auch der Netzbetreiber Hersteller, wenn er den Strom für den weiteren Vertrieb umwandelt[44]. Zum Schutz der Abnehmer stehen ferner dem Hersteller gleich der sogenannte **Quasi-Hersteller**, der sich durch das Anbringen seines Namens oder seiner Marke auf der Ware als Hersteller ausgibt (§ 4 Abs. 1 S. 2 ProdHaftG)[45], sowie **Importeure** (§ 4 Abs. 2 ProdHaftG; s. u. Rn 21). Hilfsweise haftet der **Lieferant** (vgl § 4 Abs. 3 ProdHaftG). **20**

Wird ein Produkt aus Teilen zusammengesetzt, so tragen die **Zulieferer** grundsätzlich nur die Verantwortung für die von ihnen gelieferten *Teile*, wozu aber auch ge- **21**

40 BGH, NJW 2009, S. 1669 Tz 11 f „Kirschtaler".
41 BGH, NJW 2005, S. 2695 (2696); 2013, S. 1302 Tz 19.
42 BGH, NJW 2014, S. 2106 Tz 15 f; *Oechsler*, NJW 2014, S. 2080 (2081).
43 BGHZ 116, S. 104 (107 ff) = NJW 1992, S. 1039 = JuS 1992, S. 608 Nr 4 „Salmonellen"; BGH, NJW 2009, S. 1669 „Kirschtaler".
44 BGH, NJW 2014, S. 2106 Tz 17.
45 S. dazu BGH, NJW 2005, S. 2695 (2696); im Einzelnen str.

hört, dass die fraglichen Teile gefahrlos zusammen mit anderen Produkten verwandt werden können, wenn sie mit diesen bestimmungsgemäß zusammengebaut werden sollen[46], während der endgültige **Hersteller** für die vorausgegangene Spezifikation der Teile sowie für deren Zusammenbau in dem fertigen Produkt verantwortlich ist[47]. Bei **Importeuren,** Großhändlern, Vertragshändlern und Vertriebsgesellschaften von Herstellerunternehmen (s. § 4 Abs. 2 und 3 ProdHaftG) scheidet gleichfalls – mangels Herstellereigenschaft – im Regelfall eine (deliktische) Haftung für Konstruktions- und Fabrikationsfehler aus. Ihre Haftung beschränkt sich vielmehr auf die Verletzung *eigener* Gefahrabwendungspflichten, wobei in erster Linie an Untersuchungs-, Warn-, Instruktions- und Produktbeobachtungspflichten (Rn 27 ff) zu denken ist[48].

2. Fehler

a) Begriff

22 Ein Produkt ist gemäß dem sinngemäß anwendbaren **§ 3 Abs. 1 ProdHaftG** fehlerhaft, wenn es nicht die Sicherheit bietet, die unter Berücksichtigung aller Umstände, insbesondere seiner Darbietung, des voraussichtlichen Gebrauchs sowie des Zeitpunkts, zu dem es in den Verkehr gebracht wurde, berechtigterweise erwartet werden kann. Der **Maßstab** für die Fehlerfreiheit eines Produkts ergibt sich, wie bereits im einzelnen ausgeführt (Rn 18), folglich aus den berechtigten Sicherheitserwartungen der jeweils in Betracht kommenden Verkehrskreise, wobei man auf die am wenigsten informierte und kompetente Gruppe der Benutzer abzustellen hat, jeweils in Verbindung mit dem Stand von Wissenschaft und Technik (ebenso nach öffentlichem Recht § 3 ProdSG).[49] Gefahren, auf deren Vermeidung die Allgemeinheit berechtigterweise vertrauen darf, müssen folglich, soweit *technisch möglich und wirtschaftlich zumutbar*, vermieden werden, widrigenfalls das Produkt fehlerhaft ist[50]. Wenn nach dem gegenwärtigen Stand der Technik bestimmte Risiken des Gebrauchs mit wirtschaftlich zumutbarem Aufwand *nicht* zu vermeiden sind, so muss zumindest dringend vor einem entsprechenden Gebrauch gewarnt werden; reicht dies nicht aus, so darf das Produkt nicht in den Verkehr gebracht werden[51]. Je nach der Art der verletzten Verkehrssicherungspflicht unterscheidet man dabei Konstruktions-, Fabrikations- und Instruktionsfehler (Rn 24 ff). Bei Produkten, die zur Bearbeitung oder zur Einwirkung auf andere Sachen dienen, gilt ferner bereits die **bloße Wirkungslosigkeit** als Produktfehler, so etwa, wenn durch mangelhafte Treib- oder Schmierstoffe Maschinen beschädigt werden oder wenn infolge der Wirkungslosigkeit von Insektiziden die

46 BGH, LM Nr 1 zu § 823 (M) BGB = NJW 1996, S. 2224 = JuS 1996, S. 1031 (1032) Nr 7 „Spezialmaschinenöl“.

47 BGH (vorige Fn); LM Nr 196 zu § 823 (Dc) BGB = NJW 1994, S. 349 = JuS 1995, S. 354 Nr 5 „Atemüberwachungsgerät“.

48 BGHZ 99, S. 167 (170 f) = NJW 1987, S. 1009 = JuS 1987, S. 491 f Nr 5 „Honda“; BGHZ 139, S. 79 (82, 86 f) = NJW 1998, S. 2905 = JuS 1998, S. 1161 Nr 5 „Feuerwirbel“; OLG Köln, NJW 2004, S. 521.

49 BGH, NJW 2013, S. 1302 Tz 12; *Katzenmeier*, JuS 2003, S. 943 (946 ff); *Klindt/Handorn*, NJW 2010, S. 1105; 2012, S. 1489; *Kullmann*, NJW 2005, S. 1907 (1908 ff).

50 Ausführlich und grdl BGHZ 181, S. 253 (256 ff) = NJW 2009, S. 2952 „BMW-Airbag“; BGH, NJW 2009, S. 1669 Tz 6 f; s. dazu *Burckhardt*, VersR 2009, S. 1512; *Klindt/Handorn*, NJW 2010, S. 1105.

51 BGHZ 181, S. 253 (262 ff, Tz 23 ff) = NJW 2009, S. 2952 „BMW-Airbag“.

Ernte vernichtet wird[52]. Maßgebender **Zeitpunkt** für die Beurteilung der Frage, ob ein Fehler vorliegt, ist der des *Inverkehrbringens* des Produkts (§ 3 Abs. 1 lit c ProdHaftG). Das ist der Zeitpunkt, in dem das Produkt den Herstellungsprozess verlässt und in den Vertrieb gegeben wird[53]. Für spätere Beschädigungen des Produkts ist der Hersteller nicht mehr verantwortlich (§ 1 Abs. 2 Nr 2 ProdHaftG).

Durch die Produzenten- oder Produkthaftung sollen die Benutzer und insbesondere die Verbraucher vor ihnen **unbekannten Gefahren** geschützt werden, die mit dem Gebrauch von Produkten zusammenhängen. Den Gegensatz bilden Gefahren, die jeder kennt und deshalb in Kauf nimmt. Sie stehen, soweit beherrschbar, dem Vertrieb der Produkte nicht entgegen; und über sie braucht auch nicht besonders informiert zu werden[54]. Beispiele sind Vergnügungseinrichtungen wie Autoskooter, Schiffsschaukeln und dergleichen mehr, bei denen die Risiken ihrer Benutzung allen Benutzern bekannt sind, sodass sie bei einer Verwirklichung dieser Gefahren von dem Hersteller des Geräts keinen Schadensersatz verlangen können[55]. Auf derselben Überlegung beruht es letztlich, dass **Zigarettenraucher** in Deutschland (bisher) von den Herstellern nach § 823 Abs. 1 ebenfalls keinen Ersatz für ihre Gesundheitsschäden erhalten, weil heute jedermann bekannt ist, dass Rauchen extrem schädlich ist[56]. Auch die bloße **Mangelhaftigkeit** oder Minderwertigkeit eines Produkts stellt noch *keinen* Fehler dar[57]. Anders verhält es sich erst, sobald durch die mangelhafte Konstruktion des Produkts weitergehende Schäden an *anderen* Sachen oder gar an Personen ausgelöst werden. Die (schwierige) Abgrenzung richtet sich nach denselben Regeln, wie sie sonst für die Abgrenzung der Eigentumsverletzung von bloßen Mängeln maßgebend sind (s. o. § 5 Rn 49 f). 23

b) Konstruktionsfehler

Ein Konstruktionsfehler liegt vor, wenn ein Produkt schon seiner technischen Konzeption und Planung nach nicht dem neuesten Stand von Wissenschaft und Technik sowie den berechtigten Sicherheitserwartungen der Allgemeinheit entspricht[58]. Der Fehler haftet dann sozusagen der ganzen Serie an. Die Beachtung der jeweils maßgeblichen **technischen Normen** schließt die Annahme eines Konstruktionsfehlers nicht notwendig aus, da sie gewöhnlich nur einen Mindeststandard gewährleisten sollen[59]. Außer- 24

52 BGH, LM Nr 59 zu § 823 (Ac) BGB = NJW 1994, S. 517 = JuS 1994, S. 527 Nr 6 „Gewindeschneidemittel"; ebenso bereits BGHZ 80, S. 186 (188 ff) = NJW 1981, S. 1603 = JuS 1981, S. 685 Nr 3 „Derosal"; BGHZ 80, S. 199 (201) = NJW 1981, S. 1606 „Benomyl".

53 BGH, NJW 2013, S. 1302 Tz 9, 14; 2014, S. 2106 Rn 21; *Oechsler*, NJW 2014, S. 2080 (2082).

54 Z. B. BGH, LM Nr 170 zu § 823 (Dc) BGB = NJW 1990, S. 906 = JuS 1990, S. 413 Nr 8 „Pferdeboxen"; OLG Saarbrücken, NJW 2014, S. 1600.

55 BGH, LM Nr 109 zu § 823 (Dc) BGB = VersR 1977, S. 334 (335) „Autoskooter"; OLG Hamm, NJW-RR 2001, S. 1248 = OLGR 2000, S. 248 „Sprungboot"; *Kullmann*, NJW 2002, S. 30 (34).

56 Rn 28; OLG Frankfurt, NJW-RR 2001, S. 1471; OLG Hamm, NJW 2005, S. 295; s. zu dieser im In- und Ausland lebhaft diskutierten Frage *Adams/Bornhäuser*, NJW 2004, S. 3657; *Katzenmeier*, JuS 2003, S. 943 (946); *Kullmann*, NJW 2005, S. 1907 (1908 ff); *Looschelders* II, Tz 1266; *Molitoris*, NJW 2004, S. 3662.

57 ÖOGH, RdW 1999, S. 202 (203).

58 S. o. Rn 21; BGHZ 181, S. 253 (258 ff, Tz 14 ff) = NJW 2009, S. 2952 „BMW-Airbag"; BGH, NJW 2013, S. 1302 Tz 13 ff; OLG Saarbrücken, NJW 2014, S. 1600 (1602 f); *Klindt/Handorn*, NJW 2010, S. 1105; *Kullmann*, NJW 2005, S. 1907 (1908 f).

59 S. o. Rn 18 sowie BGH, LM Nr 22 zu § 823 (Db) BGB = NJW 1987, S. 372 = JuS 1987, S. 320 Nr 5; NJW 2014, S. 2106 Tz 8.

dem spielt der **Preis** eines Produkts eine gewichtige Rolle. Sicherheit hat ihren Preis, sodass bei billigen Produkten nicht derselbe Sicherheitsstandard wie bei teuren Luxusversionen erwartet werden kann; geschuldet ist immer nur, was überhaupt *wirtschaftlich zumutbar* ist[60]. Vollständige Sicherheit ist ohnehin nicht erreichbar, sodass es sich letztlich immer um eine Grad- und Maßfrage handelt[61]. Ist die gebotene Sicherheit nur mit einem wirtschaftlich nicht mehr zumutbaren Aufwand zu prästieren, so muss eben gegebenenfalls auf die Herstellung dieses Produkts verzichtet werden. Bei der Konstruktion muss ferner berücksichtigt werden, dass die Abnehmer mit den Produkten häufig unvorsichtig, ungeschickt oder **fehlerhaft umgehen**, sodass den daraus resultierenden Gefahren bei der Konstruktion gleichfalls Rechnung zu tragen ist. Auf der anderen Seite darf der Hersteller freilich auch davon ausgehen, dass die Benutzer die *Gebrauchs- und Montageanleitung* sorgfältig beachten werden, sodass er lediglich naheliegende Fehlgriffe einzuplanen hat, dagegen nicht z. B. eine völlig sachwidrige Montage im Widerspruch zu der beigefügten Anleitung[62]. Auch auf die Gefahr eines ganz *fernliegenden Missbrauchs* seiner Produkte braucht sich der Hersteller nicht einzustellen[63].

25 Der Hersteller kann bei der Entwicklung eines Produkts naturgemäß nur den in diesem Zeitpunkt jeweils erreichten **Stand von Technik und Wissenschaft** berücksichtigen, sodass er nicht für solche Risiken haftet, die seinerzeit auch bei Anwendung größter Sorgfalt für niemanden erkennbar waren (§ 276 Abs. 2). Aus diesem Grunde besteht bereits nach dem ProdHaftG (§ 1 Abs. 2 Nr 5) *keine* Haftung für **Entwicklungsfehler** (o. Rn 16). Für § 823 Abs. 1 gilt (erst recht) dasselbe (§ 276). Anders verhält es sich lediglich bei **Arzneimitteln** aufgrund des § 84 AMG idF von 2002.

c) Fabrikationsfehler

26 Neben Konstruktionsfehlern (o. Rn 23 f) machen auch Fabrikationsfehler den Hersteller haftbar (§ 823 Abs. 1). Man versteht darunter *vermeidbare* Fehler, die **nur einzelnen Produkten** (im Gegensatz zur ganzen Serie) anhaften. Der Hersteller ist daher verpflichtet, seinen Produktionsprozess so zu organisieren, dass menschliches und technisches Versagen nach Möglichkeit ausgeschlossen wird; dazu gehört auch, dass er den Produktionsvorgang ständig auf solche Fehler überwacht. Lediglich bei sogenannten **Ausreißern**, die selbst mit größtem Aufwand nicht vermeidbar sind, entfällt mangels Verschuldens (§ 276 Abs. 2) eine Haftung nach § 823 Abs. 1, nicht jedoch nach § 1 ProdHaftG (o. § 1 Abs. 2 ProdHaftG und dazu o. Rn 16). Ein Beispiel sind die gefürchteten Haarrisse in Glasflaschen, die sich trotz größter Sorgfalt bei der Befüllung der Flaschen nie ganz vermeiden lassen und zur Explosion der Flaschen führen können[64].

60 BGHZ 181, S. 253 (260 ff, Tz 18 ff) = NJW 2009, S. 2952 „BMW-Airbag"; *Klindt/Handorn*, NJW 2010, S. 1105.

61 BGH, NJW 2013, S. 1302 Tz 15.

62 BGH, NJW 2013, S. 1302 Tz 14.

63 BGHZ 104, S. 323 (328) = NJW 1988, S. 2611 = JuS 1989, S. 142 Nr 7 „Sprudelflasche I"; BGHZ 116, 60 (65 ff) = NJW 1992, S. 560 = JuS 1992, S. 520 Nr 4 „Milupa I"; BGH, LM Nr 133 zu § 823 (Dc) BGB = NJW 1981, S. 2541 „sniffing".

64 S. BGHZ 104, S. 323 (330) = NJW 1988, S. 2611 = JuS 1989, S. 142 Nr 7 „Sprudelflasche I"; *Molitoris/Klindt*, NJW 2012, S. 1489 (1494).

d) Instruktionsfehler

Zu der vom Hersteller zu prästierenden Sicherheit seiner Produkte gehört auch, dass er diese vor ihrem Inverkehrbringen sorgfältig auf etwaige mit dem Gebrauch verbundene Gefahren prüft („testet") und anschließend die Abnehmer in der geeigneten Form über verbleibende Gefahren des Gebrauchs sowie über die notwendigen Maßnahmen zu deren Vermeidung informiert (vgl § 3 Abs. 1 lit. a ProdHaftG; § 3 Abs. 3 und § 6 ProdSG). Das gilt **für alle Gefahren**, mit denen der Hersteller bei sorgfältiger Prüfung seiner Produkte rechnen muss, einschließlich der Gefahren eines nahe liegenden Fehlgebrauchs[65]. Daher die große praktische Bedeutung einer genauen und verständlichen Gebrauchs- und Montageanleitung[66]. Ein bekanntes Beispiel sind die **Kindertee-Fälle**, in denen geklärt wurde, dass die Eltern von den Herstellern stark gesüßter Kindertees nachdrücklich und eindringlich vor der Gefahr des so genannten Dauernuckelns an Baby-Flaschen gewarnt werden müssen, weil dadurch Karies ausgelöst werden kann, widrigenfalls die Hersteller für die Zahnschäden der Kinder haften (§ 823 Abs. 1) [67]. 27

Keine Warnpflicht besteht dagegen hinsichtlich solcher Gefahren, die **jedermann bekannt** sind und die deshalb jeder in Kauf nimmt, wenn er gleichwohl das fragliche Produkt benutzt (s. Rn 23). Auch deshalb haften die Hersteller von **Zigaretten, Schokoladenriegeln und Alkoholika** nach § 823 Abs. 1 den Konsumenten *nicht* für die bei einem übermäßigen Genuss nun einmal unvermeidbaren Gesundheitsschäden, selbst wenn sie auf ihren Produkten keine entsprechenden Warnhinweise anbringen. 28

e) Produktbeobachtung

Auch nach dem Inverkehrbringen seines Produkts bleibt der Hersteller verpflichtet, die Auswirkungen seiner Produkte in der Praxis, die Entwicklung bei den Konkurrenten und den Fortschritt von Wissenschaft und Technik zu beobachten (sog. *aktive* Produktbeobachtungspflicht) sowie ernsthaften Reklamationen der Abnehmer nachzugehen (sog. *passive* Produktbeobachtungspflicht)[68]. Der Hersteller ist außerdem verpflichtet, Vorkehrungen zu treffen, damit er diesen Pflichten nachkommen kann. 29

Stößt der Hersteller bei der Produktbeobachtung auf ihm **bisher nicht bekannte Gefahren**, so muss er unverzüglich die nötigen Maßnahmen ergreifen, um die Verbraucher vor diesen Gefahren zu schützen. Geht es allein um Gefahren, die mit einem bestimmten fehlerhaften Gebrauch verbunden sind, so genügt es häufig schon, die Verbraucher vor solchem Gebrauch nachdrücklich zu **warnen**[69]. Wenn sich dagegen Gefahren zeigen, die nur durch eine Änderung der Konstruktion vermieden werden 30

---

65 Ausführlich BGHZ 181, S. 253 (262 ff, Tz 27 ff) = NJW 2009, S. 2952 „BMW-Airbag" m. Anm. *Klindt/Handorn*, NJW 2010, S. 1105 (1107 f).

66 BGH, NJW 2013, S. 1302 Tz 14.

67 BGHZ 116, S. 60 (65 ff) = NJW 1992, S. 560 = JuS 1992, S. 520 Nr 4 „Milupa I"; BGH, LM Nr 191 zu § 823 (Dc) BGB = NJW 1994, S. 932 = JuS 1994, S. 609 Nr 5 „Milupa II/Alete"; ebenso öOGH, RdW 1999, S. 203 (204); *Kullmann*, in: Festschrift f. Brandner, S. 313.

68 BGHZ 80, S. 186 (191 ff) = NJW 1981, S. 1603 = JuS 1981, S. 685 Nr 3 „Derosal"; BGHZ 99, S. 167 (172 ff) = NJW 1987, S. 1009 = JuS 1987, S. 491 Nr 5 „Honda"; BGH, LM Nr 196 zu § 823 (Dc) BGB = NJW 1994, S. 3349 = JuS 1995, S. 354 Nr 5 „Atemüberwachungsgerät".

69 Insbes. BGHZ 80, S. 186 (191 ff) „Derosal"; 80, S. 199 (202 ff) = NJW 1981, S. 1601 = JuS 1981 S. 685 Nr 3 „Benomyl"; BGHZ 179, S. 157 (160, Tz 10) = NJW 2009, S. 1080 „Pflegebetten".

können, müssen sofort die nötigen Maßnahmen zur **Umstellung** der Produktion ergriffen werden[70]. Im äußersten Fall ist der Hersteller verpflichtet, wenn anders Gefahren für die Verbraucher nicht abgewendet werden können, den Vertrieb einzustellen und die bereits ausgelieferten Produkte aus dem Verkehr zu ziehen (sog. **Rückrufaktionen**)[71]. Noch weitergehende Maßnahmen schuldet der Hersteller dagegen in aller Regel nicht; insbesondere braucht er grundsätzlich nicht die Kosten der etwa erforderlichen Nachrüstung oder Reparatur seiner Produkte zu tragen; offen ist, ob in Ausnahmefällen, vor allem im Verhältnis zu Verbrauchern, eine abweichende Beurteilung in Betracht kommen kann[72].

3. Beweislast

31 Der Geschädigte trägt grundsätzlich die Beweislast für das Vorliegen eines Produktfehlers bereits im Augenblick des Inverkehrbringens des Produkts, für seinen Schaden, für die Kausalität zwischen dem Fehler und dem eingetretenen Schaden *sowie* für die Herkunft des Fehlers aus dem Organisations- und Gefahrenbereich des Herstellers[73]. Nur von Fall zu Fall ist hier Raum für einen Beweis des ersten Anscheins (str). Weitergehende Beweiserleichterungen greifen erst ein, sobald dem Geschädigten der (schwierige) Beweis gelungen ist, dass sein Schaden auf einem Fehler aus dem Organisations- und Gefahrenbereich des Herstellers herrührt, weil es dann Sache des Herstellers ist, sich (nur) hinsichtlich etwaiger Konstruktions-, Fabrikations- oder Instruktionsfehler zu entlasten, wobei die Anforderungen an den Entlastungsbeweis durchweg hoch sind[74]. Hinsichtlich Verstößen gegen die nachträgliche **Produktbeobachtungspflicht** (o. Rn 28) bleibt es dagegen auch in diesem Stadium bei der vollen Beweislast des Geschädigten, da er insoweit selbst in der Lage ist, – auf der Basis des allgemeinen Standes von Wissenschaft und Technik – den Sachverständigenbeweis anzutreten[75].

---

70 BGH, LM Nr 170 zu § 823 (Dc) BGB = NJW 1990, S. 906 = JuS 1990, S. 413 Nr 8 „Pferdeboxen".

71 RGZ 163, S. 21 (26 f); RG, DR 1940, S. 1293 (1294); BGH, LM Nr 59 zu § 823 (Ac) BGB = NJW 1994, S. 517 = JuS 1994, S. 527 Nr 6 „Gewindeschneidemittel"; BGHSt 37, S. 106 = NJW 1990, S. 2560 „Erdal; BGHZ 179, S. 157 (160 ff, Tz 11 ff) = NJW 2009, S. 1080 „Pflegebetten".

72 BGHZ 179, S. 157 (161 ff) = NJW 2009, S. 1080 „ Pflegebetten"; s dazu z. B. *Molitoris*, NJW 2009, S. 1049; *Stöhr*, in: Festschrift f. G. Müller, 2009, S. 123; *Wagner*, JZ 2009, S. 908.

73 Vgl BGHZ 116, S. 60 (73 f) = NJW 1992, S. 560 = JuS 1992, S. 520 Nr 4 „Milupa"; BGH, LM Nr 93 zu § 823 (Bf) BGB = NJW 1987, S. 1694 „Tierfutter"; LM Nr 76 zu § 823 (C) BGB (Bl. 2 R f) = NJW 1999, S. 2273; *Katzenmeier*, JuS 2003, S. 943 (947 f); *Kullmann*, NJW 2003, S. 1908 (1910 f).

74 Grdl. BGHZ 51, S. 91 (104 ff) = NJW 1969, S. 269 = JuS 1969, S. 187 Nr 6 „Hühnerpest"; BGHZ 116, S. 60 (72 ff) = NJW 1992, S. 560 = JuS 1992, S. 520 Nr 4 „Milupa"; BGH, LM Nr 67 zu § 823 (Ac) BGB (Bl. 1 R) = NJW 1999, S. 1028.

75 So BGHZ 80, S. 186 (195 ff) „Derosal"; 80, S. 199 (205) „Benomyl" = NJW 1981, S. 1603 und 1606 = JuS 1981, S. 685 Nr 3; I. *Fahrenhorst*, JuS 1994, S. 288 (292 f); kritisch *Tiedtke*, in: Festschrift f. Gernhuber, S. 471 (480 ff).

§ 24 Schutzgesetze, sittenwidrige Schädigung

Zeugnis-Fall 26: Der A hatte den zuvor bei dem B ausgeschiedenen Buchhalter S eingestellt. S hatte dabei ein Zeugnis des B vorgelegt, in dem es hieß, S habe sich als Buchhalter bewährt und sei auch im Übrigen sehr erfolgreich gewesen. Tatsächlich hatte S jedoch bei B umfangreiche Unterschlagungen begangen, die B verschwiegen hatte, um dem S ein Fortkommen bei anderen Arbeitgebern zu ermöglichen. B wollte dadurch erreichen, dass S in die Lage versetzt werde, seine Schulden bei ihm abzudecken. S beging auch bei dem A Unterschlagungen großen Stils, für die A von B jetzt Schadensersatz verlangt. **Lösung Rn 17**

I. § 823 Abs. 2

1. Bedeutung

Nach § 823 Abs. 2 S. 1 ist auch schadensersatzpflichtig, wer gegen ein den Schutz eines anderen bezweckendes Gesetz verstößt. S. 2 der Vorschrift fügt hinzu, dass, wenn nach dem Inhalt des betreffenden Gesetzes ein Verstoß gegen dieses auch ohne Verschulden möglich ist, die Ersatzpflicht nur im Falle des Verschuldens eintritt (Stichwort: Verschuldenshaftung). § 823 Abs. 2 ist der **zweite Grundtatbestand** des deutschen Deliktsrechts neben § 823 Abs. 1. Soweit die Schutzgesetze, wobei in erster Linie an Strafvorschriften zu denken ist, dieselben Rechtsgüter wie § 823 Abs. 1 schützen, hat Abs. 2 der Vorschrift neben dem Grundtatbestand des § 823 Abs. 1 freilich im Regelfall keine über § 823 Abs. 1 hinausgehende Bedeutung. Anders dagegen, soweit sich die Schutzgesetze bereits gegen eine **bloße Gefährdung** der genannten Rechtsgüter wenden, vor allem aber, soweit sie auch das von § 823 Abs. 1 nicht erfasste **Vermögen** schützen. Insbesondere hier liegt die eigenständige Bedeutung des § 823 Abs. 2. 1

2. Voraussetzungen

§ 823 Abs. 2 sanktioniert allein die Verletzung so genannter Schutzgesetze. Die Annahme eines Schutzgesetzes setzt nach der genannten Vorschrift **zweierlei** voraus: es muss sich einmal um ein „Gesetz" handeln; und dieses Gesetz muss zum anderen den Schutz eines anderen bezwecken. Was ein **Gesetz** iS des § 823 Abs. 2 S. 1 ist, ergibt sich aus Art. 2 EGBGB. Darunter fällt folglich **jede Rechtsnorm**, d. h. jedes materielle Gesetz einschließlich der Rechtsverordnungen und Satzungen; ein Beispiel sind die verbreiteten Satzungen der Gemeinden über die Verpflichtung der Anlieger zur Reinigung der Gehwege (s. § 23 Rn 11). – Hinzu kommen muss zweitens, dass das so verstandene Gesetz nicht nur den Schutz der Allgemeinheit im Auge hat, sondern nach seinem Sinn und Zweck außerdem dazu **bestimmt** ist, **Einzelne** oder doch einzelne Personenkreise, wenn auch nur neben der Allgemeinheit, gegen die Verletzung eines bestimmten Rechtsguts **zu schützen**. 2

Entscheidend ist insoweit die vom Gesetzgeber intendierte **Schutzrichtung der verletzten Rechtsnorm**, die sich nicht nach den Wirkungen des Gesetzes, sondern nach dessen Inhalt und Zweck sowie danach beurteilt, ob der Gesetzgeber bei Erlass des 3

Gesetzes gerade einen Rechtsschutz, wie er wegen der behaupteten Verletzung in Anspruch genommen wird, zu Gunsten Einzelner oder bestimmter Personenkreise *bezweckt* hat[1]. Dabei muss die grundsätzliche Entscheidung des Gesetzgebers *gegen* eine deliktische Generalklausel berücksichtigt werden (§ 20 Rn 4 ff). Deshalb kommt die Qualifizierung einer Norm als Schutzgesetz nur in Betracht, wenn *individuelle Schadensersatzansprüche* der Betroffenen bei Verstößen gegen die fragliche Norm im Lichte des deliktischen Gesamtsystems sinnvoll und tragbar erscheinen, nicht dagegen, wenn die Folge der Sache nach der partielle Übergang zu einer deliktischen Generalklausel wäre[2]. Deshalb genügt es nicht, wenn der Einzelne **nur reflexartig** durch Normen mitgeschützt wird, die in erster Linie öffentliche Interessen verfolgen; vielmehr muss der Schutz Einzelner, und zwar gerade durch Schadensersatzansprüche, (mit) zu den *primären* Anliegen des Gesetzgebers gehören.

4 Der Anwendungsbereich des § 823 Abs. 2 wird weiter durch die strenge Betonung des **Schutzzwecks** der jeweils verletzten Norm eingeschränkt[3]: **Anspruchsberechtigt** sind immer nur diejenigen **Personen**, deren Schutz die Norm gerade bezweckt, und auch diese nur **wegen solcher Rechtsgutverletzungen**, gegen die die betreffende Norm tatsächlich Schutz gewähren sollte[4]. Andere Personen genießen dagegen nach § 823 Abs. 2 ebenso wenig Schutz wie die geschützten Personen gegen die Verletzung sonstiger Rechtsgüter oder auf eine **Weise**, die **nicht vom Schutzzweck der Norm umfasst** wird.

5 Die Schadensersatzpflicht des Täters setzt außerdem **Kausalität** des Gesetzesverstoßes für den eingetretenen Schaden und **Verschulden** voraus (s. § 823 Abs. 2 S. 2). Ob Vorsatz erforderlich ist oder Fahrlässigkeit genügt, richtet sich nach der verletzten Norm. Ist z. B. nach der einschlägigen Strafvorschrift nur die vorsätzliche Begehung strafbar, so greift § 823 Abs. 2 ebenfalls allein bei einem vorsätzlichen Verstoß ein[5]. Die Voraussetzungen für die Annahme von **Vorsatz** richten sich in diesem Fall gleichfalls nach der im Strafrecht herrschenden Schuldtheorie, nicht nach der strengeren, sonst im Zivilrecht maßgebenden Vorsatztheorie, während, soweit **Fahrlässigkeit** ausreicht, im Gegensatz hierzu an § 276 Abs. 2 angeknüpft wird, sodass – anders als im Strafrecht – auf die Prüfung der subjektiven Vorwerfbarkeit als Element der Fahrlässigkeit im Rahmen des § 823 Abs. 2 verzichtet wird[6]. In jedem Fall braucht sich aber das Verschulden nur auf die Schutzgesetzverletzung selbst zu erstrecken, nicht auch auf die dadurch verursachten Schäden[7].

---

1 BGHZ 103, S. 196 (199) = NJW 1988, S. 1383 = JuS 1988, S. 817 Nr 6; BGHZ 186, S. 58 (66 f, Tz 26 ff) = NJW 2010, S. 3651; BGHZ 188, S. 326 (331, Tz 18) = EuZW 2011, S. 440; BGHZ 187, S. 225 (227, Tz 7) = NJW 2014, S. 64 m. Nachw.

2 So z. B. BGHZ 175, S. 276 (281 ff, Tz 17 ff) = NJW 2008, S. 1734; BGHZ 176, S. 281 (297 f, Tz 51 ff) = NJW 2008, S. 2245; BGHZ 187, S. 225 (227, Tz 7) = NJW 2014, S. 64.

3 S. schon o. § 20 Rn 11 sowie *Deutsch/Ahrens*, Deliktsrecht, Tz 214 f; *Medicus/Lorenz* II, Tz 1321 ff; *Staake*, Gesetzliche Schuldverhältnisse, § 9 Rn 16 ff; *Wandt*, Geseztliche Schuldverhältnisse, § 17 Rn 14 ff.

4 BGH, LM Nr 9 zu § 3 StVO = NJW 1970, S. 421 = JuS 1970, S. 301 Nr 7.

5 S. *Dörner*, JuS 1987, S. 522.

6 Z. B. BGHZ 197, S. 225 (233 f, Tz 17) = NJW 2014, S. 64; BGH, NJW 2012, S. 3177 Tz 22; *Staake*, Gesetzliche Schuldverhältnisse, § 9 Rn 22, 28; *Wandt*, Geseztliche Schuldverhältnisse, § 17 Rn 11 f.

7 So für § 231 StGB (Schlägerei) BGHZ 103, S. 197 (200) = NJW 1988, S. 1383 = JuS 1988, S. 816 Nr 6.

Sind die Voraussetzungen des § 823 Abs. 2 erfüllt, so kann der Geschädigte (nur) verlangen, so gestellt werden, als ob es nicht zu der Verletzung der fraglichen Norm gekommen wäre (§ 249; **negatives Interesse**)[8]. – Die Haftung nach § 823 Abs. 2 ist unabhängig von objektiven Bedingungen der Strafbarkeit (str), von einem Strafantrag oder von einer rechtzeitigen Unterbrechung der Verfolgungsverjährung. Die **Beweislast** für die Voraussetzungen des § 823 Abs. 2 trifft an sich den Kläger. Dies gilt jedenfalls ohne Einschränkung für *Vorsatzdelikte*. Dagegen neigt die Rechtsprechung zu einer **Vermutung** der *Fahrlässigkeit*, sobald der objektive Schutzgesetzverstoß feststeht, vorausgesetzt, dass das Schutzgesetz das geforderte Verhalten bereits ganz konkret umschreibt[9]. 6

3. Beispiele

Die wichtigsten Schutzgesetze stellen **Strafvorschriften** dar, vorausgesetzt, dass sie in erster Linie den Schutz privater Interessen und nicht nur den der öffentlichen Ordnung bezwecken, wobei im vorliegenden Zusammenhang neben den Körperverletzungsdelikten in erster Linie an die **Vermögensdelikte** zu denken ist (Rn 1). Beispiele aus dem **StGB** sind die §§ 154 und 163 (Meineid)[10], § 231 (Schlägerei)[11], § 261 (Geldwäsche)[12], § 263 (Betrug)[13], § 264a (Kapitalanlagebetrug)[14], § 266 (Untreue)[15] und § 266a (Vorenthaltung und Veruntreuung von Arbeitsentgelt),[16] ferner § 323c (unterlassene Hilfeleistung)[17] sowie aus dem **AktG** der § 399 (Aktienschwindel)[18]. Schutzgesetze sind außerdem die meisten Verkehrsgebote und -verbote der **StVO**, worin vor allem ihre zivilrechtliche Bedeutung liegt, wobei aber von Fall zu Fall sorgfältig abgewogen werden muss, ob nur allgemein der Schutz der Sicherheit und Leichtigkeit des Verkehrs oder auch der Schutz Einzelner gegen bestimmte Gefährdungen im Straßenverkehr bezweckt ist[19], weiter aus dem **BGB** die Vorschriften zum Schutze des Besitzes, des Eigentums und speziell der Nachbarn (§§ 858, 906 und 909, 1004)[20], aus dem **KWG** § 32 Abs. 1 S. 1 (Betrieb der Bankgeschäfte ohne Erlaubnis),[21] weiter etwa § 15a InsO (Insolvenzantragspflicht) sowie schließlich noch die vielen Vorschriften insbesondere des ProdSG von 2011, die die Verbraucher vor **gefährlichen Produkten** schützen sollen (s. o. § 23 Rn 16). 7

8 BGHZ 188, S. 78 (81 ff, Tz 8 ff) = NJW 2011, S. 1962.
9 BGHZ 116, S. 104 (114 f) = NJW 1992, S. 1039 = JuS 1992, S. 608 Nr 4 „Salmonellen"; BGH, ZIP 2011, S. 1821 Tz 13; *Wandt*, Gesetzliche Schuldverhältnisse, § 17 Rn 13.
10 BGHZ 42, S. 313 (317 f) = NJW 1965, S. 298 (299 f); s. u. § 25 Rn 11.
11 BGHZ 103, S. 196 (199 f) = NJW 1988, S. 1383 = JuS 1988, S. 817 Nr 6.
12 BGH, NJW 2013, S. 1158 Tz 14 ff, str.
13 BGHZ 116, S. 7 (13 f) = NJW 1992, S. 241 (242 f).
14 BGH, NZG 2013, S. 899 Tz 36 f = WM 2013, S. 1016.
15 BGHZ 100, S. 190 (192) = NJW 1987, S. 2008.
16 BGH, NJW 2005, S. 2546 = WM 2005, S. 1180.
17 BGHZ 197, S. 225 (228, Tz 7 ff) = NJW 2014, S. 64.
18 BGHZ 105, S. 121 (123 ff) = NJW 1988, S. 2794; BGH, NJW 2005, S. 3721 (3722) = AG 2005, S. 883.
19 S. insbes. BGH, NJW 2004, S. 356 = JuS 2004, S. 545 Nr 11; NJW 2005, S. 2923 (2924 f).
20 S. für § 858 BGHZ 181, S. 233 (238, Tz 15) = NJW 2009, S. 2530; für § 909 BGHZ 101, S. 290 (291) = NJW 1987, S. 2808; dagegen zu Unrecht *Medicus/Lorenz* II, Tz 1327.
21 BGH, NJW 2005, S. 2703; 2012, S. 3177 Tz 12 f.

8 Den **Gegensatz** bilden Gesetze, die wie die Staatsschutzbestimmungen oder die Steuergesetze **allein** den Schutz der **Allgemeinheit** bezwecken[22]. **Verneint** wurde die Schutzgesetzeigenschaft außerdem bei den Verboten des Landfriedensbruchs (§ 125 StGB)[23] und der Urkundenfälschung (§ 267 StGB)[24] sowie in jüngster Zeit insbesondere noch bei den Bestimmungen der §§ 31 ff und 34a **WpHG**,[25] – obwohl diese Vorschriften eindeutig nicht nur aufsichtsrechtliche Bedeutung haben, sondern auch, und zwar ganz betont, den Schutz der Anleger bezwecken. Die Rechtsprechung bestreitet ferner merkwürdigerweise die Schutzgesetzeigenschaft der **Unfallverhütungsvorschriften** der Berufsgenossenschaften (Körperschaften des öffentlichen Rechts), obwohl feststeht, dass auch diese Vorschriften ausschließlich den Zweck haben, Arbeitnehmer vor Berufsunfällen zu schützen[26].

Dieselbe negative Beurteilung erfahren schließlich bisher die Vorschriften der **Länderbauordnungen** zum Schutze von Versorgungsleitungen bei Bauarbeiten (vgl. unseren **Kabel-Fall 23**), sodass die von einer Stromunterbrechung betroffenen Abnehmer auch nicht aus § 823 Abs. 2 von dem verantwortlichen Bauunternehmer Schadensersatz verlangen können[27], ein insgesamt wenig befriedigendes und keinesfalls zwingendes Ergebnis, da mit der geschilderten restriktiven Praxis dem § 823 Abs. 2 letztlich sein eigenständiger Anwendungsbereich genommen wird, – zum Nachteil der Betroffenen und zum ausschließlichen Vorteil insbesondere der Banken und anderer Unternehmen.

II. § 826

1. Bedeutung

9 § 826 bildet die dritte Säule des deutschen Deliktsrechts neben § 823 Abs. 1 und Abs. 2. Nach dieser Vorschrift ist schadensersatzpflichtig, wer in einer gegen die guten Sitten verstoßenden Weise einem anderen vorsätzlich Schaden zufügt. Die Väter des BGB wollten mit dieser partiellen Generalklausel etwaige Lücken im Rechtsgüterschutz schließen, die sich aus ihrer Entscheidung *gegen* eine große Generalklausel und für ein System von Einzeltatbeständen möglicherweise ergeben konnten (s. schon o. § 20 Rn 4). Die Anwendung des § 826 setzt im Einzelnen dreierlei voraus, nämlich 1. eine Schadenszufügung (Rn 10), und zwar 2. gerade in einer gegen die guten Sitten verstoßenden Weise (Rn 11), sowie 3. Vorsatz des Täters (dazu u. Rn 12).

22 So sogar für § 370 AO BFHE 181, S. 552 = NJW 1997, S. 1725 (1727 f); BFH, NJW 2008, S. 3807.
23 So das Grohnde-Urteil BGHZ 89, S. 383 (400 f) = NJW 1984, S. 1226 = JuS 1984, S. 718 Nr 5; dagegen *Kornblum*, JuS 1986, S. 600 (607 f).
24 BGHZ 100, S. 13 (15 ff) = NJW 1987, S. 1818; dagegen *Larenz/Canaris*, Schuldrecht II/2, § 77 II 2b (S. 434 f); *Looschelders* II, Tz 1283; zurückhaltend auch BGH, NJW 2004, S. 1949 (1950 f).
25 So BGHZ 175, S. 276 (280 ff, Tz 14 ff); 186, S. 58; BGHZ 186, S. 58 (66 f, Tz 26 ff) = NJW 2010, S. 3651; BGHZ 188, S. 326 (331, Tz 18) = EuZW 2011, S. 440; BGH, NJW 2012, S. 1800 Tz 21 f.
26 BGH, LM Nr 9 zu § 839 (Cb) BGB = NJW 1968, S. 641; *Deutsch/Ahrens*, Deliktsrecht, Tz 218 (S. 108); dagegen *Medicus/Lorenz* II, Tz 1326.
27 So jedenfalls BGHZ 66, S. 388 (389 ff) = NJW 1976, S. 1740 = JuS 1977, S. 120 Nr 7; BGH, NJW 1977, S. 2208 = JuS 1978, S. 203 Nr 10; s. schon o. § 22 Rn 10.

2. Voraussetzungen

§ 826 wendet sich – als partielle Generalklausel (Rn 9) – gegen jede Form der **Schadenszufügung** (sofern sittenwidrig und vorsätzlich). Die Beeinträchtigung eines Rechtsguts ist nicht erforderlich; vielmehr genügt jede Beeinträchtigung eines rechtlich anerkannten Interesses einschließlich insbesondere beliebiger Vermögensschäden sowie der Belastung mit einer ungewollten Verpflichtung[28]. Ein (wichtiges) Beispiel ist die Belastung getäuschter Anleger mit einer von ihnen in dieser Form nicht gewollten, besonders riskanten Anlage[29]. **10**

§ 826 setzt zweitens voraus, dass die Schadenszufügung (Rn 10) gerade in einer gegen die **guten Sitten** verstoßenden Weise erfolgt ist. Die Anwendung des § 826 macht deshalb die Entwicklung von **Maßstäben** erforderlich, anhand derer beurteilt werden kann, ob eine Schadenszufügung (ausnahmsweise) sittenwidrig ist. Diese Aufgabe hat sich als ungewöhnlich schwierig erwiesen. Die **Rechtsprechung** zieht sich im Anschluss an eine Bemerkung der Gesetzesverfasser[30] meistens auf die Formel zurück, die Frage der Sittenwidrigkeit eines bestimmten Verhaltens beurteile sich aufgrund einer umfassenden Würdigung der gesamten Umstände des Einzelfalles einschließlich insbesondere der Zwecke des Täters nach dem „Anstandsgefühl aller billig und gerecht Denkenden" (sog **Anstandsformel**)[31]. Die Verletzung vertraglicher oder gesetzlicher Pflichten durch das fragliche Verhalten des Täters allein begründet noch nicht den Vorwurf der Sittenwidrigkeit; erforderlich ist nach Meinung der Gerichte vielmehr eine *besondere Verwerflichkeit* des Verhaltens des Täters, die sich aus den verfolgten Zielen, aus den eingesetzten Mitteln, aus dem Verhältnis der Mittel zu dem verfolgten Zweck sowie aus der Gesinnung des Täters und den Folgen der Tat für den Geschädigten ergeben könne[32]. Handelt es sich um eine **Unterlassung**, so kommt eine Anwendung des § 826 außerdem nur in Betracht, wenn gerade das geforderte Tun einem sittlichen Gebot entspricht[33]. **11**

Die genannten Kriterien für die Beurteilung der Sittenwidrigkeit eines Verhaltens (Rn 11) geben naturgemäß nicht mehr als eine allererste Orientierung, in welche Richtung sich die Überlegungen zu bewegen haben, wenn sich die Frage der Sittenwidrigkeit eines Verhalten stellt. Vor allem die altehrwürdige Anstandsformel ist im Grunde nichtssagend (und auch nie ernst gemeint gewesen). Das Schrifttum bemüht sich deshalb buchstäblich seit vielen Jahrzehnten um andere Ansätze zur Konkretisierung der Sittenwidrigkeitsklausel in § 826[34]. Die Rechtsprechung orientiert sich dagegen im Einzelfall gewöhnlich an einer Fülle in einer langen Tradition entwickelter **Fallgruppen** (s. u. Rn 13 ff). Der Sache nach geht es eigentlich durchweg darum, in den Beziehungen der Menschen die Einhaltung derjenigen Minimalanforderungen an anständiges menschliches Verhalten durchzusetzen, ohne deren Beachtung ein fried- **12**

28 BGHZ 160, S. 149 (153) = NJW 2004, S. 2971 „Informatec II".
29 BGH, NJW 2014, S. 388 Tz 28, 33 = AG 2014, S. 84; NJW 2014, S. 1098 Tz 26 f.
30 Motive Bd. II, S. 727.
31 So grdl. schon 1901 RGZ 48, S. 114 (124 f); seitdem ständige Rspr, Nachw. in den folgenden Fn.
32 So z. B. BGH, NJW 2014, S. 383 Tz 9; 2014, S. 1098 Tz 23; 2014, S. 1380 Tz 8.
33 BGH, LM Nr 15 zu § 826 (A) BGB (Bl. 1 R f) = NJW 2001, S. 3702; NJW 2014, S. 383 Tz 33; 2014, S. 1098 Tz 23.
34 S. m. Nachw. *Emmerich*, Unlauterer Wettbewerb, 9. Aufl. (2012), § 5 Rn 13 ff.

liches und gedeihliches Zusammenleben der Menschen schlechthin nicht vorstellbar ist (sogenanntes **rechtethisches Minimum**).

13 Dritte und letzte Voraussetzung der Anwendung des § 826 ist, dass der Täter vorsätzlich gehandelt hat. Der **Vorsatz** des Täters muss sich auf sämtliche Tatbestandsmerkmale des § 826 beziehen[35], d. h. sowohl auf die **Schädigung** eines Dritten durch das Verhalten des Täters als auch auf die die Sittenwidrigkeit dieses Verhaltens begründenden Umstände (dazu Rn 14). **Bedingter Vorsatz** genügt; es reicht aus, wenn der Täter bei Vornahme der sittenwidrigen Handlung eine etwaige Schädigung des Betroffenen in Kauf nimmt[36]. *Nicht* erforderlich ist dagegen, dass er sich den Schadensverlauf und die Höhe des eingetretenen Schadens in allen Einzelheiten vorgestellt hat; § 826 ist schon anwendbar, wenn er sich lediglich der Richtung, in der sich sein Verhalten zum Schaden anderer auswirken konnte, und der Art des hieraus möglicherweise resultierenden Schadens bewusst gewesen ist[37].

14 Der Täter muss außerdem die **die Sittenwidrigkeit begründenden Umstände** positiv kennen, während es nicht erforderlich ist, dass ihm darüber hinaus auch die Sittenwidrigkeit seines Verhaltens bewusst ist[38]. Es entlastet ihn nicht, wenn er – etwa infolge eines besonders „unempfindlichen" Gewissens – die Sittenwidrigkeit seines Verhaltens verkennt oder sich dieser Erkenntnis bewusst verschließt[39]. Gleichwohl ist es gerade dieser Punkt – die Notwendigkeit der Kenntnis der die Sittenwidrigkeit begründenden Umstände – , an dem letztlich in zahlreichen auch skandalösen Fällen auf § 826 gestützte Klagen scheitern. In gravierenden Fällen begnügen sich die Gerichte deshalb gelegentlich mit einem besonders *leichtfertigen und gewissenlosen Verhalten* des Täters, weil und sofern es die Vermutung zumindest bedingt vorsätzlichen Verhaltens rechtfertigt[40]. Es sind vor allem diese Fälle gewissenlosen Verhaltens des Täters, die heute im Mittelpunkt der Praxis zu § 826 stehen. Die wichtigsten Fallgruppen sind grobe Täuschungsversuche Dritter (u. Rn 15) sowie Missbräuche formaler Rechtsstellungen (u. Rn 17).

3. Fallgruppen

a) Täuschungen Dritter mit Schädigungsvorsatz

15 Eine zentrale Fallgruppe des § 826 bilden die verbreiteten Täuschungen Dritter, um sie zu schädigen, insbesondere am **Kapitalmarkt**. Paradigma ist die Täuschung von Anlegern durch Banken oder so genannte Anlageberater über Gewinnmöglichkeiten am Kapitalmarkt, um ihnen auf dem Weg über überhöhte Gebühren und Provisionen ihr Geld abzunehmen[41]. Ebenso zu beurteilen ist die immer wieder festzustellende

---

35 *Staake*, Gesetzliche Schuldverhältnisse, § 9 Rn 44 ff; *Wandt*, Gesetzliche Schuldverhältnisse, § 17 Rn 25.

36 BGHZ 148, S. 175 (182 f) = NJW 2001, S. 3187; BGHZ 160, S. 149 (156) = NJW 2004, S. 2971; BGH, NJW 2004, S. 446 (448); 2014, S. 1380,Tz 12.

37 BGH, NJW 2014, S. 383 Tz 33; 2014, S. 1098 Tz 26; 2014, S. 1380 Tz 12; *Sack*, NJW 2006, S. 945.

38 BGH, NJW-RR 2009, S. 1207 Tz 20.

39 BGHZ 184, S. 365 (377, Tz 39).

40 Z. B. BGH, NJW 2014, S. 1098 Tz 34 m. Nachw.

41 Exemplarisch BGHZ 184, S. 365 (372 ff, Tz 23 ff) = ZIP 2010, S. 786; BGH, ZIP 2009, S. 2237 Tz 20.

vorsätzliche Mitwirkung von Banken an derartigen Betrügereien von „Anlageberatern“[42]. Hierher gehört außerdem z. B. die sogenannte Gebührenschinderei durch Anlagevermittler und Broker im Wege des sinnlosen Hin- und Herhandelns mit den anvertrauten Mitteln, nur zu dem Zweck, Provisionen zu erzielen[43]. Weitere **Beispiele** sind der Verkauf eines gestohlenen Kraftfahrzeugs unter Täuschung des Käufers über dessen Herkunft[44], die Schädigung der anderen Gläubiger des gemeinsamen Schuldners durch das Verlangen nach übermäßigen, getarnten Sicherheiten oder durch **Insolvenzverschleppung**[45], die leichtfertige und gewissenlose Erstattung falscher Gutachten durch Sachverständige, z. B. über die Höhe der Gewinne oder den Wert eines zum Verkauf stehenden Unternehmens oder Grundstücks[46] oder über die Kapitalausstattung einer Anlagegesellschaft[47] sowie die Erschleichung von Subventionen durch bewusst wahrheitswidrige Angaben[48].

b) Vereitelung fremder Rechte

Sittenwidrig können außerdem vorsätzliche Versuche zur Vereitelung fremder Forde- **16**
rungs- oder Vertragsrechte sein, insbesondere, wenn dies durch Verleitung zum Vertragsbruch unter Übernahme etwaiger Ersatzpflichten des anderen Teils geschieht[49]. Hierher gehören z. B. (soweit nicht schon die §§ 3, 4 Nr 10 und § 9 UWG eingreifen) das so genannte Ausspannen von Kunden und Arbeitnehmern sowie das Zusammenwirken von Verkäufer und Zweitkäufer zum Schaden des ersten Käufers einer Sache im Falle des so genannten Doppelverkaufs (s. o. § 1 Rn 13), während die bloße Mitwirkung an dem Vertragsbruch eines Dritten allein noch nicht die Anwendung des § 826 rechtfertigt[50]. Denn Verträge wirken eben nicht gegen Dritte (Art. 1134 Abs. 1 C. civ.).

c) Missbrauch formaler Rechtsstellungen

§ 826 zieht ferner dem Missbrauch formaler Rechtsstellungen zum Nachteil Dritter **17**
Schranken. In Ausnahmefällen ist über § 826 sogar die **Durchbrechung der Rechtskraft** gerichtlicher Entscheidungen jenseits der (zu) engen Grenzen der §§ 579 f ZPO möglich. Voraussetzung ist, dass der Titel unrichtig ist, dass der Inhaber des Titels dies weiß und dass weitere Umstände hinzukommen, die die Sittenwidrigkeit der Vollstreckung aus dem Titel begründen. Solche Umstände können sich einmal aus der Art ergeben, wie der Titel erwirkt wurde, wobei vor allem an Prozessbetrug zu

---

42 BGH, ZIP 2009, S. 2237 Tz 22 ff; sehr zurückhaltend dagegen (bedauerlicherweise) BGH, NJW 2014, S. 1098 und NJW 2014, S. 1380, 2 nahezu unglaubliche, schlichtweg skandalöse Fälle aus der offenbar üblichen Praxis der Banken zur Ausplünderung ihrer Kunden.

43 BGH, NJW 2004, S. 3423 „Churning“.

44 BGH, LM Nr 5 zu § 826 (E) BGB = NJW 1992, S. 310.

45 S. zusammenfassend BGH, LM Nr 19 zu § 826 (Ge) BGB (Bl. 2 f) = NJW 2001, S. 2632; BGHZ 175, S. 58 (62, Tz 14) = (ausführlicher) ZIP 2008, S. 361 (362 f, Tz 14 ff); *Kötz/Wagner*, Deliktsrecht, Tz 470 ff.

46 BGH, LM Nr 11 zu § 826 (B) BGB (Bl. 2 R f) = NJW 1991, S. 3282; NJW 2003, S. 2825; vgl. auch den neuen § 839a und dazu u. § 25 Rn 11.

47 BGH, NJW 2014, S. 383 = AG 2014, S. 84 = WM 2014, S. 17.

48 BGHZ 161, S. 361 (366 f) = NZM 2005, S. 270.

49 BGH, LM Nr 14 zu § 826 (Ge) BGB = NJW 1994, S. 128.

50 BGH, NJW 2014, S. 1380 Tz 8 f.

denken ist, zum anderen daraus, wie von dem Titel jetzt trotz Kenntnis seiner Unrichtigkeit Gebrauch gemacht wird[51].

In unserem **Zeugnis-Fall 26** sind gleichfalls die Voraussetzungen des § 826 erfüllt, da die bewusst unrichtige Ausstellung eines Zeugnisses sittenwidrig ist und weil B zumindest mit bedingtem Schädigungsvorsatz gehandelt hatte. Er ist folglich nach § 826 verpflichtet, dem A dessen Schaden zu ersetzen[52].

§ 25 Sonstige Tatbestände (Überblick)

I. Sexuelle Belästigung

1 Nach § 825 in der Fassung von 2002 ist schadensersatzpflichtig, wer einen anderen durch Hinterlist, durch Drohung oder Missbrauch eines Abhängigkeitsverhältnisses zur Vornahme oder Duldung sexueller Handlungen bestimmt. Durch die Vorschrift werden heute gleichermaßen Frauen, Männer und Kinder geschützt. Die praktische Bedeutung der Vorschrift ist ganz gering, da in derartigen Fällen durchweg zugleich der Tatbestand des § 823 erfüllt ist, zumindest unter dem Gesichtspunkt der Verletzung des Persönlichkeitsrechts.

II. §§ 836 bis 838

2 In den §§ 836 bis 838, den Grundtatbeständen der Haftung für die Verletzung von Verkehrssicherungspflichten, regelt das BGB die Verantwortlichkeit für Körper- und Sachschäden infolge des Einsturzes von Gebäuden oder sonstigen Werken. Unter einem **Gebäude** versteht man mit dem Erdboden festverbundene Bauwerke; gleich stehen andere mit einem Grundstück verbundene **Werke** wie Zäune, Gerüste, Denkmäler oder Grabsteine. Voraussetzung ist, dass die Schädigung Dritter durch den Einsturz oder die Ablösung von Teilen des Gebäudes oder des Werkes die Folge fehlerhafter Errichtung oder mangelhafter Unterhaltung des Gebäudes oder Werks ist. Hinzu kommen muss noch, dass sich in dem Schaden gerade die **typischen Gefahren** des Einsturzes eines Gebäudes oder der Ablösung von Teilen eines Gebäudes verwirklicht hat; § 836 findet keine Anwendung, wenn z. B. abgelöste Teile eines Gebäudes lediglich auf der Straße liegen bleiben und ein Mensch darüber stolpert oder wenn sie einen Bachlauf verstopfen und es deshalb zu einer Überschwemmung kommt. Für derartige Schäden wird daher „nur“ bei Verletzung einer Verkehrspflicht nach § 823 Abs. 1 gehaftet[1]. Dasselbe gilt z. B. für die Verletzung Dritter durch Eiszapfen oder Dachlawinen, weil es sich dabei nicht um „Werke“ im Sinne des § 836 handelt.

---

51 BGHZ 40, S. 130 (132 f) = NJW 1964, S. 349 = JuS 1964, S. 164 Nr 7; BGHZ 151, S. 316 (327 ff) = NJW 2002, S. 2940; BGH, NJW 2005, S. 2991 (2993 f); *Chl. Klados*, JuS 1997, S. 705; *Emmerich*, JuS 1988, S. 925 (932); *Kothe*, NJW 1985, S. 2217.

52 BGH, LM Nr 7 zu § 826 (Gb) BGB = NJW 1970, S. 2291 = JuS 1971, S. 155 Nr 4; BGHZ 74, S. 281 (286 f) = NJW 1979, S. 1882 = JuS 1979, S. 815 Nr 2.

1 RG, Recht 1910 Nr 3921; BGH, LM Nr 12 zu § 836 = NJW 1961, 1670; str.

Die Haftung trifft in erster Linie den **Eigenbesitzer** des Grundstücks (§ 836 Abs. 3) sowie gegebenenfalls den davon verschiedenen Eigenbesitzer des Gebäudes, wobei vor allem an Nießbraucher, Erbbauberechtigte sowie Mieter und Pächter zu denken ist, die in Ausübung ihres Rechts ein Gebäude auf dem Grundstück besitzen (§ 837; s. § 95). Neben diesen Personen haften ferner solche Personen, die **vertraglich die Unterhaltung** des Gebäudes **übernommen** haben oder denen ein sonstiges Nutzungsrecht hinsichtlich des Gebäudes zusteht (§ 838). Die Haftung setzt Verschulden voraus; jedoch wird das Verschulden vermutet (§ 836 Abs. 1 S. 2), sodass der Verpflichtete für den Schaden Dritter bereits dann aufkommen muss, wenn ihm nicht der Nachweis gelingt, dass er das Gebäude oder Werk ordnungsgemäß errichtet *oder* unterhalten hat, wozu insbesondere auch eine regelmäßige Überprüfung des Gebäudes oder des Werks auf eine etwaige Einsturzgefahr gehört. 3

III. Amtspflichtverletzung

1. Überblick

Nach § 839 Abs. 1 S. 1 ist ein Beamter schadensersatzpflichtig, wenn er schuldhaft eine ihm einem Dritten gegenüber obliegenden Amtspflicht verletzt und der Dritte infolgedessen einen Schaden erleidet. Die Haftung entfällt jedoch nach der Subsidiaritätsklausel des § 839 Abs. 1 S. 2 bei fahrlässiger Amtspflichtverletzung, sofern der Verletzte auf andere Weise Ersatz zu erlangen vermag. Außerdem haften gemäß § 839 Abs. 2 S. 1 Spruchrichter nur, wenn die Pflichtverletzung in einer Straftat besteht, wobei vor allem an § 339 StGB (Rechtsbeugung) zu denken ist (sog. Spruchrichterprivileg). Dadurch soll verhindert werden, dass rechtskräftig abgeschlossene Prozesse alsbald über Schadensersatzansprüche wegen Amtspflichtverletzung gegen die entscheidenden Richter erneut aufgerollt werden können. Auf eine pflichtwidrige Verweigerung oder Verzögerung der Amtsausübung findet das Privileg keine Anwendung (§ 839 Abs. 2 S. 2). Die Haftung der Beamten ist jedoch ganz ausgeschlossen, wenn es der Verletzte schuldhaft unterlassen hat, den Schaden durch Gebrauch eines Rechtsmittels abzuwenden (§ 839 Abs. 3). 4

§ 839 BGB geht im Anschluss an das ALR (II 10 §§ 98 f) noch von der grundsätzlichen **Eigenhaftung** des Beamten für Amtspflichtverletzungen aus. Vor allem hierin findet die eigenartige Subsidiaritätsklausel des § 839 Abs. 1 S. 2 ihre Erklärung. An die Stelle der Eigenhaftung des Beamten ist jedoch schon seit langem weithin die **Staatshaftung** getreten. Grundlage es heute **Art. 34 GG**. S. 1 dieser Vorschrift bestimmt nach dem Vorbild insbesondere des Reichsbeamtenhaftungsgesetzes von 1910[2] und des Art. 131 S. 1 der Weimarer Reichsverfassung, dass, wenn „jemand" in Ausübung eines ihm anvertrauten öffentlichen Amtes die ihm einem Dritten gegenüber obliegende Amtspflicht verletzt, die Verantwortlichkeit grundsätzlich den Staat oder die Körperschaft trifft, in deren Diensten er steht. Die Einzelheiten der verwickelten Materie gehören in die Darstellungen des öffentlichen Rechts[3]. Die folgenden Ausführungen beschränken sich deshalb auf die Grundzüge der Haftung für Amtspflichtverletzungen, soweit sie auf § 839 beruht. 5

2 RGBl. S. 798.

3 Vgl. z. B. in dieser Reihe *Baldus/Grzeszik/Wienhues*, Staatshaftungsrecht, 4. Aufl. (2013).

2. Tatbestand

6 Die **Eigenhaftung** des Beamten setzt ebenso wie die gegebenenfalls an ihre Stelle tretende Staatshaftung (u. Rn 5, 10) voraus, dass ein Beamter schuldhaft durch die Verletzung einer ihm gegenüber einem Dritten obliegende Amtspflicht diesen Dritten geschädigt hat (§ 839 Abs. 1 S. 1). Die Haftung hat folglich **drei Voraussetzungen**, erstens die Verletzung einer Amtspflicht (u. Rn 7), zweitens die hierdurch verursachte Schädigung eines Dritten, dessen Schutz die verletzte Amtspflicht bezweckt (u. Rn 8), sowie drittens Verschulden auf der Seite des handelnden Beamten (§ 276). **Täter** muss nach § 839 ein „Beamter" sein, während es nach Art. 34 S. 1 GG nur darauf ankommt, ob der Betreffende, mag er Beamter im staatsrechtlichen Sinne sein oder nicht, gerade in Ausübung eines ihm anvertrauten öffentlichen Amtes, insbesondere also hoheitlich tätig wird.

7 Die **Amtspflichten** können sich aus Gesetz, aus Verwaltungsvorschriften und aus allgemeinen Grundsätzen ergeben. Sie werden grundsätzlich weit ausgelegt. Insbesondere ist jeder Beamte verpflichtet, die ihm anvertrauten, fremden Belange sorgfältig zu behandeln, über Anträge sachgemäß in angemessenen Fristen zu entscheiden sowie Auskünfte und Ratschläge richtig, vollständig und klar zu erteilen. Außerdem muss er wie jedermann Schädigungen Dritter durch unerlaubte Handlungen unterlassen, sodass deliktisches Handeln den Beamten auch im Rahmen des § 839 ersatzpflichtig macht. **Beispiele** für Delikte von Beamten sind Behandlungsfehler beamteter Ärzte in öffentlichen Krankenhäusern oder Verstöße von Beamten gegen Verkehrssicherungspflichten im privatrechtlich geordneten Bereich (§ 23 Rn 10). Für einen Rückgriff auf den allgemeinen § 823 ist dann neben § 839 kein Raum (lex specialis)[4].

8 Die Anwendung des § 839 Abs. 1 S. 1 setzt zusätzlich voraus, dass die verletzte Amtspflicht gerade den **Schutz des verletzten Dritten bezweckte** *und* der eingetretene Schaden durch diese Amtspflicht verhindert werden sollte. Den Gegensatz bilden Amtspflichten, deren Zweck ausschließlich in dem Schutz von Allgemeininteressen wie z. B. der Aufrechterhaltung der öffentlichen Ordnung besteht. Die Abgrenzung richtet sich nach denselben Gesichtspunkten wie bei § 823 Abs. 2, sodass auf die Ausführungen zu dieser Vorschrift verwiesen werden kann (s. o. § 24 Rn 2 ff). Hinzukommen muss noch die schuldhafte Verursachung eines Schadens durch die Verletzung der fraglichen Amtspflicht. Zu ersetzen ist **jeder Schaden** einschließlich reiner Vermögensschäden, immer vorausgesetzt, dass der eingetretene Schaden vom Schutzzweck der verletzten Amtspflicht umfasst wird. Der Schadenersatz wird in der Regel auf **Geld** gehen (§§ 249, 251 Abs. 1)[5].

3. Eigenhaftung und Staatshaftung

9 Die Haftung für Amtspflichtverletzungen gestaltet sich unterschiedlich, je nachdem, ob der „Beamte" im Fiskalbereich seines Dienstherrn oder bei der Ausübung eines öffentlichen Amtes tätig geworden ist, weil (nur) im zweiten Fall an die Stelle der Eigenhaftung des Beamten nach Art. 34 S. 1 GG die Staatshaftung tritt (Rn 5). Der so

4 BGHZ 200, S. 253, 259 Tz 29 = NJW 2014, S. 1665.
5 BGHZ (GS) 34, S. 99 = NJW 1961, S. 658.

genannte **Fiskalbereich** umfasst den privatrechtlichen Geschäftskreis des Dienstherrn, in erster Linie also dessen Teilnahme am allgemeinen wirtschaftlichen Verkehr, aber z. B. auch die Erbringung ärztlicher Leistungen in staatlichen Kliniken. In diesem Bereich verbleibt es mithin bei der **Eigenhaftung** (nur) **der Beamten** im staatsrechtlichen Sinne. Eine Haftung des Staates (neben dem Beamten) kann sich hier immer nur im Einzelfall je nach der Stellung des Beamten aus den §§ 31 und 89 oder aus § 831 ergeben. Die Folge ist z. B., dass der Staat für beamtete **Chefärzte** nach den §§ 839 und 31, für die anderen Ärzte dagegen nur nach § 831 haftet, soweit nicht (wie idR) zugleich § 278 eingreift (§§ 630a, 630b, 611, 280 Abs. 1, 276 u. dazu o. § 9 Rn 35 f).

Anders ist die Rechtslage dagegen, wenn der Beamte in **Ausübung eines öffentlichen Amtes** tätig wird, weil für diesen Fall Art. 34 S. 1 GG eine Haftung des **Staates** an Stelle des Beamten anordnet. Ausübung eines öffentlichen Amtes ist namentlich die gesamte Eingriffsverwaltung einschließlich etwa der Ermittlungstätigkeit der Staatsanwaltschaft[6]. In diesem Bereich trifft die Haftung grundsätzlich die Anstellungskörperschaft; inhaltlich richtet sie sich aber weiter nach § 839 BGB. Das hat die (bedenkliche) Folge, dass die **Subsidiaritätsklausel** des § 839 Abs. 1 S. 2 (o. Rn 4) auch die Staatshaftung anstelle des Beamten erfasst. Diesem allgemein als unangemessen angesehenen Ergebnis versucht die Rechtsprechung durch eine möglichst *restriktive* Interpretation der Subsidiaritätsklausel zu begegnen. Die wichtigsten Fälle der danach anzunehmenden Unanwendbarkeit der Subsidiaritätsklausel sind die Haftung des Staates wegen einer Verletzung von Amtspflichten bei der Teilnahme am allgemeinen Straßenverkehr sowie wegen der Verletzung der ihm als hoheitliche Aufgabe obliegenden Straßenverkehrssicherungspflicht[7]. 10

IV. Haftung gerichtlicher Sachverständiger

1. Anwendungsbereich

Nach **§ 839a Abs. 1** ist ein von einem staatlichen Gericht ernannter Sachverständiger, der vorsätzlich oder grobfahrlässig ein unrichtiges Gutachten erstattet, zum Ersatz des Schadens verpflichtet, der einem Verfahrensbeteiligten durch eine gerichtliche Entscheidung entsteht, die auf diesem Gutachten beruht. Die Ersatzpflicht des Sachverständigen entfällt jedoch, wenn der Betroffene es schuldhaft unterlassen hat, den Schaden durch Gebrauch eines Rechtsmittels abzuwenden (§ 839a Abs. 2 iVm § 839 Abs. 3). § 839a ist erst 2002 in das Gesetz eingefügt worden, weil die frühere Regelung (Haftung des Sachverständigen nur nach § 823 Abs. 2 in Verb. mit § 163 StGB) als zu eng angesehen wurde. § 839a ist lex specialis zu den §§ 823 ff[8], wird aber seinerseits durch § 839 verdrängt, wenn z. B. das Gutachten auf Anordnung der Staatsanwaltschaft in einem Ermittlungsverfahren erstattet wird[9]. 11

6 BGHZ 200, S. 253, 260 f Tz 32 ff = NJW 2014, S. 1665.
7 S. o. § 23 Rn 9; BGHZ 68, S. 217 (220 ff) = NJW 1977, S. 1238; BGHZ 75, S. 134 (136 ff) = NJW 1979, S. 2043; BGHZ 118, S. 368 (370 ff) = NJW 1992, S. 2476; *Nüßgens*, in: Festschrift. f. Geiger, 1989, S. 456.
8 BGHZ 198, S. 265 (268 f, Tz 14) = NJW-RR 2014, S. 90 = WM 2013, S. 2225.
9 S. schon o. Rn 10; BGHZ 200, S. 253, 259 f Tz 29, 32 ff = NJW 2014, S. 1665.

2. Voraussetzungen

12 Die Haftung gerichtlich bestellter Sachverständiger nach § 839a setzt im Ergebnis **zweierlei** voraus, nämlich erstens die zumindest grob fahrlässige Erstattung eines unrichtigen Gutachtens und zweitens den Erlass einer darauf fußenden unrichtigen gerichtlichen Entscheidung, durch die einer Partei ein Schaden zugefügt wird. Ein **Gutachten** ist **unrichtig**, wenn es auf falschen Tatsachen beruht oder aus den (richtigen oder falschen) Tatsachen falsche Schlüsse zieht. Die Feststellung ist häufig schwierig, sodass hier im Regelfall nicht ohne die Einholung weiterer Gutachten auszukommen ist, wobei beachtet werden muss, dass häufig Toleranzen bei der Bewertung von Tatsachen unvermeidlich sind[10]. Nicht zuletzt deshalb setzt die Haftung zumindest **grobe Fahrlässigkeit** voraus, wodurch die Unabhängigkeit der Sachverständigen gestärkt werden soll[11]. Grobe Fahrlässigkeit des Sachverständigen kann nur bei besonders schweren und unentschuldbaren Verstößen des Sachverständigen gegen seine Pflichten angenommen werden[12].

12a Zweite Voraussetzung der Haftung des Sachverständigen nach § 839a Abs. 1 ist, dass auf seinem unrichtigen Gutachten eine ebenfalls **unrichtige gerichtliche Entscheidung** beruht, durch die ein Verfahrensbeteiligter geschädigt wird. Ersatzfähig ist **jeder Schaden** einschließlich reiner Vermögensschäden, der kausal auf das unrichtige Gutachten und die darauf fußende gerichtliche Entscheidung zurückgeht[13]. § 839a ist z. B. erfüllt bei Erstattung eines unrichtigen Wertgutachtens in einem Zwangsversteigerungsverfahren, das dazu führt, dass ein Grundstück zu einem überhöhten oder umgekehrt zu einem viel zu niedrigen Preis zwangsversteigert wird[14].

3. Ausnahmen

13 Die Haftung des Sachverständigen nach § 839a entfällt, wenn das Verfahren *nicht* durch eine gerichtliche Entscheidung abgeschlossen, sondern auf andere Weise erledigt wird, z. B. durch Abschluss eines *Vergleichs*, durch Klagerücknahme, Anerkenntnis oder Verzicht[15]. Dasselbe gilt, wenn der Betroffene es versäumt hat, den drohenden Schaden auf Grund des in seinen Augen unrichtigen Gutachtens durch die rechtzeitige Einlegung eines **Rechtsmittels** abzuwenden (§ 839a Abs. 2 iVm § 839 Abs. 3). Der Begriff des Rechtsmittels wird in diesem Zusammenhang ganz weit ausgelegt. Darunter fallen nicht nur Berufung und Revision, sondern überhaupt sämtliche Maßnahmen zur Korrektur des falschen Gutachtens noch im Rechtsstreit[16].

---

10 BGHZ 198, S. 265 (269, Tz 17).

11 BGHZ 173, S. 98; 198, S. 265 (273 Tz 27); kritisch dazu *Katzenmeier*, in: Festschrift f. Horn, 2006, S. 67 (74 ff).

12 BGHZ 198, S. 265 (273, Tz 26).

13 BGHZ 198, S. 265 (276, Tz 36).

14 BGHZ 166, S. 313 (315 ff) = NJW 2006, S. 1733 f; BGHZ 198, S. 265.

15 BGHZ 166, S. 313 (317, Tz 12) = NJW 2006, S. 1733 f.; str.

16 BGHZ 173, S. 98 (100 ff, Tz 8 ff); BGH, NJW-RR 2006, S. 1454 (1455, Tz 11 f); dagegen *Katzenmeier*, in: Festschrift f. Horn, 2006, S. 67 (80).

V. Kreditgefährdung

1. Überblick

Nach § 824 Abs. 1 ist schadensersatzpflichtig, wer schuldhaft eine unrichtige Tatsache behauptet oder verbreitet, die geeignet ist, den Kredit eines anderen zu gefährden oder sonstige Nachteile für dessen Erwerb oder Fortkommen herbeizuführen. Handelt der Täter vorsätzlich, so folgt dasselbe bereits aus § 187 StGB iVm § 823 Abs. 2 BGB. § 824 erweitert diese Haftung auf Fälle, in denen der Täter lediglich fahrlässig gehandelt hat. Jedoch entfällt dann nach § 824 Abs. 2 seine Ersatzpflicht, wenn er oder der Empfänger der Mitteilung an dieser ein berechtigtes Interesse hat (s. § 193 StGB). Eine vergleichbare Regelung speziell für den wirtschaftlichen Verkehr findet sich in § 4 Nr 8 UWG von 2004[17]. **14**

2. Voraussetzungen

§ 824 BGB gilt ebenso wie § 4 Nr 8 UWG allein für **Tatsachenbehauptungen**. Den Gegensatz bilden **Werturteile**. Die Abgrenzung richtet sich danach, ob die betreffende Äußerung einem Wahrheitsbeweis mit den Mitteln der ZPO zugänglich ist oder nicht[18]. Dabei ist von dem Sinn der Äußerung auszugehen, der sich einem unbefangenen Hörer oder Leser aufdrängen musste, während es keine Rolle spielt, wie der Täter seine Äußerung (angeblich) gemeint hatte[19]. Eine Tatsachenbehauptung kann daher je nach den Umständen des Falles auch in der bloßen Äußerung eines Verdachts oder einer Vermutung liegen[20]. Insgesamt wird jedoch heute zum Schutze der Presse gegen übermäßige Haftungsrisiken § 824 in aller Regel ganz *restriktiv* ausgelegt. Deutlich wird das vor allem an der Beurteilung der eigentlich kritischen Fälle, die dadurch gekennzeichnet sind, dass sich in der fraglichen Äußerung **Tatsachenbehauptungen mit Werturteilen vermengen**. In diesen Fällen stellt die Rechtsprechung, wie bereits im Einzelnen ausgeführt (oben § 22 Rn 22). meistens darauf ab, wo das **Schwergewicht der Äußerung** liegt und ob sie danach in ihrem Kern unwahr ist (nur dann § 824) oder ob der tatsächliche Gehalt der Äußerung so substanzarm ist, dass er gegenüber der subjektiven Wertung ganz in den Hintergrund tritt. Es wird auch nicht zugelassen, aus einer komplexen Äußerung einzelne Tatsachenbehauptungen herauszugreifen; diese müssen vielmehr immer im Kontext der gesamten Äußerung (und damit idR als *Werturteil*) gesehen werden[21]. **15**

Soweit nach dem Gesagten (o. Rn. 15) eine Tatsachenbehauptung anzunehmen ist, setzt die Vorschrift des § 824 weiter voraus, dass die behaupteten Tatsachen nicht der Wahrheit entsprechen, also **unrichtig** sind (§ 824 Abs. 1), während die Verbreitung **16**

---

17 S. dazu *Emmerich*, Unlauterer Wettbewerb, 10. Aufl. (2015), § 9 Rn 13 ff.

18 S schon o § 22 Rn 15; z. B. BGH, NJW 2011, S. 2204 Tz 10.

19 BGHZ 65, S. 325 (328 ff) = NJW 1976, S. 620 = JuS 1976, S. 329 Nr 6 „Warentest"; BGHZ 166, S. 84 (100 ff, Tz 63 ff) = NJW 2006, S. 830 „Kirch/Breuer"; BGHZ 176, S. 175 = NJW 2008, S. 2262 (2263, Tz 17).

20 BGHZ 132, S. 13 (21) = NJW 1996, S. 1131.

21 BGHZ 132, S. 13 (21 ff) = NJW 1996, S. 1131; BGHZ 166, S. 84 (100 ff, Tz 63 ff) = NJW 2006, S. 830 „Kirch/Breuer"; BGH, NJW 2005, S. 279 (282 f); 2009, S. 1872 Tz 12 ff „Fraport-Manila-Skandal"; NJW 2011, S. 2204 Tz 12 „Bonitätsindex"; zu Recht kritisch *Larenz/Canaris*, Schuldrecht II/2, § 79 I 2 (S. 466 ff).

wahrer Tatsachen grundsätzlich hingenommen werden muss (s. im Einzelnen o. § 22 Rn 14, 21). Die **Beweislast** dafür trägt bei § 824 – anders als bei § 4 Nr 8 UWG – der von den Tatsachenbehauptungen Betroffene, im Rechtsstreit also grundsätzlich der Kläger, der von dem anderen Teil Widerruf oder Schadensersatz verlangt (u. Rn 18)[22]. Hinzu kommen muss ferner, dass die unrichtigen Tatsachen gerade von dem Schädiger behauptet oder verbreitet, d. h. weitergegeben werden, sowie dass die fraglichen Tatsachen geeignet sind, den Kredit des Betroffenen zu gefährden oder sonstige Nachteile für seinen gegenwärtigen Erwerb oder sein zukünftiges Fortkommen herbeizuführen. Eine Kreditgefährdung ist insbesondere anzunehmen, wenn aufgrund der behaupteten Tatsachen das Vertrauen in die Seriosität oder Bonität des Betroffenen in den Augen Dritter erschüttert wird. Zusätzlich ist nach Meinung der Gerichte – ebenfalls zum Schutze der Presse – darüber hinaus noch erforderlich, dass sich die Äußerungen überhaupt auf Tatsachen beziehen, die sich **gerade mit dem Kläger befassen** oder doch in engen Beziehungen zu seinen Verhältnissen, seiner Betätigung oder seinen gewerblichen Leistungen stehen und deshalb geeignet sind, den Geschädigten unmittelbar zu beeinträchtigen[23], während kein Raum für die Anwendung des § 824 gesehen wird, wenn sich die Äußerungen nur allgemein auf *sonstige* Umstände beziehen, die für den „Kredit" des Betroffenen irrelevant sind[24]. § 824 greift aber **z. B.** ein, wenn der Vorsitzende des Vorstandes der Deutschen Bank erklärt, der Finanzsektor sei nicht mehr bereit, einem bestimmten Unternehmen Kredite zu gewähren, weil es sich dabei um eine Tatsachenbehauptung handelt, die sich unmittelbar mit dem betroffenen Unternehmen, in diesem Fall die Kirch-Mediengruppe, befasst [25]

17 § 824 regelt ebenso wie der Grundtatbestand des § 823 einen Fall der **Verschuldenshaftung**. Die Ersatzpflicht des Täters setzt deshalb Vorsatz oder Fahrlässigkeit voraus (§ 276). Auch insoweit trifft den Geschädigten grundsätzlich die Beweislast. Hat der Täter nur fahrlässig gehandelt, so entfällt außerdem nach § 824 Abs. 2 seine Ersatzpflicht, wenn er oder der Empfänger der Mitteilung an ihr ein **berechtigtes Interesse** hat (vgl § 4 Nr 8 HS 2 UWG und § 193 StGB). Derartige Interessen verfolgen vor allem die **Massenmedien** bei der Erörterung gemeinschaftswichtiger Fragen. In diesem Rahmen droht ihnen daher selbst bei Fahrlässigkeit keine Ersatzpflicht, wenn sich später die Unrichtigkeit ihrer Behauptungen herausstellt. Voraussetzung ist freilich, dass sie zuvor den Wahrheitsgehalt ihrer Behauptungen mit der gebotenen Sorgfalt geprüft hatten[26].

3. Rechtsfolgen

18 Steht die Unrichtigkeit der behaupteten Tatsachen fest (o. Rn 16), so kann der Betroffene, wenn der Täter schuldhaft gehandelt hat (o. Rn 17), **Schadenersatz** verlangen (§§ 824 Abs. 1, 276, 249 und 252). Ohne Rücksicht auf ein etwaiges Verschulden des

---

22 BGH, LM Nr 14 zu § 138 ZPO = NJW 1974, S. 1710 (1711).

23 BGH, LM Nr 7 zu § 824 BGB = NJW 1965, S. 36; LM Nr 10 zu § 824 BGB = MDR 1967, S. 753.

24 BGHZ 90, S. 113 (119 ff) = NJW 1984, S. 1807 = JuS 1984, S. 640 Nr 2 „Bundesbahn"; kritisch zu Recht *Looschelders* II, Tz 1309 f.

25 BGHZ 166, S. 84 (101 f, Tz. 67 f) = NJW 2006, S. 830 „Kirch/Breuer"; Gegenbeispiele in BGH, NJW 2005, S. 279 (282) „Foris"; NJW 2011, S. 2204.

26 BGHZ 59, S. 76 (80 ff) = NJW 1972, S. 1658; BGH, LM Nr 9 zu § 824 BGB = NJW 1966, S. 2010 = JuS 1966, S. 494 Nr 3; *B. Peters*, NJW 1997, S. 1334.

Täters hat der Betroffenen außerdem einen Anspruch auf **Widerruf** der unrichtigen Tatsachenbehauptungen, wobei es auch keine Spielrolle spielt, ob die Äußerungen von § 824 Abs. 2 gedeckt sind oder nicht. Denn an der Aufrechterhaltung *unrichtiger* Tatsachenbehauptungen kann niemand ein berechtigtes Interesse haben. Voraussetzung des Widerrufsanspruchs ist lediglich, dass von den Äußerungen noch eine fortwirkende Beeinträchtigung des Betroffenen ausgeht (s. u. § 26 Rn 29).

VI. Haftung für Verrichtungsgehilfen

1. Überblick

Nach § 831 Abs. 1 S. 1 ist, wer einen anderen, den so genannten Verrichtungsgehilfen, zu einer Verrichtung bestellt, zum Ersatze des Schadens verpflichtet, den der Verrichtungsgehilfe in Ausführung der Verrichtung einem Dritten widerrechtlich zufügt. Der Geschäftsherr kann sich jedoch gemäß § 831 Abs. 1 S. 2 durch den Nachweis entlasten, dass *er* bei der Auswahl des Verrichtungsgehilfen sowie bei der Beschaffung der nötigen Vorrichtungen oder Gerätschaften oder bei der Leitung oder (wie zu ergänzen ist:) der Überwachung der Ausführung der Verrichtungen die im Verkehr erforderliche Sorgfalt beobachtet hat *oder* dass der Schaden auch bei Anwendung dieser Sorgfalt entstanden wäre (sog. **Entlastungsbeweis**). Abs. 2 der Vorschrift fügt hinzu, dass dieselbe Verantwortlichkeit denjenigen trifft, der für den Geschäftsherrn die Besorgung der in § 831 Abs. 1 S. 2 bezeichneten Geschäfte **durch Vertrag übernimmt**. Unter diese nur selten angewandte Vorschrift wird heute ausschließlich der Fall subsumiert, dass *selbstständige* Unternehmen für den Geschäftsherrn dessen Aufgaben aus § 831 Abs. 1 übernehmen, wobei etwa an Leiharbeitsverhältnisse zu denken sein kann[27]. 19

§ 831 Abs. 1 begründet im Gegensatz zu § 278 keine Haftung für *fremdes* Verschulden (des Verrichtungsgehilfen), sondern für **vermutetes eigenes Verschulden** des Geschäftsherrn vor allem bei der Auswahl oder der Anleitung des Verrichtungsgehilfen (s. Rn 25). Die Vorschrift des § 831 Abs. 1 stellt deshalb einen *eigenständigen Haftungstatbestand* dar, der im Einzelfall insbesondere mit § 823 Abs. 1 zusammentreffen kann, etwa dann, wenn der Geschäftsherr durch sein Verhalten zugleich *eigene* Verkehrssicherungspflichten verletzt (Rn 21, 27). **Vorbild** des § 831 war Art. 55 des schweizerischen OR[28]. In der Mehrzahl unserer **Nachbarländer** beruht dagegen die Regelung der Haftung für Dritte im Deliktsrecht ebenso wie im Vertragsrecht (s. § 278) auf dem Grundsatz der **Haftung für fremdes Verschulden**[29], während das deutsche Recht eine vergleichbare Haftung für fremdes Verschulden (des Verrichtungsgehilfen) im Deliktsrecht nur in den Sonderfällen der Organhaftung aufgrund der §§ 30, 31 und 89 sowie der Repräsentantenhaftung nach § 3 HaftPflG von 1978 kennt. 20

Die Entscheidung des BGB gegen eine generelle Haftung für fremdes Verschulden auch im Deliktsrecht ist von Anfang an auf nahezu einhellige **Kritik** gestoßen, wes- 21

27 *Looschelders* II, Tz 1332 f; *Palandt/Sprau*, § 831 Rn 17.
28 S. *Baums*, in: Festschrift f. Lukes, 1989, S. 623.
29 Vgl Art. 1384 französischer Code civil; Art. 2059 italienischer Cod. civ.; § 1313 öABGB; zu den Gründen der Abweichung s. Motive Bd. II, S. 736.

halb die Rechtsprechung seit langem auf vielfältige Weise versucht, hier **Abhilfe** zu schaffen. Diesem Ziel dienen vor allem auf vertraglicher Ebene die Konstruktion immer neuer rechtlicher Sonderverbindungen, in denen dann Raum für die Anwendung des § 278 ist (s. §§ 311 Abs. 2 und 3, 328), sowie auf deliktischer Ebene die **„Überlagerung“** des § 831 durch die Annahme eigener Verkehrspflichten des Geschäftsherrn (s. Rn 20, 27)

2. Voraussetzungen

a) Verrichtungsgehilfen

22 Die Vorschrift des § 831 Abs. 1 beruht letztlich auf dem Grundgedanken, dass es unter den hier genannten Voraussetzungen (ausnahmsweise) gerechtfertigt ist, das rechtswidrige Verhalten des Verrichtungsgehilfen dem Geschäftsherrn als *eigenes* Verhalten zuzurechnen. Das ist der Grund, weshalb sich der Anwendungsbereich des § 831 Abs. 1 S. 1 auf Personen beschränkt, die ein anderer, der sogenannte Geschäftsherr, zu einer Verrichtung „bestellt“ hat. Aus dieser Formulierung des Gesetzes wird ebenso wie aus dem Grundgedanken der ganzen Regelung überwiegend der Schluss gezogen, dass als Verrichtungsgehilfen im Sinne des § 831 Abs. 1 nur solche Personen in Betracht kommen, die der Geschäftsherr, unentgeltlich oder entgeltlich, mit einer tatsächlichen oder rechtsgeschäftlichen Tätigkeit betraut hat, sodass sie von ihm **weisungsabhängig** sind. Dafür ist nur erforderlich, dass der Geschäftsherr die Tätigkeit des Gehilfen jederzeit beschränken oder entziehen oder nach Zeit und Umständen bestimmen kann; entscheidende Merkmale für die Annahme eines Verrichtungsgehilfen sind m.a.W. dessen Eingliederung in einen fremden Arbeits- oder Organisationsbereich sowie die daraus resultierende Abhängigkeit des Verrichtungsgehilfens von fremden Weisungen. Ein ins Einzelne gehendes Weisungsrecht des Geschäftsherrn setzt § 831 nicht voraus. Auch hochqualifizierte Personen, die aufgrund eigener Sachkunde über ihre Tätigkeit entscheiden, können unter den genannten Voraussetzungen durchaus als Verrichtungsgehilfen zu qualifizieren sein;[30] das wichtigste Beispiel sind angestellte Ärzte[31]. Ist der Verrichtungsgehilfe wie z. B. bei Leiharbeitsverhältnissen den *Weisungen mehrerer Personen* unterworfen, so wird für die Frage der Anwendbarkeit des § 831 Abs. 1 i. d. R. darauf abgestellt, in welchen Organisationsbereich und damit in welche Weisungszuständigkeit die fragliche Tätigkeit des Verrichtungsgehilfen fällt[32]. Den Gegensatz bilden **selbstständige**, nicht weisungsabhängige **Personen** wie z. B. Subunternehmer, für die folglich nicht nach § 831 Abs. 1 gehaftet wird[33]. Daran ändert es auch nichts, wenn die fraglichen, rechtlich selbstständigen Unternehmen konzernmäßig verbunden sind[34].

30 BGHZ 45, S. 311 (312 f) = NJW 1966, S. 1807; BGH, NJW 2009, S. 1740 Tz 11; 2013, S. 1002 Tz 15; *v. Caemmerer*, in: Festschrift f. Weitnauer, 1980, S. 261.

31 BGH, NJW 1989, S. 769 (771); 2009, S. 1440 Tz 11 f.

32 *Staake*, Gesetzliche Schuldverhältnisse, § 9 Rn 6; *Wandt*, Gesetzliche Schuldverhältnisse, § 18 Rn 84.

33 BGH, LM Nr 1 zu § 831 (Bh) BGB = NJW 1994, S. 2756; NJW 2013, S. 1002 Tz 16; anders einmal für einen Sonderfall BGH, ZIP 1989, S. 831 (833).

34 BGH, NJW 2013, S. 1002 Tz 16.

b) Widerrechtliche Schädigung eines Dritten

Die zweite Voraussetzung der Haftung des Geschäftsherrn nach § 831 Abs. 1 S. 1 ist, dass der Verrichtungsgehilfe (o. Rn 22) einen Dritten in Ausführung der übertragenen Verrichtungen (u. Rn 24) widerrechtlich geschädigt hat. Dies setzt zunächst voraus, dass der Verrichtungsgehilfe (nur) den **äußeren Tatbestand einer unerlaubten Handlung** iS der §§ 823–826 erfüllt hat, während es nicht darauf ankommt, ob *er* dabei schuldhaft gehandelt hat[35]. Anders verhält es sich nur, wenn schon zum Tatbestand des Delikts wie bei § 826 und in vielen Fällen des § 823 Abs. 2 Vorsatz des Täters gehört[36]. **23**

Hinzu kommen muss noch, dass der Verrichtungsgehilfe die unerlaubte Handlung (o. Rn 23) gerade **„in Ausführung"** der ihm übertragenen Verrichtungen und nicht nur bei deren Gelegenheit vorgenommen hat (§ 831 Abs. 1 S. 1). Das wird gewöhnlich dahin interpretiert, dass Voraussetzung einer Haftung des Geschäftsherrn ein „innerer Zusammenhang" zwischen der übertragenen Verrichtung und der schädigenden Handlung des Verrichtungsgehilfens sein muss, – was immer das heißen mag. Probleme ergeben sich daraus vor allem in Fällen *vorsätzlicher* unerlaubter Handlungen des Gehilfen „bei Gelegenheit" der Ausführung der ihm übertragenen Verrichtungen; **Beispiele** sind vorsätzliche Straftaten wie Diebstähle oder Sexualdelikte von Handwerkern „bei Gelegenheit" von Reparaturen in fremden Häusern sowie (besonders gefürchtet) Schwarzfahrten angestellter Fahrer[37]. In solchen Fällen sollte es – entgegen der Rechtsprechung[38] – für die Haftung des Geschäftsherrn nach § 831 Abs. 1 bereits ausreichen, wenn die fragliche Handlung zumindest in den äußeren Kreis der übertragenen Verrichtungen fällt, und zwar, weil die Opfer von Delikten der Verrichtungsgehilfen gerade in diesen Fällen besonders schutzbedürftig sind[39]. **24**

3. Entlastungsbeweis

Die Vorschrift des § 831 ist ebenso wie die Grundtatbestände der §§ 823 und 826 ein Fall der **Verschuldenshaftung** (Rn 19 f). Die Besonderheit der Regelung besteht „lediglich" darin, dass hier zum Schutz des Verkehrs und abweichend vom Regelfall unter den Voraussetzungen der Vorschrift das **Verschulden** des Geschäftsherrn *sowie* die **Kausalität** zwischen diesem Verschulden und dem eingetretenen Schaden **vermutet** werden, sodass sich der Geschäftsherr von seiner Haftung nur noch durch den Nachweis befreien kann, dass *er selbst* bei der Auswahl des Verrichtungsgehilfen und, sofern er Vorrichtungen oder Gerätschaften zu beschaffen oder die Ausführung der Verrichtungen zu leiten hat, bei der Beschaffung *oder* der Leitung die im Verkehr erforderliche Sorgfalt beobachtet hat *oder* dass der Schaden auch bei Anwendung dieser Sorgfalt entstanden wäre (§ 831 Abs. 1 S. 2). **25**

---

35 Z. B. BGH, NJW 2014, S. 1380 Tz 11.

36 BGH, VersR 2010, S. 910 Tz 38; NJW 2014, S. 1380 Tz 11.

37 S. BGH, LM Nr 7 zu § 831 (D) BGB = NJW 1971, S. 31; *Staake*, Gesetzliche Schuldverhältnisse, § 9 Rn 88 ff; *Wandt*, Gesetzliche Schuldverhältnisse, § 18 Rn 11.

38 S. OLG Hamm, NJW-RR 2010, S. 454: ein erschütternder Fall, der die ganze Problematik der gesetzlichen Regelung auf einen Schlag verdeutlicht.

39 *Looschelders* II, Tz 1327; *Wagner*, in: MK, § 831 Rn 22.

26 Der Entlastungsbeweis muss sich nach § 831 Abs. 1 S. 2 in erster Linie auf die **Auswahl und Anleitung** sowie, wie gewohnheitsrechtlich zu ergänzen ist, auf die **Überwachung** des Verrichtungsgehilfen beziehen. Die Anforderungen sind heute in allen diesen Beziehungen durchweg sehr hoch[40]. Sind mit der Tätigkeit des Verrichtungsgehilfen wie bei Transportunternehmen besondere Gefahren für Dritte verbunden, so kann der Geschäftsherr deshalb sogar zu nicht angekündigten, unauffälligen Kontrollen des Verrichtungsgehilfen verpflichtet sein[41].

27 In **Großbetrieben** wurde dem Geschäftsherrn auf der anderen Seite früher vielfach gestattet, die Auswahl, Anleitung und Überwachung der Verrichtungsgehilfen auf leitende Angestellte, so genannte Zwischenglieder, zu delegieren – mit der Folge, dass der Geschäftsherr anschließend den Entlastungsbeweis nur noch für die genannten leitenden Angestellten zu führen brauchte[42]. Dieser sogenannte **dezentralisierte Entlastungsbeweis** konnte jedoch im Einzelfall zu einer *inakzeptablen* Begünstigung von Großbetrieben führen, weshalb zum Ausgleich in den letzten Jahren die **eigenen Organisationspflichten** des Geschäftsherrn immer weiter ausgebaut wurden, sodass der dezentralisierte Entlastungsbeweis heute weithin seine Schrecken eingebüßt hat[43]. Denn der Geschäftsherrn muss dafür sorgen, dass von seinem Betrieb keine vermeidbaren Gefahren für Dritte ausgehen (§ 823 Abs. 1; s. dazu schon o. Rn 20 sowie allgemein o. § 23 Rn 1 ff)[44].

28 Jedenfalls, wenn das Delikt des Verrichtungsgehilfen in dem Verstoß gegen eine **Verkehrspflicht** besteht, sodass bereits zum Tatbestand der unerlaubten Handlung eine Sorgfaltspflichtverletzung gehört, kann sich der Geschäftsherr – über den Wortlaut des § 831 Abs. 1 S. 2 hinaus – außerdem durch den Nachweis entlasten, dass sich der Verrichtungsgehilfe, selbst wenn er seinerzeit von ihm unsorgfältig ausgewählt worden sein sollte, doch in jeder Hinsicht **sorgfältig verhalten** hat. Denn in diesem Fall fehlt es an der *Kausalität* zwischen dem Sorgfaltsverstoß des Geschäftsherrn bei der Auswahl oder Überwachung des Verrichtungsgehilfen und der Schädigung eines Dritten, weil dann auch ein sorgfältig ausgewählter, angeleiteter oder überwachter Verrichtungsgehilfe nicht im Stande gewesen, besser zu handeln und die Schädigung Dritter zu vermeiden[45]. Die **Beweislast** trifft freilich auch insoweit den Geschäftsherrn[46].

---

40 Vgl BGH, NJW 2003, S. 288 (289 f).

41 BGH, LM Nr 10 zu § 3 StVO 1970 (Bl. 3) = NJW 1997, S. 2756 (2757); VersR 1994, S. 67; LM Nr 57 zu § 823 (Eh) BGB = NJW-RR 1996, S. 867.

42 RGZ 78, S. 107 (108 f); BGHZ 4, S. 1 (2) = NJW 1952, S. 418.

43 *Medicus/Lorenz* II, Tz 1352; *Spindler*, in: Bamberger/Roth, § 831 Rn 33–35.

44 Beispiele in BGHZ 24, S. 200 (213 f) = NJW 1957, S. 1315 „Spätheimkehrer"; BGHZ 39, S. 124 (130) = NJW 1963, S. 902 „Fernsehansagerin"; BGHZ 59, S. 76 (82) = NJW 1972, S. 1658; *Medicus/Lorenz* II, Tz 1353.

45 S. BGH, LM Nr 36 zu § 909 BGB (Bl. 2 R) = NJW 1996, S. 3205; *Looschelders* II, Tz 1325, 1330; *Medicus/Lorenz* II, Tz 1346.

46 So BGHZ(GS) 24, S. 21 (29 f) = NJW 1957, S. 785; offen gelassen in BGH, LM Nr 3 zu § 41 StVO 1970 = NJW 1987, S. 148 f; dagegen z. B. *Larenz/Canaris*, Schuldrecht II/2, § 79 III 2c (S. 479 f); *Kötz/Wagner*, Deliktsrecht, Tz 289 f.

VII. Haftung des Aufsichtspflichtigen

In § 832 regelt das BGB schließlich noch den schwierigen Fragenkreis der Haftung insbesondere der Eltern für ihre Kinder. Für dieses Problem gibt es sehr unterschiedliche Lösungen[47]. Die Väter des BGB haben sich schließlich nach langer Diskussion nach dem Vorbild des § 831 (Rn 19 ff) für eine Haftung der Eltern für **vermutetes eigenes Verschulden** in Gestalt der **Unterlassung** der nötigen Aufsichtsmaßnahmen entschieden. § 832 Abs. 1 S. 1 bestimmt deshalb, dass, wer kraft Gesetzes zur Führung der Aufsicht über eine Person verpflichtet ist, die wegen Minderjährigkeit oder wegen ihres geistigen oder körperlichen Zustandes der Beaufsichtigung bedarf, zum Ersatz des Schadens verpflichtet ist, den diese Person einem Dritten widerrechtlich zufügt. Die Ersatzpflicht entfällt jedoch, wenn der Aufsichtspflichtige nachzuweisen vermag, dass er seiner Aufsichtspflicht genügt hat *oder* dass der Schaden auch bei gehöriger Aufsichtsführung entstanden wäre (§ 832 Abs. 1 S. 2). 29

Kraft Gesetzes aufsichtspflichtig über Minderjährige sind natürlich in erster Linie die **Eltern** hinsichtlich ihrer Kinder (Rn 31 f) sowie z. B. noch Vormünder und Pfleger (§§ 1626, 1631, 1896). Ihnen stehen nach dem zunehmend wichtiger werdenden § 832 Abs. 2 ferner solche Personen gleich, die die Führung der Aufsicht durch **Vertrag übernehmen**. Das kann ausdrücklich oder konkludent, entgeltlich oder unentgeltlich geschehen. Aufsichtspflichtig im Sinne des § 823 Abs. 2 sind daher nicht nur so genannte Tagesmütter sowie die Träger von Heil-, Erziehungs- oder Krankenanstalten, in die Kinder aufgenommen sind[48], sondern aufgrund **konkludenter Übernahme** der Aufsichtspflicht – darüber hinaus auch Stief- und Pflegeeltern sowie bei Besuchen von Kindern gegebenenfalls sogar Großeltern oder Nachbarn[49] woran die mit der gesetzlichen Regelung verbundenen Risiken bei der Beaufsichtigung von Kindern unmittelbar deutlich werden. 30

Die genannten aufsichtspflichtigen Personen (Rn 30) sind nach § 832 Dritten unter **zwei Voraussetzungen** zum Ersatz des Schadens verpflichtet, den ihnen der Aufsichtsbedürftige, in erster Linie also ein Kind, zugefügt hat. Erste Voraussetzung ist eine **widerrechtliche Schädigung des Dritten** durch das Kind oder die sonstige aufsichtsbedürftige Person (§ 832 Abs. 1 S. 1), zweite Voraussetzung das **Misslingen des Entlastungsbeweises des Aufsichtspflichtigen** nach § 832 Abs. 1 S. 2. Für die widerrechtliche Schädigung Dritter durch Kinder (pars pro toto) gilt dasselbe wie bei § 831: Es genügt folglich grundsätzlich die Erfüllung des äußeren Tatbestandes einer **unerlaubten Handlung** im Sinne der §§ 823–826, während **Verschulden** in der Regel **nicht erforderlich** ist (Rn 23 f). Ist diese Voraussetzung erfüllt, so können sich die Eltern (oder die übrigen aufsichtspflichtigen Personen) nur noch dadurch von der Haftung befreien, dass sie den **Entlastungsbeweis führen** (§ 832 Abs. 1 S. 2). Dazu müssen sie darlegen und gegebenenfalls beweisen, dass sie entweder ihrer Aufsichtspflicht genügt haben oder dass der Schaden auch bei gehöriger Aufsichtsführung entstanden wäre, dass also die etwaige Aufsichtspflichtverletzung tatsächlich **nicht kausal für den Schaden** geworden ist. 31

47 S. *Brand*, JuS 2012, S. 673 f.
48 BGH, LM Nr 14 zu § 832 BGB = NJW 1985, S. 677.
49 *Brand*, JuS 2012, S. 673 (676 f); *Staake*, Gesetzliche Schuldverhältnisse, § 9 Rn 107 ff.

32 Das **Maß der gebotenen Aufsicht** vor allem der Eltern bestimmt sich in erster Linie nach der Größe der jeweils drohenden Gefahr, nach Alter, Eigenart und Charakter des Kindes sowie danach, was den Eltern in der jeweiligen Situation zugemutet werden kann. Entscheidend ist maW, *was verständige Eltern nach vernünftiger Anschauung* unternehmen müssen und können, um die Schädigung Dritter durch ihr Kind nach Möglichkeit zu verhindern (§ 276 Abs. 2)[50]. Neigt ein Kind infolge von Verhaltensstörungen zu gefährlichen Streichen, so ist die Aufsichtspflicht der Eltern entsprechend erhöht[51]. Maßgebend sind letztlich die Umstände des Einzelfalles. Danach beurteilt sich z. B. auch, in welchem Ausmaß Kinder beim Spielen beaufsichtigt werden müssen. Während bei Kindern im Alter von fünf Jahren noch eine Beaufsichtigung in Abständen von 20 bis 30 Minuten für erforderlich gehalten wird[52], genügt bei Kindern ab sieben Jahren bereits eine stündliche Kontrolle, immer vorbehaltlich besonderer Umstände im Einzelfall[53].

33 Von den Eltern darf aber **nichts Unmögliches verlangt** werden, wenn eine Gefährdungshaftung der Eltern für ihre Kinder vermieden werden soll, die der Gesetzgeber gerade nicht gewollt hat[54]. Für den Regelfall dürfen sich die Eltern deshalb auf die (nachdrückliche) **Belehrung** ihres Kindes über die Gefährlichkeit bestimmter Handlungen, z. B. über die Gefahren des Umgangs mit offenem Feuer oder mit Waffen beschränken[55]. Kinder müssen ferner mit Nachdruck über die **Rechtswidrigkeit bestimmter Handlungen**, z. B. des Betriebs rechtswidriger Tauschbörsen im Internet belehrt werden, unter gleichzeitigem Verbot derartiger Aktivitäten; mehr kann indessen im Regelfall von ihnen billigerweise nicht gefordert werden[56]. Kinder müssen von ihren Eltern außerdem – durch Belehrung und durch Verbote – systematisch mit den Gefahren des Straßenverkehrs vertraut gemacht werden[57]. Weitergehende Aufsichtsmaßnahmen sind erst geboten, wenn die Eltern erkennen müssen, dass die bisherigen Maßnahmen nichts fruchten[58]. Die Situation für die Eltern kann dann sehr schwierig werden, insbesondere bei älteren Kindern.

§ 26 Der deliktische Ersatzanspruch

Fall 27: Frau P hatte mit ihrem Pkw, in dem sich der S befand, einen Unfall verschuldet. Ob S dabei verletzt wurde, lässt sich nicht mehr feststellen; S wurde jedenfalls von einem Krankenwagen abgeholt, der kurz hinter der Unfallstelle mit einem Tankwagen des X zusammenstieß. Die Schuld an diesem zweiten Unfall traf den Fahrer des Tankwagens Y. S, der mit erheblichen Verletzungen ins Krankenhaus eingeliefert wurde, fragt an, von wem er Schadensersatz verlangen kann. **Lösung Rn 14**

50 Z. B. BGH, NJW 2012, S. 2425 Tz 16; 2013, S. 1441 Tz 16; *Brand*, JuS 2012, S. 673 (677 ff); *Staake*, Gesetzliche Schuldverhältnisse, § 9 Rn 113 ff.
51 BGH, LM Nr 22 zu § 832 BGB = NJW 1997, S. 2047; NJW 2009, S. 1952 Tz 8; 2009, S. 1954 Tz 8.
52 BGH, NJW 2009, S. 1952 Tz 14.
53 BGH, NJW 2009, S. 1954 Tz 13; 2012, S. 2425 Tz 18.
54 Ebenso BGH, LM Nr 19 zu § 832 BGB = NJW 1993, S. 1003.
55 BGH, NJW 2012, S. 2425 Tz 17.
56 BGH, NJW 2013, S. 1441 Tz 23 ff „Morpheus" – sehr str.
57 *Looschelders* II Tz 1339.
58 BGHZ 111, S. 282 (285 f) = NJW 1990, S. 2553 = JuS 1991, S. 76 Nr. 7.

I. Beteiligung mehrerer

1. Überblick

Literatur: *Chr. v. Bar*, Haftung für Massenschäden, 62. DJT 1998 Bd. I, S. A 5; *Kreutziger*, Die Haftung von Mittätern, Anstiftern und Gehilfen im Zivilrecht, 1985; *Looschelders*, Die Mitverantwortlichkeit des Geschädigten im Privatrecht, 1999; *T. Müller*, Wahrscheinlichkeitshaftung von Alternativtätern, 2001; *Weckerle*, Die deliktische Verantwortlichkeit mehrerer, 1974. 1

Die Beteiligung mehrerer Personen an einer deliktischen Schädigung Dritter kann sich in verschiedenen Formen abspielen. Üblicherweise unterscheidet man Mittäterschaft, Teilnahme, Nebentäterschaft und alternative Täterschaft. Alle genannten Fälle sind dadurch gekennzeichnet, dass zu dem Schaden möglicherweise mehrere durch unterschiedliche Personen ausgelöste Kausalketten beigetragen haben, deren nachträgliche gesonderte Aufklärung häufig auf erhebliche Schwierigkeiten stößt. Deshalb enthält das Gesetz in § 830 für einen Teil dieser Fälle zum Schutze des Geschädigten besondere Regeln, die, soweit sie sich auf Mittäter (§ 830 Abs. 1 S. 1) sowie auf Anstifter und Gehilfen beziehen (§ 830 Abs. 2), nach durchaus h.M. auf die §§ 25 bis 27 StGB Bezug nehmen (sogenannter *strafrechtlicher* Teil des § 830; u. Rn 2, 4)[1]. Ergänzend regelt § 830 Abs. 1 S. 2 eigenständig noch den eigenartigen Fall der alternativen Täterschaft (sogenannter *zivilrechtlicher* Teil des § 830; u. Rn 8 ff). Überhaupt keine spezielle Regelung gefunden hat dagegen die Nebentäterschaft, sodass insoweit auf die allgemeinen Haftungsregeln zurückgegriffen werden muss (u. Rn 5 f). In den vorliegenden Zusammenhang gehört schließlich noch die Vorschrift des § 840 Abs. 1, nach der, wenn für einen Schaden mehrere Personen deliktisch verantwortlich sind, die Beteiligten gesamtschuldnerisch haften, womit erreicht wird, dass die Auseinandersetzung zwischen den Beteiligten in ihr Innenverhältnis verlagert wird und nicht „auf dem Rücken" des Verletzten ausgetragen werden kann (s. u. Rn 14).

2. Mittäterschaft

Nach § 830 Abs. 1 S. 1 ist jeder für den ganzen Schaden verantwortlich, wenn mehrere Personen durch eine gemeinschaftlich begangene unerlaubte Handlung einen Schaden verursacht haben. Gemeint ist damit der Fall der Mittäterschaft (s. die Überschrift des § 830). Ihre **Voraussetzungen** richten sich nach dem entsprechend anwendbaren § 25 Abs. 2 StGB (Rn 1), sodass die Mittäterschaft ein bewusstes und gewolltes, d. h. **vorsätzliches Zusammenwirken mehrerer Personen** bei der Begehung eines (vorsätzlichen) Delikts voraussetzt[2]. Eine fahrlässige „Mittäterschaft" gibt es nicht[3]; in solchen Fällen kommt vielmehr nur die Annahme von Nebentäterschaft in Betracht (u. Rn 5 f). 2

Zweck des § 830 Abs. 1 S. 1 ist es nach überwiegender Meinung, wegen der *großen Gefährlichkeit* des vorsätzlichen Zusammenwirkens mehrerer Personen bei einer unerlaubten Handlung auch solche Mittäter in den Haftungsverband einzubeziehen, bei 3

1 Ebenso für den Begriff der Täterschaft im Anschluss an § 25 Abs. 1 StGB BGH, NZG 2014, S. 991 (992, Tz 13). Zu den Besonderheiten der Haftung von Arbeitnehmern s. schon o. § 9 Rn 14.

2 *Benicke*, Jura 1996, S. 127 f.

3 Anders z. B. *Deutsch/Ahrens*, Deliktsrecht, Tz 187 f.

denen die Kausalität ihres Tatbeitrages für den schließlich eingetretenen Erfolg *nicht* feststeht[4]; von der Haftung ausgenommen sind lediglich **Exzesstaten** eines der Beteiligten, die die anderen weder gebilligt noch gekannt haben[5].

3. Teilnahme

4 Mittätern (o. Rn 2 f) stehen nach § 830 Abs. 2 im Zivilrecht Anstifter und Gehilfen gleich. Sie haften daher ebenso wie Mittäter (o. Rn 2 f) neben dem Täter gesamtschuldnerisch für den gesamten Schaden (§ 840 Abs. 1). Der Begriff der Anstiftung und der Beihilfe wird ebenso wie der der Mittäterschaft überwiegend dem Strafrecht entnommen (o. Rn 1)[6]. **Anstifter** ist folglich nur, wer vorsätzlich einen anderen zu dessen vorsätzlich begangener rechtswidrigen Tat bestimmt hat (§ 26 StGB), während **Gehilfe** ist, wer vorsätzlich einem anderen zu dessen vorsätzlich begangenen rechtswidrigen Tat Hilfe leistet (§ 27 StGB). Die Anstiftung spielt im Zivilrecht nur eine untergeordnete Rolle; umso größere praktische Bedeutung kommt der Gehilfenhaftung zu. Der Begriff der **Beihilfe** wird in diesem Zusammenhang üblicherweise weit ausgelegt. Nicht unterschieden wird insbesondere zwischen physischer und psychischer Beihilfe[7]. Psychische Beihilfe ist insbesondere durch die Bestärkung des Täters in seinem Entschluss möglich. Unabdingbar sind jedoch, da Beihilfe Vorsatz voraussetzt (§ 27 StGB), eine zumindest grobe *Kenntnis* der Umstände der vorsätzlichen Haupttat sowie der *Wille* des Gehilfen zur Unterstützung oder Förderung dieser Tat[8]. Die Folge ist z. B., dass im Falle des § 826 der Gehilfe auch Kenntnis von den Umständen haben muss, aus denen sich die Sittenwidrigkeit der Haupttat ergibt[9]. Nicht erforderlich ist dagegen, dass die **Kausalität** des Beitrags des Gehilfen feststeht[10].

4. Nebentäterschaft

5 Die Nebentäterschaft unterscheidet sich von der Mittäterschaft (Rn 2 f) und der Teilnahme (Rn 4 f) dadurch, dass die an der Schädigung eines Dritten Beteiligten *nicht* bewusst und gewollt zusammenwirken, sondern *unabhängig* voneinander tätig werden. Nebentäterschaft liegt daher z. B. vor, wenn mehrere Unternehmen munter jeder für sich giftige Abwässer in einem Fluss leiten, wenn die Erkrankung einer Person auf dem Zusammenwirken der Arzneimittel verschiedener Hersteller beruht[11],

4 BGHZ 59, S. 30 (41 f) = NJW 1972, 1366; *Benicke*, Jura 1996, S. 127 (128 f); *Deutsch/Ahrens*, Deliktsrecht, Tz 145; *Larenz/Canaris*, Schuldrecht II/2, § 82 I 1a (S. 564 f); *Looschelders* II, Tz 1390; *Medicus/Lorenz* II, Tz 1425; *Palandt/Sprau*, § 830 Rn 3; str., anders z. B. *Chr. Eberl-Borges*, AcP Bd 196 (1996), S. 491 (495 ff) m. Nachw.

5 BGHZ 89, S. 383 (396) = NJW 1984, S. 1226.

6 BGHZ 137, S. 89 (102) = NJW 1998, S. 377 (381 f) = JuS 1998, S. 459 Nr 7; BGHZ 184, S. 365 (376, Tz 34) = NZG 2010, S. 550; NJW 2012, S. 3177 (3179 Tz 13); 2014, S. 1098 Tz 29; 2014, S. 1380 Tz 15.

7 BGHZ 111, S. 282 (284) = NJW 1990, S. 2553 = JuS 1991, S. 76 Nr 7; BGHZ 137, S. 89 (102 ff) = NJW 1998, S. 377 = JuS 1998, S. 459 Nr 7 „Gewerbepark"; BGH, NJW 2004, S. 3423 (3425 f).

8 BGHZ 184, S. 365 (376 ff, Tz 34 ff) = NZG 2010, S. 550; BGH, NJW 2012, S. 3177 Tz 17, 27; 2014, S. 1098 Tz 29; 2014, S. 1380 Tz 15.

9 BGH, NJW 2014, S. 1098 Tz 32 ff.

10 BGHZ 63, S. 124 (130) = NJW 1975, S. 49; BGHZ 70, S. 277 (285) = NJW 1978, S. 816 „Fluglotsen"; *Benicke*, Jura 1996, S. 127 (128 f).

11 BGH, LM Nr 191 zu § 823 (Dc) BGB = NJW 1994, S. 932 (934) = JuS 1994, S. 609 Nr 5 „Milupa/Alete II".

oder wenn eine Person durch mehrere aufeinander folgende Verkehrsunfälle verletzt wird[12].

In diesen Fällen ist – mangels einer speziellen gesetzlichen Regelung – davon auszugehen, dass jeder Nebentäter grundsätzlich „nur" für *seinen Tatbeitrag* verantwortlich ist[13]. Für den Regelfall bedeutet dies freilich die Haftung jedes Nebentäters für den *gesamten* Schaden, da es für die Auslösung dieser Haftung bereits genügt, wenn eine Person nur *eine Ursache* (unter mehreren) für den Gesamtschaden gesetzt hat. Ausreichend ist es insbesondere, wenn sich das zweite schädigende Ereignis ohne die erste Ursache nicht im gleichen Ausmaß schädigend ausgewirkt hätte, wie es tatsächlich der Fall ist[14]. 6

Anders ist die Rechtslage lediglich dann, wenn sich die Tatbeiträge der einzelnen Nebentäter trennen lassen *und* ausnahmsweise die **Kausalität** zwischen dem fraglichen Beitrag und dem endgültigen Schaden **fehlt**. Allein in diesem Fall beschränkt sich die Haftung jedes Nebentäters auf den ihm zurechenbaren **Teilschaden**. Wieder andere Regeln sind schließlich zu beachten, wenn die Kausalität der einzelnen Tatbeiträge offen bleibt (so dass unklar ist, ob und gegebenenfalls welcher Nebentäter für den Schaden verantwortlich ist). Zum Schutze des Geschädigten dürfte in derartigen Fallgestaltungen von der Anwendung des § 830 Abs. 1 S. 2 auszugehen sein (Rn 8). 7

5. Alternative Täterschaft

Nach § 830 Abs. 1 S. 2 iVm § 840 Abs. 1 ist jeder für den *ganzen* Schaden verantwortlich, wenn sich später nicht mehr ermitteln lässt, *wer* von mehreren „Beteiligten" den Schaden durch seine Handlung verursacht hat. Durch diese Regelung sollte der **Beweisnot** des Geschädigten begegnet werden, die entsteht, wenn er sich mehreren möglichen Schädigern gegenübersieht, später aber nicht mehr aufgeklärt werden kann, welcher von ihnen tatsächlich seinen Schaden verursacht hat[15]. Das *Risiko der Unaufklärbarkeit* des Kausalverlaufs trifft daher in diesen Fällen nicht den Geschädigten, sondern die übrigen "Beteiligten", von denen feststeht, dass sie haften müssten, *sofern* ihnen die *Kausalität* ihres Verhaltens für den eingetretenen Schaden *nachgewiesen* werden könnte, weil sie im Übrigen alle Voraussetzungen eines Deliktstatbestandes in ihrer Person erfüllt haben. Die Gesetzesverfasser hatten dabei Fälle wie die Verletzung oder Tötung einer Person bei Raufhändeln oder Schlägereien im Auge[16]. Weitere hierher gehörende Beispiele sind Verletzungen einzelner Personen bei Treibjagden, gewalttätige Demonstrationen sowie Verkehrsunfälle unter Beteiligung mehrerer Fahrzeuge, insbesondere also so genannte Massenkarambolagen. Dagegen ist für die Anwendung des § 830 Abs. 1 S. 2 *kein* Raum, wenn die Ersatzpflicht we- 8

12 BGH, LM Nr 74 zu § 249 (Bb) BGB = NJW 2002, S. 504; weitere Beispiele bei *Wagner*, in: MK, § 840 Rn 2 f.

13 BGHZ 30, S. 203 (206) = NJW 1959, S. 1772; BGH, LM Nr 27 zu § 830 BGB = NJW 1988, S. 1719; VersR 1964, S. 243 (244); *Larenz/Canaris*, Schuldrecht II/2, § 82 III (S. 580 ff); *Palandt/Sprau*, § 830 Rn 1; *Wagner*, in: MK, § 840 Rn 2 f.

14 BGH, LM Nr 74 zu § 249 (Bb) BGB (Bl. 1 R f) = NJW 2002, S. 504.

15 *Benicke*, Jura 1996, S. 127 (129 f); *Chr. Eberl-Borges*, AcP Bd 196 (1996), S. 491 (500, bes. 508 ff).

16 S. Motive Bd. II, S. 738.

nigstens *eines* der Beteiligten *feststeht*, da sich dann das Opfer nicht mehr in der bei § 830 Abs. 1 S. 2 vorausgesetzten Beweisnot befindet[17].

9 Die Anwendung des § 830 Abs. 1 S. 2 hat grundsätzlich drei **Voraussetzungen**, nämlich, 1. dass mehrere „Beteiligte", die weder Mittäter noch Teilnehmer oder Nebentäter sind (o. Rn 1–7), (möglicherweise) einen Deliktstatbestand (oder einen gleichstehenden Tatbestand, s. Rn 10) erfüllt haben, 2. dass *eine* dieser Handlungen tatsächlich den Schaden verursacht hat und 3. dass jetzt nicht mehr feststellbar ist, von *welcher* der danach in Betracht kommenden Personen die letztlich kausale Handlung vorgenommen wurde[18]. Bei der Annahme der Beteiligung mehrerer Personen an einem Delikt, sodass diese als **„Beteiligte"** im Sinne des § 830 Abs. 1 S. 2 behandelt werden können, sollte großzügig verfahren werden[19]. Mit Rücksicht auf den Zweck der Vorschrift (Rn 8) sollte es daher genügen, wenn sich sämtliche Tatbeiträge im weitesten Sinne auf **denselben Schadenskomplex** beziehen, selbst wenn die Täter 0nacheinander und unabhängig voneinander tätig wurden.

10 Keine Rolle spielt, aus welchem **Rechtsgrund** die verschiedenen Beteiligten haften. Mag ihre Haftung auf Delikt, Gefährdung (z. B. § 833 BGB oder § 7 StVG) oder § 906 Abs. 2 S. 2 beruhen: in jedem Fall sind sie unter den genannten Voraussetzungen (Rn 9) als Gesamtschuldner nach § 830 Abs. 1 S. 2 iVm § 840 Abs. 1 für den gesamten Schaden verantwortlich[20]. § 830 Abs. 1 S. 2 ist aus denselben Erwägungen heraus ferner auf **andere Haftungsfälle** einschließlich der vertraglichen Haftung für Pflichtverletzungen nach § 280 entsprechend anzuwenden[21].

11 Erste und wichtigste Voraussetzung für die Anwendung des § 830 Abs. 1 S. 2 ist nach dem Gesagten (o. Rn 8 f), dass *jeder* Beteiligte – bei Unterstellung der Kausalität seines Tatbeitrages – tatsächlich den **vollen Tatbestand** eines Delikts im Sinne der §§ 823–826 (oder eines gleichstehenden Tatbestandes, Rn 10) erfüllt hat[22]. Für die Anwendbarkeit des § 830 Abs. 1 S. 2 ist dagegen kein Raum, wenn einzelne Personen nachzuweisen vermögen, dass ihr Tatbeitrag unter keinen Umständen *kausal* gewesen sein kann[23], dass sie sich jedenfalls in einer *Notwehrsituation* befanden oder dass sie doch *keine Schuld* trifft[24]. Mit derselben Begründung wird die Anwendbarkeit des § 830 Abs. 1 S. 2 ferner vielfach verneint, wenn sich der Verletzte möglicherweise

17 BGHZ 67, S. 14 (19 ff) = NJW 1976, S. 1934 = JuS 1977, S. 120 Nr 8; BGHZ 72, S. 355 (358 f) = NJW 1979, S. 544 = JuS 1979, S. 445 Nr 8; *Benicke*, Jura 1996, S. 1427 (131); *G. Müller*, VersR 1998, S. 1181 (1182).

18 *Palandt/Sprau*, § 830 Rn 7; *Spindler*, in: Bamberger/Roth, § 830 Rn 19 ff; *Staudinger/Chr. Eberl-Borges*, § 830 Rn 67 ff.

19 Anders offenbar RGZ 58, S. 361; 96, S. 224; 98, S. 60; 121, S. 204; BGHZ 33, S. 286 (291 f) = NJW 1961, S. 263; BGHZ 55, S. 86 (89) = NJW 1971, S. 506 = JuS 1971, S. 378 Nr 7.

20 BGHZ 101, S. 106 (111 f) = NJW 1987, S. 2810; *Chr. Eberl-Borges*, AcP Bd 196 (1996), S. 491 (512 ff).

21 BGH, NJW 2001, S. 2538 (2539); *Chr. Eberl-Borges*, NJW 2002, S. 949 (950 f); *Henne*, VersR 2002, S. 685; *T. Müller*, JuS 2002, S. 432 f; *Palandt/Sprau*, § 830 Rn 13.

22 S. BGHZ 101, S. 106 (108) = NJW 1987, S. 2810; BGH, LM Nr 200 zu § 823 (Dc) BGB = NJW 1995, S. 1286 (1288) „Milupa III"; *Benicke*, Jura 1996, S. 127 (129 f).

23 *Benicke*, Jura 1996, S. 127 (129 f); *Th. Henne*, NJW 2001, S. 1472 f.

24 BGHZ 89, S. 383 (399 f) = NJW 1984, S. 1226 = JuS 1984, S. 718 Nr 5 „Grohnde-Urteil"; *Benicke*, Jura 1996, S. 127 (130); *Spindler*, in: Bamberger/Roth, § 830 Rn 19.

selbst geschädigt hat[25] oder wenn der Schaden auch auf einem sonstigen, zufälligen Ereignis beruhen kann[26].

Von den Fällen der alternativen (Neben-)Täterschaft (Rn 8–11) müssen schließlich noch die Fälle der **kumulativen Nebentäterschaft** unterschieden werden. Man versteht darunter meistens Fälle, die dadurch gekennzeichnet sind, dass zwar die Haftung mehrerer Beteiligter *feststeht*, jedoch nicht mehr aufgeklärt werden kann, *wie hoch* der Tatbeitrag der einzelnen Beteiligten ist (sog. **Anteilszweifel**)[27]. Paradigma sind die sogenannten **Plünderungsfälle**, bei denen (natürlich) jeder Täter nur einen Teil des Schadens verursacht hat, aber später nicht mehr festgestellt werden kann, *welcher Teil* des Schadens auf welchen Beteiligten zurückgeht. In diesen Fällen sollte man mit Rücksicht auf den Grundgedanken des § 830 Abs. 1 S. 2 (o. Rn 8) nicht zögern, § 830 Abs. 1 S. 2 entsprechend anzuwenden. Die Beteiligten haben es sich auf Grund ihres deliktischen Handelns selbst zuzuschreiben, wenn unter diesen Umständen jeder von ihnen für den *ganzen* Schaden verantwortlich gemacht wird[28]. 12

Für unseren **Fall 27** folgt aus dem Gesagten, dass die Beteiligten dem S gemäß den §§ 830 Abs. 1 S. 2 und 840 Abs. 1 als Gesamtschuldner haften, da sich jetzt nicht mehr aufklären lässt, wer von ihnen den S letztlich verletzt hat, jedoch feststeht, dass *jeder* Beteiligte *ersatzpflichtig* wäre, *sofern* seine Handlung *kausal* für die Verletzungen des S gewesen sein sollte. Im Einzelnen ergibt sich die Haftung der Frau P aus § 823 Abs. 1 und Abs. 2 iVm § 223 StGB. Dasselbe gilt für den Fahrer des Tankwagens Y, der außerdem aus § 18 StVG haftet, während der Halter des Tankwagens X nach § 7 Abs. 1 StVG und § 831 Abs. 1 BGB ersatzpflichtig ist, jeweils in Verbindung mit § 830 Abs. 1 S. 2 und § 840 Abs. 1. 13

6. Innenverhältnis

Müssen mehrere Personen nach § 830 nebeneinander für einen Schaden einstehen, so haften sie gemäß § 840 Abs. 1 als **Gesamtschuldner**. Dies bedeutet, dass der Geschädigte von jedem Beteiligten nach seiner Wahl ganz oder teilweise Ersatz seines Schadens verlangen kann (§ 421) und dass sich der **Ausgleich** in ihrem **Innenverhältnis** nach § 426 richtet. Folglich ist der Schaden im Regelfall auf die Beteiligten nach Köpfen zu verteilen, soweit sich nicht im Einzelfall aus dem entsprechend anwendbaren § 254 etwas anderes ergibt. Weitere Ausnahmen von dieser Regel finden sich in § 840 Abs. 2 und 3, in § 841 sowie in § 17 StVG (s. dazu u. § 27 Rn 31 f). 14

25 So BGHZ 60, S. 177 (181 ff) = NJW 1973, S. 993 = JuS 1973, S. 575 Nr 2; BGHZ 67, S. 14 (20) = NJW 1976, S. 1934 = JuS 1977, S. 120 Nr 8; *G. Müller*, VersR 1998, S. 1181 (1182); anders aber öOGH, JBl. 1990, S. 524 (526) m. ablehnender Anm. *Holzer*.

26 *Chr. Eberl-Borges*, NJW 2002, S. 949 (950 f); anders BGH, NJW 2001, S. 2538 (2539 f).

27 S. zu diesen Fällen *Benicke*, Jura 1996, S. 127 (131 ff); *Kornblum*, JuS 1986, S. 600 (606 f); *Palandt/Sprau*, § 830 Rn 9; *Staudinger/Eberl-Borges*, § 830 Rn 68 f; *Spindler*, in: Bamberger/Roth, § 830 Rn 24.

28 Anders meistens die Gerichte, die dazu neigen, diese Fälle über § 287 ZPO, d. h. durch richterliche Schadensschätzung zu lösen; s. *Staudinger/Chr. Eberl-Borges*, § 830 Rn 69; *Stein*, in: MK, § 830 Rn 22.

II. Ersatzberechtigte Personen

1. Keine Ansprüche mittelbar Geschädigter

15 Schadensersatzansprüche aus unerlaubter Handlung stehen grundsätzlich nur demjenigen zu, in dessen Person einer der verschiedenen Deliktstatbestände erfüllt ist, nicht dagegen sonstigen Personen, die durch die unerlaubte Handlung gegen eine andere Person nur „mittelbar" in ihrem Vermögen betroffen sind. Dem entspricht es, dass der Geschädigte außerdem stets nur für denjenigen Schaden Ersatz verlangen kann, den er *selbst* erlitten hat, nicht dagegen für die Schäden anderer Personen. Das alles folgt einfach daraus, dass das Vermögen Dritter nicht zu den durch § 823 Abs. 1 geschützten Gütern gehört. Wird z. B. bei einem Verkehrsunfall ein Berufstänzer verletzt, sodass er nicht mehr auftreten kann, so erhält nur der verletzte Tänzer selbst, nicht jedoch dessen Partnerin Schadensersatz für den entgangenen Verdienst[29]. Ebenso wenig erhält ein Veranstalter, der das Tanzpaar bereits „gebucht" hatte, jetzt aber die Veranstaltung absagen muss, Ersatz für seine bereits aufgewandten Kosten und für den ihm entgangenen Gewinn, – soweit nicht ausnahmsweise § 826 eingreift.

16 Eine nur scheinbare Ausnahme von dem Gesagten (Rn 15 f) stellt es dar, dass es die Rechtsprechung dem **Verletzten** gestattet, zusätzlich zu seinem Schaden die Kosten und die Verdiensteinbuße zu liquidieren, die den nächsten Angehörigen durch **Krankenhausbesuche** entstehen, vorausgesetzt, dass sie zu seiner Gesundung medizinisch erforderlich sind und sich im Rahmen des Vertretbaren halten: Der Grund ist einfach der, dass es sich unter den genannten Voraussetzungen bei den fraglichen Kosten im Grunde um erstattungsfähige **Heilungskosten** des Verletzten selbst handelt[30].

2. Beerdigungskosten

17 Von dem Grundsatz, dass nur mittelbar in ihrem Vermögen Geschädigte nach Deliktsrecht (jenseits des § 826 und vergleichbarer Tatbestände) keinen Schadensersatz erhalten, solange nicht in ihrer Person ebenfalls ein Deliktstatbestand erfüllt ist (o. Rn 15 f), gibt es eine Reihe von Ausnahmen. Die wichtigsten finden sich in den §§ 844 und 845. Nach § 844 Abs. 1 muss im Falle der Tötung einer Person der Ersatzpflichtige die Beerdigungskosten demjenigen ersetzen, dem gesetzlich die Verpflichtung zu deren Tragung obliegt. Das ist nach § 1968 grundsätzlich der **Erbe**. Dem Umfang nach richtet sich der Anspruch nach den Kosten einer Beerdigung, wie sie nach den Lebensverhältnissen des Getöteten üblich und angemessen ist[31]. Erstattungsfähig sind danach z. B. die Kosten der Trauerkleidung der Angehörigen, nicht jedoch die Kosten für die Pflege und Unterhaltung des Grabes[32].

---

29 BGH, NJW 2003, S. 1040 = JuS 2003, S. 709 Nr 4; zum Eingriff in den „Gewerbebetrieb" des Tanzpartners s. schon o. § 22 Rn. 9 f.

30 BGHZ 106, S. 28 (29 f) = NJW 1989, S. 766; BGH, LM Nr 51 zu § 823 (F) BGB = NJW 1991, S. 2340 = JuS 1992, S. 75 Nr 4; *Grunsky*, JuS 1991, S. 907; *Wandt*, Gesetzliche Schuldverhältnisse, § 20 Rn 5; zu den Schockschäden der nächsten Angehörigen s. schon o. § 21 Rn 6.

31 OLG Hamm, NJW-RR 1994, S. 155; *Palandt/Sprau*, § 844 Rn 4.

32 OLG Hamm, NJW-RR 1994, S. 155; *Ebel*, JurA 1985, S. 561 (562); *Theda*, DAR 1985, S. 10.

3. Unterhaltsschaden

Im Falle der **Tötung** einer Person muss der Ersatzpflichtige ferner nach § 844 Abs. 2 denjenigen Angehörigen des Opfers Schadensersatz leisten, denen infolge dessen Todes ihr **Unterhaltsrecht entzogen** wird, *soweit* der Getötete während der mutmaßlichen Dauer seines Lebens kraft Gesetzes zur Gewährung des Unterhalts verpflichtet gewesen wäre[33]. Das Gesetz hat hier vor allem die Unterhaltspflicht der **Eltern** gegenüber ihren Kindern (s. §§ 1601 ff) sowie der **Ehegatten** untereinander (s. §§ 1360 ff, 1570 ff, 1615l) im Auge. § 844 Abs. 2 greift somit ein, wenn eine der genannten unterhaltsberechtigten Personen gerade infolge der *Tötung* des Unterhaltsverpflichteten ihren Unterhaltsanspruch verliert. 18

Der Schadensersatz ist grundsätzlich durch Zahlung einer **Geldrente** zu leisten (s. § 844 Abs. 2 S. 1 iVm § 843 Abs. 2–4). Die Höhe der Rente bemisst sich danach, wozu der Getötete während der vermutlichen Dauer seines Lebens nach seinen jetzigen *und* voraussichtlichen zukünftigen Einkommensverhältnissen verpflichtet gewesen wäre. Abzustellen ist also auf das jetzige und das vermutliche *zukünftige Nettoeinkommen* des Getöteten, abzüglich des durch den „Wegfall" des Getöteten „ersparten", auf diesen selbst entfallenden Unterhaltsbedarfs. Der Rest stellt dann den Unterhaltsschaden dar, soweit aus dem Nettoeinkommen der Unterhalt der Angehörigen bestritten werden musste, während das Einkommen nicht berücksichtigt wird, soweit es (nicht zum Unterhalt der Familie), sondern zur Vermögensbildung bestimmt war[34]. Trifft den Getöteten ein **Mitverschulden** an dem Unglück oder dem Unfall, so ist dies anspruchsmindernd zu berücksichtigen (§§ 846, 254). 19

Nach § 1360 S. 2 gehört zu dem von Eheleuten einander geschuldeten Unterhalt auch die **Haushaltsführung**. Im Falle der Tötung eines Ehegatten, der sich auf die Führung des Haushalts „beschränkte", können folglich der überlebende Ehegatte ebenso wie die gemeinsamen Kinder ebenfalls Schadensersatz für den ihnen entgehenden Unterhalt in Gestalt der Haushaltsführung durch Zahlung einer Geldrente verlangen, deren Höhe sich nach den Kosten einer „vergleichbaren Ersatzkraft" bemisst, und zwar selbst dann, wenn sie sich tatsächlich anderweitig behelfen[35]. 20

Wenn zu den unterhaltsberechtigten Personen **minderjährige Kinder** gehören, ist ihr Ersatzanspruch grundsätzlich auf den Zeitraum bis zur Vollendung ihres achtzehnten Lebensjahres zu beschränken, weil sie sich danach idR selbst ernähren können, sodass sie nicht mehr im Sinne des § 844 Abs. 2 unterhaltsbedürftig sind[36]. Setzen die Kinder dagegen ihre Ausbildung fort, nehmen sie z. B. ein Studium auf, so muss der Unterhaltsschaden neu berechnet werden. Leistungen einer etwaigen **Unfall- oder Lebensversicherung** des Getöteten sowie die Vorteile infolge des vorzeitigen An- 21

33 Dazu ausführlich z. B. *A. Diederichsen*, NJW 2013, S. 641 ff m. Nachw.

34 Alle Einzelheiten bei *A. Diederichsen*, NJW 2013, S. 641 (642 ff).

35 S. *A. Diederichsen*, NJW 2013, S. 641 (644 f); *Hagen*, JuS 1969, S. 61; *Rebe*, JuS 1974, S. 429: Einzelheiten der schwierigen Berechnung bei *Schulz-Borck/Pardey*, Der Haushaltsführungsschaden, 7. Aufl. (2009); *Geigel/Pardey*, Der Haftpflichtprozess, 26. Aufl. (2011), Kap 4 Rn 146; *Geigel/Münkel*, daselbst, Kap 8 Rn 47 ff.

36 BGHZ 76, S. 259 (273) = NJW 1980, S. 1452; BGH, LM Nr 73 zu § 844 Abs. 2 BGB = NJW 1986, S. 715.

falls der **Erbschaft** brauchen sich die Angehörigen in aller Regel nicht auf ihre Ersatzansprüche anrechnen zu lassen (s. § 843 Abs. 4)[37].

22 Nach § 845 muss der Ersatzpflichtige bei Tötung oder Verletzung einer Person einem Dritten außerdem für die diesem **entgehenden Dienste** Ersatz leisten, zu denen der Getötete oder Verletzte *kraft Gesetzes* dem Dritten in dessen Hauswesen oder Gewerbe verpflichtet war. Die praktische Bedeutung dieser Vorschrift ist heute nach der Streichung des § 1356 Abs. 2 aF (Mitarbeitspflicht der Ehefrau) nur noch gering, da sich ihr Anwendungsbereich seitdem auf die Mitarbeitspflicht der sogenannten **Hauskinder** nach § 1619 beschränkt[38].

III. Erwerbsschaden

23 Inhalt und Umfang des Schadensersatzanspruchs aus unerlaubter Handlung richten sich grundsätzlich nach den §§ 249 bis 254. Im Deliktsrecht finden sich nur wenige ergänzende Vorschriften in den §§ 842, 843 und 848 bis 851. Die §§ 842 und 843 regeln Einzelheiten des Ersatzes des sogenannten Erwerbsschaden im Falle der Verletzung einer Person, während die §§ 848 bis 851 die Schadensersatzleistung bei Entziehung oder Beschädigung einer Sache betreffen[39]. Vergleichbare Bestimmungen finden sich in den §§ 10 und 11 StVG sowie in den §§ 7 und 8 ProdHaftG. – Nach § 842 erstreckt sich die Schadensersatzpflicht bei einer gegen die Person gerichteten unerlaubten Handlung auf die Nachteile, die die Handlung für den (gegenwärtigen) Erwerb oder das (zukünftige) Fortkommen des Verletzten herbeiführt. § 843 fügt hinzu, dass der Schadensersatz grundsätzlich durch Entrichtung einer Geldrente zu leisten ist, wenn infolge einer Verletzung des Körpers oder der Gesundheit die Erwerbsfähigkeit des Verletzten aufgehoben oder gemindert ist oder eine Vermehrung seiner Bedürfnisse eintritt. Unterhaltsleistungen Dritter, z. B. der Eltern gegenüber einem verletzten Kind, entlasten den Täter nicht (§ 843 Abs. 4). Das gilt auch für etwaige Pflegeleistungen der Eltern, selbst wenn diese eine Mitverantwortung an dem Unfall trifft[40].

24 Der Erwerbsschaden ist, wie die §§ 842 und 843 Abs. 1 (mit unterschiedlichen Formulierungen) deutlich machen, nur ersatzfähig, wenn dem Verletzten durch die Beeinträchtigung seiner Erwerbsfähigkeit tatsächlich ein **konkreter Vermögensschaden** entstanden ist. Wer nicht arbeiten will, etwa, weil er es nicht nötig hat, oder doch nicht arbeiten kann, weil er krank ist, erleidet auch keinen Erwerbsschaden, wenn er verletzt wird sodass er einer Erwerbstätigkeit nicht mehr nachzugehen vermag. Die bloße Arbeitskraft einer Person als solche hat mit anderen Worten keinen Vermögenswert[41]. Als Vermögensschaden genügt jedoch bereits der Verlust des Anspruchs auf das Arbeitslosengeld II nach § 19 SGB II infolge der durch einen Unfall verursachten Arbeitsunfähigkeit[42]. Die **Berechnung** des konkreten Erwerbsschadens einer

37 S. *A. Diederichsen*, NJW 2013, S. 641 (645 f).

38 S. BGHZ(GS) 50, S. 304 (305) = NJW 1968, S. 1823; BGHZ 77, S. 157 (159 ff) = NJW 1980, S. 2196 = JuS 1981, S. 294 Nr 4.

39 S. z. B. *Wandt*, Gesetzliche Schuldverhältnisse, § 20 Rn 15.

40 BGHZ 159, S. 318 (320 ff) = NJW 2004, S. 2892.

41 BGHZ 197, S. 316 (319 f, Tz 12 ff) = NJW 2014, S. 303.

42 BGHZ 197, S. 316 (323 f, Tz 21 ff) = NJW 2014, S. 303, sehr str.

Person bereitet häufig Schwierigkeiten, weil sie eine (allemal) unsichere *Prognose* über die berufliche Entwicklung des Geschädigten während der üblichen Lebensarbeitszeit voraussetzt[43]. Die Gerichte orientieren sich meistens an den üblichen beruflichen Karrieren und Verdienstchancen[44].

IV. Schmerzensgeld

Nach § 253 Abs 2 idF von 2002 (= § 847 aF) kann auch wegen des Schadens, der nicht Vermögensschaden ist, eine billige Entschädigung in Geld verlangt werden, wenn wegen einer Verletzung des Körpers, der Gesundheit, der Freiheit oder der sexuellen Selbstbestimmung Schadensersatz zu leisten ist (ebenso § 11 S. 2 StVG und § 8 S. 2 ProdHaftG)[45]. Diese „billige Entschädigung" wird allgemein Schmerzensgeld genannt. 25

Der Schmerzensgeldanspruch hat eine Ausgleichs- und eine Genugtuungsfunktion[46]. 26
Ganz im Vordergrund steht die **Ausgleichsfunktion**, womit der „Kauf" von Lebensfreude zum „Ausgleich" der erlittenen Schmerzen gemeint ist, während die ergänzende Berücksichtigung der **Genugtuungsfunktion** nur in schwerwiegenden Fällen in Betracht kommt, insbesondere also, wenn der Täter grobfahrlässig oder gar vorsätzlich gehandelt hat (zur Verletzung des Persönlichkeitsrechts s. schon o. § 22 Rn 28).

Die **Bemessung** des Schmerzensgeldes ist die ureigenste Aufgabe des Richters. Maß- 27
geblich sind in erster Linie Art, Schwere und Dauer der Verletzungen, die persönlichen Verhältnisse der Beteiligten sowie das Ausmaß der Schuld des Täters. Die Praxis richtet sich meistens nach sogenannten Schmerzensgeldtabellen, die jedoch wegen der oft einseitigen Auswahl der aufgenommenen Entscheidungen nur mit Vorsicht verwandt werden sollten[47].

V. Unterlassungs- und Beseitigungsanspruch

1. Unterlassungsanspruch

Die gesetzliche Regelung des Deliktsrechts in den §§ 823 ff kennt als Sanktion einer 28
unerlaubten Handlung grundsätzlich nur Schadensersatzansprüche des Verletzten, die jedoch in aller Regel Verschulden des Täters voraussetzen. Es wäre indessen verfehlt, daraus den Schluss zu ziehen, die Rechtsordnung setze die Bürger schutzlos **„bloß" rechtswidrigen Angriffen** Dritter aus; entsprechend den §§ 12, 862 und 1004 stehen vielmehr dem Betroffenen nicht nur bei rechtswidrigen Eingriffen in das Eigentum, den Besitz und das Namensrecht, sondern *generell* bei Eingriffen in deliktsrechtlich geschützte Positionen kraft Gewohnheitsrechts Unterlassungs- und Beseitigungsan-

---

43 S. z. B. *Schiemann*, NJW 2011, S. 1151; *Geigel/Pardey*, Haftpflichtprozess, Kap 4 Rn 73 ff.

44 Z. B. BGH, NJW 2011, S. 1146 Tz 14, 18 und 23; NJW 2011, S. 1148 Tz 17 ff.

45 S. BGB-Schuldrecht Allgemeiner Teil, § 14 Rn 3.

46 BGHZ(GS) 18, S. 148 (154 ff) = NJW 1955, S. 1675; BGHZ 128, S. 117 (119 ff) = NJW 1995, S. 781; ebenso zum neuen Recht die Begr. BT-Dr. 14 (2001)/7742, S. 15; *G. Wagner*, NJW 2002, S. 2049 (2054); zurückhaltend *Däubler*, JuS 2002, S. 625 (626).

47 Eine Liste z. B. bei *Geigel/Pardey*, Haftpflichtprozess, Kap. 7 Rn 58–86.

sprüche zu[48]. Die Verpflichtung zur Unterlassung oder Beseitigung trifft entsprechend den §§ 862 Abs. 1 S. 1 und 1004 Abs. 1 S. 1 den **Störer**. Als Störer in diesem Sinne gilt grundsätzlich jeder, der die Störung in Gestalt eines rechtswidrigen Eingriffs in eine geschützte Position herbeigeführt hat oder dessen Verhalten doch eine unmittelbar bevorstehende Beeinträchtigung der genannten Positionen befürchten lässt. Der Begriff wird üblicherweise weit ausgelegt; insbesondere wird nicht zwischen Tätern und Teilnehmern unterschieden. Als Störer verantwortlich ist vielmehr jeder, der in irgendeiner Weise willentlich und adäquat kausal an der Herbeiführung des rechtswidrigen Erfolgs mitgewirkt hat[49].

29 **Ziel** des Unterlassungsanspruchs ist die Hinderung des Täters an einem offenbar bevorstehenden (erneuten) rechtswidrigen Eingriff in eine deliktsrechtlich geschützte Position, wobei man, wie insbesondere § 8 Abs. 1 S. 2 UWG und § 33 Abs. 1 S. 2 GWB zeigen, im Einzelnen zwei verschiedene Fälle unterscheiden muss: Ist es bereits einmal zu einem Eingriff gekommen, so muss **Wiederholungsgefahr** bestehen, um einen Unterlassungsanspruch auszulösen[50]. Ein Unterlassungsanspruch besteht aber auch, wenn ein rechtswidriger Eingriff in eine der deliktsrechtlich geschützten Positionen des Berechtigten lediglich erstmals droht. An diese so genannte **Erstbegehungsgefahr** werden indessen in der Regel weit strengere Anforderungen als an eine bloße Wiederholungsgefahr als Voraussetzung des Unterlassungsanspruchs gestellt[51].

2. Beseitigungsanspruch

29a Der Beseitigungsanspruch hat – anders als der Unterlassungsanspruch (o. Rn 28 f) – die Aufgabe, eine aus einem *früheren*, bereits geschehenen Eingriff herrührende Quelle *fortlaufender Störungen* zumindest für die *Zukunft* zu beseitigen. Die Abgrenzung von dem grundsätzlich Verschulden voraussetzenden Schadensersatzanspruch richtet sich danach, ob der Verletzte verlangt, durch die Verstopfung einer Quelle fortlaufender Störungen in Zukunft nicht mehr gestört zu werden (dann Beseitigungsanspruch), oder ob er weitergehend fordert, so gestellt zu werden, als ob auch in der *Vergangenheit* nichts geschehen wäre; in diesem Fall kommt nur der Schadensersatzanspruch in Betracht, der dann den Beseitigungsanspruch umfasst[52]. Die wichtigste Erscheinungsform des Beseitigungsanspruchs ist der **Widerrufsanspruch** gegenüber unzutreffenden *Tatsachen*behauptungen. (s. schon o. § 22 Rn 27, § 25 Rn 18).

48 Grdl. RGZ 60, S. 6; 101, S. 335 (339 f).

49 BGHZ 197, S. 213 (221 f, Tz 24) = NJW 2013, S. 2348; im Einzelnen sehr str., s. *Emmerich*, Unlauterer Wettbewerb, 10. Aufl. (2015), § 21 Rn 43 ff; *Staake*, Gesetzliche Schuldverhältnisse, § 13 Rn 13 ff; *Wandt*, Gesetzliche Schuldverhältnisse, § 20 Rn 24.

50 BGHZ 78, S. 9 (17 ff) = NJW 1980, S. 2801; BGH, NJW 2013, S. 1681 Tz 30 ff „Kachelmann".

51 S. im Einzelnen *Emmerich*, Unlauterer Wettbewerb, § 21 Rn 12, 18 ff.

52 *Emmerich*, Unlauterer Wettbewerb, § 21 Rn 24 ff; *Medicus/Lorenz* II, Tz 1439 ff; *Staake*, Gesetzliche Schuldverhältnisse, § 13 Rn 25 ff; *Wandt*, Gesetzliche Schuldverhältnisse, § 20 Rn 25 f.

§ 27 Gefährdungshaftung

I. Grundgedanken

Trotz der grundsätzlichen Entscheidung für das Verschuldensprinzip (s. o. § 20 Rn 1 ff), kennt das deutsche Recht doch in einer Vielzahl von Fällen auch eine Haftung *ohne* Verschulden. Ein Beispiel aus dem BGB ist die Tierhalterhaftung nach § 833 S. 1 (s. u. Rn 9 ff). Die Masse der hierher gehörenden Fälle hat jedoch seine Regelung im Laufe der Zeit außerhalb des BGB gefunden. Die wichtigsten Fälle sind das Straßenverkehrsgesetz (StVG; s. u. Rn 20 ff), das Haftpflichtgesetz (HaftpflG, s. u. Rn 4 ff), das Luftverkehrsgesetz (LuftVG), das Atomgesetz (AtomG), das Wasserhaushaltsgesetz (WHG), das Arzneimittelgesetz (AMG) und das Bundesberggesetz von 1980 (s. u. Rn 35 ff) sowie aus neuerer Zeit noch das bereits behandelte Produkthaftungsgesetz (ProdHaftG; s. o. § 23 Rn 17 ff), das Gentechnikgesetz (GenTG) und das Umwelthaftungsgesetz (UmweltHG; s. u. Rn 38 f). 1

Die vorstehende Aufzählung macht deutlich, dass der Gesetzgeber vor allem dort auf die Gefährdungshaftung zurückgreift, wo es um den **Ausgleich von Unglücksfällen** geht, die zwar um des technischen und sozialen Fortschritts willen in Kauf genommen werden müssen, bei denen es aber offenbar unbillig wäre, die von solchen Unglücksfällen betroffenen Opfer schutzlos zu lassen. Deshalb muss hier derjenige die mit dem Betrieb der Gefahrenquelle verbundenen Risiken tragen, in dessen Interesse der gefahrdrohende Zustand geduldet wird und der daher zugleich am besten in der Lage ist, diese Quelle erhöhter Gefahr zu beherrschen und zu versichern[1]. 2

Bei der Betrachtung der einzelnen Gefährdungstatbestände muss man sich von deliktsrechtlichen Vorstellungen weitgehend frei machen, da die Gefährdungshaftung im Regelfall nicht einmal voraussetzt, dass das eine Ersatzpflicht auslösende Unglück auf einer menschlichen Handlung beruht. Zu ihren Voraussetzungen gehören schon deshalb grundsätzlich weder Rechtswidrigkeit noch Verschulden aufseiten des Verantwortlichen, weil das fragliche gefährliche Verhalten gerade *erlaubt* und nicht etwa verboten ist[2]. Um die Haftung auszulösen, genügt es vielmehr, wenn sich in dem Unglück gerade dasjenige Risiko verwirklicht hat, gegen das das betreffende Gesetz dem Betroffenen Schutz gewähren sollte (sog. **Gefährdungszusammenhang**; s. u. Rn 5, 27). 3

II. Haftpflichtgesetz

1. Eisenbahnen

Literatur: *Filthaut*, Haftpflichtgesetz, 8. Aufl. (2009); *Geigel/Kaufmann*, Haftpflichtprozess, Kap. 26; *Wussow/Rüge*, Unfallhaftpflichtrecht, Kap. 15 f (S. 349 ff). 4

1 S. schon o. § 20 Rn 6 sowie insbesondere BGHZ 158, S. 130 (140) = NJW-RR 2004, S. 959; BGHZ 159, S. 19 (22 f).

2 BGHZ(GS) 24, S. 21 (26) = NJW 1957, S. 785; BGHZ 34, S. 355 (361) = NJW 1961, S. 655; *M. Bauer*, in: Festschrift f. Ballerstedt, 1975, S. 305 (316 f); *Deutsch*, JuS 1981, S. 317 (318).

Nach § 1 Abs. 1 S. 1 HaftpflG ist der Bahnbetriebsunternehmer zum Schadensersatz verpflichtet, wenn bei dem Betrieb einer Schienen- oder Schwebebahn ein Mensch getötet, der Körper oder die Gesundheit eines Menschen verletzt oder eine Sache beschädigt wird. **Bahnbetriebsunternehmer** ist jeder, der eine Bahn für eigene Rechnung betreibt *und* dem die Verfügung über den Betrieb zusteht[3]. Die Haftung setzt voraus, dass die Rechtsgutverletzung gerade durch einen „Unfall bei dem Betrieb" der Bahn eingetreten ist (§ 1 Abs. 1 und 2 aaO, Rn 6 f). Die Haftung ist außerdem summenmäßig beschränkt (§§ 9 und 10 aaO); eine weitergehende Haftung nach dem BGB bleibt jedoch unberührt (§ 12 aaO). Ganz ausgeschlossen ist die Haftung dagegen, wenn der Unfall durch höhere Gewalt verursacht ist (§ 1 Abs. 2 aaO, Rn 7).

5 Unter einem **Unfall** im Sinne des § 1 Abs. 1 S. 1 HaftpflG versteht man ein plötzliches, zeitlich und räumlich unmittelbar mit dem Betrieb der Gefahrenquelle zusammenhängendes Ereignis, da sich allein in solchen Vorgängen die besondere Betriebsgefahr von Schienenfahrzeugen realisiert, die Anlass zu der gesetzlichen Regelung gegeben hat (s. o. Rn 3). Hinzukommen muss, dass sich der Unfall gerade **„bei dem Betrieb"** der Bahn zugetragen hat (§ 1 Abs. 1 HaftpflG). Dies bedeutet, dass ein **„innerer Zusammenhang"** zwischen dem Unfall und den dem Bahnbetrieb eigentümlichen Gefahren bestehen muss. Gemeint ist damit ein enger räumlicher und zeitlicher Zusammenhang mit einem Betriebsvorgang, der die Feststellung erlaubt, dass sich in dem Unfall die *typische* Betriebsgefahr eines schienengebundenen Transportmittels ausgewirkt hat[4]. Im Regelfall wird dieses Merkmal *weit* ausgelegt. Als Unfälle bei dem Betrieb der Bahn gelten beispielshalber Verletzungen der Fahrgäste beim Ein- und Aussteigen oder Umsteigen[5], die Kollision eines Kraftfahrzeugs mit einer geschlossenen Bahnschranke[6] oder Kopfverletzungen, die sich Reisende beim Hinauslehnen aus dem Zugfenster zuziehen[7].

6 **Höhere Gewalt**, bei der die Haftung nach § 1 Abs. 2 HaftpflG ausgeschlossen ist, wird dagegen angenommen, wenn der fragliche Unfall durch ein betriebsfremdes, von außen durch elementare Naturkräfte oder durch Handlungen dritter Personen herbeigeführtes Ereignis verursacht wird, das nach menschlicher Einsicht und Erfahrung unvorhersehbar ist, das deshalb mit wirtschaftlich erträglichen Mitteln auch durch die äußerste nach der Sachlage vernünftigerweise zu erwartende Sorgfalt nicht verhütet oder unschädlich gemacht werden kann und das auch nicht wegen seiner Häufigkeit vom Bahnunternehmer in Kauf zu nehmen ist[8]. Gemeint sind maW solche Risiken, die mit dem Bahnbetrieb überhaupt nichts mehr zu tun haben und die daher bei einer rechtlichen Bewertung nicht dem Betrieb der Bahn, sondern nur dem Drittereignis zugerechnet werden können[9]. **Beispiele** sind Sabotageakte[10] sowie Selbstmordversuche

---

3 Zur speziellen Situation bei der Deutschen Bahn AG s. BGHZ 158, S. 130 (133 ff) = NJW-RR 2004, S. 959; BGH, NJW 2012, S. 1083 Tz 11, 14.
4 *Geigel/Kaufmann*, Haftpflichtprozess, Kap. 26 Rn 16 ff.
5 BGH, NJW 2012, S. 1083 Tz 10; *Larenz/Canaris*, Schuldrecht II/2, § 84 III 2c; *Medicus/Lorenz* II, Tz 1382.
6 BGH, LM Nr 19 zu § 1 HaftpflG 1871 = NJW 1963, S. 1107.
7 BGH, LM Nr 35 zu § 636 RVO = NJW 1987, S. 2445.
8 BGHZ 159, S. 19 (22 f); OLG Hamm, NJW-RR 2005, S. 393 (394); *Deutsch*, in: Festgabe 50 Jahre BGH I, 2000, S. 674 (685 f); *Geigel/Kaufmann*, Haftpflichtprozess, Kap. 26 Rn 28 ff.
9 BGHZ 7, S. 338 (339) = NJW 1953, S. 184; BGHZ 159, S. 19 (22 f).
10 BGHZ 105, S. 135 (136 f) = NJW 1988, S. 2733.

Dritter. Die Bahn haftet daher nicht, wenn in einem Bahnhof ein Selbstmörder von einem Zug erfasst und auf eine andere Person geschleudert wird[11], wohl aber, wenn ein Auto von einer Bundesstraße auf eine parallel verlaufende Bahnstrecke gelangt und dort mit einem Zug kollidiert[12].

2. Energieanlagen[13]

Eine vergleichbare Haftung wie den Bahnbetriebsunternehmer (o. Rn 4 f) trifft nach § 2 HaftpflG die Inhaber von Energieanlagen und -leitungen. Erfasst werden gleichermaßen Stromleitungen wie Gas-, Öl- und Wasserleitungen einschließlich der Kanalisation, die Abwasserkanalisation freilich nur, soweit sie verrohrt ist, während für offene Kanäle und Rückhaltebecken nicht nach dem HaftpflichtG gehaftet wird[14]. § 2 Abs. 3 HaftpflG enthält außerdem verschiedene Ausschlusstatbestände, darunter auch hier die Verursachung des Schadens durch höhere Gewalt (Nr 3 aaO, s. Rn 6). Keine Haftung besteht danach z. B. bei Überlastung einer Abwasserkanalisation durch einen Jahrhundertregen[15]. 7

Im Einzelnen hat man die Wirkungs- und die Zustandshaftung zu unterscheiden[16]. Reine Gefährdungshaftung ist lediglich die **Wirkungshaftung**, d. h. die Haftung für Rechtsgutverletzungen, die auf den von den genannten Anlagen ausgehenden Wirkungen des Stroms, des Gases, des Öls oder des Wassers beruhen (S. 1 des § 2 Abs 1 HaftpflG). **Beispiele** sind Schäden durch das Herabfallen von Leitungsdrähten (s. § 2 Abs. 3 Nr. 3 aaO) sowie Wasserschäden infolge eines Rohrbruchs in der Kanalisation, während Schäden infolge eines bloßen Rückstaus des Wassers in der Anlage nicht erfasst werden[17]. Die **Zustandshaftung** nach S. 2 und 3 des § 2 Abs 1 HaftpflG betrifft dagegen Schäden, die auf das bloße *Vorhandensein* solcher Anlagen zurückzuführen sind. Diese Haftung entfällt jedoch, wenn sich die Anlage in dem maßgeblichen Zeitpunkt in ordnungsmäßigem Zustand befand, d. h. wenn die Anlage den Regeln der Technik entsprach und unversehrt war. Ein Beispiel ist der Bruch einer in einer Straße verlegten Leitung mit der Folge, dass Schlaglöcher entstehen, die zu Unfällen führen. 8

III. Tierhalterhaftung

1. Überblick, Zweck

Literatur: *Geigel/Haag*, Haftpflichtprozess, Kap. 18; *W. Lorenz*, Die Gefährdungshaftung des Tierhalters, 1992; *Wussow/Rüge*, Unfallhaftpflichtrecht, Kap. 11 (S. 234 ff) . 9

Nach § 833 S. 1 ist der Tierhalter zum Schadensersatz verpflichtet, wenn durch ein Tier ein Mensch getötet oder der Körper oder die Gesundheit eines Menschen verletzt

11 OLG Hamm, NJW-RR 2005, S. 393 (394).
12 BGH, LM Nr 9 zu HaftpflG 1978 = NJW-RR 1988, S. 986.
13 S. im Einzelnen *Geigel/Kaufmann*, Haftpflichtprozess, § 26 Rn 56 ff; *Wussow/Rüge*, Unfallhaftpflichtrecht, Kap. 16 (S. 373 ff).
14 BGHZ 158, S. 263 (265 f); 159, S. 19 (21 f).
15 BGHZ 159, S. 19 (23 ff) = WM 2005, S. 617.
16 S. *Medicus/Lorenz* II, Tz 1385.
17 BGHZ 88, S. 85 (87 ff) = NJW 1984, S. 615.

oder eine Sache beschädigt wird. Anders verhält es sich nur nach § 833 S. 2, der erst im Jahre 1908 im Interesse der Landwirtschaft in das Gesetz eingefügt worden ist, wenn es sich bei dem Tier um ein Haustier handelt, das dem Beruf, der Erwerbstätigkeit oder dem Unterhalt des Tierhalters zu dienen bestimmt ist. In diesem Fall haftet der Tierhalter lediglich für vermutetes Verschulden bei der Beaufsichtigung des Tieres (Rn 12, 19). Die darin liegende **Privilegierung** der so genannten **Nutztierhalter** ist (angeblich) sachlich begründet und verstößt deshalb nicht gegen Art. 3 Abs. 1 GG[18]. Bloße Haftung für vermutetes Verschulden ist nach § 834 ferner die Haftung der Personen, die vertraglich die Führung der Aufsicht über das Tier übernommen haben (sog. **Tieraufseher** oder Tierhüter). Beispiele sind Hirten, Viehtreiber sowie sonstige Personen, die Tiere in Pension nehmen, nicht dagegen Stallknechte oder angestellte Reitlehrer[19].

10 **Zweck** des § 833 S. 1 BGB ist die Überbürdung der sogenannten Tiergefahr, basierend auf dem unberechenbaren tierischen Verhalten, auf den Tierhalter[20]. Das Gesetz will dadurch einen Ausgleich für die mit der Haltung von Tieren verbundenen **Gefahren** schaffen, gegen die sich Dritte praktisch nicht schützen können. Deshalb werden die mit der Tierhaltung verbundenen Risiken dem Tierhalter, d. h. demjenigen auferlegt, der diese Gefahren zu verantworten hat, der sie gegebenenfalls steuern und jedenfalls versichern kann.

2. Tiere

11 Tiere im Sinne des § 833 sind grundsätzlich alle Lebewesen mit Ausnahme des Menschen und der Pflanzen. Dazu gehören z. B. auch Bienen[21]. Umstritten ist die Rechtslage lediglich bei **Kleinlebewesen** und Mikroorganismen wie Bakterien und Viren. Nach der wohl h.M. ist hier *kein* Raum für die Anwendung des § 833 S. 1[22]. Ein Grund für eine derartige Einschränkung des Anwendungsbereichs der Vorschrift zum Nachteil Dritter ist indessen nicht erkennbar[23]. Unklar ist lediglich, wer als Halter derartiger Kleinlebewesen zu qualifizieren ist. Fest steht nur, dass, wer z. B. mit Bakterien oder Viren infiziert wird, dadurch noch nicht zum Halter dieser Kleinlebewesen wird, sodass er für die Ansteckung weiterer Personen nicht etwa nach § 833 S. 1 haften muss[24].

12 Innerhalb der Tiere (o. Rn 11) unterscheidet das Gesetz in S. 1 und S. 2 des § 833 zwischen Luxustieren und **Nutztieren**. Nutztiere sind nach § 833 S. 2 „Haustiere", die dem Beruf, der Erwerbstätigkeit oder dem Unterhalt des Tierhalters zu dienen bestimmt sind. Den Gegensatz zu den **Haustieren** bilden nach h.M. die wilden und die lediglich gezähmten, aber eben nicht zahmen Tiere (s. § 960 Abs. 1 und 3)[25]. Zu den-

---

18 So jedenfalls, im Grunde ohne Begründung, BGH, NJW 2009, S. 3233 Tz 5 ff.

19 Zur Haftung des Jagdausübungsberechtigten für Jagdschäden s. noch die §§ 29 und 33 BJagdG.

20 BGHZ 67, S. 129 (132) = NJW 1976, S. 2130; BGH, NJW 2014, S. 2434 Tz 5; *Deutsch*, JuS 1987, S. 673.

21 BGHZ 117, S. 110 (111) = NJW 1992, S. 1389.

22 BGH, LM Nr 73 zu § 286 (B) ZPO = NJW 1989, S. 2947 (Virusinfektion eines Studenten in einer tierärztlichen Hochschule, wo § 833 nicht einmal erwähnt wird); *Larenz/Canaris*, Schuldrecht II/2, § 84 II 1a (S. 613 f); *Looschelders* II, Tz 1346; *Palandt/Sprau*, § 833 Rn 5.

23 *Medicus/Lorenz* II, Tz 1365.

24 *Medicus/Lorenz* II, Tz 1365 f.

25 Palandt/*Sprau*, § § 833 Rn 16.

ken ist dabei in erster Linie an die von Landwirten zu Erwerbszwecken gehaltenen Tiere wie Hühner, Schweine und Kühe, ebenso aber auch an Polizei- und Blindenhunde sowie Polizeipferde. Alle anderen Tiere sind dagegen **Luxustiere**. Dazu gehören gleichermaßen die aus privater Liebhaberei gehaltenen Tiere wie die wilden Tiere einschließlich der bloß gezähmten Tiere und daher z. B. auch die in zoologischen Gärten oder in Gehegen gehaltenen wilden oder gezähmten Tiere[26].

3. Tierhalter

13 Die Haftung aus § 833 trifft den Tierhalter. Tierhalter ist, wer im eigenen Interesse durch die Gewährung von Obdach und Unterhalt freiwillig für eine gewisse Dauer die Sorge für ein Tier übernommen hat. Im Regelfall wird der Tierhalter mit dem **Eigentümer** des Tieres identisch sein; notwendig ist dies indessen nicht. Letztlich ausschlaggebend für die Tierhaltereigenschaft einer Person sind vielmehr die **Bestimmungsgewalt** über das Tier, das **Interesse** an der Tierhaltung sowie deren **Dauer**[27]. Werden Pferde nur für einzelne Ausritte vermietet, so bleibt daher Tierhalter der **Vermieter** mit der Folge, dass ihn, und zwar auch gegenüber dem Mieter, die Haftung nach § 833 S. 1 trifft (s. u. Rn 18). Tierhalter sind ferner z. B. **Reitvereine**, die selbst Pferde halten. Geschieht dies in erster Linie zu sportlichen oder sonstigen gemeinnützigen Zwecken wie etwa Therapiezwecken, so trifft den Verein die strenge Haftung nach § 833 S. 1[28]. **Minderjährige** können dagegen die Eigenschaft als Tierhalter (wegen der damit verbundenen Risiken) nur mit Zustimmung ihrer gesetzlichen Vertreter erlangen (§§ 104 ff analog; str).

14 Die einmal begründete Tierhaltereigenschaft besteht **so lange** fort, bis das Tier einen neuen Halter gefunden hat. Sie endet insbesondere nicht dadurch, dass das Tier selbst für längere Zeit bei einem Dritten in Pension gegeben wird, sofern der Tierhalter die Kosten dafür trägt[29]. Die Haftung des Tierhalters findet noch nicht einmal dann ihr Ende, wenn das Tier entläuft oder ausgesetzt wird, weil es sich dabei gerade um typische Tiergefahren handelt (Rn 15 ff)[30].

4. Tiergefahr

15 Eine Rechtsgutverletzung ist iS des § 833 S. 1 durch ein Luxustier (o. Rn 12) verursacht, wenn sich in dem Schaden die spezifische Tiergefahr realisiert hat, die seinerzeit Anlass zur Einführung der Gefährdungshaftung des Tierhalters gegeben hat (o. Rn 10). Die **Rechtsprechung** stellt heute in der Regel darauf ab, ob der Schaden seine Ursache gerade in einem der tierischen Natur entsprechenden, **unberechenbaren** und **selbsttätigen Verhalten** findet[31]. Daran soll es z. B. fehlen, wenn ein Tier ledig-

26 OLG Nürnberg, NJW-RR 1991, S. 1500; *A. Werner*, NJW 2012, S. 1048.

27 *Deutsch*, JuS 1981, S. 317 (320); 1987, S. 673 (678); *Medicus/Lorenz* II, Tz 1366.

28 BGH, LM Nr 23 zu § 833 BGB = NJW 1992, S. 2474 = JuS 1993, S. 73 Nr 5; LM Nr 26 zu § 833 BGB (Bl. 2) = NJW 1999, S. 3119; NJW 2011, S. 1961 Tz 8.

29 BGH, NJW 2014, S. 2434.

30 BGH, LM Nr 4 zu § 833 BGB = NJW 1965, S. 2397 (Haftung des Tierhalters für Schäden, die ein entlaufener Wach- oder Hütehund anrichtet!).

31 BGH, LM Nr 26 zu § 833 BGB (Bl. 1 R) = NJW 1999, S. 3119; NJW-RR 2006, S. 813 (814, Tz 7); NJW 2014, S. 2434 Tz 5; *Medicus/Lorenz* II, Tz 1367.

lich der Leitung und dem Willen eines Menschen folgt und der Schaden deshalb in erster Linie daraus resultiert, weil er dann im Grunde nur durch den Menschen und nicht mehr durch das Tier (das nur als Werkzeug eingesetzt wurde) verursacht ist[32]. Tatsächlich sind indessen Dritte gerade dann besonders schutzbedürftig, wenn z. B. Hunde von einem Menschen auf sie gehetzt werden – unbeschadet des Umstandes, dass der Täter dann selbstverständlich selbst nach § 823 Abs. 1 und 2 haftet (wichtig etwa, wenn es sich um fremde Hunde handelt)[33].

16 Die Voraussetzungen des § 833 sind nach dem Gesagten (Rn 15) **z. B.** auch bei dem Decken eines Tiers durch ein anderes zu bejahen[34]. Der Tierhalter haftet außerdem etwa, wenn das Tier lediglich auf äußere Reize reagiert oder wenn es trotz seiner Leitung durch einen Menschen oder allein durch seinen Auftritt einen Schaden verursacht[35], z. B. wenn ein Reiter durch das nicht mehr zu kontrollierende Verhalten eines Pferdes verunsichert wird und deshalb vom Pferd fällt, nachdem dieses abrupt stehen geblieben ist[36], wenn ein Mensch bei dem Anblick des Tieres vor Schreck in Ohnmacht fällt oder stürzt[37] oder wenn es zu einem Unfall kommt, weil sich ein Tier auf einer Straße aufhält[38].

5. Geschützte Personen

17 Geschützt wird durch § 833 jedermann mit Ausnahme des Tierhalters selbst. Den Schutz des § 833 genießen insbesondere auch Personen, die freiwillig, etwa aus beruflichen Gründen, Kontakt mit dem Tier aufnehmen. Beispiele sind hier Ärzte, Hufschmiede oder die Betreiber von Tierpensionen[39]. Dasselbe gilt sogar grundsätzlich für Personen, die sich einem Tier unbefugt nähern[40]. Umstritten ist aber, ob es Ausnahmen gibt, insbesondere unter dem Gesichtspunkt des Handelns auf eigene Gefahr.

18 Unproblematisch ist zunächst die Anwendbarkeit des **§ 254**, wenn den Geschädigten ein mitwirkendes Verschulden trifft[41]. Dies wird häufig der Fall sein, wenn sich der Geschädigte ohne Not selbst freiwillig der Tiergefahr ausgesetzt hat. Paradigma ist der **Reiter**, der sich von dem Tierhalter ein Pferd ausleiht oder mietet. Seine Ersatzansprüche bei einer Verletzung durch das Pferd (ein Dauerthema) können deshalb durchaus von Fall zu Fall nach § 254 Abs. 1 gemindert sein[42]. Das Schrifttum hält dagegen diese Praxis vielfach noch nicht für ausreichend und fordert deshalb zum Schutze des Tierhalters gegen übermäßige Haftungsrisiken noch deutlich weiterge-

32 BGH, LM Nr 16 zu § 833 BGB (Bl 1R) = NJW 1986, S. 2501; NJW-RR 2006, S. 813 (814, Tz 7); *Palandt/Sprau*, § 833 Rn 7.
33 Ebenso *Looschelders* II, Tz 1347.
34 BGHZ 67, S. 129 (132 ff) = NJW 1976, S. 2130 = JuS 1977, S. 190 Nr 3; BGH, LM Nr 11 zu § 833 BGB = NJW 1982, S. 763.
35 S. *Deutsch*, JuS 1987, S. 673 (676 f); *Kötz/Wagner*, Deliktsrecht, Tz 528; *Larenz/Canaris*, Schuldrecht II/2, § 84 II 1c (S. 615 f); *Schlechtriem*, Schuldrecht BT, Tz. 940.
36 BGH, LM Nr 26 zu § 833 BGB (Bl. 2) = NJW 1999, S. 3119; NJW 2011, S. 1961 Tz 5.
37 OLG Nürnberg, NJW-RR 1991, S. 741.
38 BGH, LM Nr 175 zu § 823 (Dc) BGB = NJW-RR 1990, S. 789; OLG Nürnberg, NJW-RR 1991, S. 1500.
39 BGH, NJW 2014, S. 2434 Tz 6.
40 BGH, NJW 2013, S. 2661 Tz 9 m. Nachw.
41 BGH, LM Nr 24 zu § 833 BGB = NJW 1993, S. 2611.
42 Verneint z. B. in BGH, NJW 2011, S. 1961 Tz 9 für einen behinderten Reiter.

hende Haftungsbeschränkungen, insbesondere unter dem Gesichtspunkt des **Handelns auf eigene Gefahr** (§ 242)[43]. Die Rechtsprechung steht indessen (zu Recht) derartigen Versuchen zur Einschränkung des § 833 S. 1 ausgesprochen zurückhaltend gegenüber und erwägt deshalb einen totalen Haftungsausschluss allenfalls, wenn sich jemand ganz bewusst freiwillig und ohne Not einer besonders gesteigerten Tiergefahr aussetzt, etwa durch das (unvernünftige) Angebot zum Zureiten eines böswilligen oder weigerlichen Pferdes[44]. In der Tat genügt in aller Regel die Anwendung des § 254 vollauf zum Schutz des Tierhalters. Denn nur er, nicht dagegen der Verletzte kann sich gegen die Risiken der Tierhaltung versichern; dies sollte den Ausschlag geben[45].

6. Nutztiere

Anders als bei den Luxustieren haftet der Tierhalter nach § 833 S. 2 bei einer Schädigung Dritter durch Nutztiere (o. Rn 12) nur für **vermutetes eigenes Verschulden**. Ein viel diskutiertes (und in der Tat problematisches) Beispiel sind Reitvereine, die mit der Tierhaltung vorrangig gewerbliche Zwecke verfolgen[46]. Unter den Voraussetzungen des § 833 S. 2 kann sich der Tierhalter durch den Nachweis entlasten, dass er bei der Beaufsichtigung des Tieres die im Verkehr erforderliche Sorgfalt beobachtet hat *oder* dass der Schaden auch bei Anwendung dieser Sorgfalt entstanden wäre. Die Anforderungen der Rechtsprechung an den **Entlastungsbeweis** des Tierhalters nach § 833 S. 2 sind gewöhnlich hoch[47]. Der Tierhalter muss insbesondere dafür Sorge tragen, dass die Tiere nicht außer Kontrolle geraten können; für Schäden durch entlaufene Tiere wird daher wohl immer gehaftet[48]. 19

IV. Kraftfahrzeughalterhaftung

Literatur: *Becker/Böhme/Dittrich,* Kraftverkehrs-Haftpflichtschäden, 25. Aufl. (2013); *Geigel/Kaufmann,* Haftpflichtprozess, Kap. 25; *Greger/Zwickel,* Haftungsrecht des Straßenverkehrs, 5. Aufl. (2014); *Hentschel/König/Dauer,* Straßenverkehrsrecht, 43. Aufl. (2015); *Wussow/Fad,* Unfallhaftpflichtrecht, Kap. 17 (S. 384 ff).

1. Überblick

Nach § 7 Abs. 1 StVG ist der Halter dem Verletzten zum Schadensersatz verpflichtet, 20
wenn bei dem Betrieb eines Kraftfahrzeugs oder eines Anhängers ein Mensch getötet, der Körper oder die Gesundheit eines Menschen verletzt oder eine Sache beschädigt

43 S. *Deutsch,* NJW 1978, S. 1998; *ders.,* JuS 1981, S. 317 (323); 1987, S. 673 (676 ff); *Kötz/Wagner,* Deliktsrecht, Tz 529; *Larenz/Canaris,* Schuldrecht II/2, § 84 II 1 e (S. 617); *Looschelders* II, Tz 1348; *Schlechtriem,* Schuldrecht BT, Tz 942; kritisch *Medicus/Lorenz* II, Tz 1368.

44 BGH, LM Nr 23 zu § 833 BGB = NJW 1992, S. 2474 = JuS 1993, S. 73 Nr 5; LM Nr 24 zu § 833 BGB = NJW 1993, S. 2611; NJW-RR 2006, S. 813 (814, Tz 10 ff); NJW 2013, S. 2661 Tz 11; 2014, S. 2434 Tz 7 ff m. Nachw.

45 Ebenso *Spindler,* in: Bamberger/Roth, § 833 Rn 21 f.

46 S. dazu schon o. Rn 13 sowie BGH, LM Nr 18 zu § 833 BGB = NJW 1987, S. 949; *Larenz/Canaris,* Schuldrecht II/2, § 84 II 1 b (S. 614 f).

47 BGH, NJW 2009, S. 3233 Tz 11 ff.

48 BGH, LM Nr 4 zu § 833 BGB = NJW 1965, S. 2397; LM Nr 104 zu § 278 BGB = NJW 1978, S. 1079 (1083); NJW 2009, S. 3233 Tz 11 ff.

wird. Die Haftung setzt kein Verschulden voraus, ist jedoch ausgeschlossen, wenn der Unfall durch höhere Gewalt verursacht wird (§ 7 Abs. 2 StVG). Weitere Ausschlusstatbestände finden sich in § 8 StVG. Inhaltlich entspricht die Halterhaftung nach dem StVG weitgehend der nach dem BGB (s. die §§ 7 und 11 StVG). Die Haftung umfasst seit 2002 insbesondere auch ein **Schmerzensgeld** (§ 11 S. 2 StVG iVm § 253 Abs. 2 BGB). Sie ist **jedoch summenmäßig beschränkt** (s. im Einzelnen die §§ 10–13 StVG nF) und greift auch nur ein, wenn der Ersatzberechtigte den Unfall binnen zweier Monate dem Ersatzpflichtigen **anzeigt** (§ 15 StVG). Im Falle mitwirkenden Verschuldens des Opfers ist § **254 BGB** entsprechend anwendbar, wobei hier im Falle der Beschädigung einer Sache das Verschulden desjenigen, der die tatsächliche Gewalt über die Sache ausübt, (abweichend von § 254 BGB) dem Verschulden des Verletzten gleich steht (§ 9 StVG). Die Halter von **Anhängern** wurden 2002 in die Regelung einbezogen[49], weil die Unfallopfer häufig nur das Kennzeichen des Anhängers, nicht aber das der Zugmaschine zu erkennen vermögen, sodass sie nach dem früheren Rechtszustand leer ausgingen, wenn deshalb der eigentlich verantwortliche Kraftfahrzeughalter nicht mehr ermittelt werden konnte. Neben dem Halter haftet schließlich der **Führer** des Fahrzeugs, freilich nur aus vermutetem Verschulden (§ 18 Abs. 1 StVG).

20a Die Gefährdungshaftung der Kraftfahrzeughalter wurde bereits 1909 vor allem wegen der aus der hohen Geschwindigkeit der Kraftfahrzeuge resultierenden Gefahren eingeführt. Sie ist gleichsam der Preis für die Erlaubnis zum Betrieb eines Kraftfahrzeuges trotz der damit für Dritte verbundenen besonderen Gefahren[50]. Mit Rücksicht auf diese Gefahren wurde die ganze Regelung außerdem im Jahre 1939 um eine **Pflichtversicherung** der Kraftfahrzeughalter ergänzt, um die Erfüllung der nach dem StVG den Unfallopfern zustehenden Ansprüche unter allen Umständen sicherzustellen. Die Einzelheiten ergeben sich aus dem (wichtigen) **Pflichtversicherungsgesetz (PflVG)** von 1939 in der Fassung von 1965[51]. Hervorzuheben ist, dass der Geschädigte gemäß § 115 VVG nF (= § 3 PflVG aF) (nach französischem Vorbild) einen **direkten Anspruch** gegen den Versicherer des Kraftfahrzeughalters hat, sodass in der Praxis beide in aller Regel als Gesamtschuldner gemeinsam verklagt werden.

2. Kraftfahrzeughalter

21 Die Ersatzpflicht trifft nach § 7 Abs. 1 StVG den Halter des Kraftfahrzeugs. Kraftfahrzeughalter ist, wer ein Kraftfahrzeug auf eigene Rechnung in Gebrauch hat und die Verfügungsgewalt darüber besitzt, die ein derartiger Gebrauch voraussetzt[52]. Entscheidend ist mit anderen Worten die **tatsächliche**, nicht die rechtliche **Verfügungsgewalt** über das Fahrzeug, sodass Eigentum und Haltereigenschaft im Einzelfall auseinanderfallen können. So verhält es sich z. B., wenn der Eigentümer einem Dritten, etwa einem Angehörigen, ein Kraftfahrzeug zur eigenen Benutzung auf eigene Rech-

49 Auf Anhänger wird im Folgenden nicht mehr gesondert eingegangen, weil für sie in jeder Hinsicht dasselbe wie für Kraftfahrzeuge gilt.

50 BGHZ 199, S. 377 (380, Tz 5) = NJW 2014, S. 1182; BGH, NJW 2013, S. 1679 Tz 15.

51 BGBl. I, S. 213 mit späteren Änderungen; s. dazu *Geigel/Münkel*, Haftpflichtprozess, Kap. 13 Rn 41 ff; *Wussow/G. Schneider*, Unfallhaftpflichtrecht, Kap. 18 (S. 650 ff).

52 BGHZ 13, S. 351 (354 ff) = NJW 1954, S. 1198; BGHZ 32, S. 331 (333) = NJW 1960, S. 1572; BGHZ 173, S. 182 (184, Tz 7) = NJW 2007, S. 3120; *Garbe/Hagedorn*, JuS 2004, S. 287 (288).

nung überlässt. Außerdem ist nicht Halter, wer ein Kraftfahrzeug lediglich für kurze Zeit mietet, wohl aber derjenige, der es für längere Zeit anmietet oder aufgrund eines **Leasingvertrages** erwirbt, während der Leasinggeber dann nicht als Halter gilt und folglich auch nicht nach dem StVG haftet[53]. Die Haltereigenschaft des Fahrzeugeigentümers **endet,** sobald er die tatsächliche Verfügungsgewalt über das Fahrzeug auf Dauer einbüßt, insbesondere also, wenn ihm das Fahrzeug gestohlen wird[54].

§ 7 Abs. 1 StVG setzt weiter voraus, dass es gerade bei dem Betrieb eines „Kraftfahrzeugs" zu einem Schaden gekommen ist. Als **Kraftfahrzeuge** gelten alle Landfahrzeuge, die durch Maschinenkraft bewegt werden, ohne an Bahngleise gebunden zu sein (§ 1 Abs. 2 StVG). **Ausgenommen** sind jedoch nach § 8 Nr 1 StVG Kraftfahrzeuge, die auf ebener Bahn mit keiner höheren Geschwindigkeit als 20 km in der Stunde fahren *können.* Nutznießer dieser (überaus problematischen) Regelung, eines typischen Produkts erfolgreicher Lobbyarbeit und korrupter Politik, sind vor allem die Land- und Bauwirtschaft[55]. **22**

3. Verletzung bei dem Betrieb

Der Kraftfahrzeughalter (Rn 21) ist nach § 7 Abs. 1 StVG nur schadensersatzpflichtig, wenn die Rechtsgutverletzung, d. h. der „Unfall" gerade „bei dem Betrieb" des Kraftfahrzeugs eingetreten ist. Damit wird zum Ausdruck gebracht, dass sich in dem Unfall die besondere Betriebsgefahr des Kraftfahrzeugs verwirklicht haben muss, die überhaupt erst Anlass zu der Einführung der Gefährdungshaftung des Kraftfahrzeughalters gegeben hat (so genannter Gefährdungszusammenhang, Rn 20a) Der Begriff wird zum Schutze der Verkehrsopfer weit ausgelegt[56]. Es genügt ein naher örtlicher und zeitlicher Zusammenhang des Unfalls mit einem betrieblichen Vorgang oder mit bestimmten Betriebseinrichtungen, sodass im Grunde alle durch ein Kraftfahrzeug verursachten und in diesem Sinne durch den Kraftfahrzeugverkehr geprägten und beeinflussten Schadensabläufe von § 7 StVG erfasst werden[57]. Daraus wird überwiegend der Schluss gezogen, dass im Ergebnis zu dem „Betrieb" des Kraftfahrzeugs iS des § 7 Abs. 1 StVG die gesamte Teilnahme am Verkehr einschließlich insbesondere des ruhenden Verkehrs gehört (sog. verkehrstechnischer im Gegensatz zu dem maschinentechnischen Betriebsbegriff, der auf die Bewegung des Fahrzeugs durch den Motor als Kriterium abstellte). Umstritten war lediglich lange Zeit die Behandlung ordnungsgemäß außerhalb des Straßenraums geparkter Fahrzeuge[58]. Jedoch wendet der BGH neuerdings selbst in derartigen Fällen § 7 StVG an, so z. B. wenn in einer Tiefgarage ein ordnungsgemäß abgestelltes Fahrzeug infolge eines technischen De- **23**

53 BGHZ 87, S. 133 (135 f) = NJW 1983, S. 1492; BGHZ 116, S. 200 (202, 205 f) = NJW 1992, S. 900; BGHZ 173, S. 182 (184, Tz 7) = NJW 2007, S. 3120; BGHZ 187, S. 379 (382 ff, Tz 10 ff) = NJW 2011, S. 996; s. auch Rn 23.

54 BGH, LM Nr 71 zu § 7 StVG = NJW 1997, S. 660.

55 S. dazu die Kritik bei *Medicus/Lorenz* II, Tz 1370.

56 BGH, NJW 2005, S. 2081 f m. Nachw.

57 BGHZ 105, S. 65 (66 f) = NJW 1988, S. 3019; BGHZ 115, S. 84 (86) = NJW 1991, S. 2568; grdl. BGHZ 199, S. 377 (380) = NJW 2014, S. 1182; BGH, NJW 2013, S. 1679 Tz 15; *Garbe/Hagedorn*, JuS 2004, S. 288 (289 f); *Geigel/Kaufmann*, Haftpflichtprozess, Kap. 25 Rn 49 ff; *Kötz/Wagner*, Deliktsrecht, Tz 546 ff; *Looschelders* II, Tz 1450 ff; *H. Roth*, JuS 1993, S. 716 f; *Staake*, Gesetzliche Schuldverhältnisse, § 10 Rn 7 ff.

58 S. *Staake*, Gesetzliche Schuldverhältnisse, § 10 Rn 9.

fekts in Brand gerät und dadurch andere Fahrzeuge beschädigt werden[59]. Der Schaden muss aber an einer anderen Sache als dem Fahrzeug des Halters entstehen; die Beschädigung dieses Fahrzeugs selbst, z. B. durch den Leasingnehmer, führt nicht zur Haftung des Halters, z. B. des Leasingnehmers, gegenüber dem dritten Eigentümer[60] . Ebenso wenig fallen reine Vermögensschäden in den Schutzbereich des § 7 StVG.

24 Die Anwendung des § 7 Abs. 1 StVG setzt nicht voraus, dass sich der Führer verkehrswidrig verhalten hat oder dass es überhaupt zu einer Kollision der Fahrzeuge gekommen ist, sofern sich nur die von einem Kraftfahrzeug ausgehenden Gefahren ausgewirkt haben. Auch Abwehr- oder Ausweichreaktionen eines Fahrers auf das Verhalten eines anderen lösen die Haftung aus § 7 Abs. 1 StVG aus, wenn ihre Folge ein Unfall ist[61]. § 7 StVG ist daher z. B. erfüllt, wenn ein Fahrzeug auf der Straße liegen bleibt und ein anderes Auto auf es auffährt[62], wenn der Fahrer nach einem Auffahrunfall aussteigt, um den Schaden zu inspizieren und dabei auf der eisglatten Straße zu Fall kommt[63], wenn ein Helfer an der Unfallstelle von einem anderen Fahrzeug erfasst und verletzt wird[64], wenn ein Auto als Mordwerkzeug missbraucht wird[65], wenn eine Straße durch ein Fahrzeug so sehr verschmutzt wird, dass andere Fahrzeuge ausrutschen[66], sowie, wenn es beim Beladen oder Entladen eines Fahrzeugs zu einem Unfall kommt[67].

25 Mangels des erforderlichen Gefährdungszusammenhanges (Rn 3, 23) ist dagegen für die Anwendung des § 7 StVG *kein* Raum bei einem bloßen „äußeren" Zusammenhang zwischen dem Betrieb des Kraftfahrzeugs und dem eingetretenen Schaden[68]. So verhält es sich z. B., wenn der Motor des Fahrzeugs **betriebsfremd**, etwa für das Einfüllen von Öl in einen Tank verwandt wird[69] oder wenn ein Fahrzeug nur als Straßensperre oder Lichtquelle eingesetzt wird[70]. Der nötige **innere Zusammenhang** zwischen dem Betrieb des Kraftfahrzeugs und dem eingetretenen Schaden fehlt ferner, wenn bei der Auseinandersetzung zwischen den an einem Unfall Beteiligten einer von ihnen einen Schlaganfall erleidet[71] oder wenn ein Polizeifahrzeug bei der Verfolgung eines anderen Fahrzeugs wegen überhöhter Geschwindigkeit verunglückt[72].

59 BGHZ 199, S. 377 (381, Tz 6) = NJW 2014, S. 1182.
60 BGHZ 187, S. 379 (382 ff, Tz 10).
61 BGH, LM Nr 55 zu PflVG = NJW-RR 1987, S. 87 f; LM Nr 60 zu § 7 StVG = NJW 1988, S. 2802; NJW 2005, S. 2081 f.
62 BGHZ 29, S. 163 (165 ff) = NJW 1959, S. 627.
63 BGH, NJW 2013, S. 1379 Tz 16.
64 BGH, NJW 2011, S. 292 (295, Tz 23 ff).
65 BGHZ 37, S. 311 (313 ff) = NJW 1962, S. 1676.
66 BGH, LM Nr 52 zu § 7 StVG = NJW 1982, S. 2669.
67 BGHZ 71, S. 212 (214 f) = NJW 1978, S. 1582.
68 BGHZ 115, S. 84 (86 f) = NJW 1991, S. 2568; BGH, LM Nr 64 zu § 823 (C) BGB = NJW 1990, S. 2885 = JuS 1991, S. 152 Nr 4.
69 BGHZ 71, S. 212 (214 f) = NJW 1978, S. 1582; BGH, LM Nr 45 zu § 7 StVG = NJW 1975, S. 1886.
70 *Kötz/Wagner*, Deliktsrecht, Tz 548.
71 BGHZ 107, S. 359 (366 f) = NJW 1989, S. 2616 = JuS 1990, S. 143 Nr 7; s. dazu *Zipp*, JuS 1991, S. 809.
72 BGH, LM Nr 64 zu § 823 (C) BGB = NJW 1990, S. 2885 = JuS 1991, S. 152 Nr 4.

4. Ausschlusstatbestände

a) Höhere Gewalt

Die Haftung des Halters entfallt seit 2002 gemäß § 7 Abs. 2 StVG nF nur noch, wenn der Unfall durch höhere Gewalt verursacht wurde. Der Begriff der höheren Gewalt ist hier derselbe wie im Anwendungsbereich des Haftpflichtgesetzes. Es muss sich folglich um ein *von außen* kommendes, in diesem Sinne betriebsfremdes Ereignis handeln, das *nicht voraussehbar* ist und auch durch äußerste Sorgfalt *nicht vermieden* werden kann (Rn 7). Gemeint sind Ereignisse, die mit dem Kraftfahrzeugbetrieb überhaupt nichts mehr zu tun haben und bei einer wertenden Betrachtung nicht dem Betrieb des Kraftfahrzeugs, sondern nur dem Drittereignis zugerechnet werden können[73]. Schädigungen aus dem Straßenverkehr heraus, insbesondere also durch das Fehlverhalten anderer Verkehrsteilnehmer einschließlich Kindern, führen dagegen heute, weil nicht von außen kommend und durchaus voraussehbar, in jedem Fall zur Haftung nach dem StVG[74]. 26

Deshalb entfällt jetzt – anders als unter dem früheren Rechtszustand (§ 7 Abs. 2 StVG aF) – die Haftung des Halters *nicht* mehr, wenn der Unfall darauf zurückzufuhren ist, dass der Fahrer auf einer nicht erkennbaren Ölspur ins Rutschen kommt oder dass Kinder plötzlich zwischen haltenden Autos auf die Straße rennen, weil es sich in beiden Fällen nicht um unvorhersehbare und von außen kommende Ereignisse handelt[75]. Um höhere Gewalt handelt es sich dagegen in der Tat bei von außen kommenden Ereignissen wie Steinwürfen von einer Autobahnbrücke, Sabotageakten oder Naturkatastrophen. 27

b) Schwarzfahrten

Von der Haftung des Kraftfahrzeughalters ausgenommen sind ferner grundsätzlich Schwarzfahrten Dritter. In diesem Fall trifft die Haftung aus § 7 Abs. 1 StVG vielmehr den Schwarzfahrer (§ 7 Abs. 3 S. 1 HS 1 StVG). Die Haftung des **Halters** bleibt dagegen bestehen, wenn er die Schwarzfahrt durch sein Verschulden ermöglicht hat (§ 7 Abs. 3 S. 1 HS 2 StVG)[76] oder wenn es sich um einen bei ihm angestellten Fahrer handelt oder er das Fahrzeug dem Benutzer selbst überlassen hat (§ 7 Abs. 3 S. 2 StVG). 28

c) § 8 StVG

Nach § 8 Nr 2 StVG gilt § 7 StVG nicht, wenn der Verletzte bei dem Betrieb des Kraftfahrzeugs *tätig* war, dies deshalb, weil er dann die mit dem Betrieb des Kraftfahrzeugs verbundenen Gefahren freiwillig auf sich genommen hat. Bei dem Betrieb des Kraftfahrzeugs tätig im Sinne des § 8 Nr 2 StVG sind insbesondere der **Fahrer** des Fahrzeugs sowie außerdem etwa noch Schaffner oder Fahrschüler (s. § 2 Abs. 15 S. 2 StVG). Für das Verhältnis zwischen dem Halter und dem Fahrer bleibt es daher 29

73 *Garbe/Hagedorn*, JuS 2004, S. 287 (289); *Däubler*, JuS 2002, S. 625 (628); *Geigel/Kaufmann*, Kap 25 Rn 93 ff; *G. Wagner*, NJW 2002, S. 2049 (2060 f).

74 *Staake*, Gesetzliche Schuldverhältnisse, § 10 Rn 15.

75 S. *Cohn*, Einführung, Tz 293 ff (S. 140 f); *Garbe/Hagedorn*, JuS 2004, S. 287 (289); *G. Wagner*, NJW 2002, S. 2049 (2061).

76 Vgl dazu schon im Einzelnen unseren **Schwarzfahrer-Fall 25** (o. § 23 Rn 1 und 10).

bei der alleinigen Maßgeblichkeit von Vertrag und Delikt (str). § 8 Nr 2 StVG (dessen sachliche Berechtigung durchaus zweifelhaft ist) wird *eng* ausgelegt. Unberührt bleibt daher die Haftung des **Halters** nach dem StVG gegenüber **Unfallhelfern**, die von anderen Fahrzeugen an der Unfallstelle erfasst und verletzt werden[77], sowie insbesondere gegenüber bloßen **Mitfahrern**, die lediglich befördert werden. Wenn es sich um eine entgeltliche, geschäftsmäßige Personenbeförderung handelt, ist die Haftung aus dem StVG gegenüber den Insassen zwingendes Recht (§ 8a StVG nF), während sie bei unentgeltlicher, gelegentlicher Mitnahme eines Dritten durch Vertrag – und zwar auch konkludent – ausgeschlossen oder beschränkt werden kann, wobei jedoch große Zurückhaltung geboten ist[78]. Die Haftung ist nach § 8 Nr 3 StVG ferner ausgeschlossen, wenn eine durch das Kraftfahrzeug **beförderte Sache** beschädigt wurde (§ 8 Nr 3 StVG; zu § 8 Nr 1 s. schon Rn 22).

5. Konkurrenzen

30 Weitergehende Ansprüche des Geschädigten aus dem BGB bleiben unberührt (§ 16 StVG): wichtig ist das vor allem, wenn bei Großschäden die Haftungsobergrenzen überschritten werden. Auch für eine analoge Anwendung des § 9 StVG – über § 254 BGB hinaus – ist dann kein Raum mehr[79]. Wenn jedoch der Verletzte selbst als Halter nach § 7 StVG dem Schädiger haftet, muss er sich im Rahmen des § 254 BGB auf seinen deliktischen Ersatzanspruch ebenso wie auf seine Ansprüche aus dem StVG doch seine Betriebsgefahr anrechnen lassen (§ 242 BGB)[80].

6. Mitwirkendes Verschulden, Schadensausgleich zwischen mehreren Ersatzpflichtigen

a) Überblick

31 Das StVG enthält in § 17 und in § 18 Abs. 3 noch eine komplizierte Regelung für den Fall der Beteiligung *mehrerer* Fahrer an einem Unfall, mit der die Verteilung des Schadens im *Innenverhältnis* zwischen den verschiedenen beteiligten Haltern und Fahrern bezweckt wird. Die Regelung ist nur verständlich, wenn man von Vornherein sorgfältig verschiedene Fallgestaltungen unterscheidet. § 17 Abs. 1 StVG regelt zunächst den Fall der Schädigung eines *Dritten*, z. B. eines Fußgängers oder Radfahrers, durch mehrere Fahrer, und zwar durch die Bestimmung, dass sich der Ausgleich im Innenverhältnis der Fahrzeughalter dann nach den Umständen, insbesondere danach richtet, inwieweit der Schaden vorwiegend von dem einen oder dem anderen Teil verursacht wurde (Rn 33). Abs. 2 der Vorschrift fügt hinzu, dass dasselbe auch für die Haftung der Kraftfahrzeughalter untereinander gilt, wenn der Schaden einem der *beteiligten* Fahrzeughalter entstanden ist (Rn 33). Nach § 17 Abs. 3 StVG ist die Verpflichtung zum Ersatz nach Abs. 1 *und* 2 jedoch ausgeschlossen, wenn der Unfall durch ein unabwendbares Ereignis verursacht wurde (s. Rn 33a f). Ergänzend zu berücksichtigen ist ferner in jedem Fall § 9 StVG, nach dem § 254 BGB (ebenfalls) ent-

77 BGH, NJW 2011, S. 292 Tz 23.
78 Wegen der Einzelheiten s. *Garbe/Hagedorn*, JuS 2004, S. 287 (289 f).
79 BGH, LM Nr 1 zu § 9 StVG = NJW 1965, S. 1279; NJW 2013, S. 3235 Tz 12, 15 ff.
80 BGH, NJW 2013, S. 3235 Tz 20 m. Nachw.

sprechende Anwendung findet, wenn bei der Entstehung des Schadens ein Verschulden des Verletzten mitgewirkt hat (Rn 32) . Dieselben Regeln gelten nach § 17 Abs. 4 StVG schließlich noch bei Zusammenstößen mit Tieren und mit Eisenbahnen, d. h. bei dem Zusammentreffen verschiedener Formen der Gefährdungshaftung.

b) Schädigung Dritter durch ein Fahrzeug

Eine erste Fallgruppe bilden Verletzungen Dritter, insbesondere also von Fußgängern und Radfahrern durch **ein Kraftfahrzeug allein**. In diesem Fall findet nur **§ 9 StVG** iVm **§ 254 BGB** Anwendung, und zwar mit der Maßgabe, dass (abweichend vom BGB) im Falle der Beschädigung einer Sache das Verschulden desjenigen, der die tatsächliche Gewalt über die Sache ausübt, dem Verschulden des Verletzten gleich steht, sodass die Haftung des Kraftfahrzeughalters nach § 7 Abs. 1 StVG nur von Fall zu Fall im Ausmaß des Mitverschuldens des Opfers gemindert sein kann[81]. Selbst bei ganz überwiegendem Mitverschulden des Opfers muss sich jedoch der Halter in der Regel die eigene **Betriebsgefahr** in Höhe von ungefähr 20% **anrechnen** lassen. Ausgeschlossen ist seine Haftung nur bei höherer Gewalt (§ 7 Abs. 2 StVG; Rn 26 f). Handelt es sich wie leider nur allzu oft bei dem Opfer um ein kleines **Kind**, so ist zu beachten, dass Kindern bis zur Vollendung des 10. Lebensjahres seit 2002 (endlich) kein Mitverschuldensvorwurf mehr gemacht werden kann (§ 828 Abs. 2 S. 1 BGB; s. dazu § 20 Rn 19). 32

c) Schädigung Dritter durch mehrere Kraftfahrzeuge

Besonderheiten gegenüber dem Regelfall (Rn 32) gelten bei einer Schädigung *Dritter* durch *mehrere* Kraftfahrzeuge. Im Außenverhältnis zu dem geschädigten Dritten sind die beteiligten Kraftfahrzeughalter dann **Gesamtschuldner** (§ 7 Abs. 1 StVG iVm § 840 BGB). Ergänzend ist in diesem Fall jedoch die Sonderregelung des § 17 Abs. 1 StVG zu berücksichtigen, der die Verteilung des von den Haltern im Verhältnis zu dem Opfer, dem Dritten, insgesamt zu tragenden Schadens in ihrem **Innenverhältnis** durch die Bestimmung regelt, dass im Verhältnis der Fahrzeughalter zueinander die Verpflichtung zum Ersatz sowie der Umfang des zu leistenden Ersatzes von den Umständen, insbesondere davon abhängt, inwieweit der Schaden vorwiegend von dem einen oder von dem anderen Teil verursacht wurde. Aus dieser Regelung wird überwiegend der Schluss gezogen, dass sich die beteiligten Kraftfahrzeughalter neben ihrem jeweiligen Verursachungsbeitrag (im Innenverhältnis!) auch die **Betriebsgefahr** ihrer Fahrzeuge anrechnen lassen müssen, worunter man die typischerweise mit der Benutzung eines Fahrzeugs im Verkehr verbundenen Risiken versteht. Die Betriebsgefahr wird in der Regel, soweit nicht besondere Umstände vorliegen, in der Gegend von **20%** des Schadens angesiedelt. **Ausnahmen** gelten unter den Voraussetzungen des § 7 Abs. 2 StVG (höhere Gewalt) sowie des § 17 Abs. 3 StVG, aus dem folgt, dass diejenigen Kraftfahrzeughalter, für die der Unfall ein *unabwendbares Ereignis* war, **im Innenverhältnis** *keinen* Schadensteil zu tragen brauchen – unbeschadet ihrer Haftung gegenüber dem Geschädigten nach § 7 Abs. 1 StVG im **Außenverhältnis** (solange keine höhere Gewalt vorliegt, § 7 Abs. 2 StVG)[82]. 33

---

81 BGH, NJW 2011, S. 292 Tz 9.

82 S. Rn 33a f sowie *Cahn*, Einführung, Tz 352, bes. 356 f (S. 159 f); *G. Wagner*, NJW 2002, S. 2049 (2061).

d) Quotenfälle

33a Anders zu beurteilen ist die Rechtslage, wenn an dem Unfall **nur Kraftfahrzeuge beteiligt** sind, sodass alle beteiligten Halter grundsätzlich einander nach § 7 Abs. 1 StVG verantwortlich sind. Für diesen Fall bestimmt § 17 Abs. 2 StVG, dass Abs. 1 der Vorschrift auch für die Haftung der Halter untereinander gilt. Unberührt bleibt die Anwendbarkeit des § 9 StVG iVm § 254 BGB, sodass sich im Ergebnis die so genannten Schadensquoten nach einer komplizierten Abwägung des Mitverschuldens der beteiligten Fahrer und Halter sowie der Betriebsgefahr ihrer Fahrzeuge richten (sog. Quotenfälle)[83]. Überhaupt *keine* Schadensquote trifft jedoch nach § 17 Abs. 3 S. 1 StVG diejenigen Halter, für die der Unfall ein **unabwendbares Ereignis** war, das weder auf einem Fehler in der Beschaffenheit des Fahrzeugs noch auf einem Versagen seiner Vorrichtungen beruht. S. 2 des § 17 Abs. 3 StVG fügt hinzu, dass ein Ereignis nur dann als unabwendbar gilt, wenn sowohl der Halter als auch der Führer des Fahrzeugs jede nach den Umständen des Falles gebotene Sorgfalt beobachtet hat. Vorbild der Regelung war § 7 Abs. 2 StVG aF.

34 Die Annahme eines unabwendbaren Ereignisses setzt, wie aus § 17 Abs. 3 S. 2 StVG folgt, vor allem voraus, dass sowohl der Halter als auch der Führer des Fahrzeugs jede nach den Umständen des Falles gebotene Sorgfalt beobachtet haben. Maßstab ist der so genannte **Idealfahrer**, der nicht nur alle Verkehrsregeln genauestens beachtet, sondern darüber hinaus *mit jeder nur erdenklichen Umsicht* vorgeht[84]. Die Annahme eines unabwendbaren Ereignisses kommt vor allem bei Auffahrunfällen sowie bei Zusammenstößen mit Kraftfahrzeugen in Betracht, die auf die Gegenfahrbahn gelangt sind.

V. Luftverkehr

35 **Literatur:** *Deutsch/Ahrens*, Deliktsrecht, § 24 III; *Geigel/Mühlbauer*, Haftpflichtprozess, Kap. 29; *Larenz/Canaris*, Schuldrecht II/2, § 84 III 3 (S. 625 f); *Wussow/Kadletz*, Unfallhaftpflichtrecht, Kap. 19 (S. 478 ff).

Bei der Haftung für Flugzeuge muss man nach dem Luftverkehrsgesetz **(LuftVG)** idF von 2002[85] die Haftung des Halters gegenüber außenstehenden Dritten von der Haftung des Luftfrachtführers gegenüber den Fluggästen und für Frachtgüter unterscheiden. Reine Gefährdungshaftung ist allein die Haftung des Halters gegenüber **Dritten** für Unfallschäden, z. B. für Schäden, die sie bei dem Absturz eines Flugzeuges erleiden. Die Einzelheiten ergeben sich aus den §§ 33 ff LuftVG. Die Haftung ist danach insbesondere gegenständlich und summenmäßig beschränkt; unbeschränkt gehaftet wird lediglich für Unfälle von militärischen Luftfahrzeugen (§ 53 LuftVG) Wesentlich enger ausgestaltet ist dagegen die Haftung des Luftfrachtführers gegenüber den **Fluggästen** sowie für **Frachtgüter** und Reisegepäck aufgrund der §§ 44 ff LuftVG.

---

83 BGHZ 20, S. 259 (260 ff) = NJW 1956, S. 1067; BGH, LM Nr 11 zu § 254 (Ba) BGB = NJW 1972, S. 1415; *Garbe/Hagedorn*, JuS 2004, S. 287 (291 f); *Kötz/Wagner*, Deliktsrecht, Rn 558 ff.

84 BGHZ 117, S. 337 (340) = NJW 1992, S. 1684 = JuS 1992, S. 964 Nr 5; *Kötz/Wagner*, Deliktsrecht, Rn 562 f.

85 BGBl. I, S. 2674; s. dazu *Cahn*, Einführung, S. 169 ff; *Medicus/Lorenz* II, Tz 1386.

VI. Atomenergie

Das Atomgesetz von 1976[86] unterscheidet zwei verschiedene Haftungsfälle, die Haftung der Inhaber von Kernanlagen für Schäden an Leben, Gesundheit und Vermögen Dritter sowie die sonstige Haftung der Besitzer radioaktiver Stoffe. Besonders weitgehend ist die **Anlagenhaftung** nach den §§ 25 ff AtomG. Hinzuweisen ist hier nur auf zwei **Besonderheiten**: Die erste ist die so genannten „rechtliche Kanalisierung" der Haftung, d. h. die Beschränkung der Ersatzpflicht auf den Inhaber der Kernanlage. Die zweite Besonderheit besteht in der Verpflichtung des Inhabers der Kernanlage zur Deckungsvorsorge, ergänzt durch eine Freistellungsverpflichtung des Bundes und der Länder. **36**

VII. Gewässerschutz

Literatur: *Deutsch/Ahrens*, Deliktsrecht, § 26; *Geigel/Münkel*, Haftpflichtprozess, Kap. 24; *Larenz/Canaris*, Schuldrecht II/1, § 84 V 1 (S. 631 ff); *Wussow/Rüge*, Unfallhaftpflichtrecht, Kap. 22 (S. 603 ff). **37**

Weitere Fälle der Gefährdungshaftung hat das Wasserhaushaltsgesetz von 1957 idF von 2009 **(WHG)**[87] im Interesse des umfassenden Schutzes der lebensnotwendigen Wasserqualität gebracht. Zu diesem Zweck bestimmt zunächst § 89 Abs. 1 WHG (= § 22 Abs. 1 aF), dass jedermann für die Einbringung oder Einleitung schädlicher Stoffe in ein Gewässer haftet[88]. Neben dieser eigenartigen Handlungshaftung kennt das WHG auch eine echte Gefährdungshaftung. Sie trifft gemäß § 89 Abs. 2 des Gesetzes die **Inhaber bestimmter Anlagen**, sofern aus ihren Anlagen schädliche Stoffe in ein Gewässer gelangen. Paradigma ist das Eindringen von Öl aus einer Ölleitung in das Grundwasser.

VIII. Umwelthaftung

Das Umwelthaftungsgesetz **(UmweltHG)** von 1990 idF von 2007 hat für Körper- und Sachschäden, die auf Umwelteinwirkungen beruhen, eine verschuldensunabhängige Haftung eingeführt (§ 1). Sie trifft jedoch nur die **Betreiber bestimmter Anlagen**, die im Anhang zu dem Gesetz aufgeführt sind; erfasst werden vor allem Kraft- und Heizwerke, Produktionsbetriebe und Bergwerke sowie Abfallbeseitigungsanlagen. Die Haftung ist zwar summenmäßig beschränkt (§ 15): weitergehende deliktische Ansprüche bleiben jedoch unberührt (§ 18 Abs. 1). **38**

Die Haftung der Betreiber der genannten Anlagen greift ein, wenn jemand einen **Körper- oder Sachschaden durch Umwelteinwirkungen**, d. h. auf dem so genannten „Umweltpfad" erleidet (§ 1). Man versteht darunter die Ausbreitung von Stoffen, Er- **39**

86 BGBl. I, S. 3053; S. dazu *Geigel/Freimann*, Haftpflichtprozess, Kap. 24 Rn 98 ff; *Medicus/Lorenz* II, Tz 1387; *Wussow/Rüge*, Unfallhaftpflichtrecht, Kap. 23 (S. 675 ff).

87 BGBl. 1957 I, S. 1110; 2009 I, S. 2585; kritisch dazu z. B. *Medicus/Lorenz* II, Tz 1390.

88 Ein Beispiel in BGHZ 103, S. 129 = NJW 1988, S. 1593; ein Gegenbeispiel in BGHZ 124, S. 394 = NJW 1994, S. 1006.

schütterungen und dergleichen mehr durch die Umweltmedien Boden, Luft und Wasser (§ 3 Abs. 1)[89]. Das schwierigste Problem ist hier der Kausalitätsnachweis[90]. Das Gesetz hilft deshalb in § 6 mit einer **Vermutung der Kausalität**, die aber nur in Störfallen eingreift, nicht dagegen, wenn die Anlage bestimmungsgemäß betrieben wird (§ 6 Abs. 2). Die Position des Geschädigten wird außerdem durch verschiedene Auskunftsansprüche verbessert (§§ 8 und 9). Der Sache nach handelt es sich somit bei der Umwelthaftung auf Grund des UmweltHG um eine herkömmliche **Anlagenhaftung** mit einigen umweltbezogenen Besonderheiten[91].

40 Nicht geregelt sind im UmweltHG trotz zahlreicher in diese Richtung zielender Anregungen die besonders problematischen **Summations- und Distanzschäden**. Das sind Schäden, die durch eine Vielzahl von Verursachern und zum Teil über große räumliche und zeitliche Distanzen hinweg herbeigeführt werden. Hier ist der Kausalitätsnachweis für den schließlich Geschädigten naturgemäß besonders schwierig. Mangels einer gesetzlichen Regelung bleibt es jedoch insoweit (vorerst) bei den allgemeinen Regeln insbesondere über die Nebentäterschaft.

41 Ergänzend zu berücksichtigen ist heute das freilich öffentlich-rechtlich konzipierte **Umweltschadensgesetz** vom 14.5.2007[92], durch das die Umwelthaftungs-Richtlinie von 2004[93] in deutsches Recht umgesetzt wurde. Dieses Gesetz hat erstmals eine Gefährdungshaftung für Umweltschäden durch bestimmte, in der Anlage 1 zu dem Gesetz aufgezählte Tätigkeiten gebracht. Führt eine der genannten Tätigkeiten zu erheblichen Umweltschäden, so begründet das Gesetz verschuldensunabhängig eine **Sanierungspflicht** des Verantwortlichen gegenüber dem Staat, während zivilrechtliche Ansprüche durch das Gesetz nicht ausgelöst werden.

---

89 S. dazu insbes. *Medicus*, in: Festschrift f. Gernhuber, 1993, S. 299; *Medicus/Lorenz* II, Tz 1394 ff.

90 Vgl für Körperverletzungen durch eine 3 km entfernte Lackieranlage BGH, LM Nr 73 zu § 823 (C) BGB = NJW 1997, S. 2748.

91 S. *Brüggemeier*, in: Festschrift f. Jahr, 1993, S. 223 (235 ff).

92 BGBl I, S. 666; s. dazu *L. Diederichsen*, NJW 2007, S. 3377.

93 ABl Nr L 143/56.

Sachverzeichnis

Die Zahlen beziehen sich auf die Paragraphen des Buches sowie die Randnummern innerhalb der einzelnen Paragraphen (19/5 = § 19 Rn 5).

Abfindungsvergleich 15/18
Abnahmepflicht des Käufers 2/7
Absolute Rechte in § 823 Abs. 1 22/5
Abstraktionsprinzip 1/13
Abtreibung, Haftung bei 9/49
Abzahlungskauf 6/20
– finanzierter 6/32
Akzessorietät der Bürgschaft 14/16
Aliud 4/29
Allgemeines Persönlichkeitsrecht 22/15
Alternative Täterschaft 26/8, 26/12
Amtspflichtverletzung 25/4
Anerkenntnis 15
Anfängliche Leistungsstörungen 3/4
Anfechtung des Kaufvertrages 5/50
Angehörigenschmerzensgeld 21/3
Annahmeverzug beim Dienstvertrag 9/21
Anstiftung 26/4
Anwartschaftsrecht des Vorbehaltskäufers 6/19, 22/5
Anweisungsfälle 18/5
Arbeitsvertrag 9
Architektenvertrag 11/3
Arglistige Täuschung 5/32
Arzneimittel 23/16
Arzthaftung
– Aufklärung 9/39
– Behandlungsfehler 21/10
– Beweislast 9/45, 21/14
– Einwilligung 9/39 f
– Kinder 9/42
– Körperverletzung 9/39
– Zweispurigkeit 9/39
Aufklärungspflicht des Arztes 9/39
Aufsichtspflichtiger, Haftung des 25/29
Auftrag 12
– Abschluss 12/3
– Aufwendungsersatzanspruch 12/8
– Bedeutung 12/2
– Beendigung 12/12
– Begriff 12/1
– Fürsorgepflicht 12/8
– Geschäftsbesorgung 12/13
– Haftung 12/6
– Herausgabepflicht 12/6
– Pflichten des Auftraggebers 12/8
– Pflichten des Beauftragten 12/5
– Schadensersatzanspruch des Beauftragten 12/10
– Substitution 12/7
Aufwendungsersatzanspruch
– bei der Geschäftsführung ohne Auftrag 13/17
– des Beauftragten 12/8
– des Bürgen 14/27
Ausfallbürgschaft 14/38
Auskunftserteilung, Haftung bei 12/15
Auslobung 11/34

Barkauf 1/12
Bauwerkvertrag 10
Beförderungsvertrag 10/3
Behandlungsfehler 21/10 ff
Behandlungsvertrag 9/35
Beherbergungsvertrag 8/2
Beihilfe 26/4
Berechtigte Geschäftsführung ohne Auftrag 13/3
Bereicherung 16 f; 18/1; 19
– Bereicherung in sonstiger Weise 17
– Dreipersonenverhältnisse 18/1

– Eingriffskondiktion 17/2
– Einheitslehre 16/3
– Gegenleistungskondiktion 19/22
– Gegenseitige Verträge 19/19
– Gegenstand 19/3
– Geschichte 16/3
– Inhalt des Anspruchs 19
– Leistungskondiktion 16
– Mehrpersonenverhältnisse 18/1
– Nutzungen 19/5
– Rückgriffskondiktion 17/34
– Saldotheorie 19/20, 19/23
– Surrogate 19/7
– Verwendungskondiktion 17/32
– Wegfall der Bereicherung 19/13
– Wertersatz 19/8
– Zweikondiktionentheorie 19/21
Bereicherung in sonstiger Weise 17
– Eingriffskondiktion 17/2
– Geschützte Rechtspositionen 17/4
– Leistungen an einen Nichtberechtigten 17/30
– Rechtsgrund 17/14
– Rechtswidrigkeitstheorie 17/4
– Rückgriffskondiktion 17/35
– Subsidiarität 17/18
– Verfügungen eines Nichtberechtigten 17/20
– Verwendungskondiktion 17/32
– Zuweisungstheorie 17/5
Beschaffenheit 4/10
Beseitigungsanspruch 26/29a
Bestimmung zu sexuellen Handlungen 25/1
Beteiligung mehrerer an unerlaubten Handlungen 26/1
Betriebsrisikolehre 9/23
Billigkeitshaftung 20/21
Boykott 22/13
Bringschuld 3/29
Bürgschaft 14
– Abgrenzung 14/2
– Abschluss 14/8
– Akzessorietät 14/16
– auf erstes Anfordern 14/38
– Ausfallbürgschaft 14/38
– Ausgleichsverhältnis 14/27
– Einreden 14/18
– Erlöschen 14/22
– Forderungsübergang 14/28
– Form 14/10
– Gestaltungsrechte 14/20
– Globalbürgschaften 14/15
– Innenverhältnis 14/26, 14/29
– Mitbürgschaft 14/31
– Nachbürgschaft 14/35
– Rechtskrafterstreckung 14/20
– Rückbürgschaft 14/36
– Rückgriffsanspruch 14/27
– Schutz des Bürgen 14/14
– Selbstschuldnerische Bürgschaft 14/25, 14/34
– Sicherheiten 14/30
– Sittenwidrigkeit 14/14
– Sonderformen 14/31
– Subsidiarität 14/24
– Verjährung 14/19
– Vorausklage, Einrede der 14/24
– Zeitbürgschaft 14/33
– Zustandekommen 14/8
Bürgschaft auf erstes Anfordern 14/38

Condictio indebiti 16/3, 16/23
Condictio ob causam finitam 16/27
Condictio ob rem 16/28
Condictio ob turpem vel iniustam causam 16/32
Culpa in contrahendo 5/53, 12/19

Darlehen 8/18
– Rückzahlung 8/23
– Sittenwidrigkeit 8/22, 16/39
– Verbraucherdarlehen 6/21, 8/20, 8/24
– Verzug 8/26
– Wucher 8/22
Deklaratorisches Anerkenntnis 15/4
Deliktsfähigkeit 20/17
Deliktsrecht 20 ff, 25/1, 26
Dezentralisierter Entlastungsbeweis 25/27
Dienste, entgangene 26/22

Dienstvertrag 9
- Abschluss 9/8
- Arbeitsvertrag 9/6
- Arztvertrag 9/35
- Beendigung 9/25
- Befristung 9/27
- Begriff 9/2
- Behandlungsvertrag 9/35
- Fürsorgepflicht 9/24
- Gegenleistung 9/17
- Haftung 9/13
- Kündigung, außerordentliche 9/28
- Kündigung, ordentliche 9/27
- Pflichten des Dienstberechtigten 9/17
- Pflichten des Dienstverpflichteten 9/11
- Treuepflicht 9/12, 9/24
- wichtiger Grund 9/28
- Zeugnis 9/34
Dreipersonenverhältnisse 18/1
Drittleistungen 18/17
Duldungspflicht des Mieters 7/34

Ehemaklerverträge 11/29
Eheschutz 22/6
Ehrenschutz 22/20, 25/11
Eigenbedarfskündigung 7/78a
Eigentumsverletzung 22/1
Eigentumsvorbehalt 6/11
Einbaufälle 17/18, 17/22, 18/13
Einbringung von Sachen bei Gastwirten 13/22
Eingriffskondiktion 17/2
Einheitliches Kaufrecht 6/44
Einsturz von Gebäuden 25/2
Einwendungsdurchgriff 6/36
Einwilligung des Patienten 9/39 f
Eisenbahnen, Haftung der 27/4
Eltern, Haftung der 25/29
Energieanlagen, Haftung für 27/7
Entlastungsbeweis 25/25
- dezentralisierter 25/27
Entwicklungsfehler 23/19
Ersatzanspruch im Deliktsrecht 26
Erteilung eines Rats 12/15
Erwerbsschaden 26/23

Falschlieferung 4/29
Familienrechte 22/6
Feststellungsverträge 15
Finanzierter Abzahlungskauf 6/32
Form der Bürgschaft 14/10
- der Garantie 14/3
- des Mietvertrages 7/13
- des Schuldanerkenntnisses 15/9
- des Schuldbeitritts 14/6
Freiheitsverletzung 21/18
Fremdgeschäftsführungswille 13/5
Fürsorgepflicht des Dienstberechtigten 9/24

Garantie 5/31, 14/2
Garantievertrag 14/2
Gastwirtshaftung 13/22
Gattungskauf 4/29
Gebrauchsüberlassungsvertrag 8/1
Gebrauchsüberlassungsverträge 8/1
Gefährdungshaftung 20/6
- Betrieb 27/4
- Energieanlagen 27/7
- Gefährdungszusammenhang 27/3
- Geschichte 27/2
- HaftpflG 27/4
- Tierhalterhaftung 27/9
- Unfall 27/4
- Wildschadenshaftung 27/9
Gefahrübergang 3, 5/2
Gefälligkeitsverhältnis 12/3
Gegenleistungsgefahr 3/1
Gegenseitige Verträge 19/19
Geschäft 12/1, 12/15, 13/3
Geschäfte, verbundene 6/32
- Anwendungsbereich 6/35
- Begriff 6/35
- Einwendungsdurchgriff 6/36
- Widerruf 6/34
Geschäftsanmaßung 13/20
Geschäftsbesorgungsvertrag 12/12
- Begriff 12/12
- Erteilung eines Rats 12/15
- Regelung 12/4
Geschäftsführung ohne Auftrag 13
- Auch – fremde – Geschäfte 13/8
- Aufwendungsersatz 13/17

– berechtigte 13/3
– Fremdgeschäftsführungswillen 13/5
– Interesse des Geschäftsherrn 13/12
– objektiv fremdes Geschäft 13/6
– Rechtsfolgen 13/14
– Schadensersatzanspruch 13/16 f
– subjektiv fremde Geschäfte 13/7
– unberechtigte 13/17
– unechte 13/18
– Voraussetzungen 13/3
Gesundheitsverletzung 21/1
Gewährleistung für Sachmängel beim Kauf 4
– bei der Miete 7/43
– beim Leasingvertrag 8/11
– beim Werkvertrag 10/8 f
Gewerbebetrieb, Recht am 22/7
– Beispiele 22/12
Gewinnhaftung 13/20
Girovertrag 12/17
Gleichbehandlungspflicht 9/24

HaftpflG 27/4
Haftungsprinzipien 20/5
Handlung 20/8
Heiratsvermittlung 11/30
Hersteller 23/21
Hoffnungskauf 1/10
Holschulden 3/22
hypothetische Einwilligung 9/45

Instruktionsfehler 23/29
Internationaler Kauf 6/44
Irrtumsfälle 18/14

Kauf auf/nach Probe 6/38
Kauf bricht nicht Miete 7/59
Kauf und Übereignung 1/11, 2/5
Kaufvertrag 1, 2/1, 3 f, 6
– Abnahmepflicht 2/7
– aliud 4/29
– Aufwendungsersatz 5/30
– Ausschlusstatbestände 5/31
– Barkauf 1/12
– Besitzverschaffungspflicht 2/5
– Eigentumsverschaffung 2/3
– Falschlieferung 4/32
– Garantien 5/39
– Gefahrübergang 3
– Gegenstand 1/8
– Gewährleistungsrechte 2/1, 4
– Haftung für die Verität eines Rechts 4/33
– Hoffnungskauf 1/10
– Internationaler Kauf 6/44
– Konkurrenzen 5/50
– Mangel 4/6, 4/33
– Minderung 5/31
– Nacherfüllung 5/5
– Nebenpflichten 2/8
– Pflichten des Käufers 2/6
– Pflichten des Verkäufers 2/1
– Rechtskauf 2/9
– Rechtsmängelhaftung 4/33
– Rechtsverschaffungspflicht 2/3
– Rücktritt 5/16
– Sachmängelhaftung 4
– Übergabe 2/5
– Unternehmen 2/12
– Verbrauchsgüterkauf 6/1
– Wesen 1/1
– Zahlungspflicht des Käufers 2/6
– zukünftige Sachen 1/9
Kaution 7/56
Kind als Schaden 9/49
Kinder, Haftung für 25/29
Kleingartenpacht 8/14
Kondiktionssperren 16/26, 16/31, 16/35
Konstitutives Anerkenntnis 15/7
Konstruktionsfehler 23/26
Konsumentenkredit 8/24
Kraftfahrzeughalterhaftung 27/19
– Konkurrenzen 27/30
– Kraftfahrzeughalter 27/21
– Pflichtversicherung 27/19, 20a
– Quotenfälle 27/33a
– Schadensausgleich 27/31
– Schwarzfahrten 27/28
Krankenhausaufnahmevertrag 8/2
Kreditauftrag 14/7
Kritik an Unternehmen 22/14, 22/20, 25/11

Kündigung
- bei der Miete 7/76
- beim Darlehensvertrag 8/23, 8/26
- beim Dienstvertrag 9/27
- beim Leasing 8/12
- beim Reisevertrag 11/18
- beim Werkvertrag 10/41

Landpacht 8/16
Leasing 8/3
- Abtretungskonstruktion 8/9
- Beendigung 8/12
- Erscheinungsformen 8/3
- Finanzierungsleasing 8/4
- Gefahrtragung 8/8
- Leistungsstörungen 8/9
- Mängel 8/9
- mit Verbrauchern 8/13
- Operatingleasing 8/3
- Rechtsnatur 8/7
- Verzug 8/12
- Voll-/Teilamortisationsverträge 8/5
Lebensgüter, Schutz der 21
Leihe 8/17
Leistung an einen Nichtberechtigten 17/30
Leistung, missbilligte 17/34
Leistungsbegriff 16/12
Leistungsgefahr 3/1
Leistungskondiktion 16
- Anweisungsfälle 18/5
- Ausschluss 16/26, 16/34
- Dreipersonenverhältnisse 18/1
- Drittleistungen 18/17
- Durchgriffsverbot 18/2
- Einbaufälle 17/18, 17/22, 18/13
- Einheitslehre 16/4
- Erscheinungsformen 16/7, 16/23
- Funktion 16/6
- Gegenstand 16/9, 19/3
- Geschichte 16/3
- Kondiktionssperren 16/26, 16/31, 16/35
- Leistungsbegriff 16/12
- Leistungszwecke 16/22
- Mehrpersonenverhältnisse 18/1
- Rechtsgrund 16/17
- Rechtsgrundlehren 16/18
- Saldotheorie 19/23
- Trennungslehre 16/4
- Zweck 16/6, 16/35
- Zweckverfehlung 16/28

Maklervertrag 11/26
Mangel 4/6, 7/43, 10/8, 11/20
Mehrpersonenverhältnisse 18/1
- Anweisungsfälle 18/5
- Drittleistungen 18/17
- Durchgriffsverbot 18/2
- Einbaufälle 18/13
- Irrtumsfälle 18/12
- Subsidiarität der Eingriffskondiktion 17/18
- Vertrag zu Gunsten Dritter 18/13
- Zessionsfälle 18/17
Miete 7
- Abgrenzung 7/2, 7/10
- Abnahmepflicht 7/30
- Anzeigepflicht 7/30
- außerordentliche befristete Kündigung 7/80
- außerordentliche fristlose Kündigung 7/81
- Beendigung 7/74
- Begriff 7/1
- Doppelmiete 7/48
- Duldungspflicht 7/34
- Eigenbedarf 7/78a
- Erhaltungspflicht 7/14
- Erscheinungsformen 7/10
- Form 7/13
- Gegenstand 7/1
- Geschichte 7/4
- Heizung 7/19
- Instandsetzungspflicht 7/17
- Kaution 7/56
- Kündigung 7/76
- Mängelhaftung des Vermieters 7/43
- Miete 7/27, 7/81
- Mieterhöhung 7/63
- Minderung 7/49
- Mischmietverhältnis 7/11
- Modernisierung 7/34, 7/73

– Nebenpflichten des Mieters 7/30
– Obhutspflicht 7/30
– ordentliche Kündigung 7/76
– Pfandrecht des Vermieters 7/53
– Pflichten des Mieters 7/27
– Pflichten des Vermieters 7/14
– Rechtsmängel 7/46
– Reform 7/6
– Reparaturen 7/41
– Rückgabepflicht 7/86
– Schadensersatz 7/50
– Sozialklausel 7/77
– Übergang auf den Erwerber 7/59
– Überlassung der Mietsache 7/16
– Untermiete 7/21
– Veräußerung der Mietsache 7/59
– Verjährung 7/89
– Vertragsgemäßer Gebrauch 7/18
– Wohnraummiete 7/10
– Zeitablauf 7/75
Mieterhöhung 7/63
– Fristen 7/66, 7/72
– Kappungsgrenze 7/68
– Mieterhöhungsverlagen 7/69
– Mietspiegel 7/70
– Modernisierungsmaßnahmen 7/73
– Vergleichsmiete 7/66
Mieterschutz 7/4
Mietspiegel 7/70
Minderung 5/21, 7/49, 9/17, 10/20
Mitbürgschaft 14/31
Mittäterschaft 26/2
Montagemängel 4/25

Nachbesserung 5/10, 10/17
Nachbürgschaft 14/35
Nacherfüllung 5/5
Nebenpflichten 2/8, 7/30
Nebentäterschaft 26/5, 26/12

Obhutspflicht des Mieters 7/30

Pacht 7/2, 8/14
Personalsicherheiten 14
Persönlichkeitsrecht, allgemeines 22/15
– Begriff 22/15
– Beispiele 22/19
– Ehrenschutz 22/20
– Postmortales 22/18
– Presse 22/20
– Rechtsfolgen 22/26
– Schadensersatz 22/26
– Schutz der Privatsphäre 22/19
– Vererblichkeit 22/15
Pfandrecht
– des Vermieters 7/53
Postmortaler Persönlichkeitsschutz 22/15
Preisausschreiben 11/34
Preisgefahr 3/11
Produkthaftung 23/13
– Ausreißer 23/19, 23/28
– Beweislast 23/31
– Deliktsrecht 23/13, 23/21
– Entwicklungsfehler 23/19, 23/27
– Fabrikationsfehler 23/8
– Fehler 23/24
– Geschichte 23/13
– Hersteller 23/21
– Instruktionsfehler 23/29
– Konstruktionsfehler 23/26
– ProdHaftG 23/17 f
– Produkt 23/20
– Produktbeobachtung 23/31
Produzentenhaftung 23/13

Ratenlieferungsvertrag 6/22
Raterteilung 12/15
Rechtfertigungsgründe 20/16
Rechtsanwälte 9/15
Rechtsgrund im Bereicherungsrecht 16/17, 17/14
Rechtskauf 2/9
Rechtsmängelhaftung beim Kauf 4/33
– bei der Miete 7/48
– beim Werkvertrag 10/13
Rechtswidrigkeit 20/12, 23/3
Rechtswidrigkeitszusammenhang 20/11
Regress in der Lieferkette 6/8
Reisevermittlungsvertrag 11/10
Reisevertrag
– Abschluss 11/12

– Haftung 11/18
– Kündigung 11/17, 11/24
– Mangel 11/20
– Reisebüro 11/14
– Schadensersatz 11/24
– Vorauszahlungen 11/15
Rückbürgschaft 14/36
Rückgriffskondiktion 17/34
Rücktritt 5/16

Sachmängelhaftung
– bei der Miete 7/43
– beim Kauf 4
– beim Leasing 8/9
– beim Werkvertrag 10/8
Sachverständigenhaftung 21/18, 25/11
Sachwalterhaftung 12/19
Saldotheorie 19/20, 19/23
– Abwicklung 19/24
– arglistige Täuschung 19/27
– Ausnahmen 19
– Grundlagen 19/23
– Minderjährige 19
– Vorleistungen 19
Schadensersatzanspruch im Deliktsrecht 26
Schenkung 6/51
Schickschulden 3/21
Schmerzensgeld 22/26, 26/25
Schockschäden 21/7
Schuldanerkenntnis 15
– Deklaratorisches 15/4
– Einfaches 15/2
– Form 15/9
– Konstitutives 15/7
Schuldbeitritt 14/4
Schuldversprechen 15
Schutzrechtsverwarnung 22/12
Schutzzwecklehre 20/11, 21/5, 23/3
Selbstaufopferung 13/3, 13/13
Sittenwidrigkeit 16/34, 24/10
Sonstige Rechte 22/4
Sportverletzungen 21/9
Staatshaftung 25/5, 25/10
Stückkauf 1/8
Subsidiarität
– der Bürgschaft 14/24
– der Eingriffskondiktion 17/18
Täterschaft, alternative 26/8
Tatsachenbehauptung 25/15
Tausch 6/50
Teilnahme im Deliktsrecht 26/4
Teilzahlungsgeschäft 6/20
Teilzeit-Wohnrechteverträge 6/41
Tierhalterhaftung 27/9
– Haus- oder Nutztiere 27/12, 27/19
– Luxustiere 27/12
– Reiter 27/16 f
– Tier 27/11
– Tiergefahr 27/15
– Tierhalter 27/13
– Zweck 27/10
Tötung 21/1
Trennungsprinzip 1/11
Treuepflicht 9/12, 9/24

Übergabe der Kaufsache 2/5
UN-Kaufrecht 6/44
Unerlaubte Handlungen 20 ff, 24, 25/1, 26
– Alternative Täterschaft 26/8
– Amtshaftung 25/4
– Anstifter 26/4
– Aufsichtspflichtiger, Haftung des 25/29
– Beihilfe 26/4
– Beseitigungsanspruch 26/28, 26/29a
– Besitzrecht 22/5
– Bestimmung zu sexuellen Handlungen 25/1
– Beteiligung mehrerer 26/1
– Billigkeitshaftung 20/19
– Deliktsfähigkeit 20/17
– Eigentumsverletzung 22/1
– Entwicklung 20/21
– Erwerbsschaden 26/23
– Familienrechte 22/6
– Forderungen 22/6
– Gebäude und Grundstücke 25/2
– Gehilfen 26/4
– Gewerbebetrieb 22/7

– Grundtatbestände 4, 21 ff
– Handlung 20/8
– Inhalt des Anspruchs 26/23
– Kaufvertrag 5/54
– Kraftfahrzeughalterhaftung 27/19
– Lebensgüter 21
– Mittäter 26/2
– Nebentäter 26/5, 26/12
– Persönlichkeitsrecht, allgemeines 22/15
– Produkthaftung 23/13
– Rechtswidrigkeit 20/12, 21/5
– Sachverständige 25/11
– Schmerzensgeld 26/25
– Schuld 20/17
– Sondertatbestände 25/1
– Sonstige Rechte 22/4
– Teilnehmer 26/4
– Tierhalterhaftung 27/7
– Unterhaltsschaden 26/18
– Unterlassungsanspruch 26/28
– Verjährung 26/29a
– Verkehrspflichten 23/1
– Vermögen 22/4
– Verrichtungsgehilfe 25/19
Unterhaltsschaden 26/18
Unterlassungsanspruch 26/28
Unterlassungsdelikt 23/1
Untermiete 7/21
Unternehmenskauf 2/12
Unvermögen, anfängliches 3/4

Veranlassungsfälle 16/29
Verbraucherdarlehen 6/20, 8/18, 8/24
– Anwendungsbereich 6/20, 8/24
– Bürgschaft 8/24
– Einwendungsdurchgriff 6/36
– Form 6/24, 8/25
– Immobiliardarlehen 8/24
– Rücktritt 6/26
– Schuldbeitritt 8/24
– Sittenwidrigkeit 8/22
– Verbundene Geschäfte 6/32
– Verzug 8/20, 8/26
– Widerruf 6/25, 8/25
Verbrauchsgüterkauf 6/1
Verbundene Geschäfte 6/32
Verfolgungsfälle 21/8
Verfügung eines Nichtberechtigten 17/20
– Unentgeltliche Verfügung 17/28
Vergleich 15/11
– Abfindungsvergleich 15/18
– Rechtsnatur 15/12
– Unwirksamkeit 15/16
– Wirkungen 15/14
Verjährung 5/38, 7/89
Verkehrspflichten 23/1
– Beispiele 23/7
– Berufshaftung 23/12
– Beteiligte 23/7
– Gefährliche Berufe 23/12
– Gefährliche Sachen 23/10
– Gemeinden 23/8
– Geschuldete Sorgfalt 23/4
– Grundlagen 23/1
– Kinder 8/11, 23/6
– Kraftfahrzeuge 23/10
– Straßen 23/9
– TechnischeNormen 23/4
– Übertragung 23/5
– Verkehrseröffnung 23/7
Verkehrssicherungspflichten 23/1
Vermieterpfandrecht 7/53
Verrichtungsgehilfe 25/19
Verschulden 20/17
Verschuldensprinzip 20/5
Versendungskauf 3/21
Vertragsgemäßer Gebrauch 7/18
Verwahrung 11/31
Verwahrungsvertrag, unregelmäßiger 8/21, 11/32
Verwendungskondiktion 17/32
Vorausklage, Einrede der 14/24
Vorausverfügungen 7/62
Vorbehaltskauf 6/11
Vorkauf 6/40
Vorleistungsfälle 16/29
Vorsatz 24/11

Wegfall der Bereicherung 19/13
Weiterfressen von Mängeln 5/48, 22/2

Werklieferungsvertrag 10/1
Werkvertrag 10
- Abgrenzung 9/2, 10/1
- Abnahme 10/32
- Anwendungsbereich 10/1
- Architektenvertrag 11/3
- Aufwendungsersatzanspruch 10/15
- Bestellerpflichten 10/20
- Fälligkeit 10/33
- Fürsorgepflicht 10/40
- Haftung 10/5
- Kündigung 10/41
- Mangel 10/9
- Minderung 10/16
- Mitwirkungspflichten 10/36
- Nachbesserungsanspruch 10/12
- Nacherfüllungsanspruch 10/12
- Preisgefahr 10/32
- Rücktritt 10/16
- Sachmängelhaftung 10/8
- Schadensersatz 10/17
- Selbstvornahme 10/15
- Unternehmerpflichten 10/5
- Vergütungspflicht 10/20
- Verjährung 10/19
Wertersatz 19/8
Widerrufsanspruch 25/18, 26/29a
Widerrufsrecht 6/23, 6/35
Wiederkauf 6/39
Wohnraummiete 7/10
Wucher 16/41

Zahlungsdienstevertrag 12/17
Zeitbürgschaft 14/33
Zeitmietverträge 7/64
Zessionsfälle 18/17
Zustimmungsfrist 7/72
Zuweisungslehre 17/5
Zweckverfehlung, Leistungskondiktion wegen 16/28
Zweikondiktionentheorie 19/22